身体活動の健康心理学

決定因・安寧・介入

スチュワート J.H. ビドル＋
ナネット・ムツリ＝著

竹中晃二＋橋本公雄＝監訳

Psychology
of Physical Activity
Determinants,
well-being and interventions

Stuart J.H. Biddle
Nanette Mutrie

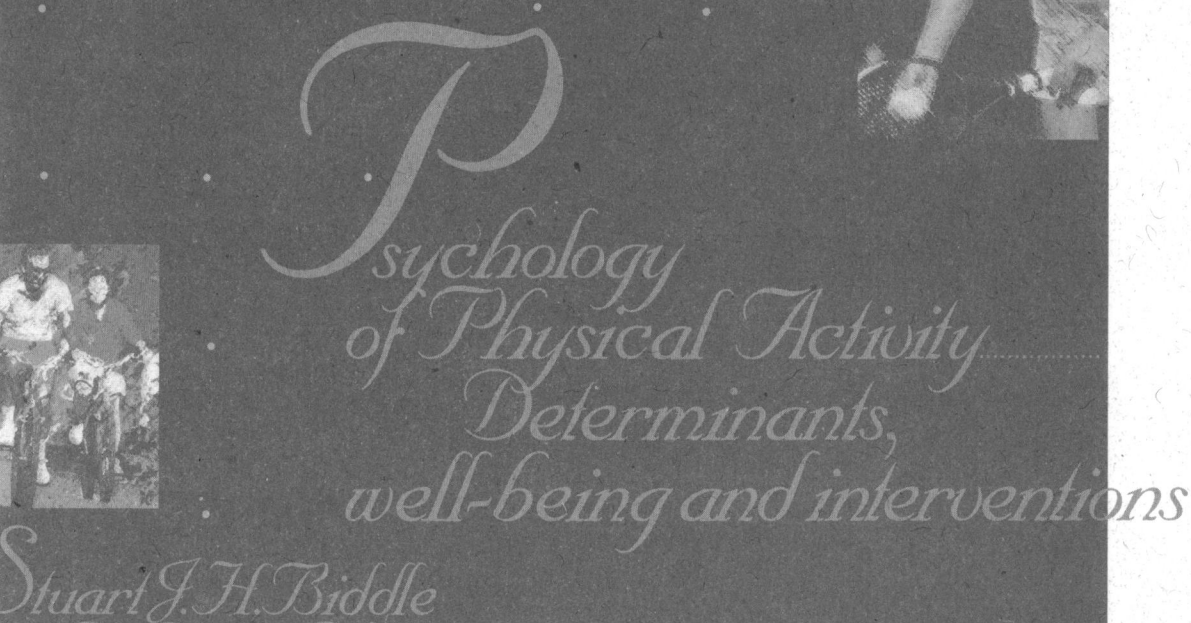

大修館書店

Psychology of Physical Activity
by
Stuart J. H. Biddle and Nanette Mutrie

Copyright © 1995 Carol Duncan
All Rights Reserved.
Authorised translation from English language edition published by
Routledge, a member of the Taylor & Francis Group.
Japanese translation rights arranged with Taylor & Francis Books Ltd., London
through Tuttle-Mori Agency, Inc., Tokyo.

TAISHUKAN PUBLISHING CO., Ltd., Tokyo, Japan.

本書の翻訳にあたって

　本書は，英国の著名な研究者であるビドル博士とムツリ博士によって書かれた運動心理学（Exercise Psychology）の邦訳版です。本のタイトルは，"Psychology of Physical Activity：Determinants, well-being and interventions" となっており，私たち監訳者は邦訳にあたって，「身体活動の健康心理学―決定因・安寧・介入―」と訳しました。運動心理学は，近年，欧米において急速に発展してきた研究領域であり，心理学に「運動」を冠していますが，体育やスポーツ競技に関わる心理学とは趣を異にしています。その大きな特徴は，運動を心身の健康づくりに寄与させることを目的に，運動習慣の採択・継続（本著では，アドヒアランスという用語を用いています）を規定する要因を探り（決定因研究），運動実施による心理的効果を確認し（安寧研究），運動アドヒアランスを強化するために行動変容の方策を開発・評価（介入研究）を行っています。言うならば，健康心理学の観点から，対象を身体活動や運動に絞った心理学であり，最近では，他の健康行動との関わりも研究対象として組み込まれています。そのため，私たちは，「健康心理学」という用語をあえてタイトルにいれました。

　タイトルに関しては，もう１つ説明をしておかなければならないことがあります。英文タイトルにある "Physical Activity" は，文字通り「身体活動」ですが，欧米では，近年，運動の範囲を日常生活の活動にまで広げて考えるようになっています。この用語が使用されている理由として，特に循環器疾患の予防のために研究が進み，従来から健康づくりのために推奨されてきた「運動処方」が多くの人々に普及してこなかったこと，しかもコンピュータ機器やOA機器の発展，エレベータやエスカレータの普及などにより，私たちの日常生活における活動量そのものが低下してきたことによります。そのため，欧米では，従来，推奨されてきた運動処方やスポーツ活動を「レジャータイム身体活動」，かたや家事や園芸などを含む日常生活における活動を「ライフスタイル身体活動」と分け，どちらの活動も健康づくりのための行動と見なし，対象者のニーズや生活様式に合わせて選択できるような配慮がなされています。欧米では，後者の活動について，「１日に中等度の強度の身体活動を総計して30分間，望むべきは週のうちほとんどの日で行うこと」が推奨され，運動と言わないまでも日常生活における身体活動量の低下をいかに防ぐかが課題となっています。タイトルの「身体活動」が意味する内容は，スポーツから日常生活の活動を含む幅広い身体活動を意味しています。

　本書は，身体活動に関わる健康心理学の研究を幅広く解説しており，そのため，全体のボリュームも膨大になっています。ビドル博士とムツリ博士は当初，序文でも述べているように，前著 "Psychology of Physical Activity and Exercise" の第２版として本書の作成に着手しました。

しかし，完成した本著は，内容もボリュームも第2版をはるかに超える内容となり，まったく新しい本として出版しています．つまり，急激に発展してきたこの分野の「今」を見ることができる内容となっていることは，私たち訳者が翻訳作業を行いながら感じていることです．

さて，たいていのことが身体を動かさないで行える便利な生活がますます進み，一方で食べ物がいつでもどこにいても手に入る飽食の時代を迎え，またストレスの満ちあふれた社会において，身体活動が果たす役割は，単にレクリエーションの枠を超え，大きく期待されています．本書が，わが国の運動心理学を志す学生，大学院生，および研究者だけでなく，健康づくりに関わる保健師，栄養士，理学療法士，医師など多くの方々にとって仕事や研究を進めるための起爆剤となり，またバイブルとして活用されることを願っています．

2005年3月
難解な文章表現の翻訳に頭を悩ませた訳者全員の代表として，
また訳者のプライドをずたずたに切り裂きながら
翻訳の日本語に注文を出し続けた「嫌われ者」として
監訳者
竹中晃二・橋本公雄

まえがき
Kenneth R. Fox

　運動心理学（Exercise Psychology）は，スポーツ心理学をルーツとし，1980年代に重要な科学として確立され始めた。以来，国内および国際的なジャーナルや学会が次々にそれらの表題に「運動」という用語を加えていったことから分かるように運動心理学は，研究の一領域として指数関数的に成長をとげているようにみえる。また，運動心理学の研究論文は，国際的な学会，また専門書や一般的な心理学ジャーナルの中で数が年々増え続けている。したがって，運動心理学が学術的な研究領域となっていることは疑う余地がない。

　この発展ぶりは，学術的な好奇心や気まぐれといった単純なものではなく，運動が健康や安寧にとって重要であるという認識，すなわちこれは，医学・健康学の世界的権威者らが時を同じくしたものである。以降，一般の人々の運動を増進させるために国家政策や計画が国際的に出されるようになってきた。医学の規範的モデルが運動へと応用されたこと，そして健康への恩恵に必要とされる適度な運動量に焦点が当てられたことは驚くべきことではない。しかし，キーとなる課題は，健康行動の1つとしての運動の増強と維持にある。これが運動心理学が大きくクローズアップされる所以である。本書の構成における3つのキーとなる点は以下のとおりである。

1．どのような個人的要因が身体活動を引き起こし，また阻害するのか
2．運動を行うことによってどのように精神的安寧に影響を及ぼすのか
3．公衆衛生のためにデザインし，提供できる効果的な活動量増強の第一歩はどのようなものか

　本書のタイトルに身体活動という言葉を用いたのは，深く考えた上のことである。過去5年間で，健康に恩恵をもたらすライフスタイルにおける身体活動の重要性が幅広く認識された。プログラム化された運動セッションは，まさに健康を目的としたライフスタイルの一部分であるかもしれない。

　本書は，Stuart BiddleとNanette Mutrieによってまとめられた二冊目の本であるが，著者らは，すでに運動に対する動機づけと運動のメンタルヘルス効果に関する本を出版している。著者らは，新しい学問である運動心理学に関して，急速に発展している研究の基礎を理解する必要性を感じて，健康と運動の専門家，そしてまた健康サービスの関係者が直面する専門的な問題に対応してきた。同様に，本書も，この分野で研究や専門性の向上を目指すすべての大学生，大学院生のための必要不可欠な読み物となっている。

　著者らは，上述の困難な課題に対応するために適任である。Stuart Biddleは，20年にわた

り，運動の社会心理学的側面についての出版物を発刊してきたという業績を持っている。同時に，英国スポーツ・運動科学学会（British Association of Sport and Exercise Science: BASES）の会長も務め，この分野を発展させるための最前線に立ってきた。また，彼は，欧州スポーツ心理学連合（European Federation of Sport Psychology: FEPSAC）の8年間の会長在任期間において，欧州運動・スポーツ心理学を大きく飛躍させてきた。現在，"Psychology of Sport and Exercise"の編集長でもある。また，Nanette Mutrieは，運動心理学において，素晴らしい経歴を持っている。彼女は，英国における運動増進の臨床的側面（特にスペシャル・ポピュレーションを対象とした）についての先駆的な研究者である。またBASESの心理学部門の議長を務め，スコットランドの健康教育評議委員としても10年以上活動を続けてきた。さらには現在，彼女は，FEPSACの英国代表者でもある。著者2人の秀でた研究活動はこの分野の発展に貢献し，その過程で高い専門的意識と信頼の評判をとってきた。私は，この過程で彼らと交友関係を持てたこと，また共同研究者としての関係を築けたことを幸いに思う。このことは，重要な最新の知識も概観する際に非常に相応しいパートナーシップであったと考えている。

Kenneth R. Fox
ブリストル大学
運動・健康科学　教授

まえがき
Steven N. Blair

　運動科学における研究者は，身体活動による生物学的な反応に焦点を当て，近年では運動に適用する実験的研究を進めてきた。20世紀の後半，身体活動と健康に関する疫学が注目され，身体的不活動は多くの国々で重要な公衆衛生学的問題として考えられてきた。人類は活動的な動物になるために進化した。しかし，身体活動が日常生活でほとんど工学的に置き換えられてしまった社会において口に合う食事は豊富で安価であり，たいてい数分間で食べ終えるような社会で生活する必要な知識をもっていないことは明確である。以下のことについて考えてください。もしあなたが何か食べようと決めたならば，5分間以上かけて食事をすることがありますか。このような生活状況により，産業社会における人口の大部分が座位中心で不健康な生活になり，たびたび過体重あるいは肥満になるという結果をもたらしている。

　多くの人々は，ほぼ座位中心の生活を送っている。過去数年にわたって，私の研究グループでは座位中心の生活を送る人をより活動的にさせる方法を開発・調査し，そして改善するための身体活動介入に関して，多くの大規模な臨床的試行を行ってきた。これらの研究の対象者として地域から約1,000名の成人を募集した。研究の選択基準として，対象者が不活動である必要があった。私たちは身体活動を増加させるための介入の効果を検討しており，マラソンランナーを募集することは意味をなさない。身体活動の主な測定として，構造化された過去1週間の回顧法を用いた。これは，対象者の1日の総カロリー摂取の平均的な量を規定する方法である。これらの研究で募ったグループの平均的なエネルギー消費量は，1日に1kgあたり33kcalあるいは34kcalである。過去7日間の1日1kgあたりの消費エネルギーは32kcalで，8時間の睡眠と16時間の活動で得られるが，1時間あたり3マイルのウォーキングと同等のエネルギー消費には達しない。言いかえると，私たちの研究で募集した対象者は，起きている時間を座位もしくは家や会社の周りでゆっくりとした動きの仕事に費やしていた。彼らは，座位中心の仕事を行い，家や庭の周りにおけるほとんど作業をせず，余暇の大部分は座位中心の生活を送っている。私たちの研究に適した対象者は十分であり，対象者の確保は難しくなかった。

　過去数十年にわたる疫学的研究は，座位中心の行動の健康への危険性を明確に証明している。不活動や不健康な人は，心臓血管系疾患やインスリン非依存型糖尿病，ガンそして肥満を引き起こす可能性が高いと考えられる。加齢に伴う虚弱さの大部分は，不活動の年数，筋組織や有酸素能力の低下によるものである。多くの国々において座位中心の生活や不健康が普及し，これらの状況に関連した高い危険因子から，不活動は主要な公衆衛生学的問題になっている。

　近年まで，運動科学者は行動科学や社会科学からの原理，概念，方法にほとんど焦点を当てて

こなかった。増加する座位中心の社会において，公衆衛生学的問題に対して身体活動に関する疫学からの知見を適用するならば，この状況を変えていく必要があることは明確である。人々を活動的にさせるために，この情報を効果的な介入プログラムに適用するならば，運動への生理学的な適用の理解，あるいは座位中心や生活への不適応による健康への危険性の証明に有効である。

幸運にも，過去10年間に多くの研究者が身体活動の行動的，社会的側面に焦点を当ててきた。身体活動（あるいはおそらく不活動についても）の決定因，座位中心の生活を送る人に高いレベルの身体活動を実施・維持させる方法，心理社会的結果に果たす身体活動の効果について多くの知識が得られている。多くの研究が必要とされており，S. Biddle と N. Mutrie によって書かれたこの本は，身体活動の心理社会的側面に関心を持つすべての健康の専門家にとってたいへん有効である。

著者らは，この本の中で，現在における身体活動の心理学を幅広くレビューしている。導入部では，身体活動の歴史，不活動によって引き起こされる健康問題，そして産業国における身体活動パターンについて説明している。Biddle と Mutrie は，身体活動モデルと理論，身体活動の動機づけと態度の側面，そして身体活動についての他の心理社会的特性において権威者である。彼らは，これらのトピックをはっきりと理解しやすいようにレビューしている。彼らはまた，身体活動とメンタルヘルスおよび疾患との関連についての知見をレビューし，個人や地域レベルでの介入アプローチを議論している。

このテキストは，医師や他のヘルスケア提供者，公衆衛生学の専門家，健康やフィットネスの指導者，身体活動の心理学に関心をもつすべての人に有効であろう。多くの人が本書で扱われた問題について見識を深め，より多くの効果的な社会的な運動（キャンペーン）がもっとも重大な公衆衛生学的問題の1つとして扱われるようになることが私の願いである。

Steven N. Blair
テキサス州ダラスクーパー研究所
ディレクター

序文

　近年では，どんな厚さの本であっても，本を書くこと自体は大仕事である。英国では，研究評価作業（Research Assessment Exercise: RAE）というシステムがあり，大学の学科はこの研究基準で評価される。RAEでは，研究を評価する主な成果として，同領域の専門家による評価が行われる。この評価によれば，テキストブックを書くことは優先順位が低い。さらに，文章を書く時間を見つけることは以前よりも難しくなっている。しかしながら，私たちは，1991年に発刊したテキストを加筆し，更新するように激励してくれた世界中の仲間，特にヨーロッパの仲間と英国スポーツ・運動科学学会（British Association of Sports and Exercise Sciences）に感謝したい。私たちが，最初に出版したテキストである「身体活動と運動の心理学」（Biddle and Mutrie, 1991）を書いた当時，学会は現在の英国スポーツ・運動科学学会ではなく，英国スポーツ科学学会（British Association of Sport Sciences）と呼ばれていた。この本が，英国スポーツ・運動科学学会の仕事として，健康のための運動に関する研究分野の中で役立つことを願っている。実のところ，私たちが初めてテキストを出版したのと同時期に，心理学的観点から見た健康に関連する運動の研究が急激に増加した。これにより，必然的に，テキストの情報，中でも1990年に発表されたメタ分析に基づくメンタルヘルス領域のレビューの情報が早くも古いものとなってしまった。加えて，悲しいことに，テキストは，北米マーケットには注目されなかった。米国において，このような運動心理学のテキストが初めて出版されたのは1992年のことである。このような理由で，今回出版した新しいテキストの作成は，長い間延期されていた。このテキストは，初めて出版したテキストを改良している間に，第2版というもの以上の内容となった。いくつかのセッションでは少ししか修正を加えていないが，私たちは，この本を独自の版権を持った新しい本だと考えるようになった。

　私たちは，1991年の本を，先輩でありペンシルバニア州立大学の教授であるDorothy V. Harris博士に記念として捧げた。運動と健康の領域に対する彼女の熱意は，本を出版するよりはるか前から，私たちのこの分野を研究し続ける動機を高めた。そして私たちは，彼女が，運動心理学の研究フィールドの質を高めるために行った私たちの努力を喜ぶだろうと考えた。したがって，この本においても，この分野における彼女の指導とリーダーシップに再び感謝を表する。加えて，Basil Ashford博士は，Biddleが研究を始めたころの先輩である。悲しいことに，彼は退職して4ヵ月も経たないうちに亡くなられた。彼も，その指導と研究活動の中で，運動心理学を促進し支援するビジョンを持っており，彼の動機づけの原動力と結びついていた。そのビジョンは，残念ながら失われた。Ashford博士のこの分野に対する貢献に感謝を表する。

すべての人が知っているように，本を書くことは生活のすべての範囲へ拡大し，肝心なときには他の活動よりも優先権を持つ。私たちは，運動心理学者として，自転車に乗ったり，スカッシュの練習や試合を行って，仕事と休養のバランスを保とうと考えた。しかしながら，この本を完成させるために，身近にいる人は多くのことを我慢しなければならなかった。Biddleの息子が，「なぜいつも働いているの」と尋ねたときに，本を早く仕上げなければならないことを悟った。この本の完成を支えてくれた家族や友人，生徒，同僚などすべての人に，「あなた方がいなかったらこの本は完成しなかった」と伝えたい。実際に，長年，一緒に仕事をしたことを誇れるような優れた学生から多くのヒントを得ている。

　Nanette Mutrieは，最終章の完成を可能にしたサバティカルを認めてくれたグラスゴー大学と，おそらく彼女がサバティカルをとることによって生じた余分な仕事を引き受けてくれた運動科学・医学センターの仲間に感謝する。Stuart Biddleは，エクセター大学には，結果としてラフバラ大学に移ることに先立って始めることになったこのテキストの助成金を与えてくれたことに感謝したい。ラフバラ大学のすばらしい環境に特に感謝する。

　たくさんの情報源から，運動や健康に関する見識を深めることができた。私たちは，保健教育局やサマセット健康局，偉大なグラスゴー健康委員会，英国心臓協会，ラフバラ大学の若手スポーツ研究所，ナイキ，デボン・ノースコット財団に支援されたプロジェクトで働くことができたことに感謝する。最後に，ラトレッジ社のスタッフのすばらしい仕事，サポート，および励ましに感謝する。

Stuart Biddle
ラフバラ大学
Nanette Mutrie
グラスゴー大学

目 次

本書の翻訳にあたって　i
まえがき　iii
序文　vii

第 I 部　導入と理論的根拠

第 1 章　導入と理論的根拠 ———— 2
身体活動，進化，そして歴史　4
キーとなる用語の定義　5
身体活動や運動に関連する政策と声明　8
身体活動と運動における健康関連の成果　11
先進諸国における身体活動のパターン　18

第 II 部　動機づけと心理学的決定因

第 2 章　身体活動の動機づけ：導入と概説 ———— 22
動機づけ視点の必要性　23
動機づけの定義と最近の研究動向　23
一般的な動機づけ理論の構成要素：運動心理学はうまく調和するか　26
身体活動に関する動機づけ研究の記述的アプローチ　28
運動に対する動機づけについての早期の研究　37

第 3 章　統制感による動機づけ ———— 43
はじめに　43
運動や健康に関わる統制感の重要性の認識　44
統制に関する研究の枠組み　44
統制の所在　47
内発的動機づけ，統制と自律性の知覚，そして運動　55
帰属と運動　67

第 4 章　私はできる　有能感と自信の感覚を通した動機づけ ———— 76
一般的な自己知覚から固有の自己知覚へ　78

第 5 章　身体活動と態度との関連 ———— 98
態度の定義　99

身体活動に対する態度：記述的アプローチ　99
　　　態度と行動を関連づける身体活動研究におけるモデルと理論　101

第6章　身体活動の理論・モデル：ステージ，局面，重複 ——— 117
　　　身体活動の決定因への重要なアプローチの概念的収束　118
　　　構成概念の収束から「ステージ」モデルへ　121

第7章　感じるものと私がいるところ：運動知覚と社会的環境 ——— 134
　　　運動知覚における生物行動学的問題　135
　　　社会的環境と運動　138

第Ⅲ部　身体活動の心理的効果

第8章　気持ちが良くなる要因：身体活動と心理的安寧 ——— 150
　　　健康関連クオリティ・オブ・ライフ　151
　　　情動と気分　152
　　　運動とセルフエスティーム　164
　　　運動と不安　168
　　　運動と非臨床的抑うつ　172
　　　運動と認知機能　175
　　　運動，人格，および適応　176
　　　運動と睡眠　178
　　　運動と更年期　179
　　　身体活動と心理的安寧：そのメカニズム　180

第9章　うつとその他の精神疾患 ——— 183
　　　はじめに　183
　　　うつ　187
　　　不安障害　198
　　　統合失調症　200
　　　アルコール依存　202
　　　薬物リハビリテーション　203
　　　運動依存　204
　　　メカニズム：うつや精神疾患における身体活動および運動の心理的恩恵に関して，
　　　どのような説明が可能か　209

第 10 章　臨床患者における運動の心理学 ———— 214
　　臨床患者を対象に仕事をすること　215

第IV部　介入，応用，将来の方向性

第 11 章　影響を与えるⅠ：個人のための介入方略 ———— 232
　　議論のための枠組み　232
　　行動変容のトランスセオレティカル・モデル　236

第 12 章　影響を与えるⅡ：組織と地域社会における介入 ———— 258
　　組織　259
　　地域　270
　　身体活動を促進させる政策的な指導と介入　278
　　種々の身体活動介入の統合　279

第 13 章　結論と将来の展望 ———— 283
　　身体活動と運動の決定因：主な結果のまとめ　284
　　運動の心理的成果：主な結果のまとめ　287
　　身体活動増強のための介入：主な結果のまとめ　288
　　総合的見解　289

引用文献　290
用語解説　318
さくいん　321

第Ⅰ部
導入と理論的根拠

第1章　導入と理論的根拠

第1章

導入と理論的根拠

健康をもたらす身体活動へのコミットメントを重視し，国民の健康改善に努めなければならない。

米国公衆衛生局長官　Audrey F. Manley
(Department of Health and Human Services, 1996)

◆ 章の目的

本章の目的は，身体活動，運動，そして健康に関する研究のキーとなる概念を紹介することである。本章以降は，心理的決定因，心理的安寧，そして身体活動を増強させるための介入という内容から構成されている。したがって，本章は，次章から始まる広範囲にわたる内容の前置き部分にあたる。特に本章では，以下のことを目的としている。

- 現在の身体活動および健康行動に関する人類の進化や歴史について簡潔に概説する。
- キーとなる用語を定義する。
- 身体活動と運動に関する最近の政策や声明を概説する。
- 身体活動や運動と様々な健康成果やリスクに関する研究成果を要約する。
- 主要国における身体活動の普及と傾向をレビューする。

本書は，身体活動の様々な様式が健康をもたらすという信念に基づいて書かれている。私たちはこれまでの長い期間，身体活動の増強に関して興味を持っており，その結果として，このテーマに関する (Biddle and Mutrie, 1991) 第2版のテキストとして本書を発刊した。ところで，これまでの研究は，身体活動の健康に与える効果の生物学的メカニズムを確認することに多くの時間が費やされてきたように思う。このこと自体は素晴らしいことであり，必要不可欠なことであった。しかし，なぜ人々が運動を行うのか，あるいは行わないのか，また心理的恩恵は得られるのか，身体活動増強の最良の方法は何かという問題について，それほど労力は払われてこなかった。しかし，時代は変化している。健康に関する「医学」モデルがいまだに強く影響しているが，この10年間で「運動心理学」(Exercise Psychology) に関連する話題への関心が顕著に高まっている。1991年に出版した筆者らの著書では，1988年にカナダのトロントで開催された「運動，体力，健康に関する国際会議」の抄録集を資料として用いた (Bouchard et al., 1990)。この著書では，62の章の中から（平行線をたどるような「討論」の章を含んだものが大半であった），心理的・行動的な側面を強調した6つの章のみを抽出した。その中で，効果に関するトピックはわずか3つだけであった。しかしながら，1992年にトロントで開催された第2回目の国際会議の抄録集においては (Bouchard,

Shephard and Stephens, 1994)，71章のうち12章（合意声明を除いては）が心理的あるいは行動的な側面を扱っていた。また，その12章は，様々な行動的問題を扱っていた。

　身体活動における心理学の研究領域においてさえ，従来は競技スポーツに焦点を当てた論文がほとんどであったが，最近では，健康を目的とした運動への認識が高まってきている。たとえば，キーとなる研究ジャーナルの1つである Journal of Sport Psychology のタイトルは，運動研究の領域に，さらに焦点を当てるため，1988年に Journal of Sport and Exercise Psychology（JSEP）に変更された。また，スポーツ・運動心理学の動向に関する近年のレビューでは（Biddle, 1997b），2つのジャーナル（JSEP および International Journal of Sport Psychology）で，1985年から1994年までの10年以上にわたる内容が分析された。その結果，運動を扱った研究はスポーツに関連した研究と比較して非常に多く，この期間に行われた研究では最も顕著な増加を示した（およそ250％）。また，スポーツ・運動心理学研究についてコンピュータ検索を用いて検討した Tenenbaum and Bar-Eli（1995）は，「健康，体力，ウェルネス」に関する研究論文が1975年から1991年までの間に飛躍的に増加していることを示した。それらは，応用研究とあらゆるタイプの研究論文との両方である（図1-1参照）。

　したがって，本書では，スポーツ・パフォーマンスというより，むしろ健康に影響を与える身体活動に関して最新の心理学的知見のレビューを行う。普通，私たちが用いている「運動心理学」は，身体活動の構造化された側面のみに注目しているが，ここでは簡潔にその区分に関する定義を論議する。それゆえ，広い意味では少なくとも健康に影響する「身体活動」について幅広く論議することを意図している。現実的には，かなり多くの文献で運動が取り上げられているが，その理由は，運動が定量化でき，かつ研究しやすい行動であるためである。

　導入としての本章では，身体活動研究の論理的根拠，身体活動が健康に与える恩恵ついての簡潔な概要，そして身体活動の重要性を提示しているキーとなる機関からの全唱声明についての要約を述べる。そして，最後に，現代の西洋社会の人々が，どれほど活動的であるのか，あるいは，不活動的であるのかについての研究成果を概観する。本章では，身体活動における行動学的，心理学的要因の役割を検証し，評価を行う際の背景について説明する。特に，本書では，以下について述べる。

・身体活動の心理的決定因
・心理的安寧と身体活動への関与
・身体活動を増強させるための種々の介入

　最後に，心理的要因は，身体活動に影響を及ぼ

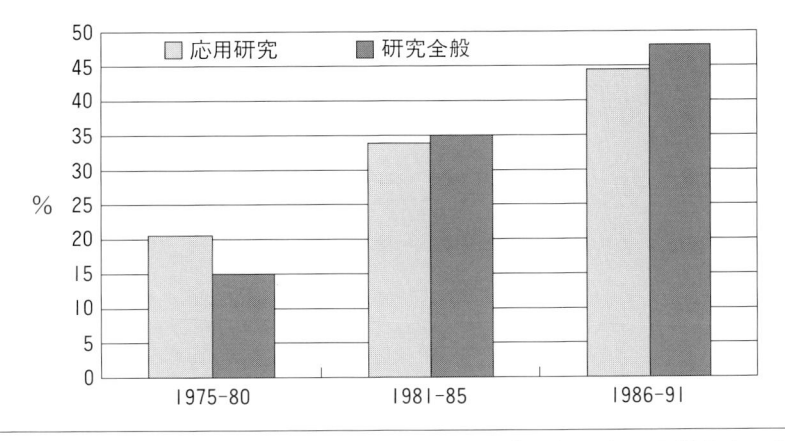

図1-1　1975年から1991年までの「健康，体力，ウェルネス」を扱った心理学論文の発刊動向（Tenenbaum and Bar-Eli, 1995 からのデータより）。図は，各年代において発刊された割合を示している。

す要因の1つであることを十分に認識する必要がある。つまり身体活動には，社会的，政治的，経済的，環境的，そして多くのその他の要因が強く影響しているからである。それらの焦点を絞った分析を行うため，現段階でまず行うことは，先行研究をレビューすることが優先事項である。

身体活動，進化，そして歴史

人気アニメ映画「ペンギンに気をつけろ！(The Wrong Trousers：1993年アカデミー賞短編アニメーション部門受賞，ニック・パーク監督，英国作品)」の中で，ウォレスは「ハイテク・ズボン」の相棒としてグルミットという犬を購入する。この映画の中では，ハイテク・ズボンとグルミットが一緒に散歩に出かけている間，ウォレスは自宅に座っているだけである。自分自身は動かず，ペットに運動をさせるようなことが，現実的にあるだろうか。ウォレスは「現代のライフスタイルに非常に役立っている」といっているが，犬から散歩を取り上げないのは一種の皮肉である。

グルミットからAstrandへ：「生活を"自然な"暮らしへと戻すことは実際にはありえないが，生物学的な遺産を考えるならば，現代のライフスタイルの内容を自分自身で見つめ直し，生活を変えることはできるかもしれない (Astrand, 1994: 103)。」これはAstrandが，現代の中心的な問題として強調するライフスタイルに注目し，人類の進化論的な観点から興味深い分析を行ったものである。私たちは，少なくとも先進国の中で現在の生活を営んでいる。この生活は，過去の長期にわたって人類が営んできたものから大きく変貌し，不健康な生活となっていることを意味している。400万年前に人類が地球上に現れてから今日までのライフスタイルに関するAstrandの分析によると，「人類が出現してからの99％以上の期間が，狩猟採集生活であり，人類は今，コントロール群が設定されないような大規模な実験にさらされている」(Astrand, 1994: 101)と結んでいる。

たとえば，Blair (1998) は，身体活動と健康との関係を理解する上で，人類の進化を考慮した4つの時期が重要であると指摘している。まず，前農耕期（およそ1万年前まで）は，狩猟，採集活動の時代である。運動レベルは高く，食事は低脂肪食の時代であった。つぎの農耕期（1万年前からおよそ19世紀の初頭まで）は，かなり高い身体活動レベルであり，食事はまだ比較的低脂肪食の時代であった。しかし，脂肪含有量が増加した時代である。

工業期（1800-1945年）には，人口増加，食糧難，公衆衛生政策の不備，そして医療機器・処置の問題を伴いながら「工業化社会」が発展した。この時期は，感染症が原因となり，若年死が高い割合を示した。しかし，この傾向は，Blair (1988) が1945年から現在までを「原子力/技術的な」時代と称した期間において逆戻りした。公衆衛生政策や医学の進歩により，「先進国」社会における感染症の減少につながっている。しかし，健康問題はただ単に原因と結果の立場で置き換えられたに過ぎない。若年死亡の主な原因は，現在では喫煙，食事，そして身体活動不足などのリスクファクターを有する冠動脈心疾患のような「ライフスタイル関連」のものとなった (Paffenbarger et al., 1994a)。Paffenbarger et al.が表現するように，現代の生活は「個人の行動によって，エネルギー摂取とエネルギー消費のどちらも決められる時代となっている (119)」。

要約すると，現在，人間は工業化社会におけるライフスタイルをとっている。このことは，人間の進化の点から考えると，まさに最近までまったく行われていなかったことである。もちろん，「健康」状態が悪化しているとは必ずしも言い切れない。これは健康の定義や評価次第であるが，寿命自体は，劇的に延びた。西洋社会における平均寿命は，20世紀の中頃までは50歳以下であったが，現在では少なくとも70歳まで期待できる (Malina, 1988)。同様に，他の身体的・精神的健康に関する指標にも改善が認められている。しかし，Malina (1988) は，このことは先進国にきわめて限られたことであると述べている。実際には，寿命と生活の質の双方を向上することに対し，国際的関心 (Department of Health, 1995) および国内的関心 (Department of Health, 1993b)

Box 1-1　運動を行う人，行わない人：身体活動の観察

　社会での身体活動に関する情報量が増えることに加えて，生活中における身体活動の観察を行うことへの関心が増加している．本章で書かれているように，過去10年間かそれ以上の期間にわたって身体活動の様式が増加したことは，疑う余地はない．実際，15年前と比べて，地域における運動教室や街をジョギングする人たちは多くみられる．社会的な風潮さえも変化しているように思える．街頭をジョギングする際に「膝を上げなさい」という言葉や「励まし」の言葉は，あまり聞かれなくなった．サイクリングでさえもファッション性の追求となっている．スポーツショップが多くなり，また，スポーツ/レジャーウェアはファッショナブルになっている．しかし，これらのことがスポーツへの参加に反映しているかどうかは，別の問題である．

　また，マスメディアも運動のメッセージを伝えている．現在，早朝にトレーニングをする「専門家」として有名な英国の'Mr. Motivator'は，テレビ，ラジオ，ビデオ，そして大衆のイベントで大きな影響を与えている．運動ビデオ，そして「ダイエット」本の内容は多少疑わしいが，売上はベストセラーのトップ10に入っている．当然，多くはクリスマスプレゼントとして買われ，それを受け取る側は，運動参加のきっかけとなっている．

　一方では，多くの人たちが積極的に不活動になろうとしている．以前，ロンドンのヒースロー空港に到着したとき，Stuartは奇妙な光景に出くわした．それは，ある乗客が左側後方の荷物置場まで行くために，動く歩道に乗ろうとして約20 m右側まで歩こうかどうかを迷っているという光景だった．確かに，数年前に比べて手間を省く機械がはるかに多くなり（電動歯ブラシは必要であろうか？），必要以上に機械化された乗り物を多く利用している．しかし，同時に地方行政では，コミュニティにサイクリングロードを造り，自動車の利用を減らし，そして公共の移動手段を増やそうとしている．これらの施策は，身体活動自体を増強するためというよりはむしろ，環境的な理由や生活の質を高めるという理由によってであるが，結果として良い方向へと向かっている．

に基づいて，明確な健康目標が立てられているのである．

　しかし，とりわけ20世紀の後半におけるライフスタイルの変化は，新たな健康問題をもたらした．つまり，「運動不足病」，あるいは身体活動不足のようなそれらに関連して生じる健康問題として，取り上げられている（Kraus and Raab, 1961）．このような運動不足に関する問題としては，メンタルヘルスの悪化，冠状動脈心疾患（CHD），肥満，腰痛，骨粗鬆症，高血圧，糖尿病，そして様々なガンがある．これらの健康指標と身体活動パターンとが互いに関連するという研究成果が急激に増加しているので，本章ではそれらとの関連についても簡潔にレビューする．

キーとなる用語の定義

　運動・スポーツ科学分野への関心が高まり，身体活動に関する様々な医学分野と医学以外の分野での連係が進んでいるものの，健康と身体活動に関する研究に用いられる専門用語は，必ずしも一致しているとは限らない．本節では，キーワードと用語の操作的定義および解説を行う．

●身体活動

　Caspersen, Powell and Christenson (1985) は，以下の3つの要素から身体活動を定義してい

- 骨格筋によって生み出された動作
- 低強度から高強度までの様々なエネルギー消費を伴う動作
- 体力との積極的な関連を有する動作

　健康成果に関する限りでは，エネルギー消費は，通常，安静時レベル以上が十分に必要である（Bouchard and Shephard, 1994）。たとえば，本書を執筆している最中（キーボードを正確に早く打つ指の動作）は，活動的であるものとみなすことができるが，この身体活動のタイプは，ほとんどの人々の健康にとってはあまりに不適切である。しかし，超高齢者や障害者といった特別の場合では，このような操作技術は機能的能力と生活の質の維持を高めることとなる。

　大半の人々が義務で仕事をしなければならない状況となり，また交通手段の自動化が進み，身体活動量が減少した。健康のために多くの身体活動量が必要であることから，余暇時間で自由に行うか，あるいは日常生活の中で意識的に取り入れなければならない。このことは，身体活動への動機づけや意志決定のような，心理的プロセスを研究することの重要性が増加している理由である。

●運動

　身体活動があらゆる動作を含むものであれば，身体活動の下位構成因や要素を理解することが有益である。Caspersen et al.（1985: 127）は，運動を以下の要因から定義している。

- 骨格筋によって生み出される動作
- 低強度から高強度までの様々なエネルギー消費を伴う動作
  （ここまでは，身体活動の定義と同様である）
- 「体力と非常に積極的な関連を有する動作」
- 「計画的で，構造化された，繰り返しのある身体動作」
- 目的が，体力の維持や改善にある動作

　運動はまた，健康度を高め，パフォーマンスを改善するという目的を有しているかもしれない（Bouchard and Shephard, 1994）。しかし，身体活動と運動の区別は，必ずしも容易ではなく，この2つの構成概念は重複している。本書では，運動はジョギング，スイミング，フィットネス活動，そしてレクリエーション活動への参加といった，組織化された余暇時間の身体活動を取り扱おうとしている。

　過去数年間，多くの人々にとって，運動はきつく，激しく，そして不快なものとしてみなされてきた。それゆえ，「アクティブ・リビング」（Killoran, Cavill, and Walker, 1994; Quinney, Gauvin and Wall, 1994）や「アクティブ・ライフスタイル」という言葉により，容認可能な，心地よいメッセージを用いて認識させ，運動を拡大する必要がある。

●スポーツ

　哲学者たちはスポーツという言葉を長い間，熱心に議論してきているが，私たちの目的のために，スポーツを運動の下位構成因として定義する。その運動は活動がルールに縛られ，構造化され，そして競争的であり，加えて身体的方略，優れた能力，チャンスなどで特徴づけられる運動動作全般を包含している（Rejeski and Brawley, 1988）。スポーツの競技的本質を，明確にすることは，難しい。実際に，英国におけるスポーツカウンシルでは，非競技的な活動（たとえば，フィットネス活動やヨガ）を扱い，「Sport for All キャンペーン」では，「伝統的な」競技スポーツよりも，さらに広い範囲の活動を扱っている。確かに，北米や英国において身体的レクリエーションや運動という言葉がより一般的であり，欧州本土では「大衆スポーツ」や「健康スポーツ」（Nitsch and Seiler, 1994）という言葉が一般的である。

●健康と安寧

　健康は本質的に多因子構造であり，身体的，精神的，そして社会的次元からなっている。中に

は，霊的（スピリチュアル）な次元を論じている人もいる。健康には，疾病がないことや安寧を高めることが含まれる。高次の積極的な健康は，ときに，「ウェルネス」あるいは，高レベルの安寧としてみなされる。これは人生や課題を楽しむ能力，あるいは困難に直面した際の適切なコーピング方略を有する高い能力などからなる積極的な身体的，情緒的安寧である。消極的な健康は疾病，罹患率，あるいは若年死によって特徴づけられる（Bouchard and Shephard, 1994）。

●体力

広い意味でいえば，体力は，筋の活動を発揮するための個々人の能力である。Caspersen et al. は，体力を「身体活動を行うための能力に関係するもので，人々がもっていたり，遂行する特質の集合体である」と定義している（Caspersen et al., 1985: 129）。この定義は，体力が現在の身体活動レベル（「人々が遂行する特質」）と一部の遺伝の機能（「人々が所有する特質」）に部分的に関連していることを示唆している。

近年，体力は健康関連の要素とパフォーマンス（スキル）関連の要素に分けて考えるのが一般的になっている（Caspersen et al., 1985）。パフォーマンス関連の体力の要素は，競技力と関連し，時にそれを「行動体力」と呼んでいる。その構成要素は，敏捷性，平衡性，協同性，パワー，反応時間，スピードから成り立っている。これらは，慢性的疾患のリスクを減らし，「健康」の質を高めるようなものではないが，高齢者の自立を高めるための間接的な，あるいは不確定の健康への恩恵はあるかもしれない。しかし，一般的にいえば，パフォーマンス関連の体力は健康関連の体力の要素とは異なり，疫学的な研究ではその違いを支持している。もちろん，スキル関連の体力は，運動スキルと運動能力に依存するスポーツやその他の活動にとっては重要である。

一方，健康関連の体力の要素は，心臓血管系能力，筋力や筋持久力，筋柔軟性，そして身体組成とみなされている（Caspersen et al., 1985）。これらの健康関連体力（HRF）の要素を高めること

は，ある特別な「健康」や疾病という結果に関連している。実際に，Pate（1988）は「体力」とは，以下の基準にしたがって，健康に関した側面の観点から定義されるべきであると主張している。

- 体力は，日々の様々な活動への快適な関わり，そして生産的な関わりをもたらすために必要となる機能的能力として考えるべきである。
- 体力は，「高いレベルでの習慣的な活動によって得られる健康に関連した成果を包括した特徴を示す指標」（Pate, 1988: 177）として考えるべきである。

しかしながら，Bouchard and Shephard（1994）は，形態，筋，運動，心臓血管系，そして代謝といった要素によって，健康関連体力の定義を拡大している。しかし本書では，健康に関して公衆衛生の視点を適用している。よって，身体活動と運動の種類や形式は，心理学的な原則に沿ってレビューされており，また研究は一般的に健康に関連するものである。運動スキル活動の発達と制御への関心，そして心理的側面に関連することについては，他の文献で言及されている（Magill 1989; Schmidt, 1982）。競技スポーツに関しても同様に，身体活動および運動について一般的な健康の側面以外については，含まれていない。これについても，他の文献を参照して頂きたい（Biddle 1995b; Singer, Murphey, and Tennant, 1993）。

●決定因

私たちは，運動や身体活動への参加に影響を及ぼす，あるいは，影響する可能性がある要因について「決定因」という言葉を使ってきた。この言葉は，文献の中ではよく用いられる専門用語になってきたが，この決定因という名のもとで議論されてきた多くの要因は，実は決定因ではないか，あるいは，真の決定因ではない可能性があることに留意しなければならない。言い換えると，データは関係性を示すかもしれないが，その情報は必ずしも因果関係を表わしているものではないとい

うことである。つまり，先行要因や関連要因という言葉の使用が適切であるが，現在は，決定因という言葉が，広く用いられている。

身体活動や運動に関連する政策と声明

多くの機関が，身体活動を含む健康行動に関する声明や政策文書を作成している。この声明や文書の作成は，現代社会に見られる罹病率や若年死亡率の変化への関心が増えていることを反映している。この点に関して2大プロジェクトが世界保健機関（WHO）と米国公衆衛生局から提出されている。加えて，他の多くの国々の機関も声明を発表し，身体活動の実質的な増強が図られている。

●Health for All 2000

WHOは欧州地域において，1985年に「Health for All」という達成目標を発表したが，1986年に，「Targets for Health for All」へと改訂された。この本の中では，「欧州地域に住む人々を対象に，2000年までに達成できるような健康面の改善点を明示し，その改善を保証するための行動を提案すること，という健康な生活を送る上での基本的要件を設定している」（世界保健機関，1986：1）。大まかにいえば，WHOは達成が望まれる健康成果について，4つの次元を指摘している。それらは，健康が万民に平等であること，「年齢に応じた生活」を送ること，「生活に応じて健康」であること，そして生活に応じて年齢を重ねることである。さらにいえば，2000年までに38の達成目標が概要として述べられている。その中で，特に運動研究者にとって興味深い内容を表1-1に要約している。

このような広義の声明は，ある特定の国や地域に限って，明確な目標を持った場合のみ効果的なのである。しかしながら，このような声明は，将来の予防的な健康実践のために多大な役割を果たすものと認識すべきであろう。

●英国におけるHealth of the Nation/Our Healthier Nation

当時の英国政府によるイングランド主導の「Health of the Nation (HON) 政策（Department of Health, 1993b）」は，イングランドのヘルスケアやヘルスプロモーションへのアプローチに

表1-1　WHOが採択したHealth for All 2000における身体活動関連の目標

目標番号	目標
9	循環器系の疾病：2000年までに，65歳以下人口の循環器系疾病による地域[1]の死亡率を少なくとも15％までに減らすこと
13	健康的な公共政策：1990年までに，すべての構成国[2]の国家政策において，政策作成のあらゆるレベルで市民の効果的な参加を促し，そして健康的なライフスタイルを増進するために，幅広い分野間のサポートや資源のような行政的，経済的メカニズムを提供し，法律の制定を保証すること
15	健康行動の知識と動機づけ：1990年までに，すべての構成国家における教育的プログラムでは健康の獲得および維持のための市民の知識，動機づけ，スキルを向上させること
16	積極的な健康行動：1995年までに，すべての構成国家では，バランスの取れた栄養摂取，禁煙，適切な身体活動の実施，そして適切なストレスマネジメントの実施といった積極的な健康行動を顕著に増加すること
32	研究方略：1990年以前にすべての構成国は「Health for All」の発展を支援するために必要な知識の応用や拡大を図るための調査を実施する際の共通的な研究方略を確立すること

付記
1　地域：ヨーロッパ
2　構成国：WHOに加盟する33のヨーロッパ諸国（World Health Organization 1986を参照）

顕著な変化をもたらした。これについては，12章で詳細な議論を行い，身体活動増強における政策について考えていくこととする。ここでは，身体活動増強への，いくつかのキーポイントを説明する。

HON の全体的な目的は，以下のようなものであった。

- 「人生に年齢を加えること」：若年死亡率の減少および平均寿命の延伸
- 「年齢に生活を加えること」：生活の質（QOL）の向上

身体活動は，冠状動脈心疾患，脳卒中に対処するための重要な要素として確認され，HON 政策の重要な5領域の内の1つである。「身体活動対策委員会（Physical Activity Task Force: PATF）」は，英国民の身体活動に推奨されている達成目標や政策を達成するために設置された。しかし，後に政府は達成目標を望まなくなり，政策を考え直すために PATF から離れることを決めた。このことにより，健康教育の権威である「Active for Life」キャンペーンや他の地域の構想が生まれたのである。

新しい労働政権は，1998年の初頭に「Our Healthier Nation」の議論書を踏まえて HON を作成した（Department of Health, 1998）。これは不健康の「根源」的要素を探すもので，健康や病気になったりすることの要因に影響を及ぼすものとして，社会の変動を考えていくことの必要性を明確にしている。

●米国における変遷：国家の健康目標および Healthy People 2000

米国政府の公衆衛生局（Department of Health and Human Services：DHHS）によって，明確な目標が作成されている（Department of Health and Human Services, 1980）。まず，DHHS は1990年代までに223の「国家の健康目標」を作成した。これは，WHO の達成目標と同様に，身体活動に関係のない項目も含まれていた。そして，DHHS は1990年に，身体活動・運動に関して11の目標を作成した。このことは，1985年のレビューにおいて，目標と達成目標についての複雑な成功パターンが明らかになったことによる（Powell et al., 1986）。

その結果，1990年に改訂された目標は「中間報告」として作成された。この新しい報告書（DHHS, 1986）では，2000年までに達成することを目指した36の運動と体力の目標が示されている。この報告書で取り上げられた心理的アプローチの視点では，特に以下の2つが重要な目標となっている。

- 「2000年までに，幼少期と青年期において様々なタイプの身体活動を行うこと，青年と成人の身体活動実施との関係を明らかにする」。
- 「2000年までに，定期的な運動プログラムの採択と継続に関連した行動スキルを明らかにする」。(Dishman, 1988b: 435)

米国の Healthy People 2000 プロジェクト（DHHS, 1991）は，36の目標を12にまとめた。これらの目標には，身体活動レベル，体育教育の内容，職場における身体活動増強，コミュニティにおける施設の有効性，そして身体活動を増強させるためのプライマリ・ケアへの介入という国家の目標が含まれている。心臓血管系体力の増強に必要とされる閾値以下の身体活動レベルの健康に及ぼす影響が注目されている。このことから，1990年の目標に比べ，Healthy People 2000 の目標では，不活動の減少と中等度の身体活動への参加を増加させることが大きく強調されている。

Healthy People 2000 の政策に加え，米国の他の主要機関も，身体活動と健康に関する影響力の強い公衆衛生局長官の報告書（DHHS, 1996）を出版した。この報告書の主要な目的は，身体活動の恩恵について科学的根拠をまとめること，そして米国国民の健康改善に向けた結論を示すことであった。この報告書に記載されている主要な結論を表1-2に示す。

表1-2 身体活動と健康に関する公衆衛生局長官の報告書から選んだ主要な結論

- 定期的な身体活動によりすべての世代の人々が恩恵を得ることができる
- ほとんど毎日の中等度の身体活動によって顕著な健康の恩恵を得ることができる
- 身体活動を行うことは若年死亡率の危険性を減らし，メンタルヘルスを改善し，また身体活動は筋，骨，そして関節のために重要である
- 米国成人の60％以上が定期的に身体活動を行っておらず，そのうち25％はまったく身体活動を行っていない

出典：Department of Health and Human Services 1996

●声明

身体活動，運動，そして体力の問題に関する多くの声明が出されている。最初の声明の1つは，成人に関するものであった。米国スポーツ医学会（American College of Sports Medicine: ACSM, 1978）は，健康的な成人の循環器系能力を増強するための基本となるガイドラインを作成した。現在，筋力や持久力，身体組成に加えて，循環器系能力に関する声明が新たに改訂されている（ACSM, 1990）。循環器系能力のために推奨される指標を以下に示す。

- 頻度：週に3-5日
- 強度：最大心拍数の60-90％，または50-85％ $\dot{V}O_{2max}$，または予備心拍数
- 時間：継続的な有酸素活動を20-60分
- 様式：継続的で，リズミカル，かつ有酸素的な大筋組織を動かす活動

後の研究により，身体活動と健康との間に段階的な容量-反応関係があることが示されている。この研究では，循環器系能力の増強や他の健康成果を目的とした「処方的」運動ではないものが，両者のより良い関係を結論づけている。このことは，中等度レベルの身体活動において見い出されており，近年，疾病対策センター（Centers for Disease Control and Prevention）とACSMの報告を受け，Pate et al.（1995）によって出された声明において示されている。その声明では，成人は30分か，それ以上の中等度の身体活動を週に数日，もしくは毎日行うべきであると書かれている。これはイングランドの「Active for Life」キャンペーンと同様である。

ACSMでは，さらに子どもおよび青少年の体力についての声明も発表している（American College of Sports Medicine, 1988）。それは，8つの具体的な提言から構成されており，以下に示すような内容を含んでいる。学校の体育教育を生涯にわたる運動習慣を意識した内容にしていくこと，運動に関する知識を向上させること，行動を変容させること，両親・地域・組織・ヘルスケアの専門家に，もっと子どもの身体活動レベルを高める役割を果たすよう働きかけること，学校の体力テストに科学的な方法を用い，その方法で規範的な基準ではなく現実的な基準で査定された健康に関連する諸側面に重点を置くこと，体力は，優れた競技能力よりも，個人の運動行動や達成できたことを評価すべきであること，である。

子どもに関する同様の声明が，英国の健康教育局の権威者とスポーツカウンシルから発表されている。それらは，子どもの身体的発育・発達，疾病の予防や健康の増進，体重，特別な欲求をもつ子ども，そして将来に向けた10の提言からなっている（Health Education Authority and Sports Council, 1988）。本書の観点からすると，これらの中で最も重要な提言は子どもを対象とした運動習慣を増強させる効果的な方策を発展させるために，さらなる研究が必要とされていることである。この声明は，かなり以前に出されているにもかかわらず，実際の取り組みはあまり進んでいないのが現状である。

欧州スポーツ心理学連盟（FEPSAC）は，子どもについてのスポーツに関する声明を作成し，下記を含む9つの提言を行った（FEPSAC, 1996）。

- 子どものスポーツは，子どもの安寧を向上させることを主な目的として実施されるべきである。
- 子どもたちのスポーツにおいて，達成動機づけ

表1-3　「身体活動,健康,安寧」に関する国際科学合意会議における合意声明の要約
(ケベック市,カナダ,1995年5月)

1. 身体活動は身体的・心理社会的健康にポジティブな影響を与える。よって,身体活動はライフ・サイクルのあらゆる段階で重要である。
2. 座位中心のライフスタイルは,様々な血管・代謝障害に影響を与える。特に,アテローム性動脈硬化症,高血圧症,そして成人発症糖尿病には多くの影響がもたらされる。定期的な身体活動の減少は血管・代謝障害のリスクとなる。
3. 身体活動は骨格筋組織の構造的・機能的要素の多くに恩恵をもたらし,機能を向上させる。それゆえ自立ができるようになり,QOLを高めることができる。本質的には,各年代における機能の低下は,エイジングというよりむしろ,身体活動の減少と不足によるものである。
4. 身体活動は大腸ガンのリスクを減らし,乳ガン発症のリスクを減らせる可能性がある。
5. 運動は,感情や心理的安寧,不安,抑うつ,そして心理的ストレスに関して一貫した恩恵効果を持ち,加えて認知的機能も高める可能性がある。
6. 工業先進国における多くの人々が座位中心の生活を送り,健康的ではない。身体的不活動は発展途上国においては少ないが,開発と都市化が続くことによって問題となる。
7. 職場,地域,そして一次ヘルスケアにおいて,いくつかの介入が身体活動の増強に成功し,行動変容のための可能性を示唆している。
8. 子ども,青少年,若年成人,中年,そして高齢者における身体活動の増強は,健康を改善し,さらに機能とQOLを高めるのに最も効果的な手段の1つである。

出典:Research Quarterly for Exercise and Sport, 1995

は,個人的な目標や自己改善目標を強調し,そして楽しみを獲得させ,新しいスキルや協力を学習,発達させ,自律性の感情を養い,形成させるべきである。

これらの提言は,子どもが経験する内容を最重視し,身体活動への動機づけと参与を高めていくことを前提としたものである。

また,運動や健康に関するその他の包括的な声明も有用なものである。たとえば,1984年には米国疾病対策センター(Public Health Reports (1985) vol. 100, issue 2の特別号として発刊)による「身体活動と運動の疫学的・公衆衛生学的側面に関するワークショップ」,1992年は米国心臓協会の声明(Fletcher et al., 1992),そしてカナダのトロントで行われた1988年と1992年の身体活動コンセンサス会議による包括的な出版物(Bouchard et al., 1990; 1994)があげられる。読者には,約70のトピックと355の「重要な研究トピック」からなるBouchard et al. (1994)の合意声明を読むことをお薦めしたい。

この声明は,1995年5月にケベック市にて開催された身体活動・スポーツに関する世界フォーラムで,WHOやUNESCOによって承認されたものであり(Research Quarterly for Exercise and Sport, 1995),身体活動,健康,そして安寧に関する簡潔なコンセンサスである。そのポイントを抜粋して表1-3に示している。

身体活動と運動における健康関連の成果

心理的決定因,心理的安寧,そして身体活動介入を理解するには,近年明らかとなってきている身体活動と健康の関連性を明確にすることが重要である。これについては,Bouchard et al. (1994)の報告によって包括的な概要を知ることができる。

●身体活動,体力および慢性疾患

身体活動と運動の健康関連の成果を扱った研究の多くは,慢性疾患と冠動脈性疾患(CHD),および肥満のように健康的リスクに関したものである。Blair et al. (1992)は,様々な疾病や健康状態,そして身体活動の効果や体力についての科学的知見をレビューしている。身体活動との関連が

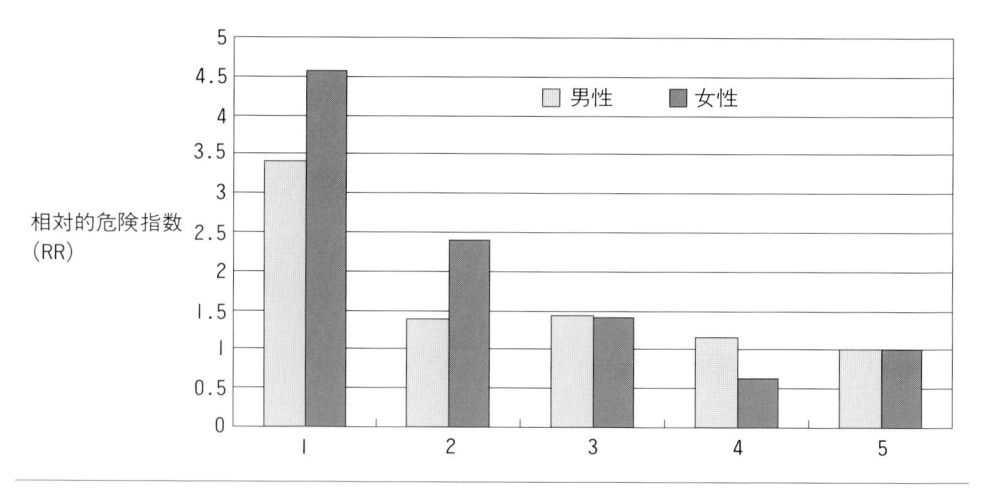

図1-2 1万人あたりの体力別による全死亡率の相対危険指数。この図から，低体力者の危険性が高いことが分かる（Blair et al., 1989）。最も体力が高い群を＝5，最も体力が低い群を＝1として表示した。

最も明確な科学的知見は，全死亡とCHDであり，ここでは「非常に強い」関連が示されている。高血圧，肥満，大腸ガン，インスリン非依存性糖尿病（NIDDM），骨粗鬆症，そして機能適応については「強い」関連が示されている。

全死亡

フィンランド（Salonen et al., 1983）および米国（Paffenbarger et al., 1986）において行われた大規模研究では，活動的な人々は若年死亡が少ない傾向にあり，寿命が長いことが報告されている。前向き疫学研究では，座位中心の生活を営む管理職は，有病率と全死亡の危険性が少なくとも2倍となることが示されている（Powell and Blair, 1994）。また，この研究は，単なる身体活動というよりはむしろ，体力が評価された事例である。たとえば，Blair et al.（1989）はダラスのエアロビックセンターでの縦断的研究において，男性10,000名と女性3,000名以上を対象，最大下トレッドミルテストの結果に基づいて5つの体力群に分類した。その結果，年齢を補正した全死亡率は，低体力群が有意に高い危険性を示した。この結果は，図1-2に示している。なお，最も体力の高い群（5）は，1.0という相対危険指数が示されている。

Paffenbarger et al.は「寿命の延長と比較すると，若年死亡の危険性に関する研究成果は，適度に激しいスポーツを実施するか，あるいは実施しないか，また週あたりのエネルギー消費レベルが高いか，あるいは低いかという観点から評価された身体活動に関連している」と結論づけた（Paffenbarger et al., 1994a: 130）。

冠動脈性疾患と脳卒中

多くの研究から考えると，これまでに最も関心が示されているのは，CHD発症の危険性と身体活動の関係である。多くの先進諸国においては，CHDが主要な健康問題として知られている。たとえば，イングランドとウェールズにおいて，CHDは男女の主要な死因であり，入院患者はガンについで2番目に高い数値を示している。また，就労基準によると，心臓血管系の障害は2番目に位置づけられている。英国では，CHDによる若年死が他国に比べて非常に高く，全国保険サービスでは1年間に何億ポンドもの費用がかかっている（Barker and Rose, 1990）。

疫学的研究からみた因果関係

Powell et al.（1987）は，身体活動レベルにおけるCHDの相対危険性や「オッズ比」を算出するのに，十分な基準を満たしている43の研究を検討した。

身体活動とCHDの罹患率との間には一貫して逆の関係がみられる。適切にデザインされた研究では，特にその関係は顕著に示されている。身体活動とCHDの罹患率との関係は，これまでの知見どおり，法則的にも，生物的にも一貫しているといえる。したがって，これまでの研究で報告された知見をまとめると，身体活動がCHDの罹患率とは逆の，そして因果関係にあるという結論となる。

(Powell et al., 1987: 283)

　このレビューは，研究者が身体活動とCHD発症との間に因果関係があることを最初に述べたものであった。Powell et al. (283) は，「身体不活動が高血圧，高コレステリン血症，そして喫煙と関係しているのと同様，CHDの発症にも関係している」と主張し続けた。

　CHDと身体不活動に関する根拠の大半は，疫学的な方法を用いて蓄積されている。これは健康に関連する行動や病気を数量化したものである。特に疫学では健康問題の程度，感染の原因や形態，予防のための科学的根拠，予防や治癒に関する測定の有効性を調べるために，評価法を確立しようとしている (Casperson, 1989)。以上のことを，「身体活動疫学」の分野でも，現在確認しようとしている (Casperson, 1989; Powell, 1988; Walter and Hart, 1990)。

　CHD発症と身体活動に関する最初の研究は，英国におけるMorrisの研究や米国におけるPaffenbargerの研究といった就労時の調査であった (Morris et al., 1953; Morris et al., 1966; Paffenbarger, Wing and Hyde, 1978; Paffenbarger et al., 1986)。また，Blair (1993; 1994)，Leon (1997)，Paffenbarger et al. (1994a) がレビューしている。

　疫学的な研究は，自己選択の問題が批判される。しかし，Morris et al. (1953) による初期の研究のように，因果関係を確立することはできるが，それは連続性，一貫性，特殊性，そして容量－反応関係のように多くの基準を要する (Caspersen, 1989参照)。その研究成果によると，身体不活動とCHD発症の危険性との関係は支持されている (Blair, 1993; Leon, 1997)。

高強度か中等度強度か，体力か活動か？

　CHD発症の危険性に影響を与える運動の特性や種類もまた論議されている。Morrisの研究によると，「強度」を有する有酸素運動（ウォーキングやサイクリングのような活動はおそらく「中等度」レベルの活動である）や高強度の活動では週3回，20分間継続することがCHD発症の危険性を減らす（1分間に7.5 kcalを消費する）ことを示唆している。一方，Paffenbargerとその共同研究者らは，運動強度よりもむしろ余暇時間の総エネルギー消費量のほうを強調している。Paffenbargerによって行われたハーバード大学卒業生の研究では，余暇時間の消費カロリーが2,000 kcal以下の人は2,000 kcal以上の人々よりもCHDによる若年死亡率の危険性が明らかに高いことが示された (Paffenbarger et al., 1994a参照)。

　また，体力あるいは身体活動習慣がCHD発症の危険性を低下させるために，重要かどうかを検討するという問題が残っている (Blair, 1993)。この点に関し，Morris, Everett, and Semmenceのレビューでは，以下のように述べられている：

　本研究における主な知見は，筋全体を動かすような長期間の強度を有する定期的な有酸素運動がCHDの罹患率を低下させるということである。この種の運動は，「体力」やその主要な構成要素である有酸素パワー，あるいは$\dot{V}O_{2max}$といった有酸素能力やスタミナ，持久力を改善させる。

(Morris et al., 1987: 15)

　この知見について，MorrisはCHDの予防に関して，体力が関係しているという仮説を確信している。しかしながら，彼の研究は，体力というよりもむしろ活動を測定することであり，体力がCHDを予防するという仮説は実証されていない。

　就労時間や余暇時間とCHD発症の関係を調べた疫学的な研究では，身体活動とCHD発症が関係するという仮説を支持しているが，健康的な男女を対象とした大規模な前向き研究でも，体力が高いとCHDの発症が低いという仮説を支持して

いる（Blair et al., 1989；図1-2参照）。それゆえ，体力（少なくとも循環器系の体力）と習慣的な身体活動の両方が成人のCHD発症の危険性に負の相関を示していると考えられる。Blair（1993）によると，体力に関する研究では，身体活動に関する研究よりも死亡率において強い負の相関が示されていると結論づけている。この知見は体力と比較して身体活動の測定が難しいという理由によるのかもしれない。

また，身体活動の増加は，CHDの危険性が低下することに関連している。たとえば，男子ハーバード大学卒業生におけるPaffenbarger et al.（1993）の追跡調査では，1962年あるいは1966年に座位中心であった人々が，後の1977年まで中等度の強度から高強度のスポーツ活動を始めると，健康への影響が強かったことが示されている。1962年/1966年の修正済みの相対危険指数を1とすると，1977年の時点で活動的であった人はCHDの危険指数が0.6以下を示し，禁煙と同じくらいの危険性の低下であった。エアロビックセンターの研究でも同様の結果が得られ，「座位中心の習慣は，早期における死の危険性を増加させ，中年期で活動プログラムを始めると冠動脈疾患を予防することができる」とBlairは指摘している（Blair, 1993: 371）。

●他の健康成果

身体活動を行う利点の1つとして，多くの健康指標に影響を与えることがあげられる。ここではその代表として，高血圧，肥満，糖尿病，免疫機能，筋骨格系の健康，さらにメンタルヘルスについて簡潔にレビューを行っていく。

高血圧

運動が高血圧に良い効果を与え，また身体活動の不足が高血圧の主要なリスクファクターであることが報告されている（Bouchard and Despres, 1995; Fagard and Tipton, 1994）。また，中等度強度の有酸素運動を行った結果，最高血圧値と最低血圧値が正常な人で3/3 mmHg，高血圧気味の人で約6/7 mmHg，高血圧症の人で10/8 mmHgの低下が認められた（Fagard and Tipson, 1994）。もし，このような効果が高血圧気味の人や高血圧症の人全般でみられるとしたら，公衆衛生学上大きな恩恵となる。たとえば，英国保健省は2005年までに，成人の最高血圧を5 mmHg下げることを目標にしている。もしこれが達成されれば，結果としてCHDと脳卒中が10％低下すると推測されている（Department of Health, 1993b）。

肥満

Body Mass Index（BMI：体重（kg）を身長（m）の2乗で割って算出する）が30以上であれば肥満とされる（British Nutrition Foundation, 1999）。英国保健者（1993）によると，英国成人の10％以上が肥満であり，図1-3（Department of Health, 1995）から明らかなように，その割合

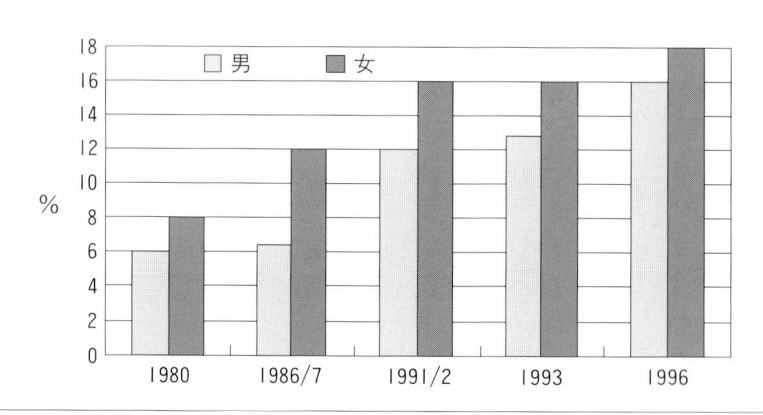

図1-3　1980年から1996年までの各年代における英国成人男女の肥満（BMI＞30）の人の割合（Fehily, 1999; Department of Health, 1995）

は現在も増え続けている。Fehily et al.（1999）の報告によると，1996年のデータでは英国男性の16％，女性の18％が肥満である。もしこれが事実なら，肥満の有病率は今後16年間で2倍以上になることが推測される。HONは，2005年までに肥満レベルを少なくとも男性で25％，女性で33％減少させ，肥満に分類される者が1980年と同じ，男性6％，女性8％になることを目標に掲げている。

もし英国で現在の割合がこのまま続くとしたら，2005年までに女性の24％，男性の18％が病的な肥満に陥ってしまう。1970年から1990年にかけてエネルギー消費量の低下がみられるが（Prentice and Jebb, 1995），肥満の主な原因は身体的不活動であることが示唆されている（Fox, 1999a）。過体重と肥満の増加は，先進諸国にとって世界規模の問題である（Flegal, 1999）。

エネルギーは主に身体活動を行うことで消費されるが，運動と体脂肪との関係は複雑な様相を呈している（Fox, 1999a; Grundy Bouchard et al., 1999; Hill, Drougas and Peters, 1994）。それにもかかわらず通常の食事摂取量で考えると，運動で消費できるカロリーは少ないが，体脂肪レベルを調整するために運動を行うということが推奨されている（Fox, 1992; Fox, 1999b）。

Hill et al.（1994）は，身体活動が中程度の肥満に役立ち，不活動であることが肥満の進行に影響することを報告している。しかしながら，不活動のみが肥満の原因であるとは考えていない。実際に重度の肥満者は，大きな効果をもたらす十分なだけの身体活動を頻繁に行うことは困難である。Atkinson and Walberg-Rankinは，「重度の肥満者を対象にした運動の効果についての研究では，身体組成と代謝率の関係は一致していない」と報告している（Atkinson and Walberg-Rankin, 1994: 709）。しかし，そうでない人にとっては，身体活動は長期間にわたって上手く減量していくための最良の方法である（Bouchard and Despres, 1995）。以上のことから，身体活動は体重の増加を防ぐには最も優れているといえるだろう。Williamson et al.（1993）は，大規模な前向き研究を行い，10年間で中程度（8～13 kg），重度（13 kg以上），および体重増加に伴う危険度を算出した。その結果，活動が少ない男性は中程度の体重増加の割合が4倍に，活動が少ない女性は重度の体重増加の割合が7倍になっていた。

糖尿病

Berg（1986）は，1921年のインスリンの発見に先駆けて，運動が糖尿病として治療に推奨されていたことを報告している。実際に，食事，インスリン，運動という「治療の3要素」は，糖尿病の治療としてよく用いられている（Cantu, 1982）。糖尿病に対する運動のポジティブな効果はよく実証されているが（Giacca et al., 1994），独立変数として運動を扱った実験的研究はほとんどみられない。それに加え，運動と代謝制御の関係は非常に複雑である（Vranic and Wasserman, 1990）。

糖尿病は小児期あるいは成人期に発症する代謝障害である。I型（インスリン依存型）糖尿病は，II型（インスリン非依存型；NIDDM）糖尿病よりも一般的に少ないが，運動はどちらの型にも効果をもたらす。Berg（1986）は，糖尿病に対する運動の利点として，血糖値の改善，運動中における低血糖の低減，脂肪代謝の効率の向上，I型糖尿病のインスリン依存の軽減，II型糖尿病の血糖値を制御するインスリン量の低減，体重減少という6点をあげている。同様に，Bouchard and Despres（1995）は，身体活動や運動がインスリン感受性を高めて血漿中のインスリンレベルを低下させ，グルコース耐性を増強することを明らかにしている。したがって，たとえ過体重の人であっても，身体活動によって成人期の糖尿病罹患率が減少することを意味している。グルコース耐性は加齢と肥満によって低下するが，運動はこの低下を遅らせることが示されている（Fentem, Bassey and Turnbull, 1988）。

Giacca et al.（1994）は，身体活動がI型糖尿病への心理的・身体的な恩恵があることを指摘している。また，Gudat, Berger and Lefebvre（1994）は，II型糖尿病患者が身体活動を行うことには懸念を示しているが，グルコース耐性に問題のある患者あるいはII型糖尿病の初期段階にあ

る患者に対しては，運動がグルコース耐性を改善する可能性があることを指摘している。横断的研究では，身体活動が糖尿病の罹患率と負の相関にあることが示されており（Manson, Rimm and Stampfer, 1991），また，15年間にわたる前向き研究では，余暇時間の身体活動がⅡ型糖尿病の進行と負の相関にあることが示されている（Helmrick et al., 1991）。

免疫機能とガン

Paffenbarger et al. (1986) によって，運動と全死亡率との関係が実証されている。CHDに関しては，身体活動レベルと死亡率との間に明確な関連がみられるが，ある特定のガンと運動レベルについてもまた，はっきりとした関連が見出されている（Lee, 1994）。しかしながら，ガンの種類や原因は複雑であるため，運動との関連を確認することは研究者にとって困難な問題である。しかし，Lee (1995) は，身体活動と結腸ガンとの間に因果関係があり，負の相関を示すと報告している。また，身体活動は乳ガンの危険性の低下と関係があったことが，調査研究で認められた（Lee, 1995）。

ガンと身体活動の関係に注がれる多くの関心に加えて，近年，免疫機能と身体活動の関係も注目されている（Lee, 1995; Mackinnon, 1989）。中等度強度の運動は免疫機能を高めることが示されているが，高強度のトレーニングは免疫機能を低下させ，気道部位の感染症の危険性を高める可能性がある（Lee, 1995; Nieman, 1994）。

機能的な能力と筋骨格系の健康

Vuori (1995) は，十分な機能をもった筋骨格システムは生活をするにあたり非常に重要なものであり，また加齢による機能的な能力の低下は不活動によるものであると述べている。先進諸国の人々の寿命が伸びるにつれ，このような問題はますます重要になる可能性がある。たとえば，イングランドでは家庭における不慮の事故の70％が65歳以上の人々に起こっており，その事故の65％が転倒である（Department of Health, 1993b）。高齢者にとって，機能的な能力を維持・向上させることは，前述したような事故を防ぎ，生活の質を改善するために重要な要素である。

骨粗鬆症

過度に骨量が減少すると骨折しやすくなるが，この状態は骨粗鬆症として知られている。高齢者，特に閉経後の女性に多く見られ，こうした時期の人の骨量は，年間約1％から2-3％減少する（Smith, Smith and Gilligan, 1990）。Fentem et al. (1988) は身体活動が骨密度と関係し，その密度は運動することで改善できると報告している。骨粗鬆症を予防するための最適な運動強度や頻度はまだ明らかにされていないが，ウォーキングのような体重負荷型の活動が，その危険性を低下させるのに最適であると考えられている（Smith et al., 1990）。一方で，アスリートが経験するような激しい負荷をかけるトレーニングは，骨粗鬆症の発症を高める可能性がある。

身体活動によって閉経後の骨量の減少を防ぐことはできないが，若年者や中年者の骨量を増加させたり，維持したりするのには効果をもたらす。しかし，運動がホルモン補充療法の代替になるということを示す知見はない（Biering-Sorensen et al., 1994）。

腰痛

腰痛によって医学的な治療を求める者は成人の約10％に過ぎないが，生活の中で腰痛に悩まされるという人は80％以上にものぼると報告されている。イングランドとウェールズでは，仕事を休んだ人の理由の約10％が腰痛によるものであるという。

腰痛の予防やリハビリテーションとして，筋力，持久力，柔軟性を改善することが広く推奨されているにもかかわらず，筋力をつけることが腰痛を防ぐという研究成果はほとんどない（Bearing et al., 1994; Powell, 1988）。しかし，中等度強度の運動を含むに健康的なライフスタイルと腰痛との間には若干の関係が認められている（Nachemson, 1990; Vuori, 1995）。腰痛という難しい症状に効果的な処方を見出すには，さらなる研究が必要とされているが，今のところストレッチ

(Bearing-Sorensen et al., 1994) や下肢筋を強化 (Carpenter and Nelson, 1999) するような身体活動が薦められている。

メンタルヘルスと心理的安寧

運動とメンタルヘルスとの関係は，何世紀もの間，検討されてきた。現在までに複雑なプロセスを辿りながら多くのデータが蓄積され，ここ2，3年の間にその関係はかなり明確化されてきた。このトピックについては，8章から10章で扱われているため，ここでは要約にとどめることにする。

これまでの臨床的，疫学的な研究，またナラティブ・レビューやメタ分析のレビューによると，身体活動や運動には，以下のような効果があることが示されている。

- 不安の低減やストレス反応に，低から中程度のポジティブな効果をもたらす。
- 軽度の抑うつに，中から高程度のポジティブな効果をもたらす。
- 自己知覚，気分，そして心理的安寧に，中程度のポジティブな効果をもたらす。
- 認知機能と心理的適応に，ポジティブな効果をもたらす。

●運動と身体活動の危険性

これまでの研究成果では，身体活動の一般的な恩恵を明らかにしているものの，運動中に健康上のリスクが高まっていくという逆の作用を及ぼす状況もある。

運動の危険性の例としてよくあげられるのは，急性心停止と筋骨格系の障害である（Siscoick, 1990）。急性心停止の危険性は運動強度が強くなるにつれて高まっていくが，結果としてみると，運動が心臓にもたらす危険性よりも恩恵のほうが大きいといえる。Siscoick et al. (1984) は，高強度の運動を毎週20分以上行っていた男性は，あらゆる危険性，特に心停止に至っては座位中心の人々の40％であることを報告している。それゆえ，運動には若干の危険性を伴うが，心臓に及ぼす運動の長期的な効果のほうが上回っている。

水泳，ランニング，サイクリング，美容体操，ラケットスポーツに関して臨床的な研究が行われ，多くの障害が起こっていることが確認されているが，運動が筋骨格に及ぼす危険性に関する知見は少ない（Koplan, Siscovick and Goldbaum, 1985; Pate and Macera, 1994）。その理由として，最近まで疫学的な方法は一般的に用いられていなかったからである。Blair, Kohl and Goodyear (1987) は，ランニング障害について，3つの母集団を用いて研究を行った。第1の研究では，24％のランナーが過去に障害を経験しており，その割合は体重や走行距離が増えるとともに増加した。第2の研究では，Blair et al. (1987) が予防医学のクリニックでランナーと非ランナーを比較した結果，ランナーは膝の障害のみが有意に高かった。最後に，職場の人々を対象にした研究では，障害の危険性は加齢やBMIなど多くの要因と関係があった。

摂食障害あるいは運動依存のように，運動に伴うメンタルヘルスの問題がいくつか確認されている。Polivy (1994) は運動依存に関する11の研究を検討し，人によって運動は実際に強制的な行動となっていると述べている。このような運動は，障害，疲労，病気，そして精神障害の危険性を高める可能性がある。しかしながら，運動依存の有病率は知られておらず，その数は非常に少ないと思われる（Szabo, 2000）。身体活動が及ぼすネガティブな心理的作用については，9章で詳しく議論されている。

●身体活動と他の健康行動との関係

近年，身体活動の研究者が関心を持っている問題は，身体活動が栄養管理や禁煙のような他の健康行動と関連があるかどうかということである。余暇の身体活動に関する文献のレビューで，Wankel and Sefton (1994) は，以下のような知見を得ている。

- 身体活動と喫煙行動の間には，若干の負の関係がある。

- 非肥満者における身体活動レベルが上がると，カロリー摂取量も増加する。
- 人は活動的になればなるほど，よりバランスの取れた食生活をし，この傾向はランナーのような活動的な人に強くみられる。
- 身体活動とアルコール消費量に関係性はみられない。
- 身体活動とシートベルト着用などの予防的な健康行動に，若干の相関がみられる。

しかし，2,400名のベルギー成人を対象にした最新の大規模な研究では，身体活動は他の健康行動と関連がないことがクラスター分析を用いて示されている（De Bourdeaudhuij and Van Oost, 1999）。

先進諸国における身体活動のパターン

身体活動による健康成果は，何らかのリスクも示されてはいるものの，公衆衛生上，非常に大きな利益をもたらすことが分かっている。しかし，その影響は人々が活動的であるかどうかによる。このことから，身体活動のパターンを確認することが公衆衛生を導くためのプランづくりには重要となってくる（Casperson, Merritt and Stephens, 1994）。

●身体活動の測定と調査

身体活動レベルを測定するという問題を軽視すべきではない。身体活動の測定は，大規模調査を用いた場合でも信頼性に乏しい（Sallis and Owen, 1999）。疫学研究における身体活動評価方法のレビューの中で，LaPorte, Montoye and Casperson（1985）は30以上の様々な身体活動評価方法を確認している。しかし，大規模サンプルに基づいた調査では，活動を思い出して調査するため，幾分の変動があることは致し方のないことである。心拍数や動きをモニターするような身体的指標は小規模なサンプルでは可能であるが，それには限界がある（Durnin, 1990）。身体活動を評価する方法には，どんな場合にも共通するような方法はない（Ainsworth, Montoye and Leon, 1994）。

●身体活動の流行

人々の活動レベルの評価は，用いられる方法によって大きく異なると考えられる。同様に，活動量を定義した基準は，報告された活動レベルと逆の関係があるということもありうる。言い換えれば，活動的であるとする基準がより厳しいものとなれば，それに分類される人の数も減少せざるを得ないということである。このような理由から，Stephens, Jacobs and White（1985）は休日の8日間について，国民の身体活動を分析した。そこでは，人々の身体活動のレベルは15％から78％まで，実に多様であることが判明した。しかし，北米では人口の約20％が，心臓血管系の機能に効果を与えるのに十分な強度と頻度で余暇に身体活動を行っているとし，一方，40％の人が座位中心の生活を送っていると彼らは報告している。その他の40％は，何らかの健康的な恩恵が得られる程度の中強度あるいは断続的な運動を行っているということであった。

しかし，国際的な比較では，オーストラリア，カナダ，英国，そして米国の「有酸素運動」を行っている者の割合は5％から15％であり，「中等度強度の運動」は29％から51％である（フィンランドのデータを含む）。同様に，これらの国々における座位中心的な生活を送る成人の割合は43％から15％であろうと推定される（Stephens and Caspersen, 1994）。身体活動パターンの調査によると，活動レベルは，男性で，若く，高学歴/社会的地位の高い人で最も高いことが示されている（Stephens and Caspersen, 1994）。Oja（1995）は，カナダ，英国，フィンランド，ドイツ，スウェーデンのデータから，「健康を高める身体活動」を行っている人の割合は，スウェーデンで約20％，カナダとイングランドでほぼ50％，フィンランドでは約30％であったと報告している。

英国の連邦ダンバー国民体力調査（ADNFS）

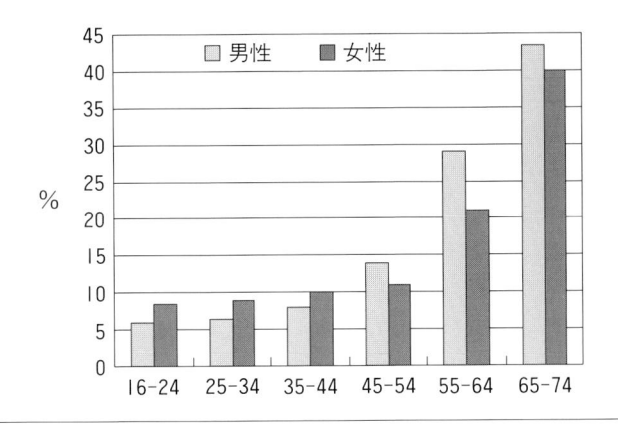

図1-4 英国成人における「全く運動を行っていない人」を年代別に示した割合
（Allied Dunber National Fitness Survey）

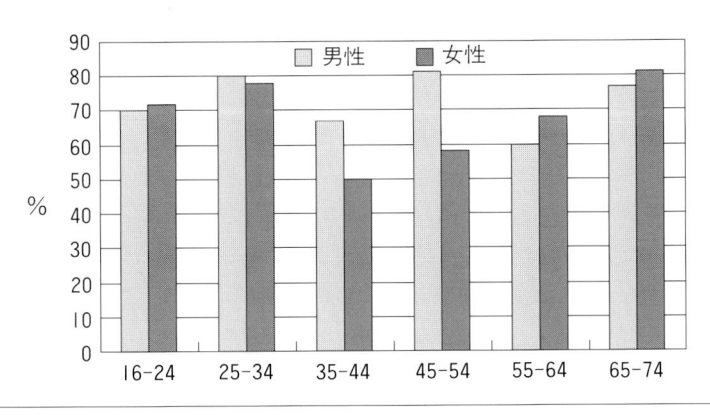

図1-5 健康的とされる「身体活動の規準」に達していない英国成人の各年代別の割合
（Allied Dunber National Fitness Survey）

のデータ（Sports Council and Health Education Authority 1992）では，加齢とともに座位中心の生活を送る人が劇的に増加することが示されている（図1-4参照）。さらに，ほとんどの男女が健康的とされる「活動の最低基準」に達していない（図1-5参照）。

● 身体活動の一時的な傾向

Stephens（1987）は，北米の成人が以前に比べ活動的になっているか否かを調査した。その際，余暇の身体活動に関する全国的な統計調査，質的調査，スポーツ雑誌から得られた傾向といった3つの情報源を用いている。そこで彼は，「成人の余暇活動の傾向を判断するのに，完全な統計的データは存在しない」と述べている（Stephens, 1987: 102）。しかし，1970年代と1980年代の間で活動は，方法論的な問題があるにもかかわらず，増加したことが示唆されている。さらに，下記の要因が確認された。

・女性の活動レベルは，男性よりも増加していた。
・50歳以上の成人は，若年層よりも活動が増加していた。
・活動の増加は，低あるいは中等度強度の活動に限定されない。

先進諸国のデータから，座位中心的な行動は減少し，中等度あるいは高強度の活動が増加したことが示された。Stephens and Casperson（1994）は，過去10年間の傾向として，座位中心の生活を送る人は中等度の活動を行うようになり，高強度の活動を行う割合はそれほど変化していないと

報告した。しかし，Casperson et al. (1994) は，高強度の活動を行う人の割合がオーストラリアとカナダで急激に高まっていることを指摘した。また，Oja (1995) は，ウォーキング，ゴルフ，クロスカントリースキー，スイミングのような中等度の強度運動が主に増加していることを明らかにした。たとえば，フィンランドでは高強度の活動を行う人の割合は減少し続けている。

以上のことにより，過去10年間は，身体活動において好ましい傾向にあるにもかかわらず，先進諸国の成人のほとんどは，最適な健康利益を得るために十分な活動を行ってはいないことが分った (Oja, 1995)。さらに，高齢者，教育水準の低い人，収入の少ない人が不活動の傾向にあることが示されている (Owen and Bauman, 1992)。

❖ まとめと結論

　適切な身体活動を行う，あらゆる年代の人々の健康に恩恵をもたらすことが科学的に証明されている。そこで本書では，身体活動に影響を及ぼす心理的要因と，身体活動の心理的効果について考察を行った。これらの結果をよく理解することによって，身体活動への参加率を高め，座位中心の生活を送る人を減少させ，公衆衛生上の恩恵をもたらすことができる。

　本章では，身体活動の決定因，安寧，介入に影響を与えている心理的問題を議論するための前提として，身体活動に関するトピックを紹介し，特に以下のことを提供してきた。

- 近年の身体活動，健康行動，そしてその結果に影響を与える人類の進化や歴史に関する概略
- 身体活動，運動，体力，健康などの用語についての定義
- 身体活動や運動に関してキーとなる陳述
- 様々な健康成果・危険性と身体活動・運動に関連する研究成果の要約
- 各国における身体活動の普及率とその傾向に関する情報

以上の要約から，以下のことが結論づけられる。

- 西洋社会に暮らす人々は，過去とはまったく異なるライフスタイルを送っており，身体的不活動は現代の疾病の主要因となっている可能性がある。
- 多くの国々や国際的な機関が政策や提言を公表し，身体活動は重要な健康行動として示されている。
- 身体活動は，全死亡率，CHD，高血圧，中程度の肥満，糖尿病，ある種のガン，免疫機能，機能的な能力，筋骨格系の健康，そして心理的安寧といった多くの健康成果をもたらすことが示されている。
- 高強度の身体活動は，障害や突然の心停止のような危険性を伴うが，身体的不活動であればさらに多くの危険性があることが証明されている。
- 活動的な人は，禁煙や栄養管理など他の何らかの健康行動を行う傾向がみられるが，このことに関して明確な結果は得られていない。
- 先進諸国のデータから，過去10年間で身体活動量は増加している傾向がみられるが，健康の恩恵を得るのに十分な活動量ではないことが示されている。

第Ⅱ部

動機づけと心理学的決定因

第2章　身体活動の動機づけ：導入と概説
第3章　統制感による動機づけ
第4章　私はできる 有能感と自信の感覚を通した動機づけ
第5章　身体活動と態度との関連
第6章　身体活動の理論・モデル：ステージ，局面，重複
第7章　感じるものと私がいるところ：運動知覚と社会的環境

第2章

身体活動の動機づけ

導入と概説

私たちは,自分のすることをなぜするのか。

(著名な動機づけ研究者である Deci, E. L. and Flaste, R. (1995) が書いた「自己動機づけの理解」に関する本のタイトル)

◆ 章の目的

本章の目的は,運動への参加を理解しようとして行われた初期の研究成果を紹介しながら,動機づけのキーとなる概念を紹介することである。以下の章では,特定の動機づけ理論がより詳しく論じられるであろう。特に本章では,以下のような目的がある。

- 動機づけおよびそれらの下位概念の意味を明らかにする。
- 身体活動や運動に関する研究がよりよく評価されるために,一般的動機づけ理論の原則に加えて,人間の動機づけに関する過去の研究動向について簡単に概説する。
- 身体活動のバリア(障害)となる要因を特定するとともに,子どもや大人のスポーツ参加動機および不参加理由を報告している動機づけの記述的アプローチを扱った文献について議論する。
- 自己動機づけ(self-motivation),コミットメント,他の個人差に関する変数を同定することを含めながら,身体活動や運動の「決定因」に関する研究の初期のアプローチを説明し,コメントする。

多くの健康行動を開始,維持,再開することは,身体活動においてもそうであるように,決して容易なことではない。身体活動への関与には,心理的,社会的,環境的,生物学的など複合的な影響がみられるので,それを理解しようとして1つの視点や理論あるいはアプローチを選択することは困難である。にもかかわらず,身体活動や運動への関与についての議論は,用語がどれだけ定義づけられても,必ず「動機づけ」の話題になってくる。その理由と運動やスポーツの多くの研究者が莫大な時間とエネルギーをこの話題に費やしてきたという事実とを合わせると,たとえ健康行動としての身体活動の研究や推進に進歩がみられたとしても,動機づけを理解することはきわめて重要であると思われる。本章と第Ⅱ部の以下の章では,身体活動や運動の動機づけにおいてキーとなる論点が網羅されるであろう。本章では,特に中心的な理論的視点をより詳細に扱っている以下の2つの章の前段階として,定義,限界,過去の研究動向が強調される。

動機づけ視点の必要性

　動機づけよりも人間行動の中心であると主張できるトピックスはほとんどない。たとえば，私たちは多くの行動が個人の健康なライフスタイルに有意に貢献できることを認めているが，同時に，そのような活動を開始したり維持したり，あるいは再開しようとするときには，多くの人がかなりの困難に直面している。したがって，この文脈における動機づけの研究は，学問的な興味以上のものであると思われる。また，その研究は，行動の選択や意志決定を理解するための中心に位置づいている。

　1章で議論されたように，世界保健機関（1986）は，2000年「みんなの健康（Health for All）」に対するヨーロッパ地域の方略のための目標（Target）を公表した。「健康行動への知識と動機づけ」に関する目標15および「積極的な健康行動」に関する目標16は，動機づけのプロセスを強調している。たとえば，目標16に関連する声明の中で，WHOは，「積極的な健康行動は，健康を能動的に維持しようとする個人の意識的な努力で成り立つ」（世界保健機関，1986：64）ということを示唆した。しかしながら，それらの声明は「積極的な健康行動が，健康増進政策にとって最も挑戦的な分野である（65）」ことも認めていた。明らかにこのような目標や声明は，動機づけについて，また健康行動を変えることの問題点について，時には遠まわしに，ある時にははっきりと言及しているのである。

動機づけの定義と最近の研究動向

　人間の動機づけに関する研究は，初期の頃から心理学の中心であり，多くの様々な見解をとおして発展してきた（Weiner, 1992）。Maehr and Braskamp（1986）の動機づけ構成要素は，動機づけの操作的定義として提案されるであろう。そして，その後に，現代の運動心理学で用いられている考え方や理論の歴史的背景をはっきりさせるために，人間の動機づけ理論がこれまでにどのように発展してきたのかについて簡単に概観される。

●動機づけの定義

　動機づけはしばしば方向性と強度で考えられているが，Maehr and Braskampは，以下のように述べ，より詳しい見解を示している。「動機づけに関する大部分の話題は，方向性，持続性，継続動機づけ（continuing motivation），強度，パフォーマンスと名づけた5つの行動パターンの変化を観察することから生まれる」（Maehr and Braskamp, 1986: 3）。

方向性

　Maehr and Braskampによると，動機づけの最初の指標は方向性である。方向性は，1つの選択がなされたことを意味するので，意志決定が動機づけを理解するための中心になってくる。たとえば，運動に関していえば，どちらかを選ぶような二者択一的な余暇活動の選択と同様に，運動をするかしないかという基本的な選択がある。ここに2つの重要な問題が生じる。第1は，どのくらい意識的に運動（習慣化された身体活動も含む）が選択されるのかという問題である。ある人は，他の方法で旅行する手段がないために，仕方なしに歩いたり自転車に乗ることを強いられるかもしれない。この場合には異なった心理過程が関係しているであろう。運動が体系化され，運動施設のような特定の場所や決められた時間で行われるのであれば，運動の選択に関する問題は重要である。多くの日常的な身体活動には，これは当てはまらないかもしれない。第2に，二者択一の行動選択に関する論点について考える必要がある。この論点は，運動心理学の文献にしばしば欠落していたものであった。ある人は，意識的に運動を拒否するのではなくて，優先順位の高いと思われる活動を単に選ぶのかもしれない。いくつかの身体活動の選択は，有能感（perception of competence）を高めたり，自己感覚と結びついた行動を強化しよ

うとするときに行われそうである。

しかしながら，私たちは1日中，身体活動の選択に直面していることや，有能感と無関係でいることがしばしばあることにも注目すべきである。階段を登るのかそれともエレベーターを使うのか。歩くのかそれとも車に乗るのか。いくつかの選択は，比較的ぼんやりとした意識でなされるかもしれない。このことは，健康や運動の専門家に大きな課題を与えている。

持続性

Maehr and Braskamp (1986) が示した第2の動機づけ要因である持続性は，ある課題でどのくらい集中力を維持できたのかに関係している。持続性は，つまりは動機づけのことになるが，バス路線に沿って歩いて職場に行く人のことを暗示しているのかもしれない。その人が5分後に歩くのを諦めたり，最初に利用できるバスに乗るといったときに，持続性が欠如していると推測される。もちろん持続性は，行動選択や意志決定を反映するものであり，個人にとってどれくらい重要な事柄なのかということにも関係している。さらに，ある課題での持続性は，「私は活動的な人間であるという自分のアイデンティティを確認するために，歩いている姿をみられたい」という肯定的な自己表現を強めようとして高いのかもしれない。興味あることに，Leary, Tchividjian and Kraxberger (1994) は，そのような行動はいつも健康的なものとは限らないだろうと主張した。たとえば，何人かの青年（通常は男性）にとって，筋肉質な体格への願望はかなり強いものであり，そのことが，社会的印象を強く得ようとして，筋肉増強剤のような潜在的に有害な薬の服用へと次々とつながっていく可能性がある。

継続動機づけ

継続動機づけは，休憩した後にある課題へ規則的に戻るときのことを指している。Maehr and Braskamp は，「それは，課題が不完全のまま残されているときに存在するある種の緊張状態のようであるから，人はその課題を簡単に残したままにできない (Maehr and Braskamp, 1986: 4)」と

示唆している。このような点で，何人かは体系化された運動に強くコミットしていると感じている (Szabo, 2000; Veale, 1987) いくつかの証拠がある。いわゆる運動依存の現象である（9章参照）。中程度の適度なレベルにおいて多くの人は運動の「快感」を示すが，数日間運動しないときにはそれを感じられないと報告している。

最近あまりよく理解されていない運動動機づけの1つは，継続動機づけである。運動の維持に関する蓄積された情報はあるけれども，休憩後の運動再開に関するプロセスについてはほとんど知られていない。これは，「逆戻り」あるいは「停止－開始」症候群として，6章でより詳しく議論される (Sallis and Hovel, 1990)。ほとんどの人は「逆戻り」の時期がなく運動していないことを考えると，この問題は今後の重要な研究領域になると思われる。

強度

動機づけのもう1つの指標は，行動の強さである。中程度な運動はあまり強くない動機づけ水準を必要とすることから，行動の強さは「健康増進のためにどのくらいの運動が必要ですか」という議論と関連して重要である。確かに，私たちは，「精力的な」活動に基づいた運動を奨励することは，どのような生理学上の理論的根拠があろうとも，その運動に伴って認知したあるいは実際に要求される動機づけの努力（強度）が強いために，結局は失敗に終わってしまうことがよくあるとこれまでに何回も主張してきた。つまり，そのような運動はあまりにもハードワークすぎるのである。

動機づけの強度は，気晴らしで運動している人よりも競技スポーツに参加している人と密接に関係していると主張されているが，ある活動にどのくらい自分のアイデンティティや自己を投資したのかにも関連している。これは，人々がその活動に対して支払われる外的な報酬よりもはるかに多くの時間を投資するような強く動機づけられた行動に関する Csikzentmihalyi (1975) の研究と一致するかもしれない。同様に，1週間に30マイル以上走るランニングは，「健康」に必要である

どころかそれ以上の強度であり，単純な気晴らしで「時間を費やす」ことよりも強い運動であると思われる。そのような行動や動機づけの強さは，自己や他の認知した結果を扱った広範囲な論点と関連しなければならない。

パフォーマンス

最後に，Maehr and Braskamp（1986）は，動機づけの指標としてパフォーマンスに言及しているが，これは他の指標よりも多くの問題を抱えている。彼らは，パフォーマンスが有能さや技術あるいは生理学的な要因によって単純に説明されないときに，動機づけの推論がなされると示唆している。パフォーマンスは，健康関連の身体活動や運動の文脈において，動機づけの構成要素とあまり関係しないかもしれない。

Weiner（1992）は，動機づけの基本的な質問は，人間行動の「どのようにして」よりも「なぜ」ということに関係していると示唆している。まさしくこれが，本書の中に反映されている中心的なテーマである。すなわち，なぜ身体活動が選択され，維持され，回避され，あるいは再開されるのかということである。

●歴史的背景における動機づけの位置づけ

心理学の多くの研究や理論構築と同様に，人間の動機づけ研究における主要なテーマ，論点あるいはパラダイムは，時間をかけてかなり変化してきた。初期の考えは，人間の動機づけを，機械論的なプロセスや「動因」の観点あるいは Weiner（1992）が「機械」のような比喩（machine metaphor）を使って説明した考え方を強調していた。この視点から説明される多くの行動は，ほとんどが無意識で前もって決められたものであり，固定的で決まり切ったものであり，またエネルギーの伝達の観点から説明されたものとしてみなされてきた。「機械」のバランスが崩れると，運動がそのバランスを回復しようとする。そのような理論的観点には，動機づけに関する精神分析理論，比較行動理論，社会生物学理論，動因理論，ゲシュタルト理論が含まれている。それらは特に，1950年代中頃までポピュラーであったが，いくつかの例外を持ちながら，「流星のように輝いては廃れていった」（Weiner, 1992: 149）。これらの理論をレビューした結論として，Weiner は「人間行動の他の部分は別の比喩（メタファー）で検討しなければならないが，機械理論（mechanistic theory）は，それが引き起こした莫大なデータのある部分を少しは説明できると主張されている（Weiner, 1992: 151）」と述べている。多くの運動心理学者が，動機づけ研究においてより現代に近いアプローチを選んだということは，おそらくもっともなことである。

動因に基づいた理論の人気が衰えるにつれて，動機づけを研究する心理学者は，期待―価値理論へ志向したり，Weiner（1992）が，機械ではなく自分を神のように考える「神のような比喩（メタファー）」として記述したものを選ぶようになった。人間は，「すべてを知っている（all-knowing）」存在としてみなされ，可能な行動の選択について十分な情報を得て，完全な理性を持ち，「最も快楽的な行為」を決めることができる（Weiner, 1992: 159）。そのような理論は，有名な心理学者である Atkinson とその共同研究者によって主唱されたアプローチである達成動機づけ，統制の所在（locus of control），帰属理論を含んでいる。後者の理論は社会的認知アプローチと重複している。

このような研究系列の移行は，運動・スポーツ心理学においてはっきりとみられる。1979年から1991年までの Journal of Sport and Exercise Psychology と International Journal of Sport Psychology に掲載された動機づけに関する研究論文の内容を分析すると，帰属，自信，達成動機づけが，最も人気のある三大トピックスであった。自信（多くはセルフエフィカシーからのアプローチ）および達成動機づけ（達成目標志向性へと関心が拡大した）はともに，時が経つにつれて人気が高まってきた（Biddle, 1994a）。同様の指摘は，健康に関する現代の社会心理学研究の中でみることができる（Ogden, 1996; Stroebe and Stroebe, 1995）。

動機づけ研究のごく最近の見解でさえ，上述し

た理論の中で示唆されるように，人間は「すべてを知っている」存在ではないということを認めている。実際，Weiner（1992）は，人間は合理的な意志決定を完全にできるものではないこと，人間の情報処理能力はときどき認められるというよりかなり限定されていると述べている。それゆえに，彼は，「神のような比喩（メタファー）」から「判断する人間（person as judge）」としての比喩へと拡大したのである。このラベルは，一部の期待―価値理論と社会的認知アプローチの区別が必ずしも明確ではないが，「社会的認知」の見解と称されることの多い彼の最近の研究を説明するために用いられている。にもかかわらず，この新しいアプローチは，もしもある方法で行動したら何が起こるだろうかという単純な期待よりも，情緒や結果に対する評価を拠り所としている。Banduraは，社会的認知の立場から，人々は「内的な力で駆り立てられたり，外的な刺激によって自動的に形づけられたり統制されるのではない（Bandura, 1986: 18）」と述べている。換言すると，私たちは，行動の認知的評価，認知，環境での出来事を相補的（相補的相互）に操作し，その後の結果を予想しているのである。このアプローチの中で，Banduraは，行動の自己調整的および自己反映的側面の重要性を議論している。

> 社会的認知理論（social cognitive theory）のもう1つの顕著な特徴は，自己調整機能に中心的な役割を割り当てていることである。人は他人の好みに合わせるためだけに行動するのではない。彼らの行動の多くは，内的基準や自らの行動に対する自己評価的反応によって動機づけられ調整されている。　　　　　　　　（Bandura, 1986: 20）

このようなプロセスによって，人々はいくつかの期待あるいは願望に対して自らの行動を評価し，それに応じて行動を修正する。たとえば，ある人が現在の状態となりたい自分の状態との差を認知すると，その人は体重をコントロールするために運動へと動機づけられるかもしれない。Banduraの社会的認知アプローチの自己反映的要素は，人間行動の中心に位置している。「メタ認知（自分自身の思考について考えること）」のこの操作は，Banduraのセルフエフィカシーに関する初期の研究をとおして認められている。これは，4章でより詳しく議論されるであろう。

要約すると，現代の動機づけへの社会的認知アプローチは，自己および他者の知覚，情緒，行動結果の評価に基づく意志決定などを強調しているということである。Weiner（1992）の比喩（メタファー）に戻って考えると，「判断する人間」と称されるアプローチは，実際には，「すべてを知っている」として記述されたアプローチとかなり重複していて概念的にもよく似ているのである。そして，最近の健康・運動・スポーツ心理学における理論構築には，これら両方のアプローチが重要だと考えられてきた。その理論構築には，本書で述べられているセルフエフィカシー理論（self-efficacy theory），内発的動機づけと認知された自律性（perceived autonomy），コンピテンス動機づけと目標理論（goal perspectives theory）などが含まれている（Biddle, 1999b）。

一般的な動機づけ理論の構成要素：運動心理学はうまく調和するか

運動心理学における初期の多くの研究者は，彼らの研究アプローチがほとんど理論的でないと認めてきた（Rejeski, 1992; Sonstroem, 1988）。1980年代中頃以降の研究は，運動心理学者が，教育心理学，動機づけおよび社会心理学からよく知られている理論を借りることによって，より理論的に焦点が当てられるようになってきた。これは，本質的には親の養育に寄生するようなものとして批判されるであろうが，理論的でない研究が理論的なものへと代わるように，少なくとも初期の段階においては賢明なアプローチであると思われる。身体活動や運動の動機づけ研究で用いられている様々なアプローチについて議論し始めるとき，運動心理学がそのアプローチにおいてどのくらい調和するのかをみるために，一般的な動機づけ理論を構築するためのWeiner（1992）の原理を考慮に入れることは有益であろう。Weinerは，8つ

の論点を考えている。
1. **動機づけの理論は，信頼性のある（再現可能な）経験的な関係に基づいて構築されなければならない。**私たちが議論している理論は，ある程度の確実さで「役に立つ」と証明することができるであろうか。これは，人間の社会的行動の複雑さを考えるとかなり野心的であるように思われるが，Weiner は，私たちが一般的な理論を持とうとするならばこのことは重要であると確信している。身体活動と運動に関する限り，ここで議論されたいくつかの理論は，ある場合かなり少数ではあるが，再現可能な結果に基づいている。たとえば，若者における達成目標，成功に関する信念，内発的動機づけとの間には，かなり強い関連がある。同様に，Godin (1993) は，態度-行動理論に関する身体運動の研究をレビューし，計画的行動理論（Theory of Planned Behaviour）および合理的行為理論（Theory of Reasoned Action）の態度構成要素と完全に一致した行動を取ろうとする意図との間に関係があることを見出した。しかしながら，自己動機づけの概念を組み込みながら，運動に関する理論を「心理-生理的理論」(Dishman and Gettman, 1980) をとおして構築しようと努力した最初の結果は，自己動機づけが，通常，監視下の運動のアドヒアランスを予測する要因であるにもかかわらず，それほど信頼性の高いものではなかった (Dishman and Sallis, 1994)。
2. **動機づけの理論は，個人差よりも一般的法則に基づいていなければならない。**Weiner は，個人差は存在するが，個人と状況との交互作用よりもまず一般的な法則を調べることがより重要であると主張している。確かに運動心理学者は，一般論として個人差を同定することに過度に関与してこなかった。その代わりに，ある状況に特有の態度，信念，知覚に注目してきた。しかしながら，自己動機づけ (Dishman, Ickes and Morgan, 1980)，達成目標 (Duda, 1993)，身体的自己知覚 (Fox, 1997a) といった個人差を測るいくつかの尺度が用いられてきた。これらは，人間の動機づけ理論を精錬するためにつけ加えられるならば適切なものである。
3. **動機づけの理論は，自己 (self) を含まなければならない。**Weiner は，自己という概念は動機づけ研究で軽視されており，そのことは身体活動と健康に関わるどの分野においても指摘されており (Biddle, 1997a)，「自己は人間の経験のまさに中核にあり，人間の動機づけ分野における理論公式の一部分とならなければならない (Weiner, 1992: 361)」と述べている。運動心理学は，動機づけの自己知覚や社会的認知論を強く受け入れているアプローチ，たとえば，セルフエフィカシー理論，セルフエスティーム，コンピテンス理論などをますます認めるようになってきている。
4. **動機づけの理論は，認知過程の全範囲を含まなければならない。**残念なことに，運動心理学は認知的なアプローチにおいて制限されてきた。期待や自己知覚に関しては取り上げられ支配的であったが，情報探索，再生，記憶，運動の意志決定などに関する研究はほとんどみられなかった。
5. **動機づけの理論は，情動の全範囲を含まなければならない。**動機づけ理論は，次第に情動を組み込んできており，以前よりも広範囲な情動を扱っている。情動は，運動に関する動機づけ理論の中核にあるべきであろう。そのような理論は，運動に強く影響を与える可能性がある。主に気分，不安，抑鬱といった情動は，運動や身体活動を行った結果を示すものとしてかなり多く研究されてきたが，それが動機づけのアプローチに取り込まれたことはめったになかった。肯定的な感情をとおして運動を強化することは，将来の運動心理学にとってますます重要な話題になりそうである。しかしながら，現在のところ，人間の動機づけに関する適切な理論の基準にまで十分に達しているとは言い難い。
6. **動機づけの理論は，一連の（歴史的な）因果関係を含まなければならない。**動機づけ研究において典型的にみられる横断的な相関関係

あるいは分散分析の研究は，因果関係が特定されないような非歴史的なアプローチを生み出すことになった。本当の意味での縦断的で将来的な研究が依然として求められているけれども，構造方程式モデリングのようなデータ解析への最近のアプローチは，この点において役に立つであろう。動機づけに関心を持つ運動心理学者は，何が末端的変数であり何が中核的変数であるかを同定することも考えるかもしれない。現在この点は十分に明らかにされていない。

7. **動機づけの理論は，達成への努力と親和目標（affiliative goals）を説明できなければならない**。達成と社会的な相互作用が重要で支配的だとすると，Weiner は，一般的な動機づけ理論は人間行動のこれら2つの領域を説明しなければならないと主張している。気晴らしウォーキングのような習慣化された身体活動は，どちらによっても説明されないであろうが，これらの2つは運動にとっても重要である。達成（有能感，自己増進など）と親和は，私たちがアプローチを広げる必要があるにせよ，運動に採用されている多くの理論の主要な特徴になっている。たとえば，かなり多くの研究が，課題および自我志向という2つの達成目標（Duda, 1993 参照）に焦点を当ててきたけれども，社会的目標と結びついた動機づけによる重要な結果に関してはあまり取り上げられてこなかった（Urdan and Maehr, 1995）。しかしながら，Vallerand（1997）は，有能感，自律性，関係性（社会性）といった欲求を，彼が提案した内発的・外発的動機づけの階層性モデルの中で説明した。

8. **動機づけの理論は，付加的な常識的な概念を考慮に入れなければならない**。Weiner は，価値，重要性，興味のような動機づけと関連した常識的な用語をより深く理解することが必要であると信じている。健康運動の研究者はこれらを取り扱い，また意識的な運動行動をより深く理解する中心的なものとして，これらを限られた方法で認めてきた。たとえば，自己知覚を評価する階層的および多次元的アプローチを説明する際に，Fox (1997a) は，スポーツ有能感は，スポーツ領域やそれに関連した有能さについての認知が重要でないと考えるのであれば，身体的自己価値（physical self-worth）あるいは包括的セルフエスティーム（global self-esteem）に影響を与えないだろうと述べている。しかしながら，様々な人が行っている運動に付帯している「興味」あるいは「価値」について，私たちは実際に研究してこなかった。たとえ誰かが運動を「好き」だと言っても，彼ら自身の価値階層ではそれはまだはるか下層に位置しているので，彼らのライフスタイルの一部とまではならない。このことは，おそらく，最も多く報告されている運動にとってのバリアである「時間がない」として反映されている。計画的行動理論と合理的行為理論は，結果に結びついた信念と価値の両方を各個人に評価するよう要求することによってこの問題に対処している。

一般的な動機づけ理論に関するWeiner（1992）の分析は，あまりにも精密すぎるので私たちの領域での研究を評価するのに用いられるべきではない。むしろ私たちの目的は，身体活動に関する優れた動機づけ理論を開発する上で，興味ある重要な論点を強調することであり，以下の議論に対していくつかの文脈を与えることであった。

身体活動に関する動機づけ研究の記述的アプローチ

身体活動における動機づけ研究の一般的なアプローチは，参加動機を調べることであった。これは，ある種の身体活動を開始，維持，あるいは中止する理由を自己報告するアプローチである。この理論的でないアプローチは調査範囲が限定されているが，人間の「表面的な」動機づけを理解するには有益な出発点であると主張されるであろう。もちろん，このアプローチは運動行動をより理論的に説明するのを助けるものではない。

動機に関する多くの文献は，通常，自発的なスポーツ場面での子どもたちを対象としてきた(Gould, 1987)。大人を対象とした文献は，運動や健康に関する身体活動を含んだものではあるが，限定されたものとなっている(Biddle, 1995c)。子どもと大人の間で活動および知覚の差異がみられるならば，これら2つのグループは別々に概説されるであろう。

●大人に関する記述的研究

この分野の研究者は，参加動機について質問したり，活動からドロップアウトする理由について質問するのが典型的であった。そこでは，質問紙および構造化されたインタビュー(structured interview)が用いられてきた。

参加動機

私たちが行った研究はこの種の研究を代表するものであり(Ashford, Biddle and Goudas, 1993)，実例として用いられるであろう。私たちは，英国の6ヵ所の公共スポーツセンターにおいて，14種目の活動に参加する人々を調査した。年齢カテゴリーの「16-19歳」から「65歳以上」までのレクリエーション参加者を対象に研究された。15の参加動機が先行研究から抽出され，簡単なインタビュー形式の質問紙で評価された。それらの動機には，フィットネス，健康，技能向上，社会的相互作用，リラクセーションなどが含まれていた。因子分析によって4つの明確な因子が抽出され，それらの2つがパフォーマンス(「自信のある強引な達成」と「スポーツの熟達およびパフォーマンス」)に関連し，他の2つはフィットネスと健康(「身体的安寧」と「社会心理学的安寧」)に関連していた。男性は女性よりも，パフォーマンス因子の2つを高く評価していた。若者は他の対象者よりも，社会心理学的安寧因子にあまり興味を示さない傾向であった。

私たちが採用した「チェックする」アプローチは便利ではあるが，将来の研究にとって信頼性のある再現可能な尺度にはならないであろう。参加動機のほとんどの研究は，このアプローチを用いてきた。かなり多くの共通する結果が存在するが，すべての研究は直接比較できるものではない。そのために，Markland and Hardy (1993)は，運動の動機づけを評価する測定尺度を開発した。その「運動動機づけ調査票(Exercise Motivation Inventory：EMI)」は，ストレスマネジメント，体重管理，レクリエーション，社会的承認，楽しさ，外見，自己発達，親和，不健康の回避，競争，フィットネス，そして健康へのプレッシャーと名づけられた12の下位尺度で構成されている。初期の研究は，18-25歳の男性が，同年代の女性よりも競争や社会的承認のために運動するが，体重管理のために運動することは少ないことを明らかにした。女性に対して最も強く認められた因子は，レクリエーション，フィットネス，楽しさ，体重管理であり，男性にとっては，レクリエーション，競争，フィットネス，自己発達であった。このアプローチは，すでに議論した記述的アプローチに情報を加えるものではないが，標準化された尺度は将来の研究にわたってより適切に比較されるであろう。

住民調査

最近のいくつかの住民調査は，動機づけに関する問題を扱ってきた。キャンベルの安寧調査(Campbell's Survey of Well-Being, Wankel and Mummery, 1993)のようにいくつかの例外はあるが，収集されたデータは多くの理論的研究から除外されるものであった。ほとんどの調査は，結果的に，信念，態度，動機に関する記述的データを提供することになるが，多くの対象がこれらの研究に含まれているとすると，それらは価値ある記述的データを提供することになる。

1992年に，連邦ダンバー国民体力調査(Allied Dunbar National Fitness Survey：ADNFS)(The Sports Council and Health Education Authority, 1992)の調査結果が公表された。この調査は，イングランドの30地域から16-74歳までの4,000名を超える人を対象とした大がかりな研究プロジェクトであった。ホームインタビューが，1,840名の男性と2,109名の女性に対して1時間30分かけて行われ，続いて身体測定が家庭内および移

動式実験室内で行われた。

　ホームインタビューには，健康，ライフスタイルと健康関連行動，運動へのバリアと動機づけ，社会的背景，個人的属性，一般的態度の他に，身体活動への関与に関する項目が含まれていた。身体活動にとって最も重要な動機づけ要因は，「よい体型であると感じること」「健康を保持あるいは増進すること」，そして「達成感を味わうこと」であった。体重コントロールや身体的な外見（容姿）に関する動機は，女性にとって重要であった。「楽しみ」動機は，若者に報告されがちであったが，年輩者は「独立性」因子が高かった。

　ADNFSの参加者は，健康に対する運動の重要性を高く評価していた。その重要性は，16-34歳，35-54歳，55-74歳のグループにかけて減少したことが，少数例として示された。しかしながら，Mihalik, O'Leary, McGuire and Dottavio (1989) は，横断的な全米レクリエーション調査（Nationwide Recreation Survey）において6,720名の大人を対象に研究しているが，驚くことに大人のライフサイクルにわたる動機の変化についてはあまり知られていない。彼らは，運動への参加がライフサイクルにわたって「拡大する」あるいは「減少する」範囲を調べた。そして，18-28歳の間では身体活動の「増大」があったが，29-36歳では活動の減少がみられたことを見出した。これは，仕事や家庭環境の変化に起因していた。活動しなくなる比率が中年にかけて増大し，50歳頃からその傾向が逆になっているが，これはおそらく子どもが家を去り経済的にも独立したことによるのであろう。しかしながら，ライフサイクルにわたる活動パターンの変化は，動機づけ因子と関連してさらに系統的に研究される必要があり，依然として重要な研究領域である。他の社会科学研究者とのより大規模な共同研究が求められている。

動機に関するさらなる論議

　英国の研究は，同じタイプの活動をしている人の動機づけに興味深い違いがあることを示した。Schlackmans (1986) という会社は，英国の10の町から2,000名を対象に研究を行い，「伝統的な」体力維持（keep-fit），ジャズダンス，エアロビクスを含む運動やフィットネスクラスを調査した。質的な分析をとおして，6つの主要なタイプの参加者が確認された。それらは，「スポーツ好きな社交家」「体重を意識する人」「熱心な運動実施者」「現代的な母親」「社会的接触を好む人」「家からの外出者」であった。それらの概要は表2-1に示されている。運動の動機づけは多様であり，運動そのものに関連する要因とぴったりと結びついているわけではない。運動に関連する多くの社会的，環境的要因もまた重要であり，運動参加を促進したいと思っている人々に認められているであろう。たとえば，ある人々は，人と出会ったり，「外出する」際の最も便利な方法として運動を用いるであろう。運動は，フィットネスや健康と関連しない目的にも役立っているのである。

　参加動機に影響しそうな1つの顕著な次元は，運動の強度である。たとえば，運動による不安低減効果は，大衆紙や研究文献（8章参照）において奨励されているが，運動強度の高いレベルではほとんどみられそうにないことが示されてきた (Steptoe and Bolton, 1988; Steptoe and Cox, 1988)。このことは，心理学的安寧と別の動機は，活発な運動を対象とした研究においてみられるであろうということを示唆している。

　参加動機は，それだけのことしか得られないとわかっている限りは，動機づけに役立つ「表面的な」分析を提供してくれる。しかしながら，さらに問題であるのは，ほとんどの調査や研究が，現在運動をしている人か，あるいは「何が動機であるのか」を思い出す人かのどちらかで，人々の動機を捉えようとしていたことである。私たちが必要とするものは，運動プログラムを開始するときの人々に関する多くのデータであり，時間をかけてどのように動機が変化するのかを調べることである。健康を反映している最初の動機が，楽しみやリラクセーションの動機へと変化することはかなりあり得ることである。すなわち，運動を開始する動機は健康の結果に焦点をおいているだろうが，運動を維持する動機はその時の結果に焦点を当てているであろう。これは，以前から提案されてきたが，文書として十分に証明されていない

表 2-1　女性の運動クラスに対する参加者グループのクラスター

グループ（割合）	記述
スポーツ好きな社交家（25％）	・運動参加の社会的側面に興味を持つ ・身体的に完全にフィットしている ・他のスポーツが得意である ・自分自身の運動が進歩することに興味がある
体重を意識する人（18％）	・体重を減らす手段として運動を考えている ・過体重であると自己知覚している ・他のスポーツにほとんど参加しそうにない
熱心な運動実施者（17％）	・体力の恩恵に興味を持つ ・運動参加の社会的側面に興味を持たない ・スポーツが得意である ・完全にフィットしていると認知している
現代的な母親（16％）	・スポーツに熱心である ・完全にフィットしていると認知している ・自分自身の運動が進歩することに興味がある
社会的接触を好む人（15％）	・「現代的な母親」グループよりも年配である ・1人住まいあるいは家を出た子供を持つ女性である ・運動が主に社会的接触の手段としてみなされている
家からの外出者（8％）	・最も若い集団である ・社会的あるいは身体的恩恵にほとんど興味がない ・運動を外出する手段と考えているグループである

出典：Schlackmans 1986

(Dishman, Sallis and Orenstein, 1985)。

参加をやめる理由

　運動からの「ドロップアウト」は、「すべてあるいは無」の現象（Sonstroem, 1988）としてではなくて、変化していくプロセスとしてみなされるべきであろう。たとえば、Sallis and Hovell (1990) は、運動参加のプロセスモデルを提唱した。そこでは、少なくとも2つの異なったルートが参加をやめる大人によって取られている。1つのルートは活動的でなくなり運動しなくなることであり、他の1つは運動参加を一時的にやめるが後日また戻ってくるというルートである。これらのルートに影響を及ぼす動機づけ要因は、それぞれ異なるかも知れない。実際のところ、運動しない時期の後で再び参加し始める大人がいるのはなぜかという疑問は、あまりよく理解されていない。今後の研究において努力する優先事項である。

　この研究分野における問題点の1つは、そのような応答は文書として記録するには重要であるといえるとしても、再び「表面的な」理由しか提供されないということである。ADNFSは、中程度から活発なスポーツ、運動、活動的なレクリエーションに定期的に参加するのをやめた理由について報告した。最も頻繁に引用される理由は、仕事があるから、興味がなくなったから、他のことをする時間が必要になったからの3つであった。結婚あるいは再婚、子どもを生んだり世話をするということもまた重要な因子であるが、これは女性において特に重要である。

　運動する時間がないという認知が、参加しない主な理由としてしばしば引用されている。Owen and Bauman (1992) は、5,000名以上の座業のオーストラリア人を対象として、「運動する時間がない」という理由は、55歳以上のグループよりも25-54歳のグループによく報告されていたことを見出した。これは、ADNFSからの結果を確認するものである。同様に、オーストラリア研究における時間のバリアは、高い教育水準の人たちからはあまり報告されなかった。しかしながら、子どもを持つ人々は時間がないという主観的な認知を他の人よりも多く報告していた。これらのデータは、広い社会的文脈の中で運動参加への動機やバリアについて研究することが必要であることを示している。

身体活動/運動のバリアに関する研究と測定

運動への参加に関する動機を論じる場合，運動を継続する動機と新たに運動に取り組む動機とを区別するように提案してきた。同じように，運動への参加を取りやめる理由について論じる場合，以前は活発に運動していた人たちが運動しなくなった理由と，活発に運動することを邪魔するバリアとを区別するべきである。

ADNFSの報告によると，成人が運動をすることを妨げるバリアは主に5つのタイプに分類される：それらは，身体的，情緒的，動機づけ的，時間的と利用可能性バリアに関するものである。これは，バリアのより幅広い解釈や可能な介入についての情報を提供してくれるので，多人数を対象としたバリア分析の有用な方法である。図2-1は，利用可能性以外の各カテゴリーにおける主要なバリアの性差を示している。図2-2は女性における年齢層別の相違を，そして図2-3には男性のそれを示している。それぞれのバリアカテゴリーは表2-2でより詳細に説明されている。

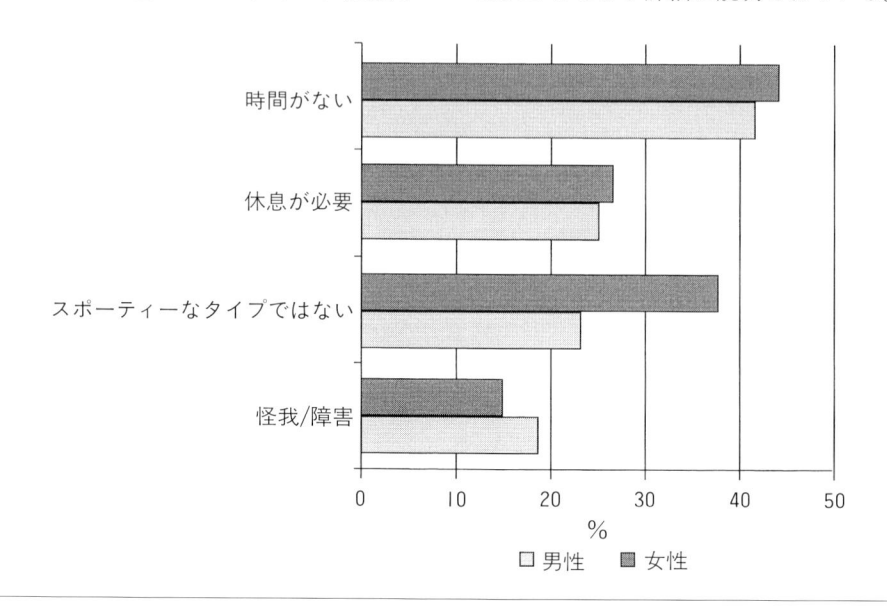

図2-1 男女別のイングランド（英国）人の身体活動バリアの比率（ADNFSより）

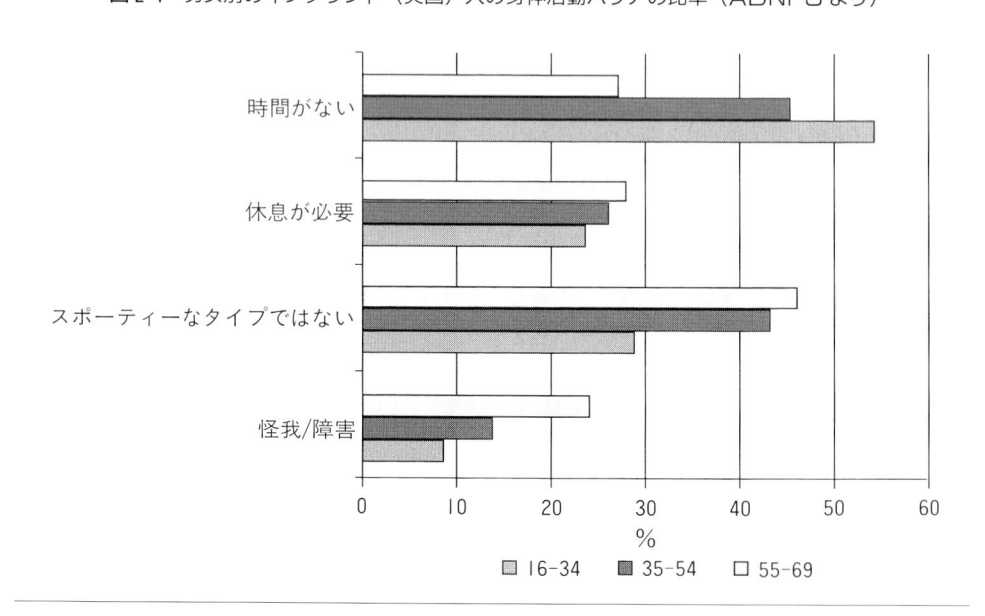

図2-2 3つの年齢層別のイングランド人女性の身体活動バリアの比率（ADNFSより）

表2-2 16〜69歳のイングランド人のバリア要因（ADNFSより）

身体的バリア	・私は運動を止めるべき傷害あるいは障害を持っている ・私は太りすぎている ・私の健康状態は良くない ・私は年を取り過ぎている
情緒的バリア	・私はスポーティーなタイプではない ・私は内気で，恥ずかしがりやである ・私は怪我をしたり，健康を損ねたりするかもしれない
動機づけ的バリア	・私は休んだり，空いた時間にリラックスしたりする必要がある ・私はエネルギーがない ・私には続けることができない ・私は身体活動が楽しくない
時間的バリア	・私には時間がない ・仕事があるので，私には時間がない ・私には世話のかかる小さな子供がいる
利用可能性バリア	・一緒に活動をする人がいない ・私は経済的余裕がない ・近くに適当な施設がない ・私はきちんとした服装や道具を持っていない

出典：Sports Council and Health Education Authority 1992

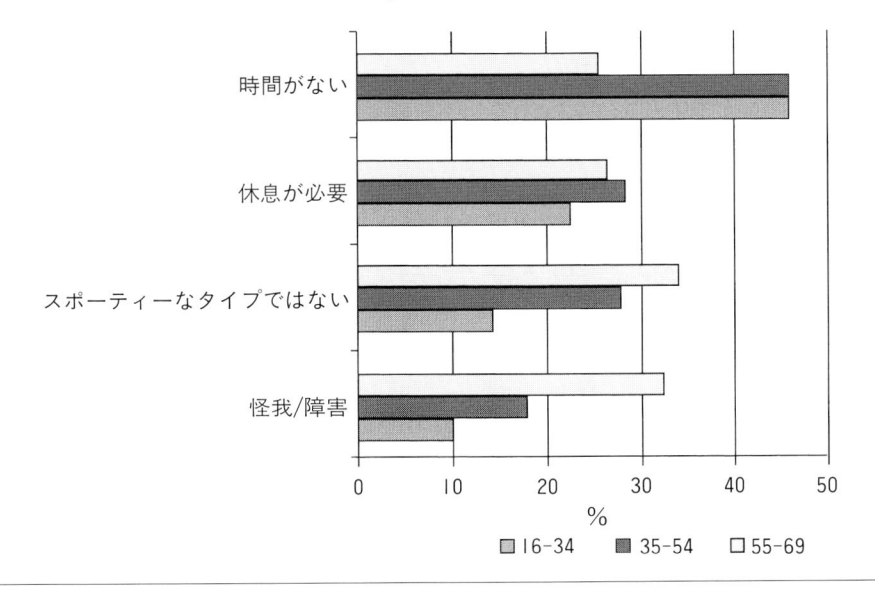

図2-3 3つの年齢層別のイングランド人男性の身体活動バリアの比率（ADNFSより）

　女性は男性より情緒的バリアを報告する傾向があったが（たとえば，私はスポーティーなタイプではない），時間的バリアは男女とも最も重要であるように思われた。このことは有能感と関係する可能性があるので，4章でより詳しく論じられる。個人的な見解であるが，自己表現的な関心を理由にして，サイクリングやジョギングといった運動が避けられるということは悲しいことである。このことは，どのようにしてこのような自己表現を発達させたか，そして学校での早期の運動経験が適切であったかどうかということを考えさせる。スポーツでは能力レベルが顕著に現れるので，確実に自己表現的な関心を理解することができる。

　ADNFSの予想のように，身体的，情緒的なバリアは年齢層が上がるにしたがい増加したが，一方，時間的バリアは55歳以上の年齢層で減少していた。このことは再度，ライフスパン的アプローチの重要性を示している。

　ADNFSで使われたアプローチは有用である

けれども，その方法や尺度を再び用いることは精神測定学的（psychometric）に妥当ではない。測定尺度におけるこの一貫性のなさに焦点を当てた試みとして，Sechrist, Walker and Pender (1987) と Steinhardt and Dishman (1989) の両方が，恩恵の認知と運動バリアを評価するための尺度を開発した。Steinhardt and Dishman によって行われた初期の精神測定学的な業績は，時間的バリア，努力的バリア，障害物的バリアと「健康との関係」を明らかにしたことである。Sechrist et al. (1987) はバリアを運動環境，時間的労費，身体的労力，家族からの応援に分類した。このような尺度の開発は歓迎されるが，ほとんどの研究でそれらの尺度の妥当性は検討されなかった。同様に，ある人は2つの尺度を使うことに疑問を抱き，その代わりとして，その2つの尺度を統合するほうが良いと考えるかもしれない。しかしならが，尺度は調査対象となった集団のバリアを反映しているように思われる。

●青少年に関する記述的研究

子どもたちの運動参加を扱った研究の多くは，身体活動や運動の形態が，どちらかというと，競技スポーツに焦点を合わせてきた傾向がある。このことは，少なくとも思春期の中期ー後期までの子どもたちにとっては驚くべきことではない。なぜなら彼らは，最近の大人たちに人気のフィットネス追求の活動に参加する可能性が低いからである。しかしながら，子どもたちがレクリエーション的な遊びに加わるかどうかや，動力のついていない移動手段を用いるかどうかといった理由を理解することは重要なことである。

参加動機

16-24歳までのウェールズの青年を対象とした研究では，スポーツに参加していない人は以下のことがあれば，スポーツに参加する誘因になると考えていることを見いだした。それは，フィットネス/体重の減少，自由時間の有無，健康維持への手助けであった。誘因は年齢とともに低下したが，同年代グループの中では，主な誘因の相対的な影響力はおおむね変わらなかった。同様に，11-19歳までの青少年3,000名以上を対象としたフィンランドの研究（Telama and Silvennoinen, 1979）では，年齢や性差によって身体活動に対する動機づけに明らかな違いがあることを示した。少年や思春期初期の若者では競技スポーツでの成功に興味を持っていたが，青春期の後期ではきわめて少数しかこの要因に興味を示さなかった。この傾向は，リラクセーションやレクリエーションと関連する動機とは反対であった。フィットネス動機は，スポーツのことをときどき考えたり，スポーツクラブの活動にときどき参加したりする人たちの間では最も強かった。このフィットネス動機は，18-19歳の若者や，スポーツに関心がない，あるいはあまりスポーツをやらない人たちにとっては重要でなかった。このことは，若者にフィットネスを推奨し，運動とスポーツを区別して，運動の必要性を示す方法に対して重要な意味を持っている。

スポーツに参加している2,500名以上の若者を対象としたイタリアの大規模な自由回答式の研究によると，楽しいことを参加の理由としてあげた者が49.2％もいることを示している。その他に，身体的（健康/フィットネス）動機（32％），社会的理由（8.9％），競技（4.2％），スキル習得動機（2.9％），そして社会的見栄えや地位（2.8％）が続いた（Buonamano, Cei and Missino, 1995）。構造化された質問紙の因子分析の結果，成功/地位，フィットネス/スキル，外発的報酬，チーム要因，友情/楽しみ，エネルギー発散の因子が明らかにされ，さらなる分析の結果，スポーツに対する動機が5つに類型化された。これらは表2-3に示されており，身体活動への参加の決定要因を理解する場合に，社会的/人口統計学的要因を考慮に入れるといった潜在的な重要性を示している。

ドイツでの研究（Brettschneider, 1992）では，思春期の若者のスポーツ参加が近年増加していることを示している。1950年代と比較すると，現在の運動活動はより特色的になり，「ボディビルやジョギング，サーフィンといった新しい個人スポーツから，東洋的運動，様々なエアロビクスま

表2-3 Buonamano et al.（1995）による青年のスポーツ参加動機の5類型

クラスター/タイプ	説明（記述）
熱狂者 (enthusiasts)	・スポーツが成功や名声に導くという信念 ・肯定的に裏づけされたほとんどの動機 ・大家族の出身 ・中-低の教育レベル ・南イタリアに住んでいる
社会性志向者 (looking for socialization)	・たいていチームスポーツをする ・主にイタリア北中部出身 ・中-高の教育レベル ・水泳からドロップアウトした選手に代表される
競争主義者 (competitors)	・自己実現の手段として，競争や勝利を捉えている ・社会的地位は主な動機ではない ・他の要因から独立している
個人主義者 (individualists)	・社交的なことに関心がない ・体型を良くすることやスキルの獲得，エネルギーの発散のためにスポーツをする
非競争主義者 (non-competitors)	・多くの動機に対して否定的に回答する ・外発的報酬を受ける必要がある ・北イタリアに住みがち ・中-高の教育レベル

で」と幅広い（Brettschneider, 1992：541）。Buonamano et al.（1995）と同様に，Brettschneiderは，青春期のライフスタイルに特有のプロフィールを見ることができた2,000名の思春期や若い成人の調査について報告した。たとえば，スポーツ以外で余暇を過ごすことを好む「スポーツしない群」に全体の5％が分類された。また，4％がボディイメージや一般的なイメージプロモーションによって動機づけられていたのに対して，13％が個性や自己表現であると特徴づけられ，そして彼らは「健康関連の快楽主義になりがちである」とされた（Brettschneider, 1992：548）。このような類型化は，量的そして質的なデータをとおして確証された。

北アイルランドの子どもたち3,000名以上からのデータ（Van Wersch, 1997; Van Wersch, Trew and Turner, 1992）によると，「体育に対する興味」が11-19歳の男子では比較的変化なく存在し続けるのに対し，同じ時期の女子ではその興味が急激に下落することが示された。この「興味」は体育場面における態度，行動，動機づけ，楽しさの認知に関する質問項目によって評定された。

6-16歳までの若者4,000名以上を対象としたイングランドスポーツ評議会（English Sports Council）の調査のデータ（Mason, 1995）によると，参加動機が一般的な楽しみからフィットネスや友情までと多様であることが示された。同様の結果が，10-19歳の若者4,500名以上を対象としたカナダフィットネス調査（Canada Fitness Survey, 1983a）のような北米の研究で報告された。

多国間にわたる研究（King and Coles, 1992）では，11, 13, 15歳の子どもたちが，スポーツや身体活動に対する重要性の理由の程度を評定している。国際比較が可能なデータはカナダとポーランドで得られただけであったが，さらなる国家比較の研究の必要性を示唆するような国家間の大きな違いがいくつか見いだされた。たとえば，カナダの11歳の子どもたちはポーランドの同年齢の子どもたちよりも，「楽しむこと」をきわめて重要であると評価する一方，「勝つ」では逆の傾向が見られた（図2-4参照）。

しかしながら，北米の研究（Gould and Petlichkoff, 1988；カナダフィットネス調査1983a；Wankel and Kreisel, 1985）では，子どもたちは様々な理由のために動機づけられているというヨーロッパの報告をおおよそ追認している。子どもたちは，楽しむことやスキルを習得すること，友人を作ること，勝利・成功すること，体力・健康の向上などを含む多様な理由によって動機づけられているとレビューでは結論づけられている（Biddle,

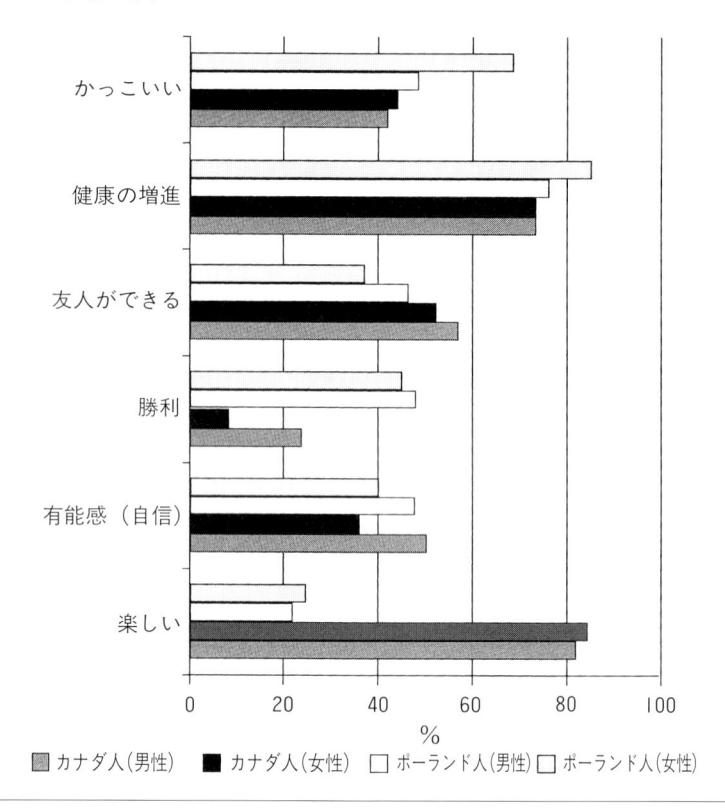

図2-4 カナダとポーランドの11歳男女のスポーツ/身体活動が「大変重要である」と述べた理由 (King and Coles, 1992)

1999a)。後半の要因には，青年後期にとっては，体重コントロールや身体的外見も含まれるだろう。状況や集団が異なるにも関わらず，同じような動機があることも報告されている。しかし，活動や参加レベル，発達段階が異なる場合の動機の違いを理解するさらなる調査が必要とされている。

参加をやめる理由

子どもや青年がスポーツや運動に参加しなかったり，やめてしまったりする理由についての様々な調査も行われている (Heartbeat Wales, 1987; Mason, 1995; Canada Fitness Survey, 1983a)。Gould and Petlichkoff (1988) は，ある特定のスポーツからのドロップアウト（あるスポーツへの参加をやめる）とスポーツ領域からのドロップアウト（全部のスポーツをやめる）とを区別している。この区別は将来の研究に取り入れられるであろう。

参加動機と同じように，子どもや青年が参加をやめる理由も多様であるように思われる。たとえば，Coakley and White (1992) は，13-23歳までの60名に対して表層的インタビューを行い，対象者の半数は，住んでいる町にある5種類のスポーツの入会式のいずれかに参加することを決めていることを見出した。残りの半数は，すでにやめていたか，まったく参加しないと決めていた。参加する・参加しないの決定は，お金，異性の友人，重要な他者からの支援の程度といった外的報酬，有能感，学校体育も含んだ過去の経験によって影響されるように思われた。学校体育での否定的な記憶には，退屈や能力がないといった感情や，選択の無さ，親友からの低い評価などがあった。Mason (1995) が行ったイングランド青年4,000名以上の調査もこの結果を支持している。彼女は，子どもたちの中には，思春期の身体に特有な自信のなさや自己表現への過大な関心のために，スポーツ場面でとまどいの感情があることに気がついた。

Gould (1987) は，子どもたちがスポーツや運

動に参加しない理由として，興味の葛藤や，遊び時間の欠如，楽しさの欠如，スキルが向上しないこと，成功経験が少ないこと，退屈，障害に分類している。また，スポーツ場面では，競争的ストレス，コーチへの不適応も述べられている。それゆえ子どもたちは，参加や不参加に多様な動機を持っているように見えるが，様々な身体活動場面における調査は数少ない。

運動に対する動機づけについての早期の研究

つぎの2つの章では，運動に対する動機づけ研究の理論的アプローチに焦点が当てられている。以下の節でも，初期の研究は当時知られていた理論的アプローチによるものではなかったと結論づけられている。このことは理論的に弱い研究を選びだす必要があると言っているのではなく，単に，他の心理学の領域で発達した理論に基づくものと，そうでもないものとを区別する必要性を述べているに過ぎない。実際，これらの研究のいくつかは「パイオニア（草分け）」としてラベルづけられ，「身体活動/運動の決定因子」として今では知られるようになった。しかしながら，現在調査中の多くの変数が，行動の本当の決定因子とより関連がある可能性が高い。

●運動継続者とドロップアウト者の比較

心理的変数やその他の変数に基づいて，運動継続者とそうでない者とを区別するための多くの研究が試みられている（Dishman, 1987; Dishman and Buckworth, 1997）。たとえば，オンタリオ運動心臓共同調査（Ontario Exercise Heart Collaborative Study）のデータによると，冠状動脈疾患者の運動プログラムへの継続は，運動施設の利便性や運動プログラムの認知，家族/ライフスタイルの要因と関連していた（Andrew et al., 1981; Andrew and Parker, 1979）。特に，配偶者のサポートはアドヒアランスの重要な予測因子であった。しかし，この調査から20年が経ち，現在の関心事は決定因子研究でまだ開発されていない社会的支援の領域の問題である（Dishman, 1994a; Taylor, Baranowski and Sallis, 1994）。

運動からの「ドロップアウト」の特徴を扱った最初の研究の1つは，Massie and Shephard（1971）によって報告された。彼らは，運動継続者とドロップアウト者の間で，フィットネスプログラム参加開始（エントリー）時の生理学的要因と心理学的要因の違いを明らかにし，ドロップアウト者は過体重で，力強いが，たばこを吸う傾向にあり（Andrew et al., 1981によっても支持された），そして外向的であることを示した。他の研究でも，運動プログラム参加開始（エントリー）時の運動継続者とドロップアウト者の違いを報告しており，たとえば，筋繊維のタイプ（Inger and Dahl, 1979），機能的能力（Blumenthal et al., 1982），身体の構造（Dishman, 1981）に有意な差が見られた。すべてのケースにおいて最もよく用いられる説明は，運動をより難しいものにしたり，運動の強化につながらない経験をしたりといった生理学的要因がドロップアウト者を予測するということである。たとえば，多量の脂肪を抱えた運動実践者は，運動に対して不快であり，また障害となる経験をしやすい。

●心理－生理的モデル（psychobiological model）

運動へのアドヒアランスを予測する生理学および心理学的変数の規定力の研究で，最も幅広く引用されているのはおそらくDishman and Gettman（1980）の研究であろう。この研究では，研究者たちは，前向き研究デザインにおける心理学および生理学の両方の変数の予測的有用性を調べた。20週間の運動プログラムが用いられ，すべての参加者は，参加開始（エントリー）時点での自己動機づけ，身体活動への態度，健康への統制の位置，有能感，身体活動に対する興味を含む様々な心理的尺度が測定された。生理学的変数は，代謝能力（推定酸素摂取量）や体重，体脂肪率が測定された。

Dishman and Gettman（1980）の報告によると，心理学および生理学的要因の両方が，20週

Box 2-1　アドヒアランス，コンプライアンス，モチベーション……言葉の意味は？

　運動への参加についての話題について話し合うとき，しばしば定義の地雷原に脚を踏み入れることになる。以前は，運動への「コンプライアンス」を言及することはきわめて一般的であった。この言葉は，もともと医学用語で，リハビリやその他の処方といった医学的プログラムに強制的に従うことを指していた。しかし，運動することと同じ意味かという疑問がある。運動に対する「コンプライアンス」について論じるべきではないのか。コンプライアンスという言葉は，運動プロモーションでは避けたい「強制」というイメージを連想させてしまう。

　ある研究者たちは，「アドヒアランス」という言葉を用いてきた。たとえば，運動心理学者たちはアドヒアランスという言葉を運動プログラムへの継続という意味で用いるのに対し，その他の研究者たちは多様な学問的アプローチから運動参加研究を言及するためにアドヒアランスの概念を広げてきた。アドヒアランスのこのような使い方は，「モチベーション」の概念を越えていくことを意味する。たとえば，運動プログラムに継続参加することは，「アドヒアランス」というタイトルの元で合法的に研究できるという生理学的アプローチの効果がある。私たちがここで論じるモチベーションは，選択や忍耐力などに多くの焦点を当て，運動参加への心理学的アプローチを反映している。

　最後になるが，ここでは主に構造化された運動という意味の中で，コンプライアンスとアドヒアランス，モチベーションについて述べてきた。店まで歩く，職場まで自転車に乗って行くといったような習慣的な身体活動はどうだろうか。これは難しい問題を投げかける。行動はどれぐらい自発的であるのか。他に選択肢がないので，職場まで自転車で行っているのかもしれない。習慣的な身体活動に対する研究は，運動プログラム研究の質的向上のためにも，いっそう注意深くこの問題を扱う必要がある。確かに，「コンプライアンス」という用語の使用は，ここでは不適切のように思われるが，また，しかし「アドヒアランス」，「モチベーション」という用語も……？

間後のアドヒアランスを予測した。この結果は，筆者らがアドヒアランスの「心理—生理的モデル」を提唱することを導いた。特に，運動継続者とドロップアウト者は，体脂肪，自己動機づけ，体重において明確に区別された。さらなる分析の結果，これらの3つの変数の得点は，運動継続者とドロップアウト者とを約80％の確率で識別した。

　Dishman and Gettman (1980)の研究の部分的な追試研究として，男女100名を対象とした32週間以上の運動プログラムの前向き研究がWard and Morgan (1984)によって実施された。自己動機づけ，気分に加え，7つの生理学的変数の完全なデータが76名の参加者から得られた。Ward and Morganは3つの時点（10, 20, 32週）でのアドヒアランスパターンを分析した。32週以降のアドヒアランス予測の正確性が，Dishman and Gettman (1980)によって開発された回帰係数を用いて評価された。全体的な予測の正確性は，運動継続者に対しては満足のいくものであった（71％）が，ドロップアウト者に対してはそうではなかった（25％）。しかしながら，自己動機づけ得点は3つのどの時点においても，運動継続者とドロップアウト者とを有意に識別する因子とならなかった。

　心理—生理的モデルは直感的に魅力を感じるが，Dishman and Gettman (1980)の研究以来，このモデルが完全に支持されることはなかった。

心理学的変数と生理学的変数は，参加への予測に相互作用を及ぼし合うが，これらの変数の重要性は運動の状況によって異なるのだろう。たとえば，高強度の長時間のエアロビクスプログラムへのアドヒアランスは，高い自己動機づけとタイプⅠ筋繊維（遅筋）の割合や低い体脂肪といった望ましい生理的要因を必要とする。しかしながら，このことは，異なる運動環境や構造化されない状況での習慣的身体活動には当てはまらないかもしれない。同様に，心理―生理的モデルはたった66名のデータによって開発された。それゆえ，より大量で，多様な対象での妥当性の検証が必要である。私たちはこのことを1991年に発表したが，この見解を変える理由は見つかっていない。

パーソナリティと個人差要因

運動アドヒアランス研究の1つのアプローチとして，運動実践者の安定した特性（パーソナリティ）を分類することが試みられてきた。しかし，1991年に私たちがこのような要因を検討して以降（Biddle and Mutrie, 1991），このアプローチは減少してきた。ところがいくつかの研究で，特定のパーソナリティ変数が運動継続者とそうでない者とを区別することが見出されたが，研究者の間に一貫性が欠けるという問題が残っている。しかしながら，心理―生理的アプローチの部分でも検討されたように，忍耐強く，専心的（コミットメント）で，自己動機づけされた人は，運動，特に強い強度の運動に耐えることができるという考え方は直感的に魅力がある。

自己動機づけ

早期の運動決定因子研究の中で，自己動機づけは一定の役割を演じてきた。自己動機づけは，現代の多変量研究デザインの中でも頻繁に使用されているが，まず，簡単に主な問題点をレビューしておこう。

Dishmanと彼の共同研究者たちは，「自己動機づけ」はアドヒアランスの重要な因子であるということを示す研究を報告してきた（Dishman et al., 1980; Dishman and Gettman, 1980; Dishman and Ickes, 1981）。初期の精神測定学的研究では，「自己動機づけ調査表：Self-Motivation Inventory (SMI)」の開発を導いた。この尺度は40項目からなる質問紙で，「外発的な強化の有無に関係なく，習慣的な行動を頑固に続ける一般的で，特定的でない傾向であり，そのため，状況による影響から独立している」特徴を測定するものである（Dishman, 1982: 242）。

SMIが社会的望ましさや自我の強さと関連することがわかったが，ボートのトレーニングプログラムへのアドヒアランスの調査研究では，SMI得点はアドヒアランスの予測に関して最も重要であり，そして社会的望ましさや自我の強さとはある程度独立していることが示された。同様に，すでに述べたことであるが，Dishman and Gettman (1980) は，自己動機づけが運動継続者とドロップアウト者とを明確に識別する因子であることを発見した。

Wankel, Yardley and Graham (1985) は，運動への短期的なアドヒアランスの予測において，SMIと動機づけ的介入の有用性を調査した。最初の研究では，自己動機づけには効果を示さなかった。追試研究では，エアロビクスダンスプログラムに参加した女性が調査された。SMIを実施した後に，高・中・低の自己動機づけの3つのグループが作られた。この研究における動機づけの役割は「構造化されたソーシャルサポートの道具」であった。結果は，ソーシャルサポートと関係があるが，SMIとは関係がないことを明らかにした。

このように，Wankel et al. (1985) のデータでは，短期のアドヒアランス評価は自己動機づけに影響されない傾向にあることを示唆している。この結論は驚くべきではなく，また自己動機づけ概念に必要な批判でもない。もし自己動機づけが比較的永久的な特性として存在するのであれば，自己動機づけは，短期間での取り組み方よりもむしろ，長期間でのアドヒアランスの予測に影響力を持つということはきわめてありそうなことである。実際，SMIの最初の妥当性検証には32週間の期間を使っている。

自己動機づけやSMIの使用には，アドヒアランスに対して直感的で魅力的な部分が残ってい

る。ところが，運動行動における自己動機づけの重要性についての結果でははっきりしなかった。しかし，そのことは環境要因についても考慮する必要があることを意味している。自己動機づけは「おおよそ状況的影響力から独立している」と元来，定義されているにも関わらず，状況が動機づけの見地からあまり好ましくなく，そして外発的な誘因がほとんどない場合に，自己動機づけの効果が見られる可能性が高い。このことは，異なる時間間隔でアドヒアランスを調査した Ward and Morgan (1984) の方法論を拡張した長期的なデザインでの調査が必要とされる。

　私たちは，検証的因子分析を用いて，子どもや青年用の SMI (SMI-C：Biddle et al., 1996) を修正し，20項目版の1因子構造を確認した。SMI-C 得点は，フィットネステストの得点と関連があったが，継続的な心拍測定による身体活動とは関連がなかった。

　Knapp は，運動行動のマネージメントスキルに関する彼女の説得力のあるレビューの中で，我慢についての行動的傾向の本質が明確に定義されないことを示唆している。

> 自己動機づけを，外的に強制されない活動への継続を促すといった，学習された一連のスキルや習慣的反応であると定義することは有用であるかもしれない。　　　　　　　　　　(Knapp, 1988: 220)

運動へのコミットメント

　自己動機づけに関連する概念として，「コミットメント」の概念がある。「コミットメント」の概念は常識のように思われるかもしれないが，身体活動に関するコミットメントについてはあまり知られていない。また，Weiner (1992) にしたがい，私たちは動機づけの共通認識についてさらに知る必要があり，そしてここでは，コミットメントが適切な概念であるように思われる。実際，Scanlan et al. (1993) は，スポーツコミットメントについての彼らの仕事を紹介し，コミットメントには魅力と妥当性があると述べている。

　Carmack and Martens (1979) は，「ランニングに対するコミットメント尺度」の精神測定学的研究に予備的データを提供し，そして，コミットメントのレベルが高い者ほど，ランニングの距離が長く，ランニングへのアディクション認知が高く，また，ランニングができない場合により大きな不快を感じる傾向があることを示した。広範囲の身体活動に適用できるように，ランニングへのコミットメントの概念を広げるという考え方は，ランニングコミットメント尺度の修正を開発した Corbin et al. (1987) によってもたらされた。そして，このことは，「身体活動へのコミットメント尺度 (Commitment to Physical Activity：CPA)」の開発を導き，活動レベルの異なるグループ間で，CPA 得点に有意な差が認められた。

　コミットメント概念の検証が，Scanlan の「スポーツコミットメントモデル」の開発をとおして行われ (Carpenter et al., 1993; Scanlan et al., 1993)，また，同じように，体育を教える経験についてのコミットメント研究をとおしても行われた (Moreira, Sparkes and Fox, 1995)。しかしながら，彼らは開発に有効な枠組みを築いたが，いずれのアプローチも運動コミットメント研究に対して適切ではないかもしれない。

　Scanlan のグループは，スポーツコミットメントを定義し，精神測定学的尺度開発をとおして，スポーツコミットメントを機能させることを試みた。それらは，コミットメントや対人関係の研究を中心として確立されている社会心理学の論文に記された (Rusbult and Farrel, 1983)。Scanlan のグループによって提案されたスポーツコミットメントモデルは，コミットメントの先行要因をつぎのように識別した：スポーツの楽しさ，参加の選択肢，個人的投資，参加の機会，社会的制約 (Scanlan and Simons, 1992)。参加の選択肢は，実行可能な代わりの行動を持っている程度を反映している。スポーツや運動においては，自分の参加の選択は自由であるように思われる（「したい/したくない」というコミットメントの見解）。一方，仕事のような生活局面は，「やらなければいけない」というコミットメントのアプローチを伴うかもしれない。ある人は参加が義務づけられ，選択肢がないと感じているかもしれないが (Moreira et al., 1995 参照)，健康関連の身体活動や運動につ

いての話をする場合，「したい/したくない」の見解が最も適しているように思われる（3章の自己決定理論を参照）。スポーツコミットメントモデルでは，参加の選択肢はコミットメントと負の関係があると想定された。しかしながら，構造方程式モデルを使ったスポーツ青年を対象としたモデルの検証では，社会的制約も，コミットメントに対して弱い負の関係が見られた。社会的制約とは，社会的規範やスポーツに参加し続けなければならないといった義務の感情，一種の社会的プレッシャーのことである。その関係はプレッシャーとコンプライアンスによって最もよく説明され，それゆえ，外発的動機づけ志向の傾向からも説明される。したがって，社会的制約がコミットメントと負の関係があったことは，驚くべきことではない。

コミットメントを共通認識にするには，さらなる考慮を必要とする。もしこの分野を発展させるのであれば，運動コミットメントの先行要因の研究が必要のように思われる。コミットメントについての初期の研究は非理論的な傾向があった。それゆえ，運動コミットメント研究の出発点として，スポーツコミットメントモデルや社会心理学的基礎について考えることが推奨される。

❖ まとめと結論

　運動行動の理解には動機づけが重要である。このような包括的な概念について，私たちがすべてを説明することはできない。しかし，運動決定要因の心理学の核心として取り残されている。それゆえ，この章では，以下のことを行った。

- 動機づけを定義した。
- 動機づけ研究の歴史を概観し，最近の運動心理学分野のアプローチについてもこの文脈の中に入れた。
- 一般的な動機づけ理論の構成要素について論じ，その観点から運動場面の研究を評価した。
- 大人や青少年が運動をしたりやめたりする動機についての記述的アプローチの文献をレビューした。
- 運動継続者とドロップアウト者の比較を含む早期の運動決定因子研究や，心理―生理モデル，自己動機づけの概念について述べた。
- 運動に対するコミットメントの概念について論じた。

　これ以降の章では，動機づけの詳細な部分を論じることに焦点を当てているので，本章では幅広く論じる必要があった。それゆえ，要約として，以下のようなことが結論づけられる。

- 恩恵があることが良く知られているにもかかわらず，工業国のごく少数だけが，自分たちの健康に有益な身体活動を行っている。このことは，動機づけも含め，身体活動や運動に参加する決定因子をより理解する必要があることを示している。
- 動機づけには，方向性，持続性，継続動機づけ，強度といった様々な行動を含む。
- 動機づけ研究は，機械論的アプローチから，認知的，社会的認知理論を強調した最近の見解へと年月をかけて変化してきた。そして運動心理学もこれに追従している。
- 動機づけの一般的な理論はあまり有用ではない。Weiner（1992）が示した基準の判

断など，ある側面は運動心理学の分野で扱われているが，他のものはあまり使われてない。

- 参加動機における記述的研究は，子どもたちのスポーツ参加や大人の運動/レクリエーション的身体活動への参加に対する動機を反映する傾向があった。大人たちの動機は人生の段階（ステージ）によって変化するのに対して，子どもたちや青年たちに共通した動機は，楽しさ，スキルの向上，親和，フィットネス，成功，挑戦などである。年輩者たちは健康やリラックス，楽しみといった理由に参加の関心を持っているが，若い大人たちは挑戦やスキルの向上，フィットネスといったことにより動機づけられる。
- 運動への参加をやめる理由は多数あり，子どもたちでは，興味の競合，楽しさの欠如，遊び時間のなさ，成功の欠如，傷害，競争的ストレスがみられた。大人たちでは，身体的，情緒的，動機づけ的，時間的，利用可能性のバリアが目立ち，特に，時間的バリアは常に参加を妨げる要因として引用される。
- 運動決定因子についての早期の研究には，運動実践者と非実践者との特性の比較も含まれ，自己動機づけといった重要な変数も明らかにした。このような研究は，通常，理論的な焦点が欠けている。
- 心理—生理モデルが提唱されたが，結果は曖昧であった。しかし，心理学的/生理学的変数の両方で運動参加を説明するという概念は，今でも有効である。
- 自己動機づけやコミットメントといった単一の動機づけの概念が提唱され，そして，大規模な研究の中で変数としてまだ有用であることが示された。しかしながら，より最近のアプローチでは，変数を1つずつ取り上げるよりも，むしろ，社会的認知理論の検証を支持してきた。

第3章

統制感による動機づけ

私はわが子への手紙の中で，彼らに運動をするようにいつもいってきた。

Nelson Mandela
(Long walk to freedom, 1994)

◆ 章の目的

本章の目的は，前章で始めた運動に関わる動機づけの分析をさらに進めることと，運動行動や身体活動行動に関する研究論文に何らかのかたちで寄与してきた理論的観点に焦点を当てることである。特に，統制所在理論，内発的動機づけ理論，帰属理論のレビューをとおして統制感の概念について考察する。具体的な目的はつぎのとおりである。

- 運動行動の決定因としての統制感，期待，価値の可能性について理解する。
- 統制の所在の構成概念について，その理論的構成や健康や運動に関わる状況での測定法を含めて理解する。
- 健康や運動に適用されてきた統制の所在の考え方について批評する。
- 内発的動機づけのプロセスについて，特に認知的評価理論と主観的自律性（自己決定理論）の観点から理解を深める。
- 報酬と強化が内発的動機づけや行動に及ぼす影響について考察する。
- 帰属理論の基本原理，統制感，およびそれらの健康と運動の動機づけへの適応について考察する。
- 競技能力に関する信念が運動の動機づけにおいて果たす役割について理解する。

はじめに

前章では Weiner（1992）が用いたメタファーを依りどころとして動機づけ研究の歴史に関する分析を行い，人間機械論が消えていくにつれて多くの期待-価値理論が採用されるようになった事実を明らかにした。これらの理論は，「全知の意思決定者としての人間」のメタファー（Weiner, 1992: 159），すなわち神のメタファーに反映されている。本章で取り上げる主なアプローチは，運動の研究にも用いられている Rotter の統制所在理論と帰属理論（「科学者としての人間」アプローチ）である。これら2つの観点は，統制感と期待が重要な役割を果たす点を強調する。同様に，内発的動機づけのプロセスに関する研究において

も，統制感の概念が動機づけや行動のバリエーションを説明するために用いられる。また，運動やスポーツの分野で最近採用されている新しい観点は，動機づけにおける自律性の役割を重視する。これらの理由から，私たちは期待—価値理論，統制の所在に関する統制理論，内発的動機づけ，帰属を1つの章にまとめた。これらはすべて概念的には統制感によって関連づけられる。

期待-価値理論は，人間の行動は予想される行動結果（期待）と行動結果に付与される価値や重要性によって論理的に導かれると仮定する。もちろん，人間がそのような論理的な決断を実際に下しているかどうかは定かではないが，期待-価値理論には説得力がある。しかし，Weiner (1992) が指摘したように，これらの理論は人間の論理性や理性を過大評価している。この点を考慮して，新たな考え方も提唱されてきている。次章では，有能感に基づくアプローチ（社会認知的アプローチ）と自律性に基づくアプローチを取り上げる。

運動や健康に関わる統制感の重要性の認識

運動行動や健康行動の変容は，個人のライフスタイルを「統制する」必要性あるいは「管理する」必要性が関与すると考えられているが，この点は研究論文や一般向けの書物でも頻繁に言及されている。早期の死亡につながる最近の疾病の多くがライフスタイルに関係していることを示す情報（Powell, 1988）は，私たちは個人として，少なくとも部分的には自身の健康と安寧に責任をもつべきであるというメッセージを言外に含んでおり，個人の統制と管理が必要であることを暗示している。たとえば Patton et al. は，彼らの運動やフィットネスへのウェルネス・アプローチを説明する際，ウェルネス指向の健康/フィットネス・プログラムの哲学的基盤は人間性心理学や人間性教育の基盤とよく似ていると述べている（Patton et al., 1986: 26）。これらの分野では，自己責任を真の意味での自己成長を達成させるために不可欠な要素と見なしている。同様に Weiner は，肥満と生物学的・遺伝学的要因を結びつける証拠が示されているにもかかわらず，「太ることは統制可能と受けとめられる傾向があり，体重超過は個人の責任と考えられている」と指摘している（Weiner, 1995: 75）。このような考え方は動機づけと密接な関係があると思われる。この点については後で考察する。

自己統制を行動変容の唯一の方法として推奨する健康メッセージには，潜在的な問題があることを認識しておくべきである。この自己統制を推奨するアプローチは，1980年代に使われるようになった「健康ファシスト」のレッテルを連想させる。健康に関する社会的決定因をもっと重視すべきであると主張する人があれば，自己統制の必要性を過度に強調する人が「犠牲者をとがめるアプローチ」をとることに対して批判する人もある。自分では統制できない問題（たとえば環境汚染に関係する疾病）が起こったときでさえ，罪の意識が生まれたり犠牲者の動機づけの不足がとがめられたりすることがありうる。また状況によっては，統制を誰か（たとえば医師）に委ねることによって大きな効果が得られる可能性もある。

統制に関する研究の枠組み

統制に関しては，セルフエフィカシー，内発的動機づけ，統制の所在，帰属など数多くの心理学的構成概念が形成されている（Biddle, 1999b）。これらの構成概念のいくつかを統合し，本質的に異なる構成概念の意味を理解するために，私たちは Skinner の理論の枠組みを利用することにする。Skinner の行為者—手段—目的の関係の分析と有能感システムモデルの概略を説明しておく。

行為者—手段—目的の関係と様々な信念システム
統制に関わる幅広い構成概念が，行為者，手段，目的の相互関連モデルにどのように当てはめられるかを分析することは，統制に関する構成概念を体系化する1つの方法であると Skinner (1995; 1996) は主張している。その相互関連モデルを図3-1に示す。

Box 3-1　個人統制と犠牲者非難の政治学

　イングランドの健康方略に関する政府のディスカッション・ペーパー（グリーン・ペーパー）が1991年に刊行された（連合王国の他の国には進行中の異なる方略があった）。これは「国家の健康新計画」の立ち上げであり，その方略と目的が公表された。特に5つの主要分野が示された。冠動脈心疾患，脳卒中，ガン，精神疾患，HIV/AIDS，性に関する健康，事故である。数多くの到達目標が設定され，これらの分野への提言内容を検討するために，「身体活動特別研究班」を含む多くのプロジェクト・チームが結成された。

　政府は何らかの行動を起こせば，それに対して責任を負うか，責任は国民にあると表明するかのジレンマに陥る。前者を選択すれば，財源と行動力が続く限りその行動は広く受け入れられるかもしれないが，同時に政府は大きな支出の可能性と「中央による管理」あるいは「お節介」をしているという非難に直面する。国民に責任を「負わせる」ことにすれば，資金や人的資源を他の用途に使うことが可能になるが，それによって政府は予算削減や責任回避をしているという非難に曝されることにもなる。政治家とはどうあるべきだろうか。

　ヘルスケアは完全にこのジレンマに陥っており，責任の問題，すなわち私たちが心理学の分野で考察してきた個人の統制の問題を露呈している。大雑把に言えば，右派（保守派）の政策は個人の選択を最も重視する。一方，左派の政策は，社会的に恵まれない人々には実質的な選択肢はないという考え方に対抗する手段として，中央による統制を強化する。

　国家の健康ドキュメント（Department of Health, 1993）は当時の保守派（右派）の政策提言であり，個人の選択と責任について何度も言及しているが，これを「犠牲者をとがめる」政策に他ならないと非難する人もいる。たとえば，Marks（1994）は，国家の健康ドキュメントの提言のなかで「致命的な欠陥」と感じた部分の概略を示している。それらはつぎの点を含んでいる。

- 提言では，行動は経済や社会の影響を受けずに決定されると仮定している。
- 予防可能な疾病の患者は無責任で，ケアをする価値がないと見なされている。

　これは，Weiner（1995）の責任と罪に関する分析に似ている。心理学における統制感の研究では，個人の哲学や政治を考慮する必要があるのは明らかである。

行為者―手段の関係と能力信念　行為者―手段の関係には，何らかの反応（必ずしも結果ではない）を生みだす手段の保有に関する行為者（自己）の予測が関与する。これには能力信念，すなわち適当な原因を生みだす能力の保有に関する行為者の信念が関わる。たとえば，ロード・ランニングで成功するためには努力する必要があるとすれば，肯定的な能力信念とは「ロード・ランニングで成功するために努力することできる」と信じることである。セルフエフィカシーの研究はこの考え方を採用しており，運動・スポーツ心理学における動機づけ研究の主流になっている。セルフエフィカシーについては次章で取り上げる。同様に，有能感の研究も行為者―手段のアプローチを採用している。

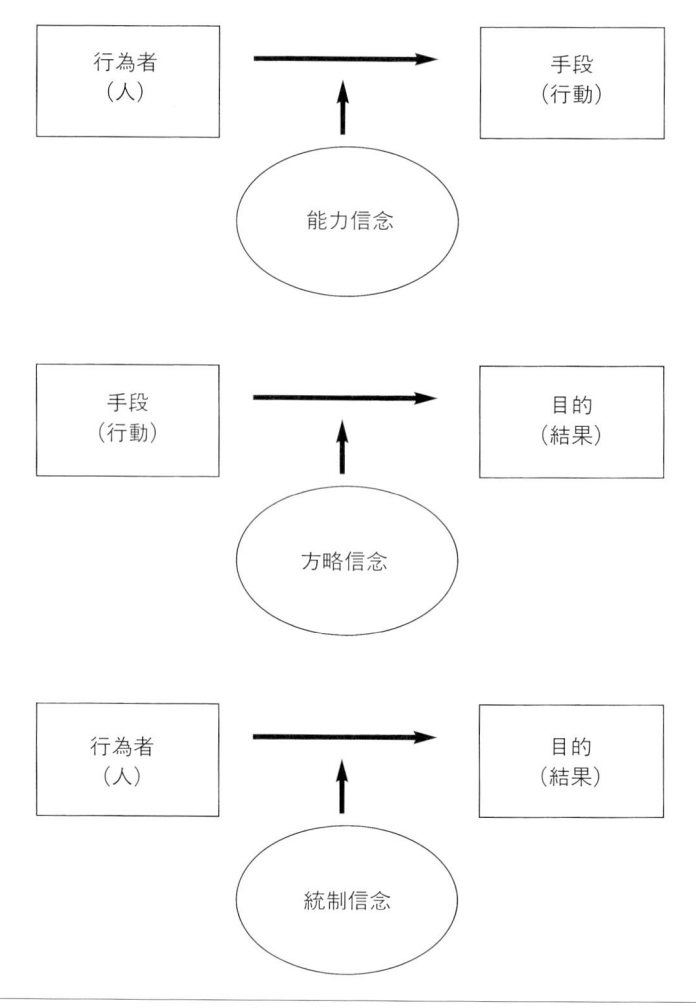

図 3-1 行為者-手段-目的関係の分析とそれらの関係に介在する異なるタイプの信念
（Skinner, 1995；1996 を改変）

手段-目的の関係と方略信念 手段—目的の関係には潜在的な原因と結果の関係に関する信念が関与する。これには方略信念，すなわち望ましい結果を生みだすための手段の必要性に関する信念が関わる。たとえば，ロード・ランニングで成功するためには努力する必要があるとすれば，方略信念は「ロード・ランニングで成功するためには努力する必要がある」と信じることであり，したがって，「努力することができる」という能力信念とは明らかに異なる。特徴としては，手段—目的の関係には帰属理論的アプローチや結果期待，統制の所在など，運動・スポーツ心理学の分野でもよく知られている構成概念が関与する。

行為者-目的の関係と統制信念 Skinner が指摘したように，「行為者と結果の関係は，統制の定義の原型を規定する」（Skinner, 1995: 554）。したがって，この関係には統制信念が関与する。統制信念は，望ましい結果は行為者の能力の範囲内にある，つまり，「私がロード・ランニングで成功したいと思えば成功することは可能である」という行為者の信念に関わる。このような信念には能力信念と方略信念の両方が関与する。

運動・スポーツ心理学の分野において，行為者-目的の関係を見つけるのはあまり容易ではない。結果期待には手段-目的の関係だけではなく，行為者-目的の関係も関わる。自己決定理論でも明らかにされているが，行動調整については行為者

-目的の観点からの分析が適当と考えられる。

有能感システム上に信念をプロットする　Skinner（1995）は，人間には有能感を追い求める欲求があると主張している。もしその主張が正しければ，統制に関係する信念を Skinner（1995）が「有能感システム」と呼んでいる有能感探求システムの枠組みの中で分析することが可能である。これは，行動が統制信念によって調整されることを示唆する。行動は何らかの結果を生み出し，その結果は他の信念（自己や原因に関する信念）によって評価・解釈される。これらはさらなる統制信念をもたらす。様々な信念がこのシステム内のどこに位置づけられるかは，運動における統制に関連する構成概念を分析する上で重要である。たとえば，このシステムでは統制の所在に関連する信念はパフォーマンスの前に位置し，行動に最も近い。また，帰属は過去の行動を解釈する信念であり，将来の行動からは幾分あるいはきわめて遠い位置にある。

統制の所在

　統制の所在（locus of control: LOC）は，人格研究における社会的学習理論（Rotter, 1954）に由来する構成概念である。このアプローチでは，一般的な信念は過去の強化に基づく期待と，強化に付与された価値から派生すると考えられる。したがって，LOC は動機づけ研究の期待-価値アプローチといえる。強化についての LOC は，どの程度強化が自分の統制下にあると感じるか，他者によって統制されていると感じるか，あるいは偶然によると感じるかを示す。Rotter は LOC に関する彼の萌芽的なモノグラフでつぎのようにいっている。「個人が自分の行動をどの程度強化に帰属させるかは，その人の過去の強化によって異なるように思われる」（Rotter, 1966: 2）。この考え方に基づき，Rotter は LOC の構成概念を系統立て，強化の内的-外的統制に関する一般化された信念が存在すると主張した。Rotter（1966）は内的統制信念と外的統制信念をつぎのように定義した。

　もしその出来事（強化）が自分の行動，あるいは自分の比較的安定した特徴に随伴すると知覚されるとき，私たちはこのような信念を内的統制信念と呼ぶ。

(Rotter, 1966: 1)

　強化が何らかの行動に引き続いて起こるけれども必ずしも完全にその行動に随伴していないと知覚されるとき，その強化は通常，運，偶然，運命の結果，影響力のある他者による統制の結果として，あるいは予想不可能な出来事として理解される。……出来事がこのように解釈されるとき……，私たちはこのような信念を外的統制信念と呼ぶ。

(Rotter, 1966: 1)

　Rotter は同じモノグラフで，彼の内的-外的尺度（I-E 尺度）を用いた LOC の測定に対する心理測定学的根拠を示した。この尺度は，強化の内的あるいは外的統制に対する一般化された信念に関する個人差の尺度である（Rotter, 1966: 1-2）。21 項目からなるこの尺度は，LOC のスコアを 1 つ算出する。これは LOC が一次元的構成概念であることを示唆する。これについては，多くの研究者が異議を唱えている。しかし，Rotter が指摘しているように，彼の I-E 尺度は一般化された期待の尺度であるため行動予測力は比較的小さいが，幅広い状況での行動予測を可能にすると考えられる。また，一般によく知られた状況では期待される事項がより具体的に示されるため，I-E 尺度のほうが行動予測力は小さくなると推察される。しかし，初めて遭遇する状況，あるいは不確かな状況では I-E 尺度のほうが行動の予測力が大きくなる可能性がある（4 章のセルフエフィカシーに関する議論を参照）。

　身体活動についての LOC の研究では，つぎの 2 つのテーマで進展が見られる。LOC の多次元性と測定手段の行動特異性である。

●多次元的 LOC

　LOC の多次元性の本質については統一された見解は示されていないが，多くの研究者は一次元の I-E 分割では不十分であると指摘している（Palenzuela, 1988）。しかし，自分の人生には「秩

序がない」(偶然によって統制されている)と感じている人と、いろいろな出来事は影響力のある他者によって統制されていると信じている人は区別されるべきである。実際、LOCの外的統制側の極は、少なくとも偶然と影響力のある他者に分割するほうが良いという意見については、ある程度の賛同が得られている。

● 測定の特異性

　RotterのI-E尺度は一般化された尺度として開発されたため、より状況特異的なLOC尺度のほうが特定の行動をより正確に予測をするだろうと研究者が考えるのは当然のことであった(図3-2参照)。このような状況特異的な尺度の中で最も広く用いられているのは、多次元的健康統制所在尺度(Multidimensional Health Locus of Control Scale: MHLC) (Wallston, Wallston and DeVellis, 1978) である。MHLCは内的統制、偶然、影響力のある他者に関するスコアを算出するが、健康行動の予測の結果は必ずしも良いとはいえない。主な理由としてあげられるのは、この尺度が対象としうる行動領域の広さである。また、この尺度は疾病に重点が置かれているため、運動などの健康増進行動との関連性はほとんどないと考えられる。しかし、Dishman and Steinhardt (1990) は、MHLCの内的下位尺度では運動の予測はできないが、習慣的で自由な身体活動の予測はできることを明らかにした。このように、これまでの所見は両義的であるにもかかわらず、先に行われた文献のレビュー (Strickland, 1978; Wallston and Wallston, 1978) では、健康についてのLOCと特定の健康行動には何らかの関係があると結論づけている。

● 運動研究とLOC

　LOC尺度を用いて測定される統制感と運動参加の関係を調査した研究には、つぎの3つのアプローチがある。一般化されたLOCと運動の関係を明らかにしようとした研究、健康についてのLOCを用いた研究、運動用あるいはフィットネス用の尺度を用いた研究である。

一般的な尺度と健康についてのLOC尺度

　LOCと運動に関する初期の研究の1つであるSonstroem and Walker (1973) の研究では、LOCと体力の関係およびLOCと活動レベルの関係が調査された。対象はアメリカの大学の最終学年の学生で、調査にはRotterのI-E尺度、活動に対する態度の一般的な尺度、身体活動への参加の自発性を評価するアンケートが利用された。心臓循環器系のフィットネスの指標としては600ヤード走を用いた(今ではこのテストは心臓循環器系のフィットネスの指標としてはふさわしくないと考えられている)。彼らには同じテストを大学の1年次にも受けさせた。

　肯定的な態度をもち、内的統制のスコアが高い

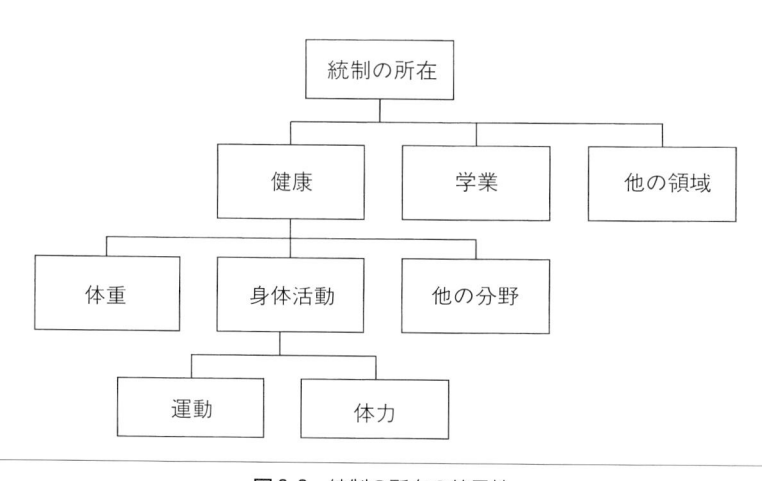

図3-2　統制の所在の特異性

学生は，他の人より速く走り，活動レベルも高いのが一般的な傾向であるが，このような傾向の中にはきわめて小さなものもある。いずれにしても，これらの結果はLOCが身体活動やフィットネスのスコアにある程度の影響を及ぼすことを示唆している。しかし，600ヤード走テストの妥当性に問題があるため，フィットネスに関する結果には議論の余地がある。

運動についてのLOCの研究では，MHLCを用いて運動群と非運動群の弁別を試みるアプローチが広く用いられている。O'Connell and Price (1982) は，アメリカの保険会社において従業員のために用意された10週間の運動プログラムをやり遂げた人と，途中でやめた人およびプログラムに参加しなかった人（コントロール群）を比較した。その結果によると，運動プログラムをやり遂げた人は，途中でやめた人と比べて内的統制の傾向が強く，途中でやめた人は参加しなかった人よりその傾向が強かった。これらの差は小さいが統計的に有意であった。偶然あるいは影響力のある他者に関しては有意な差は認められなかった。

Dishman and Gettman (1980) は成人男性を対象とした20週間の前向き研究で，健康についてのLOCの一次元尺度と他の尺度を併用して，運動へのアドヒアランスとドロップアウトの予測を試みた（2章参照）。運動継続者はドロップアウトした人より内的統制スコアが高かったが，健康についてのLOCが運動継続者とドロップアウトした人を弁別する効果を高めることはなかった。しかし，健康についてのLOCが外的で，健康/フィットネスに対する価値スコアが低い被検者は，健康についてのLOCが内的で，健康/フィットネスへの態度スコアが高い被検者よりプログラムへのアドヒアランスが低かった。

Dishman and Gettman (1980) のデータは，監視下にある運動プログラムへの参加の予測という点では，健康についてのLOCに対してあまり高い評価は与えていない。彼らが運動継続者とドロップアウトした人を弁別する変数を研究する際に多変量統計学の手法を用いたことを考慮に入れると，他の要因との関係の中では，LOCは比較的弱い影響力しかもたないと結論づけることができる。

これらの結果を総合すると，フィットネス行動あるいは運動行動を予測する上で，LOCはあまり有効ではないと結論づけられる。しかし，フィットネスやLOCの測定の不適切さが研究結果にどの程度影響を及ぼしているかは定かではない。これまでの結果からいえることは，LOCを横断的に比較すれば，運動をする人としない人の間には何らかの差があるだろうということくらいである。しかも，このような差が運動参加によって生じたのか，それとも活動的になろうとする最初の決断に影響を及ぼしたのか，確かめることはできない。いくつかの研究は，健康についてのLOCと運動行動の間には何らかの関係があると報告しているものの，多くの研究からは，健康についてのLOCは運動行動をあまり正確に予測することはないし，運動行動と強く結びつくこともないという結論が導かれるだろう。

このようなはっきりとしない結論しか得られないのはなぜだろうか。主な可能性として，つぎの3点があげられる。1つ目は理論が間違っているか，あるいは理論が運動に適用できない可能性，2つ目は測定手段がLOCと運動参加の関係を実証するほどの感度や適性をもっていない可能性，3つ目はフィットネス/運動についての統制外在者がほとんどいないため，LOCと運動参加の関係を実証する研究や，統制外在者と統制内在者を弁別する研究が実施困難になっている可能性である。LOCの研究における理論的予測や関連する理論的構成概念についての包括的な検証を考慮すれば，LOCと運動参加の間には何らかの関係があると結論づけることはできるだろう。関係を示すことができなかった研究のほとんどは，LOCの測定が運動行動やフィットネス行動に十分対応しきれていなかったのではないかと推察される。この指摘は，健康についてのLOCにも当てはまる。そもそも，すべての人が運動を健康増進のための行動と考えているわけではない。LOCの測定については，行動特異性を高める必要があるが，これは運動や体力についてのLOCの問題に取り組んできたいくつかの研究が指摘してきたところと一致する。

運動とフィットネスについてのLOCの測定

運動とフィットネス用のLOC尺度の開発が数名の研究者によって進められている（表3-1参照）。Noland and Feldman (1984) は，ある健康教育の夜間授業を大学で受講している女性を対象とした研究で，彼らが提唱した運動行動モデル (exercise behaviour model: EBM) の主要な部分を検証した。彼らは身体活動，身体活動に対する態度と価値を測定した。さらに，彼ら自身が作成した運動についての統制の所在尺度 (exercise locus of control scale: EXLOC) を用いてLOCを測定した。この尺度はLOCの下位尺度である内的統制，偶然，影響力のある他者，環境の測定を目的としている。彼らは内的統制尺度に関して，「これは自分の運動行動を自分で統制しているという信念を扱う」といっている (Noland and Feldman, 1984: 34)。これはもちろん，Rotter (1966) が仮定した強化についての統制所在信念とは概念的に異なる。態度と運動参加の間と，LOCの環境下位尺度と運動参加の間に，それぞれ弱いが統計的に有意な相関関係が認められた。運動参加と肯定的な態度の間には正の相関があり，運動参加と環境（たとえば，天候や運動設備）がある程度運動参加を統制するという信念の間には負の相関があることが示された。

Noland and Feldman (1985) は女性を対象にさらに追加的な研究を行い，運動に関する変数，態度，価値，EXLOCを再度測定した。加えて，彼女らが費用や余暇の不足など15の運動参加阻害要因について，それぞれどの程度障害と感じているかを調べた。25歳から45歳の女性については，EXLOC尺度と運動参加の間に相関関係は認められなかったのに対して，より高齢の女性（46歳から65歳）については，運動時間と内的統制傾向の強さの間には正の相関，運動時間と偶然，運動時間と影響力のある他者の間には負の相関があることが示された。Noland and Feldman (1984; 1985) の研究は，運動用に作成されたLOC尺度に関する最初の報告であった。しかし，EXLOCの心理測定学的妥当性をどのように検証したかは明らかにされていない。

McCready and Long (1985) は，運動についてのLOC尺度の有用性を検証している。彼らは過去1年間エアロビクス・プログラムに定期的に（週に2回から3回）参加している女性を対象に調査を行い，LOCと態度がプログラムへのアドヒアランスに及ぼす影響を調べた。測定はLevensonのLOC尺度，子どもの身体活動に対する態度尺度 (children's attitude toward physical activity (CATPA) scale) の改訂版，社会的な望ましさの尺度，運動目的についてのLOC (exercise objectives locus of control: EOLOC) 尺度を用いて行われた。EOLOCに対する妥当性や信頼性を示す根拠も提示された。

EOLOCは，18項目からなる調査票によって内的統制，偶然，影響力のある他者について測定を行う。McCready and Longは2度の因子分析で5つの因子を抽出したが，そのうち比較的独立した要因は内的統制と偶然だけであった。因子構造についてはこれから明らかにしていく必要がある。

彼らの分析によると，EOLOC尺度およびCATPA尺度では，プログラムへの出席率が低いグループ，中くらいのグループ，高いグループの間に差は生じなかった。出席率の予測に関しては，3つの態度尺度とLevensonの調査票から計算された2つの外的統制尺度は弱い予測力を示したが，EOLOCは出席をまったく予測できなかった。これらの結果から，McCready and Longは，出席率が高い人はプログラムの開始時には社会的関係を維持する手段，あるいは健康やフィットネスを増進とする手段としての身体活動に対してはあまり肯定的な態度をもたず，緊張からの開放を目的とする身体活動に対してより肯定的な態度をもつと結論づけた。また出席率の高い人は，自分の強化が影響力のある他者によって統制されるという信念が他のグループより弱く，偶然の要素が自分の人生に影響を及ぼすという信念は強かった (McCready and Long, 1985,: 352)。

これらの結果，特にLevensonの一般的な尺度のほうが高い予測力を示したという事実は，運動についてのLOC尺度としてのEOLOCに対して深刻な疑念を抱かせることになるかもしれない。しかし，McCready and Longが報告した結果に

第3章 統制感による動機づけ 51

表3-1 運動/フィットネスについてのLOC、運動、身体活動を調査した研究の要約

研究	サンプル[1]	LOC測定方法	目的	結果	結論[2]
Noland and Feldman (1984)	成人女性 (N=64)	運動についてのLOC (EXLOC) 尺度	EXLOCを含む運動行動モデル (EBM) と運動参加との関連の評価	EXLOCの外的(環境)下位尺度と運動参加に負の相関が認められた。	+
Noland and Feldman (1985)	成人女性 (N=215)	EXLOC	Noland and Feldman (1984) と同じ	EXLOCと運動参加の間に関連は認められなかった。	−
McCready and Long (1985)	フィットネスプログラムに参加しているカナダ人女性 (N=61)	運動目的についてのLOC (EOLOC) 尺度	運動へのアドヒアランス、身体活動に対する価値観、EOLOCスコアの関連性の評価	EOLOCと運動へのアドヒアランスの間に関連がみられなかった。	−
Long and Haney (1986)	座位中心のカナダ人女性 (N=68)	EOLOC	・カウンセリングが活動的なライフスタイルの開始に与える影響の評価 ・上記と同じ文脈におけるEOLOCや他の変数の評価	身体活動の増加と、EOLOCと運動の価値の組み合わせ効果の間に弱い関係性が認められた。	+(?)
Whitehead and Corbin (1988)	大学生3グループ (N=377)	体力についてのLOC (FITLOC) 尺度	FITLOC尺度の解釈と検証	FITLOCの信頼性と妥当性を示すある程度の根拠が得られた。身体活動との間に弱い関連性が認められた。	+(?)
Dishman and Steinhardt (1990)	大学生 (N=84)	MHLOC, EOLOC	MHLOCとEOLOCの内的下位尺度によって ・監視下での運動 ・生活の中での身体活動を予測するための前向き研究	・内的HLOCは日常的身体活動への参加を予測したが、運動は予測できなかった。 ・内的EOLOCは運動、身体活動への参加を予測できなかった。	+(HLOC) −(EXLOC)
Dganis, Theodorakis, and Bagiatis (1991)	フィットネスプログラムに参加しているギリシャ人女性 (N=96)	EOLOC	・ギリシャ版EOLOCの心理測定学的特性の評価 ・EOLOCと自尊感情の関連の評価	・尺度の心理測定学的特性は支持された。 ・包括的なセルフエスティームと次の下位尺度の間に有意な弱い相関が認められた。内的(正)、偶然(負)、影響力のある他者(負)。	+(?)

注：
1 研究対象者は特に記述がなければ米国人である
2 ＋＝運動行動における運動/フィットネスLOCの肯定的な役割を示した研究
＋(?)＝運動行動における運動/フィットネスLOCの肯定的な役割について、説得力の弱い、あるいは一貫性のない結果を示した研究
−＝運動行動における運動/フィットネスLOCの役割が示されなかった研究

よると，調査の対象者のほとんどが内的統制尺度できわめて高いスコアを示しており，このことがアドヒアランスと内的EOLOCを関係づける統計解析に影響を与えたと考えられる。McCready and Long の結果は，運動／フィットネスについての外的統制者がなかなか見つからないという前述のコメントを裏づけるものである。

　Long and Haney (1986) も座位中心の生活を送っている女性を対象とした研究でEOLOC尺度を用いた。彼らはカウンセリングが身体活動プログラムへの参加に及ぼす影響を調べるために，調査の対象者をカウンセリングと情報（コミュニティーで供与されるプログラムやサービスに関する情報）が与えられるグループ，カウンセリングのみが与えられるグループ，順番待ち名簿に載せられるコントロールグループの3つに分け，1ヵ月後に再調査を行った。

　カウンセリングを受けた2つのグループでは，1ヵ月間で身体活動レベルが明らかに高くなったのに対して，コントロールグループではそのような変化は見られなかった。しかし，身体活動の増加をEOLOCと態度スコアの組み合わせによって予測しようとする試みでは，これらを予測変数として強く推奨する結果は得られなかった。コントロールグループでは，EOLOCの項目である影響力のある他者で低いスコアを示した人と，運動を冒険あるいはつらいトレーニングと捉えていない人は，身体活動のレベルをアップさせる傾向があったが，そのような傾向はカウンセリングを受けたグループでは認められなかった。すべてのグループにおいて，体型の改善，健康の向上，緊張の低減の手段としての身体活動に対する肯定的な態度と組み合わせることによって，内的EOLOCは身体活動の増加と関係づけることができた。しかし，この関係は統計的には弱いものであった。

　Dishman and Steinhardt (1990) は，前向きの研究において健康と運動についてのLOCの測定結果を自由に（習慣的に）行う身体活動と構造化され監視下にある運動の両方に関連づけることによって，統制の所在の仮説を検証した。彼らの調査対象は少人数の大学生のグループ（N=84）であるが，興味深いことに，習慣的な身体活動は健康についてのLOCから予測することができるが，運動についてのLOC（EOLOC尺度を用いて測定）では予測できないという結果が示された。一方，構造化され監視下にある運動に関しては，健康と運動についてのLOCはともに重要な予測変数とはならなかった。これらの結果は，調査開始時のフィットネス・レベル，健康への効果の期待価値，身体活動に対する主観的障壁の影響を統制した上で得られたものである。

　習慣的な身体活動の予測では，健康についての内的LOCの影響力は2週目より5週目のほうが強くなった。また，健康についての内的LOCは，身体活動レベルの高い人と低い人の区別をさらに明確にした。つまり，Dishman and Steinhardt は，健康についての内的LOCは監視下にある身体活動ではなく，習慣的な身体活動を予測する上で有効であることを示したが，EOLOC尺度の妥当性を支持する結果を得ることはできなかった。Dishman and Steinhardt は，彼らの論文の脚注で，「私たちが得た結果は，EOLOC尺度で測定される運動についての統制の所在の構成概念妥当性に疑問を投げかけるものである」と述べている (Dishman and Steinhardt, 1990: 394)。彼らは，Long と共同研究者 (Long and Haney, 1986; McCready and Long, 1985) が行った研究は，少人数の成人女性グループを対象とする調査に基づいており，「他対象グループにおける尺度の測定特性の頑健性には限りがあるだろう。……一般的な心理測定学的基準に照らし合わせて判断すると，現在用いられている運動用の統制所在尺度は，運動についての統制の所在が構成概念として妥当であるという確たる根拠を示せていない。……構成概念妥当性に関するさらなる研究が必要ではないか」と指摘している (Dishman and Steinhardt, 1990: 394)。

　現時点でいえることは，運動用に作成されたLOC尺度が他のLOC尺度より優れた予測力をもつという証拠をEOLOCは提供することができなかった，ということになる。実際のところ，運動用のLOC尺度は運動行動を正確に予測することはできないと言って差し支えないだろう。私たちが1991年にこのような結論を示した後は，

実質的な新しい研究は発表されていない。

運動用のLOC尺度についてこれまで報告されてきた問題の1つは，尺度（EXLOCとEOLOC）の心理測定学的特性が明らかにされていないということである。体力づくり行動用のLOC尺度を開発するためのより厳密な試みがWhitehead and Corbin（1988）によって報告されている。彼らはFITLOCと呼ばれる体力づくり行動の強化についての統制の所在を測定する多次元尺度を作成し，その妥当性と信頼性を示す根拠をアメリカの大学生を対象とした調査によって提示した。質問項目は3次元をなす内的統制，偶然，影響力のある他者を反映し，体力づくり行動は「調査対象者の生体組織的体力の状態を変化させると思われるすべての行動」と定義された（Whitehead and Corbin, 1988: 110）。しかし，この調査においても，FITLOC尺度と身体活動尺度の間の相関関係によって，併存的妥当性が立証されたわけではなかった。相関係数の正負は予想されたとおりであったが，その大きさは説得力を欠くものであった。Whitehead and Corbinは，併存的妥当性が適切に示されるためには，今後の研究で価値の尺度を考慮する必要があると主張している。彼らの分析では，調査対象者の間に価値スコアの差はないと仮定しなければならなかった。FITLOC尺度についても問題は未解決のままである。

●統制の所在に関する批判

これまで報告されているLOCに関する研究は，Rotter（1966）が概略をまとめた構成概念に端を発している。その後の展開には多次元尺度や状況特有の測定手段の利用などが含まれる。しかし，LOC（それがどのように測定されたとしても）と運動やフィットネス活動への参加の関係について得られた総合的な結論の大部分は，証拠が不十分であるか，あるいは決定的ではない。こうした状況は，運動心理学の他の分野では目覚しい進展が見られたここ数年間ほとんど変わっていない。LOCの構成概念自体を，あるいは少なくともそれがどのように研究で用いられてきたかをより批判的に考察することによって，問題解決の糸口がつかめるのではないだろうか。

Rotter（1975）は内的―外的LOCに関する3つの問題と誤解をつぎのようにまとめている。

1. **強化に対する価値の測定の回避** 統制内在者がとる行動様式を単に統制信念のせいにするのは単純化しすぎた主張であろう。行動に対する関心や価値の違いは，いかなる内的あるいは外的志向性よりも重要な意味をもつ。それにもかかわらず，価値（あるいは単に感情的な「態度」であることもよくある）の測定を試みた研究は数少なく，これまでに報告された運動行動に関する研究結果が決定的なものではなかった理由をある程度説明すると思われる。たとえば，最近のある種の運動（たとえば，大衆ジョギング，エアロビクス，マウンテン自転車）に対する関心の高さは，流行あるいは社会的圧力に対する社会的従順さが重要な因子の1つであることを示唆している。研究結果が示すところによると，統制外在者は統制内在者よりも社会的に従順である。仮に統制外在者が健康や体力の重要性を認識した上で最近の大衆ジョギングの流行に乗ったとしても，内的統制より外的統制のほうがより強く関与したと見なされるであろう。

2. **特異性―一般性** Rotterは，状況の不確かさがLOCの行動への影響を左右すると主張している。初めて遭遇する不確かな状況においては，人は頼るべき情報をほとんど，あるいはまったくもっていない。したがって，そういう人はLOCの一般化された信念に影響されがちである。しかし，頻繁に遭遇する状況ではLOCに関する信念はあまり重要ではなく，問題とされる行動に特異的に関係する信念がより重要視されることになる。こうした事情が，スポーツや運動に関する論文に報告されているLOCと運動参加の関係の弱さを説明するのではないだろうか。人は身体能力やコンピテンスなどについての信念をもっていると仮定することは可能だろう。したがって，人は一般的なLOC信念よりこれらの

特定の信念に頼りがちになる。セルフエフィカシーという構成概念が運動参加の予測で成功している（4章参照）という事実が，このことの裏づけとなっている。実際，Rejeski（1992）が主張しているように，「一般化された統制の所在が運動行動を予測するとは思えない。そもそも構成概念の定義が運動行動の予測を想定していない。例外があるとすれば，運動経験がまったくない人の運動行動の予測である。統制の所在は運動未経験者の運動への最初の参加を予測できるかもしれない」（Rejeski, 1992: 143）。

3. **良い－悪いの二分割** Rotter は，研究者は内的統制が良いことで外的統制が悪いことだと誤って考えていることがよくあると指摘している。内的 LOC 信念をもつことは時として有益であるかもしれないが，それによって不適応を起こすこともありうる。Palenzuela（1988）は，LOC の構成概念に関する説得力のある分析によってそのことを示した。内的統制信念あるいは外的統制信念がもたらす利益は，その人が置かれている状況に依存するという相互作用的視点が必要となると彼は考えている。肥満気味であることについて，自分自身に悪いところがある（内的統制の問題）から太りすぎていると常に信じ込まされている子どもには，罪悪感とフラストレーションが生まれる。実際は，子どものライフスタイルに及ぼす親の影響のほうがより大きな意味をもつ統制欠如のケースである。Weiner（1995）の肥満やその他の社会的スティグマに関する帰属あるいは責任信念の分析がこの事実を証明している。

研究者の中には強化についての統制の所在，あるいは行動原因の所在の概念に疑念を抱いている者がある（Ajzen, 1988; Palenzuela, 1988）。たとえば，Ajzen（1988）の計画的行動理論（5章で概要が述べられている）では強化の LOC に関する一般化された信念のかわりに，「行動の統制感」と呼ばれる変数が考慮されている。Ajzen（1988）は，このような一般化された信念は，目的，行動，背景因子が考慮されるときは個々の行動傾向とは無関係になるだろうと主張し，一般化された LOC 信念が正確な予測を可能にするとは思えないと結論づけた。さらに彼は，「特定の行動と結びつく統制信念を概念化する際，主観的達成責任あるいは健康についての統制所在のレベルにとどまる必要はなく，かわりにその行動あるいは行動目標に対する統制感を考慮することができる」と述べている。

Ajzen（1988）は，Bandura のセルフエフィカシー理論（4章参照）がここでの議論に相応しい枠組みであると主張している。しかし，セルフエフィカシーと LOC は概念的に異なる。セルフエフィカシーは，ある行動が可能であるという信念であるのに対して，LOC 信念は強化についての統制に対する一般化された信念と関係がある。実際，結果期待はエフィカシー期待より LOC 信念と密接な関係があるため，Bandura のエフィカシーと結果期待の区別は重要である。

Skinner（1995; 1996）の分析も LOC の本質を捉えている。LOC を Skinner の有能感システム上にプロットすると，LOC を行動と結果の前に位置する調整信念の集合と概念づけることができる。そうすることによって，LOC が行動に強い影響を及ぼすと想定してきた。しかし，私たちはこれが正しくないことを示す多くの理由を指摘してきた。LOC は図 3-1 の手段-目的の部分に当てはまる構成概念である。もし，LOC が主に手段-目的の関係に関わる方略信念であるとすると，LOC は成功のために何が必要か（随伴性）を考えることに関係するのであって，必要なものの保有（有能感）に関する信念ではない。このことが LOC の行動予測力を弱めていると考えられる（Biddle, 1999b）。

結論として，よく耳にする活動的で健康な生活を送るためには行動の統制が必要であるという信念は，LOC に関する研究によって支持されているわけではない。その原因として，方法論の弱さ，測定方法の不適切さ，LOC が有能感信念ではなく随伴性に関わっている点，LOC はそもそも運動や身体活動のわずかな部分しか説明しない可能性がある点が関与していると考えられる。今

後の研究では，LOC をより大きな研究モデルの枠組みの中に位置づけ，他の関連する構成概念との関係について考察する必要がある。

内発的動機づけ，統制と自律性の知覚，そして運動

　これまで私たちは，統制感の概念について考察してきた。しかし，私たちが何らかの選択，統制，自己決定が存在する状況を好むこと，あるいはそうした状況によってより強く動機づけられることは，日常の経験から明らかだと思われるにも関わらず，これまで統制感を動機づけのプロセスとは結びつけてこなかった。逆に私たちは，管理されたり圧力をかけられたりすることをあまり好まないのが普通である。選択，統制，自己決定は，統制感と動機づけられた行動を関係づける基盤を与える構成概念であり，内発的動機づけの中核をなす。

　内発的動機づけと外発的動機づけは，心理学ではよく知られた構成概念であり，日常的な場面においても別の名称で呼ばれることはあるが，広く知られている。運動を奨励する立場にある人が，内発的動機づけが運動への継続的参加の鍵を握ると信じているのは確かである。内発的動機づけは外的（外発的）な報酬なしに，何かをそれ自体を目的として行うための動機づけである。これにはレクリエーション活動や趣味などで感じる喜び，楽しみ，満足が含まれる。楽しみは他者から与えられる金銭，賞，あるいは名誉ではなく，その活動の中にある。また，参加は強制や圧力の影響を受けない。Csikszentmihalyi（1975）は，このような内発的に行われる活動を「自己目的的」と形容した。こうした考え方は，内発的に動機づけられた行動が自己統制感，自己決定感，あるいは私たちが自律性と呼ぶことになる概念と関連していることを示唆しており，現在行っている議論にとって有益である（Deci and Ryan, 1985）。

　一方，外発的動機づけは，報酬，金銭，圧力，あるいはその他の外的な要因による動機づけである。もし，これらの報酬あるいは外圧がなくなると，内発的な関心がない限り動機づけは低下すると考えられている。後で動機づけに関するいくつかの構成概念を導入し，動機づけ連続体について明らかにしていくが，これには純粋に内発的な動機づけと純粋に外発的な動機づけの間に位置する動機づけプロセスが含まれる。

●内発的動機づけ理論の発展

　Deci and Ryan（1985; 1991）は，内発的動機づけの研究について，文献では4つのアプローチの存在が確認できると述べている。それらは，自由選択，興味，挑戦，欲求である。自由選択の評価に基づく内発的動機づけの研究は，何らかの行動指標の評定を可能にする。外発的な報酬がない場合，内発的に動機づけられた人とは，自由時間中の参加を自分で選択する人のことである。内発的に動機づけられた行動は興味，好奇心，挑戦を理由に実行されることもある。また，Deci and Ryan は，エフェクタンス，個人的原因，有能感，自己決定などの構成概念をとおして次第に認識されるようになってきた心理的欲求について，それらが果たす重要な役割の概要を述べている。

　動機づけの欲求に関する認知論的視点に立った研究が盛んになったきっかけは，White（1959）のエフェクタンス動機づけに関する論文であるというのが一般的な認識である。White は，人間は環境と効果的に相互作用をすることへの基本的欲求をもっていると考えた。彼は広範な分野の研究をレビューし，熟練努力，好奇心に基づく行動，探検，遊びなどの行動は，オペラント理論では説明できないと主張した。これらの行動や他の同じような活動については，活動そのもの以外には外的報酬はないと考えられる。このような活動は内発的に動機づけられているという。White は，このような活動を成功させていくことがエフィカシーをもたらし，それが内発的に動機づけられた将来の行動につながると主張した。

　deCharms（1968）はもう1つ別のアプローチを採用した。彼は，自己決定は人間の基本的な欲求であり，人は自己決定をすることによって，自分が自分の行動の「指し手」であると感じると

き，あるいは自分が自分の行動を統制していると感じるとき，最適に，しかも内発的に動機づけられると主張した。deCharms (1968) は，Heiderの主観的原因の所在（perceived locus of causality: PLOC）の概念を用いて，個人の自律性や自己決定の感覚を表現した。PLOC はある特定の行動を実行した理由に関する知覚をさす。内的な PLOC をもつ人は，自分が自分の行動の主導者あるいは指し手であると感じている。一方，自分の行動が何らかの外的な力によって強いられていると感じている人は外的 PLOC をもつという。内的 PLOC と外的 PLOC は互いに相容れない概念ではなく，すでに一般化された LOC について考察したように，これらは 1 つの連続体の両端を成す。deCharms によると，人は内的な PLOC をもつとき，最も好ましいかたちで内発的に動機づけられている傾向にある。

Deci and Ryan (1985) は，3 つの重要な心理的欲求が内発的に動機づけられた行動に関係すると考えている。それらは有能感，自律性，関係性への欲求である。有能感は結果を統制し，熟練やエフェクタンスを経験しようと努力することと関係がある。人間はどうすれば好ましい結果を生みだすことができるか理解しようするものである。自律性は自己決定と関係がある。自律性は，コマではなく指し手になろうとする性質で，deCharms の考え方に近く，統制感をもつこと，行動が自己から生まれると感じることに似ている。最後に関係性とは，他者と関係をもち，他者に配慮するよう努めること，他者も関係をもつことができると感じること，そして社会とより広く関わり満足感や一体感を感じることを意味する (Deci and Ryan, 1991:245)。

Deci and Ryan は，「これら 3 つの心理的欲求は，人間の行動や経験に見られる大きなばらつきを説明する手助けとなる」と述べている (Deci and Ryan, 1991: 245)。人はこれらの欲求を満たそうとするが，内発的動機づけを高めるという観点から見て重要なのは，人が内発的に動機づけられた行動の助けとなりうる状況を予測するという点である。この件については，後で触れることにする。ここでは，スポーツや運動の研究で注目を集めている内発的動機づけと外発的動機づけについて考察する。

認知的評価理論

内発的動機づけと外発的動機づけの関係については，ある時期きわめて単純に，すでに存在する内発的動機づけに外発的動機づけを加えると動機づけは高まると考えられていた。強化（すなわち外発的報酬）によって報酬の対象となった行動の再現確率が高くなるという事実から判断すると，このような考え方は合理的と思われる。一方，主に子どもを対象に行われた多くの研究や調査の結果，外発的な報酬を用いることによって内発的動機づけは損なわれるという説は，疑問視されるようになった。その拠りどころとなったのが認知的評価理論 (cognitive evaluation thery: CET) である。

CET (Deci, 1975; Deci and Ryan, 1985) は，個人の有能感と主観的自律性の変化が内発的動機づけの変化をもたらすと仮定することによって，White と deCharms の着想を融合させた理論である。興味をもっている活動に参加することに対して報酬を与えると，内発的動機づけが低下することはよくある。Deci (1975) は，その原因は LOC のシフトだとする学説を立てた。つまり，ある活動を行うことについて内的 PLOC をもっていた人は，報酬を受け取ったことで原因の所在をより外的な傾向にシフトさせ，その結果，彼らの内発的動機づけが低下したという考え方である。内発的動機づけは有能感の変化によって影響を受けることもありうる。

Lepper, Greene and Nisbett (1973) は，内発的動機づけと外発的報酬の関係について，就学前の子どもを対象に調査した。まず，内発的な関心についての基準データが集められ，内発的動機づけは学校の休み時間中に鮮やかな色の蛍光マジックマーカーペンを使って遊んだ時間として，操作的に定義づけられた。子どもたちはつぎの 3 つのグループに振り分けられた。

1. **報酬が約束された状況** 子どもたちはそのペンを使って遊ぶことに同意し，それに対して

何かご褒美がもらえると告げられた（シールとリボンで飾られた証明書）。
2. **思いがけない報酬が与えられた状況**　子どもたちはそのペンを使って遊ぶことに同意したが、ご褒美がもらえることについては何も告げられなかった。実際はご褒美を後で受け取った。
3. **報酬なしの状況**　子どもたちはご褒美を期待しなかったし、実際にご褒美も受け取らなかった。

子どもたちは割り当てられた条件のもとで実験に参加し、一人ずつ別々の部屋でテストされた。観察は、彼らに気づかれないようにマジックミラーを用いて行われた。ペンは他の遊具と一緒に教室に置かれた。ペンを使って遊んだ時間は、グループごとに自由時間に占める比率で表された。報酬を約束された子どもたちは他の2つのグループと比べて、ペンを使って遊んだ時間は有意に短かった。

同じような実験が Lepper and Greene（1975）によって、上述の研究と同じ年齢の子どもたちを対象に行われた。その実験では、彼らは2つの報酬条件、すなわち報酬が約束された状況と思いがけない報酬が与えられた状況を用いた。さらに彼らは、遊んでいる時間のほとんどをビデオカメラをとおして観察されるグループ、ときどき観察されるグループ、まったく観察されないグループに子どもたちを分け、3つの観察条件を設定した。実験開始から3週間、子どもたちには気がつかれないように観察を続けた。その結果、観察があり報酬が約束されている状況では内発的動機づけが低くなることが示された。

これらの研究は、報酬をもらって内発的に動機づけられた作業を続けた人は、自由な時間にその作業をする機会を与えられたとき、作業に従事する時間が短くなったと報告した Deci の先行研究（Deci and Ryan, 1985 を参照）を支持するものであった。総合的に考えてみると、これらの研究はいわゆる過正当化の影響を示唆している。内発的に動機づけられた作業をした見返りに報酬を与えると、その報酬が与えられなくなった後の作業への参加は減少する。

過正当化の影響は、行動は外発的な報酬を必要とせず、いずれは起こるだろうという前提に基づいている。しかし、報酬を期待させることによって、知覚内容が内発的なものから外発的なものへシフトする。作業は内発的な価値のためではなく、報酬を得るために続けられる。報酬が行動を過大に正当化させ、報酬がなくなると内発的な動機づけを低下させることになる。

しかし、Lepper と彼の共同研究者の研究は、報酬そのものが問題ではなく、報酬が期待されているかどうかが問題であることを示した。この指摘は、報酬がすべての状況において、内発的動機づけを低下させるわけではないことを意味し、報酬の機能に関する認知的評価理論の構築につながった。この理論によると、報酬はつぎの2つの機能をもちうる。

1. **情報機能**　もし報酬が個人のコンピテンスに関する情報を提供するとすれば、適当な報酬によって内発的動機づけが高められる可能性はきわめて高いと考えられる。
2. **統制機能**　もし報酬が行動を統制する（すなわち行動が内発的動機づけによらず報酬目的である）とすれば、報酬の取り下げは結果的に内発的動機づけの低下を引き起こすと考えられる。

報酬の統制機能は行動参加を外的要因に帰属させるため、帰属理論がその分析の枠組みを与える。外的要因への帰属は成功時の肯定的な感情を抑制し、失敗時の統制欠如感をもたらす（Biddle, 1993; Weiner, 1986）。報酬の情報機能は有能感の認識により有益なものになりうるが、もちろんこれは成功体験を有する者についてのみいえることである。好結果に対して、グループ（たとえば学校）内の個人に常に報酬を与えると、結果が悪かった人は無力感が強化され、動機を失うことになる。Deci and Ryan（1985）はこれを報酬の無動機化機能と呼んでおり、無能感の概念と関係づけている。これらの可能性は図 3-3 にまとめられている。

情報機能をもつ出来事とは，自律性の文脈の中でコンピテンスに関するフィードバックを提供する出来事であることを心に留めておくべきである。プレッシャーの中で正のフィードバックが生じる出来事は，内発的動機づけにそれほどの影響を及ぼさないだろう。

CETについて要約する際，Deci and Ryanはつぎの3つの命題を提示した。

　命題1．行動の開始あるいは調整に関わる外的な出来事は，その行動の主観的原因所在に影響を及ぼすとき，内発的動機づけに影響を及ぼす。より外的な原因所在をもたらす出来事ほど内発的動機づけを低下させ，より内的な原因所在を知覚させる出来事ほど内発的動機づけを高める。
　　　　　　　　　　　　(Deci and Ryan, 1985：62)

Deci and Ryanによると，外的な原因所在の知覚につながる出来事は人々の自己決定を認めず，彼らの行動を統制するため，内発的動機づけを低下させると述べている。一方，内的な原因所在の知覚は自己決定感を高め，それによってより大きな自律性を生みだし，内発的動機づけを高めることになるだろう。

　命題2．外的な出来事は，ある自己決定の文脈の中で有能感に影響を及ぼすとき，適度に困難でやりがいのある活動に対する内発的動機づけに影響を及ぼす。有能感を高める出来事は内発的動機づけを高めるが，有能感を低下させる出来事は内発的動機づけを低下させる。
　　　　　　　　　　　　(Deci and Ryan, 1985：63)

命題2は，内発的動機づけは統制感だけではなく有能感にも関係することを示唆している。図3-3の右側の2つのルートは有能感に関係する。

　命題3．行動の開始と調整に関連する出来事には潜在的に3つの側面があり，それぞれが機能的な意味をもつ。情報に関わる側面は，内的な原因所在と有能感を高め，その結果内発的動機づけを高める。統制に関わる側面は，外的な原因所在を高め，その結果内発的動機づけを低下させ，外発的コンプライアンスあるいはディファイアンスを高める。無動機に関わる側面は，無能感を高め，その結果内発的動機づけを低下させ，無動機を助長する。これら3つの側面の相対的な顕在性が出来事の機能的重要性を決定する。
　　　　　　　　　　　　(Deci and Ryan, 1985：64)

Deci and Ryan (1985) は，一般的にいって選択と正のフィードバックは情報機能をもち，報酬，締め切り，監視は統制機能をもつと結論づけている。負のフィードバックは動機づけを低下させ，無動機化を引き起こすと考えられる。

運動や身体活動における認知的評価理論

　運動やいくつかの種類の身体活動では，忍耐

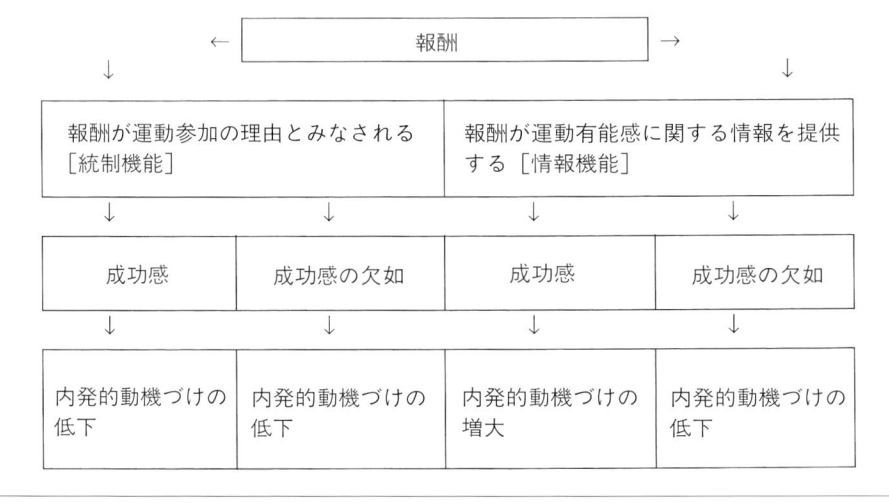

図3-3　運動場面における報酬構造と内発的動機づけの関係

力，努力，時間管理，自己調整のスキル，その他の動機づけに関連する事柄が必要になることがよくあるため，運動心理学における内発的動機づけや自己決定の役割について考察することは重要なことである。研究では，主に競技スポーツにおける身体的領域に焦点が当てられるが，いくつかの研究は一般的な内発的動機づけの過程，体力，そして運動に関連している（Chatzisarantis and Biddle, 1998; Chatzisarantis, Biddle and Meek, 1997; Goudas, Biddle and Fox, 1994b; Markland, 1999; Mullan and Markland, 1997; Mullan, Markland and Ingledew, 1997; Vallerand and Fortier, 1998; Vallerand and Losier, 1999）。

Whitehead and Corbin（1991）は命題 2 について，CET に基づき，子どもを対象としたフィットネステストという状況下で検証した。彼らは 12 歳から 13 歳の子どもに敏捷性をテストするアジリティ走を課し，有能感が内発的動機づけとともにどのように変化するか確かめようと試みた。内発的動機づけは，内発的動機づけ調査票（Intrinsic Motivation Inventory: IMI）を用いて，4 つの次元である関心/楽しみ，有能感，努力/重要性，プレッシャー/緊張を測定した。

アジリティ走テストのコースを完走した後，子どもを 3 つのグループに分け，1 つのグループにはテストの成績は同じ年齢層の子どもの上位 20 ％に位置する，もう 1 つ別のグループには下位 20 ％に位置するという真実とは異なるフィードバックを与えた。残りのグループには何もフィードバックを与えなかった。低フィードバックグループ（低有能感）の子どもは，正のフィードバックを与えられた子どもより内発的動機づけが低く，CET を支持する結果が得られた。内発的動機づけは有能感の影響を受けることが明らかにされた。

運動の動機づけに関する初期の研究（Thompson and Wankel, 1980）で，運動における選択権の保有感と統制感の働きはある程度実証された。その研究では，活動の選択がアドヒアランスと運動意図に及ぼす影響が調査された。ヘルスクラブに登録している成人女性に好みの活動を列記させ，彼女らを活動の好みによってグループ分けし，さらにそれぞれのグループを無作為に選択ありのグループと選択なしのグループに分けた。選択ありのグループには，運動プログラムは選択された活動だけを用いて実施すると伝え，選択なしのグループには，好みの活動ではなく標準的なフォーマットを用いたプログラムを実施すると伝えた。実際は両グループとも初めに選択した活動を行った。つまり，実験的に操作されたのは選択権の保有感だけであった。選択ありのグループは選択なしのグループより 6 週間後の出席率が有意に高く，選択権の保有感が運動の動機づけの重要な要因であることが示唆された。これは内発的動機づけの視点とも一致する。

認知的評価理論（CET）：メタ分析による再評価

CET は身体活動の領域では一般的に受け入れられているが，報酬と内発的動機づけについては何人かの研究者がそれらの関係をさらに明らかにしようと試みている。これらの問題を扱った 5 つのメタ分析のうち，最初の分析は Rummel and Feinberg（1988）によって行われた。彼らは外発的な報酬と内発的動機づけの関係を調べた研究と，報酬を統制目的に用いた研究を分析に含めた。きわめて多様な研究が見つかったが，88 の効果サイズのうち，CET に矛盾したのはわずか 5 例に過ぎなかった。全体の平均効果サイズは －0.329 であった（表 3-2 参照）。報酬には内発的動機づけを幾分低下させる有害な影響力があると結論づけられ，CET を支持する結果が示された。

Wiersma（1992）は，仕事や組織に関わる研究について，小規模のメタ分析を行った。子どもを対象とした研究，言語による報酬を扱った研究は除外され，分析の対象となった研究はわずか 20 件であった。分析は，自由時間中の作業と業務としての作業を区別して行われた。表 3-2 にまとめられた結果から，報酬には自由時間中の内発的動機づけを低下させる作用がある一方，業務成績を向上させる効果があることが分かる。Wiersma は，これらの結果は内発的動機づけをいかに操作するかが重要であること，そして作業成績は内発的動機づけと外発的動機づけの効果の組み合わせであることを示していると解釈した。少な

Box 3-2 身体活動や運動に参加させるための内発的動機づけに関して成すべきこと（DOs）・してはいけないこと（DON'Ts）

運動の動機づけの権威であるノースダコタ大学のジム・ホワイトヘッド博士（Dr. Jim Whitehead）は，内発的動機づけ理論を実際の運動参加推進プログラムに適用できるように実用的な指針を提供した（Whitehead, 1993）。

彼はいくつかの成すべきことと，してはいけないことを提唱した。

成すべきこと
・個人の習熟・熟練を重視する。
・選択権の保有感を高める。
・運動の内発的な楽しさと興奮を高める。
・健康面での身体活動の価値，最適機能，生活の質について教えることによって目的感を高める。

してはいけないこと
・仲間内で運動成績の比較をしすぎる。
・外的報酬の誤用によって身体活動や運動の内発的焦点を損なう。
・運動を骨の折れる仕事あるいはたいくつな仕事にしてしまう。
・フィットネスに関する間違った情報を広めることで無動機を生みだす。

　私たちはこれらの提言をすべて支持する。ある時，Stuartが健康運動の指導に関する体育教師のためのコースを担当したが，彼はもっとやる気を起こさせるような授業をするべきであると指摘した。1つの提案は音楽，リズムに乗せるためのビート，あるいはその場の雰囲気を良くするための楽しくやる気を高めるバックグラウンド・ミュージックを使うことであった。しかし，ある教師が，授業が楽しくなりすぎるため教頭は音楽の使用を認めなかったと発言した。教頭は，内発的動機づけに関する授業を受けていなかったのである！

とも，自由時間中の測定結果はCETを支持するものであった。

　Cameron and Pierce（1994）は身体活動を含む様々な領域の行動について，報酬，強化，内発的動機づけの関係を調査した研究を取り上げ，メタ分析を行った。分析の対象となったのは内発的動機づけの4つの主要尺度，すなわち自由時間の作業，態度（たとえば，自己申告による作業に対する関心，楽しみなど），将来その作業でボランティアをしようという意欲，作業成績である。彼らは，内発的動機づけは4つの主要尺度のいずれもCETによって予想される傾向を示さなかったと報告した（表3-2参照）。しかし，与えられた報酬のタイプで分析してみると，言葉による賞賛や正のフィードバックを与えられた人は，何も報酬が与えられなかった人より内発的動機づけが高くなることが明らかにされた。報酬が有形で，内発的動機づけが作業に従事した時間で測定されるときは，傾向はこれとは逆になる。このメタ分析は，興味をそそる作業とたいくつな作業が混在している，コントロール群が不適切である，いくつかの研究を誤って分類しているという理由から，Deci, Koestner and Ryan（1999）によって批判されている。

表3-2 報酬と内発的動機づけに関する5つのメタ分析の結果

研究	内発的動機づけの測定方法	効果サイズ
Rummel and Feinberg (1988)	多様な方法	-0.329[1]
Wiersma (1992)	a 自由時間 b パフォーマンス	a -0.50 b 0.34
Cameron and Pierce (1994)	a 自由時間 全体 b 自由時間：言語的賞賛 c 自由時間：有形の報酬 d 態度 全体 e 態度：言語的賞賛 f 態度：有形の報酬 g パフォーマンス h ボランティア活動に対する意欲	a -0.04 b 0.38 c -0.22 d 0.14 e 0.30 f 0.05 g -0.0004 h 0.05
Tang and Hall (1995)	a 課題―随伴報酬 b パフォーマンス―随伴報酬 c 予期せぬ報酬	a -0.51 b -0.35 c 0.34
Deci et al. (1999)	a 従事―随伴報酬 b 完成―随伴報酬 c パフォーマンス―随伴報酬	a -0.40 b -0.36 c -0.28

注：
1 他の研究との比較の都合上，符号は Rummel and Feinberg (1988) で報告されたものとは逆になっている

Tang and Hall (1995) のメタ分析は，過正当化の影響に焦点を当てている。彼らの分析結果は，有形の報酬は内発的動機づけを低下させるというCETの命題の正しさを支持した（表3-2参照）。

Deci et al. (1999) は，これらのメタ分析結果の矛盾や論争を解決するためには，さらなる研究が必要であると考え，128の研究の総括的なメタ分析を行った。彼らの分析結果は，表3-2にまとめられている。それらはCETに対する明確な支持を示している。

これらのメタ分析は，CETをおおむね支持している。スポーツや運動に関する文献もCETを支持しているように思われるが，さらに議論を深めるべき問題が残っているのは明らかである。単に内発的か外発的かで区別するのではなく，代わりにそれらを両極とする自己管理行動の連続体を考え，人がどの程度自己管理あるいは自己統制ができると感じているかに目を向けることによって，議論を深める1つのきっかけができるのではないだろうか。

自己決定に向けて

CETは報酬の情報的側面に関する理論である。Deci and Ryan (1985; 1991) は，この考え方をさらに拡大し，有能感，自律性，関係性への欲求をすべて考慮した上で，自己決定理論（self-determination theory: SDT）に基づく内発的動機づけへのアプローチを提唱した。彼らによると，動機づけられた行動の特徴は，これら3つの心理的欲求を満たそうとする努力に基づいている。彼らはこの努力が内面化のプロセス，すなわち，もともと内発的に動機づけられていない行動を自己のものにするプロセスにつながると述べている。

Deci and Ryan (1985) は，内面化の概念を外発的動機づけおよび内発的動機づけと結びつけた。彼らは，それ以前の形式化においてこれら2つのタイプの動機づけを互いに排他的と見なしたのとは対照的に，これらが1つの連続体を構成すると提唱した。この連続体上には，異なるタイプの外発的に調整された行動を位置づけることができる。しかし，すべての理論家が同じような連続体のイメージをもっているわけではない（Fortier et al., 1995; Pelletier et al., 1995）。Deci and Ryan (1991) は，連続体は外発的動機づけに関

するものと考えており，内発的動機づけを連続体の片方のエンドポイントとは見なしていない。彼らは，内発的に動機づけられていない行動の調整がどの程度内面化されているかを表すものを連続体と呼んでいる。私たちは図3-4で，内発的動機づけを連続体の一端に位置づけているが，古い二分化された変数の概念から連続体の概念への移行を理解する上で重要となるのは，外的統制と統合的統制の間の区分―4つの型の外発的動機づけ―を認めることである。

内発的動機づけと外発的動機づけの型

外発的動機づけの4つの主な型は，外的調整，取り入れ的調整，同一化的調整，統合的調整である。これらは図3-4に示されている。外的調整とは，たとえば「いいよ，もしどうしてもしなければならないのなら，運動するよ」と感じるときの調整である。この調整では，行動は報酬や脅しによって統制される。健康阻害要因を少なくするための医療関係者による患者への身体活動の処方は，外的調整の例である。

取り入れ的調整は「運動をしないと悪いような気がする」と感じるときの調整である。これは行動の理由が内面化されたという意味でより内的な統制であるが，本当の意味での自己決定ではない。人は罪悪感のような否定的な感情を避けるために，あるいはパフォーマンスや行動に対して他者の承認を得るために行動することがある。取り入れという用語は，ここ数年心理学の様々な領域で頻繁に用いられ，「価値を取り込んでいるが，その価値が何であるか把握していない」つまり自分のものとして受け入れていないことを意味する。Ryan, Connnell and Grolnick (1992: 174) は，取り入れ的調整では，外的調整が自己承認に基づく精神内部の随伴事態という形で取り込まれていると主張している。ゲシュタルト理論家は「飲み込まれたが消化されていない状態」を取り入れ状態と呼んでいる。取り入れ的調整は「しなければならない，あるいはするべきである」といった考え方で説明される内的統制型の行動調整である。Vallerand (1997: 13-14) は，取り入れ的調整は「調整の外的資源を内的なものに置き換え，行動の発現が確実になるようにプレッシャーをかけ始めた状態」と表現している。これは運動ではきわめてありそうな話で，人は予定していた運動の機会を逃すと罪悪感をもつとよく言われる。

同一化的調整は，「体力をつけるため/体重を減らすために運動をしたい」というフレーズで説明可能だろう。動機の連続体では，さらに自己決定の方向に寄ったところに位置し，行動は，たとえば疾病の予防やフィットネスの向上といった行動参加の効果期待の評価によって動機づけられる。効果期待は将来の行動の意図と正の相関があり，身体活動においては最も強く支持された運動参加の理由である (Chatzisarantis and Biddle, 1998)。Whitehead (1993) はこの段階を「自律性の閾」と呼んでいる。この段階での行動は選択に委ねられ，選択された行動には高い価値が付与され，個人にとって重要な意味をもつ。取り入れ的調整は「するべきである」という取り入れ感覚ではなく，「やりたい」という感覚で説明される。この段階では行動に関係する価値は「飲み込まれ，そして消化されている」。

統合的調整は，Whitehead (1993) によって「私が運動するのは，それが私にとって重要であり，私が誰であり何であるかを表象するからである」というフレーズで説明されている。統合的統制は最も自己決定化された行動統制であり，行動は「それが個人の目的を達成する上で有用かつ重要であるという理由で」自由意志に基づいて行われる (Deci et al., 1994: 121)。しかし，行動が完全に統合されているとしても，その行動が外発的に動機づけられている可能性がある点に注意しなければならない。そうした可能性が指摘される理由は，統合的に調整された行動であっても，それが何かの助けになるから行われる，すなわちその行動の純粋な楽しさのためではなく，個人の目標を達成するために行われる可能性があるからである。自己決定の連続体を，内発的動機づけを考慮しないで外発的動機づけの諸相として作成することができるのはこのためである。さらに，余暇に行われる身体活動は内発的に動機づけられる可能性があるが，行動の中には決して内的な理由で

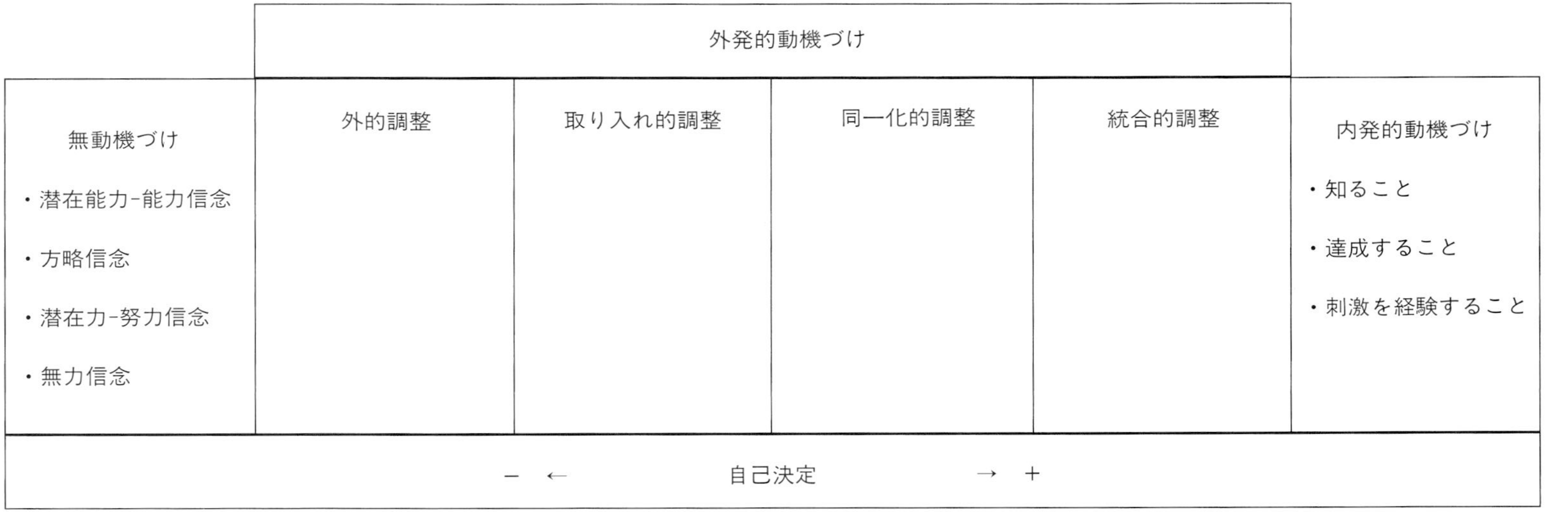

第3章 統制感による動機づけ 63

無動機づけ	外発的動機づけ			内発的動機づけ
	外的調整	取り入れ的調整	同一化的調整 統合的調整	

無動機づけ
・潜在能力-能力信念
・方略信念
・潜在力-努力信念
・無力信念

内発的動機づけ
・知ること
・達成すること
・刺激を経験すること

自己決定　− ← → ＋

図3-4　異なるタイプの動機づけに関する自己決定の連続体

は行われないものもある。

これらの外発的動機づけとは対照的に，内発的動機づけは「私は楽しいから運動をする」というような楽しみの感情によって説明される。人は楽しむこと，あるいは活動そのものを目的としてある活動に参加することがある。高いレベルの行動意図や運動への持続的な関与のためには，より内発的な傾向の強い，統合的に動機づけられた行動統制が望ましい。何故なら，このような行動統制はより強い自己への投資，自律，自己同一の感情を伴うからである。ある研究者は 3 つのタイプの内発的動機づけを提唱している。すなわち，知るための，達成するための，そして刺激を経験するための内発的動機づけである。(Vallerand, 1997)。

Ryan and Connell はつぎのように述べている。

> 内面化理論で説明される構成概念は，いくつかの種類の明確に区別できる動機と関係づけることができる。そのため，これらの動機は何らかの規則に基づく内部秩序をもつ。すなわち，私たちはこれらの種類の動機を自律性あるいは自己原因性の連続体の上に配置し，意味をもたせることができる。
> (Ryan and Connell, 1989: 750)

彼らは，連続体はシンプレックス様の構造，あるいは順位相関構造で表すことができるだろうと考えている。順位相関構造では，理論的に近い変数ほど相互相関が高くなっている (Ryan and Connell, 1989: 750)。私たちは学校の体育の授業に対する子どもたちの動機づけの傾向について，順位相関構造を示した (表3-3参照)。同様に，個々の下位尺度に重みをつけることによって高いスコアが高い内面性を示すように全体的な相対的自律指数 (Realtive Autonomy Index: RAI) を計算することができる。

ある行動に対してほとんど，あるいはまったく動機をもっていない無動機状態の存在も指摘されるようになってきている。Whitehead (1993) は無動機から外的統制へ移行することを「動機の閾」の横断と表現している。無動機とは相対的な動機の欠如であり，行動とその結果の間に随伴性がないと感じ，行動を持続させる理由を見つけることができない状況である (Vallerand and Fortier, 1998)。Vallerand は無動機を学習された無力感と関連づけているが，図 3-4 に示されているように，無動機には自分ではどうすることもできないという信念だけではなく，十分な能力，努力しようとする気持ち，方略をもっていないという感覚も関与していると考えられる。無動機は運動の領域において今後さらなる研究が必要な構成概念である。多くの成人は，身体活動への参加を妨げる身体的無能感をもっている。彼らは無動機を示しているのである。また健康を増進させるのに十分な活動をしている子どもが少ないという気がかりな指摘もあり，身体活動と動機づけの関連要因を明らかにする研究が今後必要である。Vallerand and Fortier (1998) は，無動機に関する研究がスポーツや身体活動への執着の欠如を予測する上で有効だろうと指摘している (Vallerand and Fortier, 1998:85)。

驚くべきことに，身体活動の分野においては，SDT は内発的動機づけを研究する目的では広く利用されていない。私たちは自律性の連続体とRAI を利用して，成人の身体活動と子どもの体育授業における動機づけを分析した。RAI で評価された主観的自律性が身体活動に対する内発的関心を予測することが分かった (Goudas, Biddle,

表3-3 Ryan and Connell (1989) によって予測されたシンプレックスパターンを示す自己決定理論の変数の相互相関

動機づけの志向性	外的		取り入れ		同一化		内発的	
	F and N	Gym	F and N	Gym	F and N	Gym	F and N	Gym
無動機づけ	0.55	0.53	-0.14	-0.15	-0.62	-0.70	-0.72	-0.75
外的			0.23	0.10	-0.25	-0.50	-0.38	-0.50
取り入れ					0.42	0.35	0.33	0.25
同一化							0.87	0.78

出典：Goudas et al. 1994b.
注 ：F and N＝football and netball; Gym＝gymnastics

and Fox, 1994a)。

　私たちはAjzen（1988）の計画的行動理論の枠組みを利用して，運動の動機づけにおける主観的自律性の役割について調べてきた（Chatzisarantis and Biddle, 1988；5章もあわせて参照のこと）。まず成人については，内的PLOCをもつ人，つまり運動に対して高い自律性を感じている人は，より外的なPLOTをもつ傾向にある人と比べて活動的な生活をしようとする意志が強く，身体活動のレベルも実際に高いことが分かった。また，主観的自律性の高い人は，低い人より運動に対してより肯定的な信念をもっていることが明らかになった。さらに自律性と態度の相互作用は，自己申告に基づく運動参加の予測を有意に高め，意図に基づく予測を超えることが判明した。

　これらの結果は，自律性が運動行動を予測する上で重要な構成概念であることを示唆している。Deci and Ryan（1985）の提唱に異論を唱えることになるが，多くの研究者が有能感の知覚に関連づけた説明に頼っている現状では，主観的自律性は実際のところ内発的動機づけの見落とされた要素であると主張することができるだろう。有能感の知覚は重要であるが，次章で示すように，運動や他の領域では自律性に関連する感情が同じ程度，あるいはより重要となる行動は数多くある。減量に成功した人は，彼ら自身や彼らの生活に対してより大きな統制感をもっていることがよくある。同様に運動をよくする人は，有能感よりも自律のメカニズムをとおして自身に対して良い感情をもつようである。

　こうした分析は，自律性が両刃の剣であることも認めている。内的―外的動機づけ要因の影響に関するSDT連続体は，少なくとも短い期間であれば罪やフラストレーションによって動機づけられる行動があることを想定する。こうした動機づけは長期間の動機づけとしては好ましくない。この連続体の上では精神的プレッシャーは変化し，健康行動（たとえば体重管理など）は外的要因の影響によって動機づけられることがよくある。重要なのは自己決定の方向にどのように進んでいくかである。

　Skinner（1966: 557）は「自律性に関連する構成概念は，本来の統制の領域には含まれない」と述べている。この考え方は，Deci and Ryan（1985）による有能感の欲求と自律性の欲求の区別を反映している。さらにDeci and Ryanは，自律性は行動を開始する自由に関係し，統制は行動とその結果の間の随伴性を知覚することに関係すると主張している。この観点からすると，自律性には行為者―手段の関係（有能感）が，統制には行為者―目的の関係（有能感と随伴性）が関わっている。しかし，このような捉え方は自己決定と統制感をどのように関係づけるのだろうか。連続体は内発的，外的などの統制に関連する言葉を使っているが，本質的には行動の動機，すなわち行動調整と呼ばれるものに関する連続体である。行動調整は自己決定の程度によって異なるのであって，必ずしも統制や有能感の程度によって変わるものではない。Deciは，Ryanとの共同研究に関する著作のなかで，「意図的な（すなわち動機づけられて個人的に引き起こされた）行動は，それらが自己決定と統制の程度によって異なる」と主張した（Deci, 1992: 168）。彼はさらにこう続けている。「異なる調整過程（あるいは動機づけの傾向）を特定するのはきわめて有益なことである。それらを特定することによって，人間の機能の様々な質的側面を動機づけという視点から説明することができる。」

　DeciとRyanはつぎのように述べている。

> 　自己決定に対する欲求は内発的動機づけに関与し，有能感への欲求とも密接な関係がある重要な動機づけ要因である。内発的動機づけの根底にあるのは有能感への欲求だけではなく，自己決定された有能感への欲求であることが強調されるべきである。
> 　　　　　　　　（Deci and Ryan, 1985: 31-2）

　言い換えると，内発的に動機づけられた状態には有能感と自律性が関与しなければならないということである。よく知られた奴隷の例を引き合いに出せば，彼らは船を漕ぐことに対して完全な有能感をもっているが，自律性はもっていない。彼らには内発的な動機づけはまったくないといっていいだろう。選択の自由があれば，彼らがボートを

漕ぐ選択をする可能性はないだろう。Chatzisar-antis et al. (1997) の研究は，意図が自律的であると見なされるときのみ，意図と身体活動の相関は高くなることを示すことによって，この点を明らかにした。

　有能感と自律性は，統制をより広く捉えたときにその構成部分として関わってくるものであるが，それぞれに関与する主要構成概念の違いに気づかなければならない。もし運動実施者や子どもたちにとって，内発的に動機づけられた行動，あるいは統合された手段によって調整された行動が必要であれば，彼らには有能感と自律性の双方が必要となる。有能感の統制あるいは自律的な無能感は自己決定をもたらさないため，有能感と自律性はそれぞれ「必要であるが十分でない」。しかし，行動を統合的に調整することによって有能感と統制感が高まることはまず間違いないだろう。行動のための内面化された動機は自己調整されたものとして経験されることになる。

　これらの分析は，動機づけられた行動における自律性の自己知覚の潜在的な重要性を示している。自己決定による努力に関連する知覚が動機づけを高めるという考え方は理にかなっており，帰属（Biddle, 1993; Weiner, 1992）や自己理論（Dweck, 1999）などと矛盾することはない。そこで，これらの理論に関する議論に移って述べることにする。

内発的動機づけと外発的動機づけの階層モデル

　Vallerand (1997) は内発的動機づけと外発的動機づけを図3-5に示されるような階層モデルに組み入れた。Vallerand (1997) は，内発的動機づけと外発的動機づけは，無動機づけと同様に包括的，文脈的，状況的なレベルで重要な役割を果たすと述べている。これらのレベルには，感情面，認知面，行動面での結果だけではなく，先行要因（たとえば包括的，文脈的，状況的要因や自律性，有能感，関係性への欲求など）が存在する。包括的レベルは人々が通常もちうる一般的な動機づけの傾向を意味し，文脈的レベルは教育，仕事，レジャー，人間関係などの生活領域を，そして状況レベルは個々の状況に特有の動機づけを意味する。

　このモデルは内発的動機づけと外発的動機づけにおける異なる過程を概念化するのに役立ち，おそらく身体活動におけるこれらの構成概念を理解する手助けとなるだろう。たとえば，運動スキーマに参加する患者は包括的動機づけの志向をもっている。さらにカウンセラーや運動指導者が状況に応じた行動の手がかりを与え，状況特有の動機づけを修正する。実際，Deci and Ryan (1991) は状況的要因あるいは文脈的要因を変えるほうが，人を外的調整型から統合的調整型に移行させやすいのではないかと指摘している。状況的要因や文脈的要因を変えるためには，適切な論理的根拠の提供，行動者の観点の理解，統制よりも選択を与えることなどが必要となる。運動に関しては，指導者はなぜ良い運動と悪い運動があるのか，どのような効果があるのかを説明することになるだろう。感情移入によって運動が無能感，無能力，努力などについてどう感じるかを考えさせるのも有効である。最終的には指導者は活動の種類，ペース，難度などについてある程度の選択を許すことになるだろう。

運動参加との関連にさらに踏み込んで

　内発的動機づけが持続的な身体活動への関与のためには望ましいという考えは一般的に認められている。しかし，運動という状況においては，内発的動機づけ，統制感，主観的自律性，外的報酬の間の複雑な相互関係は十分調べられていない。アドヒアランスに関する総括的な証拠（Dishman et al., 1985）が示すところによると，成人は健康のために運動を始めても，継続する理由は内発的な幸福感や運動をすることの楽しさになることが多いようである。大規模な調査においても，「気分がいい」というような内発的な理由が，活動的な人にとってもそうでない人にとっても，程度の違いはあるが重要であるという結果が示されている（Canada Fitness Survey, 1983b）。この結果は，運動をする，しないにかかわらず，私たちは運動に対して内発的な志向性をもっていることを示唆している。人前で良い格好をしたい，あるいは他者を喜ばせるために運動に参加するというような

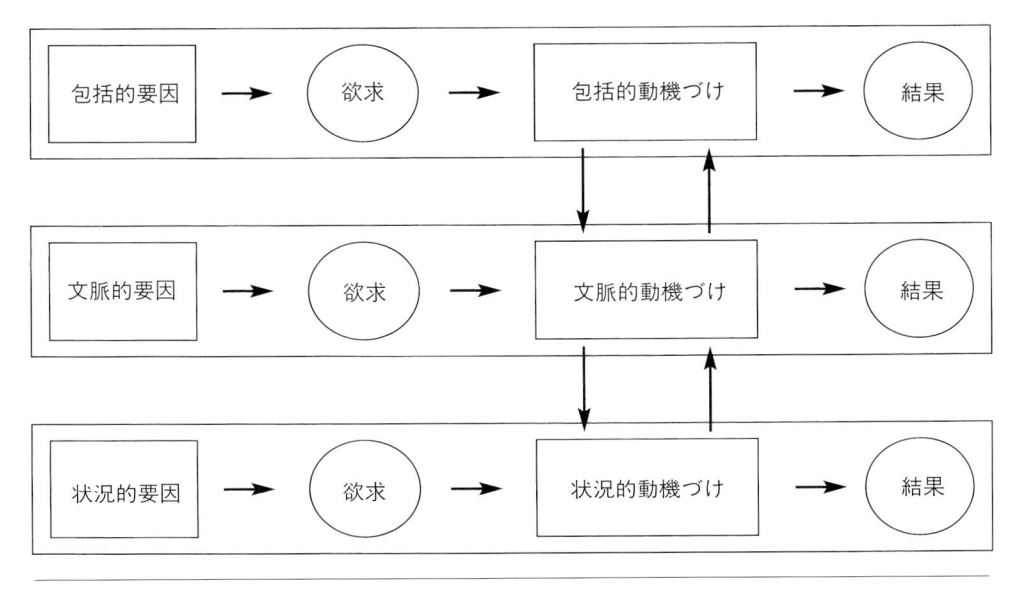

図 3-5 Vallerand（1997）によって提示された内発的動機づけと外発的動機づけの階層モデル

外発的な影響も，人によっては重要な要因になることは明らかである。

これまでの議論を踏まえ，運動指導者や健康プロモーターは報酬と内発的動機づけの相互関係に気をつけなければならない。たとえば，ヘルスクラブでは報酬システム（トークン・エコノミー）はよく用いられる方略であるが（Franklin, 1988），それらの有効性に関する体系的な評価は報告されていない。アドヒアランスを高める短期的な効果はあるかもしれないが，本章で取り上げた研究が示すところによると，運動参加を推進しようと考えている人は，外的報酬の利用については慎重でなければならない。特に内発的動機づけがすでに高い人に対してはそうである。報酬として有能感を与えることは適当だろう。また，運動成績よりも運動行動を報酬として与えて運動を強化するほうが有効だろう。つまり，フィットネステストの高スコアを報酬としたり，他者との比較によって報酬を与える仕組みを使用したりすることによって単に運動の成果を強化するのではなく，運動の頻度や参加を強化することによって活動のプロセスを促進させるほうが，効果があるだろう。運動参加を報酬とすることによって，参加者はより自律性を感じやすくなるようである。

帰属と運動

帰属は運動行動に対する統制感に大きな影響を及ぼすと考えられるが（Knapp 1988），運動に特に焦点を当てた研究は（競技スポーツの研究とは対照的に）これまであまり行われていない（Biddle, 1993; Biddle, Hanrahan and Sellars, 印刷中）。運動の動機づけに関連する統制や期待-価値理論に関する議論は，帰属の過程について何らかの考慮をしなければ，おそらく不完全なものになってしまうだろう。また，帰属は健康行動の介在変数とみなされることもある（Adler and Matthews, 1994; Strobe and Strobe, 1995）。

帰属は，ある行動に関する主観的原因や動機を行動者が報告したものである。主観的原因に焦点が当てられることがよくあるため，原因帰属と呼ばれることもある。帰属研究は様々な場面で行われているが，多くの成果が蓄積されているのは達成に関する研究，特に学業（Weiner, 1986; 1992を参照）やスポーツにおける研究である（Biddle, 1993; Biddle et al., 印刷中）。健康関連運動における帰属の役割については，これまでほとんど言及されてこなかったが，この分野に関する私たちのレビュー（Biddle and Mutrie, 1991）が発表され

Box 3-3　理論と実践の一致：若者の体力インセンティブ・スキーマの難問

　コーチや教師に聞けば，彼らのほとんどはバッジや外的報酬は子どもには効果があると答えるだろう。しかし，彼らには認知的評価理論を知っているか聞いてみたい。この問題では理論と実践者の証言が衝突する可能性がある。どちらが正しいのだろうか。

　子どもたちを活動的にするための動機づけに関する問題は，体育教師や健康教育に携わる者の関心を集めている。しかし，競技スポーツ以外の運動場面では子どもや若者の動機づけに関する研究はあまりない。それにも関わらず，学校や国の諸官庁は外的報酬システムを駆使して子どもたちにスポーツ活動やフィットネス行動を奨励している。英国には陸上競技のファイブ・スター・アワードのスキーマ，体操競技者のためのアワード・スキーマ，様々な水泳活動やライフ・セービング活動をとおしたバッジ獲得制度などの例がある。同じようなスキーマは他の国にもある。アメリカ合衆国では体力づくりのために導入するべきアワード・スキーマについて活発に議論されている (Corbin, Whitehead and Lovejoy, 1988; Whitehead, Pemberton and Corbin, 1990)。フィットネスやスポーツに関する大統領の諮問委員会 (President's Council for Physical Fitness and Sports: PCPFS) が実施したアワード・スキーマは，受賞のための基準として参加者にきわめて高い目標（5つのテスト項目で85パーセンタイル）を達成するように求めているにも関わらず，委員会はこのスキーマの目的の1つは「少年少女が高いレベルのフィットネスを身につけ維持するように動機づけること」であると述べている (AAHPER 1965, Corbin et al. 1988が引用)。このような基準では賞を受ける者はほとんどなく，動機づけどころか彼らのやる気を失わせる結果になるではなかろうか。

　AAHPERD (1988) は「フィジカル・ベスト」フィットネス・アワード・スキーマを開発した。このスキーマは3つの種類のアワード（認定システム）を推進している。これらは表 Box 3-3 に示されている。

表 Box 3-3　「フィジカル・ベスト」認定システム

アワード	行動
フィットネス活動・アワード	学校体育以外の身体活動の参加を認定する。生徒は活動ログ/日記をつけ，個人的な目標と活動を教師の指導のもとで設定する。
フィットネス目標・アワード	教師の指導のもとで設定した個々のフィットネスあるいは運動目標の達成を認定する。目標は認知，精神運動 (psychomotor)，感情学習 (affective leaning) の領域で設定される。
健康フィットネス・アワード	健康問題のリスクを最小限に抑えるための目標フィットネス・レベルの到達を認定する。生徒は6つの項目（長距離走，皮肥厚計測，肥満度指数，座位体前屈柔軟性テスト，腹筋運動，懸垂運動）のすべてにおいて基準に到達しなければならない。

出典：AAHPERD (American Alliance for Health, Physical Education, Recreation and Dance) 1988；McSwegin et al. 1989

　McSwegin, Pemberton and Petray (1989: 25) は，彼らの3つのアワードについて説明する際，「外発的報酬が……子どもや青年に生涯をとおしてフィットネスを維持させる活動習慣を身につけるように動機づけるとはかぎらない」と述べている。子どもたちが報酬をどのように捉えるかが子どもたちの行動に影響を及ぼし，子どもたちの活動への関与を決定する。McSwegin et al. が認知評価理論について熟知しているのは明らかである。彼

らは外発的動機づけの潜在的な問題点と過大正当化の仮説に気づいている。これは体育におけるどのような状況でも報酬は動機づけを与えるという考え方とは対照的である。

ある体育教師は，運動で他の人より良い成績をあげたことに対して子どもに報酬を与えるのではなく，運動に参加したことに対して報酬を与えるべきであると主張している。これはCorbin et al.（1988）のいう「過程に対する報酬」である。他者との比較に基づき報酬を与えることによって，健康に関連してもっともらしいが誤った結論（私はXさんよりも健康なので運動する必要はない）がもたらされることもあるし，知覚された原因の所在がより外的な傾向をもつようになるかもしれない。もちろん運動参加に対する報酬もパフォーマンスに対する報酬と同様に否定的な側面をもっている。しかし，どのような報酬スキーマであっても，重要な点は，コンピテンスに関する肯定的なフィードバック情報として用いることである。Corbin et al. は次のように結論づけている。「青年の体力づくりや規則的な運動参加への動機づけを目的とした様々なアワード・スキーマを検証した研究がない現状では，最も合理的な研究結果を適用するのが懸命であろう」（Corbin et al. 1988: 213）。

難問は未解決。

た後，帰属の役割に関する研究は多少増えてきている。

●帰属と統制感

最も広く知られている帰属へのアプローチの1つは，Weiner（1986; 1992; 1995）によって提唱されたものである。Weinerの達成動機づけと感情の理論は，もともとは教育場面での達成に関する領域で研究が進められてきたが，より幅広い領域の問題に適用することができる。

Weinerの研究で用いられている主な帰属要因は，能力，努力，課題の困難性，そして運である。表3-4には帰属のためのいくつかの手がかりと，運動に関する研究からの例が示されている。このような帰属要因を統制の所在（後で原因の所在と名称を変更する）と安定性の次元に類別するために用いられる分類モデルはよく知られている。原因の所在の次元は，帰属を個人に関係する（内的な）要因への帰属と個人の外側に存在する（外的な）要因への帰属に分類する。安定性の次元は帰属要因を時間的安定性という観点で分類する。ある要因は一時的（不安定）であり，ある要因は比較的長い時間存続する（安定している）。

Weiner（1979）はそれまでの統制の所在－安定性モデルを統制可能性の次元を含むように修正した。これによって，統制の所在の次元は原因の所在となり，その結果これらの次元の違いがより明らかになった。統制可能性の次元は，帰属要因をそれらが統制可能か統制不可能で分類する。たとえば，努力は内的で不安定とみなされることが多いが，能力（少なくとも生得の能力）は内的だが安定している。したがって，努力は統制可能であり，能力は統制不可能であると主張できるだろう。こうした議論はさらに別の次元の検討につながった。

Weinerは，帰属次元は帰属が動機づけ，認知，感情に対してもたらす結果に関係すると主張している。たとえば，安定した要因への帰属は同じような結果が将来も起こるだろうという期待につながるだろうし，不安定な要因への帰属は期待につながる情報をもたらさないことになる。同様に，内的要因への帰属は感情を高め，外的要因への帰属は感情を弱めることになると考えられる。この点はその後さらに整理されて，原因の所在は自尊心やプライドに関係し，統制可能性の次元は罪や恥といった社会感情に関係すると考えられるようになった。たとえば，ハーフ・マラソンの完走を計画的なトレーニング（内的要因）に帰属させれば，走ることに関するプライドを高めること

表 3-4　運動や身体活動に応用されている主要な帰属因の先行要因

帰属要因	先行要因	運動や身体活動からの例
能力	成功の割合，数，パターン；課題の困難性の水準；自我関与的目標	運動療法をやり遂げる；マラソンのような困難な課題を克服する；長距離ウォーキングに定期的に参加し，容易にやり遂げることができる
努力	課題/目標の価値とパフォーマンスの関係性；身体的な努力感；マスタリーゴール；固執	努力を要する課題をやり遂げる；継続や自己の向上のために意思決定をする
課題の困難性	社会的規範や比較；課題の特性	他者が難しさを知っている課題をやり遂げる；他者ができることをもとに，運動課題を比較する
運	特別な結果；結果の独立性と無作為性	家から歩いて20分かかるところに職場が移転するが通勤には乗り物が利用できない

になるだろう。しかし，もし個人的な努力が足りずに完走できなかったら（統制可能要因），結果として罪悪感が生じるだろう。また，努力したにもかかわらず能力の欠如感（統制不可能要因）のために完走することができなかった場合は，他者はその人に哀れみの感情をもつだろう（Weiner, 1995）。

学習された無力感は帰属研究のテーマの1つであり，運動の研究においても重要な統制感と考えられている。学習された無力感についても，教育心理学や臨床心理学においては客観的な研究結果が示されているが，運動との関連は十分な研究が行われていないため推測の域を越えない（Abramson, Seligman and Teasdale, 1978; Peterson and Seligman, 1984）。Dweck（1980）によるポジション・ペーパーを除いては，スポーツや運動の成績に関わる研究はほとんど行われていない（Biddle, 1993）。

Abramson et al.（1978）は，統制不可能な失敗は個人的な無能力に帰属され（内的で安定した帰属），さらに他の状況へ一般化されたとき（包括的帰属），無力感が生みだされるのではないかと考えた。このような考えに基づき，失敗に対する不適切な帰属を見直す試みの中で，帰属再訓練法が提案された（Forsterling, 1988）。

学習された無力感の仮説は，根底にある厳密なメカニズムについてはかなりの見解の相違がみられるが，直感に訴える大きな魅力をもっている。

この仮説に基づく研究は，運動プログラムを続けることができない人，あるいは始めようとしない人を調査する有効な手段となりうる。また，無動機づけのような類似構成概念の研究と並行して行うことが有益だろう。今後の研究では，プログラムを途中でやめた成人，あるいは始めることができなかった成人の認知に焦点を当て，より活動的な成人との比較を行うことができるだろう。発展的な研究には，プログラムをやめるときの帰属，あるいは参加しなかった人にはその間の帰属に関する調査も含めるべきである。幼年時代の認知の発達と成人になってからの運動参加様式の間に何らかの関係があれば，その関係を調査する縦断的な研究も必要である。

健康領域における帰属の研究

健康に関する統制感の一般概念は長い歴史をもつが，形式化された帰属パラダイムが用いられるようになったのは最近である。何人かの研究者は慢性的な疾患に関する因果信念について調査してきた。Lowery and Jacobsen（1985）は，調査対象の患者にインタビューを行い，自分の病気をどのように受け入れているかを回答するよう求めた。病気を外的で不安定な，あるいは統制不可能な要因に帰属させた患者は，自身の病気がもたらす結果をうまく受け入れることができないと感じる傾向にあった。しかし，そのような患者の66%が帰属要因を明らかにしたに過ぎなかった。一

方，自分の病気をうまく受け入れていると感じている患者は79％が帰属要因を明らかにした。彼らは，内的で，ある程度（主に努力次第で）統制可能な要因に帰属する傾向が強かった。Lowery and Jacobsen（1985）が調査したグループはきわめて楽観的で，時間が経てば病気の結果を受け入れられると感じていた。総合的にみて，調査結果は慢性疾患の患者に対する帰属の予測を部分的に支持するものであった。

Bar-On and Cristal（1987）は，心筋梗塞（MI）の男性患者で，最初のMIのとき集中心臓治療室に収容された人を調査した。主な質問は「なぜMIが起こったか」，「何がMIに対処する上で役に立つか」の2つであった。病院での処置の後，MIとその結果を運や定めに帰属させた患者は，MIを個人の強さや弱さに帰属させた患者より職場への復帰は遅く，身体機能を表すスコアは低かった。同様に，Haisch, Rduch, and Haisch（1985）は減量における帰属再訓練の効果について調査し，肯定的な結果を得た。体重の問題を内的で不安定（統制可能）な要因に帰属させるように教育された者は，23週間の介入プログラムの後，帰属再訓練を受けなかった者よりもうまく体重をコントロールすることができた。この介入プログラムは，10ヵ月後のフォローアップのときも効果的であったことが報告された。帰属は，健康行動変容（Schoeneman and Curry, 1990），食行動および喫煙行動（Eiser and van der Pligt, 1988; Hospers, Kok and Strecher, 1990; Schoeneman et al., 1988a; Schoeneman et al., 1988b），スクリーニングに対する信念（Rothman et al., 1993）を理解する上で重要な役割を果たすことが示された。

Lewis and Daltrroy（1990）は，帰属と健康行動に関する短いレビューで，帰属原理の健康教育への適用について，つぎの6つの可能性を指摘した。

1. **治療に役立つ関係の構築** 帰属要因を引き出すことによって，患者と患者をケアする人の関係，あるいは健康分野における他の関係において感情移入を進展させることができる。

2. **正しい帰属の実行** 個人の健康状態について情報に基づいて判断をくだす手助けをすることが，心理的調整のためには，特に疾病が関わる場合は重要である。

3. **誤った帰属の修正** 誤った帰属の修正，あるいはすでに構成された帰属次元構造の修正によって帰属の変化は機能的になりうる。

4. **帰属の焦点の変更** 時には帰属の焦点をシフトさせる必要がある（たとえば統制不可能な疾病の場合）。これはコーピング・メカニズムとして作用するかもしれないし，個人的な調整を手助けすることになるかもしれない。

5. **個人の特性の帰属** 健康教育者や他の健康プロフェッショナルは，個々のクライアントや患者の帰属に関する陳述内容を利用することができる。そうすることによって，もし個人に何らかのきっかけを与えることになれば（たとえば自分がいかに良い人間であるか，あるいはいかに能力のある人間であるかを認識させることによって），行為者に動機づけをすることになるだろう。

6. **効力感の維持** 正しい帰属をすることは健康行動を継続するための有能感やエフィカシーに影響を及ぼすだろう。

帰属は特に統制感とその結果としてもたらされる動機づけに関係するため，健康行動にも適用できる可能性があるのは明らかである。

運動領域における帰属の研究

Knapp（1988）は，運動に関わる行動変容方略を考える上で，帰属要因が重要であると指摘している。健康関連運動の帰属に関する研究を表3-5にまとめる。私たちは，運動実践者と非実践者の信念（帰属を含む）について後ろ向きの横断調査をするために，路上で433名の成人に対してインタビューを行った（Biddle and Ashford, 1988）。その結果，有酸素運動を行っている人は，非実践者よりも，心臓循環系の健康に対する統制感が有意に高いことが分かった。

別の都市で行った468名の成人を対象とした追加調査では，心臓に関わる健康ではなく，運動行

動の帰属を調べた。この調査においても，運動実践者と非実践者は帰属に関して違いが認められた。運動実践者は非実践者よりも運動に関する内面性（統制の所在）と統制可能性のスコアと，一貫性および継続性を示す帰属情報のスコアが高かった。これは，運動実践者は過去においても活動的で（継続性），他の健康習慣を見直してきた（一貫性）可能性があることを意味する。

　最近，商業用の健康/フィットネス・クラブにおける運動へのアドヒアランスの研究で，運動継続者と非継続者ではアドヒアランスの帰属が明らかに異なることが示された（Smith and Biddle, 1990）。運動継続者はクラブへの参加を個人の努力に帰属させることが多いのに対して，非継続者は彼らの行動に影響を及ぼす要因として運をあげることが多かった。これらの結果は，事務職の人たちを対象とする追加調査で得られた質的データによって支持された。ある参加者は「私が運動をよくするのは私がそうすることを決心したからであり，私がもっているいかなる身体能力もその理由ではない」という考え方を示し，また別の参加者は「私が座位中心の生活を送っているのは怠け者だからである」と述べた（Smith, 1995）。

　McAuleyと共同研究者は，Weiner（1986）の達成帰属と感情に関する理論を取り入れ，運動場面での帰属について調査した。またMcAuley, Poag, Gleason and Wraith（1990）は，これまでに構造化された運動プログラムから脱落したことがある中年の男性と女性の少人数グループを調査した。調査には原因次元スケールⅡ（Causal Dimension Scale Ⅱ：CDSⅡ）が用いられ，プログラムへの参加を途中でやめた人の多くが，内的で不安定かつ個人的に統制可能な要因への帰属を報告した。さらに調査結果は，脱落に関する帰属は恥，罪，不快，フラストレーションの感情とある程度関係があることを明らかにした。

　同様に，McAuley（1991）は運動不足の中年齢者を対象とする5ヵ月に及ぶ運動プログラムの中盤で，彼らの帰属，セルフエフィカシー，感情について調査した。分析の結果，プログラムでの運動の進展を内的で安定かつ個人的に統制可能な要因へ帰属させることは肯定的な感情に結びつくことが示された。これは運動エフィカシーについても同様である。しかし，Vlachopoulos, Biddle and Fox（1996）は，陸上のトラック走を行っている子どもについて，帰属は運動が誘発する感情状態に対して無視できるほどの影響しか及ぼさないが，課題目標志向や有能感は，そのような感情状態に対して強い影響力をもつことを明らかにした。同様の傾向がVlachopoulos and Biddle（1997）によって行われた体育の授業に対する子どもの総合的な感情の調査で示されたが，個人的に統制可能な要因への帰属は，有能感のレベルにかかわらず肯定的な感情を増大させ，否定的な感情を最低限に抑えることが分かった。

　Skinner（1995；1996）の有能感システムに当てはめてみると，帰属思考は主に結果の解釈であり，その解釈の結果が将来の調整信念や行動に影響を及ぼすことになると考えられる。したがって，帰属思考の結果はほとんどの調整信念（たとえばLOC）よりも，有能感システムの上では将来の行動や結果からは遠い位置にある。おそらく，これが帰属と身体活動に関わる行動の間に強い関係を見出すのが困難な理由と思われる。その関係を立証するためには前向きの研究が必要であるが，そのような研究は少ない。有能感システムは，帰属とその結果起こる行動の関係はほとんど変化しないと仮定するが，長期間にわたる帰属の持続性あるいは一貫性については検証されていない。さらに問題を複雑にしているのは，私たちが通常，帰属をパフォーマンスのすぐ後に評価する点である。帰属のプロセスは手段―結果の関係（Skinner, 1995）を反映する。これらは能力信念ではなく，方略信念に関係する。つまり帰属思考とは結果をもたらした原因（たとえば能力，努力，運）を特定しようとすることであって，その原因となったもの（たとえば努力）を利用することができるかどうかを評価することではない。帰属思考は主に原因を特定するために行われるが，本来は，たとえば「どうして私がこの課題に失敗したのだろう」という疑問への問いかけでもあり，したがって統制信念（すなわち方略信念そして能力信念）を必要とすると考えられる。もしそうであるならば，帰属は統制信念との関係においてより重

第3章 統制感による動機づけ 73

表3-5 健康関連の運動の文脈における帰属の役割を調査した研究

研究	サンプル	帰属の測定	目的	結果	結論
Biddle and Ashford (1988): Study I	無作為に選び出された英国成人男性 (n=234) と女性 (n=199)	個人の心臓系の健康についての帰属所在、安定性および統制可能性を評定する大規模インタビュー調査における単一項目	自己報告の有酸素運動者と非運動者を分類すること	若い運動者のほうが心臓系の健康に対する統制感は強い。	健康についての帰属は、運動者と非運動者を区別する。
Biddle and Ashford (1988): Study II	無作為に選び出された英国成人男性 (n=238) と女性 (n=230)	運動の位置、安定性および統制可能性を評定する大規模インタビュー調査における単一項目、運動に対する同意、一貫性、特殊性帰属	自己報告の有酸素運動者と非運動者を分類すること	運動者のほうが運動に対する統制感は強い。運動者は過去にも運動経験継続性（高い継続性）があり、一貫性のある帰属をもつことが多い。	運動についての帰属は運動者と非運動者を区別する。
Smith and Biddle (1990)	イングランドのフィットネスクラブの新規成人会員 (n=96)	プログラムのアドヒアランスに対する能力、努力、困難性および運動を測定する単一項目	帰属因に基づいて継続者と非継続者を判別すること	継続者は彼らの行動や課題を努力に帰属させていたが、非継続者は運動継続の難しさ、努力不足および能力の低さに帰属させた。帰属因に基づく継続者の判別は95.7%正しかった。	運動へのアドヒアランスはアドヒアランスのある帰属と強く関係している。
McAuley et al. (1990)	構造化された運動プログラムからドロップアウトしたことがあり、病気の症状がなく座位中心の中年の米国人の男性 (n=28) と女性 (n=36)	原因次元スケール II (Causal Dimension II ; CDS II)	運動中止に対する帰属やドロップアウトに関連した情動的反応の関係を明らかにすること	・動機づけやタイムマネジメントの欠如は運動からのドロップアウトの主要な理由であった。 ・ドロップアウトの帰属因は、主に内的で不安定な個人的な統制可能なものであった。 ・帰属の次元は、罪（所在）、恥（所在）、挫折（安定性と個人の統制）、不満（個人の統制）の感覚と関連していた。	運動関連の感情は、運動からのドロップアウトに対する帰属とある程度関係している。
McAuley (1991)	座位中心であった成人米国人の中年の男性 (n=37) と5ヵ月間の構造化された運動プログラムに参加中の女性 (n=43)	CDS II	座位中心の米国人の帰属、自己効力感および運動に伴う常道の関係を調査すること	より頻繁に運動している人はセルフエフィカシーが高く、運動の進展に対しての内的で安定的な統制可能な帰属を行っている。運動に関連する肯定的な運動の情動は、内的で安定した統制可能な帰属と同様に、セルフエフィカシーとも関係している。	運動に関する肯定的な感情は、運動の進展に対する帰属と関係している。
Vlachopoulos et al. (1996)	学校の体育の授業を受けている 11-15 歳の英国人児童 (n=304)	子ども用 CDS II	運動テストに対する子どもの感情反応の心理学的決定因を調査すること	帰属と運動に伴う感情の間にはほとんど関連はない。感情状態は、課題目標志向と強くコンピテンスと関連している。	子どもに関しては、帰属は運動の進展に対する帰属関係は無関係である。
Vlachopoulos and Biddle (1997)	11-16歳の英国人児童 (n=1070)	子ども用 CDS II	過去の身体活動/体育経験に対する肯定的感情反応の達成関連の感情の心理学的決定因を調査すること	個人の統制可能な帰属は肯定的な感情を増大し、否定的な感情を低減する。課題目標志向と統制可能な帰属の間には正の関係がある。	運動後の肯定的な感覚は、個人の統制可能な帰属と関係している。

要な意味をもち，手段―目的の関係にも関与することになる。統制の信念をとおした本当の意味での統制感は，コンピテンスと随伴性の組み合わせを必要とする。帰属はこれらを両方とも含むが，LOC はそうではない。帰属のプロセスには，手段―結果の関係（随伴性）と行為者―結果の関係（コンピテンス）の双方が関与すると考えられる。

これらの信念の相対的な重要性について理解するためにはさらなる研究が必要である。仮に努力と能力が，Skinner の行為者―手段―目的モデルに関わる信念と帰属理論に関わる信念の双方にとって重要な構成概念であるとすると，それぞれの研究を引き続き関連づけることが賢明だろう。確かにこれまでの研究結果は，健康や運動場面での帰属に目を向けることの有益さを示している。帰属は統制感の観点に基づく動機づけ理論の重要な要素である。

●能力の向上性に関する知覚

統制，目標，帰属の研究における1つの興味深い展開として，知覚された能力の安定性に関する Dweck の理論立てがあげられる（Dweck, 1999; Dweck, Chiu, and Hong, 1995; Dweck and Leggett, 1988）。Dweck と共同研究者は，もともとは知性の領域で，最近はモラルやステレオタイプ化の観点を含む拡大された領域で，2 つのクラスターの信念が人々の判断と行動の背景にあると主張した。これらの信念は，知性などの属性の順応性をどう理解するかに焦点を当てる。個々の属性は固定され比較的安定しているという考えをもつ者は，実体観あるいは実体理論の立場をとる。逆に属性は変化するものであり，成長するものであるという考えをもつ者は，拡大観あるいは拡大理論の立場をとる。

研究報告によると，実体観をもつ者は達成の妨げに直面すると，無力感などの否定的な感情をもつ傾向にある。実体理論家はパフォーマンス（自我）目標をもつことが多いのに対して，拡大理論家は学習（課題）目標をもつことが多い。

身体活動の領域では，暗黙の信念にあまり関心が集まっていない。これは先行研究において同様の概念，たとえば帰属研究（Biddle, 1993）における能力信念や努力信念，あるいは目標志向研究（Duda, 1993）における成功原因信念が注目を集めているのとは対照的である。Sarrazin（1996）は，Dweck and Leggett（1988）の研究を再試した際，11-12 歳の子どもたちについて，競技能力の特徴に関する暗黙の信念と身体活動における目標設定の関係を示唆する結果を得た。学習（課題）目標を選ぶ子どもたちは，パフォーマンス（自我）目標をもつ子どもたちより，スポーツ能力について拡大信念をもつ可能性が高い。Biddle, Soos, and Chatzisarantis（1999）は，有能感，達成目標，暗黙の信念から行動意図を予測するモデルを検証した。実体信念（スポーツ能力は全般的なものであり，天から与えられたものであるとする信念）の下位領域が自我目標志向を予測するようにモデル化したとき，また拡大信念（学習と向上性/可変性下位領域）が課題志向を予測するようにモデル化したとき，ハンガリーの子どもたちから得たデータはモデルによく適合した。しかし全体的にパス係数は小さかった。

Kasimatis, Miller and Macussen（1996）は小人数グループを対象とするの実験で，競技力は学習されるものと説明された学生を拡大観グループとし，遺伝的に決定されるものと説明された学生を実体観グループとした。最初の運動課題で成功した後，参加者はビデオをとおして難しい課題を課せられた。その結果，その困難さに対して拡大観グループはより肯定的な反応を示した。具体的には，このグループの学生からは高い動機づけとセルフエフィカシーと低い否定的な感情が報告された。しかし，学生の暗黙の信念については評価されなかった。したがって，彼らの実体信念あるいは拡大信念の特徴と強さは知ることができない。

これまでレビューされた身体活動に関する研究は，暗黙の信念と目標志向，そしてその他の動機づけの指標との間に弱いながらも関連があると指摘している。このような結果は，運動に関係する帰属思考の研究において，今後有益な展開をもたらすと考えられる。もし座位中心の生活を送っている人が，運動能力は固定されたもので向上する

ことはないと感じてしまうと，彼らは運動をしてみようとは思わなくなってしまうであろう。この考えは前章で報告された連邦ダンバー国民体力調査データによって支持されている。そのデータによると，自分がスポーツタイプではないと感じている女性の40％以上は，身体活動に対して大きな抵抗感をもっている。

❖ まとめと結論

　本章の冒頭で述べたように，大衆向けの健康やフィットネスに関する書物は，ライフスタイル，フィットネス，健康面での統制という概念に言及している。本章で示された根拠は，動機づけに関する期待価値理論および統制理論に由来する3つの拠りどころ，すなわち統制の所在，内発的動機づけ，帰属関連理論から集積されたものである。本章で私たちはつぎのことを行った。

- 健康および運動領域における統制の所在に関する研究のレビュー
- 身体活動あるいはその他の場面での内発的動機づけにおける報酬と強化の役割に関する研究のレビュー
- 内発的動機づけ理論の最近の展開，すなわち自律性および自己決定性の連続体に関する最近の研究のレビュー
- 帰属理論の原則と能力信念に関するレビュー，および健康と運動領域における関連研究のレビュー

その上で，私たちはつぎのように結論づける。

- これまでの研究結果は，統制の所在が運動の有力な決定因であるという考え方を支持するものではない。しかし，これまでに行われてきた多くの研究には実施方法に関して多くの問題があり，それが原因でこのような結果がもたらされたとも考えられる。特に，ほとんどの研究は統制所在理論の仮定を満たしておらず，さらに測定尺度が十分に検証されていないか，あるいは不適切に用いられている。
- 認知的評価理論は，運動における動機づけプロセスの研究に適用可能な理論である。
- 自己決定理論は運動の動機づけの研究における有望な観点である。この理論をとおして，運動の動機づけ，特に身体活動に関連するいくつかの異なるタイプの外発的動機づけに対する理解が深められると考えられる。
- 運動領域における研究は限られているが，帰属理論は健康や運動に応用でき，多くの健康領域の認知的，感情的，行動的側面を理解する上で重要な観点となりうる。
- 運動コンピテンスの安定性に関する信念は重要な動機づけ要因となりうる。

第4章

私はできる 有能感と自信の感覚を通した動機づけ

> 私は，座位中心の生活に陥っている何人もの同僚が運動するように影響を与えた。私と同世代のアフリカ人男性にとって，運動は一般的ではなかった。しかし，Walter[Sisulu]でさえ，朝に中庭を数周歩き始めたのである。若い同志たちは心の中で，「あの年寄りだってできるのだから私にできないはずはない」と思ったに違いない。彼らもまた運動し始めたのである。
>
> Nelson Mandera
> (Long walk to freedom, 1994)

◆ 章の目的

本章は引き続き，相互に関連し合う様々な理論や論点を解説しながら，運動の動機づけについて論議する。本章のテーマは，有能感と自信の自己知覚について論じることである。特に，本章では以下のことをねらいとしている。

- 知覚に関する一般的な議論から運動に関連する固有の知覚理論へと議論を進める。
- 人の一般的な知覚の概念を含め，身体がかかわる領域において，人がどのように有能感を知覚するのか，またどのように有能感を評価するのか，有能感の定義を含めて解説する。
- 運動における動機づけを実用的な方法で研究するために，達成目標の展望および関連理論について概説する。
- 運動における自己スキーマの役割について簡潔に述べる。
- セルフエフィカシー理論（Self-efficacy Theory: SET）を解説し，その研究結果，研究方法，および問題点について，概略を提示する。
- 身体活動研究に関連する自信について，いくつかの異なった観点から概説する。

私たちは本章に至るまで，身体活動の動機に関連する多くの問題点について論議してきた。2章では，運動の動機づけに関する記述的なアプローチによる解説を含み本領域を概説した。そこでの議論は，運動研究に関する統制感の知覚を導くための理論について論じる3章に引きつがれた。しかしながら，実際，異なった理論間にラベルづけをして，明確に区別するのはとても困難な作業である。たとえば，期待-価値アプローチとしてWeiner（1992）が提唱する帰属理論は，Fiske and Teylor（1991）が「社会的認知」として分類している。さらに，Robertsは，スポーツと運動の動機づけについて，記述した自らの著書において，帰属理論を重要視することはしなかったが，その著書を「動機づけにおける社会的認知的な展望のザイトガイスト（時代精神）内に位置づけられるもの」としている（Roberts, 1992: vii）。しかしながら，Roberts（1992）は，彼が提示する社会認知的アプローチを発展させる過程において，帰属理論は中心的な役割をなすと認めていること

は注目すべきである。

　本章では，自己知覚，有能感，および社会的認知理論を同時に取り上げるが，これらの概念的な区分はきわめて困難であり，曖昧な部分が残ることを十分承知している。実際，前章の統制理論に関する論議は，本章における有能感の導入部分ともいえるし，態度理論（5章参照）は社会的認知テーマの領域内にある。しかし，私たちは何らかの概念間に線を引かねばならない。それをなしえるために，私たちは，以下の理論的根拠を打ち立てた。

　3章の議論は，人は合理的に活動するとあるが，現代的に考えるとそれは少し誇張しすぎの感があり，そうしたアプローチの基となった理論は，あまりにも人間の限界や能力を肯定的に捉えすぎている（Weiner, 1992: 298）。「社会的認知」アプローチは，合理的な意志決定ではなく，むしろどちらかといえば感情と選択を基としている。健康心理学領域において，議論された，「熟考した採択過程」の中で用いられた Weinstern (1988) の「整頓されていない机上のアナロジー」と同じである。彼は，基本的には，私たちは日々の生活の行動の選択は，優先順位をつけて，個人の圧力や優先せざるをえない出来事を無視して，決めた順序で合理的になすことはないという。実際は，資源的な限界やその他の要因が合理的な手順を防げてしまう。なかには，書類の中で忘れ去られた重要な書類もある。結局，私たちは，様々な圧力，社会的な優先事項（「机の上に置いた私の書類を見たか？」），また単に，気分（感情）に応じた行動を採択する傾向がある。

　Bandura は彼の社会的認知理論について，以下のように定義している：「理論の名称の社会の部分は，人の思考と活動の多くは社会的な起源をもとに起こり，認知の部分は，動機，情動，活動を導く要因となる思考過程と認められる」（Bandura, 1986: xii）。このように，運動と身体活動の動機づけに関する問題は，自己の認知過程に関連づけて提示されなければならない。そうすることによって，運動に参加するかどうかを決定するための思考，さらには運動の継続を可能とする有能感と自信の自己知覚の役割を意味づけることが可能となる。

　Maddux は，社会的な認知理論を，「人は単に環境に対する受動的な反応として行動するのではなく，自己内省と自己統制を通し，積極的に環境を変えていくことを可能とする存在であるという仮定をもとに，認知，行動，動機づけ，そして感情を理解するアプローチ」と述べている（Maddux, 1993: 119）。Bandura (1986) の実績を，Muddux は以下の5つのポイントにまとめている。

- 人は出来事を象徴化することができ，ことの成り行きを先見をもって予期することができる。
- この先見が人を目標達成の行動へと導く。
- 人は，自己内省的である：「これらのメタ認知的で自己内省的な活動が，思考と行動の自己統制のためのステージ設定を行う」(Muddux, 1993: 119)。
- 人は環境要因を選択し，変更することによって自己統制を可能にする。
- 環境的出来事，内的で私的な要因（認知，感情，生物学的な出来事），そして行動は，互いに影響を及ぼし合う（Muddux, 1993: 119）。

　自己知覚を中心におく現代のスポーツと運動の研究において，動機づけ理論として優位にたつのは，セルフエフィカシー，価値および有能感の自己知覚，そして最近では，成功と達成目標の定義に関する知覚を構成要素に含む理論である。しばらく前まで私たちは，運動の決定アプローチと回避傾向にそのような理論の重要性を認めていた (Biddle and Fox, 1989)。すでに述べたように，本章以外で論じることが適切だと思われる社会的な認知，あるいは類似のアプローチに関しては，本章での論議の対象とはしない。たとえば，計画的行動理論（Theory of Planned Behavior: TPB）のような態度−行動を結びつける理論がそれにあたる。6章で，理論的，概念的な分析を交えてこれらの理論について論議する。

一般的な自己知覚から固有の自己知覚へ

現代におけるセルフエスティーム理論は，人がみる自身の全体像（包括的セルフエスティーム）は，たとえば社会，教育，身体領域など，生活領域における固有の知覚によって構成されていると提案する（Shavelson, Hubner, and Stanton,1976）。こうしたアプローチを基に，Fox は，上位概念としての身体的自己価値（Physical Self-Worth：PSW）とその自己知覚的下位領域である，スポーツ有能感，知覚された筋力，身体的状態，身体的な魅力を，心理指標として信頼性の高い，身体的自己知覚の階層として測定することを可能とする尺度を開発した（Fox, 1977a; Fox and Corbin, 1989）。図 4-1 にその階層を提示した。

日々の出来事は 1 マイルを走ることができるといった信念のような固有の自己知覚に影響を及ぼし易く，もしその信念が強化され続ければ，最終的には身体的状態の自己知覚の向上，さらには PSW の向上に貢献するかもしれない。このように，自己知覚は「領域--一般的」な概念としてみることができる。つまり，PSW のような有能感の一般的自己の知覚レベルで作用する。自己知覚は，自己の全体像を抽象化する作用として捉えられるため，短期間あるいはささいな経験では変化するとは考えにくい。とはいえ，自己知覚は一般的な動機づけ行動を導く，非常に重要な心理的構成要素である。また，自己知覚は非常に重要な意味をもつ。それゆえ，自己知覚は，「私は走りきることができるか」，「私は初めて 2 マイル歩くことができた」など，より固有の有能感を表す知覚の観点からみることも可能である。

こうした分析の延長線上に，私たちは運動心理学研究をとおして作用する共通の理論的な道筋を見いだすことができる。領域一般的なレベルにあっては，正確には特性ではない身体領域内の固有の状況をとおして，般化される有能感と自己知覚の理論が存在する。これらの理論的アプローチには，有能感動機づけ，運動自己スキーマ，そして目標志向性が含まれる。状況-固有的な知覚レベルにあっては，Bandura のセルフエフィカシー理論が最も優れている（Bandura, 1977; 1986; 1977）。一貫性と安全性のために，私たちは，たとえ本稿における領域-一般/状況-固有の階層構造に完全には適合しないかもしれないが，身体活動/運動に関する異なったアプローチについても言及する。

●身体活動動機づけへの領域-一般アプローチ

本節では，有能感動機づけ理論，運動自己スキーマ，および達成目標に関する最近の視点について考察し，高次の社会的な認知を要する動機づけと自己知覚の構成概念である有能感の定義について議論する。

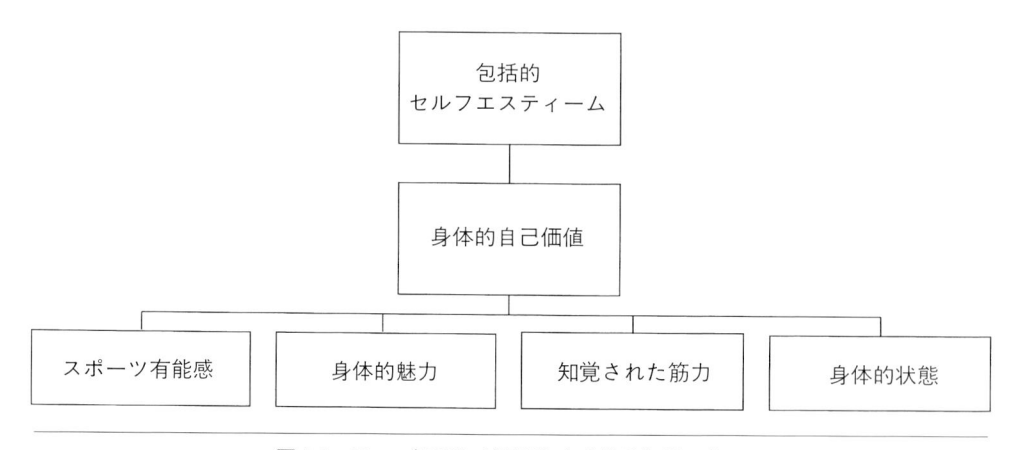

図 4-1 Fox（1990）が提唱した身体的知覚の階層

自己知覚と有能感動機づけ理論

　自らの有能感を求めようとする個人の欲求をとおして人の行動を説明しようとする試みは，心理学領域では新しいものではない。3章で論じたように，White（1959）の有能感動機づけに関する革新的な論文は，その時代の主流の機械論的説明に反し，より認知論的な立場をとった。その後，包括的で現代的な有能感動機づけの解釈が，米国の発達心理学者 Harter によって進められた（Harter, 1978; Harter and Connell, 1984）。彼女は，White の理論をいくつかの点において改良し，発展させている。まずは，有能感の知覚を，たとえば学問や運動競技などのような固有の領域に分け，多面的な概念として捉えた。これらの領域は，表4-1 に示されているように，年齢とともにより多様になる。つぎに彼女は，有能感の自己知覚を，動機的志向性と統制の知覚と関連づけた。最後に，有能感の領域と最適性の自己知覚の領域を評価する尺度を開発した。

　多くのスポーツ心理学者が Harter の後に続き，彼女の理論または理論の一部を，身体活動の場において検証した（Ommundsen and Vaglum, 1991; Van Wersch, 1997; Weiss, 1986; Weiss, Bredemeier and Shewchuk, 1986）。しかしながら，運動心理学領域でほとんど注目されなかった。

　Herter の理論は，自身の有能性を示すことができる領域の達成場面，特にその領域に天性の素質を感じ，さらに自身によって状況を統制できると感じているときに，人の動機づけが起こると提案する。そのような環境下での成功裡の試みは，肯定的で低不安感情を伴う。Harter の理論は，身体的に有能な知覚をもつ人々は，身体活動に好んで参加すると予測する。こうした関連性は，おそらく他にも影響を与える要因が存在し，Harter は，それらの要因を制御の知覚と動機づけ志向性であると考えているが，強くはないが明確に認められている。残念ながら，これらすべての要因を含んだモデルを検証した身体活動研究は，これまでほとんど行われてない。しかし，達成の場面をとおした有能感の知覚を強調しすぎると，本書の主な関心事であるレクリエーション/健康関連的脈絡との関連性を薄くさせる。

　しかしながら，Harter の理論の強さと魅力は，モデルの検証において，心理計量学的な手法と発達を基礎においた測定法に基づいていることにある。しかし，すでに述べたが，これまでは，行動や関連変数に対して動機づけ志向性，あるいは領域固有の有能感の知覚など，モデルの一部が検証されているにすぎない。

　Fox（1997a）によって提案された身体的価値の階層モデルは，有能感の知覚と動機づけに関し，異った見解を提示する。ここでは，いわゆるセルフエスティームの「自己高揚モデル」とするのが適している。つまり，肯定的な自己知覚が行動における動機づけの役割をなす。たとえば，もし運動に関し有能であると感じていれば，人はその有能性を示したくなり，それが運動の動機づけとなる。実際，もし逆（不能感のため動機づけが低い場合）であれば，今や先進工業国家の深刻な健康問題である，成人における身体の不活動的な

表4-1　Harterと研究仲間によって評価される資質認知/適性下位領域

子ども<8[1]	子ども[2]	生徒	成人
認知的資質	学問的資質	創造力	社会性
身体的資質	社会的受容	知的能力	職業知覚
ピア受容	競技的資質	学問的資質	養護
母性受容	身体表現性	職業資質	競技能力
	行動的趣向	競技能力	身体的表現
		外見	適性供給
		空想的な関係	道徳性
		社会的受容	家庭管理
		密接な親交	親密な関係
		親との関係	知性
		ユーモア	ユーモアの感覚
		道徳	

習慣を導く主な決定因になりやすい。加えて，もし運動が健康行動として捉えられるならば，他にも動機づけに関連する要因がある。すべての運動参加者が，自らの有能感を示したいと思っているわけではなく，実際，中には有能感は低くとも，容姿，健康，心理的効果などを動機に運動を行う者もいる。こうした仕組みを描くのは複雑である。にもかかわらず，人は自身のセルフエスティームの維持向上を求めることを基本的な欲求として持ち，人はそれを可能にする場を求める存在だとする意見には，多くの研究者が同意している。

有能感の知覚の評価

Harterの有能感を評価する尺度は，オリジナル版（Ulrich, 1987），修正版（Weiss, Bredemeier and Shewchuk, 1985）にかかわらず，身体活動研究に広範囲に用いられている。最近になって，より特定的な身体的自己知覚を評価する尺度が開発されている。これらには，身体的自己知覚プロフィール（Physical Self-Perception Profile：PSPP）の成人版（Fox and Cobin, 1989）と子ども版（Whitehead, 1995），そして身体的自己記述質問紙（Physical Self-Description Questiornaire：PSDQ）（Marsh et al., 1994）などが含まれる。しかし，有能感知覚がいかに評価されるべきかを試みた研究者はほとんどいない。「有能感」とは，社会的な比較（たとえば，「あなたは他の子どもと比べて勝っているか」）において評価されるべきだろう。後で論じるが，現代における目標志向性に関する研究は，人は能力，有能感，および成功を異なった解釈によって捉えるという見解を支持している。

表4-1に示すHarterの尺度にある適性/有能感の評価は，「〜がうまくできる」を聞く項目が多く用いられている。この評価は社会的比較とも，マスタリーとも解釈することが可能なため，問題はない。保育園/幼稚園の子どもを対象とした6つの項目のうち，5つが「うまくできる」を用いている。もう1つの項目（「靴ひもが結べる」）は，判断基準とマスタリー志向の評価である。小学生1-2年生の子どもを対象としたすべての項目は，「〜がうまくできる」を用いている。

子ども用のHarterの尺度（表4-2）は，「運動有能感」の下位尺度を6項目含んでいる。この尺度は二者択一方式を採用しており，子どもたちは対比的な2つの文章を読み，より自分自身を表すほうを選び，その後に，「私にとってまあまあ正しい」，あるいは「本当に正しい」と評価する。6つの項目の中で，1項目（第4項目）は明らかに比較を用い（「〜と比べて良い」），2項目は，さらに比較的で，「とてもうまくできる」（第1項目），または，「うまくできる」（第2項目）を聞いている。私たちの意見では，参加あるいは課題遂行を基準とする，明らかなマスタリー志向の項目が1つだけにすぎない。表4-1に示されているように，学生と成人用の尺度をみても，似たようなものである。

しかし，有能感に関する理解と測定におけるHarterの貢献度は，過小に評価されるべきではない。しかし，スポーツと運動の場面には疑問もなく受け入れられている評価法ではあるが，少なくとも有能感の定義に関する限りでは，さらなる修正が必要であると思われる。

自らのPSPPに関し，Fox（1990）は，有能感を3つの明確な志向の下に評価したと述べている。彼は，スポーツ有能感の下位尺度に関して，スポーツ/運動競技*能力*（たとえば，「（ある人は）

表4-2 子どもの自己知覚プロフィールにおける運動能力（肯定的な質問のみ提示）

項目 （実際の番号）	文章
1 (3) ［若干の子どもは］	すべてのスポーツをとても上手に行う
2 (9) ［若干の子どもは］	スポーツを行う十分な能力はあると感じている
3 (15) ［若干の子どもは］	これまで行ったことがない新しいスポーツでも上手く行うことができると思っている
4 (21) ［若干の子どもは］	同年代の子どもと比べてスポーツ能力が優れていると感じている
5 (27) ［若干の子どもは］	普段は（ゲームやスポーツを）観戦するよりも行うほうである
6 (33) ［若干の子どもは］	新しいゲームでもただちにうまく行う

あらゆるスポーツをうまくやれる」),スポーツ技術の*習熟*能力(たとえば,「(ある人は)常に新しいスポーツの技術を誰よりも早く習得するようだ」),そしてスポーツ環境における*自信*(たとえば,「(ある人は)スポーツ活動に参加することに何よりも自信がある」)などを評価する。ここでも,たとえば,マスタリー(あるいは参加すること)に関しても,他の誰よりも「最も自信がある」などの項目のように,比較の要素が含まれている。有能感の評価のこれらの分析は,もっと達成目標志向性や有能感,あるいは成功の定義に関する個人差などに関する最新の見解を取り入れて,解釈されるべき必要性を示唆している。

有能感と成功で異なる定義:目標展望理論

　スポーツ・運動心理学の初期の研究は,「達成のための必要性」と Marray, Atkinson, and McClelland (Weiner, 1992 を参照)が提唱する期待−価値理論に関連する理論的展望を追いかけていた。しかし,達成動機,そして能力,あるいは有能感の知覚に関する研究において,大きな方向転換が Maehr and Nicholls (1980) によってなされた。特に彼らは,教育分野において,達成関連の構成概念や行動に興味を持つ多くの研究者の思考に影響を及ぼした。こうした影響は,スポーツ心理学領域の研究には容易に受け入れられたが,運動の研究にはあまり反映されなかった。むしろ,ここでの論議は,子どもの身体活動における目標志向性に用いられる研究,特に体育に関連性が高い。なぜなら,子どもにおける身体活動の決定因に関しては,ほとんど理解されておらず (Sallis et al, 1992b),子どもを対象とした研究のほとんどが,任意の参加によるプログラムでなく,体育授業を通して研究されることが多いからである。それゆえ,Sallis (1992b) は,中学生をもとにした介入研究が優先的に行われるべきだとしている。

目標展望理論の基礎

　Maehr and Nicholls (1980) は,アトキンス派の達成動機理論における多くの仮定を否定した上で,以下のように述べている。

　成功と失敗は具体的な出来事ではない。それらは,目標を達成することができたか,あるいはできなかったかに対する知覚の結果生じる心理的な状態である。……もし,仮に,個人の質的な文化の差が存在するならば,実際には存在すると想定すべきだが,成功と失敗は,異なった文化的観点の下で判断される。

(Maehr and Nicholls, 1980: 228)

　Maehr and Nicholls (1980) は達成動機の定義を,能力志向的動機づけ,課題志向的動機づけ,そして社会承認志向的動機づけの3つのタイプに分けている。能力志向的動機づけは,「自らの能力に帰属する割合が高いときに目標行動は最大になる」と説明する (Maehr and Nicholls, 1980: 237)。これはスポーツ心理学において,成功は他人に勝ることを示す"自我"目標志向性として捉えられている (Duda, 1993)。

　課題志向的動機づけは,Maehr and Nicholls (1980) によると,「最優先の目標は,能力を誇示することよりも,適切な成果を示したり自らの問題を解決すること」としている (Maehr and Nicholls, 1980: 239)。これは「課題」目標志向ともいえる (Duda, 1993)。

　3番目の目標である社会承認志向的動機づけは,他の2つと比べるとあまり研究されていない (Urdan and Maehr, 1995)。この達成動機の側面は,Maehr and Nicholls によって,「卓越した才能よりも,むしろ社会的規範や道徳的な意図」の提示と定義されている。

　Nicholls (1989) は,2つの主な志向性−課題と自我−は,人がどのように有能感を解釈するかによって区別されると主張する。課題志向的な見解においては,能力と努力はあまり明らかな差として認められず,それゆえ「能力の差が認められにくい概念」としている。有能感を評価するために用いられる手がかりは努力と課題の完遂であり,それゆえこれらは自身の内的な評価に委ねられる。「差をより明確化する能力の概念」(自我志向性) は,有能感は他人との比較において判断され,能力と努力は成果を導く原因として区別される。これは,外的な基準に委ねられた評価の適用を意味する。Nicolls (1989) はまた,これらの

能力の概念は，課題目標と自我目標として言及される，達成場面に伴う目標に影響を及ぼすと主張する。さらに，この後すぐに明らかにするが，人は，課題志向か，あるいは自我志向のいずれかに傾きやすいとされている。

目標志向性と動機づけの関連

目標と有能感の知覚において2つの関連し合った領域が，最近の身体活動に関する研究として行われており，これらが身体領域における動機過程を説明する観点として注目されている。

・内発的動機づけと能力知覚の関係のような，目標志向性と動機づけの概念における個人差の関連性
・潜在的な信念構造と目標達成のための環境的な手がかり，たとえばグループの雰囲気と動機づけに関連する領域（7章で議論される）

身体活動の場において課題目標を設定することが，動機づけとしてなりうることに関しては一貫して認められている（Duda, 1993を参照）。しかしながら，課題志向性と自我志向性は，一般的には関連しない。よって，私たちは，他でも述べたが（Fox et al., 1994），目標の「プロフィール」の研究に関しては，課題と自我の組み合わせによって検証されるべきだと主張している。言い換えれば，ある人は課題も自我も「低い」，またある人は，課題は「高い」が自我は「低い」，あるいはその他の組み合わせなどである。私たちは，課題目標志向性も自我目標志向性も両方低い子どもは，そうでない子どもと比較して，スポーツ能力の知覚が低いことを明らかにしている。こうしたグループは，一般的には女児に代表される一方で，男児は高い課題/自我をもつ児童がはるかに多い。こうしたジェンダー間の差が生じる理由の1つは，社交性と個人の自我同一性のかかわりによる影響が考えられる。私たちの社会では，身体活動の場は，男児は女児と比べて「有能感」を示すことが重要とされる。

Fox et al. (1994) は，高課題/高自我と高課題/低自我グループは，スポーツ一般に対する質問では，非常によく似た動機づけ反応を示すことを報告している。また，私たちは，固有の体力づくり課題に対する動機づけ反応について行った研究において，高課題/低自我グループの子どもは，最も動機づけが高められやすいプロフィールであることを明らかにした（Goudaset et al., 1994a）。加えて，同様の研究でも，高課題/高自我と高課題/低自我グループは，評価される変数によっては，最も高い動機づけプロフィールをみせた（Vlashopoulos and Biddle, 1996）。これらの結果より，高い課題志向性は，自我の高さにはかかわりなく，動機づけにおいては肯定的な結果を示すようである。

ここでの重要な課題は，どのように，あるいはなぜ，こうした異なった目標志向性やプロフィールが発達していくのかを調べることである。たとえば，Dweck and Leggett（1988）が，学問における目標は，人の知能の本質に対する潜在的な信念が関係していると提案している。彼らは，知能は向上しないと思っている人は「遂行行動」（自我）目標を選び，逆に，知能は向上すると信じる人は，「学習」（課題）目標志向を示しやすいとしている（3章参照）。

私たちはまず，Dweck and Leggett の研究法に修正を加え，目標の選択とスポーツ能力は本質的に高めることを可能とする概念の関連性を検証した。(Sarrazinet et al., 1996)。その結果，学習（課題）目標を選んだ子どもたちと，遂行行動（自我）目標を選んだ子どもたちの間にわずかだが差がみられ，学習目標を選んだ子どもは，スポーツ能力は高めることができるか，あるいは変化すると信じる傾向が認められた。しかしながら，その差は，Dweck and Leggett（1988）が学級の場で行った研究と同程度の差ではなかった。私たちは，続いて行ったフランスの生徒を対象とした研究において，スポーツ能力は学習の産物である，あるいは「天性の才能」で，安定したものと信じているなど，「科学的」および「世俗的」な意味合いを含め，スポーツ能力の概念を幅広く捉えた。結果は，先に行った研究と比較すると，課題による方向づけとスポーツ能力は学習によって向上するという信念との関連性が，より明確に認

めた。自我目標志向性は、スポーツ能力が一般的なもので、より「天性の才能」としての信念との関連性が認められた（図4-2と図4-3参照）。

課題目標と自我目標に伴う動機づけの影響に加え、私たちは、目標との関連性における運動に対する感情的な反応を検証した（Vlachopoulos et al., 1996）。子どもたちには、学校の体育の授業で行った800メートル競争/タイムトライアルの後に、運動関連感覚尺度（Exercise-Induced Feeling Inventory: EFI）が課せられた。この手法は、「高揚感」、「再活性化」、「身体的疲労」、そして「落ち着き感」を評価する。結果は、課題目標と運動後における肯定的な感情と身体的消耗の減少量との間に明確な相関が認められ、自我志向は運動後の感情とは関連しなかった。さらに、私たちは、課題目標と自我目標、そして様々なタイプの身体活動への感情的な反応の関係を検証したメタ分析において、課題目標と肯定的感情との間に明確な正の関連性を認めている（Ntoumanis and Biddle 1999b）。

ここで提示した問題は、成人の運動心理学研究ではあまり取りあげられていない。私たちは初期の研究（Biddle and Mutrie 1991）において、目標の指向性に関して、それほど関心をもっていなかった。しかし、少なくともそれ以降は、子どもと青年に関して、身体活動の決定因の定義づけに役

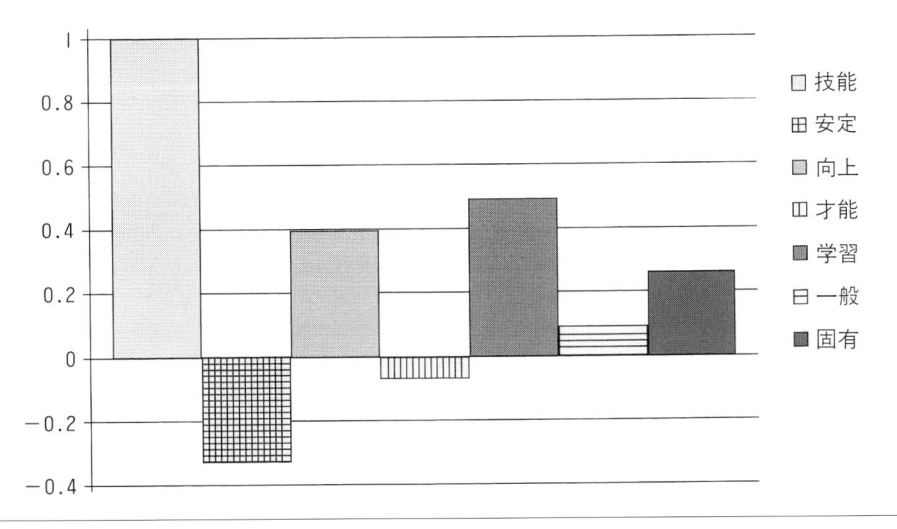

図4-2 正準相関係数によって示されたスポーツ能力の本質的な概念と課題目標志向の関係 (Sarrazin et al., 1996)

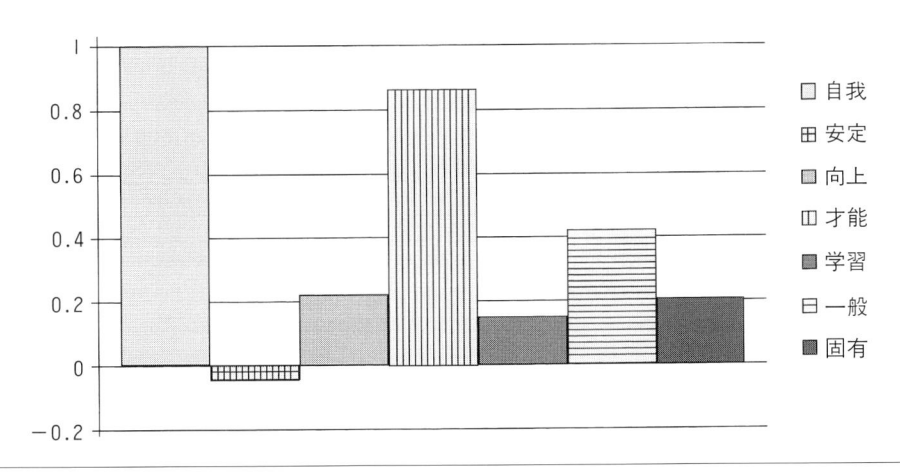

図4-3 正準相関係数によって示されたスポーツ能力の本質的な概念と自我目標志向の関係 (Sarrazin et al., 1996)

立つ動機の問題に関し，確固たる知識が構築されてきた。

運動自己スキーマ

本章の本セクションにおける身体活動動機づけを理解するための「領域−一般」アプローチは，運動と健康行動に潜在する本質的な信念と知覚の役割を重要視する。現代の社会心理学で人気の高い1つのアプローチとして，自己スキーマに導かれる情報伝達の過程がある。Fiske and Taylor（1991: 98）はスキーマを，「帰属因，あるいは帰属因間の関連性を含む，概念や刺激のタイプについての知識を表す認知構造」と定義している。スキーマは，経験によって獲得され，私たちの情報の再現，選択，および解釈の方法を導くと考えられている。

Kendzierski（1988; 1990b; 1994）は，このような構成概念を運動に適用させて「運動自己スキーマ」研究を試みている。このように個を一般化させて捉える見解は，個人の運動行動を規定する重要な要因となるかもしれない。特に，Kendzierski（1994）は主な3つのタイプの人を定義している：

- 運動家のスキマティクス：自身を運動家，身体活動家，「体型良好」であると考え，これらの構成概念を自らのセルフイメージとして重要視する人
- 非運動家スキマティクス：運動/身体活動は自分を説明するための要因とはならないが，自身のセルフイメージとしては重要であると考えている人
- アスキマティクス：運動/身体活動は，自分にはあまり意味をなさないし，セルフイメージとしても重要視しない人

これらの3タイプの測定法の有効性であるが，まずは，運動家スキマティクスは他の2つのグループよりも運動プログラムに参加する可能性が高く（Kendzierski, 1990b），実際，彼らはより多く運動していたことから信頼できるものだといえる（Kendzierski, 1988）。とはいえ，これらの結果の中には発展的な要素もあるが，少し実践的な適用性には欠けるようだ。たとえば，運動自己スキーマの形成が運動を促すなど，運動とセルフイメージを正の相関へと発展させることは可能か，それとも，肯定的な運動経験があってこそ，それが重要なものとして自己の側面に取り込まれ，好ましいセルフスキーマが形成されるのか。その答えは，セルフエスティーム理論でも見られるように，おそらくどちらも起こり得るだろう。Kendzierski（1994）は，経験は必要だが，それだけがスキーマの形成に十分なわけではなく，また，単に運動経験によって，運動自己スキーマが反映されるものでもないと主張している。

運動自己スキーマは興味深い概念である。たとえば，最近のはやりの服を見ると過去と比べて，スポーツ/レジャー志向の衣服が増えている。こうしたことが運動自己スキーマの形成を後押しするかどうかはわからない。しかし，それらの衣服がよりファッショナブルであれば，ファッショナブルでないよりもよい結果を導くのは明らかである。しかしながら，運動自己スキーマ理解の鍵となる課題の解決には，さらに研究を進める必要がある。その1つの方向は，運動自己スキーマを，特に身体的自己価値の下位領域の知覚の重要性との関連において，身体的自己知覚の階層的セルフエスティームモデルに統合することである（Fox, 1997a）。Kendzierskiによると，

> 運動自己スキーマ研究は，⒜運動行動の促進を目的とした介入によって大きな恩恵を受ける人の特定，⒝運動目標を達成するために特別な効果的な励まし，あるいはより密接な指導を必要とする人の特定，という2つの観点において将来の研究の基礎をなすと提案する。
> （Kendrzierski, 1990b: 80）

ここまでは，いわば，より高次で全体的なレベルで作用する理論として，動機づけの「領域−一般」理論を主に論議を展開してきた。さらに，最近の研究は，認知と動機において，より状態−固有の認知と動機の概念の研究に興味が集まっている。状態−固有の構成概念は，短期的な経験にお

いても作用し，それゆえ，実践の場で身体活動と健康行動の変容を目的に働いている実践家にとって実用性が高い。

●運動動機づけの状態-固有理論

最近の運動心理学関連研究のはやりは，社会的認知の観点，特にセルフエフィカシー理論に注目が集まっている。こうした流れは，運動（McAuley, 1992；McAuley and Courneya, 1993）と健康（Stroebe and Stroebe, 1995）の領域に大きく貢献した。

動機と自信：セルフエフィカシー理論

自信は，世俗的であれ科学的であれ，運動動機づけに関する重要な構成概念であることが認められている。運動・スポーツ領域の研究においては，自信の自己知覚に関する研究が多くなされてる。たとえば，英国の連邦ダンバー国立体力調査（Allied Dunbar National Fitness Survey for England: ADNFS）（スポーツ議会と健康教育局，1992）は，感情的，動機づけ的，時間的なバリアが，人々を身体活動から遠ざけている要因であることを明らかにしている（2章参照）。これらの要因のすべて，単独であろうと組み合わせであろうと，運動を始めたり維持したりする活動の自信の感情と関連する。

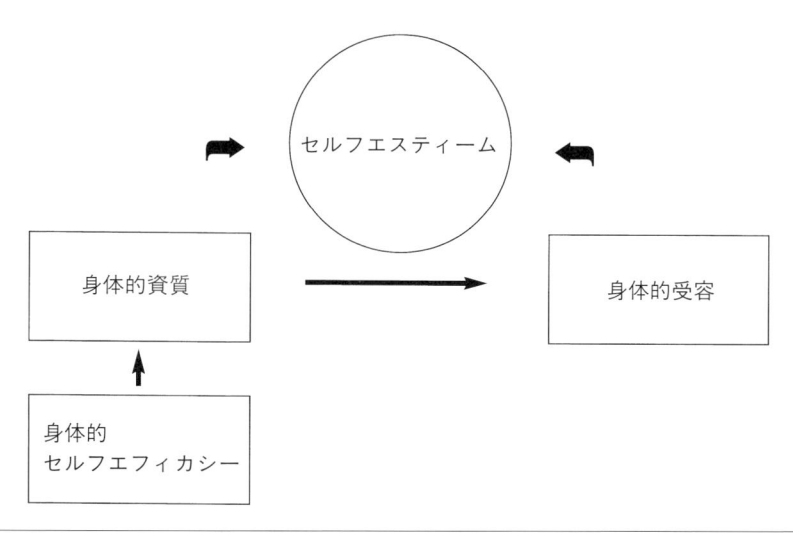

身体的セルフエフィカシーは，Sonstroem and Morgan（1989）による運動とセルフエスティームモデル（図4-4）の中心的な構成概念である。Sonstroem and Morganは，階層的モデルを用いて，エフィカシーを有能感が高められる過程の最下層に位置する「固有」の概念だと説明している。このレベルにおける自己概念は，最も効果的に，かつ容易に環境による影響を受ける（Sonstroem and Morgan, 1989: 333）。これは，Banduraの概念であるセルフエフィカシーと同じ見解である。Sonstroem and Morganのモデルでは，身体的セルフエフィカシーは，実際の行動と上層の心理的構成概念とを結ぶ，最初の認知的な媒介変数であると述べている。つまり，行動の成果がセルフエフィカシーに影響を与え，その後セルフエフィカシーがセルフエスティームを向上させるかとの仮定に基づいたモデルである。これは，セルフエフィカシーを「心理的な過程」としてみるアプローチといえる。しかしながら，セルフエフィカシー理論はまた，エフィカシー知覚が十分なレベルでなければ，行動に影響はおよばないという見解にも立つため，エフィカシー知覚と行動は相互依存的な関連性を持つであろうという意見が支持されている。これは，セルフエフィカシーが動機的な役割をなしており，それゆえ，ここで行われる議論として適したものといえる。

図4-4 Sonstroem and Morganの運動とセルフエスティームモデル

身体活動と運動におけるセルフエフィカシー理論の基本的信念

　自信に関する理論と構造の研究の必要性は明らかである。しかし，それには多くの問題が未解決である。たとえば，まず，運動を始めるための自信，あるいは体重減少や体力向上のように望ましい成果を得るための自信など，運動行動には異なった自信が存在するかも，まだよく分っていない。現代における自信理論は，状態的な要因が，特性的な要因に比べてはるかに効力を持つと提案するが，状態と特性の役割の関連性に関してもあまりよく分かっていない。また，ある特定の状況の持続性，あるいは異なった集団（たとえば，年齢，性，学級，民族）が及ぼす影響の差についても，ほとんど研究されていない。自信に関する研究は，心理学研究領域において最近注目されているだけでなく，直感的にも大きな興味を感じる。しかし，上記の問題点に関し，実践的な応用がなされるまでには，さらなる研究が必要であることを示唆している。

　不変的な性格特性の行動予測要因への適用から，より社会認知的な要因を含めて行動を予測する方向に視点を換えることによって，自信における多くの理論的な発展が導かれた。これらの理論は，エフィカシー予期（Bandura, 1977）から遂行行動予期（Corbin, 1984），有能感の知覚（Harter, 1978），そして行動に影響を与えうる認知−感情の関連性（たとえば，学習性無力感；Abramsonet et al., 1978）まで多岐にわたる。

　このようなアプローチは，身体活動領域において，セルフエフィカシー理論，遂行行動予期，固有および状態的なスポーツの自信，動きの自信などの研究に反映されている（Feltz, 1988; McAuley, 1992; Vealey, 1986）。

　セルフエフィカシー理論（SET）は，もとは臨床の場で生まれたものであるが，今では，スポーツ（Feltz, 1992），減量（Weingberget et al., 1984），運動（Ewart, 1977; McAuley, 1992），あるいはその他の健康関連行動（Shcwarzer, 1992; Strecheret et al., 1986）など，身体活動や健康に関連する多様な場面で用いられている。たとえば，Schwarzerによれば，セルフエフィカシーが，多くの研究によって強力な行動決定要因であることが証明されており，そのため，健康行動理論としての適用性は高いと述べている（Schwarzer, 1992; 223）。

　Bandura（1986）は，セルフエフィカシーを以下のように定義している。

人が自身に対して待つ，与えられた課題の達成のための活動を組織し，遂行する能力の評価レベルである。人が行動を遂行するには，実際に人が持つ技能ではなく，どのような技能レベルであれ，その人がいかに自身の能力を評価しているかが重要なのである。

(Bandura, 1986：391)

　エフィカシー予期と結果予期は常に異なったものだとするBanduraによると，「活動を組織し，遂行する能力」がここでのキーワードとなる。ある特定の行動を実行するための見込み感がエフィカシー予期であり，行動が生みだす成果に対する信念が結果予期である。エフィカシー予期は，たとえば，その人が週に5回，30分のウォーキングプログラムを継続できるかどうかについての信念を表す。しかし，結果予期は，運動を始めたときに，その活動を行うことで効果的に体重を減らすことができるかどうかの予測のことである。

　BanduraのSETは，これら2つの予期を異なったものとしているが，身体活動と運動領域においては，双方ともに自信の概念要因として認められている。人々の行動は両タイプの予期によって左右されるため，運動関連領域においては，双方ともに研究することが求められている（Desharnais, Bouillon, and Godin, 1986）。たとえば，エフィカシー予期は運動プログラムへの適応に影響を及ぼし，一方，結果予期はプログラムを継続し，維持するための強化として関与するかどうかなどを研究することが，きわめて重要である。しかしながら，SET的研究に関し，エフィカシー予期と結果予期の双方を効果検証の対象として研究がなされていることは少ない。

エフィカシーの資源

Bandura (1986; 1997) は，セルフエフィカシー信念に関し，4つの資源を明らかにしている。

- 以前の成功体験と遂行行動の達成
- 模倣とモデリング
- 言語的，社会的説得
- 生理的状態の判断

遂行行動の達成　この情報源は，成功と失敗からなる個人の経験を基にしているため，エフィカシーの資源の中で最も強い効力を持つと考えられている。しかし，そのような出来事の評価（すなわち，原因帰属）は，後の成功予期に影響しやすい。Banduraは，成功はエフィカシー評価を高め，失敗を繰り返すとエフィカシーは低下し，特に，活動の初期に起こる失敗で，努力不足ではなく，自分ではどうにもならない状況において起こりやすいと述べている（Bandura, 1986; 399）。帰属理論（Weiner, 1986）は，人は失敗したとき，その原因を努力や戦略的な失敗のような不安定な要因として考えるよりも，能力不足のような内的で安定した要因であると考えたときに，疲弊し動機づけは低下し，さらには，否定的な感情を持ちやすいと予測する。運動場面において，セルフエフィカシー知覚を帰属変数に関連づける研究は，あまり多くなされていない。McAuley（1991）は，座業的な生活をおくる中高年を対象に，5ヵ月にわたる運動プログラムの中間点において，2つの理論を組み合わせた研究を行った。理論によって予測されたとおり，効果的な運動実践者は，運動の進歩を自らの統制が可能な要因に帰属していた。加えて，セルフエフィカシーは，帰属要因と同様，運動に伴う感情の変化を予測した。

帰属要因はまた，エフィカシー予期がある状況から他の状況へと，どの程度般化するのかを決定づける重要な要因となるかもしれない。まだ運動研究では検証されてはいないが，Bandura (1986) は，ある程度の般化は起こりうるが，特にエフィカシー評価のもととなる資源が類似した出来事において，最も予測力が高くなる傾向があると示唆している。たとえば，学習性無力感の研究では，ある失敗に対する帰属は，その出来事だけに止まらず，他の出来事に対しても否定的な影響を波及させると示唆している。「一般的」な失敗の帰属は，失敗が起こった状況を超えて般化され得る。たとえば，もし人が，テニスを行い，身体の反応性が不足しているため競技能力が低いと判断すれば，おそらくそれは他のスポーツを行っても同じだと考えるだろう。一方，失敗に対する「固有の」帰属は，般化を導くのではなく，自らのセルフエスティームを保持するために起こる肯定的な思考であると認められている（Abramsonet et al., 1978）。

Bandura (1990) は，結果予期と原因帰属は，ともに将来の行動と遂行行動の予期をとおしてもたらされるが，これらは異なった動機づけの過程であると述べている。予期は出来事を先見する過程で行われ，帰属は出来事の後の理由づけとして作用する。とはいえ，これらはともに，エフィカシー知覚の発達にとって非常に重要な資源となる。

代理とモデリング　セルフエフィカシーはまた，模倣とモデリングによって高められる。他人の成功あるいは失敗を見ることは，特に，その人が以前にほとんど経験のない場面においては，後のエフィカシー信念に影響を及ぼす。興味深いことに，Bandura (1986) は，社会的な比較を生じさせる情報は，エフィカシー信念に影響を及ぼしやすいと示唆している。しかしながら，競技スポーツにみられるような比較が健康づくりの運動に適用できるかどうかは疑わしい。自信は，たとえば社会的体格不安（Learey, 1992; Learyet et al., 1944）のように，ある種の身体呈示の過程に関連するかもしれないが，健康づくりの運動は，他の状態と比べて，社会的な比較は起こりにくい。にもかかわらず，公の場における運動行動，たとえばジョギング，水泳，あるいは運動教室などは，個人の身体呈示が強い影響を及ぼしやすく，それゆえある種の動機づけが変動するための大きな資源となりやすい。

Bauduraは，代理的な経験としての社会比較的要素は重要だと示唆する。なぜなら，ある状況

においては，個人の成功は，たとえば他人の得点との比較など，ある種の参照なしには評価できない：「多くの遂行行動は，社会的な基準をもとに評価されるため，社会的な比較情報はセルフエフィカシー評価の明確な資源となり得る」(Bandura, 1986; 400)。

他にも，セルフエフィカシーの代理的な過程は，たとえば肥満者を対象として，運動の促進をねらう場合など，ある種の特性をもった人に適用されることがある。たとえば，マスメディアが，エリートスポーツ選手をモデルに使ったり，体力レベルや体格/容姿の優れたモデルを用いることは多い。Banduraは，モデリングのような代理的影響は，個人がモデルにどの程度共感を覚えるかによって効果が異なってくると主張する。または，科学的な見解とはいえないが，単に，エリート選手はモデルとして「魅力的」なものとして「動機づけ」の役割をなす。そのため，運動促進をねらった際のモデルとして有効である。

実際，私たちの研究では，家庭医に促されて運動プログラムに参加した高齢者は，まわりに同じような人が運動している場面でならば，より高い自信をもって運動できることを発見した。一方，活力に満ちた若い運動者が周囲にいる状況におかれたときには，彼らは不快感を報告した (Biddle, Fax and Edmuncls, 1994; Faxet et al., 1997)。

言語的社会的説得　どのようなエフィカシー情報かにもよるが，他人からの説得によってセルフエフィカシー知覚は影響を受ける傾向がある。しかしながら，説得の影響はすでに述べた2つの情報源に比べると比較的弱い資源といえる。加えて，説得の効果は，運動研究において，あまり組織的な方法では研究されてはいない。説得の成功は，情報がどの程度現実的であるかによる。インストラクターが運動実践者に，監視下のプログラム内で定期的に接することが可能な場面では，言葉による説得は強力なセルフエフィカシーの資源となりうる。健康と運動を促進することに対する新しい取り組みとして，社会的マーケティングをとおしたマーケットリサーチ，キャンペーンや戦略の進行中における評価，そして消費者とコミュニケーションモデルの使用などもエフィカシーを高める要因となり得る (Donovan and Owen, 1994; Wankel and Hills, 1994; Wankel and Mummevy, 1993)。

生理的状態の判断　SETの理論づけは，もとは臨床の場において行われており，特に恐怖症などの嫌悪感の修正に用いられていた (Bandura, 1977)。そのような状況においては，セルフエフィカシーが，いかに個人が心拍数などの体内の生理的な状態を評価するかを重要視した。Bandura (1986) は，「主観的な脅威がもたらす感情の興奮を取り除くことによって，エフィカシーは高められ，それに伴って遂行行動が強化される」としている (Bandura, 1986: 401)。しかし，こうした体内からのフィードバックの使用は，エフィカシーに肯定的な影響を与える可能性があるが，スポーツの場における確証はなされていない (Feltz, 1992)。また運動中の生理的なサインをモニターする方法を教えることにより，セルフエフィカシー知覚を高める可能性は考えられるものの，私たちの知る限り，運動領域でそれを検証した研究は見当たらない。エフィカシー研究においては，特に，セルフエフィカシーの概念，努力の知覚，運動における身体的な努力をモニタリングする能力間の関連性を追求することが必要だと思われる。これは特に，リハビリテーションの場など，身体的な努力を要する人々にとってきわめて重要である。

このように，セルフエフィカシーは，4つの主な資源によって高められると考えられる。Ewartは，これらを現場に適用することに関し，リハビリテーションの場面での運動を促進させることを目的に，以下のように述べている。

セルフエフィカシーの低い患者を強度の高い運動リハビリテーションに適応させる最も効果的な方法は，与えられた活動の量を少しずつ増やしながら慣れさせ（遂行行動の達成），同じような状態の患者の活動を見させ（代理的体験），信頼できるヘルスケア従事者を採用して，患者に安心感をもたらし，達成を強調することによって励ましを与え（説得），リラックスしながらも活力に満ちた気分で運動でき

Box 4-1　運動増強にセルフエフィカシー理論を適用すること

　セルフエフィカシー理論は，4つの資源それぞれをとおして，明確な介入の可能性を提供している。健康に関連する活動の促進には，以下のようなガイドラインが提案されている。

遂行行動の達成　レクリエーション活動において，参加者にとって目的とすることに，成功する（いうならば，試合に勝利する）かどうかについてはさほど重要ではなさそうである。しかしながら，運動行動の適用に対するエフィカシー予期は，以前にそのような活動を経験していれば高まりやすい。とすれば，多くの人にとって身体活動の経験が，学校教育の場での競技中心の活動にとどまっているのは不幸なことである。Coakley and White (1992) は，英国で行った研究で，体育授業で経験した否定的な知覚が，後の身体活動に影響を及ぼすという証拠を発見した。英国の南東地方に住む若人を対象とした研究において，彼らは若い人が余暇においてスポーツとレクリエーションを取り上げるための決定因を明らかにしようとした。その結果，スポーツ参加を規定する要因は，競技スポーツに関連する要因にとどまらなかった。これらの人々にとって重要な要因は，彼らの学校における体育授業の経験であった。一方，体育授業における記憶，たとえば，退屈，選択肢の少なさ，友人からの批判，価値の低さ，能力不足などは，最も運動参加意欲を低下させる要因としてあげられた。女性は体育の授業の経験を，不快で困惑させられた経験として感じており，こうした要因が女性の余暇における身体活動に影響を及ぼしていた。SETによれば，体育授業で経験するこれらの活動がエフィカシー予期に影響を及ぼしたと考えられる。このエフィカシー期の変化がその後般化され，その差は活動によって異なるが，他の運動様式に影響を及ぼしたといえるかもしれない。

　体育授業で経験した健康づくり活動も同様の分析が可能である。彼らが卒業後，自ら始める運動プログラムのセルフエフィカシーは，学校での経験によって影響されやすい。伝統的な「鍛錬」や「罰則としての運動」は，必ずといってよいほど，余暇の活動パターンに負の影響を及ぼすと考えて間違いはない。それゆえ，介入を行う際には，楽しく，かつ熟達の知覚や内的な動機づけが高められるプログラムを提供する必要がある。

代理的体験　過去の運動経験，あるいは周囲にいる運動適応の成功者の存在は，エフィカシー予期を介して，運動に影響を及ぼす。似たような体格や能力を持つ人々が，運動を行っているのを見るのも効果的である。そのような効用に関しては，もし「成功」をとおして個人に克服感を知覚させることができれば（つまり，自己の向上「課題志向」）より効果的である。しかしながら，常に他人と比較される状況におかれるならば（自我志向），失望が生起し，ドロップアウトにつながりやすい。

社会的，言語的説得　一般的に，社会的，言語的説得は，他人によるものを意味する。その効果はまちまちではあるが，ときにはセルフトークもセルフエフィカシーを高める効果的な方法となりうる。運動に関しては，セルフトークや運動を行うことによる負担と利得のバランスにおける個人の知覚は，運動の実践と維持に影響を及ぼす。

生理的状態の判断　リラックスを意識した運動は，メンタルヘルスの向上効果を望めるが，生理的状態の判断は，おそらく，運動を回避するのに重要な意味をもつ。疲労や痛みなどの，生理的徴候への高まった気づきは，適切なレベルでの運動プログラムを継続するのに有効である運動アドヒアランスに効果を発揮する。高い不安レベル，たとえば社会的体格不安は，運動参加を妨げる要因となるかもしれない。

る場を提供すること（覚醒：生理状態）である。
　　　　　　（Ewart, 1989: 684; カッコの言葉を加えた）

セルフエフィカシーの測定

　セルフエフィカシーは，水準，強度，および一般性の3つの次元によって変化する（Bandura, 1986）。

- セルフエフェカシーの水準は，たとえばウォーキングプログラムは耐えることができるが，ハーフマラソンを行うのは無理であるなど，与えられた課題に対する難易度を表す。
- 強度は，個人のある特定の課題を遂行するための能力に対する評価を表す。たとえば，日々3マイルのウォーキングプログラムを継続できるかどうかなどの評価がなされる。
- セルフエフィカシーの一般性とは，ある状況における体験が，他の状況における行動に般化することをいう。たとえば，ウォーキングプログラムが，身体調整プログラムにおけるウェイトトレーニング・エフィカシーを高めるなどがそれにあたる（Ewart et al., 1983）。Banduraの理論を検証するならば，これらのエフィカシー知覚の測度のすべてが測定されるべきである。しかし，そのような研究例はあまりなされていない。ほとんど研究はエフィカシーの強度を測定しているものの，大きさや般化を測定してはいない。それゆえ，セルフエフィカシーの操作評価に関しては，実際の運動場面においては限られたものしか存在しない。

運動に関するセルフエフィカシー：研究報告

　1991年に私たちがこの領域のレビューを行った際（Biddle and Mutrite, 1991），セルフエフィカシーと健康関連の運動を検証した研究はわずかに9つしか行われていなかった。今やその状況は一変し，セルフエフィカシーは運動領域において大変人気のあるトピックとなっている。研究数の増加に加え，初期には患者対象とした研究が中心であったが，今ではそうした対象者バイアスを修正

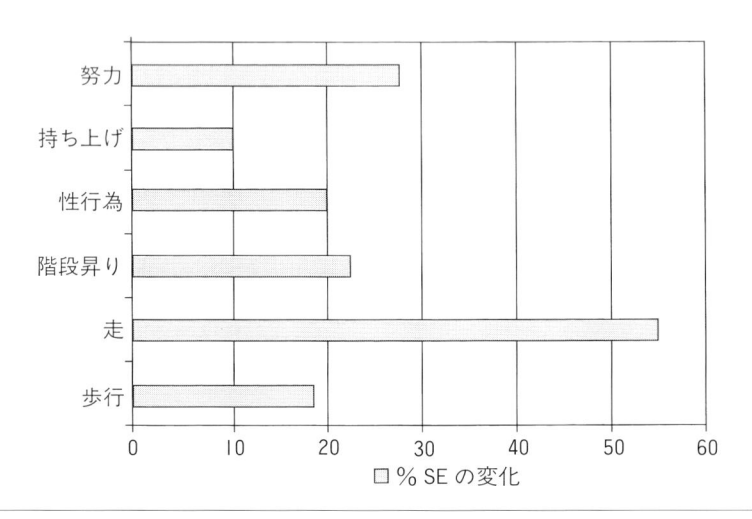

図4-5　心筋梗塞後の男性患者におけるトレッドミル走後のセルフェフィカシーの向上
（Ewart et al., 1983）

するために，健常人を対象とした研究が盛んに行われている。

患者研究

Ewartと彼の共同研究者たちは，セルフエフィカシーと運動に関する多くの研究を初期に行い，いくつかの重要な論点を取り上げている（Ewart, 1989を参照）。まず，Ewart et al. (1983) は，心臓病リハビリテーション患者（心筋梗塞）を対象として，トレッドミルを用いた研究を行った。トレッドミル運動の前後に，歩行，走，性行為，持ち上げ，努力一般に対するセルフエフィカシーを評価した。セルフエフィカシーの向上の結果を図4-5に示した。

これらの結果は，トレッドミル運動後の肯定的なセルフエフィカシーの変化を示しており，なかでも走運動が最も高い増加率であったことから，エフィカシーの般化は，特に類似した活動により強い影響を及ぼすことが明らかとなった。しかし，カウンセリングが同時に行われた患者においては，性行為，持ち上げ，そして一般的な努力に対するエフィカシー知覚が，トレッドミル走の後に大きく増加した。この結果より，もし他の方法による介入がセルフエフィカシーに加えられた場合，類似的でない活動のセルフエフィカシーを向上させる可能性があることが証明された。

Ewart et al. (1986) は，心臓病（coronary heart disease：CHD）患者の男性を対象に，セルフエフィカシー知覚における特異性の検証も行っている。その研究は，サーキットウェイトトレーニングが用いられ，体力測定に先行してセルフエフィカシー評価が行われたが，その結果，セルフエフィカシーの判定において同タイプの体力と強い相関関係を示すことが明らかになった。たとえば，物を持ち上げるエフィカシーは，腕力と強く相関し，有酸素運動能力とは関連しなかった。逆に，ジョギングのセルフエフィカシーは，有酸素能力と有意な相関が認められたが，腕力，握力，および脚力との関連性は有意でなかった。

Kaplan, Atkins and Reinsch (1984) は，慢性的肺疾患病（chronic obstructive pulmonary disease：COPO）患者を対象に，運動行動の変化において，一般的な予期（すなわち，健康の統制の所在（LOC）；3章参照）と，特異な予期（セルフエフィカシー）を比較した。その結果，歩行行動の変化を介在する要因として，セルフエフィカシーは優れた効果を示し，このことは，たとえば階段歩行など類似の活動への般化を示している。

これまでの研究は，CHD患者など，医学的な症状を有する人に焦点を当て論議してきた。ここで問題となるのは，これら患者を対象としたデータがどの程度別の人々に適用されるかである。セルフエフィカシーが，環境的，知覚的介入によって影響を受ける社会認知的な変数であることを考えると，これらの研究を別の人々にも般化させるのは適切とはいえない。Ewart (1989) は，心臓病患者の予後においては，患者は実際的な身体の状態よりも，努力することへの恐れによって制限されうるという。このような状況は，病状を持たない健常人とはまったく異なっている。患者を対象とした研究の結果は以下のように示唆される。

- セルフエフィカシーは，般化されうるが，類似した活動において最も強い関連性を持つ。
- 「類似しない」活動におけるセルフエフィカシーであっても，カウンセリングによって高めることは可能である。
- セルフエフィカシーは，運動行動の変化を，統制の所在の一般的予期よりも効果的に変化を予測しやすい。

非患者群における研究

今では，非患者を対象とした多くのセルフエフィカシー研究が，運動と身体活動領域で行われている。セルフエフィカシーは，郵便を媒介して行われた大規模な成人グループ対象のウォーキング (Hofotter et al., 1991)，大規模なコミュニティーにおける長期にわたる運動行動の変化 (Sallis et al., 1992a)，減量プログラムからドロップアウトせずに継続できる人を特定すること (Rodsers and Brawley, 1993)，運動後の肯定的な感情の予測因となること (Bozoian, Reieslu and MeAuley, 1994)，否定的感情の心理生物学的兆候と負の相関関係にあることが示されている。

Sallis et al.（1986）は，コミュニティにおける活動レベルを変化させる潜在的な予測因子について調査を行った。その研究では，1,400 名以上のカリフォルニア州成人を対象に，1 年以上かけて 3 つの身体活動の測度が評価された。その結果，セルフエフィカシーは，強度の高い運動の実践に関しては，男女とも予測したが，強度の高い運動のアドヒアランス，そして中等度強度の運動の実践と維持に関しては，女性においてのみ予測した。私たちはさらに，ある大学の職員を対象として，自己申告による身体活動のレベルを予測するためセルフエフィカシーの役割について研究を行った結果，明白なジェンダーによる差を見い出した（Biddle, Goudas and Page, 1994）。その研究では，計画的行動理論を用いてセルフエフィカシーの運動意図に対する予測力を調べたが，女性においてのみ，セルフエフィカシーは TPB の態度変数に付加すべき予測因であることが明らかになった。この結果は，女性は男性と比較して，社会的，心理的障害を克服するには，高い自信が要求されるとする，自信とジェンダー研究の結果と一致する（Corbin, 1984; Lirgg, 1991）。私たちの研究においては，男性に関しては，態度が意図を最も高く予測し，女性においては，意図とセルフエフィカシーが実際の活動を予測したものの，男性は，態度と意図のみが実際の活動の予測因となった。

Poag-DuCharme and Brawley（1993）は，運動におけるセルフエフィカシーを，2 つの異った男性成人グループを対象に研究を行った。彼らは，これから運動を始めようとする人と，すでに行っている人との間で，セルフエフィカシーの役割を比較した。また，たとえば監視型プログラムと非監視型プログラムの比較など，様々な形態におけるセルフエフィカシーを測定した。さらに，初心者グループにおいては，「スケジュール」（たとえば，計画，スケジュールのたて方）と「バリア」（たとえば，傷害または交通の問題）のエフィカシーを測定し，運動者グループには，スケジュールとバリアに加え，プログラムをやり遂げるためのエフィカシー知覚を測定した。

Poag-DuCharme and Brawley（1993）は，運動の初心者群においては，プログラムの初期においてバリアエフィカシーとスケジュールエフィカシーが同レベルで運動意図を予測することを見い出した。しかしながら，その後，プログラムの継続者は，バリアエフィカシーも有意な予測因であったものの，スケジュールエフィカシーが意図の予測因としてより重要となることが分った。実際の運動行動に関しては 9-16 週間の継続者は，スケジュールエフィカシーが最も高い予測因であったが，バリアエフィカシーと意図は予測度を高める要因にはならなかった。

運動経験者群に関しては，参加エフィカシーのみがプログラムの開始時の意図を予測したが，開始後 6-7 週間の間には，バリアと計画エフィカシーともに，弱いが有意な意図の予測因であった。第 7-12 週におけるアドヒアランスの予測は，計画エフィカシーと意図が最も高い予測因であった。

Poag-DuCharme and Brawley（1993）による報告は，いくつかの重要なポイントを提示している。

- セルフエフィカシーは，運動意図と実際の参加の程度の両方を予測した。
- セルフエフィカシーは，監視型と非監視型，および両タイプのプログラムのいずれにおいても実施の予測因となりうる。
- その運動過程のステージが異なると，違ったタイプのセルフエフィカシーが意図か参加を予測した。

Poag-DuCharme and Brawly（1993）の研究は小規模で行われ，エフィカシーの中には，ごくわずかな変動を予測するにとどまったものもある。しかし，彼らは運動心理学研究者にいくつかの新しい問題を提起し，さらに，いくつかの重要な概念を示した。運動ステージの問題は，6 章と 11 章で取り上げることにする。

McAuley の運動セルフエフィカシーに関する研究の影響力は大きい（McAuley, 1992; McAuley and Courneya 1993; McAuley and Mihalko, 1998）。特筆すべきは，McAuley と彼の共同研究者は，

それまではあまり運動心理学領域では取り上げられてこなかった高齢者を対象としたセルフエフィカシー反応の研究を行ったことである。その中には座位中心の生活を送っていた45-64歳のグループを対象とした研究がある。これら高齢者の運動セルフエフィカシーに関する研究の結果，以下のことが示されている。

・セルフエフィカシー介入によって向上する。
・特にプログラムの初期のステージにおいて参加を予測する。
・不活動が続いた後に低下する。
・肯定的な運動感情を伴う。

　Dzewaltowski（1989）は，セルフエフィカシーが中枢をなすBandura（1986）の社会的認知理論（SCT）の予測力を，Fishbein and Ajzen（1975）の合理的行為理論（Theory of Reasoned Action: TRA；5章参照）と比較した。結果は，SCTはTRAと比べて運動をより高く予測したが，セルフエフィカシーはSCTにおける他のどの変数よりも強い予測因であった。この結果からは，一見，SCTはTRAよりも有効だといえそうである。しかし，態度と社会的規範から行動を説明するTRAの中核的概念である行動意図に関しては，ほとんどすべての参加者が高得点を示しており，そのため変化の予測範囲はわずかなものにとどまった。そのため，意図が行動を予測する可能性は低下したと思われる。さらに，粗雑な運動の測定手法も問題である。たとえば，この研究で用いられた運動を行った日数のみを自己申告によって評価する方法は，一般に用いられる活動の回顧法と比べて有効性が低い。しかし，この研究の最も大きな問題は，必修の体育授業の参加者を対象としていることである。参加者の活動にはこうした授業が影響を及ぼしていることは明らかである。もし，この研究が民間の運動教室のように自主参加者を対象としたものであれば，これらの理論はより効果的に検証されたと思われる。
　こうした批判はさておき，Dzewaltowski（1989）は，運動予測に関連する2つの主要な心理学的な理論を比較するという重要な試みを提示

した（McAuley and Courneya, 1993を参照）。異なったモデルを正確に比較するような研究手法を用いる場合，より現実に近い状況における測定が必要である。しかしながら，Dzewaltoski（1994）は，セルフエフィカシーを他の理論に加えることに関しては批判的な立場を示している。彼はそうした手法を「誤った方向性」（Dzewaltowski, 1994; 1396）とし，その理由は，セルフエフィカシーは，あくまでもBanduraの社会的認知理論の中で評価されるべきだと主張している。この見解は，社会的認知アプローチに用いられる多くの変数は類似し，相互に作用し合う概念が多く存在することを考慮すると（6章参照），私たち研究者を制限するものといえる。むしろ，主要な変数の相対的な強さや弱さを，1つではなく様々な理論的な観点から評価することは望ましい方向性だといえる。
　非患者を対象とした研究結果を要約すると，エフィカシーは運動後の感情などの重要な要因とともに，運動参加との間においては一貫した関連性が示されている。

セルフエフィカシー研究の方法論的問題
　セルフエフィカシーの研究方法に伴う問題を解決するのは容易ではない。まず最初に，Bandura（1977）やその他の研究者が主張していることだが（たとえばMcAuley, 1992），もしセルフエフィカシーの行動予測の水準を高めることを求めるならば，固有の行動との関連における評価が必要となる。とはいえ，いわゆる般化された自信の知覚はエフィカシー知覚と同じではない。とにかく，私たちは様々な運動場面をとおしたセルフエフィカシーの般化性について，もっと多くの研究を行う必要がある。社会心理学における態度-行動間の関係と同様，セルフエフィカシーの適用法に関しては，一般的に「運動」として問うのではなく，週3回のサイクリングなど，具体的な活動に適用されたときに有用性がより高くなる。このような理由から，Ryckman et al.（1982）が開発した身体的セルフエフィカシー尺度は，その仮定においていくつかの問題を抱えている。彼らの尺度開発における論理的根拠は，運動セルフエフィカ

シーの評価の必要性を包括的な自己概念測度との比較において，より適したものとして捉えようとしたことにある。にもかかわらず，彼らの尺度は，単に一般的な身体能力の知覚と「自己呈示の自信」を評価しているにすぎず，これらはBanduraの定義するセルフエフィカシーとは異なっている。

Sherer et al.（1982）は，彼らが「セルフエフィカシー尺度」と名づけた尺度を開発した。しかしながら，測定項目と評価概念の論理的根拠を検証すると，彼らの尺度はむしろ一般的な動機づけ尺度に類似しており，Banduraのセルフエフィカシー概念に近似するものではない。Sallis et al.（1988）はまた，ダイエットと運動行動のためのセルフエフィカシーの評価尺度を開発している。彼らは，「逆戻り耐性」と「運動時間の確保」と名づけた因子を取り上げている。しかし，研究データと，これら2つの下位尺度は，自己申告によって測定された強度の高い運動との相関係数は0.32-0.40にとどまっている。

2つ目に考えられるべき方法論的問題は，エフィカシー知覚に伴う行動に関するものである。セルフエフィカシーが何らかの意味を持つものとして評価されるには，努力，潜在的バリア，さらに行動的な自己制御などを伴う行動を評価する必要がある。すなわち，単に歯磨きのように習慣的な行動はエフィカシー感情とは関係ないが，身体運動は，計画や努力，ときにはバリアの克服が要求されるため，エフィカシー信念と強く関連する。こうした関連性が，おそらく，セルフエフィカシーが身体活動行動，特に強度の高い運動の場面において信頼性が高い予測因の1つとされている理由である。

自信と身体活動に関する研究の他のアプローチ

SETは，自信の知覚と運動を結びつける研究において，最も優位に立つ理論といえるが，他にもいくつかの興味深い観点やアプローチが存在する。

パフォーマンス行動の評価

BanduraのSETとSCTは，エフィカシー予期と，成果予期は異なったものとして明確に区別している。しかしながら，初期においては，両タイプの予期ともに，身体活動の場面で重要であると述べている。Corbinと彼の共同研究者は，遂行行動の評価という観点から調査を行っている（Corbin, 1984を参照）。その研究プログラムは，女性と達成行動研究で用いられているLenney（1977）の理論を基にしている。いくつかの達成場面において，女性は達成力が低下するとの報告がなされているが，Lenneyは，これらは必ずしもそうした結果となるものばかりではないと述べている。Lenneyは，女性の自信に関し，主に3つの要因に決定づけられる「状況的な脆弱性」を指摘する。

- 課題における本質的な性差の関与：自信は，与えられた課題が「適切ではない」と知覚される状況においては低くなる。たとえば，「男性」的と知覚されるタイプの活動に関し，性は明らかに低下要因となる。自信がないままウエイトトレーニングの授業に参加している女性がその例である。
- 社会的評価：Lenney（1977）によれば，女性は，競技場面のような，他者との評価と比較の対象になる状況におかれたとき，能力を低く見積もる。
- フィードバック：女性は，客観的で正確なフィードバックが与えられたとき，より高い遂行行動レベルに到達すると示唆されている。

これらの要因は，達成に関する女性研究を基としたものであるが，たとえば，性タイプで「女性の」あるいは「女性的」と称される活動（ダンス，エアロビックス）に関する男性にも適用することができるなど，運動環境においては重要な要因であると指摘されている。しかし，スポーツに代表されるように，多くの身体活動は男性的であるといった固定観念が存在し，女性の自信を対象とした研究に関しては，そうした要因を考慮して進める必要がある（Corbin, 1984）。しかし，残念ながら，このようなテーマの観点をふまえた研究は，運動領域においては私たちが以前に行ったレ

ビュー（Biddle and Mutrie, 1991）以後，大した進展はない。

スポーツにおける自信

　Vealey（1986）は，スポーツにおける状態および特性的な自己の自信を測定する尺度を伴う，スポーツ固有の自己自信交互作用モデルを開発した。加えて，競技志向の知覚を測定する尺度も開発した。これは，Nicholl（1989）の達成動機における自我志向と課題志向と同類のものである。Vealey（1986）は，このような概念的枠組を用いる論理的根拠を，スポーツにおける個人の成功の定義の差を測定することが可能なためとしている。

　Vealey は，「スポーツの自信」を「個人がそのスポーツを行う能力に対して持つ成功に対する信念および確信の程度」と定義している（Vaeley, 1986: 222）。しかし，この定義は，スポーツ競技よりも，健康の観点において余暇的な活動として身体活動の関わりを考える本著の主旨ではない。また，こうしたアプローチを用いた研究は，最近はほとんど行われていない。

動きの自信

　Griffin, Keogh および彼らの共同研究者たちは，彼らが自信に関して他の概念とは異なると主張している，動きの自信モデルを提唱している（Griffin and Keogh, 1982）。Griffin and Keogh（1982: 213）は，「私たちは，動きの自信を，ある動きが要求される場面における的確で好ましい個人の感覚」と述べている。彼らは，このモデルは他の有能感や動機づけ概念と類似している点について認めながらも，「動きが要求される状況において，動きに直接関係するという感覚的経験を新たに考慮することが重要である」と提案している（215）。このように，「動きが伴うサイクル」には，動きの有能感（ある特殊な課題達成の範囲内における個人の技能への知覚）と動きの感覚（「動きに関連する感覚経験的な期待」; 214）との相互的な作用で創りだされる動きの自信が描かれている。そのため，動きの自信そのものは，参加（選択，アドヒアランス，遂行行動）を介在する要因とな

り，一方で，有能感と動きの感覚に相互的な影響を及ぼす。

　このモデルの構成概念の独自性に関して Feltz（1988）は，動きの自信はセルフエフィカシー理論で説明できるとして疑問視している。モデルに動きの感覚の「独自性」を付加したことについて，Felz は，SET のエフィカシー資源の 1 つにすでに含まれている自律機能の知覚と同じであると述べている。動きの自信モデル関連の研究プログラムは，自信の本質と構造を探るための取り組みとしては適してはいるが，自信は単に有能感ではなく，それ以上の何かであるとする，もとの仮定を支持しえていない。しかし，このような取り組みは，小さな子どもを対象とする場において有用性は明らかであり，さらなる研究が待たれるところである。

運動の自信における自己呈示の過程

　Leary（1995）は，自らの著書『自己呈示』において，身体的な外観，身振りと動き，公的な自己意識，体重，外観と体格不安，謙虚さなどの構成概念を取り上げている。これらの構成要素は，身体活動と自信の知覚に関し，理解を深めるための大きな潜在性を秘めている。

　自己呈示に伴う心配は，自分のイメージと一致しない活動だと知覚した活動（たとえば，エアロビックダンス，ウエイトリフティングなど），あるいは，身体的な有能感が低いために不安が生じた場合など，どの身体活動を選択するかに影響を及ぼすかもしれない。Leary（1992: 342）は，「人は自らの役割，周囲の人の価値感あるいは社会規範とはそぐわないと感じたとき，その活動にはあまり熱心に取り組まない」と述べている。

　たとえば，Hart, Leary and Rejeski は，「社会的体格不安」の構成概念について研究を行っている。彼らは，特に，そのような不安が高い人は，そうではない人と比べて，

　　体型が他人の目に触れるような状況（たとえば，水泳など）を避け……，自らの体型を強調するような活動（有酸素運動のように彼らには望ましい活動も含めて）を避け……，彼らの体格をよく見せるこ

とができる様々な方法，ときには健康障害となり得る行動（たとえば，絶食）を試みそうである。
(Hart et al., 1989: 96)

社会的体格不安の構成概念を健康との関連性において検証することが，他の自己呈示因子と同様に必要とされている（Learyet et al., 1994）。たとえば，ADNFS のデータをみると，スポーツにおける有能感の欠如は，身体活動に参加することを妨げる最も大きな要因であることを示している。しかし，なぜそのような般化された感情が生じるのかは，未だに理解されていない。ある人にとっては，「スポーツマンタイプでない」ことは，あらゆる身体活動に影響を及ぼすが，他の人にとってはほんの 1 つか 2 つの活動への影響にとどまる。実際，スポーツのように公の場で行われる身体活動に関しては，自己呈示は無視できない構成概念といえる。社会における受容，あるいは身体的技能に対する称賛もまた，同様である。このように，身体活動との関連において社会的な不安が影響力を有することは明らかである。人は，社会において，他に望ましい印象を与えるために動機づけが起こるが，もしその活動に対するセルフエフィカシーが低ければ，より高い社会的不安を経験する傾向がある（Leary, 1995）。

❖ まとめと結論

　本章において，エフィカシーの自己知覚と有能感に焦点を当て，運動の動機づけにおけるいくつかの主要な理論について解説し，統合を試みた。特に以下のことを行った。

- 身体的自己知覚，有能感の動機づけ，運動自己スキーマ，目標志向性といった「領域一般」アプローチから，たとえばセルフエフィカシー理論にあるように有能感についてより状態-固有の概念に至るまで論議を展開した。
- 身体領域において，有能感について一般的な概念を踏まえながら，どのように有能感を評価するか，どのように有能感の多様な定義を評価するかについて解説を行った。
- 課題および自我達成目標がどのように運動の動機づけに関連するかについて概略を述べた。
- 運動における自己スキーマについて簡潔に述べた。
- セルフエフィカシー理論を解説し，研究結果，研究方法，および問題点について包括的な論議を行った。
- 身体活動の研究に関連する自信に関し，自己呈示に伴う心配事を含んで，いくつかの異なった観点からの見解を提示した。

私たちのレビューの結論は以下のとおりである。

- 有能感の知覚は，有能感が如何なる形で作用しようとも，運動参加に関連する。しかしながら，有能感について固有の知覚/エフィカシーは，有能感における一般的な信念よりも，運動行動を高く予測すると考えられる。
- 「有能感」の定義は簡単ではないし，また有能感には，その定義において社会比較的なバイアスも存在する。
- 目標展望理論では，人が有能感と成功を様々な方法で定義づけることができるものの，主要なものとして自我志向と課題志向があげられる。研究結果は，課題志向が単

独でも自我志向との組み合わせでも，動機づけに有効であることを支持している。
- 運動スキーマなど，比較的新しい見解は，現段階では研究基盤は十分とはいえないが，今後の運動動機づけを理解することに貢献する可能性を有している。
- 患者を対象としたセルフエフィカシー研究は，運動セルフエフィカシーは「疾病を有する」人々における有効性を示している；セルフエフィカシーの判断は般化され得るが，類似性の高い活動において最も強い予測を可能とする；「類似性のない」活動におけるセルフエフィカシーであっても，カウンセリングを行うことによって向上は可能である；セルフエフィカシーは，一般的な期待よりも，運動行動の変容を予測することに優れている。
- 非患者群を対象とした研究は，運動セルフエフィカシーが介入によって向上する，特に，運動の初期プログラムにおいて参加を予測する，運動をしばらく行わないでいると低下する，さらに，肯定的な運動感情と関連することを示している。
- 自己呈示の過程は，運動における自信と不安について付加的な知識を与えてくれる。しかしながら，あまり研究はなされておらず，それゆえ将来性に期待すべきテーマといえる。

第5章

身体活動と態度との関連

> 私たちが皆感じていることは，物あるいは人に対して態度を持つということがどういうことかを分かっているということである。
>
> J. R. Eiser
> (Attitudes, chaos and the connectionist mind, 1994)

◆章の目的

本章の目的は，近年の運動と健康に関する研究で用いられている態度理論をレビューすることであり，特に本章では以下のことをねらいとしている。

- 態度の構成概念を定義し，その範囲を定める。
- 身体活動に関する態度研究における初期の記述的アプローチを簡単に概観する。
- 合理的行為理論（Theory of Reasoned Action: TRA）と計画的行動理論（Theory of Planned Behaviour: TPB）に関する理論的基礎と近年の運動研究をレビューする。
- 健康信念モデル（Health Belief Model: HBM）とそれを運動に適用した研究の結果を要約する。
- 健康と運動研究の観点から見たプロテクション動機づけ理論（Protection Motivation Theory: PMT）とTriandisの社会的行動理論（Theory of Social Behaviour: TSB）について簡単に述べる。
- 主観的期待効用理論（Subjective Expected Utility: SEU）と行動の統制理論（Action Control: AC）を用いた運動研究の課題を論じる。
- 運動行動における態度の役割について理解する。

健康教育や健康増進のキャンペーンでは，人の信念や知識を変えることが行動の変容をもたらすのに必要であるという仮定のもとに，しばしば信念や知識を変えることをねらいとしている。しかし残念ながら，意識，態度，信念，知識の変容は，行動変容の初期の段階では重要かもしれないが，行動変容を保証している訳ではない（6章参照）。また，信念と行動の因果関係がもつ影響は普通長続きしないが，信念と態度が私たちの行為に何らかの影響を及ぼすと考えるのは妥当であろう。実際に，そのような仮定を社会心理学者は健康関連の研究において長い間共有してきた（Conner and Norman, 1996; Stroebe and Stroebe, 1995）。

人間の行動における態度の役割を説明するために，多くの理論的モデルが提示されてきた。そこ

で本章では，健康関連の態度に関する主要な包括的理論を概説するとともに，運動や身体活動での研究の成果について述べることにする。

態度の定義

態度は，感情と行動に関する記述であるとみなされる。しかし，社会心理学における態度研究では，特に態度による行動の予測に関しては，長い論争の歴史がある。しかしそうであっても，Olson and Zanna（1993: 118）は，「態度および態度変容は，社会心理学者らによって最も広く研究された話題の1つである」と，述べている。ただ残念なことは，態度という言葉が日常会話の中で広く用いられるため，それが誤って解釈あるいは定義され，あまりにも一般的な意味で用いられる傾向があるということである。たとえば，連邦ダンバー国民体力調査（Allied Dunbar National Fitness Survey: ADNFS）（Sport Council and Health Education Authority, 1992）では，運動参加に関連する心理的要因を取り上げるために，「運動に対する態度とフィットネス」という見出しを用いている。これはある意味では，「態度」を取り上げているが，健康と運動研究において，一般的に知られた社会心理学の態度理論とは関係していないのである。

態度の共通した定義というのはないが，態度構造はある程度その領域を決めることができる（Olson and Zanna, 1993）。たとえば，態度の三成分モデル（Hovland and Rosenberg, 1960）は，態度が信念（認知的）成分，感情的（情動的）成分，行動的成分からなっていることを示している（図5-1参照）。

態度は，パーソナリティ，動機，そして他の心理学的な構成概念と似た仮説的なものであり，直接的には観察できない。したがって，態度を測定するのに，三成分モデルの認知的，感情的，行動的なカテゴリーにおける，言語的あるいは非言語的な反応がしばしば用いられる。これらを身体活動の事例とともに，表5-1に示した。また，Olson and Zanna（1993）は，ほとんどの態度の理論家が態度は記憶の表れであるという考え方には異論を挟まないとも述べている。

身体活動に対する態度：記述的アプローチ

長い間，運動・スポーツ科学者らは，態度研究に関心を寄せてきたが，初期の研究は主に記述的なものであった。たとえば，Kenyon（1968）は，6つの下位領域からなる「身体活動に対する態度尺度（Attitude toward Physical Activity: ATPA）」

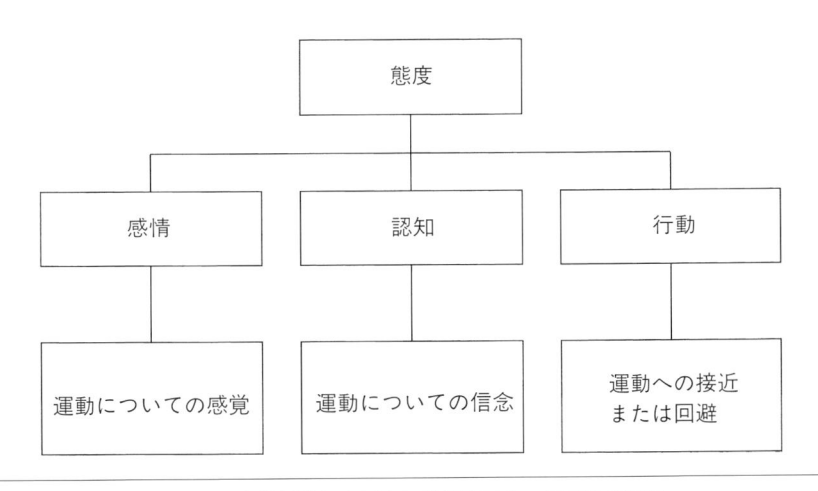

図5-1　身体活動に応用される態度の3つの要素の概要

態度
├─ 感情 ─ 運動についての感覚
├─ 認知 ─ 運動についての信念
└─ 行動 ─ 運動への接近または回避

表 5-1　異なる反応からの推論された身体活動に対する態度

反応形態	認知的	反応カテゴリー 感情的	行動的
言語的	身体活動に関する信念の表出	身体活動に関する感覚（好き，嫌いなど）の表出	身体的に活動的になる，または不活動になることに対する意図の表出
非言語的	身体活動に対する認知的反応	身体活動に対する（努力と独立した）生理学的反応	身体活動やそれに関連する文脈への接近，または回避

出典：Ajzen (1988) を改変

を開発しており，これは広く引用されている。6つの領域は，身体活動は「知覚された効果」に基づいて，より特化した成分に分けることができるというKenyonの信念を反映したものである。そこでKenyonのモデルは，身体活動をつぎの観点から捉えることができるのではないかと提唱されている。

・社会的経験
・健康と体力
・めまいの追求（スリルと冒険的活動）
・審美的経験
・カタルシス
・禁欲的経験

このATPA尺度は，子ども版とともに多くの研究で用いられてきた（Schutz et al., 1985）。しかしながら，身体活動に関する態度の記述は研究上有用であり，ある程度発見法としての価値をもつかもしれないが，このような態度の表現では実際の行動を予測しないことが明らかにされている。たとえば，Sidney, Niinimaa and Shephard (1983) は，ATPA尺度を用いて持久性運動のプログラムに参加している60歳以上の高齢者について異なった態度プロフィールを見出しているが，これらの態度は参加様式，日常的な活動の記録，体力測定値とは無関係なのである。

Kenyon (1968) は，社会的態度の研究分野では，定義と測定の問題で悩まされてきたと述べながらも，態度を「ある特定の対象に対する感情の方向性と強さを反映する潜在的あるいは観察不可能で，複合的な，比較的安定した行動傾向」と定義している（Kenyon, 1968: 567；私たちの強調している定義）。したがって，この定義は，ATPA尺度がジョギングやウォーキングのような特定の行動に対する態度というより，むしろ身体活動に対する一般化された態度を評価することを意味している。よって，特定の行動がそのような測定でうまく予測されないのは，驚くことではないのである。

それにもかかわらず，一般的な態度が有益な情報をもたらす場合がある。たとえば，問題を理解する上で最初にするべきことは記述である。そのため，この方法で態度を記述するのは，より本質的な研究課題を設定するのに助けとなる。たとえ，身体活動に対する態度の下位成分が特定の行動をあまりよく予測しなくても，それらを知るだけで，有益かもしれない。同様に，大規模な疫学的研究において，きわめて特化した態度を評価することはできないが，それでも，住民を対象としたデータは身体活動の行動をさらに理解するのに不可欠である。それゆえ，一般化された態度測定は重要かつ有益となるのである。

ところで，先行研究では，高齢者のための適切な態度測定尺度がなかったので，私たちは高齢者用の身体活動に対する一般的な態度尺度を開発した（Terry et al., 1997）。まず，計量心理テストの構築のための基盤づくりから始めるという意味で，50歳以上のカナダ人471名を対象に4因子尺度を開発した。抽出された4つの下位尺度は緊張の開放，健康増進，活発な運動，社会的恩恵であった。

そのいくつかの成分は，態度理論の基本原理をみるのに十分な項目を含んでいるが，このアプローチは大規模の住民調査という制約の中でのみ利用可能なものである（Wankel and Mummery, 1993）。もし可能であるなら，もっと態度が行動に結びつくような直接的な検査法が，一般化され

た身体活動や運動に対する態度の記述的アプローチよりはむしろ望まれるのであろう。

態度と行動を関連づける身体活動研究におけるモデルと理論

　態度測定に対する記述的なアプローチは，当然のことながら研究者に，態度が実際に行動を予測するかどうか疑わしいと思わせる結果となり，「態度と行動の非一貫性」が問題にされるようになった。確かに，Eiser はこの非一貫性は「本質的には研究者らが態度の一般的な言語的尺度に関係づけようとして特定の行動指標を不適切に選択した結果，生み出されたものである」と述べ，さらに，「もし私たちが言語的指標を選択するときと同じ程度慎重に行動指標を選択するなら，「態度と行動の非一貫性」は本質的な問題として現れてこないかもしれない」とも述べている（Eiser, 1986: 60）。

　このような批判は，行動の予測における態度の役割に関するごく最近の視点と一致している。運動心理学研究においてもそうであるが，一般的に社会心理学においては，「合理的行為理論（Theory of Reasoned Action: TRA）」と「計画的行動理論（Theory of Planned Behavior: TPB）」のモデルが，特定の態度と社会的影響が行動意図と行動を予測するという考えのもとに広く用いられてきた。

●合理的行為理論

　Ajzen and Fishbein（Ajzen and Fishbein, 1980; Fishbein and Ajzen, 1975）によって提唱された TRA は，「意志の下での行動という前提」がある（Ajzen, 1988: 117）。TRA では意図が行動の直接的な決定因であり，その意図は態度と主観的（社会的）規範の要因によって予測されるという仮定に基づいている。TRA を図 5-2 に示すが，この理論は後述するように，運動研究で広く用いられている。

　Ajzen and Fishbein は，モデルの態度成分は結果の評価あるいは価値と特定行動についての信

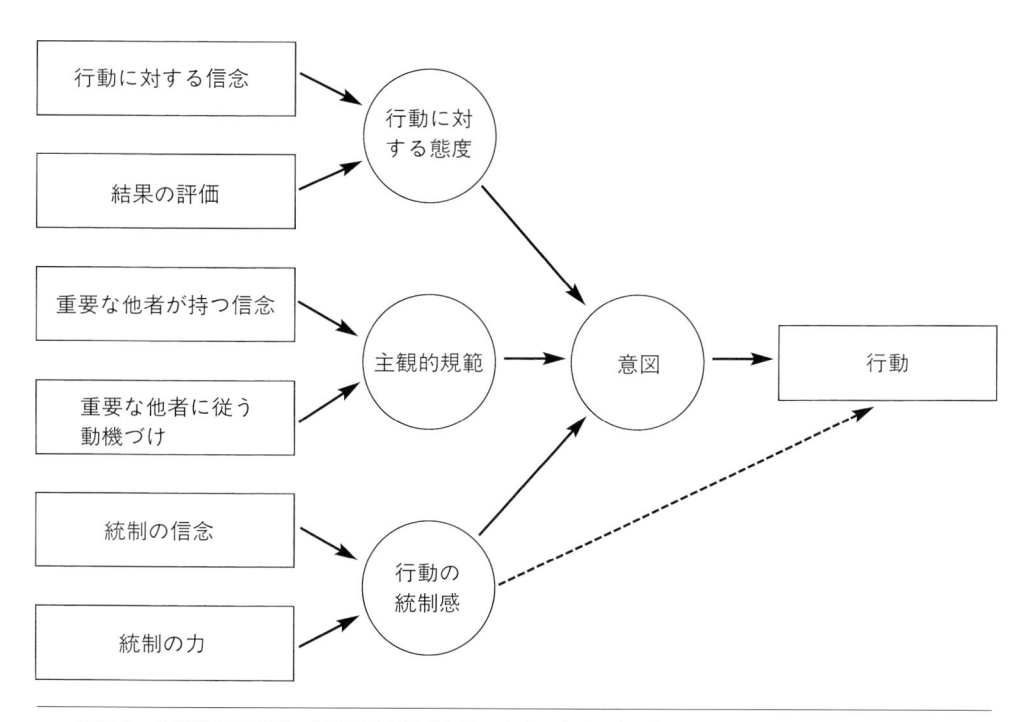

図5-2　合理的行為理論（行動の統制感を除いたもの）と計画的行動理論（行動の統制感を含めたもの）

念との関数であると述べている。したがって，彼らのアプローチは期待―価値の相互作用である。このような変数は，評価される態度や主観的規範と予測されるべき行動との間を対応あるいは一致させるために，問題となる行動に特化して測定すべきであると，彼らは主張している。TRA を検証するための質問項目の内容は，研究対象からインタビュー法によって収集されることが推奨される。そして，これらの 4 つの要因は対応するように考えられるべきである。

- 活動：態度と行動は，身体活動のような一般的な対象に対する態度というよりむしろ，エアロビック運動の授業への参加といった特定の活動に関して評価する必要がある。
- 目標：対象に関しては，エアロビック運動，あるいは特定の重要な他者のように特化するべきである。
- 文脈：文脈に関しては「たとえば，このヘルスクラブで」行うというように特化するべきである。
- 時間：時間は，「たとえば，つぎの 2 週間を通して，週 3 回この運動教室に参加すること」というように明確にするべきである。

Ajzen（1988）は，これらの 4 つの要因は同じ水準の一般性/特殊性で評価されるべきであると述べている。勿論，火曜日にクラブで運動するという項目から火曜日の体力づくりクラブへの参加を予測するように，きわめて高い対応は，一般化の可能性を制限することになるであろう。「運動」についてのあいまいな態度測定は，むしろ正確性をなくし，予測を低めるかもしれないが，私たちは一般化に対する態度測定もできるようにしたいと思う。そこで，この 2 つの間の妥協点としては，私たちが何を予測したいかによるということが必要であるかもしれない。Kenyon の ATPA と同様，以上述べてきた記述的測定は，目標だけを評価し，活動，文脈，あるいは時間を評価していない。おそらく，このことが運動における態度の役割に関し，研究者を混乱させているのである。たとえば，Dishman and Sallis（1994）は，

1988 年以前と以後の監視下と非監視下の運動を用いた研究をレビューし，態度は身体活動に関連していないと，結論づけている。これは，TRA のような適切な理論モデルが用いられるときには，意図と態度の両方が身体活動に関係するという Godin（1993）が示した明確な知見を考えると，驚くべき結論である。同様に，King et al.（1992）も，成人を対象とした運動研究において，意図は実際の行動を予測しないといっている。これもまた正しくないし，意図は態度よりも身体活動の良い予測因である。意図と身体活動間の相関は，一貫して正の相関を示し，しかも統計的に有意なのである。実際に，Sallis and Owen（1999）は，Hausenblas, Carron and Mack（1997）のメタ分析の結果に関して，意図と「その後に起こるもの」としての行動との間に相関があると述べている。

TRA の主観的規範（規範成分）は，重要な他者についての信念と，そのような信念や人に従いたいと思う，あるいは従うことに動機づけられる程度からなっている。態度と規範成分の相対的な重要性は研究の状況による。たとえば，ある文脈においては，青年期の健康行動は態度成分より規範成分がより強く影響するであろうが，この傾向は大人では逆になるかもしれない。

近年，TRA は一般的に支持されている。たとえば，Sheppard, Hartwick and Warshaw（1988）は，様々な場面で TRA を用いて行われた 11,000 名以上を対象者とした 87 の研究に関し，メタ分析を行い，意図と行動の間に .53 の加重平均相関を，また意図と態度や主観的規範間に .66 の相関を見出している。この 2 つの結果は，明らかに TRA を支持している。

合理的行為理論と運動研究

TRA は社会心理学（Ajzen, 1988; Sheppard et al., 1988）や健康領域（Conner and Armitage, 1998; Conner and Sparks, 1996; Stroebe and Stroebe, 1995）で，きわめて注目されている。TRA はモデルの因果構造に関して批判がない訳ではないが（Liska, 1984），運動研究でも推奨され，用いられている（Doganis and Theodorakis, 1995; Godin,

1993)。

この理論を最初に検証した Riddle（1980）は，男女成人を対象にジョギング行動の予測に TRA を用いた。特に彼女は，ジョギングに対する意図は，モデルの態度成分と規範成分の予測因によって有意に予測されるが，態度成分のほうがより予測力が高いことを見出している。また，ランニングの結果についての信念は，ジョガーと非ジョガーを最も明確に区別する要因であり，予想どおりジョガーは運動をしていない人より肯定的な信念をもっていた。

カナダの Gaston Godin とその共同研究者らは，運動場面で TRA を最も広範に検証している。Godin（1993）は，態度と規範信念の成分で行動意図の分散の 30％を説明したが，2 つの予測因の中で態度成分のほうがほとんどの場面で高い予測力をもっていると報告している。確かに，規範成分と身体活動の参加との関連は一貫していない。

Hausenblas et al.（1997）はメタ分析を用いて，31 の運動研究を分析した。そこでは，10,000 名以上の対象者で 162 の効果サイズを説明し，意図は運動行動に，そして態度は意図に大きな影響を持つことを見出している。また，態度の影響は主観的規範の 2 倍であった。

Godin and Shephard（1986a）は，TRA と Kenyon のモデルの予測的有用性を検証した。身体活動と実際の過去の運動行動に対する意図を予測するのに，TRA の態度成分は Kenyon のモデルの下位領域より優れていた。したがって，このことは行動の予測力を高めるために，特定の態度を測定する必要があるという私たちの初期の見解を支持している。Godin and Shephard（1986b）は，12-14 歳までの 698 名のカナダ人の子どもを

Box 5-1　質問紙とインタビューで評価される主観的規範

　主な文献で論じられている TRA と TPB の主観的規範の役割に関する統計的な結果が，主観的規範，あるいはソーシャル・サポートは身体活動においてそれほど重要な意味をもっていないことを示しているのは興味深いことである。しかし，これは本当にそうなのだろうか。私たち自身の個人的な経験は様々な異なったストーリーを示唆している。この混乱は私たちが質問紙で主観的規範を測定する際の方法論上の問題であるかもしれない。

　英国の身体活動専門家の創始者である Andy Smith 博士は，座位的な生活をしている成人のための監視下に置かれた運動教室の参加者にインタビューを行った。たとえば，退職に近い高齢者のメンバーは「私はかつてはよく歩いていたが，友人は離ればなれになり，今では活動をしていない」といっている。他の人は「私は自分自身でプログラムを楽しみ，私を動機づけてくれる夫をもっている」と彼女の配偶者からのサポートを明らかにしている。プログラムに参加しているメンバーからの以下のようなコメントは，社会的規範/サポートが重要であるということを示唆している。

- 「気の合う人と一緒にいるのがいい」
- 「コースは社会的に重要である」
- 「コースで人と会う好機を楽しむ」
- 「人と会う機会を楽しむ」

　誰が社会的側面は重要でないといっているのだろうか，私たちはこれらに関し，さらなる研究でみていく必要がある

対象として，さらに理論の検証を行っている。彼らは，男児は女児より活動的で，しかも男児は運動に対する意図が強く，TRAの態度成分と規範成分で高い得点を有することを見出した。しかし，これらの得点は研究対象となった3つの年齢集団では，男児も女児も年齢とともに低下していた。全体的に，TRAは運動意図の予測力において部分的に支持された。態度成分は規範信念より行動意図の良い予測因であることが見出され，この点で，他の多くの運動におけるTRA研究の例証となっている。

合理的行為理論：結論と批評

TRAは運動領域で支持されており，Godinは「態度は適切な理論的枠組みの中で測定されるとき，運動行動の重要な決定因と思われる」と述べている（Godin, 1994: 122）。TRAはそのような「適切な理論的枠組み」とみなされている。研究成果に基づくTRAの態度成分は，運動意図の予測に影響し，その意図はある程度行動を予測する。実施上の立場からいうと，このことは運動の結果に関する信念と感情的知覚を変容させる介入が有効であることを示唆している。私たちはここで決定的な声明を出す前に，日常の運動に関連する身体的感覚と満足感・楽しさの感覚についてもっと知る必要がある。しかしながら，それは過酷なトレーニングを強要する組織が関与する日常的な厳しい身体活動は，健康関連の運動プログラムを実行し，持続したいと願う大多数の人々にとっては，まったく適さないということをいっているのである。また，運動に対する態度の認知的・感情的成分に関する教育的介入は保証されているようである。

TRAの規範成分は運動意図の強い予測因ではないが，ときどきわずかながら関連している。介入として，運動をすることが「普通」であり，若者や，体力があり，「スポーティな人」のためだけにあるのではありませんと，人びとを説得するような公衆衛生のキャンペーンがある（恐怖心を煽って人を説得する概念については本章の後半で述べる）。残念ながら，本書の最初のほうで述べたダンバー国立体力調査の研究成果では，「スポーツタイプではない」という個々の信念が，特に女性にとって身体活動への強いバリアとなっていることが示されている。しかしながら，運動指導者の役割を介するような，主観的規範は，すでに積極的な態度を有する人にとって，重要な動機づけ的役割を果たすかもしれない。

TRAは批判がない訳ではなく，たとえば，以下のような問題点があげられる。

- TRAは単一次元モデルであり，モデルの変数が補完的に機能しうるという可能性を提示していない。
- モデルはもっぱら認知に依存し，環境的影響のような他の重要な行動を決定する要因を見逃している。
- TRAは，ある時点で得られる行動意図の測定から行動を予測する。同様の行動の態度モデル（Bentler and Speckart, 1981; Triandis, 1977）では，先の行動あるいは「習慣」を考慮に入れている。運動領域では，習慣的な身体活動は公衆衛生が目標とするところのものであり，そのため，研究ではTRA変数に加えて習慣の役割が調査されるのかもしれない。現時点でいえることは，TRAは単に習慣的な行動ではなく，むしろ新しい行動のみを予測するのかもしれない。したがって，運動の採択と継続を区別することは重要である。しかし，過去の行動の役割を判断するときには難しいことでもある。もし私たちが行動の決定因を明らかにしたければ，つまり過去の行動が現在のあるいは意図した行動にとって最良の予測因である，といいたいのなら，それはむしろ明白で，何も助けにもならないように思われる。
- 意図と期待を区別することは重要かもしれない（Olson and Zanna, 1993）。私たちは運動をしようと決定することはできるが，一方で難しすぎると感じているものである。これは，Kendzierski（1990a）の運動の意志決定と行動の実行との区別と同じであり，将来の運動に対する態度研究をいくらか考える必要があるということである。
- TRAは意志の統制下にある行動を説明するた

めに開発されたものである（Ajzen, 1988）。したがって，この理論では，他の要因が影響するような行動は予測しない。運動の場合は，完全に意志の下にある行動（たとえば，人や仕事などへの責任）を妨げる多くのバリアがある。その点，TRA を発展させた「計画的行動理論」（TPB：本章の後半を参照）は完全には意志の統制下にない行動を説明するものである。

- TRA を用いた研究における行動の測定には，十分な注意が払われていない。行動において正確な測定がなされないと，対応の原理を適用することはできない。これは，評価が妥当性のない自己報告である場合，そこで引用された研究に対して疑問を投げかけることになる。もちろん，自己報告によって身体活動を評価するのはきわめて難しいが，これらの問題は今後論議する必要がある。行動の定義とその測定は，TRA の運動アドヒアランス研究における固有の問題を提示している。
- TRA に関する研究は，態度，主観的規範，意図および単一行動の相互関係を示している。それは二者択一の行動を説明するものではない（Smith and Biddle, 1999）。たとえば，多くの人々は身体活動をする意図はあっても，行動としてはほとんど現れないのである。これは他の行動を行うよりも運動の優先順位が低いことによるし，「すること」のトップにないだけである。また，態度研究では，主観的期待効用理論（Subjective Expected Utility: SEU）（Edwards, 1954）と同様，競争的行動と選択行動に焦点を当てるべきである（Shephard et al., 1988）。この点については本章の後半で議論する。
- 意図は，意図と行動の測定期間が短いか，あるいはいくらか時間間隔をおいて測定されるとき，行動をうまく予測する。つまり，行動の予測はこの時間間隔の間における，意図の変化に影響されるのである（Ajzen and Fishbein, 1980）。これは，「意図の安定性」の問題でもあり，運動研究ではほとんど無視されてきた問題である（Chatzisarantis and Biddle, 1998）。
- 最後に，TRA を用いた運動研究において，一貫しない主観的規範の役割とソーシャル・サポートが運動の決定因であるという信念との間に食い違いの可能性があるようである（Dishman and Sallis, 1994）。ソーシャル・サポートは社会的影響/主観的規範とは正確には同じではないが（Taylor et al., 1994），TRA の社会的規範成分がこれまで一般的に考えられてきたことよりももっと運動行動に密接に結びついていると，私たちが信じている点は類似している。この食い違いはまだ解決する必要があるが，2 つの説明が可能である。1 つは，私たちは TRA 研究で適切に主観的規範を測定していないかもしれないし，このことによって，応答者は文章の背後の意味を勘違いしているかもしれない。2 つ目は，ある人は他者からの動機づけを望んでもないかもしれないし，それらの人々（たとえば両親と一緒にいる青年など）に「従いたい」と思わないかもしれないということである。これらの点は検証する必要がある。

要約すると，TRA は社会心理学において，強力な影響力をもつものとして態度を再規定した先駆的研究であり，健康心理学と運動心理学ではそのようなアプローチをいち早く利用してきた。TRA は，私たちの運動意図と行動に関する理解を促すのに成功した実行可能な統一理論上の枠組みとなることを証明している。また，過去 10 年間の運動決定因に関する研究が，まったく理論的でないものから理論的なものへ移行するのに役に立っている。

● 計画的行動理論

TRA は，主として意志の下の統制可能な行動に対する意図と行動を予測することができるモデルを提示している。Godin (1993) は，意図と行動の予測は身体活動のタイプによって互いに異なるかもしれないと述べているが，身体活動と喫煙や体重コントロールのような他の健康関連行動の場合，意志の下にある統制は「不完全」であるように思われる（Ajzen, 1988）。すでに議論したように，統制感は多くの健康関連行動において重要なものである（4 章参照）。

Ajzen の理論化と研究（Ajzen, 1985; 1988; 1996; Ajzen and Madden, 1986; Schifter and Ajzen, 1985）では，意志の下での統制が不完全であるような行動においては，TRA は不十分であることが示唆されている。そのため，Ajzen はこのような行動のために TRA を拡大し，これを計画的行動理論と称した。図 5-2 に示すように，TPB は TRA と同様のモデルであるが，「行動の統制感（Perceived Behavioural Control: PBC）」を補足変数としている。行動の統制感は Ajzen によって「行動することの易しさあるいは難しさの知覚」と定義され，「先行する妨害や障害と過去の経験を反映する」ことが仮定されている。図 5-2 では，行動の統制感が意図と行動の両方に関連していることが示されている。これは，この変数が意図における動機づけ効果をもっていることを示唆している。つまり，運動することを望んでいるが，（そのときのほとんど乗り越えられない行動的バリアのために）運動する機会が少ないか，あるいは機会がない人は，運動に対する態度，または社会的要因の操作にもかかわらず運動しそうにないのである。これは，意図と期待の区別がなされるときに，以前から指摘されていた TRA の 1 つの問題点を克服している。

Ajzen（1988）は，行動の統制感はそれが実際の統制ときわめて近い状況下でのみ行動を正確に予測することを示している（そのため，図 5-2 では破線が用いられている）。たとえば，ある人は体重に対する強い統制感を持っているかも知れないが，個人の統制を越えて体重の増減に影響しそうな生物学的要因があるので，現実は異なるかもしれない。そのような状況において，統制感は体重の変化の弱い予測因となっても，強い予測因となることは期待されないであろう。同様に，運動パフォーマンス（体力測定値など）は，遺伝，練習，テスト環境のような要因のためにあまり統制できないものであるから，人は統制感で運動パフォーマンスより運動行動（たとえば，運動頻度）を予測することを期待するだろう。

計画的行動理論の研究成果

TPB は，運動研究において，特に運動が多くのバリアをもつ行動であるので，運動が部分的に意志の統制下にあるときのみに用いることが適切である。運動における TPB の検証は広く行われており，Godin（1993）は 8 つの刊行された論文を取りあげているが，私たちは英語圏の研究論文を見出している。

この領域におけるほとんどの研究は比較的少数の対象者で行われているが，Wankel and Mummery（1993）は大規模住民調査「キャンベル安寧調査（Campbell Survey of Well-Being）」の中で，TPB の項目の統合を行っている。これは，1981 年のカナダ体力調査（Canada Fitness Survey）に以前参加した 4,000 名以上のカナダ人を対象としている。この調査では TPB の検証を行っているが，きわめて多くの身体活動に対する態度を調べており，調査紙のスペースに限りがあるために，TPB の変数を厳密な意味で操作することができていない。しかし，それにもかかわらず，この研究では TPB の枠組みを用いて初めて集団に基づく態度測定をしている。その際，Wankel and Mummery は表 5-2 に示される尺度を用いた。

この研究データは，男女の 4 つの年齢集団からなり，セルの大きさは分析するのに適切な大きさであった。身体活動意図の予測において，Wankel and Mummery（1993）は異なる年齢と性の集団を用いて，態度と社会的規範/サポート，行動の統制感によって意図の分散を 25 ％から 30 ％説明することを見出している。全体では，意図の分散の 31 ％が TPB の 3 つの変数によって説明されており，他の研究と類似した値である。Godin（1993）は，意図の分散の約 30 ％が態度と主観的規範の要因によって説明され，それ以外の 4 ％から 20 ％の分散が行動の統制感によって説明されると主張している。したがって，Wankel and Mummery（1993）のデータは，大規模の住民を対象に得られ，TPB に沿って正確に変数を操作するという問題を踏まえており，TPB 自体を推奨している Godin の結果とほぼ同じである。

私たちが行ったメタ分析においては（Chatzisarantis and Biddle, 1999），行動の統制感は，サ

表5-2 WankelとMummery (1993) のカナダ人を対象とした人口調査において用いられたTPBと他の変数

変数	アセスメント
行動意図	つぎの12ヵ月間に活発な身体活動に参加する意図。6段階評定尺度がつぎのような3段階,すなわち1=週に1回未満；2=週に1～2回；3=週に3回以上に短縮されて用いられた。
行動に対する態度	活発な身体活動の参加についての感じ方を評定するための6項目の評価的,意味論的,特異的な5段階尺度。
主観的（社会的）規範	直接的に測定はされていない。その代わりに,ソーシャルサポートの測定が用いられている。重要な他者から受けた活発な身体活動のためのソーシャルサポートの程度が5段階尺度で評価されている。
行動の統制感	活発な身体活動の参加の統制感に関する2つの質問を5段階評定尺度で測定している。
信念の間接的測定	TPBから直接導き出された変数ではないが,14の間接的な信念の項目が含まれている。「活発な身体活動の参加はどの程度あなたを助けますか？」（たとえば,精神的によりよく感じる,おもしろい,他の人と一緒にできる）。
バリア/コントロールの間接的測定	14項目のバリア/コントロールの項目は,「身体的に活動的であり続けるのに,以下のことがどれくらい重要ですか？」（たとえば,パートナーの欠如,運動能力の欠如,ケガの恐れ）が含まれる。

ンプリングと測定の誤差を補正した後でも,スポーツと運動行動 (0.50) や意図 (0.60) と強く関連していた。加えて,PBCは態度と主観的規範を統計的に統制したときでも意図と関連していた。これらの結果は,身体活動行動の研究においてTPBはTRAよりも優れていることを示しており,この結論はKimiecik (1992) の研究と一致している。Hausenblas et al. (1997) によって行われた運動研究のみを扱ったメタ分析でも,意図と行動におけるPBCの強い効果が見出されている。

計画的行動理論：結論と批判

すでに議論したTRAの批判の多くは,TPBにも適用することができる。ただし,TPBはTRAに行動の統制感を加えることで,意志の下にない行動をも説明することができるようになったため,意志性に関する批判は除外される。しかし,Godin (1993) が示したように,どの身体活動が意志の下に統制されるのか,あるいは統制さ

れないのかは不明確である。ウォーキングはほとんどの人々によってまったく統制可能なものとみなされるが,場所や費用のかかる活動はあまり統制できないと思われる。このことは,私たちが構造化された身体活動と構造化されていない身体活動への参加を予測しようとするとき,将来の研究において考慮に入れる必要がある。しかし,Ajzen (1988) は以下のように警告している。

　一見して,行動の統制の問題は活動の限られた範囲でのみ適用することをいっているのかもしれない。しかし,厳密な調査によると,普通,意志の力で実行することのできる（あるいは,実行することのできない）きわめてありふれた活動であっても,個人の統制を超えた要因の影響を受けやすいことが明らかにされている。　　　(Ajzen, 1988: 127)

　TPBの1つの問題は,行動の統制感の定義と評価において一貫性に欠けていることである。たとえば,当初,Ajzen (1988: 106) は,行動の統

制感は「セルフエフィカシーの信念と密接に関連」しており、それは「行動を行うことの易しさあるいは難しさの知覚と関連し、先行する妨害や障害と過去の経験を反映することが仮定される」(132) と述べている。セルフエフィカシーとの類似性は，Olson and Zanna (1993) と Stroebe and Stroebe (1995) によって指摘されている。しかし，ごく最近では，Ajzen (1991) は行動の統制感を，障害を克服する力の知覚と資源と機会の知覚に関連して定義しており，したがってその構成概念は統制の信念と力で再提示しているのである。

セルフエフィカシーと PBC を用いた研究では，それらが意図あるいは行動の予測において，独立して寄与していることがたびたび明らかにされている。たとえば，Terry and O'Leary (1995) はセルフエフィカシーと PBC を反映する項目が因子的に区別されることを明らかにした。さらに，彼らは，セルフエフィカシーは身体活動に対する意図を予測したが，活動そのものを予測しなかったのに対し，PBC は身体活動を予測したが，意図を予測しなかったことを見出している。この2つの構成概念は，この点に関してさらに検証することが必要である。PBC は外的なバリアと過去の経験から形成される信念を含んでいるように思われるが，セルフエフィカシーは行為者と手段の結びつき (Skinner, 1995; 1996) に関する信念であり，様々なタイプの制約は必ずしも含まれていない。

●身体活動研究のための二者択一の態度モデル

広く引用されている合理的行為理論と計画的行動理論に加えて，他の態度モデルも提唱されている。ここで私たちがレビューするモデルは，Triandis の社会的行動理論，健康信念モデルおよび Rogers のプロテクション動機づけ理論である。そして最後に，身体活動における2つの意志決定理論，すなわち主観的期待効用理論と行動統制理論を用いた研究について簡単な説明をする。これらのモデルは，身体活動の領域では，モデルを支持する研究がきわめて少ない，あるいは身体活動への適用に疑問が残っているが，モデルを完全なものにするために議論がなされている。加えて，たとえこれらのモデルが全体的に運動や身体活動において十分に検証されていない，あるいは制限されることがわかったとしても，これらのモデルのいくつかは健康行動としての運動に関する研究や運動の決定因の理解に役に立つかもしれない。

Triandis の社会的行動理論

Triandis (1977) は，TRA や TPB と類似した態度モデルを提唱しているが，このモデルのいくつかの点では意志性の低い意志決定を強調している (Godin, 1994; Valois, Desharnais and Godin, 1988; Wallston and Wallston, 1985)。このモデルでは，特定の行動を遂行する可能性は，以下の要因によることが示されている。

・先行行動（習慣）
・行動意図
・促進的な状況

TRA とは対照的に，Triandis のモデルは習慣の強さが増加すると，意志のレベルが減少することを示唆しており，そのため Triandis は意図に加えて習慣と促進的な状況をも評価しなければならないと述べている。

Valois et al. (1988) は運動行動と意図の予測において，22歳から65歳までの成人166名を対象に，TRA と Triandis モデルを比較した。その結果，2つのモデルが実際の運動行動の予測において同程度に有効であったが，行動意図に関しては Triandis モデルが25％を説明したのに対し，TRA はわずか9％しか説明しないことを明らかにした。これは後で論議する「意志決定」としての意図と実際の行動あるいは「決定の実行」の間の違いを示唆している (Kendzierski, 1990a)。

Godin et al. (1987) による同様の研究では，過去の運動行動（習慣），態度，主観的規範および近い将来（3週間後）と遠い将来（2ヵ月後）の運動参加を測定している。その結果，意図は態

度と習慣によって直接的に影響を受け，近い将来の行動は習慣のみに規定され，遠い将来の行動は意図と近い将来の行動の組み合わせによって規定されていることが示された。Godin et al.は，これらの結果が以下の2つの明確な実践上の意味を持っていると結論づけている。

- もし対象とするグループが座位中心の成人であるならば，主観的規範よりも態度が意図に影響を及ぼすため，介入は態度成分を介して行われるべきである。
- 子どもへの介入は，子どもがこの年代で運動習慣や好意的な態度を十分に形成させているとは思われないので，これらを形成させるような方法で行うべきである。

Triandisのモデルは，実際にはGodin et al.によってのみしか検証されておらず，身体活動に関して私たちが持っている情報は限られている。それにもかかわらず，このモデルは考えうる他の変数を考慮しており，そのいくつかは重要であることが示されている。しかしながら，「習慣」が運動にとって必要であるというところまでモデルを拡大することには，議論の余地が残されている。歯磨きや薬の服用のような健康行動は比較的自動的に行われるかもしれないが，運動のような頻繁でない高い努力を必要とする活動は，それらと同じように行われているとは思われない。ウォーキングのような中等度の身体活動であっても同じである。人々は彼らを座位中心，または活動的な行動に仕向けるような「ルーティン」を作り上げていることが主張されているが，間違いなく活発な運動にはきわめて多くの計画と努力が必要とされる。これは人々が運動の異なる「関心期のステージ」にいるという考えに近く，これに関してはつぎの章でより詳しく議論する。

健康信念モデル

なぜ人々がヘルスケアをするのか，あるいはしないのかという疑問は，過去数十年間にわたって健康心理学者や他の社会科学者にとって重要な問題であった。確かにこの領域では，行動の予測因に関し，当初様々な異なる結果と明らかな矛盾がみられた。しかし，1950年代にアメリカの社会心理学者のグループが，健康に関する意志決定の態度に基づくモデル，すなわち健康信念モデル（Health Belief Model: HBM）（Becker et al., 1977; Conner and Norman, 1994; Janz and Beker, 1984; Sheeran and Abraham, 1996）を開発することによって健康行動の研究を統合しようとした。

HBMは，Kurt Lewinの「場理論」および動機づけと行動に対する期待-価値アプローチから発展した（3章参照）。Lewinの現象学的な視点では，行動は個人の特性と環境によって決定されることを主張している。

Lewinの場理論では，私たちは肯定的な価値と否定的な価値の範疇における「生活空間」の中におり，それらによって接近したり回避したりするとされる。疾病は否定的な価値の範疇であり，それゆえ私たちは常にそれを避けるように動機づけられており，これがHBMの中心的な考え方を形成している。

HBMは，もともと予防的ヘルスケア行動の採択率や継続率の低さに鑑み，健康行動を予測するために考案された。Becker et al.（1977）は，HBMは以下の主な4つの理由のために体系化された枠組みとして用いられると述べている。

- HBMは，修正可能な潜在的な変数を有している。
- HBMは，適切な心理学的な理論を背景に考案されている。
- HBMは最初，予防的な健康行動を説明するために発展してきたが，「病気-役割」行動や「疾病」行動の説明にもうまく適用されてきた。「病気-役割」行動は，疾病の性質や程度に関する助言あるいは援助の探索と関連している。
- HBMは他の健康行動モデルと一致している。

HBMは運動を含む広く様々な健康行動に応用されてきた。事実，Rosenstockは「このモデルは，30年以上にわたって健康行動を説明するために最も有力で，広く用いられてきた心理社会的アプローチの1つである」と述べている（Rosen-

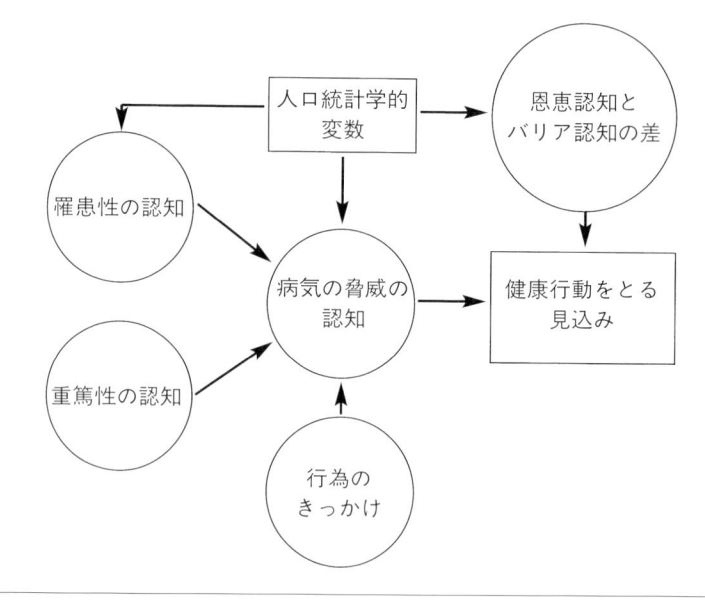

図 5-3　健康信念モデルの簡易版

stock, 1990: 39)。このモデルでは，以下のような場合，人々は（予防的）健康行動を行わないであろうと仮定している。

- 彼らが健康に対する最低限の動機づけと知識をもっていない。
- 自身を潜在的に脆弱であると見積もっていない。
- その状況を脅威として考えていない。
- 「治療」のエフィカシーを確信していない。
- 行動を行うことを困難と感じている。

これらの要因は，メディアキャンペーン，あるいは親友や親族の疾病のような「行為のきっかけ」と社会経済的・人口統計学的要因によって変容させることができる。HBM を図 5-3 に示した。

ほとんどの HBM 研究が，疾病，病気-役割，あるいは予防的行動に関するものである。Rosenstock は，「このモデルがはっきりとした回避志向性を有していることは注目すべきである」と述べており (Rosenstock, 1974: 333)，少なくとも初期においては診察へ行くような単一の行動に関するものであった。したがって，修正なしに運動や身体活動にこのモデルが応用できるかどうかはまだ疑問であり，後で議論されるであろう。

HBM を用いた体系的な研究の 10 年後の 1984 年に，最新の方法を用いたレビュー論文が公表された (Janz and Becker, 1984)。そこでは，「HBM は，ヘルスケアやメディカルケアの奨励を受け入れることを説明，予測するための主要な体系的枠組みとなり続けている」と報告された (Janz and Becker, 1984: 1)。彼らは以下のように結論づけている。

- 40 以上の研究によって HBM は本質的に支持されている。
- HBM は，最も広く研究された健康関連行動のモデルである。
- 「バリア感」は一貫して最も強力な予測因である。
- 罹患性と関連した信念は，予防的健康行動においてより重要になる。
- 行動による恩恵の信念は，病気—役割と病気行動において，より重要であると考えられる。
- 測定尺度は様々であるにも関わらず，HBM は広く様々な場面において，また多様な研究手法によって現在もなお適用されている。

この楽観的な見方があるにもかかわらず，Harrison, Mullen, and Green（1992）はJanz and Becker（1984）よりもきわめて厳しい基準で成人を対象にメタ分析を用いてHBMの検証をさらに行った。Harrison et al.は，行動的な従属変数がないもの，同じ研究の中で罹患性，重篤性，恩恵，負担の4つの次元を測定していないもの，そして尺度の信頼性に関する情報がないものなどの基準で147の研究のうち16の研究を除くすべてを除外した。全体的に，モデルの4つの次元すべてで，小さいながらも有意な効果サイズがみられたが，その効果サイズは次元によって大きく異なった。また彼らは，前向き研究の効果サイズは後ろ向き研究よりも有意に小さく，したがってHBMに対する支持をさらに弱いものにしていると報告している。

健康信念モデルと運動研究

HBMは，疾病回避志向性に関するモデルであるにもかかわらず，運動行動を研究するための枠組みとして用いられてきた。Lindsay-Reid and Osborn（1980）は，座位中心のカナダ人男性消防士124名を対象に前向き研究デザインを用いて，健康信念を運動プログラム参加前と6ヵ月後に測定した。その結果，運動実施者は非運動実施者よりも心臓疾患のリスクと疾病の可能性の知覚が有意に低かった。この結果は，HBMに反し，運動プログラムを継続している人は，冠状動脈心疾患（CHD）や一般的な疾病の罹患性の減少に関する信念を持つ傾向にあることを示している。したがって，この対象者では，疾病の可能性に関する感覚は，身体活動の採択・維持に対する動機づけにはなっていなかった。

この前向き研究の結果は，私たちが行った横断的後ろ向き研究でも支持されている（Biddle and Ashford, 1988）。433名の成人を対象とした第一次研究では，非運動実施者は運動実施者に比べ，一般的疾患と心臓疾患-健康に対する脆弱性により強い知覚を示した。468名の成人における第二次研究でも，同様の結果がみられた。特に，運動に対する意図，重要性および恩恵が高く，また運動の統制に対する強い信念をもつ運動実施者は，過去において活動的であり，他の健康習慣をより改善していた。非運動実施者は一般的な健康の脆弱性に対する知覚が高かった。

これらの2つの結果は，HBMで予測するとき，疾病-健康に対する脆弱性の知覚は肯定的な健康行動よりも，むしろ不活動と関係していることを示唆している。これは，運動が「健康なとき」に行われるものであり，いくつかの運動は，特にあるグループにとって有害になるという考えによるものかもしれない。

Olson and Zanna（1982）によって行われた運動アドヒアランスの包括的な社会心理学的研究には健康信念の測定が含まれている。この研究では，特に，カナダのトロントにある4つのフィットネスクラブの新規会員60名に対し，3ヵ月にわたって調査が行われた。健康信念を測定するためにHBMが用いられた。罹患性，重篤性および予防的運動のセルフエフィカシーが，心臓，肺，血圧および肥満の4つの健康「問題」について，それぞれ評価された。Olson and Zannaは運動実施者（「定期的な出席者」）が他の人よりも（クラブに参加しているとき）心臓や血圧および呼吸器系の問題を罹患しやすいと考えていないことを見出した。これらは，Lindsay-Reid and Osborn（1980）やBiddle and Ashford（1988）と同様に，HBMと一致していない。しかし，男性の継続者は非継続者よりも心臓，肺および肥満と関連した問題に対しより高い罹患性を示し，一方，女性の継続者では非継続者よりもこれらの健康問題に対しより低い罹患性を示していた。

健康信念モデル：結論と批判

ここで提示された運動とHBMに関する研究成果から，Janz and Becker（1984）の楽観的な結論やHarrison et al.（1992）のメタ分析で報告された低いながらも有意な効果サイズが運動行動では必ずしも当てはまらないということは明らかである。バリアのような独自の変数はいくつかの運動行動と関連しているかもしれないが，全体としてこのモデルは身体活動や運動の採択や維持の予測に比較的に成功していない。実際に，HBMからの運動への不参加の予測に関し，信念に対す

る多くの支持があると主張されている。

　HBM の一般的，機能的な主張についてはほとんど疑いの余地はない。しかし，HBM やそれに関連した研究，特に運動場面における適用に関し，多くの点で批判がある（Godin, 1994; Sonstroem, 1988; Stroebe and Stroebe, 1995; Wallston and Wallston, 1985）。

　まずはじめに，モデルの全体的な性質を問題としなければならない。それは１つのモデルであるのか，あるいは単に個人の変数の寄せ集めたものであるのか。実際に，潜在的変数がきわめて広範であるために，そのモデルが検証できないことが主張されている（Wallston and Wallston, 1985）。同様に，変数間にどんな関係性が存在するのか，またモデルの変数をどのように検証するべきなのか。いくつかの研究では，変数を直線的な組み合わせで検証しており，一方，他の研究では交互作用を検証している。加えて，Harrison et al.(1992) のメタ分析では個人の変数のみの効果を検証している。

　つぎに，変数の操作や用いられる測定ツールにおいて一貫性が欠けていることである。Janz and Becker（1984）は，異なった測定尺度から得られた結果がモデルの妥当性を高めていることを指摘しているが，それが研究間の比較を困難にしている。実際に，Harrison et al. (1992) は，測定上の問題や研究の中で提示される情報が欠けているために，きわめて多くの研究をメタ分析から除外している。最近の心理測定学的な発展によって運動の恩恵，結果，そしてバリアの測定尺度が作成されている（Sechrist et al., 1987; Steinhardt and Dishman, 1989）。しかし，それらの尺度は HBM を直接的に評価するツールとして開発されていない。

　その他の批判は，健康（King, 1982）や運動（Lindsay-Reid and Osborn, 1980）において，いくつかの前向き研究が存在するものの，多くの研究が健康信念を後ろ向きに測定していることである。必然的に，後ろ向き研究では，信念と行動における時間的な関係性の決定がうまくいかない。Harrison et al. (1992) は，メタ分析を用いた前向きな健康研究では弱い効果しか見出していないのである。

　運動研究における HBM に関連した１つの問題は，このモデルがクリニックへの通院のような特定の疾病-回避行動を予測するために開発されたことである。多くのそのような行動は単一の行動であり，健康の専門家によってしばしば支持されている。一方，運動は複雑な行動であり，それは少なくとも継続が関係している場合には，単一の行動というよりも進行中のプロセスである。たとえば，運動には多くの場合，採択，維持，中断および再開のステージが含まれる。同様に，運動を採択し，継続する動機は多様なものであり，健康増進や疾病回避の動機が含まれないかもしれない。ここで提示された研究成果は，モデルの疾病-回避志向性が運動行動の説明や予測のために適切でないことを示唆している。しかし，健康行動としての運動や身体活動の認識を増加させることや，ホームドクター主導の「処方箋としての運動」計画（Fox et al., 1997; Taylor, 1999）のようなプロモーション計画において，それ自体を明示することは，HBM が運動や身体活動のいくつかの文脈では適切な枠組みであることを意味しているかもしれない。

　HBM の一部，あるいは少なくとも信念は，運動行動に関する様々なモデルの中に残っているかもしれない。HBM は，その歴史的重要性は過小評価されるべきではないが，運動の予測にはまったく適切でないかもしれない。しかし，運動行動を予測するために既存の HBM を修正した事例もある。たとえば，長期的な行動変容や維持を含む健康行動の予測において，セルフエフィカシー信念を取り入れることは必要であるかもしれない。この点に関しては HBM の研究者らによって認められてきたことである（Rosenstock, 1990）。

　幾人かの研究者らは，運動の研究のための修正モデルを提案している。しかし，Noland and Feldman（1984; 1985）の「運動行動モデル」(EBM) は証明できていないし，もし運動研究者らが運動の意志決定における健康信念の役割に関心を持っているなら，おそらく彼らは HBM をさらに修正しているであろう。

プロテクション動機づけ理論

TRA/TPB や HBM と少し似たモデルとして，Rogers の「プロテクション動機づけ理論（Protection Motivation Theory: PMT）」(Rogers, 1983) がある。これもまた，期待―価値の原理に基づく認知モデルであり，健康行動変容における「恐怖アピール」の効果の説明として独自に開発されたものである。「健康の脅威」は，モデルが実際に健康意志決定の1つであるとき，よりよい用語となるかもしれないといわれている（Wurtele and Maddux, 1987）。図5-4に示された認知的評価のメカニズムから健康行動意図（「予防動機」）は予測される（Boer and Seydel, 1996）。

このモデルを支持する研究も報告されている（Rippetoe and Rogers, 1987）。同様に，Prentice-Dunn and Rogers（1986）は，PMT と HBM を比較し，PMT がいくつかの点で有効であることを明らかにしている。まず，PMT はより体系的な枠組みを有しており，単に変数の集まりであるという批判を受けにくい。2つ目に，脅威とコーピングの認知的評価を区別していることが，人々が健康意志決定についてどのように考えるのかを明らかにするのに役立つ。3つ目に，PMT には他の研究において行動変容の強力な媒介変数となることが知られているセルフエフィカシーが含まれている（4章参照）。

私たちの知るかぎりでは，運動の文脈におけるほとんどの研究は PMT を間接的に検証したものであり，直接的に検証した研究は3つしかない（Godin, 1994を参照）。Stanley and Maddux (1986) は，アメリカ人の学部学生の運動行動の予測において，セルフエフィカシー理論とともに PMT を検証している。実験的なデザインを用いて，彼らは記述による説得的なコミュニケーションをとおした反応エフィカシー（結果予期）とセルフエフィカシーの操作が運動に対する意図をうまく予測することを見出した。

Wurtele and Maddux (1987) は，160名の座位中心の学部学生に対し，運動を増加させるための説得的なアピール文を読ませた。そのアピール文は，重篤性，脆弱性，反応エフィカシーおよびセルフエフィカシーの4つの次元に沿ったものである。Bandura (1977) のセルフエフィカシー理論にならい，PMT では2種類のエフィカシーを用いている。「反応エフィカシー」は，反応が望ましい結果を生み出すことの信念であり，セルフエフィカシーは望ましい行動を開始，維持する個人の能力の信念である（Prentice-Dunn and Rogers, 1986を参照）。

Wurtele and Maddux (1987) は，脆弱性とセルフエフィカシーのみが，運動の予測因である行動意図を予測することを明らかにした。また，運

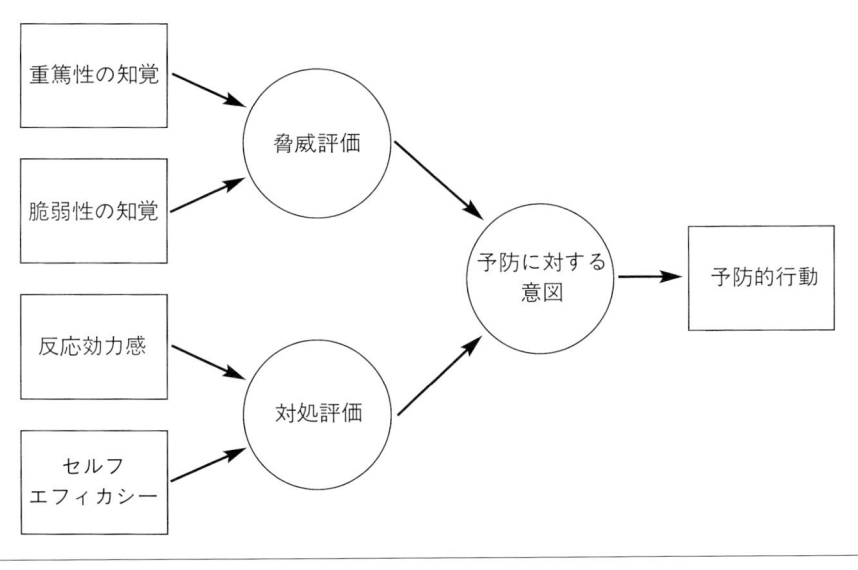

図5-4　予防動機理論の簡易版

動に対するセルフエフィカシーが高い者は，この研究での脆弱性を高める，あるいは反応エフィカシーを高める実験条件ではなかったが，運動に対する意図が高かった。これは行動変容におけるセルフエフィカシーの重要な役割を示している。脅威のアピールは，若い世代の参加者に影響を与えうるが，運動意図の変容には影響していないことが見出された。特に，運動への動機づけには，ある年齢では健康関連の信念を増加させることが含まれる（2章参照）。

Fruin, Pratt, and Owen（1991）は，オーストラリア人の成人を対象に，心臓疾患のリスクと運動の役割に関する信念について研究している。反応エフィカシー，反応コストおよびセルフエフィカシーは，問題とされる変数（たとえば，反応コスト）に関し，「高い（肯定的）」か「低い（否定的）」のどちらかの情報の短い文章を学生が受け取るという実験デザインの中で操作されている。その結果，高セルフエフィカシー条件の学生は行動意図が高く，低い反応エフィカシー条件の学生は強い無力感と諦めを示していた。ここでもまた，エフィカシー信念は運動の文脈において重要になることが示された。

Godin は以下のように結論づけている。

> 一般的に，説得的な脅威を導くメッセージは，参加者の行動を変容させるための意図を高めるのに効果的であるように思われる……したがって，PMT は運動行動の研究においてその有効性に限界がある。
> （Godin, 1994: 117）

報告された3つの研究の結果からだけでは，この結論は早計かもしれない。人は恐怖や健康の脅威に基づく身体活動の動機づけでは心地よく思わないかもしれないし，また PMT 研究の結果では，健康の脅威そのものよりもセルフエフィカシーの役割に対してより好意的であることが示されている。しかし，これまでの研究では，PMT が今後のさらなる研究を保証する身体活動の意志決定の重要な構成概念とプロセスに焦点を当てていることを示唆している。

他の意志決定理論

Kendzierski は，意志決定理論の観点から運動と態度の役割を研究している（Kendzierski, 1990a; Kendzierski and LaMastro, 1988）。特に，Edwards（1954）の「主観的期待効用（SEU）」理論と Kuhl（1985）の「行動統制」理論の観点に焦点を当てている。

SEU 理論では，運動の決定は運動，より厳密にいうと運動から生じる結果の有用性，あるいは価値に関する個人の信念に基づいてなされ，運動の結果が生じるであろうという可能性が参加を引き起こすことを示唆している。運動に参加するかどうか，あるいは参加する運動の種類は，最も「好意的な」価値と可能性による行動的な二者択一性によって決定される。興味深いことに，SEU 理論では行為の二者択一的な方向性を考慮しており，したがって運動研究に用いられるときは参加それ自体についての個人の信念と同様に，運動しないことについての信念にも焦点が当てられる（Smith and Biddle, 1999）。このアプローチは，運動研究においてはほとんど用いられていないが，身体活動の文脈においては重要であるかもしれない。たとえば，身体活動に対して好意的な態度や意図を持っている人でもなお，その行動を決して実行するには至らないような個人の優先順位の下の方に位置づけているかもしれない。つまり，私たちは運動が人々の全体的な価値構造のどこにあるのかを知る必要がある。このことは，「関心のステージ」の考えに近く，それによって私たちは意図を行動に移すための個人の準備性を明らかにすることができる。これは選択的に競争するような運動の重要性あるいは価値を反映しているかもしれない。

しかし，Kendzierski and LaMastro（1988）は，SEU 理論が運動（ウェイトトレーニング）の参加を予測するが，実際の継続は予測しないことを見出している。彼らは，SEU 理論が単純な選択の状況ではより有効であるかもしれないと結論づけている。一方で，運動アドヒアランスは複雑な行動のプロセスであると述べている。

Kendzierski（1990a）は，これらの流れに沿った研究をさらに行っている。特に，彼女は有酸素

運動の意図，採択および継続の予測において，SEU理論とKuhl (1985) の行動統制理論を調べた。Kuhlは，「行動統制は現在の意図を持続させるプロセスを示すために用いられるであろう」と述べている（Kuhl, 1985: 102）。

Kendzierski (1990a) は，人を行為志向型か状態志向型に分類するkuhlの「行動統制尺度」を用いて人々を評価している。行為志向型は，将来の行為に焦点を当て，計画する傾向を持つ人であり，一方，状態志向型は，将来のための計画がなく，現在や過去に焦点を当てている人のことである。Kendzierskiは，SEU理論が運動への意図を予測するが，継続は予測しないことを見出し，意志決定と決定の実行を区別することが重要であることを指摘している。行為志向型の人における意図と行動の相関はやや強く，Kuhlの理論をある程度支持した。しかし，Kuhlは状態志向型の人は統制の「カタスタティックの」状態（変化することを抑制している状態），あるいは統制の「メタスタティックの」状態（変化を引き起こしている状態）と関連した認知を持っているかもしれないと述べている。「人が統制のカタスタティックな状態にある限り，行為志向型の意図にするのは，統制のメタスタティックな状態にあるときよりも，より困難になるように思われる」（Kuhl, 1985: 102）。

後に，Kendzierski (1990a) は，運動の意志決定プロセスの理解を促すために，これらの意志決定アプローチに加えて，自己スキーマの研究のような他の方向性を提案している。これは4章でより詳細に議論されている。しかし，自己調整的なプランニングスキルは運動アドヒアランスのプロセスにおいて重要であるかもしれないため，行動統制理論は，運動における統制の知覚とプランニング方略の使用を研究するために有効な理論的観点であるかもしれない。

❖ まとめと結論

　　運動や身体活動の理解のための重要な領域が態度であることはほとんどの人々が賛同するであろう。しかし，動機づけ（2-4章参照）と同様に，このような包括的な概念で，私たちが行っていることのすべてを説明することはできないとしても，それは身体活動決定因の心理学における中心的関心として残っている。レビューされた研究間には明らかな概念的重複がみられるが，これはつぎの章でより詳細に議論されるであろう。

　　特に本章で私たちは以下のことを行った。

- 態度と態度の構成概念の要素を定義した。
- 身体活動に対する態度への初期の研究をレビューした。
- 運動に対する態度研究において最も一般的に用いられている2つの理論，すなわち合理的行為理論と計画的行動理論を適用した研究を要約した。
- 2つの意志決定アプローチを簡単に述べるとともに，Triandisの社会的行動理論，健康信念モデル，プロテクション動機づけ理論に関する態度研究へのアプローチを記述した。

以上の要約から私たちは以下のように結論づける。

- 初期の身体活動における態度研究は，主に記述的に行われており，KenyonのATPA尺度，または類似した一般化された尺度に焦点が当てられていた。ATPAは身体活動の目的のみを評価しており，行為を評価していない。つまり，行動に結びつ

く態度に重要な文脈的，あるいは時間的要素を評価していないのである。したがって，このアプローチは住民調査における記述的情報を抽出するために用いられるかもしれないが，身体活動への参加を予測するために用いるには限界がある。
- TRA は様々な場面や対象を通して，一貫して運動意図や行動を予測している。すなわち，態度は意図の分散のおよそ 37％を説明するが，主観的規範は意図とは関連が弱い。
- TPB は身体活動における TRA の予測的有用性を増加させるために提示された。すなわち，行動の統制感は意図の分散の 36％を説明する。
- TRA と TPB モデルは，認知的プロセスを通した意志決定に焦点が当てられているために制限されており，それらは本質的に安定的で一次元的アプローチであり，また意図からの身体活動の予測力はこれらの 2 変数間の測定期間によるかもしれない。
- しかし，TRA と TPB は，意図と参加に関連した変数と態度に関する運動心理学において最も成功的なアプローチである。すなわち，意図は身体活動の評価における分散のおよそ 30％を説明する。
- メタ分析的な結果では，HBM の主要な次元によって説明される健康行動の分散は少ないことが示されているが，健康信念モデルは健康意志決定の理解のために合理的で効果的な統合された社会心理的枠組みであることが示された。おそらく疾病-回避や「単一の」行動において HBM が不適切に強調されてきたために，身体活動場面におけるその有用性が示されなかった。
- プロテクション動機づけ理論は運動意図の予測に有効であるかもしれないが，最近のデータでは健康の脅威自体よりもエフィカシー信念の役割の方が支持されている。
- 主観的期待効用理論や行動統制理論のような他の意志決定アプローチは，運動や身体活動の決定因のさらなる理解が見込まれるが，データはほとんどない。SEU 理論では，身体活動の実施を妨げるかもしれない選択的な，あるいは競争的な行動に目を向けることが必要であることを示唆している。
- 主観的規範はあまり重要ではないが，態度は身体活動の重要な決定因である。もし適当な社会心理学的理論や手続きが適用されるならば，意図と行動は態度によって予測できる。そのため，データが他の方法で提示されるまで，TRA，または TPB は身体活動の予測のために奨励されている。

第6章

身体活動の理論・モデル

ステージ，局面，重複

好むと好まざるにかかわらず，変化は避けられない。

J. O. Prochaska, J. C. Norcross and C. C. DiClemente
(Change for good, 1994)

◆ 章の目的

本章の目的は，これまで論じられてきた身体活動の決定因に関する様々な理論的アプローチの間に存在する相違点と類似点を論じ，それらを「概念的に収束させた」呼称について検討することである。さらに，運動についての力動的な「過程」アプローチに関するモデルも考える。特に，本章では以下の点に焦点を当てている。

- 現代の運動心理学において重要とされている社会‐認知アプローチと期待‐価値アプローチの中で用いられている構成概念の重複と収束について論じる。
- 各理論で用いられている構成概念が，どの程度収束しているのか，理論同士を比較するべきなのか，研究で用いる際には類似の構成概念を統合すべきなのかを判断する。
- これらのモデルにおける変数を測定するための優れた手法の必要性について論じる。
- 最近の研究結果や変容プロセスを示しながら，広く知られている運動の意志決定に関する「変容ステージ」アプローチについて概説する。
- Sallis and Hovell (1990) が提唱する，運動の「ナチュラル・ヒストリー」モデルについて論じ，異なる局面において，どのような決定因が重要であるかを提案する。
- ライフスパン交互作用モデルについて記述し，身体活動および運動への参加に関連する複雑な要因の研究に関する包括的な枠組みをどのように提供すべきかを示す。

近年，運動および身体活動の決定因について多くの報告がなされている。これらの多くは，心理学的もしくは社会心理学的問題として位置づけられてきたが，本著では，以下のアプローチに沿って考えることにする。つまり，それらのアプローチとは，Rotter の社会的学習理論/統制の所在アプローチ，本能的動機づけ（認知的評価と自己決定理論を含む），帰属理論，目標展望理論，有能感動機づけ理論，運動自己スキーマ，セルフエフィカシー理論，合理的行為理論，および健康信念モデルなどである。これらの理論・モデルの分類法は正しいのだろうか。また，互いに類似したアプローチを統合してよいのだろうか。本章では，運動と身体活動の両研究分野のそれぞれに用いられている主要なアプローチの概念的収束に関する重要な問題について考える。もちろん，上記にあ

げたすべての理論を分析することはできないが，主な理論・モデルについてのみ触れることは可能である。特に概念的収束のみ触れるのであればより明白になる。そうすることにより，運動および身体活動に関する将来の研究において重要な構成概念を明確化することに役立つ。概念を収束させる試みは，運動心理学（Brawler, 1993; Maddux, 1993）および健康心理学（Mullen, Hersey and Iverson, 1987; Weinstein, 1993）の分野で行われる前に実施されたことがあり，読者にはそれらの書物を参考にすることを勧める。しかしながら，同時に，何名かの研究者は概念を収束させることに警鐘を鳴らしている。このことについては後述する。

また，1つの理論だけを背景にした一定期間の横断的調査により明らかにされる机上の結果を報告するのではなく，運動行動のステージや局面で述べられる運動の「過程」モデルについても考える。ここで議論される過程アプローチは，行動変容の「トランスセオレティカル・モデル」，「変容ステージ」アプローチ，Sallis and Hovell（1990）による運動の「ナチュラル・ヒストリー」モデル，および Dishman（1990）の「ライフスパン交互作用モデル」である。すべてのアプローチは，異なる経緯で発展してきたが，運動の意志決定や運動行動の異なる局面の複雑な過程について有益な洞察を与えてくれる。

身体活動の決定因への重要なアプローチの概念的収束

最初の指摘は，これまで重要であると見なされてきたすべての理論が，いくつかの利点を有しているという点である。本書では，その秀逸さを示すために理論を紹介するのではなく，身体活動に適用させるために焦点を当てる。留意しなければならない最も重要な問題は，優れた理論は，複雑な過程を明確に説明するための統合的枠組みを示している点である。構造化された運動や日常の身体活動をとおしての，活動的な生活の採択は，複雑な行動的現象であり，それらを理解するためには優れた理論的研究が必要である。前述したように，運動心理学における初期の研究の多くは，非理論的で，常識や直感に頼るところが大きかった。これはスタートとしてはよかったのだが，目覚ましい進展は，理論的アプローチを他分野から援用した場合，もしくは理論的アプローチを開発した場合にのみ見られた。特に，他分野から理論的アプローチを援用する方法はより一般的であった。

これまで論じられてきたいくつかのアプローチは，ほとんど構成概念を有していなかった。有していても，セルフエフィカシーや内発的動機づけのように，特異な成果指標に焦点を当てた概念や，運動自己スキーマのように，ただ運動の研究にだけ用いられ，全体を説明するには早計な（理論が飛躍した）ものしかなかった。運動の理論についての評価は，近年，多くの研究者により行われてきており，これらを表6-1にまとめた。しかしながら，表に掲載されているすべてのレビューが，理論間での概念的収束を行った明確な根拠を示しているわけではない。Brawley（1993），Maddux（1993）および Weinstein（1993）が，概念的収束については最もうまくまとめている。また，読者には，運動行動の研究に関する示唆に富む Rejeski（1992）の分析も参照することを薦める。

●理論間で検証するか，理論内で検証するか

複数の理論的アプローチの間を融合させることが強調されているにもかかわらず，アプローチ間の融合については保留すべきであると主張する研究者もいる。Dzewaltowski（1994）は，Bandura の社会的認知理論の立場を固持しており，研究は1つの理論的枠組みの中で行われるべきであると提案している。ある方略を理解することは，異なった理論における構成概念間の収束および判別的妥当性を確認することにもなる。一方，Dzewaltowski（1994: 1396）は以下のように述べている。

私がより効果的と考える方略は，構造化された理

表6-1 運動/健康に関する社会心理的理論のまとめ

著者	TRA	TPB	HBM	PMT	SET	TSB	LOC	その他
Sonstroem (1988)	✓		✓		✓		✓	Sonstroemの心理学的モデル；セルフエスティーム；主観的有能感
Biddle and Fox (1989)	✓		✓		✓		✓	
Rejeski (1992)	✓	(✓)	✓		✓	✓	✓	
Brawley (1993)	✓	✓			✓			
Rodgers and Brawley (1993)	✓	✓			✓			行動管理；大規模変化方略；社会的説得
Dishman (1993)	✓	✓	✓		✓	✓		予期価値決定理論；個人的投資理論；自己調整理論；対象過程理論；逆戻り防止モデル
Maddux (1993)	✓	✓	✓	✓	✓			習慣
Weistein[1] (1993)	✓		✓	✓				SEU
Godin (1994)	✓	✓	✓	✓	✓	✓		
Biddle (1994b)	✓	✓	✓		✓		✓	有能感および自己表現
Biddle (1995c)					✓			有能感動機づけ；帰属および達成目標；意志決定理論
Biddle (1997a)					✓			有能感動機づけ；目標予測理論；運動自己スキーマ；自己決定および内発的動機づけ

key:
✓ 理論的枠組みの中にある構成概念
(✓) 類似の形式にある構成概念

注：
運動よりもむしろ「健康」に言及しているが，議論されている理論間の共通性に注意を促している重要な研究である。

省略
TRA ：合理的行為理論
TPB ：計画的行動理論
HBM ：健康信念モデル
PMT ：プロテクション動機づけ理論
SET ：セルフエフィカシー理論
TSB ：社会行動理論
LOC ：統制の所在および Rotter の社会的学習理論

論内で，身体活動の理解に貢献する程度の大きさに基づき構成概念を評価することである。言い換えると，研究者は，身体活動を決定する過程を説明するために，既存の言語同士を比較するのではなく，共通する1つの有用言語を開発すべきである。

まず，理論的枠組みを明確にできるかどうか考えなければならない。たとえば，Dzewaltowskiは，確かに共通する1つの言語を確立する必要があると言っているが，私たちは，その言語が何なのかすら分かっていない。彼自身の研究でさえ，ある理論を他の理論と比較することを提案していたり（Dzewaltowski, Noble and Shaw, 1990），ある理論が他の理論に比べて優れていることを予測しているに過ぎない。多少は理解しやすくなるかもしれないが，この段階では，非常に多くの概念的な重複があるため，身体活動の決定因をよりよく理解するためには，構成概念やモデルの多様性を一緒に検証する必要がある。Dzewaltowski (1994) は，セルフエフィカシーを計画的行動理論と統合することに対して批判的である。しかし，すでに5章で論じたように，Ajzenが，計画

的行動理論を提唱する際に思い描いたものと比べて，主観的行動統制感の構成概念が，どの程度セルフエフィカシーと類似したものなのかさえ明らかにされていない。この理由によって，もし，セルフエフィカシーと主観的行動統制感がまったく異なるものであるならば，現在の概念的な混乱を解消するために，セルフエフィカシーを明確に定義し，主観的行動統制感を厳密に測定する必要がある。しかし，私見を述べると，この方法は，「リング・フェンス」理論やそれらの構成概念に沿って考えると，それほど賢明な方略ではない。

Dishman（1994b）は，理論間を比較する前に，モデル内の測度の重複を解消することが先であると主張しており，おそらく上記の立場に近い。さらに発展すれば，測度のさらなる洗練が必要となることは明白である。同時に，この過程の一部は，（正しく構成され，運用できると想定された）構成概念を検証することにより，達成することができる。Dishman は以下のように述べている。

心理的決定因の測度の数が増加することに伴い，ある程度の標準化が必要になってくる。測度および構成概念の妥当性の確認のために，結果予期に関連するいくつかの社会的認知変数と自己概念との違いを明らかにすることによって，さらに優れた判別力と構成概念の根拠を示す必要がある。

(Dishman, 1994: 1384)

●理論間の類似性の判断

理論間の関係を明確にするために，理論的枠組みに従うだけでは，いくつかの構成概念（合理的行為理論，計画的行動理論，健康信念モデル，プロテクション動機づけ理論，Triandis の社会的行動理論（モデル），およびセルフエフィカシー理論）を整理しているにすぎないと見なされるだろう。重複している構成概念についてまとめたものを表6-2に示した。

表6-2 にまとめているすべてのアプローチは，期待-価値/社会的認知アプローチである。成果の価値や重要性と同様に，行為やその結果に対する考え方の役割を強調している。さらに，社会認知

表6-2 運動行動および決定要因に関する6つの理論間の概念的収斂のまとめ

理論	意図	結果予期	結果価値	社会的規範	セルフエフィカシー	PBC	習慣/過去の行動	状況的きっかけ	主観的ボランタリティー/シビリティー
TRA	✓	✓	✓	✓					
TPB	✓	✓	✓	✓	(✓)	✓			
HBM		✓	(✓)	(✓)	(✓)			✓	✓
PMT	✓	✓	?	(✓)	✓	(✓)	✓	(✓)	✓
TSB	✓	(✓)	(✓)	(✓)			✓	(✓)	
SET		(✓)		(✓)	✓	(✓)	(✓)	(✓)	

key:
✓ 理論的枠組みの中にある構成概念
(✓) 類似の形式にある構成概念
? 操作的定義では明確にされていないが可能性はある
省略
TRA：合理的行為理論
TPB：計画的行動理論
HBM：健康信念モデル
PMT：プロテクション動機づけ理論
SET：セルフエフィカシー理論
TSB：社会行動理論
LOC：統制の所在および Rotter の社会的学習理論
注：
1．構成概念を説明したラベルは，オリジナルの理論の中で用いられたラベルと正確に対応しているとは限らない。理論間で比較するためにより一般化にしている。
2．セルフエフィカシー理論をこの表に入れるには，以下の2つの理由から問題がある。まず，運動分野におけるほとんどすべての研究が，Bandura の社会的認知理論の中の他の構成概念は試さず，セルフエフィカシーだけについてふれている。次に，ここで述べられている重複は一部であり，セルフエフィカシーの関連する要因の真の意味を理解してはじめて完成する。しかしながら，多くの人が，セルフエフィカシーは運動や身体活動の決定因研究における社会認知的変数として認識している。

的な主眼点は，他の人は何を考えているのか，自身の行動についての信念に対する考え方の役割を強調している。健康や運動に関するいくつかの社会認知的な理論の類似性を分析し，Maddux は「社会的認知理論によって作られた仮定として，これらの理論は，競合するものというよりは両立するものである」ことを強調した（Maddux, 1998: 119）。同様に，Brawley（1993）が行っている3つの理論（合理的行為理論，計画的行動理論，およびセルフエフィカシー理論）の分析は，これまでのレビュー（Dishman, 1990; Sallis and Howvell, 1990）で明らかにされた運動に関する19の決定因は3つの理論の中の変数と関連する可能性があると提案している。

表6-2に示されている理論に戻ると，その多くは，意図，結果予期，結果価値，社会的要因/規範，およびエフィカシーもしくは主観的統制感の役割を明確に扱っている。状況的手掛かり，もしくは主観的虚弱性/厳格性を直接扱っているものはほとんどない。興味深いことに，セルフエフィカシー理論は，結果価値の概念を含まない。Rejeski（1992）は，これを「奇妙な省略である」と述べている。もし，結果に価値を置いていないのであれば，なぜ高いセルフエフィカシーを有した者でさえ，運動を追求したがるのだろうか。しかしながら，Maddux（1993）は，セルフエフィカシーに結果価値を含めることは煩雑な結果を生むことになると述べている。同様に，結果価値の役割は，健康信念モデルの中でも述べられておらず，健康信念モデルでは結果期待だけが主観的恐怖を媒介し，考慮されているのである。プロテクション動機づけ理論の中では，価値について直接的に説明しているわけではないのだが，本質的報酬の役割を通じて結果価値を説明することが可能である。

● 統合モデルに向かうのか

これまでの議論から，近年の身体活動や運動の研究で用いられている様々な社会心理的アプローチの間には多くの重複が見られることがわかっており，将来の研究に向けて，主要な変数をまとめるべきであることが提案された。Muddux（1993）は，計画的行動理論をもとに，主要な変数を用いた統合的枠組みを提案している。

Muddux のモデルでは，運動行動は，意図，セルフエフィカシー，および行為の手掛かりによって直接的に決定されていると提唱している。意図は，新たな，もしくは現在の行動に対する態度，社会的規範，およびセルフエフィカシーにより規定される。現在，このモデルは，主観的な恩恵や損失の概念も含んでおり，行動を起こした場合と起こさなかった場合の両方を考えた後に行動の選択が行われるという主観的予期有用性理論の考えに近い。

同様に，Dishman（1994b）は，意志決定理論の構成要素間の関係を検証するためのモデルを提案している。このモデルでは，計画的行動理論，セルフエフィカシー，社会的認知理論，および予期理論を基に関係性を提案している。

構成概念の収束から「ステージ」モデルへ

運動や身体活動に適用されている主要な社会心理学的モデルにおける構成概念の収束を行った後のつぎのステップは，力動的な「ステージ」アプローチをまとめることである。構成概念やモデルの統合に関するこれまでの論議では，過程志向アプローチを用いる方向に向いている。たとえば，Muddux（1993）のモデルでは，いくつかの局面が存在すると提唱されている。Likewise and Dishman（1994a; 1994b）のパス・モデルでは，行動は色々な時間的局面の近位/遠位の次元が様々な認知やきっかけにより促進される意図によって予測されると提唱している。

人々の身体活動や運動への参加や中断についての理解を深めるためのステージ・アプローチを提唱している研究者もいる。Dishaman（1990）の発見的モデル（heuristic model）に加え，主に運動に関する2つの力動的ステージ・アプローチにまとめることができる。まず，トランスセオレティカル・モデル，もしくは「変容ステージ」アプ

ローチを論じる。これは，Sallis and Howbell (1990) の「ナチュラル・ヒストリー」の考えに沿っており，ステージごとの異なる決定因に関して説明している。Dishman (1990) の交互作用モデルも要点をまとめるために使われる。

●変容ステージと運動

喫煙者や心理療法を受けている人たちに対する行動変容の特徴を調べた研究において，問題行動からの回復や行動変容の達成は，ステージを移行しながら起こると唱えられている (Prochaska and Velicer, 1997; Prochaska, DiClemente and Norcross, 1992; Prochaska et al., 1994a; Prochaska et al., 1994b)。現在，この考え方は，運動行動にもうまく適用されており (Buxton, Wyse and Mercer, 1996; Ingledew, Markland, and Medley, 1998; Marcus et al., 1994; Marcus et al., 1992b; Marcus et al., 1992c)，自身で変化を試みる人でさえ，心理療法を受けている人と同様に，「変容ステージ」を通じて変化を起こしている。変容ステージ・アプローチは，元来，心理療法の分野で用いられていたが，現在は健康や運動の分野でも頻繁に用いられている。「トランスセオレティカル・モデル」という用語は，変容ステージを含む広い枠組みを述べた用語として用いられており，心理療法における多様な理論的システムを通じてプロセスとステージの変容を明らかにした Prochaska の初期の研究を参考に作られた。本章では，変容ステージと身体活動の関係をまとめ，11章において介入への適用についてまとめている。

運動に関するすべての研究に用いられているというわけではないが，以下のステージが明らかにされている。

- 前熟考ステージ：現在，運動を行っておらず，近い将来も運動を行う意志のない人を指す。米国における職場従業員（1,063名）を対象とした大規模調査でも，およそ8％の人がこのステージに含まれていた (Marcus at al., 1992b)。もし，身体活動水準の基準（たとえば，30分以上の中等度の強度の活動を週に5回）や特定の期間内（6ヵ月以内など）の意志に関して尋ねたならば，さらにパーセンテージが増加するかもしれない。また，「運動」の内容について定義せず，ただ単に「運動」という言葉を用いて質問した場合，オーストラリアの成人を対象とした大規模な調査（4,404名）では，12.7％の人が前熟考ステージに属すことが明らかにされている (Booth et al., 1993)。
- 熟考ステージ：現在は運動を行っていないが，近い将来運動を行う意志はある人を指す。Marcus at al. (1992b) は，21.1％の人がこのカテゴリーに含まれると報告しているが，Booth et al. (1993) の研究結果では9.6％であった。さらに23.3％の人は，「時折，運動を行い，さらにもっと運動を行おうと考えている者」として分類された。
- 準備ステージ：現在運動を行っているが，定期的ではない人 (Marcus and Owen, 1992: 6)，または，Prochaska and Marcus (1994) によれば，1ヵ月後に運動を行う意志のある人のステージを指す。このステージは，研究で常に用いられるわけではなく，突発的な出来事が起こった際には，逆戻りする可能性が高く，非常に不安定である。
- 実行ステージ：このステージは，運動を行っているが最近始めた人を指す。Prochaska and Marcus (1994) は，このステージも逆戻りを起こしやすく不安定であると述べている。Marcus et al.は，36.9％の人がこのステージに属すると報告している。
- 維持ステージ：このステージの人は，運動を行っており，少なくとも6ヵ月は継続している人を指す。Marcus et al. (1992b) の研究では，34％の人がこのステージに属している。オーストラリア人を対象とした Booth et al. (1993) の研究では，実行ステージと維持ステージを合わせて38.2％であった。
- 終了ステージ：このステージは運動に関しては用いられていないが，禁煙や飲酒などの分野では，ステージとして用いられており，維持ステージのうちの15-17％がこのステージに分類される。Prochaska and Marcus は，このステー

ジを「不健康行動へ逆戻りする誘惑もなく，誘惑を克服するセルフエフィカシーを100％有している状態」と定義している。
- **逆戻り**：運動の分野ではあまり検証されていないが，Sallis and Hovell（1990）のモデルでは常に用いられている。喫煙や飲酒の分野でのデータは存在するが，運動分野でのデータは少ない。しかしながら，Marcus and Simkin（1994）は，約15％の人がこのカテゴリーに属すると述べている。

68の研究（対象者68,580名）を基にメタ分析を行った結果では，14％が前熟考ステージ，16％が熟考ステージ，23％が準備ステージ，11％が実行ステージ，および36％が維持ステージであった（Marshall and Biddle, 2000）。

ステージは，あるステージからつぎのステージにおおむね直線的に移行すると予測されていた。しかし，変容ステージ・アプローチが頻繁に適用されている中毒行動の場合，ステージは，直線的ではなく，螺旋状に移行する。運動に関していえば，Marcus and Simkin（1994）は，維持ステージまですべて螺旋状に移行すると報告している。Prochaska et al.（1992）は，螺旋状の過程は，ミスや逆戻りから学びながら，行動変容を長期間継続させると述べている。しかしながら，この考えが安易に採用されているので，「螺旋状に移行したことにより恩恵を得た人とそのまま脱落した人を上手く分別するための研究を行う必要がある」と注意を促す意見もある（Prochaska et al., 1992: 1105）。

さらに最近，健康行動に関するステージ・モデルは強い批判を受けている。たとえば，Weinstein, Rothman and Sutton（1998）は，ステージ理論における定義の問題をあげた。それらは，ステージを定義するための分類システム，ステージの順番，同じステージの人が経験するバリア，異なったステージの人たちが直面する異なったバ

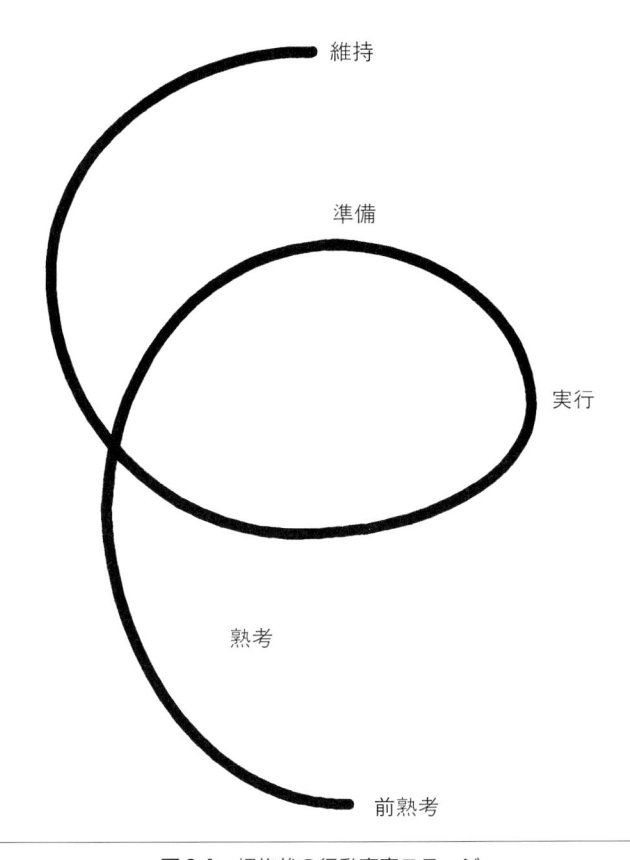

図6-1　螺旋状の行動変容ステージ

リアの問題である。ステージの過程が健康行動の変容に従っているかどうかを検証するには，横断的にステージ間の比較を行うだけでは限界がある。

　変容ステージと運動に関する研究はまだ始まったばかりである。しかし，大規模集団を対象にしたこの種の社会心理学的研究によって，変容ステージは研究と実践の両方を考慮した重要な構成概念であることを示す一貫した結果が示されている。変容ステージの適用に関して疑いを持たないMarcusやその共同研究者たちは，ステージの移行に伴うセルフエフィカシーの増加は，運動のレディネスの形成や主観的恩恵の増加，主観的負担の減少と関連があると報告している（Marcus and Owen, 1992）。主観的恩恵，主観的負担，および意志決定バランスは，変容ステージと一貫性を持っている（Marcu, Rakowski and Rossi, 1992）。さらに，変容ステージや変容プロセスを測定する尺度が発展し（Marcus et al., 1992b; Wyse et al., 1995），ステージを利用した介入が検討されている（Cardinal and Sachs, 1995; Marcus et al., 1992a）。

変容プロセスおよび介入

　これまで論じられてきた変容ステージは，行動変容の時間的経過に伴うパターンを参考にしている。変容プロセスを理解することにより，私たちは，なぜ，どのように時間的な移行が生じるのかについての見識を深めることができ，またそのことがステージを用いた介入の際には非常に役立つ。詳細については11章で述べる。

変容ステージについての結論と批評

　運動や身体活動を理解するためには，「レディネス」の異なったステージを有する力動的アプローチが適切であることは間違いない。他の健康行動への適用が可能であることが身体活動への適用も可能であるという確信を与えている。他の研究者と同様に，Marcusとその共同研究者は，3つの国において，異なった年齢の成人を対象とした運動への変容ステージの有用性を示した。この研究では，変容プロセスが提案され，変容ステージの考え方を介入に適用することによって介入が成功する可能性が高まることを示している。

　身体活動における変容ステージに関する研究レビューは，増加してはいるものの，まだ少ない。それらは，記述的な研究であったり，縦断的，もしくは横断的に，単にステージと変数間の関係を見ているに過ぎない。先行研究から得られる情報には限界があるものの，変容プロセスに利用でき，どのようにすれば最も効率的に人のステージが移行するかについて考える際に役立つ。具体的に，以下の限界が明らかになっている（Marus and Simkin, 1994）。

- 身体活動の測定の際，自己報告に基づいている研究が多い。
- ステージの定義や測定法に一貫性がない。
- 構造化された運動と日常の身体活動の両方のステージを検討する必要がある。
- ステージの移行に変容プロセスが効いているのかどうかについて検討するために，多くの介入を行う必要がある（Weinstein et al., 1998）。
- より多くの異なる母集団を用いることが重要である。

　ステージを分類する際に，ステージを操作的に定義することにより，いくつかの問題が起こる。たとえば，元来，前熟考ステージは一定基準の行動レベルに達しておらず，さらに6ヵ月以内に行動変容を起こすつもりもないという定義であった。しかし，多くの運動関連の研究では，前熟考ステージは「運動を行っておらず，その意志もない者」と定義している。身体活動に関する疫学的調査の結果と比べて，前熟考ステージの人数が少ないが，このように定義が厳密になっている（期間を限定しているなど）ことがその原因であると思われる。

●運動のナチュラル・ヒストリー・モデル

　運動行動やその決定因は複雑であり，様々な要因を加味した理論・モデルを用いなければ効率的に理解できないことは明白である。また，アドヒ

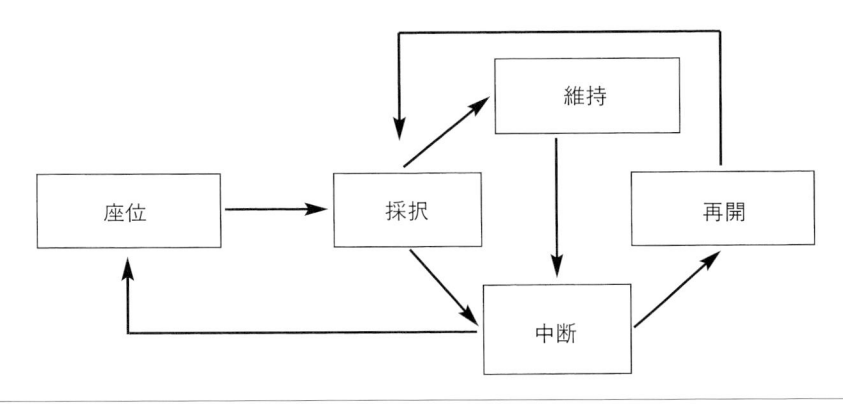

第6章　身体活動の理論・モデル　125

図6-2 Sallis and Hovell (1990) による運動のナチュラル・ヒストリー・モデル（Lippincott, Williams, and Wilkins の許可を得て，Sallis and Hovell (1990) が改変，「Determinants of exercise behavier」, Exeraise and Sport Sciences Reviers 18: 307-30.)

アランスと中断に関する初期の研究では，運動行動が時系列で変容していく一連の過程であるというよりは，「全か無か」の現象であるかのような誤った印象を与えていた（Sonstroem, 1988）（2章参照）。変容ステージの考えに従えば，人は，意志決定を行い，行動を起こし，行動変容のステージ間を移行する。しかし，それは，必ずしも直線的に移行するのではなく，ステージを上がったり下がったりしながら移行していく。

運動の決定因に関するレビューにおいて，Sallis and Hovell (1990) は，運動行動の過程を理解する上で非常に有用である「ナチュラル・ヒストリー」モデルを提唱している。図6-2が「ナチュラル・ヒストリー」モデルであり，3つの重要な局面の移行を示している。

・座位活動から運動の採択
・採択から維持もしくは中断
・中断から再開

私たちは，運動の採択の過程をあまり理解していないし，中断から運動が再開されることに関してはほとんど知らない。決定因に関する多くの研究は，維持と中断に関してはよく検討してきた。しかし，Sallis and Hovell (1990) も認めているように，このモデルでさえ簡略化しすぎている。「ナチュラル・ヒストリー」モデルを考える際には，以下の要因も考慮すべきである。

・「運動」には「程度」が存在する。たとえば，「座位」というのはいつのことを指すのであろうか。このモデルでは，より簡略化するために，運動を連続した現象と捉えず，「運動」と「座位」というように2つに分けている。ただし，今後の研究の課題として，行動およびその決定因は連続した時間の上に存在していることを考慮する必要がある。

・このモデルは，運動の力動的過程に焦点を当てている非常に簡便なモデルである。生涯を通じてみた場合，考慮しなければならない他の要因が存在する。たとえば，発達/ライフスパン・ステージ，社会一人口統計学的特徴，実際の活動の差異などを考慮する必要がある。今あげたすべての要因は，異なった作用をもたらす。実際に，私たちが，以前「ナチュラル・ヒストリー」モデルを用いたときに，決定因に関する主要な7通りの分類方法（たとえば，社会，環境，態度など），6つの発達期間，少なくとも5つの「ナチュラル・ヒストリー」モデルを基にした場合，少なくとも210通りの考え方が存在した（Biddle, 1992）。

・このモデルは，基本的に，構造化された運動を想定して作られているため，子どもには適用できない。子どもの身体活動は，構造化された活動（たとえば，スポーツなど）であると同時に，非構造的な遊びや移動などを含んでいる。さらに，子どもの場合，自分の意志以上に，社会的

な規範や親の影響を強く受けている。このモデルは，青年期以上であれば有効である。

決定因は運動の局面によって異なる

データは十分ではないが，私たちは，Sallis and Hovell のモデルにおいて，運動の局面によって決定因が異なると考えている。彼らが述べているように，移行場面によって決定因は異なるため，自分が検討している移行場面について慎重に定義しなければならない（Sallis and Hovell, 1990: 310）。前章で，決定因に関しては幅広く論じられているので，ここでは，「ナチュラル・ヒストリー」モデルにおけるそれぞれの局面や移行場面に最も強く影響を与えている要因について考える。便宜上，図 6-2 の中の用語を用いて以下のように定義する。

- 局面 1：座位から運動の採択への移行
- 局面 2：運動の維持
- 局面 3 と 4：運動の中断
- 局面 5：中断後の運動再開

運動の開始

Sallis and Hovell（1990）は，この局面に対しては悲観的である。彼らは，「なぜ人々が運動を始めるのかについてほとんどわかっていない」と結論づけている（Sallis and Hovell, 1990: 313）。もちろん，彼らの述べていることは正しく，採択の過程に関して研究は必要なのだが，通常は慢性心疾患の患者など，特定の対象者を研究者が作為的に選んで研究しているのが通常である。Sallis 自身の研究（Sallis et al., 1986）は，数少ない運動採択に関する大規模な研究であるが，自分自身でも理論的観点に欠けていると指摘している。しかしながら，彼らの研究の中で，セルフエフィカシー，知識，および態度は，中等度—高強度の運動の採択に関連があると報告している。態度やセルフエフィカシーに関しては，前章（4 章）で数多くの研究によりまとめられており，運動の採択を理解するために適している。同様に，運動の変容ステージに関する研究では，まだ運動を始めていない人は，運動に対する否定的な信念を強く持っていることから，熟考ステージの人のセルフエフィカシーは，実行・維持ステージの人のセルフエフィカシーよりも低いことが報告されている。

すでに彼らが述べているように，これらの問題を再検討する必要はないが，これらのアプローチはライフスタイル上の変化を採択させるための促進要因を述べている。さらに，幾人かの人々にとっては，健康信念モデルやプロテクション動機づけ理論にある健康的脆弱性や重篤度に関連する変数が重要となる。これらは，医療上，運動が必要な患者にとって，特に重要である。それゆえ，信念構造や主観的バリアの変化をねらった介入は成功するかもしれない。

ナチュラル・ヒストリー・モデルは，運動を扱ったものであり，ウォーキングや階段昇降といった日常の身体活動にどの程度適用できるかについては明らかにされていない。しかしながら，これらの日常の活動は，座位中心の生活から活動的になるための鍵を握っている。構造化された運動のバリアは，日常の身体活動のバリアよりも強力であるが，このことが，構造化された運動プログラムを行うよりも日常の身体活動を促進させるほうがより有用であるとはいえない。この問題に関しては，将来的に異なる方向に研究が進められるだろう。

運動の維持

運動を維持する局面の決定因に関しては，すでに明らかにされており，本書の中でも論じている。運動の採択に関する要因について考えるとき，心理的決定因において，2 つの重要な問題を考慮せねばならない。まず 1 つ目は，運動を行うことによる強化に関する問題であり，2 つ目は，自己調整の問題である。

運動の強化に関する問題は，Sallis and Hovell (1990) によって取り上げられている。彼らは，運動場面における強化と罰の役割，つまり学習理論に着目すべきということを指摘した。大規模な研究の結果では，中には運動依存や運動中毒を起こす人もいるが，全体的には，楽しみながら身体活動を行うことができない人が大多数存在することが示された（スポーツ団体，健康教育機関，

Box 6-1 日常生活の中で活動的になることが，運動を始めることにつながるのか？

　最近，私は，Andy Smith 博士と一緒にコンサルタントとして働いている。私たちは，地方自治体のレジャー部署から「レジャー/スポーツに関する3つのセンターは，なぜ，参加者を集めるのに苦労しているのか」についてのフィールド研究を行ってほしいという依頼を受けた。私たちは，調査の後，3つのセンターの長（つまり，地方自治体，研究者，およびコンサルタントの長）が，非公式に一日だけ話し合いを持つことが得策であると感じた。

　Smith 博士は，センターのスタッフの間で「参加者は自主的にセンターに来てくれるもの」と期待していること□□□□□□□□□□。彼は，「なぜ，領域を広げて，彼らに自分たちのサービスを□□□□□□□□□□□□□とえば，「職場まで自転車で行こう」というような，職場□□□□□□□□□□□□どでも行うことができる。私たちは，人を活動的にし，□□□□□□□□□□□□□することにつながるかもしれないと考えた。

　実は，私たちは，実□□□□□□□□□□□□□計をとったわけではなかった。活動的になって欲しいと□□□□□□□□□□□□ドバイスを行ったが，実際にスポーツ・センターにお客□□□□□□□□□□□□□確信はまったくなかった。「もし，センターでなくても他□□□□□□□□□□□□□□お客さんは来なくなるのではないか」という人もいた。□□□□□□□□□□□□□□や日々の生活の中では十分な活動量を満たせないという□□□□□□□□□□□□□□

　これは，いまた□□□□□□□□□□□□□□□体活動を推進することで，スポーツ/運動施設に人を向か□□□□□□□□□□□□□□□

　運動の採択に□□□□□□□□□□□□□□□□□その多くは，おおむね推測や予測に基づいたものである□□□□□□□□□□□□□□□フィカシー，ソーシャルサポート，および主観的バリア□□□□□□□□□□□□□□□ための重要な要因であることは十分納得できる。もち□□□□□□□□□□□□□□□ージから準備ステージに移行する際の重要な方略である□□□□□□□□□□□□□□□

1992；カナダ体力調査，1□□□□□□□□□□□□□□と述べているが（Sallis and Hovell, 1990: 320），

　そのため，運動から□□□□□□□□□□□□□運動による（一過性の）「気分の上昇や改善」効運動の維持・継続に□□□□□□□□□□□□果はすぐに感じることができるのも事実である。常，いわゆる「メン□□□□□□□□□□□□重要なことは，運動を行うことの報酬（恩恵）を恩恵は，運動の成果□□□□□□□□□□□□多く得られるように，運動プログラムを組み立てこなかった（このことに関しては，□□□□□□□ることである。これまで述べられてきたような詳しく述べる）。しかし，運動を維持するための「高強度，かつ長期の運動」による「生理学的な」決定因の視点から，運動継続のための強化子としメッセージは，継続に対して，それほど恩恵がなてのメンタルヘルスを検討すべきである。Sallis いのではないだろうか。
and Hovell は，高強度の運動を行うことによる　運動や身体活動の決定因に関する初期のレビュ罰（負担）は急激で顕著に現れる一方で，健康にーでは，この視点を支持していた。Dishman,
対する恩恵はゆっくりと遅れてしか出現してこな Sallis and Orenstein（1985: 166）は，「安寧や楽

しさに関する感情は，健康への恩恵以上に，活動の維持に重要である」と述べている。同様に，子どもの身体活動に関するレビューにおいて，身体活動を促進させるために運動の楽しさやコンピテンスを育てることの重要性が強調されている。

少なくとも何人かは，心理的に好ましい成果を通じて強化された運動に加えて，自己制御の方法や技能を用いて運動の維持を高めた。変容ステージの理論では，実行ステージや維持ステージの人は，より好ましいプロス（恩恵）とコンズ（負担）のバランスを示しているといわれており（Prochaska, 1994），この意志決定の過程が，自己制御に基づく意識された運動である。同様に，いくつかのアドヒアランス研究においても，「継続か中断か」を分ける際に「自己動機づけ」が重要であることを示している（Dishman and Gettman, 1980）。自己動機づけは，目標設定やセルフモニタリングなどの自己統制の要素を含んでいる。セルフモニタリングや目標設定自体は，短期的な行動変容のために効果的な方略（Atkins et al., 1984; Juneau et al., 1987）としてよく見られる。運動場面における個人の行動変容介入は11章で詳述する。

運動の中断

中断に関する研究は，運動プログラムの参加者が完全にやめてしまったのか，それとも他所のプログラムに移っただけなのかについて考慮されていないものが多く，未だ議論の余地がある。「中断」という用語の定義は難しい。Gould and Petlichkoff (1988) は，若者のスポーツ参加に関するレビューの中で，完全に中断した子どもと，他のスポーツに興味が移ったためやめた子どもを区別した。両者を区別することは，運動に関する研究では必要なことである。

運動をやめることは，ライフサイクル上の様々な影響を受けた結果かもしれない。たとえば，Mihalik et al. (1989) は，18-50歳を対象とした研究で，最も身体活動と関わりが弱く，スポーツに参加していないのは，29-36歳の人々であることを明らかにした。これは，結婚，出産，および転職など，重要なライフイベントが，身体活動レベルに影響を与えることを示唆している。

「健康的」運動とは，高強度のものでなければ

Box 6-2 身体活動を促進させるガイドラインの設定：「科学的根拠」それとも「常識」？

1993年に，身体活動促進のためのガイドラインの設定のため，政府が推進する「国民の健康」の方略の一部として，イングランドで行われた「ムービング・オン」会議に出席した。科学的論証や議論の後，同意された重要事項の1つとして，「成人は，中等度の強度で，ほとんど毎日30分以上の運動を行うべきである」ことがあげられた。その「30分間の運動」が，1度にではなく，2回に分けて行ってもよいのかどうかで議論が起こった。30分が最適であることは科学的に根拠があるが，15分×2回でもよいかどうかについては根拠がない。しかし，私は，15分×2回でもかまわないと思っている。私は，Steven Blair議長に，「30分の運動を1回で行わなければならないという原則はおかしいと思う。これに従うと，私は，目標に達していないことになる。私は，毎日仕事場まで22分間歩いている（今は自転車だが）。しかも坂道を！（だから帰るときは20分しかかからないが）」と言った。Steveは，首相に手紙を書き，私にこのことについて特別な機会を与えてくれることに同意した。ここで最も重要なことは，「これら短時間の活動をカウントしない」ということがいかにナンセンスであるかということである。結果的には，現在では「最低15分以上の活動を合計して30分以上」というのが条件となっている。まさに，私の「常識」が「科学」を打ち負かしたのである。

ならないという考えはすでに行動科学的視点からは否定されている。さらに，高強度の運動は，楽しさがあり，利点も多いのだが，中断率を高めてしまう。運動強度の問題は，次の章でより詳しく述べる。

運動の再開

Sallis and Hovell は，中断後の運動再開の決定因に関する議論の中で，以下のように述べている。

> 運動のナチュラル・ヒストリーにおける局面は，理論家や研究者にこれまでまったく扱われてこなかった。つまり，中断した人が後に運動を再開することについては検証されてこなかったのである。このように，運動再開の決定因に関しての論文は存在しないが，この問題に関する研究は，運動プログラムに参加する人にも，そうでない一般の人にも必要である。　　　　　　（Sallis and Hovell, 1990: 315）

Sallis and Hovell の意見は，運動再開について衆目を集める契機となった。Mihalik et al. (1989) の行った，成人における各年齢別で見た身体活動の実施状況についての横断的研究が，この問題にやや関連した興味深いデータを示しているものの，いまだに一貫したデータは存在しない。しかしながら，私たちは，もう一度，その可能性について考えなければならない。他の健康分野において研究されている「逆戻り」の過程がヒントになる。

Marlatt (1985) は，過度の飲酒やニコチン中毒のような中毒行動や不健康行動を停止する際のアドヒアランスの低さを説明するために「逆戻り予防」モデルを提唱した。Marlatt は，「逆戻り」を「人たちが目的行動の変容・修正に失敗し，後退すること」と定義した（Marlatt, 1985: 3）。

逆戻り予防モデルと同様に，この定義は，運動再開を分析する際の出発点を示しているのだが，完全に納得できるものではない。たとえば，Knapp (1988) は，中毒行動を消去する過程においては，逆戻りは頻繁に起こるが，運動など望ましい行動を促進させる過程においては，それほど起こらないと述べている。ただ，逆戻り予防モデルは，よりよいモデルが提唱されるまでは，運動再開の要因を明らかにするための機能的なモデルであるといえる。運動用に改良された Marlatt のモデルを図 6-3 に示した。

運動の中断場面におけるリスク状況の出発点を図 6-3 に示した。リスク状況とは，座位中心の生活へ「逆戻り」する可能性のある自己コントロールへの脅威（恐怖）がある場面である。中毒行動

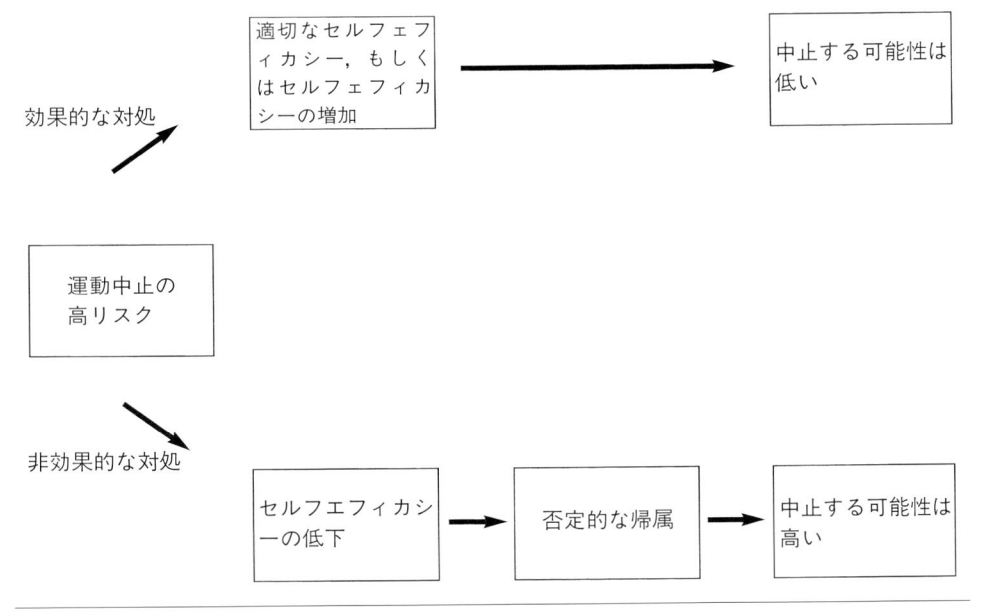

図 6-3　逆戻り防止モデルの運動への適用

の場合，Marlattは，個人内の葛藤，否定的感情状態，社会的プレッシャーの3つを基本的な高リスク状況として設定している。もちろん，後者2つは，不活動の予測因でもある。これらのリスク状況が逆戻りを引き起こすかどうかは，個人内の対処能力と反応に依存している。不活動を引き起こすリスク状況は，運動する時間がないと思わせるような，過剰な仕事上のプレッシャーかもしれない。逆戻りの可能性は，運動に関するセルフエフィカシーと同様に，時間管理能力などの対処反応の適切さと関連している。対処反応が不適切であることが，運動のセルフエフィカシーを減少させ，運動しないことによる結果の予期を鈍らせることもある。薬物使用の場合，これは薬物の快の効果が顕著な時として明らかにされている。運動の場合，これは，激しい運動を終えた後の休憩時に心地よさとして現れる。「禁欲違反効果」はここから引き起こされ，個人が，罪の意識や自責の念を示す場面で，逆戻りを引き起こす属性に依存する。たとえば，否定的な性格，無気力な感情，およびコントロール感の欠如は，逆戻りの可能性を増大させる。

示されているモデル自体は，運動に関する限り推測に過ぎないが，運動研究の分野において，逆戻り予防はうまく適用されている。King and Frederiksen（1984）は，ソーシャルサポートも併用して，このモデルを適用し，少人数ではあるが，座位中心であった女子学生にジョギングの習慣を身につけさせている。さらに，逆戻りモデルは，セルフエフィカシーを中軸に据えた他の運動の決定因に関する研究においても一貫した結果を示している。また，逆戻りや中断の属性は，逆戻りに関する動機づけの欠如の強さを決定づける重要な要因である可能性がある。これら2つの心理的構成概念（逆戻りおよび中断）は，運動再開に関する研究において，これからも検討すべき課題である。しかしながら，すでに逆戻りについての研究分野では十分検討されている中毒行動と，運動行動の違いについてより詳細に検討することが望ましい。

運動のナチュラル・ヒストリーの局面における決定因に優先順位をつけることができるのか

運動のそれぞれの局面によって決定因が異なり，それぞれ違う決定因の役割に関して考えるとき，決定因に優先順位をつけたり，パターンに当てはめたりすることは可能なのだろうか。私たちは，以前それを試みたことがあるが，試験的なも

表6-3 運動および身体活動におけるステージ間の決定因

ステージ	前熟考・熟考	準備・実行・維持	逆戻り	
局面→要因/決定要因 （Biddle, 1992から）	採択	維持	中断	再開
態度	**	*	*	**
社会的規範	**	**	*	**
セルフエフィカシー/コントロール/有能感	***	***	***	***
性格/自己動機づけ	*	**	**	*
環境的	**	**	*	**
生物学的	*	**	***	
メンタルヘルス	*	***	***	**
自己制御能力	**	***	***	***
帰属	*	*	**	**
決定要因カテゴリー				
環境的	**	**	*	**
社会的	**	**	*	**
認知的	**	**	***	**
物理的	*	**	***	*

key：
* 影響を与えている可能性がある　** 影響を与えている　*** 強く影響を与えている
注：
局面：Sallis and Hovell（1990）の「ナチュラルヒストリー・モデル」に基づく

第6章 身体活動の理論・モデル　131

| 決定因 OR 関連要因 | 身体活動 | 集団セグメント |

心理学的
たとえば，動機づけ，自己知覚

生物行動的

たとえば，主観的疲労度，活動歴

社会-環境的

たとえば，教育，施設までのアクセス

人種，民族，性別，社会経済的状況，地位，教育レベル，年齢

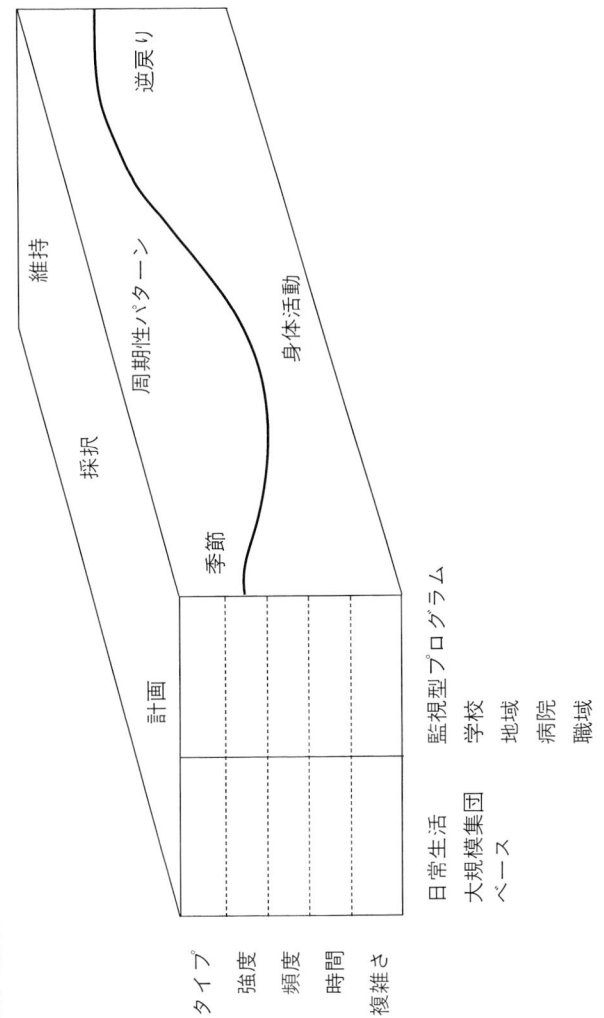

維持
採択
周期性パターン
逆戻り
季節
身体活動

タイプ
強度
頻度
時間
複雑さ

計画
監視型プログラム
学校
地域
病院
職域

日常生活
大規模集団
ベース

図6-4　Dishmanによるライフスパン交互作用モデル

のであったため，より詳細に証明する必要があると感じた（Biddle, 1992 を参照）。決定因を詳細に検討することは容易ではないが，検討すべき課題であり，大まかでも，運動の採択，維持，中断，および再開に関する最も重要な決定因を明らかにすべきである。その成果を，表 6-3 に示しており，それらは，Biddle（1992）が行ったものに修正を加えたものであるが，Sallis and Hovell（1990）が提唱した決定因の総合的カテゴリーも含んでいる。

●ライフスパン交互作用モデル

ここまで，2 つの「過程」モデルについて考えてきた。変容ステージ・アプローチは個人の意志決定におけるステージの観点から運動を捉えており，表意的なアプローチからの力動的モデルである。Sallis and Hovell のナチュラル・ヒストリー・モデル（1990）は，決定因に関する研究に，普遍的に適用できる運動参加への力動的プロセスを表すモデルである。最後のモデルとして，Dishaman and Dann（1990）により提唱されたライフスパン交互作用モデルを示し，運動行動について論じたい。このモデルを図 6-4 に示す。

このモデルは，運動や身体活動参加の過程を説明するというよりは，身体活動の多面的要因の特徴や，調査すべき要因を理解するために有用な総合的枠組みである。モデルの左部分は，決定因の 3 つのカテゴリー（心理的，生物行動的，および社会環境的）を強調している。真中の部分は，参加の局面，タイプ，頻度，および場所などの身体活動の特徴に関するものである。右の部分は，モデルの他の要因との相互作用に関する特別な問題や特徴をもった異なる対象者を強調している。

決定因に関する 3 つのカテゴリーはきわめて広域で，本書では簡単な心理的決定因のみを記述しているが，このモデルは他の要因に関しても有用な情報を与えてくれる。Sallis and Hovell（1990）は，環境的，社会的，認知的，生理的，および「その他の個人的」要因とカテゴリー分けしている。どの分類システムでも，決定因は多様であることを理解しておくことが重要である。しかしながら，私たちが複雑なモデルを試すことができる範囲については，議論の余地がある。Sallis and Hovell の分類法を見てみると，「末梢」と「中枢」の決定因を分類しており，運動の採択，維持，中断，および再開，すべての場面で使っており，非常に複雑なシステムである。それでも，身体活動/運動のプロセスの複雑さや，なぜ人は運動を行うかについての過剰に簡略化した結論への警告を Dishman（1990）は強調しようとしている。この理由により，ライフスパン交互作用モデルは，実証不可能かもしれないが，機能を一本化するのに有用である。

❖ まとめと結論

運動や身体活動の決定因に関する研究や理論はますます複雑になってきている。理論は，心理学や行動科学から援用したり，採用したり，開発しており，本書で行っているように，理論をまとめるだけでなく，理論間の概念を収束する必要がある。さらに，より力動的に，過程志向的に，運動行動にアプローチすべきである。

本章では，私たちは以下のことを行った。

- 運動や身体活動の参加を予測するために，運動心理学において用いられている重要な理論的枠組みの概念的収束について論じた。
- 既存のモデルだけ用いるよりも，より高い予測力のある統合モデルになるように，モデルの統合を考えた。
- 身体活動に関する意志決定を行う際の力動的変容プロセスやステージについての要約

および批判を行った。
- 運動における「ナチュラル・ヒストリー」モデルの概観およびモデルの異なる局面における決定因についての議論を行った。
- 運動や身体活動の決定因の複雑性を理解する有用な枠組みとして運動や身体活動のライフスパン交互作用モデルを記述した。

以上の要約から以下のように結論づける。

- 運動心理学における主要な理論的アプローチ間，特に社会-認知や期待-価値アプローチ間には，かなり多くの概念的収束があった。
- 大きな収束は「リング・フェンス理論」に従って行うべきである。
- 測定の問題は，収束を行う前に，解決しておく必要がある。
- 意志決定のための変容ステージ・アプローチは，運動や身体活動の決定因に関するモデルにとって重要な働きをする。
- 既存のステージやプロセスの測度は，もっと様々なサンプルで試し，妥当性を確認する必要がある。
- 変容ステージの研究は，横断的なステージ間の相違の記述だけではなく，さらに発展させる必要がある。
- 運動や身体活動の変容プロセスの適用が必要である。
- ナチュラル・ヒストリー・モデルは，運動行動の重要なステージを見極めるための有用な枠組みである。
- モデルの各局面において，どの決定因が重要であり，また重要でないかを知る必要がある。
- ライフスパン交互作用モデルは，運動や身体活動の参加を決定する複雑な交互作用を知る上で価値あるモデルである。

第7章

感じるものと私がいるところ

運動知覚と社会的環境

考えは一人の世界では意味をなさない。

J. R. Eiser
（態度，混沌，そしてコネクショニストの精神，1994）

◆ 章の目的

本章の目的は，人はどのようにして身体活動や運動による刺激を理解しているか，また集団で行う運動環境をどのように見ているかという問題に関係する概念について論じることにある。特につぎのことを目的としている。

- 運動心理学における生物行動学的問題の役割について論じる。
- 運動時の刺激に関する知覚と反応について考える。
- 運動における知覚処理の重要性と運動知覚に対する社会-心理生物学的アプローチの採択について注目する。
- 運動における社会的環境と関連した重要な問題に言及する。
- 運動を指導する際の問題とモデルについて論じる。
- 運動についての動機づけ発達の視点から，集団の風土の重要性を論じる。
- 身体活動を奨励する際の社会的および家族的支援の役割を考える。
- 運動集団形成，そして特に集団の凝集性と集団的な効力を取り扱った現在および近い将来の研究に注目する。

　本章はトピックスを寄せ集める作業をしているため，ここで述べられる様々な問題については，逆に混乱を与えるかもしれない。しかし，それぞれのトピックは，内容不十分な研究であったり，比較的簡単なコメントで済んだりするような研究ではなく，熟考を要するような動機づけと運動の決定因に関する重要な多くの問題を含んでいる。実際には，私たちは様々な概念で取り扱われる2種のテーマについて取り組んでみた。1つは，特に強化あるいは罰としての運動と，運動強度と努力に関連する運動知覚に関するものである。その中におけるいくつかのテーマは「生物行動学的」(Dishman, 1990) な問題として述べる。残り1つのテーマは，現在および将来において，多くの運動実践者が重要と位置づけるであろう運動に関する環境とグループ場面に関するものである。

運動知覚における生物行動学的問題

　このテキストの最初のほうで（2章参照），私たちは1980年代初期において提案された運動継続に関する「心理生物学的モデル」の詳述に，どの程度妥当性があるかという疑問を投げかけた。しかし，運動行動に影響を及ぼす心理学的要因と生物学的要因との相互作用に関する概念は適切なように思える。実際，6章で行ったSallis and Hovel（1990）のナチュラルヒストリーモデルに関する私たちの議論において，運動面の強化と罰に関連した様相が決定因であると結論づけた。そして，Sallis and Hovell自身がそのような学習理論のアプローチを強く提唱している。運動の決定因をレビューしている論文もまた，運動強度のような身体活動の様相が運動のアドヒアランスと関係しているかもしれないと見ている（Dishman and Sallis, 1994）。私たちは，学校の体育に関連する生物行動学的アプローチを支持することさえ可能である。嫌悪感がもたらす結果を教師が知らないとしても，私たちのアドバイス（Box 7-1参照）に反して，なぜ身体活動を行うことで報いられる結果と同じくらいの頻度で，運動は罰として用いられるのか。

　Hackfort（1994: 178）は，運動とメンタルヘルスに関する文献を批判的にレビューしている。彼はレビューの中で，「対象となる人―課題―環境をどのように関連づけるかという問題は，心理学的な見地から説明されなければならないだけでなく，意図的な行動に対する決定因としての知覚や評価といった主観的な現象からも説明が必要である」と述べている。要するに，運動には生物学的な要因が存在しているため，生物学的要因を明確に認識しているかどうかが，運動参加に影響を与えると思われる。そして，運動体験の知覚に影響を及ぼしそうな最も明白な身体的パラメーターは運動強度なのである。

●努力と強度の知覚と好み

　「努力感覚」（主観的運動強度（Rating of Perceived Exertion: RPE））は，Gunnar Borgの研究

Box 7-1　罰としての運動：

　運動教室で教えてきたあなた方はもちろんのこと，子どもを教育してきた人々は，運動を罰として使ってきたようだ。一方で，あなたが好むなら，動機づけを高めることを目的にも使うことができる。とはいえ，「以前はそうだったが，今はそんなことはしない。だから許して欲しい。」といった罪の意識を持つよりも，そのような状況を分析してみることが大切である。

　何年もの間，軍隊や学校のような場所では，運動は嫌悪を与える体験として用いられてきた。同時に，運動は私たちにとって好ましい活動であって，運動を奨励することが必要であるということも言われる。なんという矛盾であろう。もし一般の人たちに，クロスカントリー走とか腕立て伏せについて思うことを尋ねたならば，まったく否定的な回答が返ってくるに違いない。もし私たちが運動を奨励したいと願うなら，あたかも心理学者や運動を奨励する人たちのように，可能な限り肯定的で強化をもたらす運動を体験させるという理にかなった考えを持つ必要がある。これは，運動と苦痛/罰の関係を作り上げないようにしなければならないことを意味している。

　もしあなたが誰かを罰する必要が生じたが，一方で運動の利益をも信じているなら，運動以外の何か違った罰し方を試みなさい。そうすることが，心理学的な感覚からして正しいといえる。

と，彼によって開発されたRPEの評定尺度に採用されたことで注目を深めてきた。努力の評定は，努力の程度を最小から最大までの評価を言語的に報告するものであり，運動現場や実験室場面で用いられてきた。この努力評定は，運動の信頼しうる新陳代謝量指標として報告されてきた (Borg, 1998)。しかし，RPEと心理学的パラメーターとの間において，分散の約30％は説明されないままである (Dishman and Landy, 1988; Williams and Eston, 1989)。このことは，努力の知覚に関する心理的メカニズムを解明するには，さらなる研究が必要であることを示唆している。Rejeski and Thompson (1993: 18) は，心理的な要因がRPEに影響を与えることを示す研究 (Noble and Robertson, 1996; Robertson and Noble, 1997) からわかるように，RPEの構成要素の中の「生理学的指向のみの関連」には例外が含まれていると述べている。彼らの考えは，心理的メカニズムを研究する必要性を支持するものである。

Rejeskiは，自らRPEについてのより広範な心理学的見解を発展させている (Rejeski, 1981; 1985)。彼の1981年のレビューにおいて，激しい身体反応は筋反射と相似したものではなく，また厳密な精神生理学的パラダイムを導入する必要もないと強調している。むしろ，心理的傾向と社会的認知変数が，努力の主観的感覚において，重要な媒介メカニズムを構成していると述べている (Rejeski and Thompson, 1993; 18)。同様に，Dishman and Landy (1988: 314) は，運動耐性が日によって変動することは，心理的あるいは生物化学的変動として説明されるかもしれないとし，認知的および感情的変化がまた，そのような変動において主要な心理生物学的役割を果たしているという見解を示した。

それゆえ，運動知覚における認知的媒介の分野は重要である。パーソナリティ研究では，痛みに対する耐性は外向的な人が内向的な人よりも高いことが示されている。しかし，スポーツ種目の違いとか活動グループの違いで差は見られておらず，痛みと運動の選択，維持，あるいは再開の関係を検討した研究はない (O'Connor and Cook, 1999)。

自己表現の問題もまた運動行動に影響を及ぼすことが考えられる。たとえば，公の場面で自己意識が高い人は，より好ましい社会的イメージを表現する努力場面において，RPEを低く報告するかもしれない。Hardy, Hall and Prestholdt (1986) は，他人と一緒に運動を行った場合RPEが低くなることを見出している。これはまた，一緒に運動する相手が運動をコーチする立場であり，その相手が運動強度が低いという非言語的なサインを示したときに認められた。

性役割の知覚の違いに関する研究では，RPEにおいて個人差があることが報告されており，この結果は興味深い知見である。社会心理学者は，人が自分自身を説明するときに男性的，女性的，あるいは両者の混合といった特徴を述べることに着目し，それらの特徴を用いてしばしば個人差を測ろうとしてきた (Bem, 1974)。ジェンダーと関連した見地をもとに，両方の特徴が等しく強い人々は両性具有であると表し，柔軟な性役割行動の傾向を有し，本来の性役割に基づいたステレオタイプの行動傾向が少ないと考えられる。

Rejeskiと共同研究者は，この問題を運動強度との関係で研究した。Rejeskiは彼の努力知覚について研究し，社会的精神生理学モデルをもとに，運動への耐性が疲労や行動の社会的状況に関する過去の経験と関連している可能性を示した (Rejeski, 1981)。運動疲労の体験が限られている人たち，あるいは社会的に身体活動が抑制される状況にあった人たち（たとえば，運動は性役割として不適切なものとして見られる状況）は，努力を過度に辛いものとして評定することが示唆されている。この見解は，Hochstetler, Rejeski and Best (1985) によっても支持されている。彼らは，女性に最大酸素摂取量の70％強度でトレッドミル走を30分間行わせた。そして5分のインターバルの間に，RPEと多くの関連生理的変数を記録した。この実験では，性役割指向という心理測定の結果をもとに3群（男性的タイプ，女性的タイプ，両性具有的タイプ）が設定された。その結果，女性的傾向が強い女性は，他の2群に比して，RPEがより高いことが示された。また，女性的タイプのグループは，心配が多く自信が乏しかっ

た。いくつかの方法論的問題は存在するものの，これらのデータは社会心理学と運動強度に関する将来的研究に興味深い方向性を与えている。

Rejeski and Sanford（1984）は，女性的傾向の強い女性を対象に，自転車エルゴメータ課題遂行中のRPEを検討した。最大酸素摂取量80％強度でペダルこぎを女性に課し，同じように課題に参加したモデルのビデオを見せた。ここでのモデルは，運動に耐えられているかいないかという特徴のどちらかを示していた。結果は，耐性の低いモデルを見せられた人が高いRPE値を示した。すなわち，低い耐性のモデルを見せられた人たちは高いRPEを報告しており，この研究によって，再び運動強度の知覚に関する社会的手がかりの重要性が示された。

これらの研究は，運動処方とアドヒアランスについて，より幅広い研究テーマが存在していることを示している。生理的ガイドラインに厳密に従うかわりに，感情や認知要因（たとえば努力についての認知に加えて努力に対する好み）をも考慮することが適切かもしれない。Hardy and Rejeski（1989）が示唆するように，人が運動中に何を感じているかということに着目するのではなく，どのように感じるのかということが重要であるのかもしれない。言い換えれば，同様のRPEでも個人によって異なった意味づけがなされている可能性がある。

Hardy and Rejeski（1989）は，運動中の感情反応を評定するために「フィーリング・スケール」（feeling scale: FS）を用いた研究を報告している。その研究では，RPEとFSには適度な相関があった。しかし，運動強度についての感情と努力負荷の知覚は，作業負荷が増大するにつれて似た増加を示すものの，全体的には一致しているとはいえない結果であった。同様に，Parfitt, Markland and Holmes（1994）によると，身体的な活動に積極的な者は，そうでない者よりも，90％作業負荷の運動を激しく行った後には，FSでは肯定的な感情を示したが，60％負荷では明白な結果は見られなかった。

生理状態を主体にした最適な体力開発のためのガイドラインは，運動処方の分野で優勢を占めているが，行動学的視点で見直される必要もある。Dishmanは，「アドヒアランスおよび健康成果を高める運動の最適量は明確にされないままである」と示唆している。ただ，ある人にとって，柔軟性のない型どおりの処方は，行動的に見て無理な障害があるだけであり，生物学的にも必要とはされないかもしれない（Dishman, 1988a: 53）。そして，ヘルスプロモーションとしての運動という視点を導入すれば，さらに最適なレベルを求める課題が解決されるかもしれない。

運動の強度が変わることに対する運動実践者の反応は，最近までほとんど知られてこなかった。Steptoeと共同研究者は，この点について研究を進めている。私たちが運動の心理的結果をより詳しく考察する際に論議するが，Steptoeの結果は，アドヒアランスの生物行動学的問題を解明している（Steptoe and Bolton, 1988; Steptoe and Cox, 1988）。

Steptoe and Cox（1988）は，18歳から23歳までの女性の医学生を用いて，短期間の有酸素運動を実施した際の気分効果を検討した。この実験では4分間の運動が4回実施された。それぞれの参加者は，高強度（2 Kg/100 W）の状態で2回，低強度（0.5 Kg/25 W）で2回の運動をこなした。参加者はまた，運動に対する心拍数をもとに「高体力」あるいは「低体力」の2群に分けられた。気分はそれぞれの試行前後に評定された。その結果，運動強度は運動後の気分と関連することが示された。特に，高強度条件は，緊張─不安のレベルが上がったが，一方，低強度条件は活気および爽快さのレベルが高まった。これらの気分変化は，体力レベルの影響を受けてはいなかった。

この研究は，Steptoe and Bolton（1988）によって部分的に追試が行われている。女子学生を対象に，高強度（100W）と低強度（25W）の運動強度条件に分けて検討が行われ，自転車エルゴメータを使った15分の運動前後に気分状態が測定された。結果は，運動中の6分目と12分目に測定された不安が運動前よりも有意に減少することを示した。しかし，その結果は低強度条件に対してだけであった。高強度群は，気分状態プロフィール（Profile of Mood States: POMS）における緊

張―不安得点の増加が見出され，Steptoe and Cox（1988）の結果を支持した。

　これらの結果は，低強度の運動においてのみ，明らかに肯定的な気分変化が見られるということを示しており，運動アドヒアランスに対する重要な知見である。そして未熟な運動参加者の運動経験を注意深く見積もる必要があるという考えを強く支持するものである。Steptoe and Bolton はつぎのような言葉で結論を述べている。「即座に肯定的な気分反応を導く特殊なスケジュールを工夫することができ，それによって，最終的に，今よりも強度の高い運動を選んでもアドヒアランスは促進されるようなことが起こりうるかもしれない」（Steptoe and Bolton, 1988; 104-5.）。しかしながら注意しておくこともある。肯定的な影響が低い運動強度で注目される一方で，中等度および高度の運動強度群では時間をかけて回復した後には，肯定的な感情が報告されているのである。

●心理的反応のために，運動量―反応関係は存在するのか

　私たちはつぎに，運動アドヒアランスと決定因に関連する生物行動学的問題の議論に結論を出すために，心理学的見地から運動量―反応関係を考察してみたい。この関係はすでに Rejeski（1994）や Ekkekakis and Petruzzello（1999）によって可能な限り調べられているが，まだいくつかの問題を再検討する必要がある。

　本章の目的は，身体活動や運動における知覚の重要な役割について読者に注意してもらうところにあった。運動に対する生物学的なアプローチや問題を単純な要素に分けて理解しようとする還元主義的なアプローチではなかった。そして結果的に，様々な社会心理的問題が提起された。しかしながら，もし運動研究の生物学的データが運動量―反応関係を支持するならば，この場合もまた心理学的要因が関わってくるのではないだろうか。Rejeski は，「心理学的成果に関しては，一過性および長期にわたる運動の量を変化させることによって生じる効果を考慮しさえすれば，あらゆる明白な結論が得られるという考えは尚早である」

と結論づけている（Rejeski, 1994: 1052）。この結論は，これまで議論されてきた性役割知覚，自己表現，そして努力知覚のような問題と合致するように思われる。これらの問題は個人差に関する事柄であり，活動に対する生物学的事象と心理的および社会心理学的な相互作用を有していると考えられる。したがって，「生物-社会」的相互作用の観点から運動研究を行う必要がある。Rejeki は，つぎのように述べている。

　人々が運動を行うとき，そこには単純に身体を動かすということよりももっと複雑な要因が働いている。非常に多くの研究が示すように，運動トレーニングが与える社会的環境（たとえば，楽しみ，仲間からの援助，あるいは運動リーダーとの相互作用）は，活動それ自体と同じくらいに重要な心理社会的な結果である。

（Rejeski, 1994: 1053）

　そのため，運動に対する心理的反応を単純な運動量―反応の勾配に当てはめる試みはあまりにも簡単すぎるように思える。それよりはむしろ，運動行動や決定因における重要な社会心理的影響の研究を続ける必要がある。そこで，私たちはこれから，アドヒアランスや決定因についてのいくつかの重要な社会環境的問題を議論してみる。

社会的環境と運動

　非常に多くの構造化された運動が，運動教室とか公的施設のような社会的文脈の中で起こっている。結果的に，将来において，社会的環境要因が有する役割の解明は，私たちが運動決定因を理解することよりもさらに重要となるかもしれない。実際，すでに議論したように，自己表現の要因は運動刺激に対する個人的な知覚に影響すると見られてきた。また，フィットネス教室において一緒に運動を行っているという感覚の共有は，教室の指導者を含めた運動環境が果たす役割の重要性を支持する。

●運動リーダーシップ

　驚くことに，少なくとも研究的知見をもとにした運動リーダーの役割について書かれたものはほとんどない。しかし，運動場面では，指導者の存在はアドヒアランスにとって単一で最も影響力のある要因となりうる。

　Weber and Wertheim（1989）は，オーストラリアにおける地域の体育館の活動に新しく応募してきた人たちのアドヒアランス・パターンが，スタッフからどのような影響を受けるかについて研究を行った。運動施設にやってきた55名の女性がランダムに3群（統制群，ジム参加者のセルフモニタリング群，セルフモニタリングに加えてスタッフの注目も受ける群）に分けられた。12週間が過ぎると，参加者の数はセルフモニタリング群が最も多く，統制群が最も少なかった。セルフモニタリング＋スタッフ注目群の参加者は，統制群よりもわずかに多かった。ただし，その数は有意な差ではなかった。それゆえ，運動リーダーによる介入はセルフモニタリングほどには影響がなかった。健康関連の運動におけるリーダーシップ行動の有効性を見いだす試みは，スポーツを含む他の社会場面と同じくらいに成果はないと証明された。有効性が見出されなかった原因は，個人的要因と環境的要因の間に存在する複雑な交互作用にある。しかしながら，参加者が運動を続けられるように支援するためには，運動リーダーは確かに重要な存在である。

　運動リーダーに関する情報不足と比べて，スポーツ場面でのリーダーシップの役割の重要性はきわめてよく述べられてきたことである（Chelladurai, 1993）。最初はパーソナリティ・プロフィールをとおしたリーダーシップの「タイプ」を同定する試みがなされ，それが幾分思わしくない結果となった後，スポーツにおけるリーダーシップ研究は2種類の主要なアプローチが支持されてきた。最初は，Ronald Smith と Frank Smoll によって提唱されたもので，上手なコーチングと関連する一連の「普遍的」行動を提案する「状況」アプローチである（Carron and Hausenblas, 1998; Smith and Smoll, 1996; Smith, Smoll and Curtis, 1979）。このアプローチの特徴は，コーチングは訓練することで変容することができ，そして「コーチング行動評定システム（Coaching Behavior Assessment System: CBAS）」を通して観察可能であることである。CBASでは，通常は若者対象のスポーツ場面において，コーチの「反作用的」および「自発的な」行動をメモする観察者が存在する。

　スポーツ・リーダーシップに対する第2のアプローチは，Chelladurai（1993）によって提案された相互作用のある多次元のモデルである。このモデルは，状況的といえるリーダー行動に先立つもの，リーダー行動の異なった次元，現実的で選択的な行動，そして行動と満足の相互作用の結果からなる。図7-1にそのモデルを示した。

　Chelladurai のモデルにおける重要な点は，リーダーシップの中での様々な面を含んでいることである。実際のリーダーの行動だけでなく，状況に応じて要求される行動や，グループのメンバーによって好まれる行動を含んでいる。Chelladurai は「スポーツにおけるリーダーシップスケール（Leadership Scale for Sports: LSS）」を開発した。この尺度は，好まれるリーダーシップ行動を評定することを目的に開発された心理学的測定尺度であった（Chelladurai and Saleh, 1980）。この尺度は，運動に適用されてこなかったものの，運動文脈において個人の知覚や好みがアドヒアランスにとってきわめて重要であるかもしれないという考えをすでに含んでいた。少なくとも原理的には，LSSが運動に応用できることは明らかである。たとえば，LSSの尺度次元の1つに「トレーニングとインストラクション」がある。この次元では，運動遂行の改善を目的とした難しく厳しいトレーニングを課すコーチング行動について，人々がどのくらい好むかという評定に言及している。この評定によって，厳しいトレーニングを課す行動は，ある人々には適切であり望ましいものであるが，他の人々には嫌悪と評定されるという現象を理解することができる。LSSのもう1つの下位尺度は「ソーシャル・サポート」である。このスケールは，グループ・メンバーの福利や，グループ内の個人間の良い関係を作り出すことに

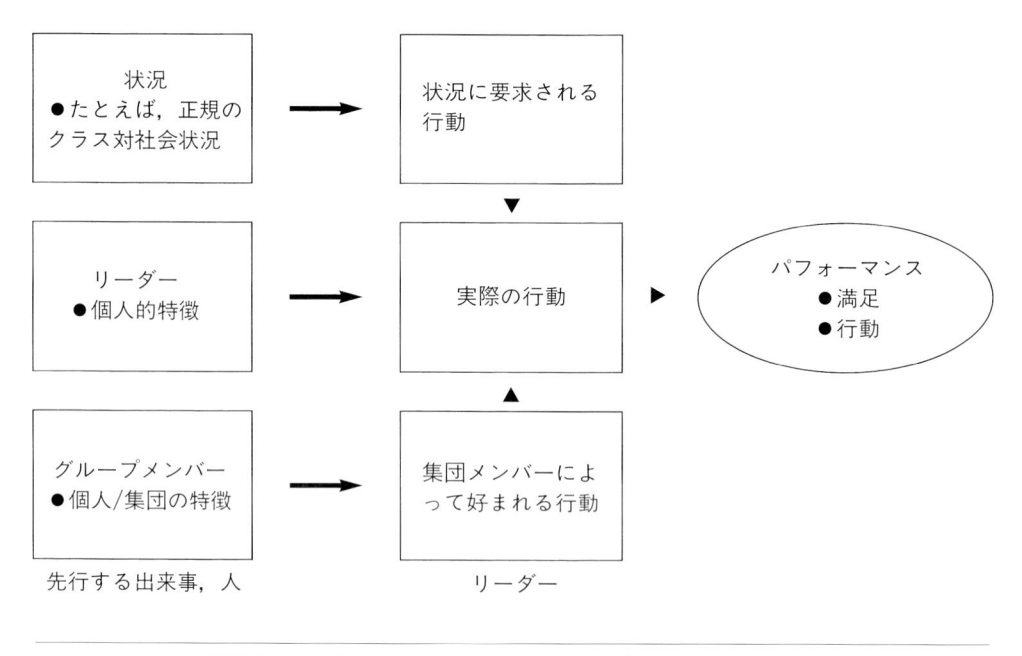

図7-1 Chelladuraiによるリーダーシップ多次元モデル改訂版

先行する出来事，人　　　リーダー

- 状況
  - たとえば，正規のクラス対社会状況
  → 状況に要求される行動

- リーダー
  - 個人的特徴
  → 実際の行動 → パフォーマンス
    - 満足
    - 行動

- グループメンバー
  - 個人/集団の特徴
  → 集団メンバーによって好まれる行動

関するコーチの行動を評定するものである。この下位尺度は，いくつかの運動教室にとって，非常に重要な要因となる可能性がある。

リーダーシップ理論を，スポーツから運動へと応用することは行き過ぎである。LSSのすべての下位尺度を運動に適用することには精密な調査が必要である。しかし，Chelladurai のモデルは出発点としては最適であるかもしれない。運動のリーダーシップの重要性は明白であり，将来の運動心理学研究における1つの要点となる（Carron, Hausenblas and Estabrooks, 1999）。

●集団の風土と運動への動機づけ

リーダーシップの問題と密接に関連しているものが，運動グループの中で作り出される風土，あるいは雰囲気である。4章で私たちは個人の成功知覚―目標指向―の役割を議論し，それが動機づけと関連していることを示した。同方向の研究は，個人が集団の風土を感じることに関する知見を見出してきた。この研究は教室の環境で始まった（Ames and Archer, 1988）。そして，スポーツや体育場面を含むまでに範囲を広げてきた（Biddle et al., 1995; Duda and Whitehead, 1998;

Ntoumanis and Biddle, 1999a; Papaioannou, 1995; Papaioannnou and Goudas, 1999）。しかし，成人の健康に関連した運動場面についてはほとんど述べられてこなかった。成人の健康に関する運動は，将来にとって重要な研究方向であるように思える。

個人の達成目標は，熟達/課題と自我/比較の要素として述べられてきた。「動機づけ的風土」についての知覚は「熟達」（課題解決に要するスキルの習得を意味する）あるいは「パフォーマンス」として分類されうる。熟達についての風土は，自己改善の程度が重要とされ，失敗は学習の一部として見なされ，賞賛は，実際の結果とは関連しないものの，激しく努力したことに与えられるグループメンバーからの知覚である。しかしながら，パフォーマンスに対する風土は，しばしば学生同士が競争しあい，通常は優れたパフォーマンスに対して賞賛が与えられ，そしてしばしば失敗を犯すことによって不安が強まる働きを持っている。

Biddle et al.（1995）と Papaioannou（1994）は，体育におけるクラス風土を測定する心理学的評価尺度の開発を行った。Papaioannou（1994）は，1,700名のギリシャ人生徒のデータを用いて

「体育授業における学習とパフォーマンスの指向をみる質問紙（Learning and performance orientations in PE classes questionnaire: LAPOPECQ）」を開発した。この研究は，体育授業の目標を評定した最初の試みであった。質問紙は学習（熟達）とパフォーマンスという2種の高次構成概念からなっており，下位尺度を設定することによって補強されている。

- 学習：「教師による学習の指向性」；「学生における学習の指向」。
- パフォーマンス：「学生の競争的指向」；「学生の失敗についての心配」；「努力をしないで得られる成果についての指向」。

私たちはこの質問紙をわずかだけ改訂し，4種の熟達と2種のパフォーマンスの下位尺度を含む質問紙を作成した（Biddle et al, 1995; Goudas and Biddle, 1994）。熟達の下位尺度は，「授業における熟達の指向」，「熟達の指向に対する教師による促進」，「学生の選択知覚」，そして「教師のサポート」であった。パフォーマンスの下位尺度は，「授業におけるパフォーマンス指向」と「失敗についての心配」であった。同様に，フランスでは質問紙の翻訳とさらなる構成概念開発がなされた。フランス版では，学習とパフォーマンス/比較の2種の高次構成概念から作成された（Biddle et al, 1995）。

Ames and Archer（1988）の学級研究において，学生が受ける授業での熟達目標の知覚は，その授業に向けた態度，挑戦的な課題に対する遂行量，そして効果的な学習戦略の使用との間に正の関係があった。反対に，パフォーマンスの風土についての知覚は，失敗を能力のなさに帰属させるような不適当な動機づけパターンと関連していた。同様に，バスケットボールチームの動機づけの雰囲気について，Seifriz, Duda and Chi（1992）の研究では，チーム・マスターが設定した目標のレベルは，本来よりも高いレベルに向かう動機づけとスポーツでの成功が懸命に努力した結果であるという信念に関連していた。英国（Goudas and Biddle, 1994）とギリシャ（Papaioannou, 1994）の体育の授業に関する研究では，運動に対する動機づけの高さは熟達を重視

Box 7-2　家庭医に運動を指示された患者のために正しい環境を作る

この10年間に，英国では，運動の仕方を指示する家庭医の数が莫大に増えている。私たちのうちの一人は，Ken Fox と Laurel Edmunds と一緒に（Fox et al., 1997），英国全土の家庭医が指示する運動方法を調査した。調査期間は1993年の後半と1994年の最初の数ヵ月であった。この調査では，電話と手紙による調査データに加えて，11の事例研究も行った。

いくつかの地域のスポーツ/レジャーセンターから得られたデータの1つに，通常はそのような設備を使うことはないが，ある集団には適正で必要な環境となる設備を用いて運動を行うという処方がなされていた。そこで，不必要と思われてきた設備の重要性に気づいたある施設のマネージャーは，新しい患者集団を収容するためのフィットネス・ルームの灯りや音楽を変えてみた。新しく来る人の体格に合わせて，自転車のシートを大きくするようなこともした。

この事例研究では，特定の集団にふさわしい動機づけの風土を作る必要があると気づき始めた施設マネージャーの実例が描かれている。さらに，患者自身とのインタビューを通して，特定集団の動機づけ風土を作ることが重要であることや，より高齢の患者集団がもし収容されるようなことがあるなら，施設が強調する「若者向けで軽快」といったイメージを変える必要も認められた。

する風土の知覚の程度と相関関係にあることが示された。同じように，子どもたちのグループにおける体育活動の分析によって，授業での熟達を重視する雰囲気は，直接的あるいは間接的に，本来個人が有する関心や将来の運動参加への希望に強い影響を与えることが示された (Biddle et al., 1995)。

私たちは，トラック競技とフィールドアスレチックを教える女子対象の授業において，異なった教授スタイルを用いた介入研究を行った (Goudas et al., 1995)。その結果，学生がより自由に選択し，熟達することを求める風土が強いスタイルで教えられた授業では，動機づけが一貫して高いことがわかった。それゆえ，グループと授業の風土を変化させるような介入が可能であり，そしてこのような操作介入は，将来の運動研究における研究手段となるはずである。

最近，すべての身体活動場面における雰囲気についての研究をメタ分析したところ，風土と肯定的な心理的成果（満足，本来有している動機づけ，肯定的な情動のような）および否定的な心理的成果（不安や退屈のような）の間に関連が認められた (Ntoumanis and Biddle, 1999a)。14の研究 ($n=4,484$) から全体的な効果を見ると，肯定的な成果としては熟達についての風土に対して高度な影響，否定的な成果ではパフォーマンスへの風土に中等度の影響，そして肯定的な結果におけるパフォーマンスへの風土と否定的な成果における熟達的風土に対して低度から中等度の効果が示された。それらの影響の大きさについては図7-2で示している。

要約すると，教育場面とスポーツ場面における集団の風土を検討した研究者たちによって得られた先例は，研究のための良い基盤を運動研究者たちに与えている。たまたま認識された体育授業の風土の重要性は，今や研究を通してさらに検証される必要がある。集団の運動設定場面として，運動に参加するように大規模に奨励する方法は，広範囲の地域の人々に対しては，必ずしも最良の方法ではない。しかし，少なくない人々にとっては重要な状況設定要因ともなる。運動を動機づける風土を研究する可能性を議論して，NtoumanisとBiddleはつぎのように述べている。

この分野の研究にとって，尺度を用いるとき，あるいは尺度を開発するときは，運動場面の文脈に特有の要素を含むべきである。その項目は，体力や身体的外観とも結びついた社会的規範に関係している。たとえば，運動の授業におけるインストラクションの仕方が，個人の体力改善を強めているかどう

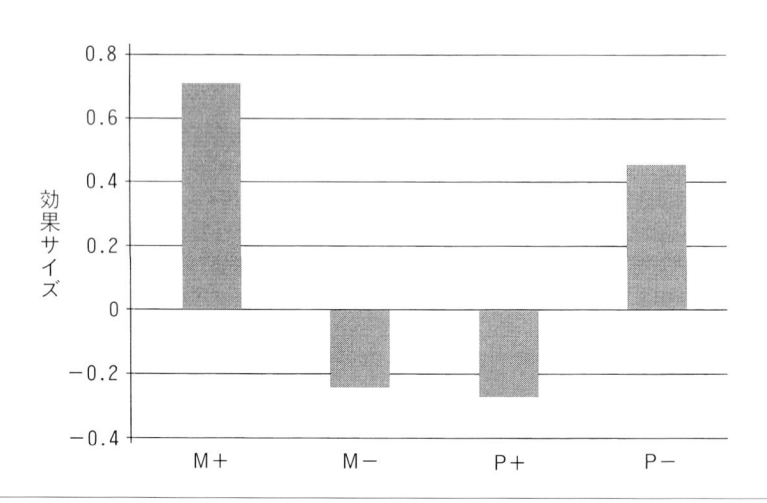

図7-2 身体活動における動機づけ風土に対するメタ分析の効果サイズ（熟達，パフォーマンスの風土・肯定的および否定的な心理的効果との間を示す）（Naumanis and Bidde, 1999a）
注：相関は，測度とサンプリングエラーを考慮して修正されている
key：M：熟達；P：パフォーマンスを重視する風土；＋：肯定的な心理的効果（たとえば，楽しみ）；－：否定的な心理的成果（たとえば，不安）

か，個人間の競争を促進させるかどうかといったことと関連している。

(Ntoumanis and Biddle, 1999a: 662)

●身体活動に対するソーシャル・サポートと家族のサポート

対人間の関係が弱い，あるいは一時的といったグループ環境の役割が重要であることに加えて，運動に関する社会心理学にとって重要な分野は強力なソーシャル・サポートの役割である。ソーシャル・サポートの役割もまた，運動場面では広く研究されてはきておらず，発展の余地が残されている。

健康心理学において，ソーシャル・サポートは研究対象とされており，ストレス・コントロールのように人の健康や安寧にとって有益であることが見出されてきた（Stroebe and Stroebe, 1995）。しかしながら，運動の決定因の観点からすると，私たちはソーシャル・サポートを動機づけを支援するものと定義しており，他の人の身体活動パターンが個人に与える社会的影響と見なしている。たとえば，Sheridan and admacher（1992: 156）は，ソーシャル・サポートを「他者との相互作用をとおして私たちに与えられる資源」と定義している。5章で態度理論について述べたが，合理的行為理論および計画的行動理論（これらは同じものではないが）における「主観的規範」の概念はソーシャル・サポートに似ている。

モデリングと大人からの激励

ソーシャル・サポートは，通常，情動的，情報的，そして物質的サポートの点から検討される（Stroebe and Stroebe, 1995; Taylor et al., 1994）。表7-1は，運動においてそれぞれのサポートが有する可能な役割を示している。しかし，いくつかのデータによって，社会的影響の効果が，自分も含めて家族が行う身体活動においては認められるものの，大人の運動場面では，ソーシャル・サポートのメカニズムを導き出せるようなデータはほとんどない。Taylor et al.はつぎのように結論づけている。

> 年齢が異なる子どもや民族的背景が異なる家族を対象にして，身体活動を評定した様々な研究では，活動習慣は家族で大きく似ているという影響性を一致して示している。最も信頼でき，妥当性の高い方法を用いた研究では……家族の関係が有意に大きいことを示しており，たいていの相関係数が0.3から0.5の範囲にある。
>
> (Taylor et al., 1994: 320)

このような関連性が導き出された理由は，まだ明確ではなく，いくつかの矛盾する仮説で説明されている状況である。

しかしながら，ソーシャル・サポートは必ずしも身体活動に対して肯定的な存在ではない。多くの親は子どもたちの安全について関心があり，そしてある種の身体活動を故意に避けるようにし向けている。親が避けたい最も明らかな活動は，交通量の多い道でのサイクリングやウォーキング，そして子どもが身体的な攻撃を受ける危険があると考えられる場所での遊びである。これら両方の理由によって，学校に行くにも，身体活動に代わって自動車による送迎が用いられる可能性がある。様々な無理からぬ理由があるため，親の社会的影響は子どもの身体活動を決定するものとなりうる。

身体活動におけるモデリングの効果は，身体ス

表7-1 運動及び身体活動におけるソーシャル・サポートのタイプと例

ソーシャル・サポートのタイプ	例
情動的サポート	活動的になろうと試みる際の他者から与えられる共感 共感してくれる人たちは「味方である」と感じる
情報的サポート	地方のマラソン行事についての詳しい情報のように，運動に関して他者から得られる情報やアドバイス
物質的（道具的）サポート	クルマで子どもをスポーツセンターに送るとか，通学のために自転車を買い与えるというような直接的な援助

Box 7-3 安全なサイクリングに対するファッションの影響

運動における社会的影響の役割をよく表すものとして，少なくとも英国では，最近の多くの人々が，サイクリング中に安全ヘルメットを装着するように変わってきたことがある。ほんの数年前には，子どもたちは，安全ヘルメットを装着することにばかばかしさを感じ戸惑いを持っていた。しかし安全ヘルメットは，カラフルで時代に乗った他のサイクリング用の衣服と歩調を合わせて流行するようになってきた。それゆえ，ヘルメット装着の増加は，安全性に関してよりもファッションや仲間からの社会的影響と強く対応したものである。仲間との関係による影響力が強かったのかもしれない。

キルの観察学習として多くの研究で取り上げられている。モデリングは，Banduraの社会的認知理論の中で重要な構成概念と見なされ，特にセルフエフィカシーの源として考えられている（Bandura, 1977：4章参照）。しかし，子どもや大人の活動的なライフスタイルを開発するにあたって，モデリングの役割はほとんど知られていない。実際，利用が可能で限られたデータでは，明確な結果は示されていない。それゆえ，とりあえず，大人の身体活動レベルの低いことが反映されているということに限定される。モデリングとして，大人から子どもの身体活動に影響が及ぶということしかいえない。たいていの子どもと若者は，大人が示すモデルに顕著にさらされることから，教師を含めた様々な大人のモデルを検討する必要がある。

この理由をもとに，私たちは，13歳から14歳の男女を対象に，大人による身体活動に対する激励，他の社会的認知変数，さらに自己報告による活発な身体活動について検討を行った（Biddle and Goudas, 1996）。この横断的調査において，身体活動は他の変数よりも「大人による激励」と高い相関（r＝0.37）が認められた。パス解析で見ると，大人による激励は，現在の活発な活動レベルはもとより，将来においても活動的であろうとする意図を直接予測することがわかった。大人による激励はまた，スポーツに対する主観的な有能感を通して，間接的に活発な活動を予測してもいた。

Sallis（1998）は，若者の身体活動を増加させるために，家族からの介入の有効性を示す研究についてレビューを行っている。教育的な方法を用いて健康な若者を対象とした研究は，身体活動レベルを変化させることができていない。しかし，肥満の青年に対しては，行動修正技法を用いると，肥満の程度をずっとうまく低減させることが報告されてきた（Epstein, Koeska and Wing, 1984）。ただし，子どもといっても違った発達段階があり，その段階に応じた大人の影響についてさらに精査する研究が必要である。たとえば，親よりも教師のほうが子どもに影響力がある段階が存在するとすれば，それはいつなのか。子どもと大人のモデリングとの間に存在するジェンダーの効果はどういうものなのか。ちなみに過去の文献では，この問題について混乱した様相を呈している。親よりも仲間のほうが影響力を持つのはいつなのか。将来の研究において子どもの身体活動における決定因を解明するためには特にデータ不足が認められ，これらの社会的影響の問題を調査すべきである。私たちがより明白な状況を知るまでは，常識的なアプローチを支持することが最も良いのかもしれない。たとえば，米国疾病対策センター（1997）は，活動の教示やプログラムの中に親や後見人を含めること，また彼らが子どもの参加を支援するように推奨している。

● 運動における集団の凝集性と集合的効力

運動における社会的影響の変数について，リーダーシップとグループの風土と同様に，集団の凝集性および集合的効力と関係する要因を考慮することも重要である。実際，Franklin（1988）は，

集団スピリットが欠けると，人々は集団運動プログラムから落ちこぼれてしまう可能性が高いと述べている。Carron et al.は，より強い言葉でそのことを示している。すなわち，「個人間の接触に対する要求は，基本的な人間の動機にある─それは重要な影響を持ち，また運動や身体活動におけるアドヒアランスを促進させるという1つの事実である（Carron et al., 1999: 4）」。アドヒアランスを増加するように計画された方略に，集団に参加するように奨励することを含めるべきである。

運動グループの凝集性

もし私たちが構造化された運動場面に興味を持つとすれば，集団力学，凝集性，そして運動といった集団活動に対する個人のアドヒアランスを研究することが重要である。集団凝集性は心理学においてきわめて古い研究トピックであり，また議論の対象であるが，運動においては最近までまったく研究されてこなかった。

凝集性は集団の崩壊を阻止することと同様に，メンバーを集団にとどめさせるような魅力を持つ力として定義されている（Carron and Hausenblas, 1998）。スポーツにおける集団凝集性の研究では，2つの研究領域が優勢である。すなわち，集団凝集性の測定と，凝集性とパフォーマンスとの関係を調べることである。集団凝集性は，スポーツではほとんどいつも重要であると見なされているけれども，集団パフォーマンスにおいて望ましい成果がめったに得られていない運動に対しては，重要であるかどうかはまだ検討される余地がある。しかしながら，集団の魅力といった凝集性におけるいくつかの側面は，アドヒアランスのパターンに影響を及ぼしうる。

Carron, Widmeyer and Brawley（1988）は，フィットネスやレクリエーションの文脈において，凝集性やアドヒアランスを調査することで，スポーツでの集団凝集性の研究を続けた（Carron and Hausenblas, 1998; Carrn et al., 1999; Widmeyer, Brawly and Carron, 1985; Widmeyer, Carron and Brawley, 1993）。Carron et al. (1988) は，アドヒアランスの高いエリート・スポーツ選手と継続できなかった選手だけでなく，フィットネスクラブの継続者と非継続者も検討した。これら4つのグループの凝集性は，集団環境質問紙（Group Environment Questionnaire: GEQ）（Widmeyer et al., 1985）を用いて評定された。GEQは，個人の集団に対する魅力─課題（Attraction to the group-task: ATG-T），個人の集団への魅力─社会（Attraction to the group-social: ATG-S），集団統合─課題（Group integration-task: GI-T），集団統合─社会（Group integration-social: GI-S）の4つの下位尺度で得点化される自己報告式の質問紙であった。元のスケールはスポーツ集団を対象にしていたことから，フィットネスグループに実施するためにわずかな調整が行われた。フィットネスグループの得点を分析すると，GEQの2つの変数で継続者と非継続者の間に有意な差が見られた。とりわけ，継続者はATGの下位尺度でより高い得点を示した。これは，ドロップアウトした人たちは，グループの課題と社会的なまとまりとしての集団に対して，個人的にそれほど魅力を感じていなかったことを示していた。

Carron, Hausenblas and Mack（1996）によるメタ分析では，社会的影響変数と運動行動の間に低─中等度の効果が認められた。メタ分析による重要な知見はつぎのとおりである。

- 課題をもとにした凝集性，運動教室のリーダー，そして重要な人や家族からのソーシャル・サポートは，運動アドヒアランスに対して中等度の効果が認められた。
- 運動を行う意図と運動に伴う感情は，家族や重要な人たちと肯定的な関連性があった。
- 他の運動プログラムと比較して，健康関連職従事者からの運動処方が含まれると，家族メンバーからのサポートがより強くなった。

しかしながら，集団と運動アドヒアランスの間に存在する社会心理的変数の特質や程度を理解するには，さらに多くの研究が必要である。以下の問題に注目したい。

- 運動のタイプは，非常に重要である。長距離のランニング，ウェイトトレーニング，そして音

楽とともに行うエアロビクスのように様々な活動についての研究は，異なる結果を導くかもしれない。
- 参加者と運動リーダーのタイプは，この種の調査では重要な要素である。座位中心の仕事に就く人々に対して，パートナーと一緒，あるいは集団で運動を行うように励ますことがよくある。しかし，そのような集団が持つ特質や運動のアドヒアランスについて行う特別なアドバイスがなされる前に，より多くのことを知っておくべきである。たとえば，音楽と一緒に運動を行う50名以上の教室は，今やよく見られる光景である。私たちはそのような大きな集団で行うことの動機づけ的な効果，個々に向けたインストラクションや注意が失われること，あるいは楽しい運動や動機づけを高める音楽は重要ではないのかどうかといったことについてはほとんど知らない。また，自己表現を行うプレッシャーが減少するという理由で，大集団で行う運動が有する自律性が，ある人々には肯定的な特徴として受け取られるかもしれない。しかし，大集団の中で，ぼんやりと時間を過ごす程度がかなり高まる可能性もある。それゆえ，集団の大きさについての研究がさらに必要である。
- 集団環境は，短期間では肯定的に受け取られるかもしれないが，もし個人の行動スキルが教えられなかったり学ばなかったりしたならば，また特に運動グループがしばらくして解散されたなら，運動に対するより長期のアドヒアランスは損なわれるであろう。概して，監視下の場面で行われる運動処方は，10週間から12週間のスケジュールである。
- GEQはスポーツグループの凝集性の概念モデルから開発された。GEQのうち半分の内容は，集団課題の様相から構成されている。運動グループが，自身で共通の「課題」を持っていると感知する程度は未解決である。運動における集団凝集性を測定するための，よりいっそうの研究が必要とされる。

Carron et al. (1999) は，運動における集団のアドヒアランスを促進する原理をいくつか提示している。

- 独自性：Tシャツとかロゴが付いた服を着るように，集団の特色を感じることは凝集性の感覚を増加させうる。
- 集団の規範：凝集性は，集団メンバーに対して共通の期待（良い結果）を分け与えることで増加しうる。
- 相互作用とコミュニケーション：グループメンバー間の凝集性と相互作用は正の相関関係にある。

運動グループの効力

個人が運動や身体活動に参加するための決定因について述べられた文献を見ると，セルフエフィカシーが重要な決定因として一致して確認されている（4章参照）。しかし最近，集団の概念あるいは集合という意味において，効力は集団の動機づけ研究でなされている。たとえば，Banduraは，「人々は社会的孤立の中で生きることはできない。人々が遭遇する挑戦や困難の多くは集団の問題を反映しており，あらゆる有意義な変化を作り出す集合的な努力を維持することが要求される」と述べている（Bandura, 1986: 449）。Banduraは，人が行うこと，努力を傾ける程度，そして集団が犯す失敗のような不都合な事情といった状況において，効力が動機づけに対して何らかの作用を及ぼすため，集合的な場面での効力もまた集団の動機づけに影響すると示唆している。興味深いことに，Bandura (1986: 449) は，セルフエフィカシーを集合的な効力から切り離して見ておらず，むしろ集合的な効力はセルフエフィカシーと強く関連していると考えている。すなわち，「慢性的に自分に疑いを持つ人たち（セルフエフィカシーが低い人たち）は，集合的な効力の力によって簡単には変わらない。」

スポーツグループにおいて，集団凝集性と集合的効力の関連性が認められる (George and Feltz, 1995)。しかしながら，運動グループが集合的な効力を必要とするかどうかは定まっていない。運動グループと集合的効力との関連性は考慮されるべきもう1つの研究領域であり，私たちは運動の

動機づけに関連した2つの調査領域を認めている。その2つは以下のものである。

- 運動グループや授業の中で，集合的な効力と集団および個人の目標設定の間に存在する関係は何なのか。多くの研究者たちは，目標設定への好ましい影響を認めており，集団の効果はある種の人々には重要となる。
- 体育の授業において，成功と失敗に対して示される集合的な効力の効果にはどのようなものがあるのだろうか。たとえば，集合的な効力が高い授業は，集団の「失敗」の原因を，今後の調整が可能な突発的要因に帰属させるのだろうか。

他の問題も含めて，これらの問題は，集合的な効力の研究が将来への重要な方向性を示しているかもしれない。ただし，現在では集合的効力の研究はそれほど注目されておらず，効力の効果の解明には時間がかかる。

❖ まとめと結論

本章は，生物行動学および社会心理学の見地から，運動の知覚と関連した問題を考えてきた。特に，本章ではつぎのことを行った。

- 個人に対する運動刺激の知覚の重要性を議論した。
- 運動の動機づけ理論と実践において，リーダーシップと集団の風土をどのくらい考慮しなければならないかを示した。
- 身体活動における社会的影響の問題を考え，将来の研究の方向性を議論した。
- 運動グループへの理解をさらに深めることを目的に，集団凝集性と効力の研究の可能性を論じた。

以上の要約から，つぎのように結論を下す。

- 運動刺激に対する個人の心理学的反応と感覚的反応は一致しない。
- 人が運動強度をいかに知覚しているかについては，多くの要因が影響しており，それらは関連するパーソナリティ，性役割指向，そして自己表現が影響している。
- 運動強度についての感覚は，努力負荷の感覚と一致しない。
- 運動刺激に対する気分状態の反応は，少なくとも短期間では，運動強度が高い場合よりも中等度の強度の方が好ましい。
- 運動と心的反応の間の運動量―反応関係は，運動の知覚において個人差を表すには適当でないように思われる。
- 運動のリーダーシップを研究する最も妥当な方法について結論を見つけるには，まだ不十分な確証しか得られていない。しかし，スポーツ場面での研究では，Chelladuraiによるリーダーシップの多次元モデルが将来の運動研究にとってふさわしい特徴を備えている。
- 主として，子どもに対するスポーツと体育の研究から推測すると，体育の授業や運動グループにおける熟達することへの動機づけ的風土が発展することは，動機づけおよび他の肯定的な心理的結果にとって望ましい。
- 身体活動に対する家族集団の影響を示す証拠はあるが，親や他の大人からの励ましが

持つ役割についてはそれほど明確ではない。
- 集団凝集性の研究によって，運動グループでドロップアウトする人は，ドロップアウトしない人よりも凝集性の感知が低いことが示された。しかし，集団凝集性の概念的モデルの直接的な適用はスポーツに対して発展したものであり，今後は運動に対して検証する必要がある。
- 運動行動と，家族のサポートのようないくつかの社会的影響変数との間には，肯定的な関係が存在する。
- 運動グループにおける集合的効力の影響は，現在のところは検証されておらず，将来発展しうる研究領域として残されている。

第Ⅲ部

身体活動の心理的効果

第8章　気持ちが良くなる要因：身体活動と心理的安寧
第9章　うつとその他の精神疾患
第10章　臨床患者における運動の心理学

第8章

気持ちが良くなる要因

身体活動と心理的安寧

運動は緊張を追い払い,緊張は平静の敵である。

Nelson Mandela
(Long walk to freedom, 1994)

◆ 章の目的

　本章の目的は,身体活動や運動を実施することと心理的安寧(psychological well-being: PWB)との関係についての確証をレビューすることである。とりわけ,楽しさ,セルフエスティーム,不安とストレス反応,非臨床的抑うつ,認知機能,人格と適応,および睡眠を含む,気分と感情の領域についてレビューする。特に,本章では以下のことをねらいとしている。

- 健康関連クオリティ・オブ・ライフの概念と,どのようにそれを測定するのかということに焦点を当てる。
- 気分と感情の測定尺度を用いて,身体活動・運動に関連する確証をレビューする。
- 運動における楽しさの構成概念に関係する定義上の問題に焦点を当て,身体活動の楽しさを検討した研究に対して4つのアプローチを提供する。
- 運動する機会を人々からはく奪することによる心理的効果について解説を加える。
- 運動と気分/感情との関係を調整する要因についての確証を提供する。
- 身体活動と,セルフエスティームまたは身体的自己知覚の発達および増強との関連を要約する。
- 体力の異なる人たちにおける心理社会的ストレッサーに対する生理的反応を含む不安反応と運動についての研究結果をレビューする。
- 非臨床的抑うつと運動に関する確証を要約する。
- 運動と認知機能,または運動と人格/心理的適応の関連を検討している研究について解説する。
- 運動が睡眠にもたらす効果に関して,メタ分析によって得られた結果について簡単に紹介する。

　1章では,活動的なライフスタイルが健康に様々な恩恵をもたらすことに関して論拠を示した。しかし,身体活動が心理的安寧に肯定的な効果をもたらすという逸話的な支持が多く存在する

が，しばしば，身体的な成果ばかりが強調されている。にもかかわらず，1990年代の英国政府（Department of Health, 1993b）による資料には，イングランドにおけるヘルスケアと健康増進のアプローチにおいて明らかな変化が記録され，さらに，安寧の側面をよりいっそう強調した記述がなされている。国民の健康：英国人のための健康方略（The Health of the Nation: A strategy for health for England）（Department of Health, 1993b）とは，

- 「生命に年齢を加えること」：早期の死亡率を低減させ，平均余命を改善する。
- 「年齢に生命を加えること」：クオリティ・オブ・ライフを改善する。

この目的は，健康教育局によってイングランドで進められている全国規模の「アクティブ・フォー・ライフ」キャンペーンを反映している。同様に，米国において影響力があり，公衆衛生局長官による身体活動と健康に関する報告書（Department of Health and Human Services, 1996）は，疾病予防と同様に，心理的安寧に関する身体活動の重要性を認めている。

それゆえ，身体活動と運動による健康の増進は，今や，心理的安寧の重要性と一体化している。この章では，身体活動と心理的安寧の関連についての確証についてレビューを行う。

確証は，多数の文献から得られている。ナラティブ・レビューまたはメタ分析によるレビュー，疫学的調査，および統制試験が，多様なアプローチから結論を導くために解説された。さらに，私たちは，以下の内容を含む心理的安寧と関連する話題について議論を行う。

- 健康関連クオリティ・オブ・ライフ
- 情動と気分
- 楽しさ
- 運動をはく奪すること
- セルフエスティーム
- 不安とストレス反応
- 非臨床的抑うつ
- 人格と心理的適応
- 運動と睡眠

健康関連クオリティ・オブ・ライフ

Rejeski, Brawly and Shumaker (1996) によれば，健康関連クオリティ・オブ・ライフ（health-related quality of life: HRQL）の特徴は，自らが機能をどのように知覚しているかによって明確にされる。彼らは，HRQL測定尺度における6タイプの概略を述べている。

- HRQLの包括的指標：これらは，包括的な生活満足度，またはセルフエスティームを含む。
- 身体的機能：機能の知覚，身体的自己知覚，健康関連の知覚
- 身体的症状：疲労，活気，睡眠
- 情動的機能：抑うつ，不安，気分，感情，情動
- 社会的機能：社会的依存，家族/仕事の役割
- 認知機能：記憶，注意，問題解決

Rejeski et al. (1996) によれば，米国の国立衛生研究所は，今や，研究者に対して，すべての臨床試験において，HRQLの測定尺度を含めることを義務づけている。しかし，たいていの場合，HRQLの測定尺度は身体機能のみによって調べられているが，これは狭い視点である。HRQL測定尺度は多く存在し，これらの尺度は感情的測定を含んでいる。いくつかの尺度 (Muldoon et al., 1998) は，機能的測定の中にHRQLを単一に区分しているし，それらはクオリティ・オブ・ライフを評価している。

HRQLにおいて鍵となる測定尺度は，SF-36，ノッティンガム健康プロフィール (Hunt, McEwan and McKenna, 1986)，およびEuroQol (Buxton, O'Hanlon and Rushby, 1990; Buxton et al., 1992) である。SF-36は，最もよく知られた測定尺度であり，機能的状態，安寧，および健康全体の評価をカバーし，8つの健康次元を評価するようにデザインされた36項目の質問紙である (Dixon et al., 1994)。Dixon et al (1994) は，SF

-36について，特定の患者グループのためにデザインされているのではなく，また一般の人の視点には直接的に基づいておらず，変化を検出した確証がほとんどないと結論づけている。HRQL研究において，SF-36を過剰に信頼することは勧められず，できるだけ対象にあわせた測定尺度を求めるべきである。

Rejeski et al. (1996) は，HRQLと身体活動に関する包括的なレビューを行っており，以下の結論を導き出している。

・HRQLの総合テストは，一般的な測定尺度であり，しかも条件に合った，あるいは対象者固有の測定尺度を含むべきである。
・身体活動を行うことで観察されたHRQLの変化の程度は，ベースラインの水準に依存している。
・身体活動がHRQLに与える影響の程度は，治療や介入の社会的特性，および行動特性と同様に，生理学的刺激に依存している。
・人々は，身体活動を行うことによって，特定の健康関連指標の評価を変化させる。したがって，このことは，介入研究における彼らのHRQLに対する知覚に影響を与える。

それゆえ，HRQLは，気分，セルフエスティーム，不安，および抑うつの測定尺度のように，多くのことを考慮に入れた感情的次元を含んでいる。

情動と気分

運動と関連する気分状態と情動は，身体活動とヘルスプロモーションにおいて，潜在的に重要な役割を持っている。もし，身体活動を奨励・増進されるべき肯定的な健康行動であると考えるならば，活動中および活動後に人々がどのように感じているかということは，彼らが活動に参加し続けるかどうかを決定するために重要な要素かもしれない。この「感じる」ということは，これまでの章で扱った動機づけやアドヒアランスにおける広範囲な議論が心理的安寧の側面と分離できないことを意味している。情動と気分は，重要な健康関連行動に対する動機づけ特性を持っている可能性がある。さらに，肯定的な気分と感情は，運動を行う人自身において重要な健康成果である。

●情動および気分とは何か，そして私たちはどのように測定するのか？

気分と情動は密接に関連しており，気分は，しばしば情動と同じ内容を表す概念とはいえ，私たちが日々の生活の中で経験したり，数時間，数日間，数週間，数ヵ月さえも続くかもしれない感情状態の包括的なまとまりとして考えることができる（Oatley and Jenkins, 1996）。気分は，活気や抑うつのように，異なった気分状態の観点から概念化されうる。そして，気分は，情動に近いもの，または情動と同じものになる。情動は，通常，ある出来事や評価への反応において生じる特別な感覚状態と定義される。情動は，数分間または数時間続くが，それ以上長くは続かない（Oatley and Jenkins, 1996）。身体活動研究における気分と情動の違いは明確ではない。定義の問題に関してさらなる議論を求めるならば，読者は，Oatley and Jenkins (1996) やVallerrand and Blanchard (2000) の記述を参照することができる。

心理学においては，情動の種類に関する議論が存在する（Cacioppo, Gardner and Berntson, 1999; Diener, 1999; Green, Salovey and Truax, 1999; Russell and Barrett, 1999; Watson et al., 1999）。いく人かの研究者は，喜びや恐怖のように，独立した反応の観点から情動を定義することを好んでいる（Clore, Ortony and Foss, 1987; Lazars, 1991; Weiner, 1995）。一方で，他の研究者は，肯定的および否定的感情のように，情動に共通する性質，または次元の観点から定義を行うことを好んでいる（Watson, Clark and Tellegen, 1988）。しかし，Lazarus (1991) は，次元をいくつかに縮約するとき，情動的反応の中にあるいくつかの質は失われて不明瞭になってしまうと主張している。彼によれば，それぞれの情動は，出来事に対する主観的な重要性について異なる評価を行うことによっ

て作り出されるので，それぞれの情動は独立していると主張する。しかし，情動を共通のカテゴリーによって群生していると見なすことも論理的である。Watson et al. (1988) は，情動を分析して，2つの主要な因子を導いた。それらは，肯定的感情と否定的感情である。前者の肯定的感情は，機敏で活動的であるというような感覚を示し，それに対して，否定的感情は，怒りや恐怖のように不快な感情状態を示す。

Russellは，情動研究に次元アプローチを採択することを支持している（Russell, 1980）。情動は，彼が示した「円環（circumplex）」モデルにおいて，誘意性（すなわち，快-不快）および覚醒度（すなわち，高い-低い）の2次元によって最も適切に定義されうることを示唆した。このことは，4分円形の4つの象限に分類された情動の基となっている。

・高い覚醒/低い快（たとえば，緊張した）
・高い覚醒/高い快（たとえば，興奮した）
・低い覚醒/高い快（たとえば，リラックスした）
・低い覚醒/低い快（たとえば，落ち込んだ）

McDonald and Hodgdon (1991) は，不安，抑うつ，および敵意のみを評価する多次元感情形容詞チェックリスト（Multiple Affect Adjective Check List: MAACL）(Zuckerman and Lubin, 1965) を運動研究に使用することも確認している

が，気分の測定尺度としては，代表的に，気分プロフィール検査（Profile of Mood States: POMS）(McNair, Lorr and Droppleman, 1971) が頻繁に用いられてきた。POMS両極版（Lorr and McNair, 1984; Lorr, Shi and Youniss, 1989）は，肯定的および否定的な極の両方を評価することができるが，POMS通常版は，5つの否定的な気分尺度と1つの肯定的な尺度（活気）を評価するようになっている。両極版の下位尺度は，「エネルギッシュな-疲れた」「高揚-抑うつ」「自信のある-自信のない」「落ち着いた-不安な」「感じのよい-敵意のある」「すっきりした-混乱した」である。しかし，変化を検出するために十分な統計学上のパワーを生み出すには，大きなサンプルサイズが必要であり，それはわずかな変化の意味をどう判断するかという問題を含む。この理由によって，POMSの両極版は，運動・身体活動研究に適しておらず，感度のよい測定尺度ではないかもしれない。しかし，POMSもまた，参加者が「たった今」または「過去数週間にわたって」感じているのかというように，教示に応じて改定することができる。

Abele and Brehm (1993) は，ドイツにおいて，Befindlichkeitsskalen（BFS）を用いたいくつかの研究を報告している。この尺度は，高/低覚醒および肯定的/否定的気分の連続体に則って気分状態を見分けており，Russell (1980) の円環モデルに類似している（図8-1参照）。

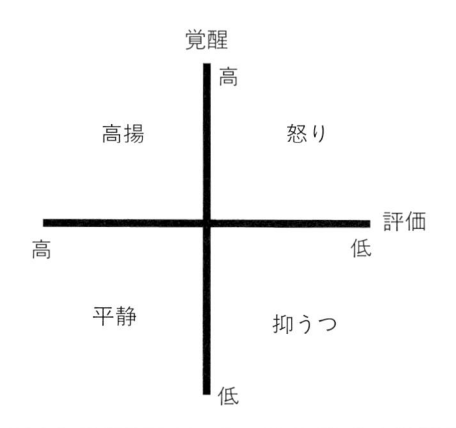

図8-1 Abele and Brehm（1993）によって開発されたBefindlichkeitsskalenによって気分の代表例を示した図

運動研究における気分と感情の測定尺度

肯定的・否定的感情調査票（Positive and Negative Affect Schedule：PANAS）のように，気分と感情を測定する一般的な尺度に加えて，Gauvin and Rejeski（1993）は，運動場面において4つの異なる感覚状態，すなわち，再活性化，落ち着き感，高揚感，および身体的疲労をとらえるために，運動誘発感覚尺度（Exercise-induced Feeling Inventory: EFI）を開発した。この尺度を用いて，成人（Gauvin and Rejeski, 1993）および子ども（Vlachopoulos et al., 1996）への計量心理学的な証明は報告されているものの，「運動固有の」測定尺度の概念的な証明に対して批判がなされている（Ekkekakis and Petruzzello, 2000; in press-a）。

Gauvin and Rejeski（1993）は，成人について，高揚感，再活性化，および落ち着き感の得点のすべてがPANASの肯定的感情得点と強く関連することを明らかにし，併存的妥当性を証明した。さらに，これらの研究者は，EFIの下位尺度が環境的な手がかりに対して感度が高いことを示している。たとえば，実験室において行われる運動よりも，「現実の世界」における運動後に高揚感得点は高くなる。

McAuley and Courneya（1994）は，同様に，積極的安寧，心理的ストレス，および疲労感という3因子から成る主観的運動体験尺度（Subjective Exercise Experiences Scale: SEES）を開発した。この尺度は，現在，子ども（Markland, Emberton and Tallon, 1997）への適用がふさわしいと証明されているものの，EFIと同様に「運動固有」という概念的な証明に関連した批判がなされている（Ekkekakis and Petruzzello, in press-b）。SEESもEFIも，運動場面の感情を評価するために簡易に用いることができる尺度である。

●情動，気分，および身体活動

運動と感情状態の関連を検討した研究は，きわめて多く存在する。主な結論は，ナラティブ，またはメタ分析によるレビュー論文，大規模な調査，および実験試行という3つのタイプの研究によって導かれる。

ナラティブ，またはメタ分析によるレビュー

きわめて多くのナラティブ・レビューによると，運動が感情や気分の増強と関連するという結論を導くためには慎重さを要する（Biddle, 2000）。慎重さが求められる理由は，研究デザインが比較的脆弱なことによる。たとえば，Leith（1994）の包括的なレビューでは，従来行われてきた研究について，実験的確証が予備実験研究や準実験研究よりも説得力を持っていないことを示している。Leithは，気分への肯定的な効果を明らかにした研究の割合が，予備実験研究で100%，準実験研究で79.2%，真の実験研究で62.5%と低下していくことを示している。しかしながら，職業人，女性，および障害を持った人々といったように，レビュー論文が複数の国や対象者を扱っているという事実によって，肯定的結論を導くことには慎重さを要する。用いられる方法や測定尺度が多様であることも，同様の結論をもたらす。さらに，気分についての否定的な効果を報告する研究はほとんど存在しない。

McDonald and Hodgdon（1991）は，運動と気分に関するメタ分析の結果を報告している。彼らは，レビューにおいて有酸素性体力トレーニング研究の範囲を定めており，研究者が，主に単極のPOMSとMAACLを使用していることを明らかにした。気分に関する結果は，運動と活気，または否定的気分の欠如との間に明確な関係を示しており，これは，典型的な「氷山型プロフィール」と一致する（図8-2参照）。McDonald and Hodgdonは，「有酸素性体力トレーニングが気分の肯定的な変化…少なくとも短期間」をもたらすと結論づけている（McDonald and Hodgdon, 1991: 98）。

Schlicht（1994b）は，興味深いことに，運動とメンタルヘルスに関する短いメタ分析で，身体活動と肯定的安寧の関連を支持しない結果を報告した。分析は，39の研究と8,000名以上の研究参加者を含んでいた。しかしながら，選択された研究は，彼の論文リストに掲載されておらず，この結論を述べる前に，論文の選択基準についてさ

表 8-1 運動研究で共通して用いられている気分および感情の測定尺度の要約

測定尺度	出典	測定内容	解説
POMS (Profile of Mood States)	McNair et al. (1971)	65 項目で構成される尺度が以下の内容を評価する： ・緊張 ・抑うつ ・怒り ・活気 ・疲労 ・混乱	・1つだけの肯定的な下位尺度 ・大規模な身体活動研究において使用 ・短縮形式および両極形式が利用可能 ・時間に関する教示を変更することが可能 ・状態尺度または特性尺度になりうる ・身体活動に固有ではない一般的な尺度
PANAS (Positive and Negative Affect Schedule)	Watson et al. (1988)	各 10 項目で構成される 2 つの尺度が以下の内容を評価する： ・肯定的感情：たとえば，わくわくした，熱狂した，気合の入った ・否定的感情：たとえば，苦悩した，びくびくした，いらだった	・好ましい心理測定学的特性を持つ ・2 つの包括的な次元のみを評価する ・時間に関する教示を変更することが可能 ・状態尺度または特性尺度になりうる ・身体活動に固有ではない一般的な尺度
BFS (Befindlichkeitsskalen)	Abele and Brehm (1993)	ドイツ語で開発された，40 項目で構成される尺度が，賦活（高/低）と評価（肯定的/否定的）という 2 つの気分次元モデルを評価する。8 つの下位尺度は以下のとおりである： ・賦活（高賦活/肯定的） ・高揚（高賦活/肯定的） ・穏やかさ（低賦活/肯定的） ・黙想した（contemplativeness）（低賦活/肯定的） ・興奮（excitation）（高賦活/否定的） ・怒り（高賦活/否定的） ・疲労（低賦活/否定的） ・抑うつ（低賦活/否定的）	・ドイツにおけるスポーツおよび運動場面の広範囲にわたる研究が尺度の妥当性を支持 ・状態尺度
MAACL (Multiple Affect Adjective Check List)	Zuckerman and Lubin (1965)	・132 の形容詞が尺度を構成 ・不安，抑うつ，および敵意を評価	・状態尺度または特性尺度になりうる ・時間に関する教示を変更することが可能 ・身体活動に固有ではない一般的な尺度 ・心理測定学的特性に関するいくつかの疑問が示されている (McDonald and Hodgdon 1991 を参照)
FS (Feeling Scale)	Hardy and Rejeski (1989)	・快楽状態（快-不快）を評価する単項目尺度	・運動研究のために開発 ・状態尺度 ・−5 から +5 までの 11 ポイント尺度
EFI (Exercise Feeling Inventory)	Gauvin and Rejeski (1993)	12 項目で構成される形容詞尺度で，以下の 4 次元を測定： ・高揚感 ・落ち着き感 ・再活性化 ・身体的疲労	・運動研究のために開発 ・信頼できる心理測定学的特性 ・状態尺度
SEES (Subjective Exercise Experiences Scale)	McAuley and Courneya (1994)	12 項目で構成される形容詞尺度で，以下の 3 次元を測定： ・積極的安寧 ・心理的ストレス ・疲労感	・運動研究のために開発 ・信頼できる心理測定学的特性 ・状態尺度

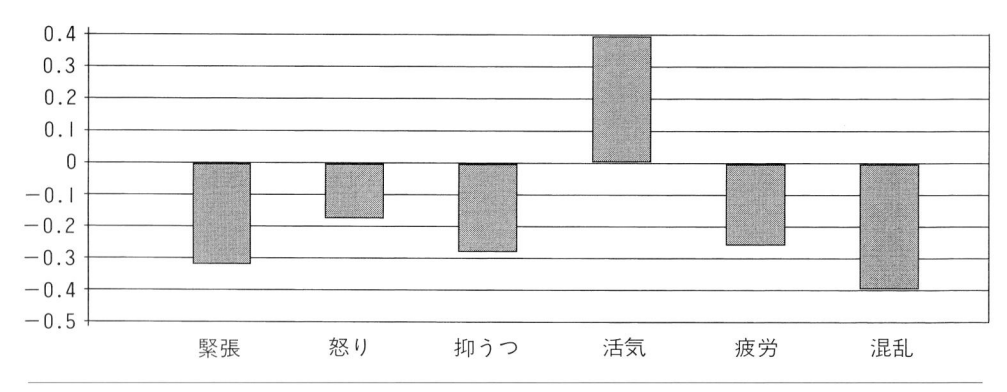

図8-2 有酸素性体力トレーニングと気分状態に関して，McDonald and Hodgdon（1991）が行ったメタ分析によって得られた効果サイズ

らなる情報が必要である。ドイツ語または英語で書かれた論文の数が明らかでなく，最近ではさらに，北米におけるメタ分析の結果は，身体活動とその他のメンタルヘルスの指標との関連を実証している（Petruzzello et al., 1991）。それにもかかわらず，Schlicht（1994b）は，全体の効果サイズ（effect size）がわずかに0.15であるが，範囲が大きいために，全体の効果サイズは有意に0とは異なると報告している。

調査研究

調査研究は，しばしば方法論的な欠点が指摘されているにもかかわらず，多くのサンプルを対象としている点で，その他の研究よりも優れている。調査対象となっている多くのサンプルは母集団の代表であり，それゆえ調査結果を一般化するための普遍性を認めている。英国で行われた5つの研究は，表8-2に示したように，身体活動と心理的安寧の間に明らかな正の関連性を示している。この調査は，青年，成人，臨床患者，臨床患者ではない人たち，量的評価および質的評価を扱っていて，これらの結果の信頼性は，総サンプル数が23,000名を超えることを見れば明らかである。しかしながら，Thirlaway and Benton（1996）が述べているように，すべての集団に身体活動が恩恵をもたらすとは考えられない。さらに，その恩恵が，運動によって導かれた効果だと結論づけることはできない。連邦ダンバー国立体力調査（Allied Dunbar National Fitness Survey: ADNFS）（Sports Council and Health Education Authority, 1992）は，好ましい健康状態と同様に，貧弱な健康状態の人たちにも同じ傾向を示し，大規模な調査が，心理的安寧の原因についてわずかな手がかりしか示していないことを証明した。

にもかかわらず，英国の研究を北米で実施された4つの調査についてのStephen（1988）の二次分析結果と比較することは可能である。いくつかの測定尺度にわたって，そして55,000名以上の成人を対象として，明らかな関連が，身体活動と心理的安寧の間には存在する。たとえば，男性と女性の両方において，また40歳未満の集団および40歳以上の両方の集団において，肯定的な感情は身体活動と関連していた。Stephensは，明確な結論を以下のように述べている。

> メンタルヘルスを，肯定的な気分，包括的な安寧，および不安と抑うつの症状がめったに現れないことであると定義した場合，米国とカナダにおける居住者において，身体活動の水準とメンタルヘルスが正の関連性を示しているということは，この研究において避けることのできない結論である。身体活動水準とメンタルヘルスの関連は，教育や身体の健康状態の影響を受けず，40歳未満の男性よりも40歳以上の女性において強い。この結論が揺らがないという点は，多様な確証が示している。多様な確証では，2つの国において10年の期間にわたって4つの住民サンプルで行われていて，4つの身体活動操作定義が用いられており，そして6つのメンタルヘルス尺度が用いられている。
>
> （Stephens, 1988: 41-2）

それゆえ，調査から得られた確証は，身体活動

表8-2 英国住民を対象として身体活動と心理的安寧の関連を検討した調査結果の要約

研究	調査デザインおよび目的	結果と考察
Hendry, Shucksmith and Cross (1989)	スコットランドの14-20歳5,862名を対象に郵送および監視下での調査。General Health Questionnaireとスポーツへの参加を評価。	・男女両方において，スポーツ参加が増加するにつれてGHQ（精神的健康）得点が増加した。 ・競技スポーツ「タイプ」は，非競技「タイプ」よりも好ましい精神的健康を持っていた。
Sports Council and Health Education Authority (1992)	イングランドにおける16-74歳の人たち（N=4,316）を対象としたAllied Dunbar National Fitness Survey (ADNFS)。面接の1つのセクションは，主観的安寧を評価した。	・身体活動と安寧の関係性は，小さいものの一致した傾向を見せた。同様の傾向は，健康ではない人たちにおいても見られ，健康な人たちだけが運動を選択する機会を減少している。 ・55歳以上の人たちにおいて，身体活動と安寧との関係性はより強い。 ・すべての年代と男女ともにおいて，明らかに上のような傾向がある。
Thirlaway and Benton (1996)	National Health and Lifestyle Surveyのデータである。代表的な英国人サンプル（N=6,200）。身体活動とGHQを評価した。 (本の章に掲載されている未公刊の調査データ)	・30歳以上の女性と50歳以上の男性において，高い身体活動レベルは好ましい精神的健康と関連していた。 ・30歳未満の人たちには，同様の関係性が存在しなかった。
Steptoe and Butler (1996)	16歳以上の人たち（N=5,061）を対象とした，情動的安寧と定期的なスポーツ/高強度身体活動との関係性の検討。1970年の英国コホート調査を追跡した1986年のデータ。	・性，社会経済的状態，または健康状態から独立して，高頻度のスポーツ/高強度身体活動の実施は高い情動的安寧と関連していた。 ・不定愁訴尺度において，高強度ではない活動への参加は，高い心理的および身体的症状と関連していた。
Gordon and Grant (1997)	スコットランドにおける10代の若者1,634名（13.5-14.5歳）が対象。「今日はどんな感じですか？」に対して回答するオープンエンド質問紙を用いた質的研究法。	・約1/4の人たちが，スポーツを行うと自分自身が幸せで良い感覚になると報告した。 ・大きな性差が存在した。

と気分/感情との関連を実証している。私たちが結論づけられることは，運動や多くの身体活動を行うことが，時間経過とともに心理的安寧と関連するというだけであり，この関連こそが，この調査の本質を示している。しかし，運動による一過性の効果は，調査研究では検討することができない。同様に，身体活動と心理的安寧との関連性は，因果関係が確認されなければならないと主張される可能性がある。この点に関して，実験試行から得られた確証が必要である。

実験試行

統制された実験試行によって，運動が感情に与える効果を検討した研究はほとんど存在しない。英国における5つの研究を表8-3に要約している。これらの研究は，運動が気分にもたらす効果に運動強度が重要なことを示している。このことは，大規模調査のような他の研究様式では示され

表 8-3 身体活動および運動と心理的安寧について検討した英国の統制化実験試行

研究	参加者	デザインと処置	結果と考察
Steptoe and Cox (1988)	サンプル：女子学生（N=32）	・運動強度と音楽の効果を検討する1セッションの実験試行 ・すべての参加者は4つの過程で運動を行った：音楽またはメトロノームをともなった，低強度または中等度の強度での運動	・中等度の強度の運動は，より否定的な気分状態をもたらした（緊張-不安の増加，活気および爽快感の減少）。 ・低強度の運動は，好ましい気分状態の変化をもたらした。 ・メトロノームをともなった運動時よりも音楽をともなった運動時の方が，主観的運動強度はわずかに低かった。 ・音楽の気分への効果は見られなかった。
Steptoe and Bolton (1988)	女子学生（N=40）	・Steptoe and Cox (1988) の追試と拡張：中等度または低強度での15分間の運動	・参加者は高強度の運動直後において，低強度の運動直後よりも高い緊張-不安と精神的疲労を報告した。 ・回復期において，両群はこれらの状態が減少することを示した。
Moses et al. (1989)	座位中心の生活を送る学生（N=109）	・運動トレーニングが精神的安寧にもたらす効果を検討した実験研究：参加者は，高強度の有酸素運動，中等度の強度の有酸素運動，注意-プラセボ，またはウェイトリスト統制群のいずれかに割り当てられた。 ・トレーニング期間は10週間	・中等度強度運動群のみが，気分尺度における緊張-不安と混乱を減少させ，対処障害を減少させた。
Steptoe et al. (1993)	不安について境界または「明確な」範囲にある，座位中心の生活を送る成人（N=33）	・運動が心理的ストレスと気分反応にもたらす効果を検討した実験研究（ここでは，気分の効果についてのみ報告する） ・参加者は，中等度強度運動群または注意-プラセボ統制群のいずれかに割り当てられた。	・運動群は混乱において有意な減少を見せ，知覚されたストレス対処を改善した。 ・これらの傾向は，注意-プラセボ統制群では見られなかった。
Parfitt et al. (1994)	学生（N=80）	・運動強度と運動歴を独立変数とした運動に対する感情反応を検討した実験試行 ・最大酸素摂取量の60％または90％の強度で運動を行わせ，運動中最後の30秒と終了後5分経過時において，高活動群または低活動群は心理的感情を報告した。	・高強度条件において，低活動群と比較して高活動群はより高い肯定的感情を報告した。 ・低強度条件では差が見られなかった。

ていない。Steptoeと彼の共同研究者たち(Moses, et al., 1989; Steptoe and Bolton, 1988; Steptoe and Cox, 1988)によって行われた3つの研究は，高強度の運動ではなく中等度の強度の運動が気分を増強する効果を持つことを明らかにしている。図8-3は，Steptoe and Boltonの研究結果を説明している。同様に，Parfitt, Markland and Holmes (1994) は，活動的ではない人たちが高強度の運動を行うと，運動場面における感覚状態が明らかに悪化することを示しており，また Boutcher, McAuley and Courneya (1997) は，トレッドミルを用いた有酸素運動において，トレーニングを積んだランナーが，トレーニングを積んでいない人たちと比較して，肯定的な感情を多く報告すると述べている。これらのことは，トレーニング状態が，運動後の感情反応を説明する可能性を示唆している。Hardy and Rejeski (1989) は，高強度の運動後には，それ以下の強度の運動を行った後よりも，否定的な気分が生じることを報告している。このような結果によって，Leith (1994) は，「中等度の強度の運動は，参加者の気分状態に最も大きな影響を与える可能性があるかもしれない」(Leith, 1999: 146) と推奨している。

Raglin (1997) は，高強度の運動を行うと，運動後に不安が低減しないのではなく，むしろ不安の低減が遅れるという可能性を示唆している。Steptoeの研究で報告されている高強度の運動後の否定的気分の増加は，より多くの努力を必要とするためかもしれない。しかし，それらの研究は，その後の回復期に肯定的気分が増強することを示している。強度の異なる運動を行わせ，回復期にもたらされる気分変化の時間経過の特徴を見るためには，さらに多くの検討を必要としている。ところが，運動後の気分にもたらされる否定的な効果は一時的であるとしても，アドヒアランスに悪影響を与え，身体活動に参加する機会を低減させるには十分かもしれない。Steptoeの研究が，主にトレーニングを積んでいない人たちを対象としていると仮定すると，中等度の強度の運動のみが，肯定的な感情反応を作り出すということは驚くべきことではない。このことは，Boutcher et al. (1997) の研究と一致している。

最後に，King (1989) は，米国の健康な成人を対象とした統制化試行において，研究参加者を6ヵ月にわたる身体活動群と対照群のそれぞれに振り分けた。彼女の研究では，身体的外観の満足度，主観的体力，および体重の満足度を有意に改善することを明らかにした。しかし，抑うつ気分，緊張/不安，または自信/安寧においては，両群で違いが見られなかった。これらの結果は，心理的な変数が，運動プログラムにともなって現れる具体的変化に密接に関係しているならば，より大きな心理的変化が生じることを示唆している。

●楽しさと身体活動

身体活動が心理的安寧と関連するならば，身体

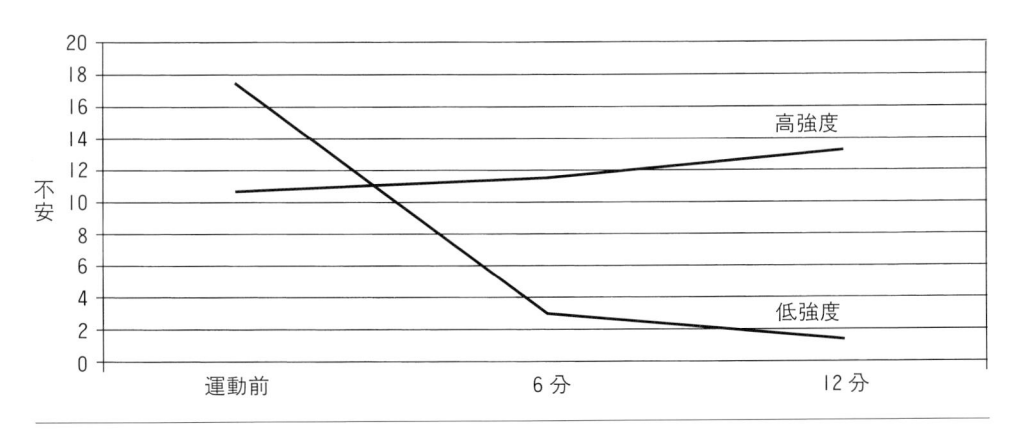

図8-3 運動強度と不安気分の関係性を示す相互作用効果のデータ (Steptoe and Bolton, 1988)

活動の楽しさの要素が存在することは明らかである。体力/運動教室のように，とりわけ身体的努力が必要なときに，楽しさは動機づけの重要な要素となる。それにもかかわらず，楽しさは，長い間理解されにくい概念のままであった。楽しさをどのように概念化するかについて，今でも意見に相違があるものの，最近では，心理学者は楽しさの概念をよく理解するようになってきた（Kimiecik and Harris, 1996; Wankel, 1997）。Kimiecik and Harris (1996) は，Csikzentmihalyiのアプローチを採用して，「フロー」の観点から楽しさを定義した（次のセクションを参照）。彼らは，楽しさは肯定的感情ではないが，最適な心理的状態であると述べている。言い換えれば，「楽しさは…肯定的な感覚状態を導く心理的状態である」（Kimiecik and Harris, 1996: 256）。彼らはまた，楽しさは，「感情の産物ではないが，体験の心理的過程」であることを示唆している（257）。

すべての定義がKimiecik and Harris (1996)と一致してはいないが，身体活動に関連する楽しさへのアプローチは，少なくとも4つ確認されている。

- Csikzentmihalyiの「フロー」モデル
- 内発的動機づけの過程
- Scanlanによって行われた，子どもにおけるスポーツの楽しさ研究
- 運動によって導かれる感覚状態

楽しさとフロー

Csikzentmihalyi (1975) は，人が，限られた外的報酬しかもたらさないように見える課題に対して，なぜ，莫大な時間とエネルギーをつぎ込むのかを研究した。彼の結論の1つは，課題の困難さがその人の能力や技術と合致しているときに，動機づけが最も高まるということであった。この合致によって，「フロー」状態，または最高の楽しさをもたらし，課題に取り組むようになる。不調和は，退屈（低い挑戦/高い技術）または不安（高い挑戦/低い技術）をもたらす。

Kimiecik and Stein (1992) は，Csikzentmihalyiの研究を基にして，スポーツにおける6つのフロー次元を提案しており，より幅広い運動場面への適用が必要とされている。6つの次元とは，

- 動作と意識を合致させる：このことは，動作が自発的かつ自動的に行われ，意識は活動の意識と異ならないという感覚を，技術と挑戦との調和が作り出すときに起こる。
- 明確な目標と明確なフィードバック
- 課題に対する即座の集中
- 統制のパラドクス：フローは，統制感覚と関連すると同時に，統制を失うという心配がない状態をもたらす感覚とも関係している。
- 自己意識を失うこと：意識的な動作への意識が少ない。
- 時間の変化：フローは，しばしば時間の意識を失うことと関係し，時間は，「その体験によってゆがめられる」（Kimiecik and Stein, 1992: 148）。

楽しさと内発的動機づけ

身体活動を増強するためには，鍵として内発的動機づけの発達が考慮されるべきであり，そのことについてはすでに3章で議論された。高い内発的動機づけは，一方で，努力，楽しさの感覚，有能感，および自律性（自己決定）が高く，片方で，プレッシャーや不安が低い（Deci and Ryan, 1985）。

Kimiecik and Harris (1996) は，内発的動機づけ，楽しさ，そしてフローは，同じものではないが似通っていると述べているものの，それらは明らかに相互に関連している。彼らは，楽しさが，内発的動機づけを発達させると主張している。Csikzentmihalyi (1975) は，「自己目的的な」活動は，フローが最も生じやすい活動の1つであるとしており，Deci and Ryan (1985) は，内発的動機づけによる行動の「自己決定」について述べている。運動や身体活動場面において，これらの概念がどのように相互に関連するのかということは，今だ解決されていない研究上の疑問として残されている。

Scanlanによるスポーツの楽しさモデル

　Scanlanは，米国における9-14歳の少年に関して研究を行った後に，子どもにおけるスポーツの楽しさに関する予備的モデルを提示した（Scanlan and Lewthwaite, 1986)。スポーツの楽しさは，「喜び，好きであること，およびおもしろさの経験のような感覚や知覚を反映しており，競技スポーツ経験に対する個人の肯定的な感情反応」(Scanlan and Lewthwaite, 1986: 32) と定義された。彼らは，内的-外的および達成-非達成という2つの連続体に注目し，スポーツの楽しさの予備的なモデルを示した。内的-達成の象限（4分円）における楽しさの予測因は，個人における主観的な支配感および有能感と関連し，内的-非達成の象限は，身体的な動きの感覚や興奮と関連する。外的-達成の象限における楽しさの予測因は，他者から得られた有能感（たとえば，社会的な承認）と関連し，外的-非達成要因は，所属感のようにパフォーマンスとは異なる要因と関連する。

運動によって導かれる感覚状態

　ドイツにおけるAbele and Brehm (1993) のBefindlichkeitsskalenは，覚醒度と評価の両方の気分次元をより良く表しており，これらについてはさきほど証明した（図8-1参照)。高覚醒に伴う肯定的感覚は，身体活動中の楽しさと関係する可能性がある。同様に，EFIの下位尺度である高揚感は，楽しさと緊密に関連している。ところが，楽しさが動機づけの鍵となっている一方で，楽しさ自身の本質と測定尺度については，今だ開発と改善が必要とされている。Kendzierski and DeCarlo (1991) が開発した身体活動楽しさ尺度（Physical Activity Enjoyment Scale: PACES) は18項目から成り，身体活動の楽しさを評価する唯一の固有尺度である。

●運動，月経，および気分

　運動を月経周期症状の治療として用いるという考え方は古いものではない。このことは，現在においてもたびたび，民間療法的な文献において取り上げられてきた（Cowart, 1989)。しかし，そのような推奨には，理論的解釈や実証的支持が欠けていた。わずかに2つの介入研究がこれまで行われてきただけである。1つは，月経困難症への運動の効果を評価するものであり（Israel, Sutton and O'Brien, 1985)，もう1つは，月経前症候群への効果を評価したものである（Prior and Vigna, 1987)。2つの研究結果は，心理的状態を測定していないものの，月経前症候群または月経困難症の緩和における運動の肯定的な効果を示唆している。

　横断的研究のデータは，月経周期中において，身体運動と肯定的な心理的状態の間に強い関連を示している。Choi and Salmon (1995) は，1ヵ月にわたって，異なる水準で運動を行っている女性を縦断的に観察した。定期的な月経周期を持つ女性は，特別に考案された気分形容詞チェックリストに回答を行った。この研究では，33名の高運動者群（週に3回以上定期的に運動している)，36名の低運動者群（運動は週に3回未満)，および39名の座位生活者群という3つのグループが存在した。その結果，すべての群において，肯定的気分と否定的気分が月経周期相と関連しているだけでなく，月経周期を通して，高運動者群は肯定的な気分を経験しており，否定的な気分を経験していないことがわかった。さらに，群と時間に有意な交互作用が得られ，高運動者群は，他の2群と比較して，周期全体にわたって情動的に好ましい感覚を経験しているだけでなく，月経周期の中頃から月経前相にかけて，肯定的な気分が低下していないことが明らかになった。また，統計学的な有意水準に近づくにとどまったものの，同様の傾向は否定的気分においても見られた。しかし，同様の結果は，月経周期における月経相においては見られなかった。このことは，月経前期と月経期では，気分が悪化するメカニズムが異なることを示している。たとえば，月経前には起こらず，月経中にしばしば起こる一過性の痛みは，ディストレスと不快感の源が異なるかもしれないということをはっきりと示している。さらに，不快感を軽減することにおいて，自己知覚が，どのように月経に伴う不快感を報告することに影響を与えているのか，また不快感を緩和することに運動

の役割が効いているのかということは明らかではない。何人かの女性では，月経は無力感を感じる時間であるという考えが，母から娘に受け継がれる文化的影響によって生じるかもしれない。運動への参加はこの考えに反するものであり，それゆえ，無力さよりもむしろ力強さの感覚への影響に対して作用する可能性がある。この視点は，現在の広告傾向が，清潔な製品が活動的な生活を送る女性と関連するという流行に反映されている。

Choi and Salmon (1995) は，彼らの研究結果によって，日常的に高水準で運動を行っている女性は，月経前状態の悪化を防ぐ可能性があることを示唆している。もちろん，この結果は，研究デザインが横断的であるために一時的な示唆である。運動が月経前状態の悪化を防ぐという関係は，女性を座位中心の生活に導く，重度な月経前症状や月経中の無力さの知覚において見られる結果かもしれない。同様に，また，月経前症状の軽い女性は活動的な傾向があるかもしれない。実験研究において，明らかに，横断的データによる結果を追跡調査することが必要である。しかし，月経周期のある時点において気分が否定的になる女性に対して，運動による気分増強効果は重要な意味を持つ。

●運動のはく奪

運動のはく奪，すなわち，運動を行わせなくすることに関する文献もまた，身体活動が心理的安寧と関連しているという考えをいくらか支持している。運動はく奪は，定期的な運動実践者が（しばしば実験目的のために）通常の運動実践パターンを止めるように強制されたときに起こる。そのようなはく奪の心理的影響を研究することは，運動の恩恵に注目する興味深い方法と，なぜ定期的な活動を続ける人がいるのかという洞察を提供してくれる。さらに，運動によって心理的恩恵が得られるメカニズムを理解するのに役立つかもしれない。

研究者は，定期的な運動実践者に対して，数日間もしくは数週間 (Morris, Steinberg, Sykes and Salmon, 1990)，または数ヵ月 (Baekeland, 1970) の間，運動を止めるように求める。そして，いったん運動を再開すれば消失してしまうものの，はく奪が「悪い感覚」効果を引き起こすことを明らかにしてきた。ところが，このパラダイムが受け入れられているにもかかわらず，研究のために，通常の運動実践を中止してくれる人たちを招集することの困難さが，この領域の文献が多く著されない原因となっている。Szabo (1995) による近年のレビューによれば，横断的研究および実験研究の結果は，運動習慣者の通常の運動実践パターンを妨害することが，心理的安寧に否定的な影響を与えると示されている。この否定的な影響は，罪悪感，イライラ感，緊張および抑うつのような「禁断」症状の連続として最も頻繁に表される。

この分野の文献は，心理的指標と身体活動を理解するために2つの方法を提供している。まず第一に，運動実践者は，通常の運動をはく奪されることによって禁断症状を経験しており，なぜなら，このはく奪によって，気分の増強，社会的相互作用，および動くことの喜びのように定期的な楽しい経験を奪われることになるからである (Pierce, 1994)。もう1つは，おそらく同時に起こるであろう不活発や停滞といった交感神経系の低覚醒によってもたらされる否定的感覚を避けるために運動を求めるという，覚醒水準の増加を必要とする運動実践者もいる (Pierce, 1994)。それゆえ，私たちは，良い感覚を維持し，不活動と関連する悪い感覚を避ける方法として運動の恩恵を考えることができる。

●気分/感情と運動の関係を調整する要因

身体活動と心理的安寧の関連性は，時折確証としては弱く，また一致していない。そのため，何らかの要因がこの関係性に調整変数 (moderator) として作用している可能性がある。たとえば，運動の研究は，すでに心理的に健康な人々を対象としているので，いかなる標準的な測定尺度においても改善する余地がほとんどない。Kelly and Mutrie (1997) の研究対象者では，ベースライン期におけるPOMSのすべての得点が，標準化された平均値の標準偏差の1/2以内に収まってい

た．それにもかかわらず，運動実践者は，運動によって主観的に良い感覚になると報告していた．おそらく，定期的な運動実践者は，すべての人たちが毎日または毎週経験している気分変動に対処するために運動を行っている．それゆえ，定期的な活動による究極的な結果は，肯定的な気分状態の1つである．

定期的な運動による心理的指標を理解するという観点から見ると，先のような研究結果は，心理的に健康な人々が運動実践によって気分にきわめて大きな恩恵を得るということを期待すべきではないといえる．その代わりに，定期的な運動実践は，良い感覚の要因を増強するというよりも，むしろ良い感覚を保持する方法といえるかもしれない．人は良い感覚を持ち続け，そしてその上に，運動によってさらに良い感覚を持ち続けることは，結果として躁病的な行動につながってしまうと思われるために，論理的に不可能である．このことは，運動開始時に通常の気分プロフィールではない場合に，運動によって大きな改善が見られるのに対して，運動開始時に通常の気分プロフィールであるならば，ほとんど運動の影響がないということを示した実験の結果と一致している（Steptoe et al., 1989）．

住民調査（Stephens, 1988）において，身体活動によって得られる肯定的な感情は40歳以上の女性において生じるといういくつかの確証が示されている．しかし，抑うつのように，ある感情の側面が研究される時，その確証は明らかではない．さらに，肯定的な気分の効果は，両方の性とすべての年代を対象とした研究において報告されてきた．感情が検討されるときに，有酸素運動のように，ある運動の様式が，他の様式よりも恩恵をもたらすかどうかについては知られていない．ところが，肯定的な感情が運動後に経験されるかどうかを決定するために，トレーニングの経験が重要かもしれないということは，すでに報告されたデータによって示されている（Boutcher et al., 1997）．

運動時の感情に影響を与えている文脈上の要因は，スポーツ心理学において普及している研究領域である（4章および7章参照）．人々が，身体活動を行おうとしているときに持っている目標，および参加者が感じる風土は重要である．近年，身体活動研究において，主に2つの達成目標がきわめて多くの注目を集めてきた（Duda and Whitehead, 1998）．課題目標志向は，成功が，主に自己改善と課題統制の観点で定義されるときに生じる．課題目標志向は，努力が成功をもたらすであろうという信念と大いに関連する．一方で，自我目標志向は，成功が，勝利，および他者への優越を示すことと定義されるときに生じる．自我目標志向は，成功には能力が必要だという信念と強く関連する．

私たちは，37の研究と41の独立したサンプル（N＝7,950）についてメタ分析を行い，課題目標および自我目標と肯定的感情および否定的感情の関係性を検討した（Ntoumanis and Biddle, 1999b）．測定尺度とサンプル誤差を補正した後に，課題目標志向と肯定的感情との相関（効果サイズ）を求めた結果，中程度から高い値の効果サイズが得られた．一方で，課題と否定的感情，自我と肯定的感情，および自我と否定的感情との相関は，総じて低いものであった．図8-4に示したように，これらの結果は，スポーツと身体活動において，課題目標志向を採択することが，より肯定的な感情反応を導くということを示唆している．

私たちは，もう1つのレビューにおいて，身体活動における課題風土および自我風土と，肯定的感情および否定的感情との関連について効果サイズを算出した（Ntoumanis and Biddle, 1999b）．風土とは，課題風土または自我風土をより強調する状況（たとえば，運動教室）における，文脈的手がかりの知覚を意味する（7章参照）．課題風土において，グループの構成員は，彼らが意志決定において大きな関わりを持っていると感じており，成功は，個人による努力と改善，および新しい学習方略が奨励されるという観点から定義され，評価される．そして，新しい学習方略は推奨される．他方，自我風土は，個人間の比較と規範的な基準に基づく評価を強調する．14の研究に含まれる4,400名以上を対象にした算出結果は，自我風土が，肯定的感情および動機づけ指標とき

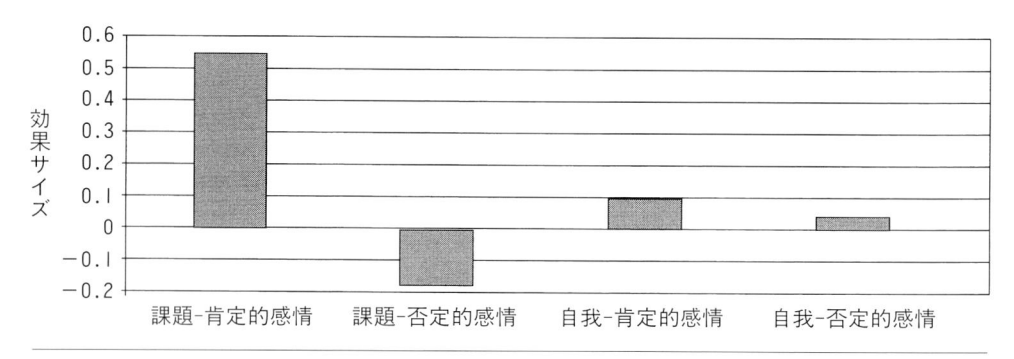

図8-4 達成目標（課題または自我）と肯定的感情および否定的感情の関係について算出された効果サイズ。効果サイズは，サンプルと測定誤差を補正した後の相関係数を示している（Ntoumanis and Biddle, 1999b）

わめて強く関連することを明らかにした（図7-2参照）。

運動経験の内容もまた，活動と心理的安寧との関係を調整することができる。たとえば，一過性運動の効果研究は，総じて身体活動によって「気持ちが良く」なることの証明に成功してきた。しかし，定期的に長期間行う運動の効果を検討した研究は，少なくとも実験場面においては，「気持ちが良く」なることをうまく証明できていない。

●気分と感情：要約

レビューされた確証に基づいて，以下のように要約できる。

- 運動と身体活動への参加は，肯定的感情および肯定的気分と一貫して関係している。
- 定量的に明らかにされてきた傾向としては，有酸素運動は，活気（＋），疲労（－），および混乱（－）に対して小ー中程度の効果を，怒り（－）に対しては小さな効果を持っている。
- 身体活動と心理的安寧との関係は，英国とその他の国において，身体活動と心理的安寧の測定尺度を使用されながら，いくつかの大規模な調査において確認されてきた。
- 中等度の強度の運動が，心理的安寧に対して効果を持つことは，実験試行によって実証されている。このことは，とりわけ，一過性の運動において顕著である。
- 高強度の運動が感情と気分にもたらす効果は，運動後の回復期の後に生じるかもしれないものの，その効果は明確ではない。
- 定量的に明らかにされてきた傾向は，身体活動において課題（自己関連的）目標が，肯定的感情と関連するという考え方を支持している。
- 定量的に明らかにされてきた傾向は，身体活動場面において，支配感（課題）の動機づけ風土が，肯定的動機づけ反応および肯定的感情と関連するという考え方を支持している。

運動とセルフエスティーム

セルフエスティームは，しばしば，心理的安寧の中で最も重要な測定尺度と見られている。実際，身体活動の結果生じるセルフエスティームの増強は，運動のプロモーションとスポーツへの参加によって生じるとしばしば主張され，子どもに体育を教授する際の共通の理論的根拠となっている。セルフエスティームに対する運動の効果のレビューにおいて，Sonstroemは以下のように結論づけた。

　一貫した肯定的な結果は…身体的トレーニングプログラムを行うことによって得られる好ましい効果の根拠を示している。さらに，運動プログラムは，参加者のセルフエスティーム得点の増加と，明らかに関連すると結論づけられている。この得点の増加は，とりわけ初期にセルフエスティームが低い被験者において表れる…以上の結論は，体力の増加よりもむしろ運動プログラムと，そして，セルフエステ

ィームそれ自身よりもセルフエスティーム得点が増加することと関連する。

(Sonstroem, 1984: 138)

　セルフエスティームは，学問的領域および社会的領域のような，自己的な価値と関係する。セルフエスティームは，単に自己の側面を表現しているにすぎない自己概念構造を拡張したものである。それゆえ，セルフエスティームは，そのようなディスクリプターに価値を付加する。近年まで，セルフエスティームの測定尺度は，運動とセルフエスティームの潜在的な関係を理解することにおいて生じていた実際の進歩を妨げる要因であった。研究者は，しばしば，多次元の尺度よりもむしろ，包括的なセルフエスティームの測定尺度を用いる。セルフエスティームは，多次元で多層的な構造によって支持されている包括的な構造である。包括的セルフエスティームは，身体的，社会的，および学問的な自己知覚のように，分化した自己知覚によって構成される。これらは，包括的セルフエスティームの身体的下位領域であるスポーツ能力や身体的外観のように，ますます増加する価値や有能感の一時的な知覚によって支持されている (Fox, 1997b; 1998; Fox and Corbin, 1989)。4章の図4-1は，このアプローチに基づくFoxの身体的自己知覚モデルを示している。

　セルフエスティームと運動への2つのアプローチが明確にされている。まず，「動機づけアプローチ」または「個人発達仮説」が存在し (Sonstroem, 1997a; 1997b)，それによって，セルフエスティーム (SE) は，身体活動の動機づけ決定因として作用する (図8-5A参照)。これは有能感と自己価値が維持され，増強されうる領域なので，ここで，セルフエスティーム，または特に身体的自己価値 (PSW) が高い人たち，および身体的自己知覚が高い人たちは，身体活動を行おうとするかもしれない。

　もう1つは，「スキルの（個人の）発達」仮説である (Sonstroem, 1997a, 1997b)。この仮説は，肯定的または否定的な経験，スキル，課題統制感，および成功などの発達を通して，セルフエスティームが変化する可能性があることを提案している（図8-5B参照）。このことは，自己増強仮説が動機づけを強調しているのとは対照的に，たとえば，身体活動への関与の指標として，より多くのセルフエスティームと関連する。スキル発達仮説は，子どもを対象とした多くの体育プログラムで実証されている。もちろん，この2つのアプローチは完全に両立しない。なぜならば，初期に行われる身体活動はきわめて動機づけられて行われているかもしれないし，そのことはセルフエスティームや価値観に関する自己知覚を強化することにつながり，最終的にその後の活動の動機となっていく (Biddle, 1997a)。

●身体的領域におけるセルフエスティームの測定尺度

　今や，理論的な進歩は，心理測定学的評価の進歩と同時に起こる。Fox and Corbin (1989) は，身体的自己知覚プロフィール (Physical Self-Perception Profile: PSPP) を開発した (Fox, 1998)。この尺度は，身体的自己価値とそれを構成する4つの下位領域：スポーツ有能感，魅力的な身体，身体的強さ，および体調管理を測定する尺度である。これらの要素は，米国の大学生を対象とした研究において最初に明らかにされた。

　PSPPとMarshが開発した「身体的自己描写質問紙」(Physical Self-Description Questionnaire: PSDQ; Marsh et al., 1994) のように，他の類似した測定尺度が考慮すべきことは，分化した自己知覚の側面に運動がどのような影響を与えるのか，そして，自己知覚が，セルフエスティームに影響を与えるのかを調査するために存在するということである。たとえば，運動への参加は，体調管理に関する肯定的感覚を増強するかもしれないし，さらに，体調管理は，身体的自己価値とセルフエスティームに影響を与えるかもしれない。これらの関係は，個人が，問題となる領域を重要だと感じている場合に多く存在すると考えられる (Fox, 1998)。しかし，驚くべきことに，この関係を評価した研究はほとんど存在しない。この問題について包括的に分析するために，Marsh and Sonstroem (1995) は，米国において，エアロビッ

A. 動機づけアプローチ

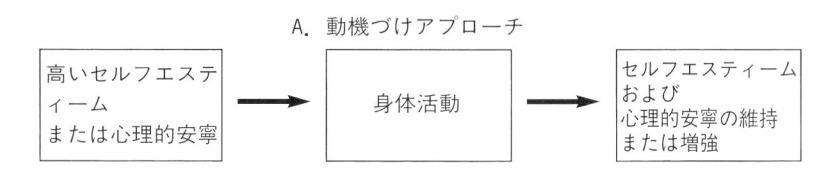

高いセルフエスティーム または心理的安寧 → 身体活動 → セルフエスティームおよび心理的安寧の維持または増強

B. 個人発達アプローチ（自己強化アプローチ）

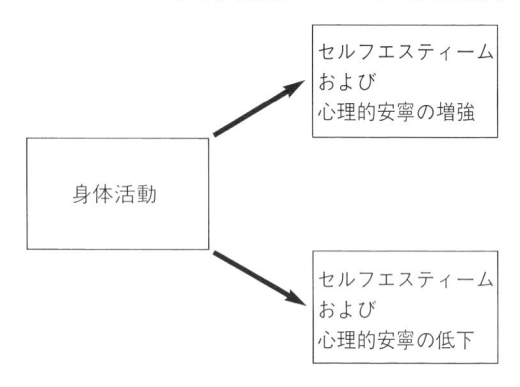

身体活動 → セルフエスティームおよび心理的安寧の増強

身体活動 → セルフエスティームおよび心理的安寧の低下

図8-5 セルフエスティームに対する「動機づけ」および「自己強化」アプローチ

クダンスを行っている200名以上の成人を対象として研究を行った。測定尺度は，包括的なセルフエスティーム尺度とPSPPの4つの下位尺度（魅力的な身体，スポーツ有能感，体調管理，および身体的強さ）と，PSPPの身体的自己価値尺度が用いられた。さらに，Fox（1990）の主観的重要性プロフィール（Perceived Importance Profile: PIP）が実施された。この尺度は8つの項目を備えており，各2項目がPSPPの下位領域に相当し，各項目はその下位領域である重要性の知覚を評価する。対象者は，最後に，自己報告によって身体活動を評価した。

Morsh and Sonstroem（1995）では，いくつかの異なったモデルと方法が検討された。しかし，重要性評価の組み合わせに関する結果は，実際，自己知覚のみによってというよりも，領域固有の身体的自己知覚によって，運動参加がより良く予測されるという考えをほとんど支持していなかった。しかし，Marsh and Sonstroem（1995）は，重要性評価の機能と固有性という問題を見つけ出した。たとえば，自分の身体に魅力がないと思っている人たちと，自分の魅力にきわめて肯定的な自己知覚を持ち，さらにその領域に高い重要性を持っている人たちは，同じように振る舞うかもしれない。前者は，改善（たとえば，体重の減少）のために動機づけられるかもしれない。それに対して，後者は，行動への有能感の効果を証明すると思われる：彼らは，エアロビックダンスの能力がある，または外観が良いために動機づけられる。言い換えれば，「自己概念の研究者は，固有な自己概念領域の重要性を評価するようにと被験者にしばしば言うが，研究者は，なぜ，固有な領域を重要だと思うのか，またはどんな状況でそれを重要だと思うのかということを被験者にたずねる必要があるかもしれない」（Marsh and Sonstroem, 1995: 101）。

●ナラティブ・レビュー，またはメタ分析によるレビュー

McDonald and Hodgdon（1991）は，有酸素性体力トレーニングと「自己概念」との関係を検討した研究において，全体としての効果サイズが0.56（n=41）であり，この自己概念は，セルフエスティームを含む自己知覚の最も標準的な測定尺度を含んでいたと報告した。13の異なる尺度が使われ，測定尺度は，領域固有の身体的価値の知覚を含む，誰も実証してこなかった最新のセル

フエスティーム理論が用いられた。効果サイズは尺度によって変化するが，時折，きわめて少数の研究が探し出された。たとえば，最も高い効果サイズ（1.45）は，ほとんど知られていない尺度を用いた2つの研究を含むだけである。一方で，最も低い効果サイズ（0.23）は，Secord and Jourard（1953）の身体カセクシス尺度（Body Cathexis Scale）を用いた4つの研究の平均値である。

McDonald and Hodgdon（1991）は，人格テストから「セルフエスティーム・クラスター」までの自己関連測定尺度を用いている。セルフエスティーム・クラスターは，16 PF 人格検査（Personarity Factor Questionnaire：16 PF）の自己充足（尺度Q 2）と不安定性（尺度O）下位尺度に加えて，上記の「自己概念」研究の測定尺度をすべて含んでいる。クラスターの効果サイズは0.35であり，中等度の効果が見られた。

子どもを対象としたスポーツ競技と体育プログラムのメタ分析において，Gruber（1986）は，27のセルフエスティーム研究から，効果サイズが全体として0.41であることを報告した。研究の61％が，セルフエスティームへの肯定的な効果を示していた。これらの結果は，身体活動が子どものセルフエスティームに肯定的な効果を与えることを実証している。しかし，わずか0.12であった効果サイズの平均は，Calfas and Taylor（1994）がレビューしている，青年を対象とした3つの無作為化対照試験から報告されている。

Doan and Scherman（1987）は，セルフエスティーム/自己概念を含む，多様な人格測定と運動の関係を分析した。11の予備実験研究のうち，7つの研究は肯定的な効果を見せ，4つの研究では効果が見られなかった。準実験研究では，5つの研究が肯定的な結果であり，3つの研究では変化が見られなかった。一方で，10の実験研究のうち，5つの研究は肯定的な結果を示し，5つの研究では変化が見られなかった。一方で，運動がセルフエスティームに与える否定的な効果を報告した研究は存在していなかった。

Fox（2000）による体系的なレビューでは，9つの未公刊博士論文と1970年以降の文献における36の無作為化対照試験を対象とした。すべての無作為化対照試験のうち，76％において，身体的自己知覚，または包括的セルフエスティームに肯定的な変化が見られた。Fox は，運動は肯定的な身体的自己知覚を増進するために用いられるが，その変化を証明するメカニズムは不明瞭であると結論づけている。

重要な領域を明らかにすることは，妊娠中の身体的自己知覚と関係する。妊娠中における運動の生理学的問題に関する有益な文献（Lokey et al., 1991）と比較して，心理的問題を扱った文献はきわめて少ない。親子の関係に移行することは，発達上の危機として見られる可能性がある。そして妊娠中には，情動的な変化と同様に社会的な変化が起こる。妊婦は，単に，「妊娠している」人だと思われており，妊婦は，彼女自身のアイデンティティが覆い隠されていると感じるかもしれない（Alder, 1994）。その上，女性における妊娠の知覚は，仲間の，および文化的なプレッシャーによって影響されるかもしれない。Strang and Sullivan（1985）は，多くの女性のボディ・イメージに，妊娠が否定的な変化を生じさせると報告している。Wallace et al.（1986）は，有酸素運動に参加している妊婦と座位中心の生活を送っている妊婦を比較した横断的研究を実施し，座位中心の生活を送っている女性よりも，運動している妊婦のほうが高いセルフエスティーム得点を示し，低い不快得点を示すことを明らかにした。Hall and Kaufmann（1987）は，妊娠中に運動を行っていたと回想した妊婦は，運動参加中において，自己イメージが改善され，緊張と不快が低減したことを報告している。前向き研究（prospective study）において，Slavin et al.（1988）は，運動は，女性が自分の身体をコントロールしている感覚を持つことを可能にし，彼女らが妊娠中において，肯定的な自己イメージを維持させると述べている。これらの著者は，心理的な恩恵は，妊娠中における運動によってもたらされる恩恵の1つであることを示唆している。なぜならば，運動は，生物学的に多くの身体的変化が起こるときに，女性が自分の身体をコントロールしている感覚を持たせてくれるためである。さらに，軽度のおよび中等度の抑うつに対する運動の効果は明確にされ

ているので，出産後の抑うつは運動プログラムによって改善するかもしれない（本章の後半参照）。しかし，現在まで，運動が出産後の抑うつにおよぼす効果の特異的な検討は行われていない。

●セルフエスティーム：要約

運動を行うことは，セルフエスティームの肯定的な変化と関連しており，領域固有の自己知覚の測定尺度を使用することによって，セルフエスティームの変化の内容に関してより多くの情報が得られる（Sonstroem, 1997a）。Sonstroem は，1984年のレビューを改訂しており（Sonstroem, 1997a），そのレビューでは，初期における結論が繰り返されている。しかし，表8-4 に要約したように，いくつかの鍵となる疑問が，Sonstroem（1997a）によって提示されている。全体として，確証は，運動とセルフエスティームの肯定的な関係を実証しており，Fox（2000）の無作為化対照試験のレビューにおいても同様の結論が導かれている。

運動と不安

運動の不安低減効果を扱った研究は，スポーツ心理学と運動心理学において長い歴史を持っており，現在でも，研究者が大いに興味を持つ分野となっている。不安は，状態（一時的な）と特性（持続している）という2つの特徴によって定義されている。そして時には，認知的（心配）と身体的（身体的緊張）という2つの要素によって定義される。さらに，運動の研究者は，体力水準が異なる参加者の生理心理的ストレス反応に興味を持ってきた。

気分と感情に関する多くの研究が，（POMS を使用した研究のように）緊張と不安の測度を用いているにも関わらず，概念的に別々の構成概念として不安を扱うことは明白であり，部分的には，そのような研究の量も多い。運動と不安を扱った多くの研究では，状態・特性不安尺度（State-Trait Anxiety Inventory: STAI；Spielberger, Gorsuch and Lushene, 1970）の状態尺度，POMS の緊張-不安下位尺度（McNair et al., 1971），または MAACL の不安下位尺度（Zuckerman and Lubin, 1965）のいずれかを用いて状態不安を評価している。特性不安が評価されるときは，ほとんどの研究で，STAI の特性尺度が使用されている。

●メタ分析による知見

運動と不安について，4つのメタ分析（Long and van Stavel, 1995; McDonald and Hodgdon, 1991;

表8-4 Sonstroem（1997a）によって提示された，運動とセルフエスティームに関する4つのキーとなる質問への回答

キーとなる質問	Sonstroem の回答の要約
1．セルフエスティームの増加は，身体的フィットネスの増加と直接的に関係するのか？	いいえ。肯定的な自己知覚と関係しているのは，実際のフィットネスの変化よりもむしろフィットネスまたは他の要素の改善を知覚することである。
2．セルフエスティームの増加は，最初の時点でセルフエスティームが低い人たちに限定されるのか？	そのとおりであるが…セルフエスティームの肯定的な変化は，最初にセルフエスティームが低い人たちと，最初にフィットネスや能力が低いものの，その要素を改善したい，そしてその要素を重要だと感じている人たちにおいてより見られるかもしれない。
3．セルフエスティームの増加は，プラセボ効果，回答の歪曲，および社会的望ましさのような交絡要因から独立しているのか？	そのとおりである。多くの研究がそのような要因を統制していないものの，運動がセルフエスティームにもたらす独立した効果に関する確証が存在する。
4．セルフエスティームの増加は，数ヵ月後に消失するのか？	いいえ。追跡データが入手できる場合，セルフエスティーム得点は時間を越えて維持される。

Petruzzello et al., 1991; Schlicht, 1994a) が存在し，運動の不安低減効果をレビューしやすくしてくれる。Schlicht (1994a) は，1980-1990 年における 22 の研究サンプルを対象として，小さく，しかも有意ではない効果サイズ（−0.15）を示した。それゆえ，運動は，不安に対してほとんど効果を持っていないと結論づけている。しかし，Petruzzello (1995) は，Schlicht がすべての研究を扱っていないこと (Schlicht, 1995) を指摘することによって，この論文を強く批判している。Schlicht は，20 の研究における 22 の研究サンプルを分析しているが，Petruzzello et al. (1991) のメタ分析では，Schlicht の研究と同じ期間の 50 の研究を分析対象とし，全体として 104 の研究を扱っている。結果として，Schlicht は調整変数の分析を実施することができず，彼のメタ分析は，統計学的パワーを欠いている（Schlicht, 1995 を参照）。表 8-5 は，3 つのメタ分析の結果を要約している。

Petruzzello et al. (1991) は，現在までのところ，この領域における最も包括的なメタ分析を行っている。私たちは，McDonald and Hodgdon (1991) および Long and van Stavel (1995) が行った，焦点を絞ったメタ分析と合わせて，彼らの研究結果についてレビューを行うことにする。Petruzzello et al. (1991) は，運動の不安低減効果を検討した 124 の研究データを分析した。彼らは，1960-1989 年に公刊され，しかも状態不安，特性不安，および不安の生理心理的指標を検討した研究を扱っている。彼らのレビューでは，方法論的デザインが異なる研究や，公刊された研究および未公刊研究も含めている。そのような変数をコード化することによって，方法論の妥当性が研究結果に与える影響を検討できるかもしれない。

McDonald and Hodgdon (1991) は，メタ分析で扱う研究を有酸素性体力トレーニングが心理的指標にもたらす効果を検討した研究に限定しており，その指標の 1 つが不安であった。彼らは，22 の研究から 36 の効果サイズを算出した。彼らの検索手続きにおいて，研究の発行年に関する制限は報告されなかった。しかし，彼らは，未公刊の研究，アブストラクト，および学位論文を取り扱っておらず，標準化された不安の測定尺度を用いており，そのうえ体力の測度を前後に測定している研究のみを扱った。最後に，Long and van Stavel (1995) のメタ分析では，成人を対象としており，しかも，標準化された不安の測定尺度を用いた準実験的または実験的トレーニング研究を限定して扱った。臨床研究（精神医学的研究およびタイプ A 研究）は，40 の研究と 76 の効果サイズを残して省略された。

これらのメタ分析の主な結果は，表 8-5 に要約している。表 8-5 は，不安に対して，運動が有意で小―中程度の効果を持っていることを示している。Petruzzello et al. (1991) によれば，非処置統制群および動機づけ統制群を設けている状態不安研究の両方とも，有意な効果サイズを示しているものの，事前-事後デザインまたは被験者内デザインを用いている研究の効果サイズの方が大きい。McDonald and Hodgdon (1991) は，調査

表 8-5 運動と不安に関する 3 つのメタ分析結果の要約

研究	成果変数	活動/フィットネス測度	効果サイズの数	効果サイズの平均値[1]
McDonald and Hodgdon (1991)	状態不安	有酸素性体力トレーニング	13	0.28
	特性不安	有酸素性体力トレーニング	20	0.25
Petruzzello et al. (1991)	状態不安	運動	207	0.24
	特性不安	運動	62	0.34
	生理心理的指標	運動	38	0.56
Long and van Stavel (1995)	被験者内事前-事後研究	運動トレーニング	26	0.45
	対照群研究	運動トレーニング	50	0.36

注：
[1] すべての効果サイズは，統計的に有意である

研究が，実験研究よりも低い効果サイズを示すことを明らかにした。これらの結果は，研究の内的妥当性が必ずしも効果サイズに影響しないものの，動機づけ要因が統制された時に不安の変化が生じることを示唆している。さらに，Petruzzello et al. (1991) は，運動が他の不安低減処置と同様に効果的であることを明らかにした。運動を行うことによるコストが低いということを考えると，この結果はとりわけ重要かもしれない。

有酸素運動は非有酸素運動よりも大きな不安低減効果を示しているが，Petruzzello et al. (1991) が示した非有酸素運動の効果は，わずか13の効果サイズによって算出されているために，結果の解釈には慎重にならなければならない。彼らは，有酸素運動の様式によって効果に差が生じないことを明らかにしており，このことは，McDonald and Hodgdon (1991) によって実証されている。

興味深いことに，運動セッションの長さは，不安の低減と関連する可能性がある。Petruzzello et al. (1991) は，21-30分間の運動が，この時間未満の運動よりも優れた不安低減効果を持つことを示した。しかし，他の不安低減処置との比較から算出された0-20分間のカテゴリーの効果サイズが削除されるとき，効果サイズは0.04から0.22に増加し，それは21-30分間の運動が持つ0.41という効果サイズと有意に異ならなくなる。

運動と感情についてレビューするとき，私たちは，高強度の運動が，中等度の強度の運動のように肯定的な効果を生じさせないことを示唆した。しかし，状態不安において，Petruzzello et al. (1991) は，運動強度ごとの効果サイズが等しいことを明らかにした。メタ分析によると，不安の生理心理的指標において，最も大きな効果サイズは，最高心拍数または最大酸素摂取量の40-59％の強度（ES=1.06；n=13）であるが，これは70-79％の強度（ES=0.41；n=24）の効果サイズと有意に異なっている。にも関わらず，80％より高い強度を含む4つの運動強度カテゴリーのすべては，有意な効果サイズを示した。これらの結果は，とりわけ中等度の強度の運動が不安低減の恩恵をもたらすという可能性を示唆している。しかし，中等度よりも高い強度の運動もまた，恩恵をもたらす可能性がある。

●調査研究

Stephens (1988) によって報告された，身体活動とメンタルヘルスに関する大規模調査の二次的データ分析は，不安に関する確証を提出している。カナダにおける10,000名以上の成人データにおいて，活動的な人たちでは，不安症状の報告が少ないことが示された。このことは，すべての年代における男性と40歳以上の女性に当てはまるが，若い女性には当てはまらない。その他の大規模な疫学的データは，包括的な安寧測度のデータのみを提供している（Sports Council and Health Education Authority, 1992; Thirlaway and Benton, 1996 を参照）。それゆえ，不安の変化を明らかにすることは不可能である。5,061名の青年を対象としたSteptoe and Butler (1996) のデータもまた同様である。ところが，彼らは，まさに，「性，社会的階層，前年度中における疾患歴，および病院サービスの利用とは独立して，高強度のスポーツや活動に参加している人たちほど，情動的苦痛のリスクが低い」ことを報告している (Steptoe and Butler, 1996: 1791)。

●実験試行

Leith (1994) は，20の実験研究を対象として，運動と不安のレビューを行っている。これらのうち，14の研究 (70％) は，運動による不安の低減を示し，残りの研究は不安の低減を示していなかった。また，不安の増加を示した研究は存在しなかった。Steptoeと彼の共同研究者によって行われた英国における一連の実験試行は，運動と不安の実験試行に関する結論を導くための枠組みを提供している（表8-3参照）。

Steptoe and Cox (1988) は，32名の女子医学生を対象にして，高強度（2 kg/100 Wで50回転/分の自転車エルゴメータ運動）および低強度（0.5 kg/25 W）の運動に対する心理的反応を検討した。彼らは，POMSの不安-緊張下位尺度得点を

用いて，水準（強度条件）と時間の交互作用が有意であることを明らかにした。この結果は，高強度条件の不安得点が有意に増加していることと，低強度条件の不安得点が有意に低減していないことを示している。

Moses et al. (1989) は，座位中心の生活を送る成人を高強度運動群，中等度の強度運動群，注意-プラセボ群，およびウェイティングリスト群に分けて検討を行い，中等度の強度の運動において不安が低減することを明らかにしたものの，高強度運動群では不安の低減が見られなかった。実際，高強度運動群は，運動前から後にかけて不安の増加を報告した。Steptoe et al. (1993) の研究は，非活動的で不安の高い成人が，中等度強度の運動を実践することによって不安の低減が生じることを確かめた一方で，注意-プラセボでは変化が見られなかった。

これらの研究は，実験条件下において，運動が不安の低減と関連することを説明している。しかし，Steptoe のデータは，運動後の回復期において不安が低減するにも関わらず，高強度の運動よりもむしろ，中等度の強度の運動が，運動中における不安の低減を生じさせることを特に印象づけている。このことは，本章の気分と感情に関する部分において議論されている。

●運動とストレス反応性

いくつかの研究が，心理社会的ストレッサーに対する生理的反応を検討している。代表的な実験デザインは，実験室で行う有酸素性体力テストの結果に基づいて，参加者を「低」および「高」有酸素性体力群に分け，たとえば足を冷水に浸すなどのストレッサーに対して，彼らの生理的反応（たとえば，血圧）を評価するというデザインである。Crews and Landers (1987) は，34 の研究のメタ分析を行った。彼らは，効果サイズの平均が 0.48 で，ストレス反応に対して体力が中程度の影響力を持ち，体力のある人たちはストレス反応が低いことを報告した。より大きな効果は，定期的に長期間行う運動よりも，むしろ一過性運動の後に見られる。研究の大部分は，従属変数として血圧と心拍を用いているが，これらの指標は，体力測度の独立変数と似通っているために混乱を起こしているかもしれない。

イングランドにおける身体活動と心理的安寧に関わる英国レビューおよびコンセンサス・プロセス委員会 (Biddle et al., 2000) は，ストレス反応もまた検討対象に含めている。Taylor (2000) は，確証を検討した後に，「中等度の強度による 1 回の運動セッションは，短期間の生理的反応を低減させ，短時間の心理社会的ストレッサーからの回復を増強する」と結論づけている。

Crews and Landers (1987) および Taylor (2000) によるレビューが，運動とストレス反応との有益なデータを提供しているにも関わらず，この領域は，多くの方法論的な懸念を抱かせている。たとえば，実験研究がわずかしか存在していないし，多くは相関研究である。身体活動歴とは別に，まずは体力の影響が規定されなければならないし，すべての研究が短期間のストレッサーしか用いていない。さらに，Taylor は，通常の生活で生じているストレッサーに対する運動の効果について，より多くのことを明らかにする必要があると述べている。

もし，運動がストレス反応に影響を与えるならば，影響を与えるメカニズムの基礎となる多くの知識が必要とされる。Crews and Landers (1987) は，運動の結果として，交感神経系の活動において生じる変化または内因性のオピオイド放出における変化が要因である可能性を述べている。

●運動と不安の関係を調整する要因

運動と不安の関係における調整変数は，メタ分析やその他の研究結果において言及されてきた。要約すると，運動によって導かれる不安の低減は，すべての年代と両性にわたって確認されている。どこに差が見られてきたのか，これらは研究間において一致していない。そして，民族性，社会経済的地位および教育歴の異なる群間に関するデータが欠如している。

●不安：要約

レビューされた確証に基づいて，運動と不安に関して要約すると，以下のようになる。

- メタ分析の結果は，運動が，有意で小一中程度の不安低減と関連することを示唆している。
- 運動の不安低減効果は，一過性および定期的に長期間行う運動，状態および特性不安，不安の生理心理学的指標，および性と年齢の異なる集団においても当てはまる。
- 有酸素運動または非有酸素運動における効果の差に関する確証は明確ではない。
- 実験研究は，主に中等度の強度の運動中において，また中等度と高強度の両方の運動後において，運動の不安低減効果を実証している。
- 大規模な疫学的調査は，運動の不安低減効果を実証している。
- 有酸素性体力が高い人たちにおいて，心理社会的ストレッサーに対する生理的反応は低減するかもしれない。

運動と非臨床的抑うつ

臨床レベルの抑うつと運動との関係は，9章においてレビューされている。ここでは，非臨床的な人たちを対象として検討を行う。すなわち，軽度—中程度の抑うつ，または臨床レベルに分類されない抑うつを扱う。

McDonald and Hodgdon (1991) は，有酸素トレーニング研究のメタ分析において，抑うつを測定する5つの尺度を明確にした。それらは，ベック抑うつ質問票（Beck Depression Inventory：BDI），疫学研究センター抑うつ尺度 (Centre for Epidemiological Studies Depression Scale: CES-D; Radloff, 1977)，Lubin (1965) の抑うつ形容詞チェックリスト（Depression Adjective Check List: DACL），症状チェックリスト 90 (Symptom Check List 90: SCL-90; Derogatis, Lipman and Covi, 1973)，および Zung (1965) の自己評価抑うつ尺度（Self-Rating Depression Scale: SDS）であった。さらに，POMS の抑うつ下位尺度も使用されてきたが（Leith, 1994 を参照），McDonald and Hodgdon (1991) は，抑うつそのものというよりもむしろ気分として，POMS の抑うつ下位尺度を分析している。

●メタ分析の結果

運動と抑うつに関して，2つのメタ分析が行われている。気分と不安の節ですでに報告したように，McDonald and Hodgdon (1991) もまた，有酸素性体力トレーニング研究の指標として，抑うつのメタ分析を行っている。さらに，North, McCullagh and Tran (1990) は，290の効果サイズを導く運動と抑うつに関する80の研究のメタ分析について報告した。2つのメタ分析の主な結果は，表 8-6 に要約されている。

これらのメタ分析から，楽観的になることができるような結論はすべての研究において見られていない（Dishman, 1995; Dunn and Dishman, 1991）。たとえば，North et al. (1990) は，一過性運動と定期的に長期間行う運動の両方が，抑うつの低減と関連しており，そのことは追跡測定（フォローアップ）においても同様で，効果サイズは主に中程度の値であると結論づけている。同様に，McDonald and Hodgdon (1991) は，有酸素性体力トレーニング研究もまた，運動が抑うつに対して中程度の効果を示すという確証を示したレビューに対して焦点を当てている。さらに，効果サイズの論理的なクラスターが算出され，抑うつクラスターは，不安，セルフエスティーム，および心理的適応よりも高い効果サイズを持つことが明らかにされた（McDonald and Hodgdon, 1991）。

おそらく，今日まで，これらのメタ分析は，この領域において最良の確証を導いてきたと思われるが，過剰に自信を持って多くの確証が存在すると主張することを警告すべき問題点も多く存在する。これらの問題点の多くは，Dunn and Dishman (1991) および Dishman (1995) によって詳しく議論されている。たとえば，メタ分析に含まれている研究の中には，初期の不安を伴った抑うつを患っている人たちも含まれている。Dunn

表 8-6 運動と抑うつに関する2つのメタ分析結果の要約

研究	成果変数	活動/体力測定	効果サイズの数	効果サイズの平均値[1]
North et al. (1990)	抑うつ	運動	290	0.53
	抑うつ	運動プログラム	226	0.59
	抑うつ	追跡測定（フォローアップ）	38	0.50
	抑うつ	単一の運動セッション	26	0.31
	抑うつ	運動開始時に抑うつではない人たちを対象とした運動	143	0.59
	抑うつ	運動開始時に抑うつであった人たちを対象とした運動	120	0.53
	抑うつ	ウェイト・トレーニング	7	1.78
	抑うつ	多様な有酸素運動	54	0.67
	抑うつ	歩行および/またはジョグ	89	0.55
	抑うつ	有酸素運動教室	13	0.56
	抑うつ	ジョギング	66	0.48
McDonald and Hodgdon (1991)	抑うつ	有酸素性体力トレーニング	17	0.97
	抑うつ［クラスター][2]	有酸素性体力トレーニング	7つの混合された効果サイズの平均値	0.55
	SDS	有酸素性体力トレーニング	7	0.66[3]
	BDI[4]	有酸素性体力トレーニング	5	1.22[3]
	DACL[4]	有酸素性体力トレーニング	3	1.54[3]
	CES–D	有酸素性体力トレーニング	2	0.73[3]
	SCL–90	有酸素性体力トレーニング	1	1.02

注：
[1] 特に記述されていない場合（また効果サイズの数が1つの場合），すべての効果サイズは有意である；日なし（すべての効果サイズ得点は，運動にともなう抑うつの減少を反映している）。
[2] クラスターは以下を含む：MAACL, POMS, MMPI, およびその他の「混合テスト」の得点, POMSの混乱尺度, POMSの活気尺度（逆転），POMSの疲労尺度。
[3] 有意水準は報告されていない。
[4] BDIおよびDACLの両方とも，1つの研究において同時に用いられている。

and Dishman は，広場恐怖症とパニック発作の DSM-II-R の基準に適合した多くの人々もまた，抑うつまたは抑うつ歴を有していることに基づいて，この点を議論している。これらの場合，運動は不安を低減させ，気分を増強させるかもしれず，それゆえ，抑うつにおける変化を生じさせるかもしれない。North et al.のメタ分析もまた，メタ分析の結果が他の研究結果と一致しないことと同様に，抑うつが均一の定義に基づいていないという疑いがある。Dunn and Dishman は，メタ分析の結果を示唆しており，一過性運動と抑うつ低減との関連性は，三環系抗うつ薬において見られる効果と一致していない：「薬理学的および神経生理学的経路の観点から，この不一致を説明することは困難である」(Dunn and Dishman, 1991: 49)。

●調査研究

Stephens (1988) によって大規模調査の結果が報告され，先に議論したように，身体活動とCES-D によって評価された抑うつに関する確証が提示された。最初の全国健康・栄養評価調査 (National Health and Nutrition Examination Survey: NHANES-I) において，3,000 名以上の北米成人を対象とした調査が行われ，その結果，「ほとんど/まったく運動を行っていない」と報告した人たちは，「中程度に」または「頻繁に」運動を行っているカテゴリーに分類された人たちと比較して，抑うつが高いことを示した（図 8-6 参照）。興味深いことに，この差異は，中程度の運動実施が十分な抑うつ低減効果を持っていることと，それ以上に活動を行っても，さらなる恩恵が得られないことを示唆している。このことは，NHANES-II (Farmer et al., 1988) の追跡データにおいてさらに実証されている。

この調査に参加した多くの人たちは，調査開始の時点で抑うつではなく，測定尺度は，単に一過性の気分または包括的な安寧を捉えているかもしれない。身体活動の測定は不十分で，前向き研究デザインよりも，むしろ横断的研究において，しばしば単項目の自記式測定尺度が使用されている。

●実験試行

Leith (1994) は，運動と抑うつについて検討した 42 の研究について報告し，そのうち，81 % の研究は抑うつ低減効果を示すことを報告している。Leith によって報告された 13 の実験研究のうち，9 つの研究は抑うつの変化を示していた。ノルウェーにおける Martinsen と共同研究者たちの研究は，運動の抑うつ低減効果を実験的に証明することにおいて特に有力であった。しかし，それらの研究は，臨床的な患者を対象としており，9 章において議論する。

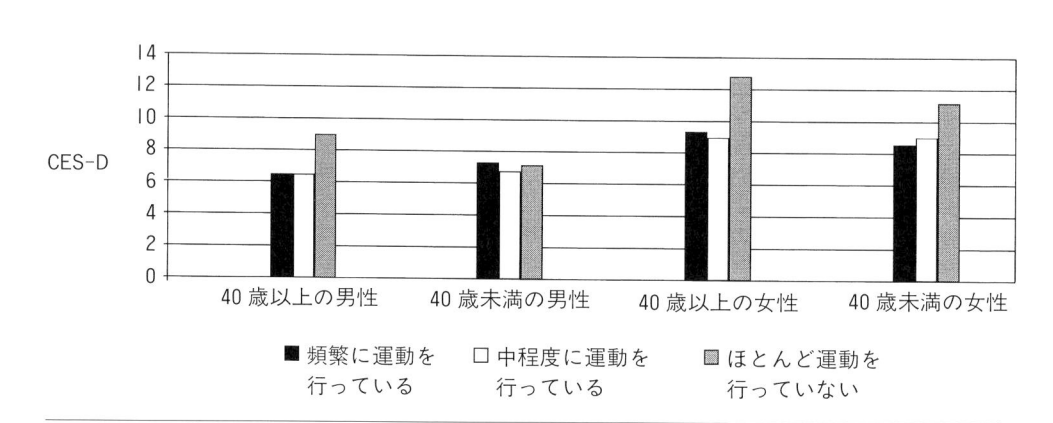

図 8-6　余暇時間の身体活動によって分類された 40 歳未満および 40 歳以上の 3,000 名以上の米国人男女の抑うつ得点（CES-D 尺度）(Stephens, 1988 のデータから)

●運動と非臨床的抑うつの関係を調整する要因

これまでに報告された研究結果は，運動が抑うつの低減と関連していることを示している。しかし，確証は，男女や年齢などの群間において明確な差異を示すという点で強力とは言えない。社会経済的地位や民族性という要因を統制し，運動の抑うつ低減効果を示している研究があるにもかかわらず，確証は，これらの要因が異なる集団においては認められない可能性がある（たとえば，社会経済的地位に関する Farmer et al.（1988））。しかし，常識的に考えると，最初の抑うつ水準がより高い場合に最も大きな効果が生じる。抑うつ傾向にない人たちは，運動の結果として，「これ以上抑うつではない状態」になることがない。

運動と抑うつの調整変数を確認するためには，O'Connor, Aenchbacher and Dishman（1993）が行った高齢者対象の運動と抑うつのレビューによって明らかにされた，多くの要因を認識しておくことが重要である。彼らは，たとえば，年齢の要因が健康状態によって悪影響を受けることを強調している。貧弱な健康状態など，抑うつを導くような要因は，高齢者において不均衡に示されるかもしれない。このことは，高齢者における身体活動と抑うつとの相関が，しばしば統制されていない多くの要因によって説明される可能性があることを意味している。

O'Connor et al.（1993）は，高齢者における抑うつは評価が難しいことと，年齢の要因は不活動によって悪影響を受けるかもしれないことを示唆している。年齢の要因が身体活動の実施に悪影響を与えることは，高齢者が若い人たちよりも運動を社会的に受け入れにくいことを示す確証のように，運動のコホート効果と関連している。それゆえ，年齢そのものは，高齢者の身体活動において見られる年齢間の差を説明する要因ではないかもしれない。最後に，身体活動の評価は，特に高齢者において正確ではない。少なくとも高齢者において，O'Connor et al.（1993）によって明確にされた4つの問題が混ざり合って，運動と抑うつの関係性における調整変数を明らかにするのに不確実な部分を強調している。

この領域における調整変数の探索において，私たちは，運動または身体活動が抑うつの低減を引き起こすかどうかを結論づけることに，どれくらいの自信があるかを明確にしようとしている。終わりに，この調整変数の探索のために，疫学的研究で用いる基準を私たちが採択するように示唆する研究者も存在する（Dishman, 1995; Mutrie, 2000 参照）。このことは，9章において，臨床的な研究結果を判断するために用いられる。

●非臨床的な抑うつ：要約

レビューされた確証に基づいて，運動と非臨床的抑うつに関して要約すると，以下のようになる。

- メタ分析の結果は，運動が，抑うつを有意かつ中程度に低減させることを示唆している。
- このことは，一過性運動および定期的に長期間行う運動において当てはまり，運動の様式および性や年齢の多様な集団において異なる。
- 実験研究は，運動の抑うつ低減効果を実証している。
- 大規模な疫学的調査は，活動的なライフスタイルが，低い抑うつ水準と関連するという考え方を実証している。

運動と認知機能

> 私は，身体の調子が良いときに，よく働き，明晰に考えることができる。
> (Nelson Mandela, Long walk to freedom, 1994)

ランナーの主観的な報告（Mutrie and Knill-Jones, 1986）によれば，ランニング後に質問を受けた人たちの半分以上が，より明晰に考えることが可能になることを認めている。このことは，ランニングやおそらくその他の形態の活動が，いくつかの認知機能に対して肯定的な影響を与えてい

ることを示唆している。認知機能という用語は，単純な反応時間から，複雑な情報過程までの多様な課題を含んでいる。

Kirkendall (1986) は，子どもにおいて，運動学習パフォーマンスと知的能力の間に，わずかではあるが肯定的な関係が存在しており，その関係は発達の初期段階において最も強いことを結論づけている。従来，学習障害の子どもに対する介入技法についても検討が行われてきたが，180の研究のメタ分析 (Kavale and Mattson, 1983) は，平均IQが8歳児に相当する88の子どもたちに対して知覚-運動学習トレーニングを行っても，学業パフォーマンス，認知パフォーマンス，または運動学習パフォーマンスにおいて，肯定的な効果が見られなかったことを明らかにしている。実験研究において，MacMahon and Gross (1987) は，学習障害を持つ男子について，20週間にわたる高強度の有酸素運動プログラムに参加させ，その効果が学習能力において見られなかったことを明らかにしている。学習障害のある子どもに対して運動を用いた最近のナラティブ・レビュー (Bluechardt, Wiener and Shephard, 1995) もまた，運動プログラムが，運動学習パフォーマンスの改善に成功していないと結論づけている。Shephard によるレビューでは，「毎日の体育プログラムは，それらが学習能力の大きな増強を導くという期待を伴って導入されるべきではない」(Shephard, 1997: 123) と結論づけているものの，運動が子どもの学習能力の向上を促すという主張は，毎日の体育プログラムの実施を支持する際になされている (Dwyer et al., 1983; Pollatschek and O'Hagan, 1989)。

子どもの身体活動と認知的発達に関する文献は，初期の段階，すなわち就学前においては，身体活動と認知的発達との間にきわめて強い関係が存在することを示している。知覚-運動学習の発達研究は，初期段階における心理運動学習機能の発達と神経筋制御が，子どもの学習を助ける可能性があることを示唆している。身体活動後に大脳血流量が増加することが証明されており，この増加は認知機能を向上させる。同様に，身体活動は，前頭葉前部の体性感覚と大脳皮質の一次運動野における血流量を増加させる可能性がある (Williams, 1986)。しかし，これらのメカニズムは妥当であると思われているにも関わらず，身体活動介入に参加している子どもの認知的変化に関する研究は，統制が不十分で，厳しい方法論的批判にさらされている。

Tomporowski and Ellis (1986) は，運動が認知過程に与える影響について文献をレビューし，対立する確証が存在していると結論づけた。この解釈は，実験デザインを用いることによって見出されるかもしれない。絶対的な運動負荷よりも，むしろ相対的な負荷で運動を行うことによって，（運動そのものの効果よりもむしろ）体力水準が異なるという影響を排除した研究を行う必要性があり，強度と時間によって，運動の効果は異なるかもしれない。さらに，少なくとも2つの疑問が考えられる。1つ目は，運動中の認知においてもたらされる効果であり，2つ目は，運動後においてもたらされる効果である。最後に，認知機能を測定するために用いられるテストは，それ以前の経験や学習の影響から分けて考えられなければならない。

Boutcher (2000) は，高齢者を対象にした身体活動と認知機能に関する14の実験研究をレビューし，たった5研究だけが，有酸素トレーニング後に肯定的な効果を示していたことを明らかにした。Etnier et al. (1997) は，134の研究のメタ分析を行い，効果サイズ全体の平均は0.25であり，比較的小さいが有意な効果を持っていることを報告している。その効果サイズは，一過性運動デザイン (ES=0.16) および定期的かつ長期的な運動のデザイン (ES=0.33) では小さかったが，横断的デザイン (ES=0.53) および混合計画 (ES=0.54) では大きかった。さらに，一過性運動および定期的に長期間行う運動の内的妥当性が揺らぐと，より大きな効果サイズを生じる。そのため，より統制された試行が必要とされている。

運動，人格，および適応

すべてのスポーツ心理学者と運動心理学者は，

「身体活動は人格に影響を与えるのか」という疑問に直面している。ましてや，実際に，少なくとも子どもや青年においてスポーツを実施することは，本質的に「良いこと」なのである。そして，スポーツの実施が「人格の発達」と関連していることは，共通して受け入れられている。同様に，会社は，アウトドア活動センターに従業員が参加することに対して喜んでお金を払う。それは，アウトドア活動が，リーダーシップ・スキルや肯定的なグループ・ダイナミクスなどの発達を援助するという考えに基づいているからである。この考え方は，長い間心理学者の心を捉えてきたものの，現在最も論争されている話題の1つであり，また，多くの要因が，人格に与える身体活動の影響を介在しているかもしれない。

ヨーロッパスポーツ心理学連合（European Federation of Sport Psychology）（「Fédération Europeene de Psychologie des Sports et des Activités Corporelles」：FEPSAC）は，子どものスポーツ参加における肯定的な成果，および問題となる結果を要約したポジション声明を発表した（FEPSAC, 1996）。その声明によると，挑戦，社会的相互作用，社会的スキルの増強，および身体的発達の機会を含む，いくつかの潜在的な肯定的効果が存在している。その代わりに，環境や大人によるリーダーシップが不適切な場合に生じるかもしれない不安のように，問題となる結果もいくつか現れるかもしれない。

この領域には，エピソード的な話や偏りのある主張が数多く存在していることを考えると，数種類の科学的コンセンサスを探索することが重要である。この領域において，3つのレビューが方向性を示している。まず，McDonald and Hodgdon (1991) は，有酸素性体力トレーニングと特性的な人格測度についてメタ分析を行っている。つぎに，Leith and Taylor (1990) は，運動と，人格や自己知覚を含む心理的安寧に関するレビューを提供している。

McDonald and Hodgdon (1991) は，定量的な分析を行うのに十分な数の研究が存在している3つの尺度についてだけではなく，異なる9つの人格尺度が，有酸素性体力トレーニング研究において用いられていることを明らかにしている。3つの尺度とは，16 PF (Cattell, Eber and Tatsuoka, 1970)，アイゼンク人格目録（Eysenck Personality Inventory: EPI; Eysenck and Eysenck, 1963），ミネソタ多面人格目録（Minnesota Multiphastic Personality Inventory: MMPI; Hathaway and McKinley, 1943) である。EPIの外向性下位尺度，または神経症傾向下位尺度において有酸素性体力トレーニングを行うことによる有意な効果は見られていない。しかし，16 PFの知能（ES＝0.38）と自己充足（ES＝0.30）において得点の増加が，また浮動性不安（ES＝－0.18）と緊張（ES＝－0.38）において得点の低減が見られている。このような結果は，認知機能（知能），不安（緊張），および気分と心理的安寧（浮動性不安と自己充足）のように，本書における他の領域のレビューと一致している。

MMPIを用いた研究は，主に臨床的な集団を対象としているので，結果を他の集団に般化できない。しかし，MMPIに含まれる10の臨床的尺度のうち，6つの尺度は好ましく変化していた。さらに，McDonald and Hodgdon の研究において，心気症（－），社会的内向性（－），知能（－），統合失調症性（＋），ヒステリー性（－）の「適応クラスター」は，全体として0.33の効果サイズを生じさせており，人格と適応に対する有酸素性体力トレーニングのわずかな肯定的効果を示唆している。

Doan and Scherman (1987) は，彼らのレビューにおいて，16の「人格」研究を列挙し，8つの予備実験研究のうち，6つの研究では肯定的な効果が見られたが，準実験研究では6つの研究のうち3つだけ，実験研究では2つの研究のうち1つだけが，肯定的な効果を示していることを明らかにした。一方，否定的な効果を見せた研究は存在しなかった。しかし，この領域は，測定尺度と定義の問題に悩まされており，これらのデータの解釈には注意を払うべきである。

最後に，Leith and Taylor (1990) は，Doan and Scherman (1987) と同じアプローチを用いて，予備実験研究か，準実験研究か，または実験研究かという分類によって研究結果を分析した。

Box 8-1 「国家構築」としての身体活動

　スポーツとその他の身体活動場面において，身体活動に参加することと個人の「人格発達」との関係性に焦点を当てた多くの議論が存在する。しかし，近年，この問題への特別な次元は，スポーツ心理学および運動心理学の領域を再び含むようになった。すなわち，国家構築における身体活動（スポーツ）の役割である。国家におけるスポーツの成功と「好ましい」増進との関係は新しいものではないので，私たちは再び含むようになったという言い方をする。過去数十年にわたり，東欧における以前の社会主義国，および中国やキューバのような同様の政治体制において，スポーツの役割は重要であった。

　しかし，最近の事例は，この問題について人道主義的な面を組み入れている。1995年の第3回ラグビーワールドカップ（Rugby Union World Cup tournament）は，南アフリカが主催して優勝した。アパルトヘイトの消滅と国際スポーツから孤立した年月の後に，南アフリカはついに，世界的スポーツの「檜舞台」にのぼる機会を得た。チームは，「1つのチーム，1つの国家」というスローガンを採用し，そのイベント（主催国によって大いに助けられた「スプリングボックス（ラグビーの南アフリカ代表チームの愛称）」が優勝した）が，「良い感覚」を作り出し，人種差別が区分を生み出してしまうような国が団結するための効果を促進したと幅広く報道された。後に，ネルソン・マンデラ大統領は，「今やスプリングボックスは，南アフリカすべての人々の大きな志と一体となった」と語った。

　近年行われた国際会議において，運動と精神的安寧に関する確証を示した際，私たちの中の1人が，南アフリカの代表者によって「国家構築」としての身体活動の確証について質問を受けた。近年行われたイベントへの純粋な注目が多くのことを示してくれたにも関わらず，このことに関する「科学的な」確証は，ほとんど，またはまったく存在しない。身体活動（ここでは，観客として代理的にスポーツに参加する場合）は，肯定的な方法による「国家構築」の可能性を明らかに保持している。いずれにせよ，この過程と関係する実践のすべてが良いことなのかどうかの判断はこれからも続く。

　人格について研究している3つの予備実験研究は，すべての研究において運動の「肯定的な」効果を示し，そのうち2つの研究では体力も改善していた。これらの研究は，すべて16 PFを用いて人格を評価している。46の準実験研究のうち，1つの研究だけが人格を評価していた。この研究は，運動の肯定的な効果を示し，体力も改善していた。Leith and Taylorがレビューした26の実験研究のうち，1つの研究のみが「心理的適応」を扱っており，人格を検討した研究は存在しなかった。心理的適応の研究は，体力の変化および心理社会的適応における変化を示さなかった。結論として，運動と人格および適応との肯定的な関係が明らかになった。

運動と睡眠

　運動が睡眠の質を改善するという確証は不確かであり，しかし，常識だとも考えられている。さらに，いくつかのレビューにおいて，睡眠は，運動によって肯定的な影響を受ける可能性があると示されている（Horne, 1981; O'Connor and Youngstedt, 1995）。さらに，2つのメタ分析が行われている。Kubitz et al. (1996)は，一過性の運動が，いくつかの睡眠変数に対して，有意な効果サイズを生じさせることを明らかにしている。その効果サイズは，運動を行っている人たちが，運動を行っていない人たちよりも早く入眠し，より長く，

より深く眠っていることを明らかにした。Youngstedt, O'Connor, and Dishman（1997）によるメタ分析は，入眠潜時を除いて，これらの結果を確認している。たとえば，定期的に長期間行う運動に関して，Kubitz et al.（1996）は，体力のある人たちは，体力のない人たちよりもより早く入眠し，より深く，より長く眠っていることを明らかにした。効果サイズは，一過性運動と定期的に長期間行う運動の両方において小—中程度の値であった。

運動と更年期

　生殖機能が次第に衰える女性の過渡期（医学的な用語では月経閉止期というが，一般に更年期として知られる）において，心理社会的な変化は数多く起こる。この変化は，生殖可能な期間が終了し，子どもが成長して家から巣立つことなど，家族における役割が変化し，両親，自分自身，および配偶者の健康問題が生じる可能性が増すこと，そして，より多くの時間を職業と自己開発に捧げる機会が増えることを意味している。多くの女性は，月経閉止期が肯定的な変化の時間であり，さらなる自立を経験する機会であると報告している（Musgrave and Menell, 1980）。しかし，月経閉止期において，ある程度の身体的および心理的苦痛を経験する女性も存在する。寝汗やほてりなどの血管運動神経症状は，最も共通して報告される身体症状であり，ホルモンの変化と関連している（Hunter, Battersby and Whitehead, 1986）。最も頻繁に報告される自信の低下や，抑うつおよび不安という非臨床的な心理的症状についての確証が存在している（Barlow et al., 1989; Hunter and Whitehead, 1989）。また，性機能に関連する不確かな結果も存在している。セルフエスティームの低下は，最も包括的な月経閉止期の症状であり，いくつかの要因が組み合わさって，月経閉止期におけるセルフエスティームを低下させている。これらの要因とは，低い社会経済的状態，更年期とその影響に対する否定的な態度，社会的なつながりの制限，夫婦関係の貧しさ，およびストレスフルな出来事である。

　Gannon（1988）は，運動の実践が，月経閉止期に女性が共通して報告する症状を緩和する可能性に注目している。しかし，この示唆を実証する研究はほとんど存在しない。Bachman et al.（1985）は，更年期後の女性を運動群（n=12）または統制群（n=10）に無作為に振り分け，体力と心理的安寧の改善に注目した。その結果，13週間にわたる運動後において，性的活力の変化は見られなかった。Crammer, Neiman and Lee（1991）は，更年期前女性を対象とした10週間の運動プログラムによって，同様の結果を示している。その研究において，女性は，ウォーキングプログラム群または座位中心の生活を送る統制群に無作為に振り分けられた。10週間のプログラム後において，運動群は心臓血管系機能と心理的安寧の改善を見せたが，体脂肪率は変化しなかった。

　その他の月経閉止期の女性に関する実験研究の文献は，検索によって見つけることができない。しかし，Harris, Rohaly and Dailey（1993）は，なぜ中年更年期の女性は運動を行うのかということに関して，質的データを提供している。彼らは，面接データの分析によって，運動を行う5つの動機を明らかにしている：

1. 個人のパワー/統制：「私は，とにかく良い体型でいたい…，個人の能力の要素に，そのことは含まれている」；「私は，自分が十分に優れていると考えており，私ができることに自信を持っている」。
2. 身体の再生：「鏡を見た時に，自分の健康な身体を見たい」；「運動は，おそらく服を着たときの見栄えを良くしてくれるし，自分自身のことをすばらしいと感じさせてくれる」。
3. 安寧：「多くの緊張から開放されるために」；「運動の主な恩恵は，気持ちが良くなることである」；「私は，定期的に運動を行うことがどれだけ良いことかを知っている」。
4. 楽しさ：「私は，本当にウォーキングが好きである」；「私は，おもしろいことを楽しんでいる」。

5. 年齢への適応：「運動は，私が活動的で太らずに歳をとるための方法である」；「私は，自立していたいと思う」；「（歳をとるにつれて私がやりたいと思うことは）私が見たいように見て，私が感じたいように感じることである」。

この研究における女性たちは，彼女らの更年期症状について直接的に尋ねられていないものの，回答の例によって，加齢の過程にともなう彼女らの高いセルフエスティーム，幸福感，および満足感が，身体的な運動に影響を受けているという確証が示されている。これらの質的データは，旧来の実験デザインでは得ることのできない情報を提供している。なぜ，生涯を通じて運動を行う女性がいるのか，そして，なぜ，その一方で運動を中止してしまう女性がいるのかという疑問を理解できるように，多くの質的研究が着手されることを推奨する。たとえば，Sparkes（1997）によって示された生活史を用いるアプローチは，多くの成果をもたらすかもしれない。

運動と更年期症状が関連するという確証は，横断的研究によって，さらに確実なものとなる。横断的研究の1つにおいて，予約を待っている間を利用して，更年期症状のために病院クリニックを訪れる女性38名が面接された（Mutrie and Choi, 1993）。彼女らは，また，運動習慣に関する質問紙，月経閉止期症状尺度（Climacteric Symptoms Scale: Greene, 1991），およびPSPP（Fox and Corbin, 1989）に記入を行った。彼女らの回答に基づくと，集団として，少なくとも週に60分間は健康や余暇の目的で運動を実践している人たち（n＝17）と，座位中心の生活を送っている人たち（n＝21）に分けられる。運動を実践している人たちは，運動を実践していない人たちよりも，身体的自己価値と体調管理を高く評価しており，低い不安傾向を報告した。このことは，運動実践者は，非実践者よりも肯定的な心理的利点が存在すること，または，肯定的な心理的性質が，彼女らを運動に向かわせることを示唆している。次世代の研究は，原因と影響の関係を解明するに違いないが，運動が肯定的な変化を引き起こす可能性があるということは，まさに先行研究から明らかにされている。これは臨床的サンプルであり，セルフエスティームの低下が最も一般的な月経閉止期の症状であると示唆されてきたことを考慮に入れると，運動は，女性において，付加的，または代替的な処置，あるいは両方の処置として用いられうる。

この研究は，同時に，運動が更年期症状の自助または臨床的処置に役立つ可能性を示唆している。運動は，ボディ・イメージと身体的自己知覚の肯定的変化を作り出すために特に重要かもしれない。さらに多くの研究によって，そのような処置の有効性が確認されなければならない。

身体活動と心理的安寧：そのメカニズム

本章では，身体活動が，心理的安寧の多くの次元と関連することを示唆した。しかし，それだけでは不十分である。私たちは，なぜ，どのように，その効果が生じるのかということを知る必要がある。このことは，身体活動と心理的安寧との関係性のメカニズムについて短い議論を必要としている。

心理的安寧に対する運動の効果を説明するメカニズムは，明確にされていない。妥当だと思われるメカニズムがいくつか提示されており，それらは，生化学的，生理学的，そして心理的なメカニズムを含んでいる（Biddle and Mutrie, 1991; Boutcher, 1993; Morgan, 1997）。生化学的および生理学的に考えられるメカニズムは，以下のようなものである。

・運動に伴う深部体温上昇と関連する変化：温熱仮説（Koltyn, 1997）
・運動後におけるエンドルフィン生成の増加：エンドルフィン仮説（Hoffmann, 1997）
・運動後における中枢神経系のセロトニン・システムの変化：セロトニン仮説（Chaouloff, 1997）
・ノルエピネフリン仮説のような神経伝達物質に与える運動の影響（Dishman, 1997）
・身体活動によって「気持ちが良くなる」効果

は，大きな自己統制感覚を持ちながら，人生の否定的な側面や，ストレスフルな側面から逃れることによって，結果として，新しい課題に熟達することにより，身体的自己価値とセルフエスティームの変化をもたらすかもしれない（Fox, 1997b; Fox, in press）。

Boutcher（1993）は，メカニズムと運動経験との関係を精密かつ明快に分析することによって，以下のことを示している。すなわち，彼は，今まさに運動を開始する人たち（すなわち，「採択段階」にいる人たち）は，運動刺激に対してまだ生理学的に適応していないので，心理的メカニズムに基づいて，その部分を強調すべきだと提案している。また，彼は，運動実践について維持段階にいる人たちには，心理的および生理学的メカニズムの両方が重要かもしれないと示唆している。最終的な習慣段階にいる人たちに対しては，生理学的メカニズムと，行動する際の条件による影響に基づいた強調がなされるべきであると示唆している。メカニズムと同時に，運動の文脈と経験を統合しているので，これらの考えは興味深い。しかし，これらの考え方は，さらに検討されることが必要である。

心理的指標に注目している研究者は，メカニズム理解の洗練を試みることを強く勧めている。気持ちが良くなること，主観的な統制感の増加，低い筋緊張への注目，より良い睡眠，日々の仕事に対して払う努力が少なくてすむこと，および神経伝達物質の循環が高い水準に保たれることにおいて，なぜ身体活動がメンタルヘルスに影響するのかという説明は，相乗的に作用しているかもしれない。おそらく，このゲシュタルトは，1つの指標を1つのメカニズムで説明するというよりも，むしろその影響を提供している。研究者たちが抱える問題の解決は，容易ではない。

❖ まとめと結論

　身体活動と心理的安寧との関係は，哲学や心理学研究において最も古い研究領域の1つである。それゆえ，確証が豊富に存在し，頻繁に議論が生じていることは驚くべきことではない。この論争のほとんどが，多くの研究の不十分な研究デザインと，低い統計学的パワーから生じている。それゆえ，心理的安寧に運動がもたらす真の効果について疑いが持たれている。しかし，研究されている領域のほとんどすべては，メタ分析，調査，および実験試行を含む多様な研究方法にわたって，運動の肯定的な効果を示しており，否定的な効果を示した研究は存在しない。

　本章において私たちは以下のことを行った。

- 身体活動と，気分や感情，セルフエスティーム，楽しさ，不安，非臨床的抑うつ，認知機能，人格，および睡眠を含む，様々な心理的安寧の指標に関する確証をレビューした。
- 入手可能で，研究のコンセンサスに達しているメタ分析，調査，および実験試行を用いた。
- 身体活動と心理的安寧を連結するメカニズムを要約した。

以上の要約から，私たちは以下のように結論づける。

- 運動と身体活動への参加は，肯定的気分および肯定的感情と一貫して関連している。
- 定量的に明らかにされた傾向として，有酸素運動は，小—中程度の肯定的な効果を活

気に，小—中程度の否定的な効果を疲労と混乱にもたらす。
- 実験試行は，中等度の強度運動が，心理的安寧にもたらす効果を証明しているが，高強度の運動がもたらす効果は明瞭ではない。
- 運動は，セルフエスティームの肯定的な変化と関連しており，身体的自己知覚と関連している。
- 1回の運動後または運動プログラム後において，状態，特性，および生理心理的な不安の測度の種類は少なく，そして，その効果は小—中程度である。
- 有酸素体力の高い人たちは，心理社会的ストレッサーに対する生理的反応を低減させると思われる。
- 運動は，非臨床的抑うつの中程度の低減と関連している。
- 認知機能に対する運動の効果は，有意だが小さいと思われる。
- 運動は，人格と心理的適応に対して，肯定的な効果を持つ可能性がある。
- 運動を行っている人たちは，運動を行っていない人たちと比較して，早く入眠し，長く，深く眠るということが，わずかな効果によって示唆されている。
- 運動は，月経閉止期の女性に対して，肯定的な効果を持つ可能性がある。

第9章

うつとその他の精神疾患

ランニングしているときに心配は起こらない。

W. Grlasser（Positive addiction, 1976）

◆ 章の目的

本章では，うつや精神疾患の治療，予防における身体活動や運動の役割について概観する。特に，以下のことをねらいとしている。

- 精神疾患についてのトピックを紹介する。
- うつや精神疾患の有病率を明らかにし，説明する。
- 精神疾患の予防，治療における身体活動の役割についての認識の低さについて論じる。
- うつと身体活動および運動に関する文献を紹介し，概説する。
- 不安障害，統合失調症，アルコール依存，薬物依存など，その他の精神疾患における身体活動の役割について概説する。
- 運動実施に伴って起こりうる悪影響について言及する。
- これまでに得られた知見から見出される結論を導く。
- 研究者，臨床家への提言を行う。

はじめに

うつ，精神疾患（精神病）は臨床的問題とみなされており，本章で扱うものは，その問題が臨床的な範囲にある人々についての研究に限定したい。身体活動とうつをテーマとした研究は，その他の精神疾患のものよりも多くある。そのため，タイトルとして扱われることも多く，関心が寄せられている。精神疾患には様々な定義があるが，概して，異常心理学の標題のもとに研究が行われている。他に，精神医学的問題，心理的問題，精神障害がある。

精神疾患は，米国精神医学会（American Psychiatric Association, 1994）によって，つぎのように定義されてきた。

臨床的に著しい行動的，心理的症候群ないし様式が個人に生じ，現在の苦痛（痛みのある症状）や障害（機能の1つあるいはそれ以上の重要な部分にお

ける損傷），あるいは死，苦痛，障害，重大な自由の損失に陥るリスクの著しい増大に関連するものである。さらに，この症候群や様式は，たとえば，愛する者の死のような，単に予期可能，文化的に容認された特定のできごとへの反応ではない。

(米国精神医学会：American Psychiatric Association, 1994: xxi)

公衆衛生の領域において，精神疾患は最も一般的に用いられる用語である。また，現在，精神疾患は，英国政府主導による優先権の高い関心領域となっている（保健省：Department of Health, 1998）。精神疾患の分類は，精神疾患の診断・統計マニュアル第4版（Diagnostic and Statistical Manual of Mental Disorders- Fourth Edition: DSM-IV；米国精神医学会，1994），精神疾患および行動上の障害を含むすべての疾患を分類（コード番号化）した国際疾病分類第10版（ICD-10; WHO, 1993）を参照して行われることが多い。精神医学や心理学における実践や専門教育では，診断を行うことが求められる場面もあるが，臨床家ならびに研究者にとって，これらの分類システムは，様々な疾患と既知の診断方法に関する共通言語となっている。DSM-IVでは，精神疾患の分類に5つの軸を用いている。最初の2つの軸で障害の可能性を，残りの3つの軸で身体的健

表9-1 DSM-IVによる5つの軸

軸	説明
1 臨床疾患	第1軸では，主な疾患のそれぞれについて記録し，基準をあげる。抑うつ感，不安，説明不能な身体症状，認知障害，疑わしい物質依存，睡眠障害，性機能不全，異常な食行動，精神症状，心理社会的問題と躁病の徴候など，その他の精神疾患が含まれる。
2 人格障害	第2軸では，人格特徴に関わる障害が記録される。通常，学業成績や社会的交流の障害など，乳幼児期，小児期，青年期における疾患が記録される。
3 一般身体疾患	認められた障害に身体症状が関連していることもあるため，この軸は診断の出発点となることが多い。たとえば，抑うつが甲状腺機能低下症と関連している場合，身体疾患とは関連がない抑うつとは異なった診断がなされる。
4 心理社会的および環境的問題	第4軸では，（診断・治療・予後に影響する）家族に関する問題，教育上の問題，住居の問題，経済的問題，法律に関連した問題などを記録する。
5 機能の全体的評定	心理的，社会的および職業的機能のみについて0-100の尺度で機能の全体的評定（GAF）を行う。GAF尺度は，「自己または他者をひどく傷つける危険が続いている」1-10点，「重大な症状，または社会的，職業的または学校の機能において何か重大な障害」41-50点，「広範囲の行動にわたって最高に機能している」91-100点のGAF得点をつける。

表9-2 ICD-10 精神および行動の障害コード番号

コード番号	説明
F 00-F 09	症状性を含む器質性精神障害（例：痴呆）
F 10-F 19	精神作用物質使用による精神および行動の障害（例：依存性症候群）
F 20-F 29	統合失調症，分裂病型障害および妄想性障害（例：妄想型統合失調症）
F 30-F 39	気分（感情）障害（例：うつ）
F 40-F 49	神経症性障害，ストレス関連障害および身体表現性障害（例：恐怖症）
F 50-F 59	生理的障害および身体的要因に関連した行動症候群（例：摂食障害）
F 60-F 69	成人の人格および行動の障害（例：盗癖）
F 70-F 79	精神遅滞（例：軽度精神遅滞）
F 80-F 89	心理的発達の障害（例：会話および言語の発達障害）
F 90-F 98	小児期および青年期に通常発症する行動および情緒の障害
F 99	特定不能の精神障害

康，生活環境のストレス度，機能の全体的評定を見ていく。表9-1にDSM-IVの5つの軸を示した。ICD-10（1993）は，精神疾患と行動上の障害に関して，表9-2に示したコードF00-F99に分類し，記述している。

● 治療

心理的問題の治療環境には，開業医による一般診療所，病院，専門医によるクリニック（またはセンター），民間の心理療法，民間施設などがある。治療の方法としては，一般開業医や精神科医が関わることが必要な薬物療法もある。電気けいれん療法や精神外科的処置（ロボトミーなど）を行う治療法もある。通常のセラピー（療法）では，その人の考え方や感じ方，社会的環境の認知の仕方に焦点を当てることが多い。精神科医，臨床心理士，カウンセラー，ソーシャルワーカーといった，高度な教育を受けた専門家と言われる人たちが，セラピー（療法）を行う。この領域には，精神分析（専門でない人にとっては，寝椅子とメモを取る人がいるというイメージがあるかもしれない）や，来談者中心療法，認知行動療法など多くのアプローチ方法がある。家族全員が治療過程に関わることもある。私たちの関心は，心理的問題の予防と治療における身体活動の役割である。身体活動は，気分やセルフエスティームの向上，社会化の促進ならびに身体的健康の改善を支援する治療プログラムの一部となり得ると考えられている。身体活動による心理的問題の予防機序は，自らが自らを発達・向上させているという感覚（Fox, 1997b）によって有能感が向上し，社会化の機会が与えられて，身体的健康やフィットネスが促進されると考えられる。

● 有病率

精神疾患の有病率は公衆衛生の関心事である。英国では，国勢調査省（Office for Population Center and Survey: OPCS）が1995年に精神医学分野の有病率に関する調査書を公表している（Meltzer et al., 1995）。この調査は，神経症的問題，機能的精神疾患，アルコール・薬物依存を分類する臨床的面接目録（Clinical Interview Schedule: CIS）により行われた。英国の16-64歳の成人10,000名以上に面接調査を実施したところ，成人1,000名あたり160名が調査前1週間に神経症的問題を抱えており，不安やうつが混在した問題が最も多いことがわかった。神経症的問題は男性より女性に多くみられた。統合失調症のような機能的精神疾患は，1,000名あたり4名であった。アルコール依存は1,000名あたり44名，薬物依存は1,000名あたり22名であったが，16-24歳の若年層ではアルコール依存（1,000名あたり176名），薬物依存（1,000名あたり111名）ともに多く，6名に1名がアルコール依存の問題を有していることが明らかになった。これらの精神疾患も含め，母集団の約14％がCISで12点以上を示した。表9-3は，1995年に報告されたスコットランド健康調査（Dong and Erins, 1997）より，心臓血管系疾患の有病率を示したものである。この表を見ると，一般的な心臓血管系疾患の症状を訴えた者の数は精神疾患を持つ者と同程度であることがわかる。精神疾患は取るに足らない問題ではないが，人口比にしてみればその影響は小さい。また，有病率は，心臓発作や脳卒中より多いが，高血圧と同程度である。さらに，この統計調査は，16-64歳の成人に限定したものである。英国の子どものメンタルヘルスに関わる問題の発生率は20％程度，機能障害を伴う中等度から重度の問題を有する者は7-10％であると推定されている（Kurtz, 1992）。

OPCSの調査（Meltzer et al., 1995）では，身体活動，ウォーキングとスポーツ参加について，簡単な質問が2問設けられていた。しかし，これらのデータは，精神疾患の有病率に関する分析に

表9-3　スコットランドにおける心臓血管系疾患の有病率

症状	症状を報告した男性の割合(%)	症状を報告した女性の割合(%)
狭心症	3.1	2.5
心臓発作	2.4	1.1
脳卒中	1.0	0.5
高血圧	13.3	13.9
糖尿病	1.5	1.5
心雑音	2.1	3.2

出典：Dong & Erins（1997）

表9-4 スコットランド健康調査で用いられた活動レベルの6分類

レベル	基準
5	強度の活動を1週間に3回以上実施している
4	強度の活動と中等度の強度の活動をあわせて週3回以上実施している
3	中等度の強度の活動を週3回以上実施している
2	中等度の強度もしくは強度の活動を週1～3回実施している
1	中等度の強度もしくは強度の活動をほとんど実施していない（週1回未満）
0	中等度の強度もしくは強度の活動をまったく実施していない

出典：Dong & Erins（1997）

用いられなかった。精神疾患の有病率については今後の調査で明らかにしていかねばならないが，そのためには，身体活動に関する適切な測定尺度が必要となる。スコットランド健康調査1995（Dong and Erins, 1997）では，身体活動は自記式で，家庭・職場での日常生活活動，スポーツおよび運動を評価している。回答は，英国国民体力調査（スポーツ評議会・健康教育局：Sports Council and Health Education Authority, 1992）において採用された基準と同じ0-5の6レベルに分類された。表9-4は，その分類を示したものである。

スコットランドの調査は，身体活動レベルと精神健康調査表（General Health Questionnaire: GHQ; Goldberg et al., 1970）で測定したメンタルヘルスとの関係を報告している。男女とも，GHQが4点以上（精神的健康問題があるとされる）を示す割合は，活動レベル5が最も低く，活動レベル0が最も高かった。

身体活動が健康に果たす役割について一般的なコンセンサスが得られた今，健康に関するあらゆる調査において，身体活動がどのように測定されるかという点について，包括的な合意が必要ではないかとの意見がある。イングランド，スコットランドの身体活動特別専門委員会が提言，策定しているように，正確な縦断的比較調査を可能にする身体活動の測定方法を提唱することは，こうした組織の1つの目標である。今後，母集団を縦断的に追跡する研究が行われ，活動レベルと精神疾患の発症との関係性に関して実証されることが望まれる。Steptoe and Butler（1996）は，英国ではすでに，青年期のコホートから，スポーツ参加と情緒的な健康は正の関係にあることが明らかになっていると述べている。このことは，1970年に始まったコホート研究のデータから実証できるとしている。

身体活動や運動が果たす役割に関するメンタルヘルス専門家の認識の低さ

この20年間に，身体活動や運動とメンタルヘルスに関する文献はかなり増えてきた（8章，10章参照）。しかし，Dishman（1995）が指摘しているように，うつなどの精神疾患の治療に果たす運動の役割は，米国心理学会のようなメンタルヘルス関連諸機関から支持を得ていない。英国では，最近になっても，運動の価値について，うつに関するレビュー論文や治療で，まったく言及されていない（Hale, 1997）。これは，不活動が初期の危険因子として認識されている冠動脈疾患とは対照的である（Pate et al., 1995）。その理由として，精神疾患の治療や予防に運動が果たす役割についての研究結果が，説得力あるものではないことが考えられる。メンタルヘルス関連文献が，心（メンタルヘルス）と身体（身体的健康）を別のものとして扱う二元論の流れを受けているため，運動など，身体的なアプローチによって精神的な効果がもたらされることが理解されないのかもしれない（Beesley and Mutrie, 1997）。Rejeski and Thompsonは，人々の考え方が二元論から離れてきているとして，「心と身体を区別して捉える考え方は，徐々にではあるが確実に，生物・心理・社会学的な相互関係の概念—すなわち，身体，心，社会的文脈における人間の存在は，互いに相互依存的な関係にあるという考え方になってきている（Rejeski and Thompson, 1993: 7）」と，きわめて楽観的に述べている。実際に，人々の考え方が，二元論から生物・心理・社会学的な相互関係の概念に変わってきているのであれば，メンタルヘルスに関わる問題を扱う

人々が，治療の一方法として運動を勧めるようになっているはずである。しかし，開業している心理療法家110名を対象としたMcEntee and Halgin (1996) の調査結果によれば，多くの心理療法家は運動が治療に有用であると考えてはいるものの，運動を患者に勧めている人はごくわずか (10％ほど) でしかなかった。この不本意な結果について，McEntee and Halginは，心理療法家が運動は非常に指示的であるために医者や身体レクリエーション活動の専門家が扱ったほうがよいのではないか，心理療法家が扱うのは不適切ではないかと考えているため，患者に運動を勧めていないのではないかと述べている。「臨床家は，自分たちの仕事が身体に関係するものであると考えていないことが多い。患者は精神的な疾患や心理的問題について相談に来ているのであって，身体的な疾患や運動に関連した問題について相談しに来ているのではないと思っている (McEntee and Halgin, 1996: 55)」。それゆえ，メンタルヘルスサービスの提供者が，心と身体の結びつきに注目し，メンタルヘルスの問題において，運動が果たす役割を積極的に捉えるようになるまでには，かなりの努力を要するものと思われる。

精神疾患の治療という別の側面から見れば，患者が，治療の一環として運動を選択する可能性について考えてみることも意義がある。英国では，うつの治療には薬物治療が一般的であるが，心理療法，電気けいれん療法もよく行われている (Hale, 1997)。一方で，患者は薬物治療を望まないことが多いと報告されている (Scott, 1996)。運動は，副作用のない適切な選択肢であり，心理療法など，その他の非薬物的な選択肢と比べると費用対効果が高いように思われる。今後，薬物治療，その他の治療法に比較した運動の費用対効果と費用便益に関する研究が行われるべきであり，これにより，先行研究で明らかにされていない運動の経済的利点を明らかにできるものと思われる。おそらく，メンタルヘルスの専門家が治療の選択肢の1つとして運動を取り入れるようになるには，経済的な確証を示すことが最も有効であると考えられる。最近，英国精神医学会や健康教育庁から発行されたリーフレットでは，運動の肯定的な側面に言及し，運動実施がうつに対する有効な自助的手段になるとの記載がある。

うつ

うつは最も一般的な精神医学的問題の1つである。プライマリケアの患者の約20％は何らかのうつ症候を有していると考えられている (Paykel and Priest, 1992)。さらに，米国雇用者健康保険のデータでは，うつは男性より女性の有病率が高く，職場では最も一般的な病気であると分析されている (Anspaugh, Hunter and Digman, 1996)。また，先進国の人口の約5-10％が臨床的に問題とされるレベルのうつになっていると推定されている (Weismann and Klerman, 1992)。これらのデータは，うつの治療がヘルスケア資源に多大な負担，多額の出費を負わせていることを示すものである。

うつは，人々がしばしば感じる悲しみのレベルから，抑うつ的気分や楽しいと感じることができなくなるレベルにまで及ぶ。さらに，うつはアルコール依存など，その他の病気に伴って二次的に生じることもある。うつの症例は，ほとんどの場合，一般的な開業医により治療が行われるが，重篤な症例では精神医学的な診療にリファーされることもある。

●臨床的なうつの定義

これまで，うつの定義基準について研究者間で一致した見解が得られていなかったため，身体活動とうつとの関係についての理解を深められないという問題があった。身体活動とうつに関するレビュー論文の中には，臨床的に問題とされる範囲の基準には満たず，一過性の悲観的な感情として定義されたほうがよい症例が含まれている研究もある。本章では，臨床的にうつと定義されたもののみを扱うことにする。抑うつ的な気分についての論議は8章で行っている。臨床的に問題とされるレベルのうつというのは，患者が自らの症状に

表 9-5 DSM-IVの診断基準による大うつ病エピソード概要

カテゴリー	診断基準
A	以下の症状のうち5つまたはそれ以上が同じ2週間の間にほぼ毎日存在し,病前の機能からの変化を起こしている。これらの症状のうち少なくとも1つは,(1)抑うつ気分,または(2)興味または喜びの喪失である。
A(1)	抑うつ気分(小児や青年では,いらいらした気分もありうる)
A(2)	すべて,またはほとんどすべての活動における興味,喜びの著しい減退
A(3)	食事療法をしていないのに,著しい体重減少あるいは体重増加
A(4)	不眠または睡眠過多
A(5)	精神運動性の焦燥または制止
A(6)	易疲労性,または気力の減退
A(7)	無価値観,または過剰であるか不適切な罪責感
A(8)	思考力や集中力の減退
A(9)	死についての反復思考,特別な計画はないが反復的な自殺念慮,自殺企図,または自殺するためのはっきりとした計画
B	症状は一般性身体疾患による気分障害,物質誘発性気分障害,あるいは死別反応(愛する者を失った後の一般的反応)によるものではない
C	症状は精神病性障害(たとえば分裂感情障害)によるものではない

対して援助を求め,標準的なテストや面接によって診断がなされたものをいう。DSM-IVの大うつ病性障害の診断基準を表9-5にまとめた。

特に,運動に関する研究のアセスメントで最も一般的に用いられるのは,Beck抑うつ性尺度(Beck Depression Inventory: BDI; Beck et al., 1961)である。BDIでは中等度のうつは16点以上と定義されている。多くの運動研究ではベースラインで16点以下の人も対象としているが,16点以下の場合,これは,一過性のうつ状態もしくは平常時の状態と考えられるため,そのような研究は本章では扱わない。臨床的面接では,うつの診断はDSM-IV(米国精神医学会,1994)やICD-10(WHO, 1993)の基準によって行われている。調査研究では,研究用診断基準(Research Diagnostic Criteria: RDC)がよく用いられている。うつは,その他の慢性疾患や精神疾患に伴って生じることもある。本章では,そのような症例についても扱うが,それらはすべて,臨床的なうつの基準を満たすものである。

● コンセンサス・ステートメント

運動が望ましいメンタルヘルスに関連しているということについて,意見の一致を見たことを示すコンセンサス・ステートメントを8章で紹介した。本章では,うつと精神疾患を取り上げようと考えている。このトピックに関わるメンタルヘルス国立研究所(National Institute of Mental Health)のコンセンサス・ステートメント(Morgan and Goldston, 1987b)は3つあった。3つのコンセンサス・ステートメントは以下のとおりである。

・不安やうつは精神的ストレスへの対処失敗に伴って生じる一般的な症候であり,運動は軽度から中等度のうつ,不安のレベルを低減させる。
・重度のうつには,薬物治療や電気けいれん療法,補助的に運動を行う心理療法など,専門的治療を要する。
・身体的には健康であるが,向精神薬による薬物治療が必要な人に対しては,厳しい医学的管理の下,運動に加えて薬物治療を少しずつ進めていけば,運動を安全に行うことができる。

運動には精神疾患の臨床患者に対する治療効果があるとするコンセンサス・ステートメントであるが,これを精読してみると,いくつかの問題点に気づく。第1に,軽度から中等度のうつと運動の間に因果関係は認められておらず,学会におい

て合意があるのみである。第2に，運動は，より重度のうつの治療に補助的に用いられるものとして位置づけられているに過ぎず，運動による恩恵が具体的に言及されていない。第3に，運動の実施は安全なものであり，向精神薬による薬物治療の採択については，そのような状態で運動を実施させることに関するコンセンサスというよりも，臨床における指針を示したものである。なお，本章は，実証された結果について詳細に検討していこうとするものであり，その対象は臨床患者（すなわち，心身の健康に関する専門家の援助を必要とする状態にある人，臨床医による診断を受けた人）とするものである点に留意してほしい。

●うつ予防における運動の役割に関する疫学的根拠

運動が果たす役割とメンタルヘルスについて数多くの研究を先駆的に行ってきたWilliam Morganの功績は非常に大きなものである（Morgan, 1968; 1969; 1970a; 1985; 1994; 1997; Morgan and Goldston, 1987a; Morgan and O'Connor, 1988）。彼は，研究初期に，治療プログラムの一環として運動を実施する実証的研究を行い，男性の精神疾患者（Morgan, 1968; 1969）も女性の精神疾患者（Morgan, 1970b）も，非入院患者の対照群と比べて体力レベルが低かったという結果を得た。

Martinsen et al.（1989d）は，ノルウェー人精神疾患者の入院時における体力レベルについて追試を行った。Morgan（1970a）もまた，短期（平均60日）で退院した精神科入院患者の入院時の筋持久力は，入院初期におけるうつのレベルが同程度だった長期（1年以上）入院患者より高いことを明らかにしている。このような横断的データから，新たに，運動を行わないとうつになる可能性があるのか，あるいは，うつがあるから運動を行えなかったのか，体力レベルの向上が回復に影響するのかといった非常に興味深い問題が生じた。また，これらの研究において得られた体力テストの結果が，どの程度，遺伝や動機づけの影響を受けているのかという疑問もあった。しかし，これら初期の問題は，現在，すでに解決されてきている。本節では，うつが活動性や体力レベルの低さと関係しているということ，さらに，活動性を維持している人は，うつを発症しにくいということを示唆する疫学的根拠について概観する。

最も顕著な疫学的根拠は，長い年月をかけて行われてきた4つの優れたコホート研究から得られたものである。これらの研究はいずれも，臨床的に問題とされるレベルのうつを対象としたものであり，さらに，このうちの1つは，精神科面接によってうつと診断されたものである（Weyerer, 1992）。各研究には年齢，社会的・経済的背景などの潜在的な交絡変数に対する統計的調整もなされていた。

Farmer et al.（1988）は，1,497名を対象として，活動性とうつに関する大規模調査，追跡調査を実施し，その結果を報告している。彼らの研究によると，活動性が低い，もしくは，非活動的な女性は，活動性が高い，もしくは，活動性が中等度の女性に比べて，調査から8年後において2倍程度うつを発症しやすいと考えられた。これらの結果に関して，年齢，仕事，収入，教育，慢性疾患の影響すべてが統計的に説明されていた。男性では8年後のうつ発症に有意な関係は認められなかったが，ベースライン時でうつであった男性の場合，活動性の低さは8年後の追跡調査時点でも引き続いてうつである有力な予測因となっていた。

Camacho et al.（1991）は，カリフォルニア州アルメダ郡の住民を対象とした大規模調査から，不活動とうつの発症との関係を明らかにしている。1965年にベースライン・データを収集，追跡調査は1974年，1983年に実施した。身体活動は，低い，中程度，高いに分類されていた。第一次追跡調査（1974年に実施）では，男性も女性も1965年の調査で活動性が低かった人のほうが，活動性が高かった人に比べて，うつ発症の相対危険度（relative risk: RR）が有意に高かった（男性RR＝1.8，女性RR＝1.7）。1965年の調査で活動性が中程度であった人に関する運動量−反応関係については，活動性が低かった人よりうつ発症のリスクが低いことが明らかになっている（図

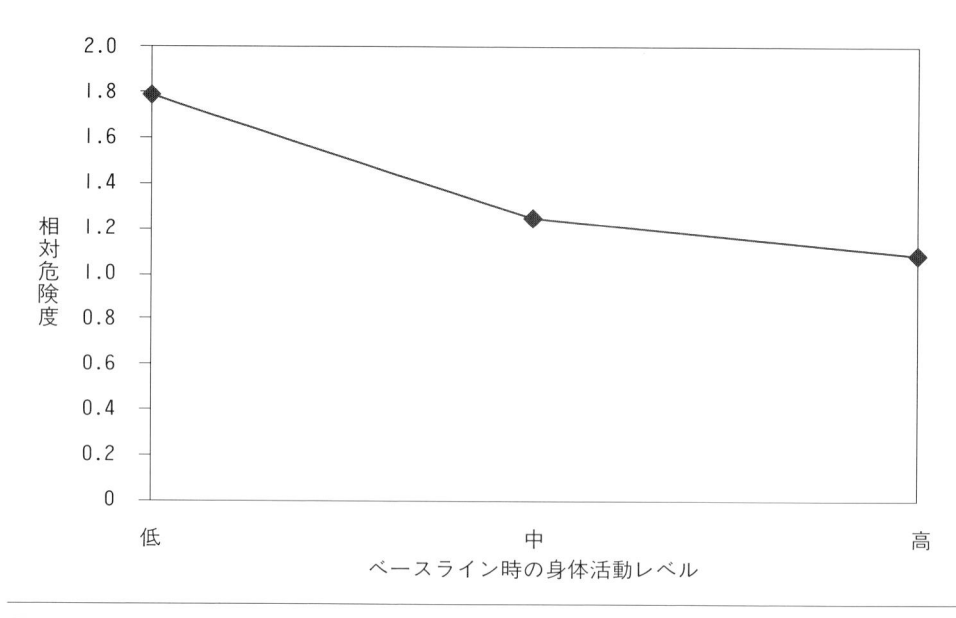

図9-1 ベースライン時における身体活動レベルの差異からみた追跡調査時のうつ発症相対危険度（Camacho et al., 1991）

表9-6 身体活動状態の変化とうつ

1965年/1974年の活動状態	1983年のうつ発症確率	オッズ比の信頼区間
1　低/低	1.22	0.62–2.38
2　低/高	1.11	0.52–2.21
3　高/低	1.61	0.80–3.22
4　高/高	1.00	対照群

出典：Camacho et al. (1991)

9-1参照）。

1983年に行われた第二次追跡調査では，活動性を分類するため，4つのカテゴリーを設定した。そのカテゴリーは以下のように定義されていた。結果は表9-6にまとめた。

1．1965年の調査で活動性が低く，1974年の調査でも活動性が低かった人（低/低）
2．1965年の調査で活動性が低かったが，1974年の調査で活動性レベルが増進した人（低/高）
3．1965年の調査で活動性が高かったが，1974年の調査までに活動性レベルが減少した人（高/低）
4．1965年，1974年の両調査時とも活動性が高かった人（高/高）

1965年の調査では不活動であったが，1974年の調査では活動性が上がっていた人の1983年時点でのうつ発症リスクは，両調査時とも活動性が高かった人（オッズ比を計算するための対照群）と同程度でしかなかった。これは，身体活動がうつの予防効果を有することを示唆する結果であった。1983年時におけるうつ発症リスクのオッズ比について，4つの活動性カテゴリー間に有意差は認められなかった。しかしながら，最も大きなオッズ比を示したのは，1965年には活動的であったのに1974年に不活動に逆戻りをしていた群であった。オッズ比は有意ではなかったものの，この高/低群の人は1983年の調査時にうつを発症する可能性が活動性を維持していた人の1.6倍高いという結果となった。Camacho et al.は，このオッズ比は，年齢，性別，身体的健康，社会・経済状態，ソーシャルサポート，ライフイベント，

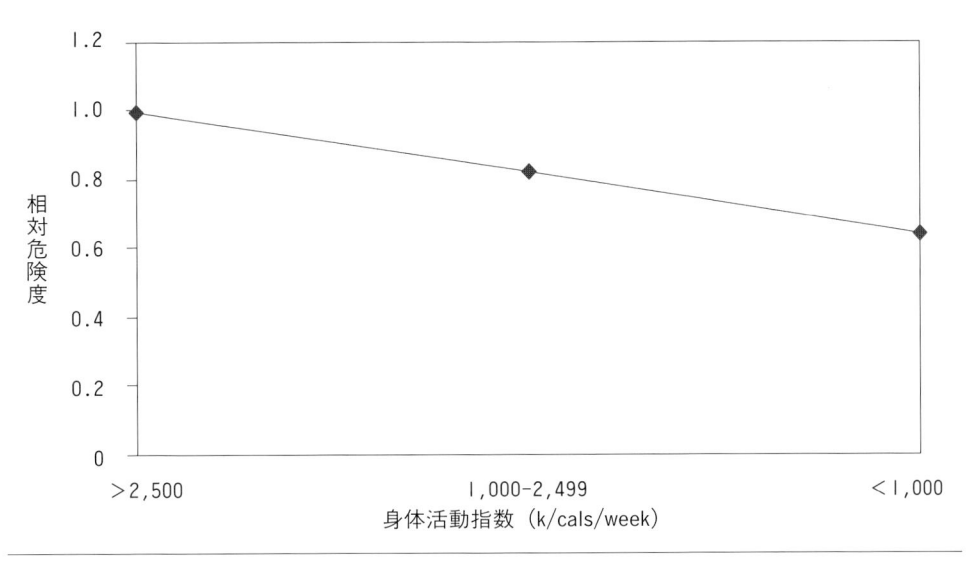

図9-2 ベースライン時における身体活動レベルの差異からみた追跡調査時のうつ発症相対危険度
（Paffenbarger et al., 1994より改変）

アノミー，喫煙の有無，体格指数，1965年時点でのうつのレベル，アルコール消費量を調整しても，それらの影響を比較的受けにくいものであると述べ，これが確固たる結論であると考えるに至った。このカテゴリーに属したのは137名のみであったことを考えれば，オッズ比が有意ではなかったのも不思議なことではない。しかし，1974年の追跡調査で，活動性の低さがうつに先行することが統計的に有意であることが実証されている。

同様の結果は，23-27歳のハーバード大学男性卒業生を追跡したPaffenbarger, Lee and Leung（1994b）の研究でも報告されている。この研究では，ベースラインで週あたり3時間以上スポーツ活動を実施していた人は，スポーツ活動の実施が週当たり1時間以下の人に比べて，追跡調査時のうつ発症リスクが27％減少していた。身体活動（スポーツ実施，ウォーキング，階段昇り）の様々な指数を組み合わせたとき，運動量-反応関係が実証された。週当たりの消費量1,000-2,499 kcalの人は，週当たりの消費量1,000 kcal以下の活動性が最も低い人に比べて，うつ発症リスクが17％低かった。また，週当たり2,500 kcal以上を消費していた人は，週当たりの消費量1,000 kcal以下の人より，臨床的にうつ発症が認められるリスクが28％低かった。この運動量-反応関

係は有意であった。結果を相対危険度から捉え，図9-2に示した。

これらの研究は，北米の住民を対象に実施したものであったが，Weyerer（1992）は，ババリアの地域住民（N＝1,536）を対象として，身体的に不活動な人は，活動性を保っている人に比べて3倍以上もうつを発症しやすいことを明らかにした。Weyererの研究では，研究を専門とする精神科医が全対象者を面接し，臨床的尺度から対象者の8.3％がうつであることを確認した。また，運動量-反応関係を実証する結果が得られた。時々しか身体活動を実施していなかった人は，統計的に有意ではなかったものの，常に身体的に活動的な人に比べて1.55倍うつになりやすいことが明らかになった。これらの横断的データは，うつ状態にある人は不活動であるがゆえに，この関係性が生じたのではないかという批判を受けやすい。しかし，すでに概説した3つの研究で見てきたように，追跡調査データでは，活動性が最も低い群が，その後のうつ発症リスクが最も高いことがわかっており，このことが，先の批判に対する有力な反駁材料となると思われる。とはいえ，Weyererの研究において，身体活動性の低さは5年後の追跡調査時でのうつ発症予測因子にはなっていなかった。Weyererの研究は，他の研究に比べて追跡調査期間が短かった。そのために他

の研究とは異なる結果になったと考えられる。

これら4つの研究結果は，活動性が低いほど，うつの発症率が高くなるという，活動性とうつとの関係性を示唆するものである。4つの研究の追跡調査データのうち3つが，ベースライン時の不活動が追跡調査時のうつ発症を予測することを示唆している。このことは，不活動がうつに先行するものであることを示している。病気のために身体活動を行えなかったり，身体活動を行えなかったために不活動になるというのは必然的である。したがって，身体的な健康状態など，その他の潜在変数を説明するための研究を重ねていくことが重要である。しかし，その他にも，十分に説明されていないが，不活動とうつをともに予測し得る要因，たとえばソーシャル・スキルの欠如や社会経済状態がある。今後，不活動とうつ発症との関係について，さらに探求を深めていくことが期待される。縦断的に，この関係性を説明する不活動とうつを予測する変数についての研究や，活動性とうつに関する特質についての疫学的データが求められる。特に，成人期の心理的機能に関して，青年期の身体活動への参加による恩恵とリスクを解明することを目指した縦断的研究が求められる。Steptoe and Butler（1996）は，英国で1970年に始まったコホート研究のデータから，すでに，青年期のコホートにおいてスポーツ参加と情緒的安寧との間に正の関係を見出している。Steptoe et al.（1996）は，近い将来，青年期の身体活動への参加による恩恵とリスクを実証することができると述べている。このように，疫学的データは活動性が影響を及ぼすうつ発症リスクの予防効果を強く示唆しているが，さらに多くのデータを必要としている。最後に，身体活動や運動が増えるとうつのリスクが高くなることを実証した結果はないことを付け加えておきたい。

●運動とうつに関するメタ分析

運動の望ましい効果については，8章で述べたように，うつの治療に運動を用いた研究をメタ分析した2つのレビュー論文によってすでに実証されている（McDonalds and Hodgdon, 1991; North et al., 1990）。これらのレビュー論文では，効果サイズは，うつ得点変化の標準偏差のおよそ半分であったと報告されている。この結果は，運動がうつを抑制する効果があることを示唆するものである。Calfas and Taylor（1994）は，健康であるが心理的リスクを有する青年を対象とした5つの無作為化統制試験研究について小規模メタ分析を実施し，うつに対する運動の効果サイズは，-0.38であったと報告している。しかし，分析の対象となった研究の数が少なかったことから，この結果は慎重に扱わなければならない。

メタ分析の結果は，データの質に拠るところがある。Dishman（1995）は，研究デザインが異なり，注目する変数の測定方法も異なっている研究から得られた結果を1つにまとめて平均を出したものでは，データとして有効ではないのではないかと述べた。さらに，運動とうつについての研究領域におけるメタ分析の結果には，同様の結果が得られた研究がほとんどないため，信頼に足るものであると保証することはできないと指摘している。本章では，特に，臨床的に問題とされるうつか否かという点が重要である。実際，North et al.（1991）とMcDonalds and Hodgdon（1991）が実施したうつに関するメタ分析には，臨床的にうつと診断された人を対象とした研究はほとんど含まれていない。

Craft and Landers（1998）は，この問題を解決するため，臨床的に問題とされるレベルのうつを有する人を対象とした研究も含めてメタ分析を実施した。このメタ分析では30研究を対象としていた。その多くは未発表の博士論文ではあったが，効果サイズの平均は-0.72であった。さらに，調整（モディレート）する変数の分析を実施したところ，運動の種類（有酸素運動 vs. 無酸素運動）の効果サイズに差はなく，運動を用いた治療と精神医学的もしくは行動的な介入の間にも差はなかった。しかし，最初に中程度—重度のうつに分類された人の方が，軽度—中程度に分類された人に比べて効果サイズが大きかった。このメタ分析結果は，うつに対する運動の効果を裏づけるものであった。しかし，適切に処理されたメタ分析ではあったが，対照となる研究がほとんどない

ため（たとえば，うつであるとみなすレベルに違いがある），前述した Dishman（1995）の指摘にあるように，この結果が信頼に足るものであると保証することは難しい。したがって，結果の信頼性を考えた場合，メタ分析から得られた結論のみに頼るのではなく，個々の研究を詳細に見ていくことが最善であると思われる

●主要研究

運動とうつに関するナラティブ・レビュー論文（メタ分析を用いない通常のレビュー論文）の多く（Biddle and Mutrie, 1991; Byrne and Byrne, 1993; Gleser and Mendelberg, 1990; Martinsen, 1989; Morgan, 1994）は，運動の望ましい効果について結論づけることに慎重であり，研究の方法論的限界について言及しながら，批判を繰り返している（Dishman, 1995）。しかし，Martinsen（1989; 1993; 1994）以外のレビュー論文には，非臨床的なうつが含まれていた。Morgan（1994）は，最初の段階でうつではない人の場合，運動がうつを低減させることはないという結果が，この分野において最も信頼できる結果の1つであると述べている。それゆえ，運動が臨床的なうつの治療に用いられている全研究を検討し，最も望ましい研究デザインで行われた研究に限って運動の効果を論じることが適当である。対象者を無作為に割り当てたり，臨床的に問題とされるレベルのうつを測定するなど，標準的な調査手続きを採用したと考えられる1970年以降の全研究をレビューした。このプロセスを経ることによって，McCann and Holmes（1984）などのように，適切なデザインに基づく研究であっても，うつのレベルが BDI で 16 点以下であったり，診断を確認するために臨床的な面接を行っていない研究を除外することができた。これまでに確認された主要な研究について概要を表 9-7 にまとめた。

主要研究から得られた結論

表 9-7 から，まず，さらに多くの研究が必要とされるということが明らかになった。1990年代に行われた研究は 4 編に過ぎない。内的・外的妥当性が高く，望ましい研究デザインで行われ，さらに，北米およびヨーロッパで同様の結果が得られた研究は 4 編しかない。この表から，運動プログラム（有酸素運動，無酸素運動とも）は，臨床的に問題となるレベルのうつを低減し，しかも様々な標準的な心理療法による治療と同様に，うつを低減することが明らかになっている。さらに，これらの抗うつ効果は短期間（4-8週）で現われ，2ヵ月から1年後まで持続する。運動による抗うつ効果は中高年者においても認められる。これらの結果は，メタ分析で得られた結果と同様であり，運動が十分な抗うつ効果を有するという，メタ分析から導かれた結論を裏づけるものである。

薬物治療とともに運動を実施した場合の比較効果については明らかになっていない。英国において，うつの治療には薬物治療が最も一般的に行われていることを考えると，このことは驚くべきことである。また，英国において行われた研究がほとんどないということも驚くべきことである。表9-7 に示したように，研究対象者の平均年齢は 29-71歳であり，若年者のうつに対する運動の効果については研究されていない。臨床的な診断を受けた精神疾患の子どもに対する治療において，補助的に運動を利用した研究が唯一あるのみである（Brown et al., 1992）。研究デザインの基準に満たない場合，その研究を主要研究から除外したことが影響しているのかもしれない。また，運動に対するアドヒアランス・レベルが，特にフォローアップ期について，明らかにされていない。この点について論じた研究はいくつかあるが，ほとんどのケースで詳細が不明である。

確かに，この分野においては，望ましい研究デザインで研究を行うことは難しい。実験群に無作為割付けを実施した研究を抽出しても，結果の強固性には限界があるという方法論的問題が残ってしまう。問題点，困難さにはつぎのような点がある。

・統計のパワーを確かなものにするために，十分に大きな標本を確保すること（条件間で「差がない」とする結果が出てしまうタイプⅡエラー

表 9-7 臨床的範囲のうつに対して運動を取り入れた治療を行った無作為対照化研究

著者/場所	対象者 臨床的アセスメント	研究計画	条件	測定内容	結果（統計的に5%水準で有意）
Greist et al. (1979) アメリカ	28名（女性15名） うつのRDC	10週間 1, 3ヵ月後に追跡調査	1) 時間制限のある心理療法 10セッション 2) 時間無制限の心理療法 3) リーダーとのランニング 30-45分×週3回	SCL	ランニングの実施により、心理療法と同様の効果が認められた
Klein et al. (1985) アメリカ	74名（女性53名） 平均年齢30歳 マスメディアを通じて募集 うつのRDC	12週間 1, 3, 9ヵ月後に追跡調査	1) リーダーとのランニング 1回45分×週2回 2) グループでの瞑想 2時間×週1回 3) グループセラピー 2時間×週1回	SCL 精神科面接	ランニングを実施した群は、他の2群と同様の効果が認められた
Martinsen, Medhus and Sandvik (1985) ノルウェー	43名 平均年齢40歳 うつによる入院患者 DSM-IIIによる臨床的アセスメント	9週間	1) 運動群：有酸素トレーニング 50-70% $\dot{V}O_2max$ 週3回 1時間 2) 対照群：作業療法 1時間×週3回	BDI $\dot{V}O_2max$ 予測	対照群に比べて運動群のうつ得点減少、体力向上
Doyne et al. (1987) アメリカ	40名（すべて女性） 平均年齢29歳 マスメディアを通じて募集 RDCによる臨床的アセスメント	8週間 1, 7, 12ヵ月後に追跡調査	1) 有酸素運動群（ランニング）週4回 2) 無酸素運動群（ウェイトリフティング）週4回 3) ウェイティングリスト 対照群	BDI HRSD 心臓血管系 フィットネス最大下テストによるMETS	運動群はともにウェイティングリスト群よりうつが減少 1年後（追跡調査時）のうつのレベルは、ベースラインより低いレベルが保たれていた
Fremont and Craighead (1987) アメリカ	49名 広告で募集 BDI得点16点以上	10週間 2ヵ月後に追跡調査	1) 認知療法 1時間×週1回 2) リーダーとのランニング 20分×週3回 3) 認知療法＋ランニング	BDI	3群とも改善、2ヵ月後の追跡調査時でも結果が維持されていた
Mutrie (1988) イギリス	24名（女性20名） 平均年齢42歳 GP診断による臨床的アセスメント BDI得点16点以上	8週間 4週目にアセスメント 8, 20週間後に追跡調査	1) 家で有酸素運動（ウォーキング/ジョギング）20-30分×週3回 2) 家で無酸素運動（筋力強化/ストレッチング）20-30分×週3回 3) 1～4週は何も行わない 5～8週目は有酸素運動と無酸素運動の組合せ 20-30分×週3回	BDI POMS 有酸素能力測定のための標準的踏み台テスト 筋力測定のための標準的腹筋テスト	4週後、有酸素運動群のみBDI得点が有意に減少 8週後、すべての群でBDI得点が減少、20週後にも群間差なくこの結果が維持されていた 体力テストの結果に群間差はなかったが、4週後には顕著な変化はなかったが、8週後には、すべての群で体力が向上していた

表 9-7 臨床的範囲のうつに対して運動を取り入れた治療を行った無作為対照化研究（続き）

著者/場所	対象者 臨床的アセスメント	研究計画	条件	測定内容	結果（統計的に5％水準で有意）
Martinsen et al. (1989a) ノルウェー	99名（女性63名）平均年齢41歳 うつによる入院患者 RDCによる分類	8週間	1) 有酸素トレーニング 1時間×週3回 2) 筋力・柔軟性トレーニング 1時間×週3回	モンゴメリー－アスバーグ評定尺度 $\dot{V}O_2$max予測	両群ともにうつ得点が減少 有酸素トレーニング群のみ $\dot{V}O_2$max が増加
Veale et al. (1992) 実験1 イギリス	83名（女性53名）平均年齢36歳 CISで臨床的アセスメント	12週間	1) 標準的治療 2) 標準的治療に補助的に有酸素運動（週3回ランニング）	CIS BDI $\dot{V}O_2$max予測	運動群はアドヒアランスが不十分な者もいたが、標準群よりうつ症状（CIS）、特性不安が減少
Veale et al. (1992) 実験2 イギリス	41名 CISによる臨床的アセスメント	12週間	標準的治療に加えて 1) 有酸素運動 週3回 もしくは 2) 無酸素運動（ストレッチ、ヨガ）週3回	CIS BDI $\dot{V}O_2$max予測	両群ともに、上記実験1と同様の変化が見られた いずれの測定指標においても群間差は認められなかった
Bosscher (1993) オランダ	24名（女性12名）平均年齢34歳 うつによる入院患者 RDCによる分類 SDS＞40	8週間	1) ゲームや運動を取り入れた標準的なムーブメント・セラピー 50分×週3回 2) ランニング 45分×週3回	SDS	ランニング実施群のみ、得点は最低基準値よりも高かったが有意にうつが減少 体力関連指標は測定していない
Singh, Clements and Fiatorone (1997) アメリカ	32名（女性20名）平均年齢70歳 DSM-IVの診断基準による臨床的アセスメント	10週間	1) 漸進的レジスタンス・トレーニング（：PRT）週3回 2) 注意コントロールのグループミーティング 週2回	BDI HRSD SF-36 筋力（1RM：最大反復回数）	すべてのうつの指標、筋力、SF-36の下位尺度（からだの痛み、バイタリティ、社会的役割、情緒的役割）が、対照群に比べてPRT群が有意に改善（95％コンプライアンス）

語句の省略

RDC (Research Diagnostic Criteria) ───── 研究用診断基準 (Spitzer et al. 1978)
DSM-III, IV (Diagnostic Statistical Manual Mental Disorders) ───── 精神疾患の診断・統計マニュアル（米国精神医学会, 1980; 1994)
SCL (Symptom Check List) ───── 症状チェックリスト (Derogatis et al., 1973)
BDI (Beck Depression Inventory) ───── Beck抑うつ性尺度 (Beck et al. 1961)
HRSD (Hamilton Rating Scale) ───── Hamilton評定尺度 (Hamilton, 1960)
POMS (Profile of Mood States) ───── 気分プロフィール検査 (McNair et al. 1971)
CIS (Clinical Interview Schedule) ───── 臨床面接目録 (Goldberg et al. 1970)
SDS (Zung Self-rating Depression Scale) ───── Zung自己評価式抑うつ尺度 (Zung, richards & Short, 1965)
SF-36 (Medical Outcomes Survey Short Form) ───── 医学的結果調査短縮版 (Ware, Snows, Kosinski & Gandek, 1993)

- 異なる実験条件で，専門家との接触時間を均一にすること
- 条件を課せられない対照群や，「新たな」治療に対比して「従来，一般的に行われてきた」治療を施された群に不服が生じないようにすること
- 運動指導者の持つポジティブな特性による効果をコントロールすること
- 長期フォローアップを実施すること
- 体力の変化を含め，興味の的となる変数を測定する適切な尺度を見つけること

　研究のつぎの段階では，これらの方法論的問題点を克服することが求められる。

運動の抗うつ効果に関する研究結果の評価

　現時点では，プログラムの成功に最も関連のある細かな問題点（運動指導者の効果や分類の影響など）が多々残されている。また，実験的な研究も比較的少ないため，運動とうつの低減に因果関係があると結論づけることはできない。しかし，この論議に疫学的データが新たに加えられれば，観察される疾患（この場合はうつ）と何らかの環境的条件（この場合は運動実施状況）との間の関連や因果関係を，Hill (1965) の規準により判定できる。Hill は，科学者や臨床家が，結果から因果関係を判断する際に有益な8つの観点を示した。これは，運動と抗うつ効果の関係性の検討にも適用できる。8つの規準は以下のとおりである。

1. 関連の強固性
2. 結果の一致性
3. 影響の特異性
4. 時間的前後関係
5. 運動量-反応関係
6. 生物学的妥当性
7. 一貫性
8. 実験的研究による根拠

関連の強固性

　Hill の1番目の規準は関連の強固性（要因と疾病が強く関連すること）である。メタ分析的研究で，うつに対する運動の効果サイズが 0.53 から 0.72 の値を示した。疫学的研究では，不活動な人の場合，フォローアップ時のうつ発症相対危険度は，およそ 1.7 であることが明らかになっている。これらの結果は，不活動な人の相対危険度が 1.5 から 2.0 の範囲にあった運動と冠動脈疾患の関係ほど強いものではない (Pate et al., 1995)。しかし，運動とうつの関連の強さは認められる範囲のものであり，その強さは，中程度以上であると記されている。

一致性

　Hill の2番目の規準は一致性（異なる研究者によって，異なる地域，条件，時間に，関連性が繰り返し観察されること）である。運動とうつとの関連があるかどうかという問題には，これまでに様々な場所や環境で，様々な人が取り組んできた。表9-7は，米国，英国，その他ヨーロッパで明らかになった研究結果を示している。疫学的研究結果でも同様である。この30年間に，男・女を調査対象として，地域，病院，プライマリケアといった環境で研究が行われてきた。したがって，結果の一致性が認められると考えられる。

特異性

　Hill の3番目の規準である特異性とは，条件と疾患との間にその他の関連性があるかどうか（特異的な対応が存在するかどうか）という点に言及するものである。Hill は，特異性が因果関係に関する根拠の強さを，（喫煙と肺がんのように条件を疾患に限定して）断言できるか否かを論じた。運動研究においては特異性は存在しない。うつは不活動に関連した条件のみではなく (Blair et al., 1989)，うつそれ自体が多様な原因を有している (Kaplan et al, 1987)。しかし Hill は，特異性がないとしても，他の規準によって別の根拠が導かれると論じている。

時間的前後関係

　Hill の4番目の規準は時間的前後関係である。不活動とうつの間に因果関係があると結論を下す

ためには，不活動がうつの発症に時間的に先行するものであることを明らかにしなければならない。初期の横断的研究では，うつが不活動の先行要因であるようにも思われたため，不活動とうつの時間的前後関係を明らかにすることができなかった。しかし，少なくとも3つの前向き研究の母集団では，不活動であるとうつを発症しやすいことが示唆されている。このように，因果関係を裏づける時間的前後関係について，根拠を示した研究がある。

運動量-反応関係

Hillの5番目の規準は，運動量-反応曲線もしくは生物学的勾配に関する根拠となるものである。2つの疫学的前向き研究で，活動性が高い人ほどうつ発症のリスクは低いが，ベースライン時で活動性が低い人ほど追跡調査時にうつ発症のリスクが高くなっているという運動量-反応曲線が示された。現在のところ，実験的研究に関して，異なった運動処方が異なった心理的結果をもたらすことを示す十分な根拠はない。有酸素運動でも無酸素運動でも抗うつ効果はもたらされるが，一般的な処方では，週に3回20-60分間，中等度の強度（60-75％程度）の有酸素運動の実施を基本とするものが多い。しかし，一般的な処方量をはるかに越える運動を行っているアスリートの場合，気分にネガティブな効果が生じるとも言われている（Morgan, 1994）。運動量-反応曲線についての根拠は，あまり強いものではない。

妥当性

Hillの6番目の規準は生物学的妥当性である。観察された関連性を支持する生物学的知見が存在するか否かをみる。精神疾患における運動の効果についての基本的なメカニズムは，まだ解明されていない（Biddle and Mutrie, 1991; Morgan, 1997; Morgan and Goldston, 1987a; Plante, 1993）。エンドルフィンの増加などの生化学的変化や統制感の向上のような心理的変化など，いくつかのメカニズムが考えられている（La Forge, 1995; Petruzzello et al., 1991）。無酸素運動の抗うつ効果についての研究では，有酸素能力の改善は重要な問題ではないと言われる。運動プログラムに期待されている体力的効果を検証し，基本的なメカニズムを解明するための研究には，あらゆる体力の規定要因となる変数（有酸素能力，筋力，柔軟性，身体組成）を測定する客観的尺度が不可欠である。

メカニズムが解明されていないことを理由に，妥当性がないと結論づけることはできない。この問題に関してDishman（1995）は，レビュー論文の中で，運動とメンタルヘルスとの関連性に関わる生物学的妥当性についての認識不足が重大な問題であると結んでいる。この指摘は，精神科医が運動の役割をあまり認めていないことに由来する（Hale, 1997）。しかし，Hillは，「何が生物学的妥当性であるかという点については，その時代の生物学的知識による（Hill, 1965: 298）」ため，この規準にあまりに多くのことを求めるべきではないと述べている。一般的な運動の心理的効果についてのメカニズムを規定するということ，特に，うつについてのメカニズムを規定することは，おそらく，運動とメンタルヘルスとの関係を解明しようとする運動科学者にとって大いなる挑戦である。運動実施中の人について研究する適切な方法や技術を獲得するまでの間は，動物モデルから多くのことを理解していかなければならない。脳の画像化の技術は，メカニズムを理解するのに役立つ。このように複雑な問題の解明は，運動関連の研究室のみでは成し得ない。したがって，神経科学や心身医学の研究者との共同作業が不可欠である。

一貫性

考えられるメカニズムが，精神疾患の自然史や生物学に関する既知の事実と一致するというのがHillのいう一貫性の規準である。この規準には，その他にも多くの側面があり，すべてが完全に実証されているわけではないが，例示することができるものもある。たとえば，男性より女性にうつが多く，女性は男性より活動性が低いといった例である。今後，不活動とうつを研究するための動物モデルの開発，うつ克服のための運動の実施を通じて，さらに一貫性の根拠となる研究結果が得

実験的研究による根拠

実験的研究による根拠に関するHillの規準から，最も強い根拠が示される。このことは，すでに表9-7にあげた主要研究による結論の中で論じてきた。運動プログラムとうつ低減との因果関係は実験的研究により支持されるものである。

Hill（1965）の基準にしたがって研究結果をレビューしてみると，十分な結果が得られていないのは特異性の規準だけのように思われる。時間的前後関係，運動量-反応関係，妥当性，一致性など，その他の規準では，それなりの結果が得られており，不活動とうつの因果関係を支持する根拠があると結論づけることができる。これらの根拠では不十分ではないかと主張する研究者もいる。そのため，うつの治療に運動を用いるよう推奨したり，不活動がうつの発症要因であるとみなすべきではないかもしれない。しかし，Hill はつぎのように述べている。

> いかなる科学的研究も―それが観察に基づくものであろうと実験に基づくものであろうと，不完全なものである。いかなる科学的研究も，知見を深めていくことによって，覆されたり修正されるのは致し方ない。それは，これまでに得た知見を無視してよいということではなく，また，その時々で必要とされることを明らかにしようとする行動を先送りするものでもない。　　　　　　　　　　Hill（1965：12）

うつの治療の一環としての運動実施により予想される恩恵は，効果が現れないというリスクを補って余りあるものである。運動によるネガティブな影響（たとえば，けが，運動への依存）はほとんどなく，また，先行研究においても報告されていない。さらに，体力の向上，体重の減少，冠動脈疾患のリスクの低下など，身体的な健康に関しても恩恵があると考えられている。それゆえ，臨床的に問題とされるうつに対する治療の一環として，身体活動や運動が支持されると考えられる。

不安障害

メタ分析を用いたレビュー論文からは，運動による不安低減効果を強く支持する結果が得られている。これらのレビュー論文については，すでに8章で見てきたが（Long and van Stavel, 1995; McDonald and Hodgdon, 1991; Petruzzello et al., 1991），臨床的に不安障害と診断された人を対象とする研究はほとんどなかった。運動による不安低減効果についてレビューした Taylor（2000）は，短期間の運動について検討した研究の対象者はほとんどが学生であり，不安障害群に注目して長期的な運動について検討した研究は，27研究をレビューしたうち，わずか3研究に過ぎなかったと述べている。臨床的レベルの不安を有する人には，恐怖，心配，不適切な思考や行動などの徴候がみられる。恐怖症（広場恐怖など），パニック発作，強迫性障害，ストレス障害（外傷後ストレス障害など），全般性不安障害などと診断される。ICD-10（WHO, 1993）では，広場恐怖症，不安障害，強迫性障害，重度ストレス反応，解離性障害（過去と現在の統合性の欠如），説明のつかない疼痛などの身体表現性障害は，神経症性障害，ストレス関連障害および身体表現性障害の項目（コード F 40-F 48）で扱われている。不安という用語それ自体は，文献の中で一般的に用いられるものではあるが，タイトルとしては不適切な表現である。DSM-IVでは，全般性不安障害の診断基準はつぎのように定められている。

- 過剰な不安と心配が起こる日のほうが起こらない日より多く，その不安や心配は，恐れているできごとが起こる可能性やそれによる影響より著しく大きい。
- 心配を制御することが難しいと感じている。
- その心配は，運動性緊張（たとえば震えや筋緊張），自律神経系過敏（たとえば異常な驚愕反応，不眠症）の徴候を伴う。
- 不安，心配，身体的症状が，社会的，職業的，

または他の重要な領域における機能に臨床的に重大な苦痛や障害を引き起こしている。
・その状態が，少なくとも6ヵ月間続いている。

　対象者が臨床的に不安障害であると診断された研究は，わずか4研究に過ぎなかった。その1つが，Orwin（1981）による研究であり，広場恐怖と診断された8名の患者に対してランニング・プログラムを実施している。患者たちはスーパーマーケットなど恐怖に襲われる場面まで走るように指示された。広場恐怖の患者は，通常，そういった場所では不安感を生じるものだが，この研究で対象となった患者たちには，呼吸数や心拍数の増加はランニングのためであり，恐怖反応によるものではないと告げられた。Orwin（1981）は，8名の患者全員が，恐怖場面まで走るという経験を重ねた結果，広場恐怖から回復し，同様に場面恐怖も乗り越えることができたと報告している。ここでは，身体的な変化が運動という要求によるものであると考えさせ，不安の徴候が現われた患者を脱感作する方法として，ランニングが効果的に作用していた。しかし，恐怖症患者がこのような治療を受けた研究は他に報告されていない。当然のことながら，Orwinの研究は対照群のない前実験的研究であり，恐怖症の治療に運動を用いることができるとする根拠はほとんどない。
　ノルウェー人を対象とした一連の研究は，不安障害の治療における運動実施の問題を解決しようと試みたものであった。Martinsen, Sandvik and Kolbjornsud（1989c）は，広場恐怖も含め，様々な精神医学的診断を受けた非精神病性の患者29名を対象として運動の有用性に検討する探索的研究を実施した。その他の治療に加えて補助的に運動を実施する8週間のプログラムが行われた。対照群は設定しなかった。パニック障害を伴う広場恐怖と診断された人に短期効果が認められたが，その効果は1年後の追跡調査時では持続していなかった。プログラム終了時には，体力の向上と不安の低減が有意であった。しかし，対照群が設定されていなかったため，不安の低減が通常の回復の過程なのか，あるいは，運動によって促進されたものなのかどうかは定かではない。

　Martinsen, Hoffart and Solberg（1989b）は，不安障害の治療における運動について，さらに研究を行なった。ノルウェーの精神科患者（79名）を対象とし，不安障害の診断には臨床的面接（DSM-Ⅲの基準による）を用いた。患者は，有酸素運動群（ジョギングやウォーキング）と無酸素運動群（筋力・柔軟性トレーニング）に無作為に割り付けられた。いずれのトレーニングプログラムとも，1回約60分を週3回，8週間続けて実施した。セラピストが実験条件を知らされずに評定したところ，両群ともに不安が低減し，有酸素運動群のみに最大酸素消費量が増加していた。結果は，うつ患者について報告した研究結果と一致するものであり（Martinsen, Hoffart and Solberg, 1989a），不安障害においても有酸素運動，無酸素運動の効果があることを示唆するものであった。運動実施による不安低減効果は，有酸素能力の向上を必要としないことから，身体的なメカニズムよりも心理的なメカニズムで説明するほうが好ましいと思われる。しかし，この研究デザインには，対照群がないという大きな欠点がある。運動は他の治療法に匹敵するものではあるが，必ず専門家の指導のもとに行わなければならない。運動指導者は，運動の心理的効果について特に注目し支持している。そのため，実験条件が統制されないということになる。
　ノルウェー人を対象とした研究には，不安障害において強度の違いによる有酸素運動の効果の差異について検討したものもある（Sexton, Maere and Dahl, 1989）。DSM-Ⅲの診断基準で非精神病性の不安障害と診断された精神科入院患者（52名）を対象に3-4週間のプログラムが行われた。対象者を無作為に中等度の強度の活動（ウォーキング）と高強度の活動（ジョギング）に分け，プログラム期間中，指導を受けながら運動を実施した（30分×週4-5回）。その後，計8週間，指導を受けず1人で運動を継続するように指示され，6ヵ月後に追跡調査が行われた。運動強度の異なる2群とも，8週間後および6ヵ月後の不安は減少していた。また，体力はジョギング群のほうが8週間後に向上していたが，群間差は6ヵ月後に消失していた。有酸素性能力の増加と不安の減少

に相関関係は認められなかった。ウォーキング実施者よりジョギング実施者のほうがプログラムの中途脱落者が多かったことから，治療プログラムには高強度の活動より中等度の強度の活動を推奨している。この研究のデザインには良い面もあるが，やはり，対照群が設定されていないという問題点があった。運動が通常の精神医学的プログラムによる治療効果を上回ることを実証するためには，運動を実施しない対照群の設定が不可欠である。

これらの研究から，運動は，有酸素運動でも無酸素運動でも，臨床的に問題となる不安の徴候を低減することに役立つことが示唆された。また，アドヒアランスを考えると中等度の強度の運動が望ましく，強度が高いからといって必ずしも良い結果が得られるわけではない。運動を実施しない対照群を設定していた研究が存在しないため，因果関係があると結論づけることはできない。

不安神経症患者にとって運動の実施は逆効果であることを示唆する研究もある。Pitts and McLure (1967) は，不安神経症患者の場合，運動によって血中における乳酸レベルが増加するため，不安の徴候が発現する可能性があると述べている。Morgan (1979) は，この仮説に反論し，その誤りを実証しようとしたが，それは非臨床的なレベルの者を対象とした研究であった。いくつかの理由—おそらくは倫理的な理由により，Pitts-McLure の仮説は，十分な研究デザインのもとに，臨床的なレベルの不安を有する患者を対象して検証されることは難しいと思われる。

●臨床的に問題とされる不安：要約

臨床的に問題とされるレベルの不安障害に対して運動がどれほど効果的であるのかという点については，うつに比べると実にわずかなことしか明らかになっていない。これは，不安の徴候を含めた臨床レベルの診断数の問題によるところがあるかもしれない。不安障害領域において，うつと不安を鑑別することはかなり難しいことである。うつと不安の症状・徴候は，同時に発現することがあり，この場合，混合性不安抑うつ障害と診断される。Martinsen et al. (1989c) は，探索的研究を行い，混合性の障害の場合より，症状・徴候が単一の場合のほうが，運動実施によって，より良い結果が得られることを明らかにしている。この研究結果が報告されたことにより，ようやく，運動と不安の徴候の低減には関連があると考えられると結論づけることができるようになった。今後，対照群が設定された研究が行われ，メンタルヘルスの重要な領域における理解を深めていくことが必要である。

統合失調症

統合失調症は，罹患率の低い精神病性疾患ではあるものの，精神医学的ケアには甚大な負担がかかることもあり，最もよく知られている深刻な精神疾患である (Faulkner and Biddle, 1999)。この疾患は，妄想などの思考障害，会話の障害，対人機能の障害，不適切な行動や情動反応を特徴とし，最も一般的には，抗精神病性薬物による治療が行われる。DSM-IVによる統合失調症の診断基準について以下にまとめた。

- 障害の持続的な徴候が少なくとも6ヵ月間存在する。この6ヵ月の期間には活動期の症状（たとえば，妄想，幻覚，解体した会話，ひどく解体した，または緊張病性の行動，陰性症状）が少なくとも1ヵ月存在する。
- 障害の始まり以降の期間の大部分で，1つ以上の機能（たとえば仕事，対人関係）における著しい機能低下があり，病前に獲得していた水準より著しく低下している。

運動は統合失調症の治療に役立つ可能性があるものと思われる。Chamove (1986) は，統合失調症患者，とりわけ入院患者では，身体活動および体力レベルが低いと述べている。統合失調症患者において，活動性を増加させる効果に関しては，初期の研究で好ましい結果が得られている。しかし，これらの研究は前実験的な傾向があった。40名の統合失調症患者を対象とする研究か

ら明らかにされた活動性の増加に伴う好ましい効果には，以下のようなものがある。

・精神病性特徴の減少
・運動性障害の減少
・気分の変化
・社会的関心，有能感の増加

　患者は，これらの恩恵を理解しているものと思われる。たとえば Falloon and Talbot (1981) は，患者の 78％が幻覚を減じるために運動を実施していたと報告している。Pelham and Campagna (1991) は，面接によって得られた質的情報とともに，標準的体力テスト，ベック抑うつ尺度，メンタルヘルス目録（Mental Health Inventory）の得点から得られた量的情報を用いた単一被験者事例研究を，3 名を対象に実施した。その結果，長期運動アドヒアランスは身体的・心理的恩恵および情報によって影響を受けることが明らかになった。この論文には，統合失調症患者に対する運動プログラム実施のための有益なガイドラインがまとめられている。

　Pelham et al. (1993) は，精神医学的疾患を有する患者（統合失調症，重度の感情障害と診断された者）に 12 週間の有酸素運動プログラムを実施させたところ，うつ得点が減少し，有酸素能力が向上したと報告している。無酸素運動を実施した対照群には，このような変化は見られなかった。これは，有酸素運動によっても，無酸素運動によっても，うつ病による入院患者のうつ得点が減少したとする Martinsen の知見（Martinsen, 1990a; 1990b）を支持するものではない。しかし，Pelham et al. (1993) の研究では，各群に割当てられたのはわずか 5 名であり，統計的には結果が妥当ではないと考えられる。また，統合失調症患者は，運動への反応性が他の精神医学的疾患の患者とは異なっていたことや，最初の段階での体力レベルが低かったことが結果に影響を与えていたとも考えられる。さらに，Pelham et al. (1993) は，重要な独立変数として，統合失調症の一面に過ぎないうつに注目していたと考えられる。

　統合失調症のような精神病性疾患の治療に運動を取り入れた研究は非常に少なく，十分ではないが，これらを概観した Plante は「これまでの研究結果から，運動は，精神病性症状に関連した思考障害より，感情やセルフエスティームの因子に対して効いていることが示唆される（Plante, 1993; 367）」と述べている。同様に，Faulkner and Biddle は，前実験的研究 8 研究，準実験的研究 3 研究，実験的研究 1 研究をレビューして，つぎのように結論づけている。

　統合失調症患者に対する運動の心理的恩恵に関して（中略）これまでの研究からは安定した結論が得られていない。しかし，運動は統合失調症の陰性症状の緩和および陽性症状に対する対処方略として効果があるものと考えられている。
　　　　　　　　　　（Faulkner and Biddle, 1999; 453）

　英国では，Faulkner and Sparkes (1999) が，統合失調症の治療法としての運動について質的研究を行い，その結果を報告している。療養所入所中に 10 週間の運動プログラムを実施した患者 3 名について，民族誌的アプローチによって研究を行った。3 名のうち 1 名はプログラム開始 7 週間後に参加を中止したが，他の 2 名は運動プログラムを非常に有効だと考えていた。分析から明らかになった主要テーマは，患者を「内的世界」から外へ，つまり，プールやウォーキング・コースといった「社会」へと送り出すことが運動の役割であった。他に，運動がうつやセルフエスティームの低さなど，統合失調症の二次的徴候に有効である，幻聴のコントロールに役立つ，より良い睡眠パターンと問題のない行動を促進するというテーマも明らかになった。著者らは，統合失調症患者に対するケア・プランに運動を取り入れることを推奨したが，同時に，ケア・プランに運動を取り入れることがどれほど困難なことであるかについても述べている。運動プログラムを実施した療養所では，スタッフが，運動によって患者の状態が改善することに非常に強い興味を持っており，プログラム中止時の状態の悪化についても注意深く観察していた。それにも関わらず，運動プログラ

ムを日常的に治療に取り入れるためのプランが無かった。統合失調症患者に対する運動の身体的・精神的恩恵に関する標準的な無作為化統制試験によるデータが無いため，治療パッケージの一環としての運動への費用拠出に抵抗があるのかもしれない。しかし，この研究領域では，研究を行うのに十分な対象者を集めることがきわめて困難である。そのうえ，療養所や病院といった環境条件では，割り付けられた各群で行われる治療内容に対して，患者が不服を感じることがあるため，設定した各群に患者を無作為に割り付けることが難しい。したがって，研究方法として，質的アプローチが適していると考えられる。これまでに質的アプローチにより得られた結果は，適切に行われた運動プログラムには数多くの恩恵があることを示唆するものである。今後も引き続き，様々な方法で（たとえば，身体的恩恵とメンタルヘルスの恩恵，費用対効果，患者およびスタッフの恩恵の認知）運動プログラムを評価するための研究を行っていく必要がある。また，統合失調症患者のマネジメントや治療に運動を取り入れるにあたって必要となる行政，精神科医師，病院，療養所，地域におけるケア・マネージャーとの交渉方法についても研究が必要である。

アルコール依存

アルコールや薬物への依存は，通常よく用いられる精神疾患の分類（DSM-IVやICD-10）で必ず取り上げられる問題である。依存の診断は，様々な依存症候群により行う。ICD-10（WHO, 1993）に示されている依存の特徴を表9-8にまとめた。3つ以上の徴候がある場合，依存の診断が下される。

アルコール依存は，16-24歳の成人6名に1名が冒されているほど一般的な問題である。男性の24％，女性の7％が，安全な範囲と推奨される限度を越えて飲酒していたと報告した調査もある（HMSO, 1992）。これは，依存を生じるリスクを有する人が高い割合で存在することを意味するものである。

アルコール乱用の治療に関しては，確実に効果があるという方法がないため，多くの論議がなされてきた（Heather, Roberston, and Davies, 1985）。嗜癖行動からのリハビリテーションには，自己コントロール方略を確立し，離脱や禁断の継続に伴う情動に対する対処方略を見つけることが必要である（Marlatt and Gordon, 1985）。治療を必要とする状況に直面し，アルコールによる身体的・精神的ダメージを実感している飲酒者はセルフエスティームが非常に低いことが多い（Beck, Weissman and Kovacs, 1976）。追試験の実施までには数十年を要したが，運動心理学における初期の調査研究の1つがアルコール・リハビリテーション領域におけるものであった（Cowles, 1898）ことは非常に興味深いことである。Cowlesの結論は，これまでに明らかにされた運動の恩恵を検証するという難問を現代の研究者に残した。

表9-8 依存症候群に関するICD-10の分類

分類	依存症候群
衝動	物質を摂取したいという強い欲望あるいは強迫感
コントロールの障害	物質使用の開始，終了，あるいは使用量に関して，その物質摂取行動を統制することが困難
離脱	物質使用を中止もしくは減量したときの身体的（生理学的）離脱状態の出現
気晴らし利用	離脱症状を回避，軽減するために物質を使用
耐性	初めは，より少量で得られていた精神作用物質の効果を得るために，使用量が増加
顕著な特徴	物質摂取，使用および回復に要する時間の増加 有害であることを自覚していながら使用を継続

出典：WHO（1993）

十分な指導のもとで行われる運動と入浴によって患者に生じる恩恵は，体重増加，筋力の増加，肌の色が良くなる，肺気量増加，心臓機能が規則的になり向上する，精神活動が活発になる，目に輝きが増して表情が豊かになる，態度の改善，神経系の反応が早くなる，筋と四肢の刺激に対する反応が良くなるといった徴候で現われた。プログラムへの参加を嫌がる人はきわめて少なく，多くの人がプログラムによって大きな恩恵を得たと話していたことからも，運動と入浴の恩恵が裏付けられた。

(Cowles, 1898: 108)

　飲酒行動に問題がある人の場合，心肺機能や筋力が低いことが多く，適切な運動プログラムの実施により，これらの身体的変数が改善されることが明らかにされた (Donaghy, Ralston and Mutrie, 1991; Tsukue and Shohoji, 1981)。定期的な運動実施はメンタルヘルスの改善，うつや不安の低減，セルフエスティームの向上と関連があり，これらはアルコール・リハビリテーションにおいてよく報告される問題である。また，アルコール・リハビリテーションにおいて治療の一環として行われる運動についての検討は，これまで，予備研究として行われてきた (Donaghy et al., 1991; Frankel and Murphy, 1974; Gary and Guthrie, 1972; Murphy, Pagano, and Marlatt, 1986; Palmer, Vacc and Epstein, 1988; Sinyor et al., 1982)。運動プログラムは，飲酒行動に問題がある人に積極的な健康促進行動（運動）を実施するためのスキルを提供するとともに，自己コントロール方略や対処方略，飲酒の代替物を提供するライフスタイル介入と考えられている (Marlatt and Gordon, 1985; Murphy et al., 1986)。

　Donaghy and Mutrie (1998) は，飲酒行動に問題がある 117 名を対象に無作為化統制試験を行った。対象者は，3 週間にわたって管理下で運動プログラムを実施する群（その後家庭で実施するプログラムを 12 週間行う）とプラセボ群に割り付けられた。プラセボ群は，3 週間のストレッチ・プログラムを受け，その後 12 週間にわたって運動を継続するよう勧められた。運動実施群は，プログラム開始 1 ヵ月後と 2 ヵ月後において，筋力・体調に関する身体的自己価値観・身体的自己認知の得点が改善していた。身体的自己認知における群間差は 5 ヵ月後には認められなかったが，これは，運動アドヒアランスの減少によるものと思われる (Donaghy and Mutrie, 1997)。3 週間の治療プログラムを加え，構造化された運動プログラムは，飲酒行動に問題がある人の身体的自己価値観を改善するのに役立っていた。運動に対するアドヒアランスについては，3 週間の治療プログラム（運動に加えて実施された）終了時には参加者の 26 % が，2 ヵ月後のフォローアップ時までには参加者の 30 % がドロップアウトしていた。運動実施群は，8-12 週間の運動プログラム実施後 3 週間の治療プログラムを実施した。この運動実施群の活動性レベルは終了時まで維持されていた。しかし，5 ヵ月後には対照群のレベルまで下がっていた。

　飲酒行動に問題がある人に特有の問題として，開始時の体力レベルの低さと筋力の弱さ，運動行動による効果を得たことに伴う飲酒への逆戻り，社会的孤立，サポートの欠如などがある。飲酒に問題のある者に対して行う治療プログラムにおいては，開始時の活動性を維持するために，電話をかける，定期的にミーティングを行うといった援助が必要となる。また，討議グループや自助グループ，認知行動療法など，その他の治療法の中で運動を取り入れることも必要である。他の治療において運動の有用性を高め，アドヒアランスを促進するためには，グループ・リーダーやセラピストが重要となる。

薬物リハビリテーション

　薬物リハビリテーションにおいて運動が実施された研究はほとんど見当たらない。未公刊の博士論文があるのみである (Adamson, 1991; Hyman, 1987; Murdoch, 1988)。薬物リハビリテーションにおけるスポーツおよび運動の実施の有効性に関しては，事例的にではあるが，カールトン・アスレティックと呼ばれるグラスゴーのグループによって支持された結果がある。このグループは，元薬物使用者を対象としたリハビリテーシ

ョンのサポートを行い，取り組みを促進するために運動を取り入れた。しかし，残念ながら，この自助過程に関する検証は行われていない。薬物リハビリテーションで生じる問題は，アルコール・リハビリテーションと同様である。やはり，セルフエスティームが低く，不安やうつのレベルが高いと報告されることが多い（Banks and Waller, 1988）。こうしたことから，薬物リハビリテーションにおいても，アルコール・リハビリテーションと同様に，運動による治療効果があるものと考えられる。薬物の多様性と，中毒時・離脱時の薬物の作用は，薬物リハビリテーション特有の問題点である。一人の人間が多数の薬物を摂取するという薬物の誤用もしばしば認められる。治療プログラムの特性ゆえ，研究の対象となりうる者は少数であり，そのうえ独立変数に大きな変化があると思われる。これらの反応の多様性ゆえ，標準的な「臨床的」実験研究による結果が支持されていないのである。この領域についての情報を集めるためには，質的方法が最も適した方法と考えられる。

　薬物の使用中止を試みる運動プログラムには，薬物を中止したことによるマイナスの影響を克服するという課題がある。患者は運動を行う約束を忘れてしまうことが多い。薬物使用を中止したことによる影響によって，ある時期にはまったく運動を行えなくなったり，運動施設に行くために外出することができなくなったりする。定期的にコンタクトがあるということは，患者にとって大きな援助となる。おそらく，ビデオテープによる運動など，家庭での実施が中心となる運動の場合，定期的な電話や訪問など，難しい局面を乗り越えるための何らかのサポートを提供することが必要である。

運動依存

　8章でみてきたように，身体活動や運動による不利益よりも心理的効果に関して検証した研究のほうが多い。学校の友達に，運動ができないことを笑われた嫌な経験を持つ人なら，口々に自分のエピソードを語ることだろう。運動を始めたばかりの人は，予定していた運動を行わなかった自分は落伍者だと思ってしまい，運動がメンタルヘルスに有効であるとは考えにくいかもしれない。経験の乏しさゆえにセルフエスティームが傷ついたり，体格不安が生じるなど，身体活動の「負の側面」が存在する（Brewer, 1993）。しかし，不利益に関するトピックを扱った研究は，有益な効果に関する研究と比べてかなり少ない。また，そのような経験をした時には確かに傷つくが，それが本章のトピックとなっているような精神疾患に至るとは考えられない。しかし，最近，メンタルヘルスにとって好ましくないとみなされるようなやり方や状態で，運動を行っている人が存在することが明らかになってきた。中には，運動に依存していたり，運動中毒になり，毎日1回ずつ，もしくは，1日に2回，非常に高強度の活動を行っている人もいる。運動を治療の一環として実施したときに運動に依存する人を生み出してしまうリスクについては，様々な分野の専門家の間で非公式な議論が行われることが多い。アルコール依存や薬物依存など，運動依存以外の依存では，ある依存を別のものへの依存に置き換えることが多い。運動依存という用語は，運動が強迫的行動になっている状態を示しているとしてVeale（1987）が最初に用いたものである。それ以前には一致した定義がなかったため，この現象について論文で述べようとするときに不都合があった。たとえば，義務的運動（obligatory exercise）という用語が用いられたこともあり，この特性を測定する質問紙も存在している（Thompson and Pasman, 1991）。Davis, Brewer, and Ratusny（1993）は，専門用語と測定法に関する意見の一致がなかったために，この分野の研究が停滞していたと述べている。Veale（1987）は，研究者や臨床家が，この種の運動行動を説明するのに役立つ診断基準を作成した。その内容は表9-9に示したとおりである。さらに，Veale は原発性の運動依存と，摂食障害における続発性の運動依存を区別している。

　運動依存の特徴を以下にあげる。

・1日につき少なくとも1回の運動セッションを

表 9-9　運動依存の診断基準

基準	
A	運動レパートリーが限定され，1日に1回またはそれ以上，規則的スケジュールによる固定化された運動パターンを生じる
B	その運動パターンを維持することが他の活動に優先することが多い
C	年間の運動実施量に対する耐性の増加
D	運動スケジュールの休止後に生じる気分の障害に関連した離脱症状
E	離脱症状を緩和または回避するため，運動をさらに実施する
F	運動に対する強迫性についての自覚症状
G	以前の運動パターンへの復帰の早さと運動中止後の離脱症状

関連した特徴	
H	運動によって重篤な身体的障害が発生，悪化もしくは長引くことがあっても，また，専門家から忠告を受けたり，パートナー，家族，友人，仕事上のもめごとや問題があったとしても，運動を継続する
I	パフォーマンス改善のための手段として，自らダイエットを課して体重を減らす

出典：Veale（1987）

実施していること
・毎日および1週間の運動パターンの固定化
・通常の日課を妨げるものがあるとき，運動に強迫症状もしくは離脱症状が存在すること
・中断しても1日ないし2日以内に通常のパターンに戻ること

　運動依存の問題は，疲労，怪我の慢性化から人間関係の問題，摂食障害まで引き起こす可能性があることである（Veale and Le Fevre, 1988）。しかし，この問題の有病率は明らかになっていない上，これらの基準について意見の一致を見ていない。また，Szabo（2000）は，このようなことは稀有だと述べている。

　運動依存を測定する妥当性の高い質問紙が必要とされている。Davis et al.（1993）は，Vealeの運動依存の概念に基づいてはいないが，運動依存と関連する運動へのコミットメント尺度（Commitment to Exercise Scale）の妥当性を検証している。Szabo（2000）は，この分野の研究をレビューしたが，引用した17研究の中に実際に運動依存を測定しているものは1つとして存在しなかった。用いられた測定法には，ランニングへのコミットメント，ランニング中毒の自己認知，陰性の中毒，強迫的なランニングに関する質問紙，詳細な質的インタビュー，ケーススタディーがあった。したがって，この問題について結論を出すことは難しい。

　運動依存は，メンタルヘルス・クリニック，スポーツ障害クリニック，摂食障害の関連機関で発見されることが多い。運動依存は，週に3回以上運動を実施している人の20-30％にしか生じない（スポーツ協議会健康教育庁 Sport Council and Health Education Authority, 1992）。人口全体からすれば運動依存と診断される人はごくわずかな割合であるため，公衆衛生の問題とはならない。それにもかかわらず，マスメディアは，このような運動の「センセーショナルな」側面に興味を示し，ときに過剰な報道を行っているように思える。

　さらに，運動依存が，果たしてどれほど有害であるのかは，個々人で異なるものであるため，明言することは難しい。医学的助言に反して運動を継続すれば，怪我が慢性化する危険があることは明らかである。運動を優先して仕事の責任を放棄すれば，経済的にも問題を生じる。このような場合，運動依存者は，運動に対する欲求とその他の生活上の重要な問題に対する欲求のバランスを改善する必要がある。運動依存に気づいた場合，運動の専門家は，運動依存者が適切な助言を受けられるように情報を提供したり，自助方略を行えるように援助すべきである。他の行動変容と同様に，問題への気づきの向上が解決への第一歩となる。Box 9-1には，ジムやスポーツ障害クリニック向けに，運動依存を自覚させることを意図したポスター作成用フォーマットとアドバイスを示した。

　運動依存者（すなわち表9-9の規準A-Gを満

Box 9-1 運動依存を自覚させ，自助方略を提供することを目的としたポスターの構成例

1. 運動が強迫的行動になっていますか？
2. 運動を，あなたの生活の中で，最も重要なものとして優先していますか？
3. あなたの運動パターンは，定期的で固定化していますか？ 周りの人は，あなたの運動パターンに合わせることができますか？
4. 昨年，効果があがっていた運動量では効果が感じられなくなり，昨年よりも運動量を増やしていますか？
5. 医学的助言により運動を止められても，怪我をしている時でも，それには構わずに運動を行うことはありますか？
6. 運動が行えないと，いらいらして我慢できなくなることはありますか？ また，運動の予定を変えなければならない場合，すぐに，いつも通りに戻すようにしていますか？
7. 運動をしすぎると，仕事や人生，健康上のリスクを負うかもしれないと考えたことはありますか？
8. 運動パフォーマンスを向上させるためだけに，減量を試みたことがありますか？

「はい」と答えた質問が多い場合，もしくは，運動への依存があるのではないかと思う場合，スタッフにご相談ください。または，以下の自助方略を行なってください。

- 使いすぎによる怪我を防ぐため，クロス・トレーニング法（トレーニングを組み合わせて行う方法）を利用しましょう。有酸素運動，筋力，柔軟性のトレーニングはすべて体力の重要な側面であることを忘れないでください。
- 精神的，身体的な疲労を防ぐため，運動と運動の間に適当な休息時間を設けましょう。
- 週に1日は完全な休息日を設けましょう。休息日の翌日には，どれほど活気を感じるものなのか，注目してみましょう。
- 不安を低減し，セルフエスティームを向上させる精神的・社会的活動に参加して，知性を働かせましょう。
- リラクセーション，ヨガ，太極拳，瞑想などのストレスマネジメント法を身につけてみましょう。

●出典：Veale (1987)；Zaitz (1989)

たしている者）は身体的，個人的，財政的な害が生じないよう対処してはいるものの，運動に対する強迫性については自覚しているかもしれない。果たしてこれは有害なのだろうか，それともGlasser (1976) が報告した「陽性の中毒（positive addiction）」に該当するのだろうか。運動依存の診断基準を提案したVeale (1995) は，精神科医の立場から，対象はごく少数であったが，原発性運動依存と診断される人に対して面接を実施した。その結果，依存の特徴を有する人の多くは，特に生活上の問題もなく，援助を求める必要性もないと思われた。Iannos and Tiggemann (1997) は，あらゆる人格特性を検討した横断的研究において，高強度の運動実施者（週当たり11時間以上の運動を実施）が中等度，もしくは低強度の運動実施者と比較して，人格的な障害が

あることを立証する根拠はないとしている。高強度の運動実施者にとって，高い活動性はセルフエスティームと自己コントロール感の保持に役立つため，心理的に有益であると結論づけている。

　Veale（1997）は，摂食障害など，その他の障害に伴って過剰に運動を行っている人によくみられる続発性運動依存についても指摘した。Vealeは原発性運動依存が摂食障害とは関係なく起こるのかどうかを明らかにするために研究を行う必要性を主張した。Davis et al.（1998）は，神経性無食欲症の患者のうち約80％に続発性運動依存の根拠となる過剰な運動実施が認められることを報告した。意見の分かれるところではあるが，高強度の運動実施は摂食障害を誘発している可能性があると論じる研究もある。たとえば，Brehm and Steffan（1998）は，横断的研究を行い，義務的運動実施者と分類された青年は，運動を行っているが過度には行っていない青年と比べて，痩身（摂食障害を特徴づける重要な要素）に対する衝動が強く存在すると述べ，義務的な運動実施によって摂食障害が誘発される可能性があると結論づけている。Iannos and Tiggemann（1997）は，1週間に11時間以上運動を実施する女性には食行動異常の割合が高いとの結果を示している。高強度の運動を実施している男性では，この関連性は認められていない。これは，運動に依存する動因が男性と女性では異なることを示唆するものである。一方，Szabo（2000）は，摂食障害と運動の関係について検討している16の研究をレビューした。結果はどちらとも結論づけ難いものであり，結果の相違は運動の定義によると述べている。これにより，標準化された運動依存の測定方法の必要性が改めて浮き彫りにされた。

　摂食障害に伴う続発性の運動依存は，必ずしも否定的なものとは限らない。治療プログラムの中には，運動の中止を求めるものもあるが，そのような状態でも，運動から何らかの心理的利得が得られるのならば，運動によるカロリー消費を減らすなど，強度を調整した運動を治療の一環に取り入れることは可能である。概して，筋力トレーニングや柔軟性トレーニングなどの無酸素運動は，同じ時間実施する有酸素運動と比べてカロリー消費が少なく，細身かつ健康な身体を保つことができる。有酸素運動の代わりに筋力トレーニングや柔軟性トレーニングを行えば，カロリー消費は少なく，心理的恩恵は保たれるのである。運動を同じ時間行うなら，ランニングよりも低強度のウォーキングのほうがカロリー消費は少ないが，細身や健康な身体を保つ効果が期待できる。運動それ自体が，食行動パターンを改めるプログラムにおいて報酬（快い経験）として用いられることもある。一方では，摂食障害の治療に運動を積極的に取り入れた無作為試験の例もある。Levine, Marcus and Moulton（1996）は，肥満女性の「むちゃ食い」をコントロールするために，ウォーキング・プログラムを活用している。

　運動依存の定義で特に難しいのは，トレーニング中のアスリート（競技スポーツ選手）が依存と定義されるかどうかという点である。一見すると，多くのアスリートが表9-9の基準を満たしているように見えるが，アスリートの「依存」は，ほとんどがパフォーマンス向上という重要な目標を追求するための必要条件なのである。

　表9-9に示された，関連した特徴H，Iは，長い年月の間に身体的・精神的に悪影響をもたらす可能性があるため，アスリートの主な関心となっている。運動依存においても，「痩身性」が利点となるスポーツ（たとえば陸上長距離）や競技区分のために体重コントロールが必要なスポーツ（たとえば柔道，ウェイトリフティング）においても，摂食障害に見られるのと同様の体重減少は，続発的なものである。これまで，スポーツにおける摂食障害の予防については十分に論じられていないが，コーチ，運動指導者，アスリートは，ある一定の体重まで落とすことへのプレッシャーによって誘発されるリスク（Dummer et al., 1987）や，長期の食行動パターンにより起こりうるリスクを理解すべきである。Mogan（1994）は，オーバートレーニングによって生じる気分不安定やうつなど，メンタルヘルスへの悪影響を再認識させた。コーチやスポーツ科学者は，運動依存やオーバートレーニングによる悪影響を認識し，それらの特徴が現われたり，長期にわたって気分の不安定さが続いている場合には適切な助

言，援助を行えるよう心がけるべきである。

なぜ運動依存が生じるのかについては明らかになっていない。男性の極端な運動行動の原因は，強迫的人格特性に関連しているか（Davis et al., 1993），あるいは運動依存者が原因のわからない他の問題の「回避行動」と考えられていた。Szabo（2000）は，セルフエスティームは運動依存と負の関係にあり，不安は正の関係にあることを示した。運動依存者は，運動実施によるエンドルフィンやアドレナリン生成の増加に伴う気分の中毒になっているのではないかと考えられるようになったが（Pierce, 1994），このことを実証することは難しい。他には「交感神経系覚醒仮説」と呼ばれる生理学を基にした考え方もある（Thompson and Blanton, 1987）。「交感神経系覚醒仮説」では，規則的な運動実施が，安静時の倦怠感といった交感神経系の覚醒を減じると考えている。運動依存者の場合，望ましい覚醒状態になるには，より多くの活動を必要とし，そのために依存が生じるのかもしれない。Beh, Mathers and Holden（1996）は，この考え方に基づいて，運動依存者および非運動依存者のEEG（脳波）を測定した。その結果，運動依存者は非依存者に比べて α 波の出現頻度が高いことが明らかになり，これは運動依存者の緊張性覚醒水準が高いことを示唆すると解釈した。この結果は，交感神経系の覚醒が運動によって抑制されるという考え方には反するが，運動依存者に特有の望ましい覚醒水準が存在するという考え方とは一致する。

運動が神経性無食欲症と類するものであるために運動依存が生じるのではないかという考え方もあるが，この考え方は激しい批判を受けただけでなく，支持する結果も得られていない（Biddle and Mutrie, 1991）。しかし，Davis et al.（1993）は，男性においても女性においても，過剰な運動の実施と体重への執着に関連があることを明らかにした。重度の摂食障害では明らかになっていないが，この結果は，確かにそれらの関連性を示唆するものである。さらに，運動依存は摂食障害に伴って生じることが多いことが知られているが，原発性運動依存が摂食障害の発症と同じ原因によって生じているのかどうかについては明らかになっていない。Davis et al.（1998）は，神経性無食欲症患者に関する準実験的研究から，強迫性徴候が高い者は過剰な運動を実施している割合も高いと述べている。このことから，摂食障害が発症した場合，過剰な運動実施は強迫性徴候を悪化させるとの結論が導かれた。この関係性は，神経性無食欲症についての動物モデル（実験動物から食物を奪い，ランニング・ホイールなどの運動器具を自由に使えるようにした場合，実験動物は食物摂取を減らして身体活動を増加させる）から臨床的に実証されている（Epling and Pierce, 1988）。これは自己保存の考え方に反しているようにも見える（人の場合，過剰な運動を実施し，自ら進んで飢えを課すということになる）が，運動と飢えには，5-HT（セロトニン）の結合と転換の増加と同様の作用があると説明されている。Davis et al.が論じたように，食物摂取を減じる欲求と運動を増加させる欲求との間にある生物学的関係性に関して，「5-HTの刺激もしくは転換に誘発された活動は，その反動としてさらに身体活動への刺激を生じる食物摂取と体重の減少をもたらす」（Davis et al., 1998; 193）との仮説が成り立つ。

この非常に興味深い生物学的メカニズムに関して検討を重ねていくことによって，運動依存についても明らかになり，なぜ運動依存が摂食障害によく見られるのかについて，新たな理論が提案されることになる。これらの研究で用いられたテクニックにより，気分の高揚効果や抗うつ効果など，身体活動に特有のポジティブな心理的効果の解明が期待される。

●運動依存：要約

健康にかかわる専門家なら誰もが運動依存の特徴を理解すべきである。運動依存の公衆衛生上のリスクは取るに足らないものであるが，運動依存者の精神的・身体的な疾病のリスクは高い。運動依存者に携わる専門家は誰もが，この問題について理解を深め，援助を得る方法を教えられなくてはならない。摂食障害の治療にあたる専門家は，摂食障害時の運動実施について精通しているものと思われるが，摂食障害の治療に運動がどれほど

ポジティブな効果をもたらしているのかということも考えるべきである。コーチは，体重や体型についての特異な要求が摂食障害を誘発するリスクとなっていることを十分に理解しなければならない。また，こうした問題のために長期にわたって悪影響がもたらされることのないように，注意を払う必要がある。最後に，運動依存者の有病率や特徴を理解するために，一層の研究が必要である。特に，診断基準に関して有効な測定尺度が必要とされる。

メカニズム：うつや精神疾患における身体活動および運動の心理的恩恵に関して，どのような説明が可能か

　メンタルヘルスに対する運動のポジティブな効果に関わる基本的メカニズムは，まだほとんど解明されていない。しかし，運動がメンタルヘルスにポジティブな効果があるという点に関しては，意見の一致をみている（Biddle and Mutrie, 1991; Morgan, 1997; Morgan and Goldston, 1987a; Plante, 1993）。生化学的変化（たとえば，エンドルフィンの増加）や心理学的変化（たとえば達成感の向上）など，いくつかのメカニズムが提案されている（Petruzzello et al., 1991）。身体の活動は，どのように感じるかによって影響を受けるため，「身体精神学的な（somatopsychic）」ものとして分類される傾向にある。これは，私たちが探求する心身過程の理解に対応するものである（Harris, 1973）。哲学，心理学，神経科学など数多くの分野が，この身体—心の関係性の解明に挑んでいる。身体活動に重きを置く研究者にとって，心から身体に至る関係性について検討することは興味深い問題である。特に，西洋では，多くの議論の中で，心には重要な役割が与えられてきた。それゆえ，心身過程，心身的な関係性の解明が求められる。しかし，進化によってムーブメントを操る巧みな身体が保証され，なぜ身体活動が気分を良くするのか解明するための，身体精神学的なプロセスについての研究は，少なくとも身体と心の重要性を同一視し，同等であると考えていかなければならない。La Forge（1995）は，この見地から適切なモデルを考えた。

　La Forge（1995）は，考えうる適切なメカニズムについて，それぞれを個々のプロセスとして述べるのではなく，統合するという観点から始めたため，優れたレビューを行うことができた。この統合は，神経回路を媒介にしているため，La Forgeのモデルの前提として，すべての情動は神経学的に説明することができるという考え方を受容することが必要となる。表9-10では，La Forgeが統合したメカニズムをあげ，簡潔に要約，解説を付した。La Forgeは，表9-10に取り上げたメカニズムはいずれも，構造と機能，神経解剖学的回路に共通点があると指摘している。彼が提案した統合モデルは，この共通点を受け入れており，検討すべきは個々のメカニズムではなく統合したメカニズムであると述べている。しかし，逆説的ではあるが，このような考え方は，研究者が各要素に注目して研究を集めてみないことには生まれてこない。こうした考え方は，学際的研究への要請や，運動実施者の脳で何が起きているのかについての理解を深めるために不可欠な最新画像技術利用へのニーズを導くものである。

　この統合モデルの特に興味深い点は，運動は抑うつ効果のある薬物と同様の作用があるだけでなく，精神疾患に，より広範に，より有益な効果を期待することができる点である。しかし，これらの効果の中には，この統合モデルではまだ説明されていない点もある。このモデルによって説明されていない例としては，どのように運動が達成感や統制感をもたらすのかという問題がある。たとえば，うつに関するある理論では，うつは感情の結果であり，問題を軽減するような作用はないことが示唆されている。無力感は，ある一定期間にわたって，様々な状況の中で学習されるものであり，外的なローカス・オブ・コントロールの人に生じる（Abramson et al., 1978; Peterson, Maier and Seligman, 1993; Seligman, 1975）。このような影響を受けやすい人が，生命の一領域，すなわち物理的な自己における統制感を獲得するのに運動が役立つことが示唆されてきた。また，運動が適切に取り入れられれば，その時々に達成感を得

表9-10 La Forge (1995) のレビューによる運動に関連した気分変容のメカニズム

仮説の名称	出典	主な原理	コメント
拮抗過程理論	Solomon (1980)	運動によって生じた覚醒水準の高まりに拮抗する過程において、身体システムはホメオスタシスを保つ方向に働く。この拮抗過程は、トレーニングによって向上し、運動実施後にリラクセーションと不安の減少が生じるようになる。	様々な過程で拮抗が生じる可能性があるため、実証することは非常に困難である。仮説上は、あらゆる他の過程に関連していると考えられる。
オピオイド	Schwarz and Kindermann (1992)	オピオイド（たとえばエンドルフィン、ケンケファリン、ダイノルフィン）は気分の高まり、痛み知覚の減少に関連している。運動はオピオイドの血漿レベルの増加を生じさせる。そのため、オピオイドは運動後の気分を高揚させる。このシステムは心臓血管系、呼吸器系、生殖組織、免疫システムと関連する。	血漿レベルが中枢神経系のオピオイドのレベルに影響を及ぼすのか否かは明らかではなく、運動と気分の関係を調査した研究の結果は定まっていない。
モノアミン	Chaouloff (1989)	モノアミン（ドーパミン、ノルエピネフィリン、エピネフィリン、セロトニン）はうつや不安に関連している。多くの抗うつ薬は、これらアミンの量を増加させようとするものである。運動もまたそれらの生成を促進する。	運動研究の多くが動物によるものであるが、薬物治療は人間研究にも展開される。そのため、これは、適切な仮説であると考えられる。
新皮質の活性化	Kubitz and Landers (1993)	動作時に筋肉などから信号が入ってくると、大脳皮質の刺激領野が感情を生起させる。また、運動により右脳優位となる。最適な覚醒水準のための運動という考え方に関連している。	研究方法が一致せず、気分や不安の尺度を用いずに行われることが多い。現在までに、特定の脳の領域において生じる活動に伴う気分の変化について、厳密な意味での科学的研究は行われていない。
熱生成変化	Petruzzello et al. (1991)	深部体温が上昇すると、筋緊張が減少し、不安も減じる。あるタイプの運動の深部体温を上昇させると考えられている。	この仮説を支持する文献はほとんどない。このような身体能力が厳しい環境に抗して深部体温を維持するために備わったものであるとすれば、こうした説明は疑わしいと考えられる。しかし、体温維持のプロセスはオピオイドや大脳皮質の活動と関わっている可能性がある。
視床下部―脳下垂体―副腎 (HPA) 軸変化	Peronnet and Szabo (1993)	HPA軸は心-身体の伝達システムであり、うつ、摂食障害、ストレス反応に関わる。ストレスホルモンは、身体的（運動）、精神的ストレスに対する反応において、HPA軸の作用により放出される。高レベルのストレスホルモン放出量はトレーニングで減じるが、オーバートレーニングでは増加する。	HPA軸によって生じる運動ストレス、心理社会的ストレスに対する反応は、異なると考えられる。この仮説の理論的発展のためには、ストレスに対するHPA軸の作用について、さらなる理解が必要である。

たり，進歩・向上していることを実感できるため，コントロール感が形成され，習得感も得られる（Griest et al., 1981）。したがって，セルフエスティームの向上は，どのように運動がうつや不安を軽減するのかを説明するために重要なものとなっている（Ossip-Klein et al., 1989）。La Forge の統合モデルは，現時点では達成感やセルフエスティームの促進に関わる神経生物学的説明をしていないが，この説明を行うことは可能である。近い将来，新たな技術や方法が開発され，達成感を感じたときに脳のどの領域が活性化するのかが明らかになったとき，その回路はすでに Forge によって明らかにされた内容と結びつくはずである。この分野では今後，運動がどのように精神疾患を改善するのかについて検討し，最終的には，このような変化を知覚する脳の領域を明らかにするため，身体的自己価値（Fox, 1997a; 1997b; Fox and Corbin, 1989）の階層モデルを援用するようになる。

　このモデルに関して，もう1つ注意しなければならないことは，不活動に伴う擬似的な満足感を説明しなければならない点である。人は，活動性に対して報酬が与えられる本来的な関係よりも，恒常性を維持すること（そのまま不活動でいること）のほうが，満足感をもたらす快いものであると経験的に学んできたのだろうか。進化論の見地から，活動には報酬が必要であると考えることは簡単なことである。しかし，おそらくは，ある一定の条件づけのレベルを越えなければ報酬は通用しないものであり（生存のため活動的になることへの準備性），また，人は活動に対して報酬や快よりも痛みや罰を連想してしまう（現状維持のほうがより安全であると考える）傾向がある。不活動に条件づけられた人にとって，不活動を維持することは，満足感を与える快いものとなっている。一人でも多くの人を活動的にしたいと考えている健康関連の専門家は，快感情に，人々を活動的にする効果や，痛みを思い起こさせることがない効果があるとしても，ゆっくりかつ漸進的なアプローチが不可欠であることを忘れてはならない。統合モデルは，解明すべきことがまだ残されているとはいえ，運動に対する動機づけ理論，ならびに，運動から得られる心理学的効果を解釈するための出発点である。La Forge は，将来の実践に向け，実用的な指針を出した。

　　そのメカニズムは，遺伝的，環境的，一過的で適応的な過程も含めた生物学的処理の比類なき相互作用と考えられる。必然的に，結論は，運動科学，認知科学，神経生物学の研究者や理論家の相互作用から得られることになるだろう。
　　　　　　　　　　　　　　　　（La Forge, 1995: 28）

　現代の学術環境においては，境界線がはっきりと定められた研究グループごとに研究資金などの資源が動くため，このような研究者の相互作用は必ずしも容易なことではない。しかし，解明すべきは，運動がなぜ気分をよくする効果があるのかという問いへの答えであり，これは研究者にとって情熱を持って追究するに足る価値ある課題である。

●実践のためのガイドライン

　身体活動とメンタルヘルス上の問題および精神疾患に関する実践上のガイドラインを以下に示す。

- 臨床家（一般開業医，心理学者，精神科医，ケアワーカー，心理療法家，地域のメンタルヘルスワーカー）は，すべての患者の生活に定期的な身体活動が取り入れられるようにすべきである。
- 身体活動および運動は，特に活動性や体力レベルが低い入院患者の治療の一環として推奨されるべきである。
- 精神疾患の治療に用いられる薬物の多くは運動との併用を禁忌とするが，臨床家は生じる可能性のある相互作用（心拍へのベータ・ブロッカーの効果や運動耐性へのセロトニン再吸収抑制効果など）について精通していなければならない。
- 健康推進者は，定期的な身体活動実施者を増やす必要性について，その根拠として，精神疾患

の予防を含めて考えていかなければならない。
・運動指導者，スポーツセンター，スポーツ障害クリニックは，運動依存の特徴について理解を深めるべきである。

●将来の研究の方向性

今後の研究の方向性に関して，以下に要点を示す。

・健康とメンタルヘルスの調査には，身体活動に関する適切な測定尺度を用いなければならない。
・さらなる疫学的研究により，運動とメンタルヘルスの関係を立証することが必要である。
・うつとその他の精神疾患領域における運動の費用対効果，費用便益に関する研究が必要である。
・プライマリケアおよび精神科診療において，運動および薬物によるうつ治療を対照する無作為化統制試験が必要である。
・不安障害と運動の領域における無作為化統制試験が必要である。
・無作為化統制試験には適さないと考えられる患者群（統合失調症患者や薬物リハビリテーション患者など）に関する質的研究が必要である。
・運動依存の有病率を確認することが求められるとともに，運動依存を測定する妥当性のある尺度が必要である。
・運動が精神疾患において好ましい心理的恩恵をもたらすメカニズムについて理解を深めるため，運動科学者は，生理学，神経科学，認知科学，精神医学の研究者と共同チームを構成するべきである。
・他の精神疾患の治療において運動が役に立つ可能性については，まだ，運動に関する研究の中で明らかにされていないが，この点について，精神疾患の標準的な治療に運動を用いた研究において検討されるべきである。この研究モデルには，2群（標準的治療群と標準的治療に運動を加えた群）に対する治療時間を等しくすることや，運動を受けていない群に治療内容に対する不服がないようにすることが難しいなど方法論上の限界もあるが，それを整理することは容易にできる上，倫理的な問題もない。恩恵を受けると考えられる障害の例としては，認知障害，睡眠障害，心理社会的問題，注意欠陥障害などの子どもの問題，社会的交流上の問題がある。

❖ まとめと結論

本章の内容は以下のとおりであった。

- 精神疾患の概論を紹介し，うつや精神疾患の有病率について説明した。
- うつと身体活動および運動に関する文献について概説した。
- 不安障害，統合失調症，アルコールおよび薬物依存など，その他の精神疾患における身体活動の役割について概説した。
- 運動実施に伴って起こりうる悪影響について考察した。
- メンタルヘルスの問題を予防・軽減する身体活動の好ましい役割について説明するメカニズムについて論じた。
- 実践におけるガイドラインと今後の研究の方向性を示した。

この分野についてのレビューから得られた結論は以下のとおりであった。

- 運動（有酸素運動でも無酸素運動でも）は臨床的に問題とされるレベルのうつを低減するものであり，疫学的研究，メタ分析，実験的研究から得られた結果から，ここに因果関係があることが示唆される。
- 不安障害に関する運動の効果については，ごく限られた理解しかなされていない。運動と徴候の減少との関係性が見られる程度である。
- 精神疾患患者群における運動による悪影響についてはこれまで述べられてこなかったが，特定の不安障害については運動が禁忌だとする仮説もある。
- 運動は統合失調症における特定の徴候を改善する可能性がある。
- 運動は，飲酒行動に問題がある者における飲酒行動を減少させることはないが，体力，身体的自己認知，活動性レベルに影響を与える。
- 運動は，薬物依存治療中の患者の援助にも効果がある。
- 割合としては非常に低いが，運動実施者は運動依存になる可能性がある。
- 身体活動と運動の心理的に有益な効果に関するメカニズムは現時点では明らかになっていないが，適切なメカニズムが数多くある。

第10章

臨床患者における運動の心理学

> 運動は，身体の状態がかなり悪化している場合，その状態を良くするために考え出され，用いられた。
>
> Christobal Mendez 1500-1561
> （Berryman, 2000）

◆ 章の目的

この章は，様々な臨床患者の治療における身体活動と運動の役割について考察することを目的としている。精神疾患に関しては，9章で広範囲にわたり考察されているので，本章では取り扱わない。本書では，各疾病分類に特有な健康状態に関する心理的問題の枠組みや例として，米国スポーツ医学会（ACSM）の身体的疾患と障害の分類を使用している。特に本章では，以下の点について留意している。

- 臨床患者に適用する運動に関連した心理的問題に焦点を当てる。
- 医療チームにおける運動心理学の役割について議論する。
- 疾患と障害を区別するために，ACSMの枠組みを使用する。
- ACSMによって分類された疾病に関する心理的問題の例として，以下の6つの疾病をあげる。ただし，メンタルヘルスの問題については9章で考察したので，ここでは除く。
    1. 心臓血管系および呼吸器の疾患
    2. 代謝疾患
    3. 免疫および血液の異常
    4. 整形外科的疾患および障害
    5. 神経筋異常
    6. 認知障害，情動障害および感覚障害
- この分野における運動心理学の知見を要約する。
- 効果的な実践の手引きを提案する。
- 臨床患者に関する運動心理学の研究を推奨する。

臨床患者は，「特別な健康状態にあるために，援助を求めている人，また医学的な監視下にある人，あるいは適切な医療専門家によって疾患があると診断された人」と定義される。構造化された，あるいは監視下における運動は，長い間，多数の病気に対して用いられてきた。Bouchard,

Shephard and Stephens（1994）は，運動が治療役割を果たす24の医学的状態を列挙した。これらの臨床群にとって，運動の効能に関する研究は，運動や活動に基づいた心血管系疾患の予防や治療に関する蓄積された知識から生まれた（Pate et al., 1995）。患者に対する運動の役割についての最初の興味・関心は，医学的診断の一部として運動試験を使用する，あるいは患者の身体的改善や疾病率・死亡率の低下を求める内科医や運動生理学者から起こった。最近になり，これらの患者にとって，運動することで長寿を得ることが重要な問題ではなく，運動が生活の質感や日常生活行動にかかわる能力を高めるほうが重要だということが認識されるようになった。ACSMは，この分野における運動の専門家を増加させるために，臨床患者における運動プログラムの管理運営についてわかりやすいテキストを作成した（ACSM, 1997a）。Mooreは，このテキストの序章で，臨床患者に関する運動プログラムの理論的基礎の沿革をつぎのように要約した。

> 1980年代に，運動に関する研究とその臨床への適用は様々な慢性疾患や障害をかかえる人々に対しても広められるようになった。そうした人々にとって，運動は，基本的には寿命よりもむしろ生活の質感に関係する。運動することによって得られる最も大きな恩恵は，日常生活において，活動能力と自由や自立を保持できる点にある。
>
> (Moore, 1997: 3)

臨床患者の運動実施に関する心理面について議論する上で，考察されるべき2つの問題がある。第1は，運動が明らかに臨床患者の生活の質感を高めるのに貢献することである。生活の質感は，運動プログラムから得られる様々な心理的効果をあらわす包括的な測定指標とみなすことができる。運動心理学者は，いろいろな心理測定技法や質的研究によって，運動と生活の質感の関連性を評価している。第2に，もし運動が患者にとって有益であるとするなら，私たちは，患者に可能なかぎり長期間，運動を続けさせるだろう。また，その際に心理学者は運動の継続を支援する役割を果たす。人々が効果的な活動に熱心に取り組み続けるプロセスは，そうした運動の継続活動から得られる医学的効果と比較対照されながら研究されてきた。医学的な症状をもつ患者の運動アドヒアランスを促進させるためには，様々な医学的症状がもたらす運動に関する特有の課題を理解することに加えて，運動アドヒアランスに影響する心理的要因の理解が必要となる。患者が自分の身体能力に自信がもてないために運動処方が効果を発揮しなかったり，患者の症状が運動することを妨げたりする。本章では，これらの患者のために生活の質感の評価や運動の開始と継続に関する心理学に焦点が当てられる。さらに，満足のいく実践および心理的効果と運動アドヒアランスに関する研究のためのガイドラインが提供される。

臨床患者を対象に仕事をすること

臨床患者を対象に仕事をする運動の専門家は，理学療法士のように，臨床家や医療補助スタッフから構成されているチームの一員とみなされる。運動は患者を援助するために計画された多角的な治療パッケージの1つである。運動の専門家にとって，運動の生理学的必要性と様々な健康状態下における運動の適用や制限についての理解が必要である。運動の専門家は，診断あるいは運動処方を目的として運動試験にかかわる。そこでは運動生理学に関する確かな基礎が必要である。しかしながら，運動心理学の知識もまた重要なことも明白である。運動心理学は，検査結果（たとえば，患者自身による自発的な検査の中断を含め，不安が検査に影響を与えるなど）および運動処方を実行する能力（たとえば，患者が運動が役立つと信じておらず，そのためにプログラムが継続しないなど）に影響すると考えられる心理社会的諸問題について理解させる。加えて，動機づけが重要な役割を果たしている運動参加行動から得られる有益な心理的効果がある（Fox, 1997b）。現在，いくつかの病院は，適切な運動処方を提供する理学療法士とともに仕事を行う運動療法士を雇用している。英国心臓リハビリテーション協会のように，いくつかの専門家集団は，心臓リハビリテー

ションで働く運動の専門家のために訓練コースを提供している。この訓練の中には運動心理学が含まれている。英国スポーツ運動科学学会（BASES）は，質を維持するために認定制度を設け，臨床患者の運動療法に関する専門分野を開拓するために努力している。運動療法の適用分野は広がりつつある。

　医療の現場に広く行きわたっている風潮の1つは，個人の治療よりも治療上の診断と処方に関心を払う医学的モデルを支持する点である。このモデルは通常，心臓リハビリテーションにおける集団で行う教室のように，すべての患者に対して同様の運動処方を提供する結果を招く。しかしながら，運動の継続に関しては，個人中心のアプローチが考慮されるべきである。同じ運動処方がすべての人に対して当てはまるとは限らない。運動処方は各個人の状況に応じて組み立てられるべきであるとともに，病院側の働きかけによって運動を維持するのではなく，むしろ患者自身によって運動を維持すべきである。長期目標は自立した運動実践者であって，病院の監視に依存する運動実践者であってはならない。この考え方は，活動量の増加を推奨する最近の「アクティブ・リビング（Active Living）」の考え方と一致している。この考え方は，座位中心の生活を送る人々は，ウォーキングのような中等度の強度の活動を積み重ねて30分程度行うことを目標とすべきであるという考え方である（Pate et al., 1995）。

　Loughlan and Mutrie（1995）は，運動アドヒアランスを最大限に達成させるために，様々な認知行動療法を用いたカウンセリング・アプローチを提唱している（11章参照）。患者たちは活動的ではないため，カウンセリング・アプローチは彼らの興味を引きつける。このアプローチはつぎのとおりである。

・個人の運動および活動履歴を理解する。
・活動水準を上昇させることによる利益と不利益について，患者たちが感じていることを述べさせる。
・患者に活動の阻害要因を克服する方法を見出させる。
・運動仲間を見つけるなど，動機づけを高める方法を探し出す。
・家族や友人からの支援を引き出す。
・活動水準に関して短期および長期の現実的な目標を患者に設定させる。

●臨床患者の分類

　表10-1は，ACSM（1997a）によって提示された枠組みを示している。この枠組みでは，40に区分された治療を要する症状を6つの疾患あるいは障害に分類している。この枠組みが本章において用いられている。精神疾患の問題はすでに9章でとりあげられている。疾病分類ごとに，すでに明らかにされている運動の身体的および心理的恩恵や，運動アドヒアランスへの専門的課題が述べられている。また，運動に関する動機づけ，阻害要因および継続率について何が明らかになっているかが論議されている。それぞれの疾病分類内において述べられている条件や内容は，アドヒアランス（そしてそれに関連した用語）あるいは心理的恩恵をキーワードとして検索した最近の文献に基づいている。その結果として，アドヒアランスあるいは心理的恩恵の情報を有しているものの，関連するキーワードをあげていない文献については省略された。

●心臓血管系および呼吸器の疾患

慢性閉塞性肺疾患

　慢性閉塞性肺疾患には，ぜんそく，慢性気管支炎および肺気腫がある（Higgins, 1989）。世界の人口の10％ほどがぜんそくにかかっており，特に子どもにおいてその割合は増えている。英国では，ぜんそくは子どもが学校を休まざるを得ない医学的疾患のうち最大で，しかも繰り返し医者にかからねばならない理由である。主症状の1つが呼吸困難（息切れの感覚）であるため，慢性閉塞性肺疾患患者には不活動状態のスパイラル（螺旋状の悪循環）が認められる。呼吸困難が生じると，活動水準は低下しがちとなり，それが将来の「脱条件づけ」につながる。すなわち，活動は困

表 10-1　米国スポーツ医学会による疾患と障害の分類

疾患と障害の主な分類	下位分類
1．心臓血管系および呼吸器の疾患	心筋梗塞
	冠動脈バイパス手術・血管形成手術
	狭心症および虚血
	ペースメーカーおよび埋め込み式の電気的除細動器
	心臓弁膜症
	うっ血性心不全
	心臓移植
	高血圧
	末梢動脈疾患
	動脈瘤およびアルファン症候群
	呼吸器疾患
	嚢胞性繊維症
2．代謝疾患	腎不全
	糖尿病
	高脂血症
	肥満
	代謝脆弱
3．免疫および血液の異常	ガン
	貧血
	出血異常
	後天性免疫不全症候群（エイズ）
	臓器移植
	慢性疲労症候群
4．整形外科的疾患および障害	関節炎
	腰痛症候群
	骨粗鬆症
5．神経筋異常	脳卒中および脳損傷
	脊髄損傷
	筋ジストロフィー
	てんかん多発性硬化症
	小児麻痺および小児麻痺後症候群
	筋萎縮性側索硬化症
	脳性麻痺
	パーキンソン病
6．認知障害，情動障害および感覚障害	精神遅滞
	アルツハイマー病
	精神障害
	聾および難聴
	視覚障害

出典：American College of Sports Medicine, 1997a

難に感じられるために活動の不継続がさらに進むのである。呼吸器疾患のための運動に基づいたリハビリテーション・プログラムの歴史は，まだ開始されて日が浅いもののかなり成功をおさめている（Lacasse et al., 1996）。慢性閉塞性肺疾患の人々に対する運動プログラムのアドヒアランスに関して研究がなされ（Atkins et al., 1984），その結果，運動のアドヒアランスに関する様々なストラテジーの効果に関する知識が増加している。これらの諸研究では，慢性閉塞性肺疾患患者群に対して，認知行動修正技法を用いた取り組みがなされている。そして，目標設定のような基本的な技法によって 11 週間のプログラムの中で歩行時間が統制群のほぼ 4 倍に増加したことが報告されている。これらの結果は図 10-1 に示されている。

運動プログラムはまた，患者たちに生活の質感の増加や抑うつ，不安の減少といった心理的恩恵をもたらしている（Singh et al., 1997）。そうした恩恵が得られる理由として，運動教室がもたらす社会的交流，および同じような年齢で同じ病気

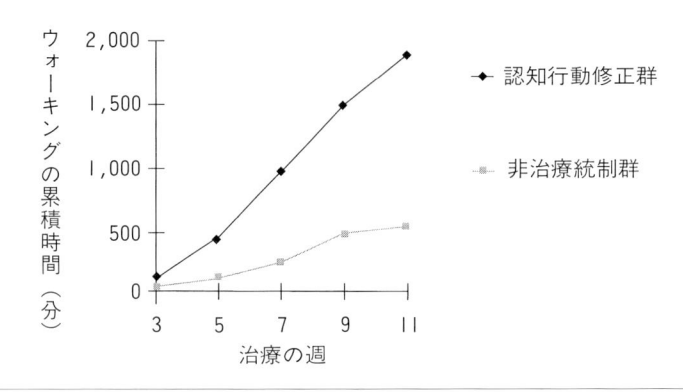

図10-1 慢性肺疾患患者を対象としたウォーキングに関する認知行動修正技法の効果

にかかっている他の人々が運動能力の向上に取り組み，それを改善しているといった安心感をあげることができる。さらに，そのようなリハビリテーション・プログラムは，他の患者の家族も呼吸困難と取り組み，運動によって勇気づけられているという安心感を提供することによって，患者の家族にも恩恵をもたらすことができることが研究において述べられている（Petty, 1993）。慢性閉塞性肺疾患患者に運動を適用する上で特有の課題は，ぜんそく患者にとって運動が両刃の剣であるという問題である。すなわち，一方で，運動が総合的な機能改善をもたらして呼吸困難を低減させ得るが，他方において，ぜんそく発作を増加させるという問題である（Belman, 1989）。運動プログラムは呼吸困難を回避するように組み立てられねばならないし，患者とその家族に運動はすべきではないという信念を克服させる必要がある。運動と一緒に薬物治療をどのようにまたいつ用いるかについては専門的助言が常に必要である（Gordon, 1993b）。

心臓リハビリテーション

運動に基づく心臓リハビリテーション・プログラムは米国において広く利用されている（Naughton, 1985）。しかし，英国内では心筋梗塞を罹患している人口比率が大きいにもかかわらず（Tunstall-Pedoe and Smith, 1986），運動に基づく心臓リハビリテーション・プログラムの導入は比較的遅れている（Gloag, 1985）。英国におけるそうした状況をもたらしている理由は明らかではないが，おそらく，理由は単純であって，すでに国の健康サービス財源は膨張してしまっており，運動に基づく心臓リハビリテーション・プログラムを準備するのに莫大なコストがかかるためであろう。それから，もう1つの複雑な理由がある。それは，医療コンサルタントが，死亡率が低下していることから，心筋梗塞の医療的処置が功を奏しているとレビューしており，運動のリハビリテーションに関する初期（運動プログラムの導入に関する歴史的な意味における初期）の効果の確証が疑問視されているためである。（Noughton, 1985）。しかしながら，Oldridge et al. (1988) は，無作為化統制試験を行った結果，運動を含む心臓リハビリテーション・プログラムを受けた心筋梗塞の患者は，統制群に比べて死亡率が25％低下したと結論づけた。

心筋梗塞を起こした組織を治療することと心臓血管系の機能を改善することが必要であるため，心臓リハビリテーション中の運動の効果に関する研究のほとんどは，生理学的および心臓血管系のパラメーターに焦点を当てていることは驚くべきことではない（Dugmore, 1992）。Oldridge et al. (1988) は，心理的安寧と生活の質感の改善が運動耐性の強化よりも有益であると述べている。

不安と抑うつはおそらく最も頻繁に測定される心理学的測定指標である。Milani, Lavie and Cassidy (1996) は，心疾患患者の20％は心臓発作後の4週間から6週間の間に抑うつの徴候を示すと評価している。Kugler, Seelback and Kruskemper (1994) は，不安と抑うつを指標として運動に基づく心臓リハビリテーション・プログラムの効果を検討した15の研究についてメタ

分析を実施した。これらの研究者たちは，運動に基づく心臓リハビリテーションの効果として，不安（効果サイズ：ES＝0.31）と抑うつ（ES＝0.46）に低から中程度の値を見出した。これらの効果は，恐らく不安と抑うつに対する運動の真の効果より過少評価されている。なぜならば，研究における参加者のすべてが不安と抑うつの徴候をもっていたわけではないからである。このように，心臓リハビリテーションのための運動に関しては，生理学的および心理学的な恩恵の2つがあると考えられる。

心臓リハビリテーションの下で行われた研究から運動アドヒアランスに関する領域に関する知見が見出されてきた。これらの研究の知見から，私たちは長期間にわたる運動のアドヒアランスを維持させる方法について学ぶ必要がある。Oldridge, Donner and Buck（1983）は，カナダの患者の40％から50％が，プログラム参加後6ヵ月から12ヵ月の間に，心臓リハビリテーション・プログラムからドロップ・アウトしたと報告している。英国では，Pell et al.（1996）がグラスゴー病院の運動に基づくリハビリテーション・プログラムの成就率が58％であったと報告している。Quaglietti and Froelicher（1994）は，最初の心臓発作から4年の経過後に運動を継続している患者の割合は30％から55％でしかなく，時間の経過とともに運動アドヒアランスは低下すると述べている。最後に，最も悲観的であるが，Prosser, Carson and Phillips（1985）は，患者が病院の提供する短期間の運動プログラムに参加後，6年から9年経過する間の定期的な運動継続者の割合は12％のみであったことを明らかにしている。

Rovario, Holmes and Holmsten（1984）によって行われた研究は，長期間にわたる運動アドヒアランスの問題に焦点を当てた研究の一例である。彼らは心疾患患者を無作為に，週に3回，監視下で行う運動プログラム（監視下における運動プログラム群，27名）か，運動実施の助言は受けるが監視を受けない通常のケアプログラム（通常ケア群，19名）かのどちらかに振り分けた。運動に基づくリハビリテーションを受けた患者は，3ヵ月の監視下でのトレーニング期間終了後とそれに続く4ヵ月のフォローアップ期間経過後に，通常のケアを受けた患者と比べ，心臓血管系機能，自己認知が改善し，職業ストレスの低下，性活動の回数増加および家事活動の増進といった心理社会的機能のすべての指標において多くの改善が認められた。しかしながら，これらの患者が6年後にフォローアップを受けたときには（Holmes, 1993），運動に基づく群（監視下における運動プログラム群）の優越性は消失していた。研究者は，その理由として，通常ケア群の活動水準の上昇と監視下における運動プログラム群の活動水準の低下をあげている。この問題は，病院の運動教室が，患者自身が最初のスーパービジョン後に運動を継続する方法を見出すことができる，自立した運動実践者を生み出すという長期的目標を，どのようにすれば達成できるかという課題を提起している。

すなわち，運動プログラムを遂行できないために，多くの患者が運動プログラムから恩恵を受けていないという重大な問題がある。そのような運動アドヒアランスからのドロップアウトに関連した要因について優れた研究がいくつかあり（Oldridge et al., 1983），それらにより個人要因とプログラムそのものに関連した要因がドロップアウトの理由となるといった結論が一般的である（2章参照）。心臓リハビリテーションにおける運動アドヒアランス水準に関心を払うと，プログラムの内容に関して患者の視点を探求する研究がほとんど存在しないことに驚かされる。英国では，Campbell et al.（1994）が，最近，心筋梗塞を患った29名の患者に面接調査した。最も多くの人が頻繁に指摘した内容は，心臓リハビリテーション・プログラムの構成要素が運動であるという点であるが，他方で病院は運動に基づくプログラムを行う最善の場所ではないという指摘が明確になされた。監視機能をもつ地域センターによるプログラムを増加させることが望まれている。また，悪天候がウォーキング・プログラムの実施を遠ざけること，大規模なDIY店（日曜大工店）あるいはショッピングセンターを巡るウォーキングのように，豊かな発想に基づいた選択肢が考案されるべきであることが多数の患者によって指摘され

ている。

　病院における実施と在宅をもとにした実施，有酸素運動および筋力トレーニングに基づくプログラム，そして運動強度が異なるプログラムなど，多様な運動プログラムが試みられてきた。ウォーキングを奨励する在宅をもとにしたプログラムは，運動の長期的アドヒアランスにとって最も適している。Ⅲ期（病院における実施）からⅣ期（地域における実施）への移行は，運動のアドヒアランスにとって特に課題となる。Gillies et al. (2000) は，Ⅲ期の終わりに運動に関するカウンセリング・セッションを患者に提供することは，運動に関する情報だけを提供する場合よりも，短期間での身体活動水準の増進に効果的であることを示した。Quaglietti and Froelicher (1994) は，心臓リハビリテーション・プログラムのマネジャーに対してつぎのように示唆している。

　　待ち時間を減らし，専門家による監視を提供し，身体的な不快と欲求不満を避ける運動を組み込み，ゲームを含む変化に富んだ活動を活用し，社交的なイベントを組み入れ，休んでいる患者を呼び戻し，患者の家族あるいは配偶者をプログラムに取り込み，そして患者が自らの進歩を監視することに熱中させなさい。
　　　　　　　(Quaglietti and Froelicher, 1994: 599)

　心疾患患者特有の課題として，心筋梗塞が起こる恐怖や，運動とベータブロッカーのような一般的に処方された薬との相互作用の可能性が含まれている。ベータブロッカーは，心拍反応を弱めるために，運動強度は主観的運動強度をとおして患者に最も良く伝えられる。おそらく，さらなる心筋梗塞に対する恐怖があるために，患者は病院の環境に依存するようになる。そのため，患者が自立した運動実践者になるよう，またそうした恐怖に耐えられるように患者を支援することが課題の1つである。英国心臓リハビリテーション協会は，運動指導者および理学療法士を対象とする訓練を提供することによって，Ⅳ期（地域における実施）の心臓リハビリテーションの問題に本気で取り組もうとしている。この訓練では運動心理学と長期間にわたる運動アドヒアランスの問題が強調されている。

●代謝疾患

　最も一般的な代謝異常はおそらく，肥満である（1章参照）。最近のレビューは，身体活動が肥満の危険性を低減する重要な行動の1つであることを示唆している（Blair and Brodny 1999; Prentice and Jebb, 1995）。しかしながら，肥満それ自体はしばしば疾患とみなされるわけではなく，そのためここではとりあげない。読者は，肥満と運動のトピックをテーマとして開催された会議の報告や，この問題に関する卓越したレビューを参照されたい（Medicine and Science in Sports and Exercise, 1999; supplement to 31 (11))。この節では，最も頻繁に認められる代謝疾患として糖尿病をとりあげる。

糖尿病

　Ⅰ型（インスリン依存型，IDDM）およびⅡ型（インスリン非依存型，NIDDM）の糖尿病患者は，通常，薬物治療，ダイエットの実施および血糖値水準の監視とともに，治療の1つとして運動を実施するように助言される（Wing et al., 1986）（1章参照）。ACSMと米国糖尿病協会の共同宣言（1997b）は，Ⅰ型とⅡ型に関わらずすべての糖尿病患者に対して，運動に関する包括的なガイドラインを提言している。この共同宣言においては，運動によって得られる心臓血管系，末梢動脈系および代謝系への恩恵について述べられ，糖尿病患者に対する運動処方について議論されている。興味深いことに，運動アドヒアランスの観点から見てみると，運動の維持あるいは心理的効果に関する文献はまったく見当たらない。糖尿病と付き合う生活に直面する心理的影響およびそれに伴う情緒的，社会的適応について，健康心理学者はきわめて頻繁に報告を行っている。そして，それは治療のための患者教育にとって必要なことである（Dunn, 1993）。糖尿病におけるこれらの心理的諸問題に関する豊富な文献や，運動が糖尿病の治療にとって必要であるという一般的な推奨を提供すべきである。糖尿病患者における運動の心

理的恩恵や適切な運動に関する患者教育に対して研究者の多くが注目していないことは驚くべきことである。文献研究は，IDDMあるいはNIDDMに対する運動の心理的効果についての実験的研究がこれまでまったくなされてこなかったことを物語っている。事例証拠に基づいた2つの論文は，糖尿病患者における運動の心理的効果として自己統制感やストレスの低減があることを示唆している（Norstom, 1988; Vasterling, Sementilli and Burish, 1988）。II型の糖尿病患者を対象とした，2年間にわたる観察研究は，身体活動と心理的安寧の間に正の関連性があることを示している（Stewart et al., 1994）。

今まで報告されてきたこれらの恩恵の重要なポイントは，糖尿病患者の自己に対する見方が，食物摂取と血糖値のレベルを監視する必要性に縛られていた自分から，運動を上手に行い身体の健康状態を改善する感覚を味わう自分へと変容できる点である。Bergはつぎのように示唆した。

> 運動の心理的効果は，周到に準備，測定された身体的および生理学的効果と同様に重要であると言える。スポーツを含む活発な身体活動への参加が安全に行え，それによって恩恵さえも受けることができるという実感をもつことは，生活に関する肯定的な感情を大いに生み出す。活動的な糖尿病患者は，活発なライフスタイルを続けることが可能なので，良い健康状態を維持することができる。
> 　　　　　　　　　　　　　（Berg, 1986: 428）

最近のいくつかの研究（Swift et al., 1995）には，定期的に運動を行っているNIDDM患者の半数以上が，運動の開始と継続の主な理由として糖尿病のコントロールを選んでいた事実が示されている。運動の阻害要因は，運動そのものがもたらす身体的不快感や低血糖症状に対する不安，過体重のために運動ができないこと，および家族支援が得られないことであった。IDDM患者の運動への動機づけと阻害要因に関する大規模な調査（回答者数1,030名）（Marsden, 1996）によれば，低血糖症状に対する不安が主な阻害要因として認められない。そのかわりとして，非糖尿病患者と同じく，時間的制約（時間がないこと）が主な阻害要因としてあげられている。運動への動機づけは，将来の糖尿病の合併症を避けることと身体的健康を改善することにある。

Marsden（1996）の研究もまた，IDDM患者のうち3分の1に満たない患者しか定期的に運動を行っていなかったが，少なくとも残りの3分の1の患者は，不定期ではあるが何らかの運動を開始あるいは実行しようと意図していたことを明らかにした。この研究では糖尿病患者のケアの一部として運動教育の必要性を強調している。Marsdenの実施した調査の対象となった大多数の患者は，病院から運動についての助言を受けていなかったので，将来医療チームで働く専門家を養成するために必要な点として，運動に関する助言・指導があげられる。Ary et al.（1986）は，大多数の患者が運動を行うべきだと指示されていたにも関わらず，I型の患者のうちたった20％だけしか，どのように運動を行うかについての専門的な助言を受けていなかった。IDDMの子どもにおける運動に関する知識や運動への態度を扱った最近の研究もまた，患者と専門家に対する教育の必要性を強調している。Rickabaugh and Saltarelli（1999）は，子ども，その親および体育教師の間で，IDDMと運動に関する知識に深刻なギャップがあることを見出した。彼らは，特に体育教師はIDDMに関する運動マネジメントについて事前研修を必要とすることを忠告している。

糖尿病患者における個人の運動への動機づけ，運動阻害要因，および運動に関する情報の不足を改善するために必要なことは，非臨床患者において推奨されているのと同様にIDDMとNIDDMの両方の患者に対する運動実施のカウンセリングである（Loughlan and Mutrie, 1995）。2つのパイロット研究は，I型とII型のどちらの患者にとっても，運動実施に関する相談を行うと，英国糖尿病協会の小冊子に基づいた運動実施に関する情報をもらうよりも，身体活動を増加させたことを確かめている。Hasler et al.（1997）は，3週間にわたって身体活動を増加させる上で，運動実施に関する相談はI型の患者にとって効果的であることを示した。同様に予約診療日に来院したII型の糖尿病患者を対象とした研究において，運動実

施の相談が，標準的な小冊子よりも5週間にわたって身体活動を増加させることを示した（Kirk et al., 2000）。Marsden（1999）は，糖尿病患者を対象とする運動実施に関する相談と運動実施プログラムの作成に役立つ優れた実践的な手引きを作った。

I型の糖尿病患者特有の課題は，インスリンのコントロール，血糖値，および運動のバランスを考慮することである。患者の血糖値が高水準（＞250 mg/dl）では運動を行うべきではないといった知識を含めて，運動の実施の仕方に関して適切な知識を必要とする。それゆえ，血糖値の監視を運動の前後において実行するよう勧めるべきである。II型の患者には，過体重になることや，自らの健康状態に対処する動機づけの欠如という異なった問題がある。過体重の人とかかわる上で特有の課題は，ストレスを増加させない活動および想定される困難を避ける活動を見出すことである。スイミングは明らかに体重負荷の少ない活動であり，運動としては良いかも知れない。しかし，水着と公共のスイミング・プールは肥満した多くの人々にとってあまりにも脅威となるかも知れない。そのため彼らにとって，サイクリングやエルゴメータをこぐことがより現実的な運動の方法かもしれない。

●免疫および血液の異常

ガン

ガンの診断や治療に対処するために，心理学的介入という形で援助を必要とすることは，長年にわたり認識されてきた（Anderson, 1992）。運動は，ガンそのものに肯定的に影響を与える可能性はないが，治療の一部として，身体的（たとえば，疲労，吐き気，体重の変化）および心理的機能の両方を改善する可能性があることもまた認識されている（1章参照）。Simon（1990）は，運動免疫，ガンおよびブロッコリー感染症に関する優れたレビューにおいて以下のように結論づけている。

ガン患者の機能的もしくは心理的リハビリテーションにおいて，運動の役割を扱う体系化された情報はほとんどない。運動トレーニングがガン患者の病状を軽減させることを期待する理由はないが，運動が患者の生活の質感を改善するかもしれないと期待する理由はある。

(Simon, 1990: 586)

Friedenreich and Courneya（1996）は，ガン患者に運動を利用することついてレビューを行った。このトピックを取り上げているのは9つの研究のみであり，そのすべてが肺ガンに関するものであった。しかし，全体的な結論は，運動が身体的および心理的改善の両方をもたらすということであった。この研究結果は，ガン患者に対する運動の利用が有望であることを示している。Friedenreich and Courneyaは，対象者の確保や運動アドヒアランスの問題点は，既存の文献では十分に研究（もしくは報告）されておらず，運動介入のすべてが監視型であったと報告している。

運動とガン患者に関する今後の研究の目的は，在宅をもとにしたプログラムや非監視型プログラムを含む運動様式の違いの研究，動機づけやバリア要因の理解，および治療や長期間にわたるフォローアップを含め，病気の様々な段階におけるアドヒアランスの評価である。

ガン患者における運動処方についての特有の研究課題は，化学療法などの集中治療から回復までの間の運動実施，筋力の低下，および治療による頭髪損失のために生じる公共の場での当惑や，乳房切除の傷跡について他の人からどう思われるかといった恐怖心である。

HIV/AIDS

ヒト免疫不全ウイルス（HIV）感染者の治療の一部として，運動を利用することに関心が高まっている（Lawless, Jackson and Greenleave, 1995; Rigsby et al., 1992）。初期の研究においては，運動を行うことによる免疫システムの反応に焦点が当てられ，これらの結果から副作用がないことが明らかにされた（Birk, 1996）。実際，LaPerriere et al.（1991）は，身体的トレーニングを行うと，1 mm³あたり約50個ずつのCD 4細胞

（免疫反応において重要なヘルパー細胞）の数を増加し，それがAIDS治療薬の効果と同等であり，しかも副作用はないと述べている。

そのほかの研究では，運動が，HIV陽性に対処する能力の増強（LaPerriere et al., 1990），安寧の知覚の増強（Lox, McAuley and Tucker, 1995），および生活の質感の改善（Stringer et al., 1998）といったHIV患者への肯定的な心理学的効果を有する可能性を示している。しかしながら，運動から得られるこの重要な成果は，研究者から見すごされているかもしれない。Stringer (1999) は，HIV感染者への有酸素運動効果の有用な証拠をレビューし，優れた研究デザインをもつ6つの研究を要約した。しかし，生活の質感を測定した研究はそのうちわずか2つであった。

HIVに対する運動の効果を調べた24週間の研究では，運動に参加したHIV感染者の75％がドロップアウトしており，運動アドヒアランスに関心が寄せられてきた（McArthur, Levine and Berk, 1993）。しかしながら，近年の研究では，高強度および中等度の強度の有酸素トレーニングの効果を統制群と比較した結果，より楽観的なアドヒアランス結果を示した。Stringer et al. (1998) は，34名のHIV陽性感染者を対象とした研究において，77％が6週間のプログラムを遂行したと報告している。加えて，6週間にわたる週3回の自転車エルゴメータ・セッションを含む2つの運動形態において，91％のアドヒアランスを報告した。これらの研究では，HIV感染者を対象とした以前の運動プログラムと比較し，アドヒアランス結果がどのように異なるのかを討論していない。アドヒアランス率を最大に高めるために運動プログラム作成の方法に関するガイドラインを将来的な研究に示せないことは残念なことである。6週間のプログラムは，McArthur et al. (1993) が行った24週間のプログラムより明らかに期間が短い。しかしながら，24週間で高いアドヒアランスを獲得するためには，プログラム初期においてアドヒアランスが高いはずであり，私たちは最も良いアドヒアランスをもたらす時間経過，活動の様式，および強度に関してもっと知る必要がある。

HIV陽性感染者は，有酸素能力の減少など，運動実施における様々な制約があるかもしれない。しかし，Stringer (1999) は，HIV感染者の大部分が健康を損なっているものの，有酸素能力は適切な運動プログラムによって正常に戻りうると述べている。この領域におけるほとんどすべての研究が，有酸素トレーニングに焦点を当ててきたが，もし筋萎縮が起きているならば，筋力トレーニングも効果的であるかもしれない。Siafakis (1999) は，HIV感染者において，筋力トレーニングが筋力を向上させるだけでなく，気分や身体的自己知覚を増強しうることを示唆する予備的なデータを報告してきた。HIV感染者における特有の研究課題は，実験室におけるテストを含めて研究への倫理的承認の獲得，機密性の保護，運動が公共の施設で行われる際のHIV感染者に対する大衆の偏見，筋量の乏しさや筋の脆弱さなどである。

●整形外科的疾患および障害

関節炎

Sharratt and Sharratt (1994) は，慢性関節リウマチ（関節周囲における膜組織の炎症）および骨関節症（関節内軟骨の変性）における運動の役割について優れた要約を行っている。この疾病においては，運動により日常生活に関連する可動域や機能的能力を維持することで，生活の質を増強することができるといった意見の一致がみられた（Sonstroem, 1994）。それにもかかわらず，これらの患者において，長期間にわたってアドヒアランス率を最大に高める運動方法に関しては，まだ十分な研究がなされていない。

関節炎患者における動機づけと阻害要因を検討している数少ない研究の1つとして，Neuberger et al. (1994) は，運動に関する認知を調べるために，慢性関節リウマチもしくは骨関節症の患者100名を調査した。彼らは，運動の効果の認知が運動参加の有意な予測因であり，また教育歴の短い者および関節炎の期間が長い者ほど運動の効果をほとんど認知していないことを明らかにし，加えて，青年期に運動を行っていない者よりも行っ

ていた者において肯定的な運動の効果が見られることを報告した。

運動を実施している関節炎患者の主要な課題は，関節痛の問題および取り組むべき活動タイプである。運動は，炎症が軽いときに行うべきであり，水泳および自転車のような体重負荷がない活動が特に推奨される。もし，運動の結果として炎症や痛みが増加したならば，運動を調整すべきであり，そうすると影響を受けた関節はあまりストレスが加わらない。Gordon (1993a) は，関節炎患者のために非常に優れた運動のガイドラインを記している。このガイドラインは痛みに関する問題を直接的に扱っており，また関節炎患者にとって運動の機会を提供するすべての人にとって基本となる。

骨粗鬆症

骨粗鬆症は，骨の絶対量が減少している状態であり，骨の破損や骨折が起きやすくなる（1章参照）。加齢とともに骨密度は徐々に減少するので，骨粗鬆症は男性および女性の両方に発症しうる。しかしながら，閉経期の間および閉経後に卵巣機能が低下すると，骨量の減少は女性において加速する。つまり，閉経後の女性は，その他の人たちと比較して，骨粗鬆症になりやすい（Kanis et al., 1990）。加えて，骨粗鬆症患者は，痛み，障害，抑うつ，および身体的能力における自信の低下にしばしば対処しなければならない（Rickli and McManus, 1990; Vaughn, 1976）。

様々な治療が検証されてきたが，いずれも議論の余地はない。ホルモン補充療法は骨が損失する過程を遅らせる（Gannon, 1988）が，治療が終われば，この効果は3年間だけしか維持されない（Lindsay et al., 1976）。カルシウムおよびビタミンDの補充の役割はいまだ明確ではない（Smith 1982）。いくつかのレビューで，身体活動が骨密度を増強する可能性があり，それゆえ骨粗鬆症の治療の一部として考えるべきであると述べられてきた（Gannon 1988; Marcus et al., 1992d）。臨床治験で，適切な体重負荷活動が周囲4％単位で骨密度を増強する可能性があり，それは薬物治療における改善度と同様であることが示されてきた（Chow, Harrison and Notarius, 1987; Simkin, Ayalon and Leichter, 1987; Smith et al., 1990）。

Kriska et al. (1986) は，運動の骨への効果を評価する大部分の研究において，運動プログラムのアドヒアランスが主要な問題になっていると述べた。しかし，アドヒアランスの問題を試みた研究はほとんどない。Mitchell, Grant and Aitchison (1998) は，骨粗鬆症の女性を対象とした12週間の運動プログラム教室において，非常に高いアドヒアランス率を報告した。平均をみてみると，この研究における運動実施者16名の出席率は，12週間のクラスをとおして87％であった。しかしながら，骨粗鬆症患者における長期間にわたる運動行動はほとんど知られていない。長期間にわたって検討する際には，提供される活動や恩恵を患者がどのように捉えるのか，もしくは，運動（すなわち9-12ヵ月）の結果として骨の測定において変化を生じさせる期間のアドヒアランスの増加や維持のために，医学専門家がどのような方略を採択するのかといった動機づけおよびバリア要因が含まれる。この問題に関してある研究では，近年の活動パターンや活動に対する態度を調べるために，国立骨粗鬆症研究所の地方部門へ質問紙による郵送法を用いた調査を実施した（Paton, 1993）。回収率は55％に達したが（140名中74名），回答は匿名である必要があったため，未回収者へのフォローアップは不可能であった。よって，結果は骨粗鬆症患者の大規模集団を代表するものではないかもしれない。すべての回答者は，少なくともこの5年間に骨粗鬆症と診断されていた。この集団の26％は座位中心であり，活動的であると回答した74％の者は，週に3回の運動に参加していた。最も人気のある活動はウォーキングであった。運動への動機づけのうち，最も一般的な3つは「身体に良いと感じること」，「さらなる骨粗鬆症を予防すること」，および「精神に良いと感じること」であった。最も多く感じている3つの運動のバリア要因は，「近くに施設がない」，「運動の仕方に関する知識がない」，および「十分に健康でない」であった。これらの回答のうち24％が，骨粗鬆症の診断時に運動を始

めるように助言されたと報告していることは興味深い。運動への動機づけの理解を増強するために、骨粗鬆症患者を対象としたさらなる研究が明らかに必要とされている。しかし、これらの結果に基づくと、運動が骨粗鬆症の改善に恩恵をもたらすとの認識や、運動の実施方法に関する教育をとおして、バリア要因は克服されるようである。

骨粗鬆症患者のために特有の課題は以下のとおりである。

- 骨密度に影響を与える、楽しく体重に負荷のかかる活動を見つけること
- 運動プログラムにおいて、有酸素および筋力増強の両方における構成要素を必要とすること
- 失敗することへの恐怖、もしくは運動の実施による体調の悪化を克服すること
- 可動性の減少および低い体力レベル
- 疾病による制限に従い、プログラムを修正する必要性

慢性腰痛

慢性腰痛（すなわち、脊椎の最も低い位置に、ほとんど常に存在する痛み）の管理は健康サービスにおいて深刻な問題である（1章参照）。英国において、仕事を欠勤する理由として、腰痛はここ10年間で104％まで増加し（Klaber Moffet et al., 1995）、通院で理学療法クリニックに通う最も一般的な理由となっている（Jette et al., 1994）。一般的および等速性の運動が効果的であると主張されてきたが（Timm, 1992）、最も効果的な治療に関して意見の一致はないようである（Waddell, 1992）。Frost et al. (1995) は、4週間の監視型フィットネス・プログラムが在宅をもとにしたプログラムと比較して、障害や痛みの知覚の減少および日常生活作業におけるセルフエフィカシーの増加により効果的であることを示した。2つのグループにおける障害の痛みの知覚における違いは、6ヵ月後のフォローアップ時でも維持された。これらの研究者たちは、一般的健康度調査票によって測定された心理的変化に群間差はないが、セルフエフィカシーにおける違いは、運動中に放出されるエンドルフィンが痛みの知覚を減少させたり、安寧の感覚を増加させることによるかもしれないと主張した。Klaber Moffat et al. (1999) は、安全な動き方や運動の仕方を患者に教える腰痛教室が、伝統的で一般的な医者の処方と比較して、12ヵ月後の障害および痛みの知覚の減少に効果的であることを示した。加えて、腰痛教室を受講した患者は欠勤率および保健医療の利用が減少し、腰痛教室は高い費用効果をもたらす。この研究領域で根拠とされるようになったことは、患者の心理的状態（痛みの知覚、抑うつ、およびセルフエフィカシーを含む）が、回復の決定因として非常に重要であるということである。その意味で、腰痛に対処するためにデザインされた運動プログラムの心理的結果は、筋力、柔軟性、もしくは有酸素パフォーマンスのような生理学的反応と同様に重要であるかもしれない。

Frost et al. (1995) は、フィットネスプログラムを指導する際に、理学療法士によって使用される指導形式を記述した。この記述は、運動のセルフエフィカシーを増加させるような心理学的原則を取り込み、否定的な身体的自己知覚（たとえば、「私は障害を持った患者である」）というよりも、むしろ肯定的な身体的自己知覚（たとえば、「私は定期的に運動を行っている」）を増強するものであった。この指示により、腰痛に対処するためにデザインされた運動プログラムにおいて運動心理学の重要な役割が強調された。この指導アプローチが4週間後に非常に高い継続レベル（87％）を導くことに注目することは重要である。しかしながら、おそらく短期間の参加は容易であり、6ヵ月後のフォローアップの結果における運動の継続は報告されていない。腰痛への対処の一部としての運動の継続の統計は他にみられなかった。

腰痛患者のために特有の課題は、運動がさらなる傷害を引き起こすといった恐怖の克服である。おそらく、初期のステージにおいて必要とされることは、運動プログラムではなく動作の教育的プログラムである。はじめに、運動が痛みを伴わないことを認識し、その後で軽めの運動を始める。低強度の活動の楽しみやおもしろみの発見もまた重要な課題である。

●神経筋異常

　神経筋異常の治療において運動の心理学的側面に関する2つの実例が示されてきた。1つ目は脳卒中および脳損傷である。脳卒中および脳損傷の病態生理学は同様であり，この短いレビューにおいて一緒に関連づけられてきた。しかしながら，相違点もあり，特に脳損傷の原因は様々である（たとえば自動車事故）。脳損傷患者のための運動と関連するリスクの評価において，身体的，心理的（たとえば攻撃性），および行動的（たとえば分裂的行動）問題のすべてが考慮されるべきである（Vitale et al., 1995）。Potempa et al. (1996) は，脳卒中後に行う有酸素運動の恩恵に関するレビューにおいて，運動単位の増加，機能的能力の改善，心臓疾患リスクの減少，および身体活動を行う自信の増加が，脳卒中患者においてすべて可能な恩恵であると結論づけた。認知的機能の増加，脳の特定領域における血液灌流の増加，神経伝達への影響，および疲労の減少を含む様々な理由により，運動は脳損傷後の治療として推奨されてきた。運動の効果に関する情報のほとんどは，患者の数が少ないために準実験デザインから得られたものである。しかし，これらの研究は，効果を得るためにはトレーニングに12-16週間が必要であることを示している（Jankowski and Sullivian, 1990; Wollman et al., 1994）。Johnson and Rushton (1999) は，バーチャル・リアリティの環境における活動を含め，運動の単一セッションが，動作および反応時間を有意に改善することを示した。これらの研究者は，4週間にわたる運動およびバーチャル・リアリティのトレーニングが，同様の障害を持つ統制群のテスト得点と比較して，言語的および視覚的学習を改善したと報告した。この方法で環境を拡大していけば，他の臨床患者にも良い結果をもたらし，介入の価値があるかもしれない。

　これらの患者のために特有の課題は，運動タイプである。これらの患者は，運動が制限されるために，運動はしばしば自転車エルゴメータのような常設の設備で行われなければならない。そのような設備で，患者の安全と快適さを保障するために，胸部装具もしくはハンドル調節のような特別な配慮がとられるべきである。集中力の欠如がまた問題となるかもしれないので，運動は短時間で行うべきである。

　神経筋異常の2つ目の実例は，パーキンソン病である。この病気の主な特徴は振戦および筋の硬直であり，歩行や体位が困難になり，運動能力の低下が起きる。多くの患者は，この病気の過程で身体活動が減少するが，身体活動および運動を増加させると運動機能を改善し，患者が自分自身についてどのように感じているかということに影響を与える可能性がある。特定のストレッチングや筋力エクササイズはパーキンソン病の物理的特徴に影響を与える。しかし，運動は，病気の原因である神経伝達の問題にも影響するかもしれない。9章において，運動の心理的恩恵をもたらすメカニズムが模索され，運動中にドーパミンの放出が生じること，またこのことが心理的恩恵をもたらす1つの要因になることが記された。パーキンソン病ではドーパミンの生成の減少が生じるので，運動が効果的であるかもしれない。ある研究では，4年以上定期的な運動を実施しているパーキンソン病患者の死亡率の減少が報告されている（Kuroda et al., 1992）。

　少数の研究で，動作能力における運動介入の効果が示されてきたが，この治療を患者がどのように認知するかを測定したものはない。介入は，理学療法士による受動的な起動から空手のようなスポーツトレーニングまで多岐に及ぶ（Palmer et al., 1986）。これらの介入は，結果が不確かなものであり，また予備的な研究であったために，研究デザインはあまり良くなかった。Banks (1989) は，比較するための統制群がないが，在宅をもとにした理学療法が日常生活活動を改善することを示した。一方で，Gibberd et al. (1981) は，パーキンソン病患者のための理学療法は機能的能力を改善しないと結論づけたが，標準的な運動プログラムではなかった。集中的な身体的リハビリテーション・プログラムの効果が無作為化統制試験（RCT）によって報告されている（Comella et al., 1994）。この研究は，日常生活および動作機能において集中的なプログラムの

実践が肯定的な効果を示した。しかし，これらの効果は，6ヵ月後に消失していた。非監視下の集中的プログラムのアドヒアランスは明らかに問題である。Reuter et al.（1999）は，スポーツトレーニングとして，体育館やスイミングプールにおいて運動協応性および筋の機能におけるトレーニングをパーキンソン病患者16名に実施した。14週間のトレーニング後，彼らの運動能力，主観的幸福感，および認知機能で有意な改善が認められたが，これらの改善はトレーニング終了後6週間で消失した。しかしながら，この研究は1つの群における事前-事後デザインであり，それゆえ，この主観的な改善がメンバー構成員や治療者からの余分な時間に関連するのかどうかは明確ではない。患者は，6週間以上のスポーツトレーニングを望むので，患者にとって価値があることは明白である。この領域において，さらなる無作為化統制試験が必要なことは明らかである。

パーキンソン病患者が直面する特定の動作を行う困難性や，薬などによって変化している心拍数および血圧の応答に焦点を当てた運動プログラムをどのように構成するかという配慮が必要である。

●認知障害，情動障害，および感覚障害

精神障害は，疾病と障害に関するACSMの分類において最後のカテゴリーとして記載されている。精神障害における運動の恩恵に関して多くの研究がなされているが，これらの研究は9章にまとめている。認知は，運動科学者が関心を寄せる研究領域であるが，脳卒中および脳損傷などの臨床的問題を持つ者への適用は制限されてきた。Etnier et al.（1997）は，体力および運動の認知的機能への影響を検証した研究（n＝134）に関してメタ分析を行い，全体で0.25の効果サイズを明らかにした。この結果は，運動が認知的機能をわずかではあるが有意に改善することを示している。彼らは，プログラムが長期間にわたって検証されればされるほど，また実験の厳密さが増加すればするほど，この効果は小さくなると述べた。また，彼らは，臨床的条件として考えられる正常，あるいはそこなわれた精神的体力を含む，幅広い範囲の調整変数を調べた。しかしながら，精神的体力は，上述した効果サイズへの有意な影響はみられず，これらの臨床患者における新たな知見は得られなかった。損傷した精神的体力は臨床的状態と同一視され，それゆえ，上述した脳損傷患者のような「臨床患者」においてのみ，認知的機能改善の可能性があると結論づけられる。

このACSMの分類における最後のカテゴリーでは，聴覚障害および視覚障害も扱っている。これらの障害を有する患者のバランスや体力などの身体的恩恵とともに，自己イメージ，自信，および社会的・スキルなどの恩恵が記されている（ACSM, 1997a）。しかしながら，これらの患者の運動を継続させ，維持させるために役立つ研究の文献はほとんどない。同様に，アルツハイマー病や精神遅滞はこのカテゴリーに網羅されているが，これらの患者における運動の恩恵もしくは運動のアドヒアランスに関して特別な配慮を示唆する研究はごくわずかしかない。さらなる調査が必要であることは明らかである。

●実践のためのガイドライン

・臨床場面における医学チームは，多くの患者グループに定期的な活動を奨励すべきである。禁忌はわずかしかない。
・医学チームは，運動心理学における基本的なトレーニング法を試みるべきである。
・専門領域におけるスタッフは，最新の知識を保つために，継続的に専門的施設（たとえば英国心臓リハビリテーション協会が開設しているコース）を利用すべきである。
・身体活動/運動が治療の一部（たとえば，心臓リハビリテーションや糖尿病）として提唱されるとき，その目的は自立した運動実施者を作り出すことである。監視下の運動は，初期の段階までに制限すべきである。
・身体活動/運動が推奨されるとき，活動レベルの記録はすべての臨床設備で記録されるべきである。
・運動が推奨されるすべての臨床場面のガイドラ

インとして，心臓リハビリテーションにおけるアドヒアランスを改善するために，以下に示したQuaglietti and Froelicher（1994）の提案を再度参照してください。

　待ち時間を減らし，専門家による監視を提供し，身体的な不快感と欲求不満を避ける運動を組み込み，ゲームを含む変化に富んだ活動を活用し，社交的なイベントを組み入れ，休止中の患者を呼び戻し，患者の家族あるいは配偶者をプログラムに取り込み，そして患者を自らの進歩を監視することに熱中させなさい。
（Quaglietti and Froelicher, 1994: 599）

●臨床患者に関わる研究のための推奨

- ほとんどの臨床患者の運動アドヒアランスおよび運動に伴う心理学的効果に関しては，研究の余地が残されている。
- 研究者は，特定の病状を扱う医学チームとの連携を持つようにすべきである。
- ほとんどの場合，標準的な臨床治験が行われないので，質的調査はそのような研究のための出発点である。
- 在宅，地域および病院をもとにした，もしくはこれらの複合型のような様々なプログラムを調査すべきである。綿密な管理が初期の段階において必要である。しかし，その一方で長期的には，これらの患者に自立して運動を行わせることを目標とする。
- 研究者および医者は継続を導くためにアドヒアランス・モデルを扱うべきである（2章-6章参照）。少なくとも運動開始に先だって6ヵ月前の運動行動変容ステージおよび運動開始後からの変容プロセスを記録すべきである（6章および11章参照）。その他の適切なモデルとして，なぜある者が推奨された運動を継続し，ある者が継続できないのかを説明する合理的行為理論もしくは健康信念モデルがあげられる（5章参照）。
- 運動プログラムや介入の前後の活動は記録するべきである。7日間回想法（Lowther et al., 1999a）は推奨されるツールである。その他の測定としては，カルトラック（消費カロリー計測コンピュータ）のような動作センサー装置を通して動作をモニタリングすることも含まれる。
- 臨床患者の運動プログラムの取り組みを報告する。
- 全体として，それぞれの患者における運動の動機づけ，およびバリアを調べる。また，参加を承諾した，もしくは運動プログラムを遂行した患者における運動の動機づけおよびバリア要因を調べる。
- 定期的な間隔（たとえば，毎週の教室への参加や在宅をもとにしたプログラムの実施者に対して毎月の電話）で，アドヒアランスを記録および報告する（参加や接触を通して行う）。たとえば，週ごとの活動時間，遂行したセッションの数，運動実施合計数のように，可能な限りこれらの割合で運動処方のアドヒアランスを報告する。もしこれらの割合が自己報告によるデータならば，教室への参加，友人や親戚，歩数計などを通しての確認を行う。これらの報告は，動機づけ，およびバリア要因を含めた様々な結果を示し，アドヒアランスの高低の指標となる。
- ドロップアウト率を報告する。これは，開始前に脱落した者や異なるステージを完了しなかった者の報告である。ドロップアウトの基準が必要であり，プログラムの少なくとも半分を行えば，実施したとみなされる。可能性のある原因を調査するために，ドロップアウト率の群間分析を行う。継続しない理由を明確にするために，ロップアウトした者と接触する努力をする。
- 高いアドヒアランス，低いアドヒアランス，および継続しないときについてそれぞれの動機づけおよびバリアに関して，理想的には質的および量的分析を行う。
- 運動プログラムと与えられた監視と激励の数を記録する。
- 6ヵ月間（フォローアップが長ければ長いほど良い）のアドヒアランス情報の提供を目指す。
- すべての介入研究において，関連のある心理的

成果を取り入れる。
- 心理的恩恵のメカニズムについて議論を取り入れる。
- 妥当性および信頼性を有する標準的尺度を使用する。
- もし可能であるならば，健康専門家や医学スタッフから彼らの運動の役割についての視点に関する質的情報を患者グループに提供する。

❖ まとめと結論

本章では以下のことを述べている。

- 様々な臨床患者の治療における身体活動および運動の役割を検討した。
- ACSMの疾病および障害の分類を使用した。
- 各カテゴリーからそれぞれの病状における心理学的問題の例を提示した。

以下に結論を述べる。

- ほとんどすべての疾病および障害カテゴリーに属する患者は，運動から恩恵を得ることができる。禁忌はほとんどない。
- アドヒアランスおよび心理学的効果に関する知識は完全ではない。心臓リハビリテーションの領域は，アドヒアランスに多くの情報を提供する。
- 短期間の好ましいアドヒアランス（4-12週間）は監視下における運動プログラムから得られる。しかしながら，薬物リハビリテーション中の者，もしくはHIV陽性の者における短期間のアドヒアランスには，特別なサポート・システムを必要とするかもしれない。
- 長期間のアドヒアランス（1-4年間）はあまり実証されていない。最も良い例は，心臓リハビリテーション中の患者におけるフォローアップ調査で，30-55％が4年後もまだ運動を実施しているという例がある。長期間のアドヒアランスは，多くの調査を必要とする領域である。心臓リハビリテーションの統計は，その他の臨床患者のための基準となりうる。在宅をもとにしたウォーキングプログラムは長期間のアドヒアランスが最も期待できるが，その他の様式も調べる必要がある。
- 臨床患者の運動レベルに関してはほとんど知られていない。たとえば，運動が糖尿病治療の一部としてよく認識されているという事実にも関わらず，Ⅰ型の糖尿病患者の3分の1だけしか定期的な運動を実施していない。
- 運動プログラムからのドロップアウトは，プログラムを扱うための要因，および人と環境を扱うための要因と関連している。
- 運動の動機づけは，健康の改善を扱うことである。
- 運動のバリア要因は，非臨床患者と同様である（たとえば，時間の不足）。しかし，適切な患者の教育を通して克服できる特定の病状（たとえば，他の心筋梗塞の恐怖，もしくは骨粗鬆症の悪化）を扱うことも課題である。
- 認知・行動学的方略の使用は効果的であり，意志決定のバランス，主観的バリア要因の克服，および個人目標の設定を奨励するカウンセリング・アプローチの使用が，すべての臨床場面において奨励されるべきである。

- 心理学的効果はあまり明確には述べられないが，運動プログラム，もしくは介入においてまれに測定される。心理学的恩恵は，個人の自信感，統制感および自尊感情の増加，気分の改善，社会学的機会の増加，認知的機能の改善，および生活の質の改善にわたる。
- 医学チームにおいて，運動の役割への関心，心理学的恩恵，および患者に運動のアドヒアランスを高めさせる必要性について認識を高める必要がある。

●注釈

本章は，Nanette Mutrie (1999). Adherence issues in sport and exercise. In S. Bull (ed.). John Wiley and Sons Limited.に基づき，許可を得て転載した。

第IV部

介入，応用，将来の方向性

第11章　影響を与えるⅠ：個人ための介入方略
第12章　影響を与えるⅡ：組織と地域社会における介入
第13章　結論と将来の展望

第11章

影響を与えるⅠ
個人のための介入方略

行動を変えること，そしてそのことに抵抗を示すことは，毎日の生活の至るところすべてにわたって行われていることである。

S. Rollnick, P. Mason and C. Butler
(Health behaviour change: A guide for practitioners, 1999)

◆ 章の目的

本章の目的は，つぎの2つの部分で成り立っている。1つは，一般大衆向けに身体活動に関する最近のメッセージを示すことで，もう1つは，身体活動を増強させるようにデザインされた介入例を示すことである。特に，この章では，以下のような目的がある。

- 身体活動水準を増加させることを目的とした介入について議論するための枠組みを示す。
- 身体活動を促進するために，様々な関係部局によって使用されている最近のメッセージを議論する。
- 行動変容トランスセオレティカル・モデルのアウトラインを説明する。
- 身体活動介入におけるトランスセオレティカル・モデルの使用例を示す。
- 運動コンサルテーションの過程を述べ，このアプローチを使用している研究結果を示す。
- プライマリケア場面が，どのように身体活動を増強させるために使用されているかを示す。
- この領域における現在の研究知見について要約を行う。
- 研究者や実践者のために推奨を行う。

議論のための枠組み

King（1991; 1994）は，一般住民の身体活動を増強させることを目的とした介入について議論することを目的に，優れた枠組みを提供してきた。この枠組みには，4つの水準が存在する。最初の水準は，この章の焦点であり，対象者その人たちを目的とした介入である。2番目の水準では，さらに，リーダー，教師，およびプログラム提供者が，最も適切な個人，および対人間の風土をどのように作り出すことができるかということに関係している。その目的は，多くの人々の中に存在す

る様々なグループに対して，活動を増加させたり，維持させるために，介入に関して様々な選択肢を持ちながら行わせることである（7章の動機づけ的風土の節を参照）。3つ目の水準は，職域のように地域や組織がどのように活動を促進できるかに焦点が当てられている。4番目の水準は，行政によって行われる自転車道の設置のように，政策および環境的な整備がどのように活動水準に影響を与えることができるかである（3番目および4番目の水準は，12章において議論される）。

この分野では，いくつかのレビュー論文が刊行されており，私たちが実行に移すためのガイダンスが提供されている。Hillsdon and Thorogood（1996）は，身体活動を促進させる介入方略について系統的なレビューを行っており，それによると，英国においては，少なくとも1996年までに，彼らの基準に適合するような試行は1つも存在していなかった。彼らは，ウォーキングのように，施設への参加を必要としない個々の介入は最も成功しやすいこと，そして定期的にフォローアップを行うとアドヒアランスを改善できることを示唆している。Dishman and Buckworth（1996）は，身体活動の増強について調べた研究についてメタ分析を行っている。彼らは，多様な介入は，全体的にみて，中程度に大きな効果サイズ（r＝0.34）を示すと報告している。また，男女では差がないこと，白人と白人以外の参加者では差がないこと，さらに年齢層で差がないことも示した。しかしながら，行動修正アプローチを使用した研究では，大きな効果サイズを示していること，また非監視下で行うプログラムでは，監視下で行うプログラムと比べて，より大きな効果サイズが示されていた。これらの報告は，Hillsdon and Thorogood（1996）の報告を支持し，ここでは，運動を監視下の教室にだけに限定してとらえていないが，目標設定や強化マネジメントのような行動修正方略を使用しているプログラムが最も成功しやすいことを示唆している。

Dunn（1996）は，身体活動を採択させる方略に関して系統的なレビューを行っており，地域や政策レベルでは実践に導くための研究がきわめて少なく，ほとんどの研究は，個人の行動変容に関係するものであると結論づけている。Dunnのレビューによれば，自助的に，人々をより活動的にするための方法について刊行された文献には，4つの傾向があると述べている。それらは，

・介入の開発を導く理論が使用されていること
・身体活動の採択に重要とされている要因を予測するために統計的な手法が使用されていること
・行動を変容させる決心ができている人々を対象にしていること
・冊子，電話，および電子メディアとの接触のように，メッセージを配信する方法が種々用意されていること

しかしながら，Dunn（1996）のレビューから得られた最大の結論は，単に，私たちが，人々に対して，身体活動をどのように採択させたり，維持させるのかということについて，何が効果があり，何が効果がないのかという明確なガイダンスを示すための知識を十分に持っていないということであった。これらの介入の例を示す前に，まずは，身体活動について，一般大衆に伝えられているメッセージ内容について最近の流れを述べることにする。

●身体活動についての最新の推奨

米国スポーツ医学会（American College of Sport Medicine：ACSM）は，心臓呼吸系体力および筋力の発達・維持に必要な運動の量および質について推奨するポジション声明（1978；1990；1998b）を制定した。この推奨には，有酸素運動は，週に3-5回，最大心拍数の60-90％（最大酸素摂取量，または心拍予備能の50-85％）の強度で行い，連続して20-60分持続するべきと書かれている。そのため，心臓呼吸系体力の獲得のために必要な最小の閾値とは，少なくとも20分間連続した高強度の有酸素運動で，週当たり最低3セッションを行うこととされている。この推奨は，種々の臨床的，無作為化統制試験から得られた確証によって作成されている。この無作為化統制試験から得られた確証とは，先に示した量の身体活

動を行った人々が，最大酸素摂取量の増加や体脂肪の減少など，体力の成果を改善させることができたことである．しかし，このメッセージがヘルスプロモーション関連の関係部局，医療担当者，およびフィットネス専門家によって広く公表されたにもかかわらず，きわめて多くの人たちは先にあげた最低限の閾値を達成できないでいた．英国の連邦ダンバー国民体力調査（Sports Council and Health Education Authority, 1992）によれば，この調査が行われた4週間以内に，男性の70％，女性の80％以上の人たちが，高強度，または中等度の強度の活動を，20分の間，週3回行っていないことがわかった．

ACSMと米国疾病対策センター（American Centers for Disease Control：CDC）は，最近の文献レビューによって新しい推奨を導いてきた．それらは，体力の獲得をもとにしたものではなく，身体活動参加から得られる有益な健康的恩恵をもとにしている．この新しい推奨は，以下のとおりである．

・すべての成人は，週のうちほとんどの日をとおして中等度の強度の身体活動を一日に累積して30分以上行うべきである．

この新しい推奨は，蓄積された疫学的確証を考慮したものであり，それらの確証とは，たとえ中等度の強度の活動であっても，座位中心生活者に対しては有益な健康度が獲得できることを示している．従来の推奨メッセージとこの最新のメッセージの間に存在するキーとなる違いは，「高強度」から「中等度の強度」へ，「連続した」から「累積した」へ，そして「運動として特別に行う一区切りの時間」から「毎日の身体活動」へ，これらの変更が強調されている．中等度の強度の活動とは，4-7 METS（仕事代謝率/安静時代謝率）のエネルギー消費量に匹敵する．この活動は，ウォーキング（1時間あたり3-4マイルのペース），園芸，および階段上りのような活動を含んでいる．「定期的な」活動の必要性は，週のうちほとんどすべての日において，1日に30分間は累積して行うべきと明記することによって強調されている．短い期間の活動の累積が体力に影響を与えるかもしれないという事例を支持するための確証はまだ限られている一方で，この新しいメッセージは，座位中心の生活を送る者にとって，身体活動をわずかでも増やすことが，彼らの健康にとって有益であることを示唆している．また，この推奨は，座位中心の生活を送る者が，従来の推奨である30分以上の運動を週3回行うということに伴って存在する多くの心理的なバリアにも配慮している．頻繁に引用されるバリアとしては，時間の不足，「スポーティ」と自身を見ていないこと，および施設へのアクセスの困難さに関係している（2章参照）．そのため，新しい推奨で強調されていることは，「アクティブ・リビング」を送ることである．このアクティブ・リビングというメッセージは，人々が，もっと活動的に，またすべての機会をとらえて活動的な選択を行うようにすべきということである．この新しいメッセージは，明らかに，座位中心の生活を送る大多数の人々をターゲットにしており，先のメッセージを置き換えるというよりはむしろ，先のメッセージを新しいメッセージが補足するという意味合いが強い．

アクティブ・リビングのメッセージと体力増強のメッセージがお互いに補足し合うという特徴は，ACSM（1998b）によって公表された最近のポジション声明によってさらに強調されている．この声明において，身体活動と運動のプログラムは，一生，身体活動を欠かさないようにすることを目標として推奨されている．このプログラムでは，心臓呼吸系体力，筋力，および柔軟性を発達・維持させることを目的としている一方で，より低い活動レベルでも健康を作り出す（しかし必ずしも体力増強ではない）という考え方が組み入れられている．1998年の声明から引用しているつぎのような文面は，アクティブ・リビングと体力指向プログラムが補足し合うという特徴を明らかにしている．

　ACSMは，今や，健康や体力のために行う運動と身体活動の内容を，運動容量の連続体の文脈で見ている．……多くの重大な健康的恩恵とは，座位中心の生活状態であっても，さらに最小レベルの身

表11-1 身体活動を促進するために使用されている現在のメッセージ

推奨	アドバイス	対象とするグループ
ステップ1：アクティブ・リビング 週のうちほとんどの日で1日に中等度の強度の身体活動を累積して30分間行うことを目的とする	毎日の生活の中に身体活動を加える。そうすると，活動的になることが，生活の方法となる。 ・階段を利用する ・行程のうちいくらかを歩く ・自身を活動的だと考える	不活動，または不規則に活動的な成人
ステップ2：定期的運動 通常の週に，少なくとも20分間継続して高強度の活動を3回行うことを目的とする	一続きの活動時間を徐々に延長することによって体力を改善する。 ・もっと頻繁に，もっと活動的になる ・活動を少しだけ多くエネルギッシュにする	1つステップアップする人たちで，すでに中等度の強度で活動的で，もっと行いたい人たち 現在の体力に適度な変化を求める人たち

体活動を行うことによって恩恵が得られる。……ACSMのポジション声明で奨励されている体力パラダイムは，幅広く，代表的な健康成人に適合するけれども，このパラダイムは，運動/身体活動の連続体の中で中央部からより高い最終層，いわゆる比較的体力レベルの高い人たちのために合わせてデザインされている。

(ACSM, 1998b: 976)

この身体活動促進のための最新メッセージは，それゆえ，表11-1に示すように，2ステップのアプローチを取っている。若い人たちに向けたメッセージは，12章で議論される。

高齢者のためには，類似したポジション声明がACSM（1998a）によって提出されている。先進国における高齢者の比率が急速に増加していることは，今や誰もが知っている。同時に，活動や運動は，健康的な加齢を促進したり，加齢に伴う機能低下を補正する役割を担うことも知られるようになってきた。このACSMのポジション声明は，高齢者のために，定期的で中等度の強度の活動が必要なことを確認している。しかしながら，年齢が上がると，関節炎や歩行困難性のように，種々の条件が制限されるために，有酸素運動を行うことはますます難しくなる。この明確なメッセージでは，筋力トレーニング（少なくとも週に2セッション）は，この年齢グループにおけるすべての運動プログラムに含めるべきであり，虚弱な高齢者においても，筋力やバランスのトレーニングは有酸素運動を行うために必要な先行条件と位置づけられている。

英国においては，テレビ広告を伴う国民的キャンペーンが，この2ステップによるアプローチを支持するために立ち上げられてきた。たとえば，スコットランド健康教育委員会（HEBS）は，ウォーキングが健康づくりのために適切な活動であるという考え方を奨励する広告について評価を行っている。Wimbush, Macgregor and Fraser (1997) は，2つの構成要素を持つ評価を報告した。1つ目の評価は，テレビ広告が放映される前後で行われた住民調査である。評価に関わる2番目の構成要素は，10週間のベースライン期と1年後のフォローアップ期に行われ，広告の終了時に提示されたヘルプライン（電話情報サービスFitline）の番号に電話するように選ばれた人々からの調査であった。1つ目の住民調査によれば，広告が放映された最初の4週間に，70％のスコットランド住民がこの広告に気づいていることがわかった。これは，きわめて高レベルのカバレッジ（到達範囲）であり，テレビの広告スペースを買う会社は，これをきわめて大きな成功と見なしている。しかしながら，2回目の評価では，全体としては，せいぜい16％の人々がFitline電話サービスに気づいているだけで，その集団のうち，たった5％だけがこのサービスを使用してきたにすぎないことがわかった。評価の両形式とも，運動の一形式としてウォーキングについての知識を増加させた。しかし，より多くウォーキングを行おうと意図させたり，実際のウォーキング

行動を行うことに関して注目に値する変化ではなかった。Fitline 調査においては，反応した人の約半数は，ベースライン調査時よりもさらに活動的になったと主張し，このグループのほとんどの人が，彼らのウォーキングが増加したと述べていた。この報告を行った著者たちは，つぎのように結論づけている。この広告は，住民レベルではウォーキング行動について影響は見られなかったが，広告が住民の気づきを高めたり，知識を増加させたという点で影響が見られ，それゆえ，健康教育の立場では重要な役割を担った。その他，英国健康教育局では，現在，「アクティブ・フォー・ライフ」キャンペーンの評価が行われている。

スコットランド・オフィスは，最近，「アクティブ・リビング」に盛られた最小のガイドラインに適合するスコットランド住民の割合を 2005 年までに増加させることを目的に達成目標を定めた (Scottish Office, 1999)。これらの達成目標は，以下のようなものである。

- 週に 4 回，高強度の運動を行う 11-15 歳の青少年の割合は，1994 年には 32 ％であったが，その値を 2005 年には 40 ％まで増加させる。
- 週に 5 回，中等度の強度の活動を 30 分行う 16-64 歳の男女の割合は，1994 年には男性 32 ％，女性 22 ％だったが，その値を 2005 年には男性 50 ％，女性 40 ％まで増加させる。

私たちは，ここまで，従来行われてきたプロモーションの方略やメッセージの内容について説明を行ってきた。そして，今から，人々における身体活動の行動変容に特化したアプローチに目を向けることにする。

行動変容のトランスセオレティカル・モデル

健康と体力にかかわる恩恵を得るためにどのくらいの活動が必要なのかというメッセージが明らかにされたとしても，座位中心の生活を送る大多数の人々に対して，どのようにそれぞれの変容を奨励すればよいかといった課題が未だ残っている。種々の行動変容モデルは，喫煙や薬物依存のように否定的で有害な行動を制止するという実践の仕事を援助するために，その効果が支持されてきた。「変容ステージ」，またはトランスセオレティカル・モデル（TTM）の使用は，運動や身体活動の行動変容に関して実用的なアプローチの 1 つであり，このアプローチはすでに禁煙の分野でかなりの支持を得ている。このアプローチの原則は，6 章で議論されているので，ここでは，TTM を使用している介入に焦点をあてることにする。

TTM は，4 つのキーとなる要素から成り立っている（Reed, 1999）。

- 人々が通過していくとされる行動変容のステージを表したカテゴリー
- 人々が行動を変容するために使用する 10 プロセス
- ステージ進行を補強するセルフエフィカシー
- 行動を変容させる際にプロズ（恩恵）とコンズ（負担）を比べて考えることが進行に影響を与えるという認識

これら 4 つの鍵となっている要素については，これから運動や身体活動に関連づけて述べることにする。先の内容を思い出すつもりで，まずは 5 つのステージから説明を行うこととする。

- **前熟考ステージ**：これから 6 ヵ月以内に今よりも活動的になる意図がない。
- **熟考ステージ**：これから 6 ヵ月以内に今よりも活動的になることを考えている。
- **準備ステージ**：すでに活動を行うプランを持っていたり（たとえば，フィットネスクラブの会員になること），または何かの運動を行うつもりであるが，アクティブ・リビングのためには最低限の基準に十分適合してはいない。
- **実行ステージ**：このステージに属する人々は定期的な運動実践者になっているが，まだ始めてから 6 ヵ月以内である。

前熟考ステージ
(不活動で変容する意図がない)

(Marcus et al., 1992)

熟考ステージ
(不活動で，しかしこれから6ヵ月以内に変容する意図がある)

維持ステージ
(6ヵ月以上定期的に活動的である)

実行ステージ
(定期的に活動的であり，しかしまだ始めて6ヵ月が過ぎていない)

準備ステージ
(活動的だが定期的ではない)

■ 定期的に活動的　　■ 定期的に活動的でない

図11-1　運動行動変容のステージ

・**維持ステージ**：定期的に運動を行っており，しかも6ヵ月以上続けている。

人々は，種々の理由で現在のステージからもとのステージに戻るかもしれない。この現象は，リラプス（逆戻り）と呼ばれており，時々は別のステージとして表されている。定期的に運動を行っていたとしても，怪我，病気，引っ越し，また転職などのように種々の理由で妨害を余儀なくされるかもしれない。リラプスする人々は，ステージを元に戻し，前のステージのどこかから再び変容のサイクルを始めるかもしれない。

変容ステージの過程は，ダイナミックである。ある人は，時には数回，行動を変容させるために努力してサイクルの周りを移動する。他方，他の人では，長期間動かないで同じステージにとどまるかもしれない。たとえば，ある人は，何か運動を行うようになる前に，何年もの間，活動プログラムを始めようと熟考している人がいるかもしれない。図11-1は，変容のサイクルを示している。

運動行動変容ステージのアプローチを使用することは，異なる種類の介入方略がそれぞれのステージで有効であることを示している。表11-2は，5つの行動変容ステージについて，それぞれ提案されるアプローチと適切な関係部局を示している

る。それぞれのステージに属するグループのニーズについては，評価研究から提供されてきている（Health Education Authority, 1995b）。

運動行動変容ステージは，母集団の特徴を明確にするために使用され，ある特定の介入に反応するかもしれない母集団の割合に関して情報を提供してくれる。最近のヨーロッパの調査（Kearney, de Graaf, Damkjaer and Engstrom, 1999）では，この点に関して，優れた情報を提供してきた。図11-2は，ヨーロッパにおいて，人口の3分の1は，実行および維持ステージに属し，55歳以上のグループの3分の1は，前熟考ステージに属していることを示している。この種の情報は，また，その介入が時間を経過して，どのように効果があったのかを示すことができる。

変容プロセス

行動を変容させるためにレディネスのステージが存在するのに加えて，人々は，あるステージからつぎのステージに移る際に一定のプロセスを使用するという考え方がある。Marcus et al.によれば，変容プロセスは，「人々が，時を経て，2つの異なる変容ステージの間を移動する際に使用する認知的，情動的，および行動的方略と技法」（Marcus et al., 1992a: 425）と定義されている。表

表11-2 運動行動変容ステージに適合した促進アプローチ

行動変容ステージ	特徴	ニーズ	適切な試み	適切な関係部局
ステージ1（前熟考）	不活動そのものや自身の健康に対する不活動の結果についてわずかしか気づいていない	問題についての情報；その場面を個人の問題としてとらえるための機会	全国/地域的メディア，ちらし，ポスター	全国・地域ヘルスプロモーション関連部局
ステージ2（熟考）	活動を選択することによって，負担（時間，金銭，他者の影響）に対して持つ可能な恩恵とバランスをもたせる	議論の機会；施設，あるいは機会についての知識；実行への合図	試しのセッション；プロモーションのイベントやキャンペーン；家庭医からのアドバイス；電話ライン	地域局レジャーサービス；地域健康教育
ステージ3（準備）	行動を起こし，身体活動を増加させる準備ができている；不定期に活動的である	参加の機会；進歩についてのフィードバック	運動指導員や健康関連職従事者との議論；運動コンサルテーション	地域局レジャーサービス，地域健康教育，職域の機会
ステージ4（実行）	最近，定期的に活動するようになった	進歩についてのフィードバック	種々の機会やイベントの提供	地域局レジャーサービス，ボランティア・セクター，職域
ステージ5（維持）	少なくとも6ヵ月以上，定期的に活動的である	維持のためのサポート	クラブ，サポート・グループ，仲間	地域局レジャーサービス，ボランティア・セクター，職域

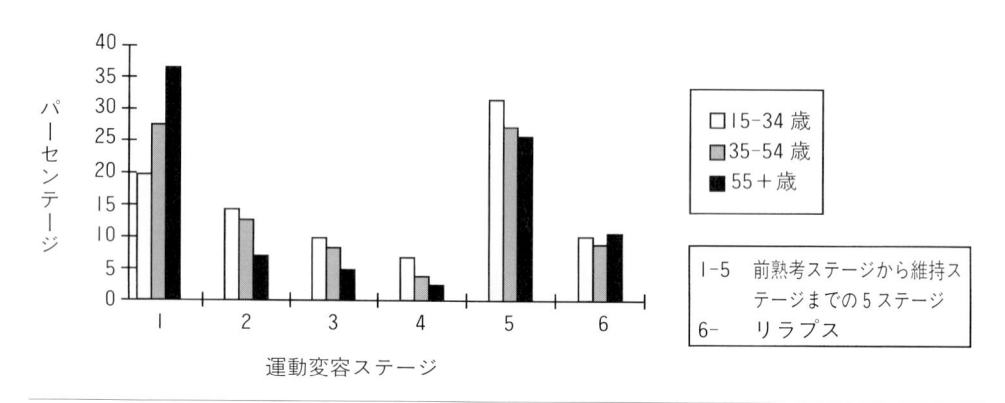

図11-2 ヨーロッパ住民におけるそれぞれの運動変容ステージ別年齢層のパーセンテージ
Kearney et al.（1999）からのデータ

11-3は，10の変容プロセスと，それらがどのように運動や身体活動の介入に使用されているかを示している。これらのプロセスのうち5つは，経験的プロセスとして，また他の5つのプロセスは行動的プロセスと記述されている。しかしながら，これら2つのプロセスの関連性は，完全に確認されてきたわけではない。表11-4に示したように，あるステージからつぎのステージへ移動することは，変容プロセスのうち1つ，また複数の変容プロセスのセットの実行と関係している。こ

表11-3 変容プロセスと身体活動介入の可能性

プロセス	説明	身体活動介入の可能性
経験的プロセス：		
知識を増やす（意識の高揚）	自身の状態や身体活動についての情報を増やす	身体活動について他人と話をする；他人が身体活動や運動を行っているのを観察する；運動の恩恵について学習する
リスクに注意する（ドラマティック・リリーフ）	運動を（行わないでいる）行う感覚を経験したり，表現する	議論；ロールプレイ，グラフ資料
結果について気にかける（自己再評価）	自分がどのように自身と運動/身体活動について感じているのかを評価する	運動や競合する他の行動に伴う価値や態度を明確にする；運動のイメージ
健康代替手段を増やす（社会的解放）	社会において身体活動のための代替行動を増やす	職場までアクティブ通勤（徒歩，または自転車の利用）を行う
環境再評価	物理的環境がどのように運動を（行わない）行うことに関係するかを評価する	地域において身体活動を行う機会を学習する
行動的プロセス：		
援助関係	運動/身体活動について誰かに話したり，頼む	実践のためにソーシャル・サポートを引き出す
代替手段をとる（反対条件づけ）	座位中心行動の代替手段をとる	習慣的活動を増やす
恩恵を理解する（自己解放）	運動/身体活動の言質と自分が運動できるという信念	運動を行うことの決意；運動契約書
活動的な機会を作る（刺激コントロール）	座位中心行動の可能性を増やす刺激を無効にする	いくつかの労作救援のための機械を取り除く；運動着，あるいは運動器具を目のつくところに置く
自己報酬（強化随伴性マネジメント）	自己報償を行う，あるいは他者からの報酬を受け取る	身体活動/運動を行うことに報酬を与える

表11-4 ステージ間の移動と提案する主要な変容プロセス

それぞれのステージに向かって移動：			
熟考ステージへ	準備ステージへ	実行ステージへ	維持ステージへ
知識を増やす（意識の高揚）	結果を気にする（自己再評価）	恩恵を理解する（自己解放）	自己報酬を行う（強化（随伴性）マネジメント）
リスクに注意する（ドラマティック・リリーフ）			援助関係 代替手段をとる（反対条件づけ）
環境再評価			活動的な機会を作る（刺激コントロール）

のことは，介入に際して特に重要となる。それゆえ，ある人にとって，現在のステージがどこなのかを評価することで，ある特定の変容プロセスにテイラー化するような介入を考えるべきである。このことは，実用上役に立つものとしてアピールされており，家庭医による運動計画書を通してのように，現在，健康と運動を促進するために頻繁に使用されている変容ステージアプローチに導かれてきた。

セルフエフィカシー

TTMにおける3番目の要素は，セルフエフィカシーの概念である（4章参照）。セルフエフィカシーは，運動や身体活動において，種々，注目を集めて議論が行われてきた。セルフエフィカシーは，人々が運動を行うときに経験するであろう代表的なバリアに打ち勝つことができるという，その人自身が持つ自信であったり，スポーツセンターに入っていくというような関連行動を行う自信である。セルフエフィカシー質問尺度における項目例は，表11-5に示している。

研究者は，一致して，セルフエフィカシーと行動変容ステージとの間に関係があることを確認している。実行ステージと維持ステージにおけるセルフエフィカシーは，初期のステージのセルフエフィカシーよりも高い水準にあることが報告されている。セルフエフィカシーを強化することは，行動変容を促すだけでなく，行動を変容することでセルフエフィカシーが変わることが示唆されている。

意志決定バランス

TTMの最終要素は，意志決定バランスの概念である。当初の研究においては，意志決定バランスが，自己と他者への獲得と損失，また自己，あるいは他者による是認，あるいは否認に細分化されていた。後の分析では，重要な要素として，より単純に，行動を変容させる「プロズ（恩恵）」と「コンズ（損失）」として表現された。意志決定のバランスにおける項目例を表11-6に示す。行動変容の初期ステージにおいては，コンズがプロズを上回り，準備ステージの人たちは，プロズ

表11-5 運動セルフエフィカシーを評価するための尺度から引用した項目例
7ポイントのリッカード・スケールが反応を得点化するために使用される（まったく自信がない＝1からきわめて自信がある＝7まで）。

私は，以下のような場合でも定期的な運動を行う自信がある
1．疲れている
2．気分が悪い
3．時間がないと感じる
4．休暇中である
5．雨や雪がふっている

出典：Marcus et al., 1992c

表11-6 意志決定のバランス（プロズとコンズ）を評価するための項目例
5ポイントのリッカード・スケールが反応を得点化するために使用される（まったく重要でない＝1からきわめて重要である＝5まで）。

プロズ	1．定期的に運動を行えば健康になるだろう
	2．定期的に運動を行えば，自分をもっと肯定的に感じるだろう
	3．定期的に運動を行えば，他人は私のことをもっと尊敬するだろう
コンズ	4．定期的に運動を行えば，私の家族や友人は私と一緒に過ごす時間がなくなるだろう
	5．定期的に運動を行えば，時間を浪費していると感じるだろう
	6．定期的に運動を行えば，たぶん痛みを感じたり不快になるだろう

出典：Marcus and Owen, 1992

とコンズの両者をほぼ均衡に保ち，維持ステージの人たちは，プロズがコンズを上回るように感じていることが研究によって示されている。このことは，プロズとコンズの認知に影響を与えることによって行動変容を促すことを示唆している。

健康教育局（Health Education Authority: 1995a; 1995b）は，トランスセオレティカル・モデルを健康行動の変容に働きかける方法として推奨している。その強力なポイントとは，この方法を用いると，ヘルスプロモーション・キャンペーンにおいて，どの人たちの特徴が述べられているのか，またどの人たちが対象とされるかがわかり，また，人々が変容を進めていく過程を説明する可能性を持っていることである。しかしながら，意志決定のバランスの考え方は批判もされており，こ

れらの批判のいくつかは6章で述べられている。次節では，このTTMを運動と身体活動のプロモーションに使用されている例を示すこととする。

●行動変容のトランスセオレティカル・モデルを基にした介入

プロジェクト・アクティブ

米国で実施されたプロジェクト・アクティブ (Dunn et al., 1997; 1998; 1999) は，身体活動を促進させることを目的に，はたしてアクティブ・リビング・アプローチが，伝統的な体力志向アプローチと同じくらい効果があるかどうかを確かめる目的で行われた。このプロジェクトでは，座位中心行動を変容させることを目的とした介入の根拠としてTTMを使用している。このプロジェクトでは，ダラスの新聞および他のメディアによって，116名の男性，119名の女性（平均46歳）が集められた。参加者は，無作為に2群のうちどちらかに振り分けられた。最初の群は，構造化運動群と命名され，クーパー・エアロビック・センターにおいて伝統的なジム施設に通うことを基にしたアプローチをとおして，ACSMガイドラインに従って心臓呼吸系体力を養うトレーニングが行われた。この群への参加者は，6ヵ月間の間，インストラクターの監視下でトレーニングを行い，センターのメンバーとしてとどまるために経費が支払われた。2番目の群は，ライフスタイル・カウンセリング群と命名され，内容は，「アクティブ・リビング」のガイドラインに従った。この群では，参加者が集合したときに運動を行わず，アクティブ・リビングの採択と維持を援助するようにデザインされたグループ・ディスカッションが行われた。当初，ミーティングは週に1回行われ（最初の4ヵ月），その後，4-6ヵ月目では2週間に1回となり，6-12ヵ月目では1ヵ月に1回，12-18ヵ月目では2ヵ月に1回，最後に18-24ヵ月目では3ヵ月に1回行われた。

6ヵ月目で，構造化運動群の85％，ライフスタイル・リビング群で78％の人が最低限のアクティブ・リビング基準を達成した。両群とも心臓呼吸系体力を改善させた（構造化運動群は，ライフスタイル・リビング群よりも改善度は大きかった）。加えて，両群とも総コレステロール値，総コレステロール/HDLコレステロール比，拡張期血圧，および体脂肪率を減少させた。これらは，冠動脈疾患リスク全体では，15％の減少である（構造化運動群は17％減，ライフスタイル・リビング群は12％減）。

両群とも，24ヵ月目までは，ベースラインの値と比べて，総エネルギー消費量および心臓呼吸系体力が増加しており，また6ヵ月以後は両群とも類似した減少傾向を示した。これらの結果は，図11-3および11-4に示している。参加者の20％は，未だ，アクティブ・リビングの推奨量に，またはそれ以上のレベルに位置し，最もよい体力と総エネルギー消費量の反応を示すほぼ一貫した活動（24週間の70％の最低ガイドラインを維持すること）を行っている人たちでは，運動量-反応関係が存在した。加えて，両群とも，体重が変わらないままなのに，拡張期血圧や体脂肪が減少した。著者らは，この研究の結論として，ライフスタイル・アプローチは，活動，体力，拡張期血圧，体脂肪を改善させるために，伝統的な体力アプローチと同程度の効果があり，このことは，「体力」アプローチに耐性がなかったり，維持できない人たちにとっては朗報であると言明している。しかしながら，このプロジェクトの結果の解釈として，内的妥当性および外的妥当性の両方ともに問題がある。

以下のような問題が指摘される。すなわち，この研究は，統制群が存在しないために，真の無作為化統制試験ではない。このようなプロジェクトに応募しようと動機づけられた人は，誰でも，たとえどちらの介入を受けなかったとしても24ヵ月をとおして類似した変化を起こすに違いない。統制群設定の不備は，このような論争を生起させる。長期にわたる運動は遂行することが困難であると示唆している確証が多いために，このように考えることは可能であり，考えられなくもない。記録された変化はそんなに大きいものではなく（たとえば，2％の体脂肪の減少や2 ml/kg/min.以

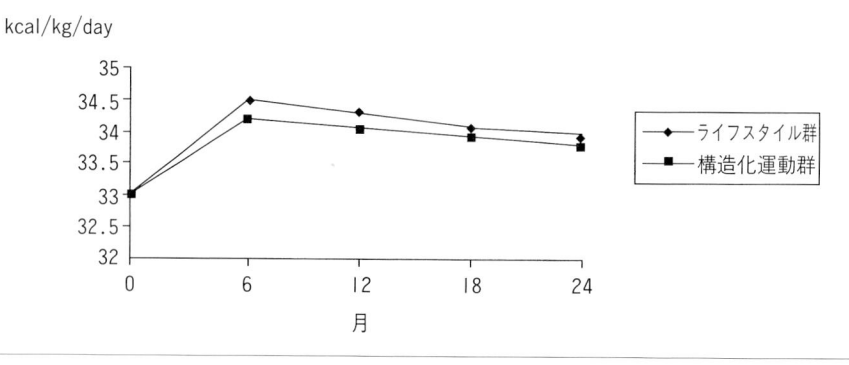

図11-3 プロジェクト・アクティブにおけるライフスタイル群および構造化運動群の総エネルギー消費量の変化 Dunn et al.（1999）からのデータ

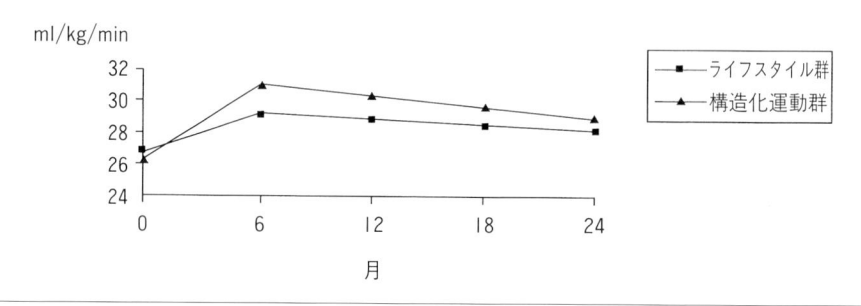

図11-4 プロジェクト・アクティブにおけるライフスタイル群および構造化運動群の最大酸素摂取量の変化 Dunn et al.（1999）からのデータ

下の有酸素性体力の改善），また，24ヵ月目で，アクティブ・リビング推奨量を達成している人は，参加者のうちたった20％だけであった。一方で，もしこの種の変化が，住民全員で達成されたとしたら，きわめて大きな健康度も獲得されるに違いない。他方，この方法は，最低の活動水準の変化を達成するのにとても費用がかかり，他の地域に般化することは困難かもしれない。ローカルなヘルスプロモーション関連部局が，研究プロジェクトに参加するような動機づけを持っていない住民を対象に，このようなライフスタイル・カウンセリング群に必要なミーティングを定期的に開くこと（最初の6ヵ月に20時間）が可能かということをイメージすることは大変難しい。加えて，プロジェクト・アクティブは，教育レベルが高く，健康的なライフスタイルに興味がありそうな住民を参加者として集めている。同じような技法を用いて，もっと典型的な住民にも成功を与えることは可能だろうか。

全体的に，これらの報告は，アクティブ・リビング・アプローチの概念を支持しており，この研究は，長期的なアウトカムを証明している研究としては最初の一部分と見ることができる。すなわち，ヘルスプロモーターは，このアクティブ・リビング・アプローチが体力と健康的恩恵を作り出すことができるということに自信を持って支持することができる。しかしながら，すべての社会経済的グループにも変化を起こすべきであるならば，私たちは，身体活動行動を変容させるために，より低コストで，しかもより迅速な手段を試すために，さらなる研究を必要としている。

アクティブ通勤をとおした身体活動の促進

アクティブ通勤によって身体活動水準を上げること，その内容は，ある場所への行き来にウォーキングを行ったり，自転車を利用することであるが，この方法は，多くの市街地において，交通の混雑や燃料消費の解消を促し，それゆえ，環境を強化する必要があるために，ますます政策的な論点となってきた。Vuori, Oja and Paronen

(1994) は，職場へのウォーキングや自転車の利用が体力を増強させ，アクティブ通勤の形式が健康や運動促進方略となりうることを確認した。Oja et al. (1991) は，フィンランドのタンペアで，アクティブ通勤を促進することをとおして，職域における身体活動プログラムを実践している。最初の研究では，夏期を通して，通勤において活動的であった人の割合が，定期的な人が38％，不定期の人で15％，自動車，あるいはオートバイで通勤しているが可能性としてアクティブ通勤も考えられる人が17％であり，30％の人は，自動車，オートバイの使用以外で通勤する考えをわずかに持っていた。

プログラムは，6ヵ月間をとおして，製紙会社で始められた。この会社は，3ヵ所あり，1,200名の従業員がいる。「このプログラムは，職場への行き帰りに，通勤の手段としてウォーキングや自転車を使用する可能性について，気づきと知識を増加させること，そして通勤時に安全にウォーキングしたり，自転車に乗るように刺激を与えることを達成目標としている」(Oja et al., 1991: 237)。この会社の経営者は，この試みに協力的であり，管理責任者としては会社の健康部局が担当を行った。この促進キャンペーンでは，特に高齢の従業員に対して，職場への通勤の手段としてウォーキングや自転車の利用を増加させる，レジャータイムにおける身体活動を増強させるということについて，気づきを高めるという点で肯定的な効果があることがわかった。しかしながら，歩行者と道路の安全性に関係する問題は，注意が必要であるし，身体活動の促進について環境変化の重要性も強調されている。

結論として，Oja et al.は，彼らの発見についてつぎのように述べている。

> 通勤時にウォーキングを行ったり，自転車を利用することは，労働者年齢層のうちかなり大きな部分に定期的な身体活動を行わせる可能性のある手段である。……通勤運動は，一般的で不活動な労働者に対して，運動を促進するために妥当と思われる代替手段になりそうである。
> (Oja et al., 1991: 238)

Oja, Vuori and Paronen (1998) は，職場へのウォーキングや自転車の利用に関して，つぎのように締めくくっている。

- ウォーキング，あるいは自転車の利用にとって，不十分で安全でない条件は，アクティブ通勤にとって大きな障害になる。
- 定期的に，職場までウォーキングを行ったり，自転車を利用することは，いくつかの健康・体力指標に適度で肯定的な変化をもたらす。
- 職場までのウォーキング，あるいは自転車の利用を増やすことは，達成目標を定めたプログラムを通して可能となり，地方交通と安全グループが協力することが有益かもしれない。

類似した試みは，英国でも進行中である(Davis, 1999)。たとえば，グラスゴーでは，市内において人々の身体活動を増加させる目的で部局間政策を作成することに責任を負っているグループが，無作為化統制試験を行った。この目的は，相互作用的な冊子の配送を通して，認知行動的介入が，職域場面のアクティブ通勤行動を増加させることができるか否かを確かめることであった(Mutrie et al., 1999)。介入は，行動変容のTTMを基にしており，目標となる人たちは，アクティブ通勤について考えている人たち（熟考ステージ者）および不定期にアクティブ通勤を行っている人たち（準備ステージ者）であった。

スクリーニングを経て確定した参加者（n=333）に，まず，ベースライン質問紙が送られた。この質問紙は，Marcus et al. (1994) によって作成された尺度を改変した尺度，7日間身体活動想起(Lowther et al., 1999a)，および身体・精神機能の測定にSF-36 (Ware et al., 1993) を使用することによって，人口統計学的変数，アクティブ通勤についての変容ステージ，およびセルフエフィカシーを測定した。参加者は，職場まで費やす平均距離でマッチさせた上で，無作為に，統制群か，介入冊子を受け取る介入群のどちらかに振り分けられた。フォローアップ質問紙が，6ヵ月を経て，両群ともに送られた。

295名の参加者（介入群n＝145，統制群n＝150）

から完全なベースラインの質問紙が得られた。平均年齢は，38歳（19-69歳），64％が女性で，36％が男性であった。6ヵ月が経過しての反応率は67％（n=198）であった。6ヵ月が過ぎて，介入群（49％）では，統制群（31％）と比べて，高位のアクティブ通勤ステージに移動した人の割合が有意に多かった。2群間の平均差異は，18％であった。7日間身体活動想起を用いた身体活動の分析では，本研究の開始時に通勤で歩いていなかった人の間で，しかも介入群の人たちが，統制群と比べて，職場までの平均歩行時間において有意に上回っていた。また，職場まですでに歩いていた人たちの間でも，介入群のほうが，職場まで歩く平均時間に有意な増加が見られた。ベースライン時に同じ量を歩いていた人たちの間で，介入を受けた人たちが6ヵ月目に職場まで歩いていた時間の平均相対増加量は，統制群の同じ人たちよりも1.93倍も多かった。

アクティブ通勤行動のステージが進行した人たちのうち多くの人たちは，逆戻りした人たちと比較して，一定の動機づけが重要であると思っていた。これらアクティブ通勤の動機づけとは，新鮮な空気を得ること，楽しみ/自立の感覚，および駐車する必要がないことであった。アクティブ通勤行動のステージが進行した人たちと逆戻りした人たちの間で，バリアに対する重要度の見積もりの程度に有意な差は見られなかった。

しかしながら，この介入は，自転車利用に関しては成功したとは言えない。6ヵ月経って，たった18％の参加者が職場まで自転車を利用し，介入群（n=9）と統制群（n=9）の自転車利用者の間に，週当たり自転車を利用する平均時間に差は見られなかった。フォローアップで行われたフォーカス・グループ研究では，交通の危険性や安全な駐輪場が不足しているなど，自転車利用者が直面している，打ち勝つには困難なバリアが明確になった。多くの通勤キャンペーンが代替として自転車利用に焦点を当ててきたために，この問題に注意することは重要である。この研究は，私たちに以下のようなことを教えてくれる。ほどほどの自転車道ネットワークを備えた市であったとしても，自転車利用に関する危険性や困難性が認知されているということである。自転車利用を促進しようとしているキャンペーンでは，安全な自転車利用のために継続的なサポート，道路上における自転車利用者に対してのドライバー教育，またローカル局に安全なルートや駐輪施設を設置させることによって，公衆の認知を変える長期的方略に取り組まなければならない。Hatfield and Page（1997）は，自転車利用を大きく増加させるためには，自転車道の整備によってだけでは成し遂げられないと結論づけている。最近の研究では，つぎの3分野が調和して作用する時にだけ自転車利用への大きな変換が生じると示唆されている。それら3分野とは，個人と社会の行動変容の促進，組織の変化の促進，および状況的，環境的処置の実行である（Davis et al., 1997）。

興味ある発見としては，身体・精神的健康機能における認知の測定として用いられたSF-36に対する参加者の反応に関連している。実験群は，6ヵ月目において，一般的健康，活気，およびメンタルヘルスにおいて，統制群と比べて，有意に高い得点を示した。この結果は，アクティブ通勤が生活の質感の認知を高め，このことが，活動を増加させ，他の通勤手段への依存度を下げたり，また他の通勤手段に関わるストレスを減少させることに関係することを示唆している。プロジェクトに参加したある参加者は，プロジェクトへのかかわりの結果として自動車を売却してしまい，つぎのような経験を報告している。

私は，特に，ラッシュアワー時に車を運転することが嫌いだ。車を諦めてしまうことで，もう苦難から解放された。事実，私の車はもうない。1ヵ月の電車の定期代は，私が支払っていたガソリン代よりも安い。私は，マイカー運転者の顔を見て思う。私でなくてよかったと。私は運動を行う感覚を楽しんでいるし，多くのエネルギーを持って，そしてまったくリラックスして職場に到着するのよ。
(University of Glasgow Newsletter, 3 March, 1999: 20)

TTMから見ると，最も頻繁に使用していた変容プロセスに関しては，介入群も統制群も差がなかった。両群とも，最も頻繁に使用したプロセス

は，自己解放，反対条件づけ，および自己再評価であった。おそらく，本研究で使用したプロセス質問紙は，禁煙で使用されたプロセスから採用した内容だったので，それらの変化が介入の結果として見られないのかもしれない。そのため，身体活動，あるいはアクティブ通勤にもっと特化したプロセス評価尺度が作成される必要がある。

初期の介入群のうち25％は，彼らが介入を受け取った後1年経過しても，まだアクティブに通勤を行っていた。これは，他の健康行動を変容させることを目標にしている介入と比較しても優れた結果といえる。たとえば，どのように禁煙を行うのかを個人的にアドバイスしてもらった後，禁煙に成功し，その後1年たっても逆戻りしないでいるかつてのスモーカーはたった2％である（Law and Tang, 1995）。介入の効力において季節の影響を支持する確証はないし，性別，年齢，職場までの距離による効果も見られていない。

この介入は，身体活動（Scottish Office, 1999）とその環境（Department of the Environment, Transport and the Regions, 1998）を変えるという達成目標を援助する方法として安価で効果的である。この方法により，自転車の利用は増加させられなかったが，ウォーキングを増加させることには成功を収めている。それにもかかわらず，この介入パッケージは，さらに多く歩きたいと願っている人たちに有効であり，スコットランド健康教育委員会は，すべてのローカル局健康委員会に対して，現存する活動促進方略に敬意を表し，通勤の代替手段を探す援助を行うためにこのパッケージを配る計画を立てている。このパッケージは，地域の情報を適切に差し替えることによって，違う所在地でもテイラー化できる。このプロジェクトからの研究デザインは，図11-5に示しており，主な結果も図11-6に示す。

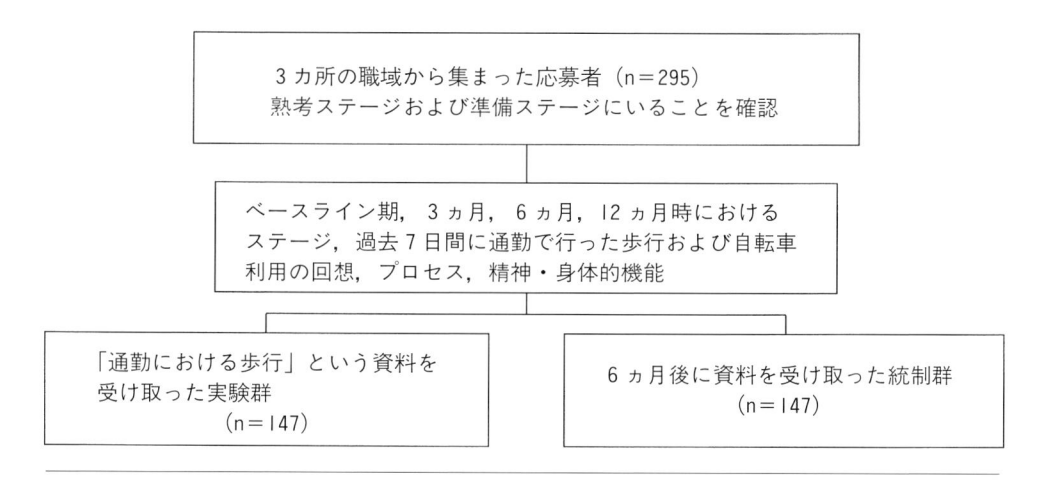

図11-5 アクティブ通勤プロジェクトの研究デザイン（Mutrie et al., 1999）

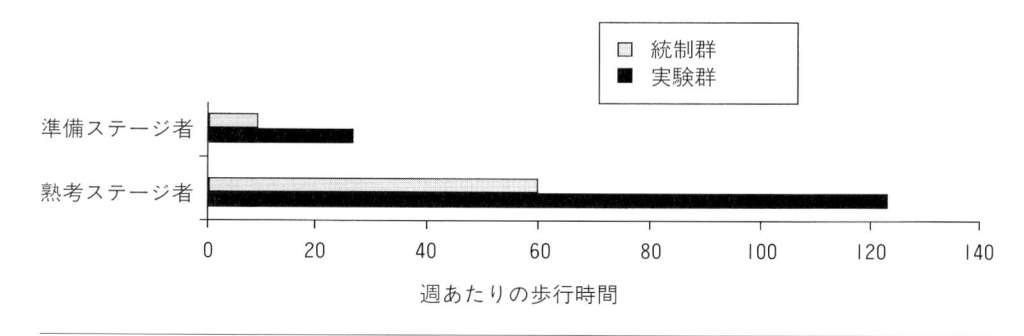

図11-6 アクティブ通勤プロジェクトの参加者における週あたり歩行時間の増加量（Mutrie et al., 1999）

大学生の身体活動促進

　Woods, Mutrie and Scott（1999）は，大学生の身体活動を促進することを目的として，郵便物を媒体とする変容ステージ・モデルに基づいた介入を行った。この研究では，大都市の大学1年生約3,000名を対象とした。ベースラインにおけるデータ収集は，入学手続きの際，列を作っていたので，その待ち時間に回答を求めた。そこでは，現在の身体活動および運動に関するステージ，過去2年間の体育授業への参加状況，今後6ヵ月間の身体活動を行う意図を測定した。前熟考ステージおよび熟考ステージ（459名）に分類された学生が，実験群もしくは統制群に振り分けられた。この研究では，実験群には，活動的な日常を送らせ，さらに大学の運動プログラムに参加することを促し，自身のステージに対応した情報が記載された冊子を郵送した。研究に参加したすべての学生に対して，7ヵ月後および19ヵ月後の追跡調査が行われた。図11-7に本研究のデザインを示した。

　ベースラインの状況は，46％の学生が，現在，推奨されている最低限の身体活動量を満たしていなかった。35％の学生が，過去2年間に学校の体育の授業に参加していなかった。この体育の参加状況と現在の身体活動量には正の相関関係が認められた。体育に参加している学生は，後期ステージに位置し，運動への意図を有していた。この関係を，図11-8に示した。ここで重要なことは，学校は，学生に対して体育の授業への参加を促すことが可能であるし，このことは，在学時だけにとどまらず，将来の身体活動へも影響を与えるということである。

　実験群（80％）は，7ヵ月後，統制群（68％）よりも後期のステージに移行させた学生が多く，19ヵ月後には，統制群（27％）に比べ，実験群（42％）のほうが，実行ステージから維持ステージに移行した学生が多かった。ステージを後期に移行させた学生が最も頻繁に用いた変容プロセスは，自己再評価，自己解放，および報酬マネジメントであった。郵送による介入は，大学入学時において不活動の学生を活動的にするための介入としてきわめて低コストであり，さらにその効果はつぎの学年時にも継続していた。

　この研究における質的データから，興味深いことが明らかになった。初年度に，9つのフォーカスグループが，身体活動に関する学生の認知を探るために実施された。その内容分析とグループ・ダイナミクス分析によって，重要なことが見えてきた。これらの分析により，学生たちが自分自身の過去・現在の身体活動についてどのように話し

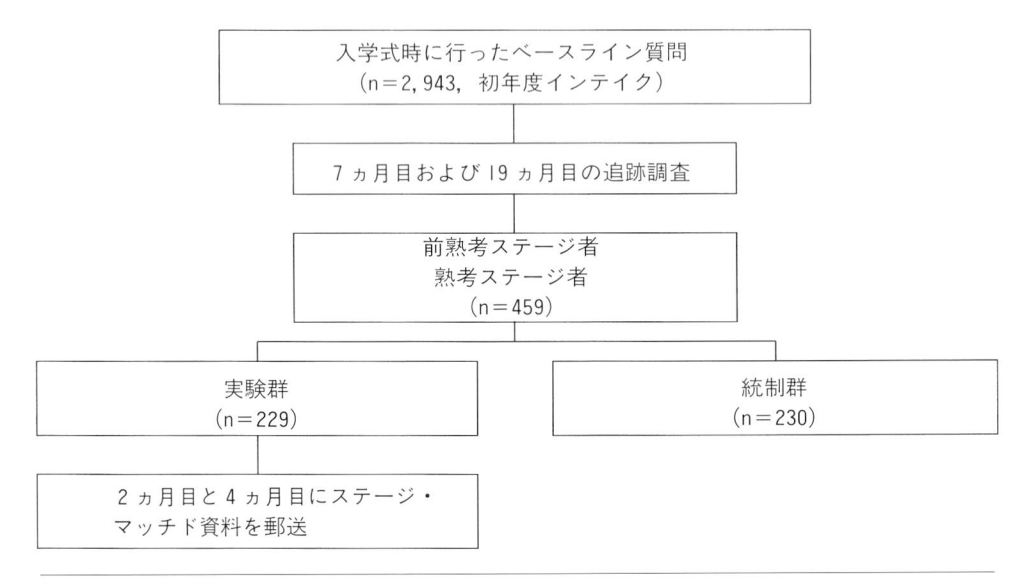

図11-7　前熟考ステージおよび熟考ステージにいる学生をターゲットにした郵便介入の研究デザイン（Woods et al., 1999）

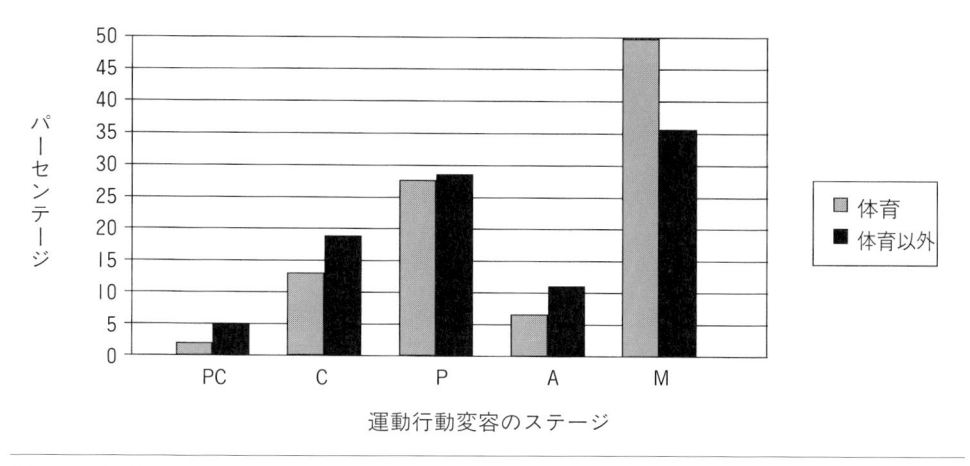

図11-8 学校教育最終の2年間をとおして体育に参加し続けた学生を各運動行動変容ステージごとに分けた割合（Woods et al., 1999）

ているか，そのことがどのように現在の運動参加に影響を与えているか，将来的に活動的になるためには何が必要なのかが明らかになった。これらのデータから分かったことは，身体活動の採択や維持における社会的決定因（たとえば，重要な他者の役割）および自己エンパワーメント（たとえば，運動文化の一部になるための能力についての信念）の重要性である。以下に示すフォーカスグループの結果は，身体活動に対する有能感の欠如を克服するためにソーシャル・サポートが重要であることを示している。

　みんなが笑うと思ったから，また運動を始めたのはごく最近なんだ。みんなは，どうせ，私がうまくできるはずがないと決めつけ，また笑われると思ったので，今年になるまで何もしなかった。なぜ，以前は，何もうまくできないと悩んでいたのだろう。唯一楽しめるのが水泳だった。まだ少し重いけれど，最近は体重も減ってきて，水着を着ることも気にならなくなってきた。また運動ができるようになったのは，本当に親友のおかげだ。私は，以前にもまして運動を楽しめるようになって本当にうれしい。

　参加者のステージ分けは，質問紙に基づくインタビュー形式を採用したので，対象者が誤ったステージに分類される可能性があったものの，結果的にはその点は問題なかった。これらの回答は，自己選択式の変容ステージ質問紙と一致した。フォーカスグループの参加者は，郵送されてきた冊子をかなり有益であると感じていたが，最終的に，学生にとって，もう少し現実味のある内容にすべきであったとの結論に達した。たとえば，不活動のレベルに関する統計などは，大学生だけでなく，若者全体で行うべきであると感じていた。将来的に，身体活動を増強させるための介入の開発研究では，ステージに合わせた介入の効果を検証すべきであるが，そのほかに，年齢や対象者に特異な介入を考慮に入れる必要がある。

身体活動促進のための運動コンサルテーション・アプローチの使用

　多くの地方公共機関や施設レジャーセンターが，市民の運動への参加を促すために，体力テスト/評価を行っている。しかし，驚くべきことに，体力評価が，長期的な運動参加の動機づけを高めるかどうかの実証的根拠はほとんど存在していない。コンピュータによる体力評価は，近年，商業的によく用いられており，施設利用者に対する主たるサービスとなっている。その一方で，Miller and Rollnick（1991）によって提唱された動機づけ面接法のように個人中心のアプローチが盛んになりつつある。Loughlan and Mutrie（1995）は，個別の運動コンサルテーション・アプローチを用いる際のガイドラインを提出している。これらのガイドラインは，何が人々を運動へ駆り立て

るかに関する知見を基に作られている。コンサルテーションを行う者は，優れたコミュニケーション能力と傾聴能力を持たねばならず，様々な援助を求めている人々に共感できなければならない。運動コンサルタントは，一般および臨床の対象者のために，身体活動の推奨など身体活動に関する知識も持たねばならない。最後に，運動コンサルタントは，行動変容や人が成功裡に活動的になるか否かに影響を与える様々な要因に関しても精通していなければならない。

身体活動カウンセリングに類似したモデルは，Laitakari and Asikainen（1998）によって示されている。彼らは，生活の質感，健康状態，健康実践，および生活環境もモデルの中に含めて，より詳細な評価手続きを示した。このモデルは，きわめて詳細で役立つ反面，多大な時間を要する。詳細に検討することと時間との間の兼ね合いをつけることが必要である。Laitakari and Asikainen は，いまだ彼らのカウンセリング・アプローチの効果に関して報告していないが，その結果は，長期間のコンサルテーションが有効であるかどうかを見極める際に役立つものと思われる。現在，Loughlan and Mutrie によって提唱されたコンサルテーション・アプローチはいくつかの現場で試されている。

Loughlan and Mutrie（1997）は，国立健康サービスの従業員179名を，体力評価，運動コンサルテーション，および情報冊子の配布のいずれかの群に振り分けた。すべての対象者は，運動行動に関して熟考ステージか準備ステージのどちらかに属していた。7日間回想質問紙を用いた測定の結果，プログラム終了4週間後，3ヵ月後，および6ヵ月後には，3群とも身体活動レベルが上昇していた。身体活動を増加させるためには，継続したサポートが必要であるといわれており，運動コンサルテーションは，体力評価や情報冊子に比べて，活動レベルを維持させる傾向があることを示した。対象者に変容しようとする意志がある場合は，情報冊子などの簡単な介入でも短期的な効果が得られる可能性がある。

さらに，同様のテーマで，コンサルテーション・プロセスの長期的効果を検証する研究が12ヵ月間以上行われた。Lowther, Mutrie and Scott（1999b）は，地域において，体力診断と運動コンサルテーションの効果を比較した。地域の身体活動プロジェクトに参加することを促すダイレクトメールに対して応答した者は約400名であった。対象者は，体力診断と運動コンサルテーションのどちらがよいかを選択し，その後，実験群と統制群に無作為に振り分けられた。統制群は，身体活動に関する情報を受けるだけで，実験群は運動コンサルテーションか体力評価を受け，3ヵ月後にフォローアップの調査を受けた。研究デザインは図11-9に記載されている。評価には，変容ステージや変容プロセスの測度および身体活動の7日間回想質問紙が用いられた。

参加者は，ベースライン期で定期的な運動を行っていなかった。3ヵ月後には，すべての対象者

```
            プロジェクト公募への応答者（n=400）
                         │
            ベースライン期，4週間目，3ヵ月目，6ヵ月目，
              および12ヵ月目における測定
                    ┌────┴────┐
              体力評価        運動コンサルテーション
              （n=225）           （n=145）
              ┌──┴──┐          ┌──┴──┐
           実験群   統制群      実験群   統制群
          （n=112）（n=113）   （n=73） （n=72）
```

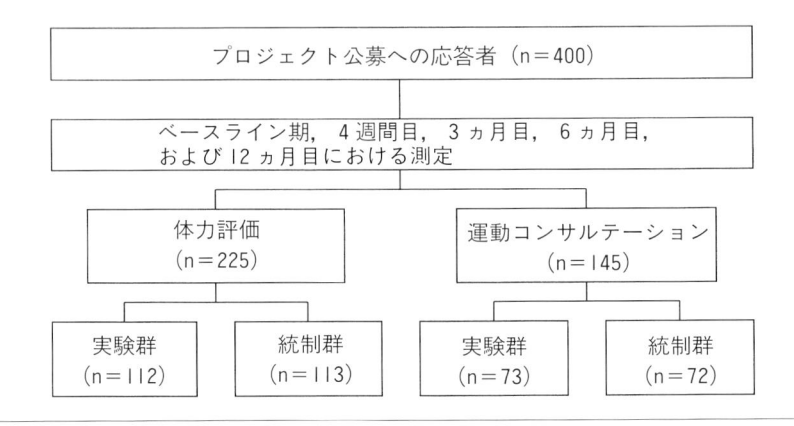

図11-9　運動コンサルテーションと体力評価の比較を行った地域試行のデザイン
（Lowther et al., 1999b）

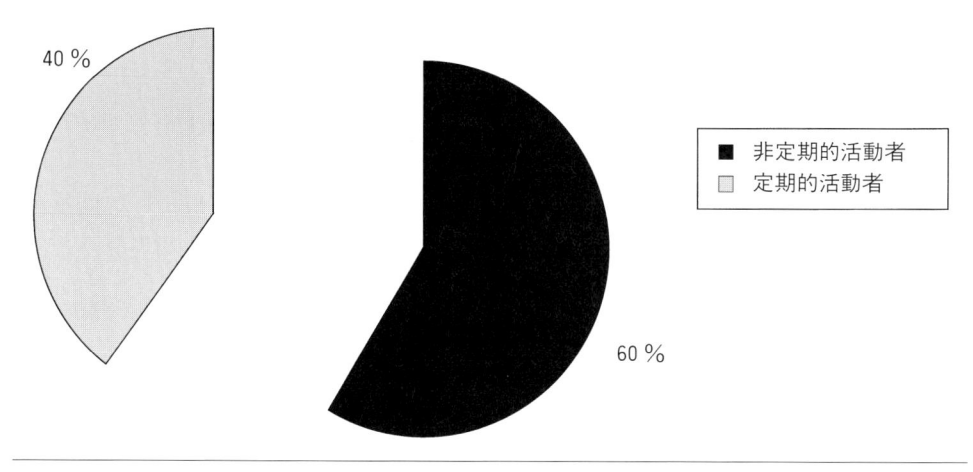

図11-10 運動コンサルテーションを選んだ参加者を身体活動のステータスで見た割合（Lowther et al., 1999b）

凡例：■ 非定期的活動者　□ 定期的活動者
40％／60％

の身体活動が有意に増加していた。すなわち，この結果は，情報だけでも短期的な活動レベルの促進効果があるというLoughlan and Mutrie (1997)の結果を支持するものであった。6ヵ月後には，両実験群は，初期の身体活動増加を維持していたが，両統制群では，ベースラインのレベルに逆戻りしていた。この結果は，両実験群とも，3ヵ月後に体力診断もしくは運動カウンセリングを受けていたので，身体活動レベルを維持するためには，サポートが必要であることを示唆していた。12ヵ月後には，運動カウンセリングの実験群だけが，ベースラインよりも高い身体活動レベルを示していた。これは，コンサルテーションにおいて焦点を当てている認知行動スキルが，個人の長期的な身体活動の増加にもっとも有用であることを示している。

この研究では，運動コンサルテーションを選んだ人の特徴に関して有用な情報が得られた。図11-10に示しているように，運動コンサルテーションを選んだ人は，実行・維持ステージに比べ，前熟考，熟考，および準備ステージに属する人数が多かった。これは，体力評価群には当てはまらない。体力評価群では，活動的な者と不活動な者の割合が均等であった（Lowther et al., 1999b）。このように，体力診断と比べて，レジャーセンターの運動コンサルテーション・サービスは，異なった層の対象者の興味を引いている。たとえば，Bailey and Biddle (1988)によれば，英国ガーデン・フェスティバルの健康フェアにおいて行った体力テストに自発的に参加した者のうち，年齢別の平均体力を下回った者は，わずかに，男性17.3％，女性14.4％だけであった。さらに，この研究の参加者3,000名（体力テストに参加した13,373名の中から）のうち45歳以上の者は，女性21％，男性18％だった。これらのデータは，対象者の年齢や個人の体力に関してすでにバイアスがあり，運動コンサルテーションが多くの人々に影響を与える効果を支持するものである。

プライマリ・ヘルスケア介入

近年，プライマリ・ヘルスケアにおける身体活動や運動を促進させる試みが，米国や英国で盛んに行われている（Fox et al., 1997; Pender et al., 1994）。プライマリ・ヘルスケアが以前に比べて身体活動増強に力を入れ始めたのには以下のような理由がある。

・プライマリ・ヘルスケアは，予防的な立場を志向しており，禁煙や食生活の改善などの他の健康行動と並行して身体活動促進を推し進めることが容易である。
・プライマリ・ヘルスケア・チームは，身体活動を行うことによって多大な恩恵を得られるであろう多くの人と定期的に接触している。英国において，プライマリ・ヘルスケアの実践者のうち90％の人々が3年に一度，70％の人々が毎

年調査に参加している。
- GP（General Practitioner；家庭医）は，細かな情報を把握しており，態度や行動の変化に影響を与えることができると考えられる。

身体活動に関する多くのプライマリ・ヘルスケア介入では，厳密な評価は行われていない。しかし，身体活動に関する知識がない者やどのように促進すればよいかわからない者もいるものの，彼らが，身体活動についてのアドバイスを行うには絶好の位置にいると提案する研究者もいる（Gould et al., 1995）。フィンランドにおけるGP 161名に対する調査では，GPにとって，運動に関するカウンセリングのトレーニングを行うことは，他の10種の健康行動に関するものよりも重要ではないと評価していた（Miilunpalo 1991）。

Reed, Jensen and Gorenflo（1991）は，米国における50%以上の患者に運動を勧めているGPの特徴について検討を行った。患者に運動を勧めているGPの特徴として，経験豊富であること（10年以上実践），自分が担当した患者のうち10%以上が個人的に運動プログラムを行っていること，自分自身が運動プログラムに参加しており，患者のフォローアップの方法を知っていることなどがあげられた。よいモデルになるかどうかは特に関係ないといわれているが，プライマリ・ヘルスケアの従事者自身がどれだけ活動的であるかは，介入を実践する上で重要かもしれない（Fox et al., 1997）。

プライマリ・ヘルスケアにおける身体活動介入の傾向

プライマリ・ヘルスケアにおいて行われている身体活動推進活動は，一般的にあまり報告されていない。英国において，健康教育局が，プライマリ・ヘルスケアにおける身体活動促進のための介入がどのくらい広まっているかを検証するために，「プライマリ・ヘルスケアにおける身体活動推進活動に関する英国研究プロジェクト」を立ち上げた（Fox et al., 1997）。まず，プロジェクトの第一段階として，「実践者ベース」と見なされる研究の40.5%にあたる121の研究計画を洗い出した。これらには，看護師や運動カウンセラー・指導者が管轄する地域に住む患者に対するマネジメントも含まれている。計画のうち最も多かった内容は，「レジャー中心の計画（59.5%）」であり，これらの多くは，まだ試験段階であった。これらの計画では，GPやプライマリ・ヘルスケア・チームのメンバーが，患者を地域のレジャー施設やスポーツセンターに行かせるように仕向けることを含んだものであった。さらに，52の計画が予定されており，計画の数を増やすように提案されている。レジャーセンター・モデルの割合は，さらに増え続けそうである。11の計画に関する分析では，この形態の介入において重要となるいくつかの問題が明らかになった。

患者の管理

イングランドのプライマリ・ヘルスケアにおける身体活動推進計画の多くは，プライマリ・ヘルスケア・チームとレジャーセンターが提携している。他の計画は，基本的にはプライマリ・ヘルスケアの実践者が中心ではあるが，その役割は複雑に変わりながら行われている。いくつかの実践マネジメントの計画では，身体活動の推進に関して精通したGP一人を中心に据えて行っている。彼らは，地方の教室や在宅医療の場など，他の現場でも，活動的なライフスタイルを強調したコンサルテーションの時間を増やしている。

他の実践マネジメントの計画では，患者に実践ベースの診療所を紹介するGPを組み込んでいる。これらの診療所は，特に，看護師やパートタイムで雇われている身体活動の指導者/カウンセラーを配置している。患者は，検査，アドバイス，およびサポートを受け，地域で開かれている実践教室に参加する機会が与えられる。あるいは，行動変容に関して自助方式のアドバイスを受けている。その他にも，自宅で行う検査やカウンセリングの後，患者は地域ベースの施設や活動できる場所を紹介してもらえる。しかしながら，患者の管理やモニタリングは実践の場で行われているにすぎない。

レジャーセンターの管理計画において，GP

は，直接，スタッフが検査やプログラムデザイン，および運動指導など介入のすべての側面を監督できる地方のレジャー/スポーツセンターを紹介する。一方，これらのセンターは，魅力的な環境，最新の運動施設とともに，運動に関してトレーニングを受けた職員を擁しており，運動未経験者には敷居が高いと思わせる可能性があるといわれていた。にも関わらず，研究プロジェクトにおいて，スタッフが環境を患者に適するように環境に変化させることにより計画が成功することを証明した。

レジャーセンターでも実践者ベースでも，どちらも利点と欠点があり，それらを表11-7にまとめた。しかし，最良の方法とは，GPが，直接，身体活動に関わる診療所を照会することができるように地域との連携計画であるように思われる。

ある患者がどのように管理されているかに関係なく，多くの患者から肯定的フィードバックを与

表11-7 身体活動を増進させるためのプライマリ・ヘルスケア（PHC）を計画別に示した利点・欠点

PHC計画のタイプ	利点・欠点
1．実践―管理計画	**利点** ・その場で役立つカウンセリングが行われる ・より多くの患者が利用できる ・「健康的ライフスタイル」メッセージの中に身体活動を伝達できる ・地域の中でいくつかの系列から選択できるように指示される患者には大きな柔軟性がある ・記録を保管するためのよい機会である **欠点** ・施設は現場でしか利用できない ・訓練を受けた職員を見つけるのが困難である ・患者に始めさせるための動機づけを高めるには不十分かもしれない ・患者自身で多くのことをさせるためのサポートを与えることが困難である ・運動教室がその場で開かれないならば，社会的気風を作るのが困難である ・この計画は内発的にやりがいがあり，楽しいものというよりむしろ医療として受け取られるかもしれない
2．レジャーセンター 　　管理計画	**利点** ・GPの負担が少ない ・PHCのコストがかからない ・その場ですでに存在する施設を利用できる ・訓練された職員が通常の求めに応じてくれる ・患者の動機づけやサポートを高くすることができる ・患者の社会的恩恵を大きくすることができる **欠点** ・患者を引きつけるためにスポーティーなイメージを克服しなければならない ・身体活動は，ライフスタイル変容よりもむしろ不連続な運動セッションに限定される ・施設は昼間の時間帯しか使えない ・この計画は，終了点があり，フォローアップが限られている ・医師はあまり薦めたがらない ・現在，計画は，患者のごく一部にとってしか魅力的でない ・いくつかの計画は，大人数の患者には対応できない

表11-8 GPが照会する運動計画書に必要な専門技術の領域

知識およびスキル	家庭医	活動カウンセラー	運動リーダー
知識			
身体活動の健康的恩恵	***	***	***
どのくらいの身体活動が必要か	***	***	***
国内の参加パターン	**	*	*
身体活動の禁忌	***	***	***
身体活動参加の行動的決定因	***	***	***
身体活動のバリア	***	***	***
行動変容方略	***	***	***
進捗のモニタリング	***	***	**
プログラム効果の測定	***	**	*
スキル			
身体活動の評価	***	***	*
禁忌のためのスクリーニング	***	***	***
活動カウンセリング	**	***	*
行動変容方略の実施	**	***	***
運動の教授：個人	*	***	
運動の教授：集団	*	***	
プログラム効果のモニタリング	***	**	**

Key：* 有益，** 望ましい，*** 必須

えられた計画が，「ウェルネス」プロモーションに共通するプログラム哲学を持つようになる。ここで，プログラムの成功を示す指標とは，漸進的で苦痛の伴わないライフスタイルの変化，身体的成果の「生産物」よりむしろ身体活動・運動に関わって生じる「プロセス」，そして身体活動による社会的，心理的恩恵が強調されている。

プライマリ・ヘルスケアにおける職員の研修

イングランドにおけるプライマリ・ヘルスケアの情報源「よりよい生活，よりよい人生（Better Living, Better Life）」（健康部門 1993a）では，プライマリ・ヘルスケアの身体活動推進活動を参照してつぎのように述べられている。「プライマリ・ケアにおけるヘルスプロモーションのこの様相に関しては一般的に経験不足であり，このことは，さらなるトレーニングを行う必要性を意味している」と述べている。同様に，Pender et al. (1994) は，医師や看護師のための身体活動の知識やカウンセリングに関するさらなる研修の必要性を示した。

プライマリ・ヘルスケアにおいて身体活動介入を効果的に実施することは，GP，看護師，健康ビジター，身体活動カウンセラー，運動リーダーなど，様々な専門家が1つのチームの中にいるために複雑である。それぞれが専門知識を持ち，同時に，介入の中でそれぞれの専門知識を生かす必要がある。たとえば，GPは，面接などをとおして，患者の身体活動レベルを増加させる方法に長けているかもしれないが，実地における体力診断の手続きなどに関する専門知識は必要としない。その逆も言える。専門の分野とプライマリ・ヘルスケア・チームのメンバーとの関連は，表11-8に記している。

米国における「医師による運動評価・カウンセリング（Physician-Based Assessment and Counseling for Exercise: PACE）」は，GPや他のプライマリ・ヘルスケアの専門家を支援し，患者に，よりよい運動カウンセリングを施せるようにするために開発された（Pender et al., 1994）。PACEには，運動の身体的，精神的レディネスと同様に，初期の活動レベルを評価するGPも参加している。後者のほうは，前の章で述べた変容ステージを用いている（6章と本章の前半を参照）。これらの評価の相互作用を基に，患者は以下の3つのうちの1つのプロトコルを与えられた。

- プロトコル1:「椅子から離れる」；低いレディネスの患者向けにデザインされており，中等度の強度の身体活動の恩恵と負担を述べている。
- プロトコル2:「第一歩を計画する」；運動の準備ができている人向けにデザインされている。運動を採択するための行動と運動のガイドを含んでいる。
- プロトコル3:「そのPACEを維持する」；すでに活動的な者向けにデザインされている。運動の維持や逆戻り予防の方略やアドバイスおよび，強化などを含んでいる。

プログラムの有効性

　身体活動を増強させるためのプライマリ・ヘルスケア介入の効果に関する信頼できるデータは少ない。Tai, Gould and Iliffe（1997）によれば，活動を増強させることによる恩恵はよく報告されているが，プライマリ・ヘルスケアにおいて介入を行うことの可能性に関してはほとんど試されていない。彼らの研究は，主に高齢者に焦点を当てたものであり，身体活動の増強に的を絞った介入をどのようにデザインし，評価するかに関して有用な分析を行っている。彼らは，対象者を募集する方法に関する研究を行う必要があること，そしてプライマリ・ヘルスケア内で運動プロモーションに関して全面的なテストを行う前に，運動の健康上の恩恵に関するGPが専門性を発達させ続ける必要があると述べている。

　Swinburn, Walter et al.（1998）は，身体活動増強に関する冊子によるアドバイスは，言語によるアドバイスよりも有効であることを示した。また，Swinburn et al.（1997）は，GPとともに質的研究を行い，GPは運動処方に関して肯定的であり，患者のフォローアップを含む研修や資源に関わる資料は成功しているプログラムの重要な側面であると考えられると述べた。

　プライマリ・ヘルスケアにおいて身体活動を増強し，健康に恩恵を与える介入の効果を決定する要因を明らかにする研究はごくわずかである。英国において，プライマリ・ヘルスケアにおける身体活動増強に関して2つの無作為化統制試験が行われており，これらは，それぞれ異なる結果を示している。試験は，英国南部において，Taylor, Doust and Webborn（1998a）によって広く公表されて行われた。彼らは，慢性心疾患のリスク要因を少なくとも1つ持つ患者を対象とした。142名の患者が，地方のレジャーセンターで行われる10週間の運動プログラムか，統制群のどちらかに振り分けられた。介入群は，8週間および16週間後，統制群に比べて活動的になったが，最後の37週間後には，活動レベルが再度ベースラインのレベルに戻ってしまった。しかし，統制群は，このコース期間中にまったく変化を示さなかった。さらに最後のフォローアップ時に，実験群（61％）は，統制群（23％）に比べて実行ステージおよび維持ステージに属する人が多くいた。このように，GPをベースとしたレジャーセンターの介入は，短期的な効果を示すが，長期的な効果をあげることはきわめて難しいことが示された。

　2つ目の研究は，ニューキャッスル（イングランド）において行われ，別の，しかし疑わしい結果を示した。Harland et al.（1999）は，異なる動機づけ方略が，12ヵ月の運動参加のアドヒアランスに関して異なった結果を生じさせるかどうかについて，大規模でよくデザインされた研究を行った。参加者は，GPの診療所に通っている患者であり，以下の4群に無作為に振り分けられた。

- 統制群（体力評価を受け，活動に関する情報・アドバイスを受ける）。
- 短期的動機づけ面接群。
- 動機づけ面接と同時に金銭的報酬を受ける群。
- さらに集中的な面接を受ける群。

　しかしながら，優れた実験デザイン（対象者数も十分であり，12ヵ月後のフォローアップも測定し，無作為に振り分けられている）であり，好ましいデータであったにもかかわらず，思わしくない結果を生んだのには方法論上の欠点があったからである。彼らは，介入群と統制群の12週から1年間の身体活動の得点変化に関して，差異があるかどうかを知りたかった。1年後に，活動的な人々の

割合に関して，4つの群に有意な差は認められなかった。British Medical Journal（BMJ）は，「Today in BMJ」という見出しで記事を掲載し，「運動処方は乏しい資源の無駄遣い」であると酷評した。もちろんこれは，痛烈な批判であり，予算委員に対して，運動分野の存在意義や可能性に関して考え直させた。しかしながら，私たちは，Harlamd（1999）がデータに関して誤った質問を行ったと考えている。正しい質問としては，彼らは，群間で比較する代わりに，各群で，1年前のベースラインに比べて，どのくらい身体活動が増加したかを尋ねるべきだった。彼らの論文における表2のデータによれば，1年前のベースラインと比べて身体活動得点が増加した参加者の割合の範囲は，統制群の23％から第3の介入群の31％であった。もし，ベースラインと比較して有意な差があるのなら，統制群でさえ，1年後に身体活動の増加が認められるという結論を導き出せる。さらに経済的分析を行うと，統制群（評価，フィードバック，情報提供など多くの研究の基礎的要素が含まれている）は最も対費用効果の高い介入であることがわかる。たとえ統制群であっても「短期介入」と考えられるため，「短期介入の効果は疑わしい」という筆者の結論は誤りである。本章のうちいろいろなセクションで，情報を与えるだけの簡単な介入でも身体活動レベルに好ましい影響を与えることが示されている。彼らは，古い測度を用いていたので，誤った質問を行っていたと思われる。すなわち，この測度は，アクティブ・リビングを測定するというよりむしろ体力を測っていたのである。もっとよい選択肢としては，座位中心の生活を送る人々に対する目標が，ほとんど毎日，中等度の強度の活動を30分間行うことであるため，このことを測っておればよかった。

また，この研究の筆者は，変容ステージを基に研究を行ったと主張しているが，どのようにステージに対応した介入を行ったか，介入前後のステージ，およびステージごとの介入効果など，6章で述べられているTTMの重要な構成概念（この他に，変容プロセス，セルフエフィカシーなど）についての説明が不明瞭である。

これらの欠点が，この論文から導かれた鍵となるメッセージがきわめて誤ったものになっており，さらに導かれた結論は科学的根拠に基づいていないということを示している。このような誤った解釈は，将来の研究やサービスの発展に悪影響を与える。英国のプライマリ・ケアの現場においては，身体活動の増強方法についてさらなる試行が必要である。

また，プライマリ・ケアにおける一般的健康行動や身体活動の改善のみに焦点を当てた研究から学ぶべき教訓がある。たとえば，Steptoe et al.（1999）は，慢性心疾患のリスクが高いプライマリ・ケアの患者を対象（800名以上）に，行動に注目したカウンセリングを行った。介入群は，変容ステージ・アプローチを学んだ看護師によるカウンセリングを受けた。介入群は，4ヵ月後および12ヵ月後に，統制群に比べて，喫煙量の減少，脂肪分摂取の減少，および身体活動の増加など好ましい変化を見せた。しかし，BMI，拡張期血圧，および血中コレステロール濃度などの生化学的（生物医学的）データは，変化しなかった。この研究は，プライマリ・ケアの現場において，身体活動などの健康行動が，カウンセリング・アプローチの影響を受けることを示した。その一方で，生化学的指標の変化を引き起こさせることの困難さが浮き彫りになった。

もちろん，本研究で測定されていない他の指標も重要であるかもしれない。Butler et al.（1999）は，Steptoe et al.（1999）が行ったカウンセリングアプローチと類似した，禁煙のための動機づけカウンセリングの練習をGPに70ポンドで行わせ，超過した時間は患者一人につき14ポンド支払った。たとえば，健康行動の変容に成功した参加者はセルフエスティームが増加し，生活の質感も改善した。このことが長期的に見れば，健康的な生活を送ることにつながり，生化学的指標も変化させるかもしれない。

米国では，プライマリ・ケアにおける身体活動増進を目的とした2つの大規模な試行が行われている。これら2つの試行は，医師が患者にカウンセリングを行うという研修をさせる小規模な試行（たとえば，Marcus et al.（1997））を参考に作成さ

れており，多くの研究者が，この2つの試行を参考にしている。1つ目が，TTMを基にした家庭医による短期介入を行ったPACEである（Patrick et al., 1994）。PACEの内容は，それぞれの患者と短時間（3-5分間）のカウンセリングを行うものである。カウンセリングは，身体活動の恩恵とバリア，セルフエフィカシーの増強，ソーシャル・サポートの獲得などに焦点を当てている。運動の変容ステージにより，介入方略は異なることから，この介入は「ステージに合わせた介入」と記されている。医師自身が，PACEは有用であると考えており（Long et al., 1996），無作為化統制試験の結果，PACEの実験群は，身体活動，とくにウォーキングを増加させることが明らかになった（Calfas et al., 1996）。さらに，Calfas et al.（1997）は，介入が変容プロセスにも影響を与えることを明らかにしてきた。この結果は，さらに妥当性を強化する工夫が必要であるものの，この介入のための手段に優れた理論的構造があることを示している。

　米国における2つ目の試行である活動カウンセリング試行（Activity Counseling Trial : ACT）は，まだ最終的な結果が出ていないが，ここに記すに値する研究である。ACTは，大規模で（800名以上），長期間，プライマリ・ケア・カウンセリングと標準介入の2つの異なる方法を用いた試行であった（King et al., 1998）。このプロジェクトのデザインには，行動変容を援助する認知行動的技法に加え，TTMの構成概念も含まれていた。標準的ケアモデルは，限られた書面資料と一緒に医師のアドバイスが含まれ，他の2つのモデルも，基本的には同じ出発点に立っているが，標準的ケアモデルにつけ加えられている。最初のモデルは，スタッフ援助と呼ばれており，標準的ケアに教育ビデオを見せることと活動的になることを目的とした短期カウンセリングセッションがつけ加えられた。また，フォローアップの支援材料として，24回のニューズレターが配布された。2つ目のモデルは，「スタッフ・カウンセリング」と呼ばれ，スタッフ援助介入モデルのすべての資料と介入を使用し，さらに，電話によるサポート，1対1のカウンセリング，行動変容教室などによって個人的接触をつけ加えられている。

　プライマリ・ヘルスケアやその関連領域における介入に関する2つの有名なレビューは有益である。Riddoch, Puig-Ribera and Cooper（1998）は，英国において一定の基準を満たした25の研究をまとめた。彼らは，多くの研究が，身体活動，もしくは身体活動に関連する指標を改善させると結論づけた。しかしながら，効果サイズは，一般的に小さく，研究間に一貫性があるかどうかは未だ疑わしい（Riddoch, Puig-Ribera and Cooper 1998: 25）。英国以外の研究を分析した結果からも同様の結論が導かれている。

　プライマリ・ヘルスケアに限られたものではないが，Simons-Morton et al.（1998）は，ヘルスケアの現場における介入研究のレビューの中で，以下のように結論づけている。

> ヘルスケアの現場における介入は，一次および二次予防としての身体活動を増強させることができる。長期的な効果は，監視下の運動，設備の充実，および行動的アプローチなど，継続的および多面的介入要素によってもたらされる。
> 　　　　　　　（Simons-Morton et al., 1998: 413）

プライマリ・ヘルスケアにおける身体活動増進の推奨

　身体活動に関するきわめて多様な知識や技能に精通した人員が求められる。先進国において身体活動に関する計画の数が明らかに増加していることからも，これらのことは非常に重要である。それゆえ，プライマリ・ヘルスケアにおける身体活動プロモーションを発展させるために重要な推奨は，研修を行うことである。また，そのために医学と運動／身体活動の専門家が協力することが必要である。

　2つ目の推奨は，イングランドの国家プロジェクトの経験から直接起因しているもので，プライマリ・ヘルスケア・チーム・メンバー間のコミュニケーションに関わることである。2つの重要なコミュニケーションのラインが明らかにされている。

・GPから身体活動カウンセラーへ：GPは，患

者にとって医学的に必要なものは何かをカウンセラーに伝える必要がある。カウンセラーは，最適な運動，禁止事項，フィードバックなどに関してGPとよく話し合うことが求められる。
・身体活動カウンセラーから運動リーダーへ：行動変容などに関して，カウンセラーからのアドバイスと運動リーダーのアドバイスが「一致」する必要がある。

プライマリ・ヘルスケアの現場は，GPや運動に関する健康専門家にとって，さらに重要になりつつある。最終的には，公衆衛生局長官の報告（Department of Health and Human Services, 1996）では，ヘルスケア従事者が患者に身体活動を促し，どのように日常生活に取り込むかについて日常的に話し合うことを勧めている。

❖ まとめと結論

本章では，私たちは以下のことを行った。

- 身体活動レベルの増加をねらった介入に関して議論するための枠組みを示した。
- 身体活動を増強させることを目的とした部局によって用いられる現在のメッセージを考えた。
- 行動変容のTTMおよびTTMを適用した介入の概要を紹介した。
- 運動コンサルテーションの過程と効果を記述した。
- ヘルスケアの現場および身体活動増進に関する重要な問題と結果の概要を示した。

分析を行った結果，以下のように結論づける。

- 座位中心の人の身体活動を増加させることは可能である。
- 身体活動を短期的（3-12週）に増加させることは比較的容易に行える。
- 身体活動を長期的（6-24ヵ月）に増加させることは困難である。
- 1対1，もしくは書面による認知行動的技法は，長期的な変容を起こさせる可能性がある。

さらに，研究者のために以下の推奨を作成した。

- 長期的な運動行動の変容を支援する分野の研究が必要である。
- 特別な運動や身体活動の逆戻り予防技法を開発し，試すべきである。
- インフォメーションテクノロジー，ビデオ会議，および電話によるコンタクトなど，メディアを用いた新しい教示方法を考える必要がある。
- フォローアップの選択肢（他のコンサルテーション，電話による支援，郵便物）に関する運動カウンセリングの効果は，長期間でテストされるべきである。
- プライマリ・ヘルスケアの現場において，プライマリ・ケア・チームが身体活動レベルに影響を与える方法を確立するためにさらなる努力が必要である。

実践のために以下の推奨を行う。

- 地域で身体活動を増進させるために，監視下で行われる活動だけでなく，非監視下の活動も含めるべきである。
- 座位中心の人へのメッセージは，毎日，累積して30分間になるように中等度の強度の身体活動を行うべきという内容である。
- 大多数の座位中心の人にとって，ウォーキングは手軽で簡単な身体活動である。
- すべての身体活動プロモーションは，行動変容の認知行動的原則を含んでいる。
- プライマリ・ケア・チームは，身体活動増進スタッフの研修を考えるべきである。

第12章

影響を与える II

組織と地域社会における介入

> 身体活動プロモーションは，まさにどこででも行うことが可能であり，事実それを成功裡に導くためには，至るところで行う必要がある。
> Department of Helth & Human Services
> (Promoting physical activity：A guide for community action, 1999)

◆章の目的

本章の目的は，学校，職域，プライマリ・ヘルスケアを含む組織内で身体活動を増加させるための介入方法を考えることであり，また同様に国家レベルでの介入方法も考察することである。特に，本章では以下の内容について述べることを目的とする。

- 学校における身体活動プロモーションと介入を考察すること。
- 運動プロモーションにおける体育の役割を考察し，身体活動レベルを変化させることに特化した介入に関する確証を評価すること。
- 児童期における身体活動が，成人期における身体活動を予測できるのか否かを検討すること。
- 職域における身体活動プロモーションと介入を考察すること。
- 職域における身体活動プロモーションの理論，およびその効果を裏づける確証を提示すること。
- 地域における身体活動プロモーションと介入について考察すること。
- 個人の説得や態度変容を導くための社会心理学的アプローチについて考察すること。
- 身体活動プロモーションのための社会的マーケティング・アプローチに焦点を当てること。
- 広範な健康づくり政策において，身体活動を増強することを目的とした，国家による近年の試みを考察すること。
- 学校から国家に至る様々な身体活動の介入が，どのように統合できるのかを示すこと。

　前章では，個人の身体活動を促進する介入方法について議論してきたが，当然ながらマクロレベルでの介入も不可欠である。マクロとミクロに対する介入は相補完的なもので，地域社会レベルでの方策は，個人レベルにおける行動変容を導くために不可欠である。身体活動のミクロとマクロに対する介入の手法について，King（1991）は「組織的／環境的」，および「制度的／立法的」とい

う2つの段階のマクロ的介入を定義している。Kingは，「組織的/環境的」について，学校，職場，近隣，および地域の整備（たとえば，自転車専用道路の設置），組織，階段やショッピングセンター，駐車場などの日常生活における活動のための場を羅列している。また「制度的/立法」の段階における介入に関しては，変化を導く主要な手段は，一貫した政策，法律，および制度であると指摘し，先進国における座位中心の生活行動の問題について，以下のようなアプローチの必要性を述べている。

> 個人や小集団を対象とした個人方略および対人方略と，広範囲な環境に影響を与える組織的，環境的，社会的方略を含めたすべてのレベルの介入を強調すること…これらに関する知識の集積はなされてきたが，全住民に対して顕著な効果を生み出すためには，運動行動に影響を与える環境的，社会的要因に的を絞った方略にさらに着目していく必要性がある。
> (King, 1994: 183)

ここではKingによって定義された介入の切り口から考察していく。特に，学校，職場，プライマリ・ヘルスケアにおける身体活動プロモーションと広域の地域社会における取り組みについて論じる。そして最後に，健康と身体活動に関する広範な政策運営について言及する。

組　織

近年，組織を通して身体活動を促進することの重要性が認識されている。組織に属する人々の利点は，その組織を一括して介入の対象とできることである。身体活動の実施に関しても，刑務所から教会まで様々な形態の組織が見られるが，運動に関する文献において系統的な取り組みが報告されているのは，学校，職場，そして近年ではプライマリ・ヘルスケアである（DHHS, 1999）。

学校を身体活動の対象の場として用いることには，少なくとも3つの利点がある。第1に，対象者が，変化が最も表れやすい重要な年齢層に位置していることである。第2に，学校を取り込んだ方略は，実質的に，全国のその年代の全員を対象とできることである。第3は，体育や健康教育を実施する場の確保ができていることである。

職域における身体活動プロモーションは，米国，カナダでは大きく取り上げられているが，他の国々において共通した対象にはなっていない。しかしながら，ほとんどの成人は人生の就労期間において，自分の生活の約1/4は職場で過ごしていると推察される（DH, 1993b）。つまり，職場には多数の成人を対象にできるという利点がある。少なくとも医療サポートやスポーツ/運動施設などの健康の維持増進を支援するための施設設備を持つ大企業では有効である。

プライマリ・ヘルスケア場面における身体活動プロモーションは，英国などの数カ国で大きく発展してきた（Fox et al., 1997）。身体活動プロモーションの利点は，運動の必要性を認識していない者（運動前熟考者）や，リスクが高い高齢者に働きかけやすいこと，そして医療や保健の専門スタッフから強力な指導が受けられることにある。

●学校における介入

米国における身体活動プロモーションについて述べたIverson et al.は，「学校という1つの地域組織は，国の目標を達成するためになされる，すべての取組みの基盤になる（Iverson et al., 1985: 219）」と述べている。また身体活動を促進するために学校が有する潜在能力については，多くの国々の政策白書において言及されている。一例として，米国スポーツ医学会（ACSM）の児童期・少年期の体力に関する提言では，以下の内容が推奨されている。

> 学校体育の内容は，全体的な教育課程の中で重要な位置を占めており，生涯をとおして運動習慣の獲得と定着に重点を置き，どのようにして適切な体力を維持増進させるかという方法を提供すべきである。
> (ACSM, 1998: 442)

この提言は，英国を始め西側諸国の子どもに見られるように，日常生活における身体活動量の明

表 12-1　イングランドとウェールズにおける体育の目標（5〜16歳）

1．心理-運動技能を発達させること
2．身体の可動性と柔軟性の維持および増進を行わせること
3．スタミナと筋力を発達させること
4．身体活動の目的，形態，組み合わせ方についての理解と認識を深めること
5．ダンスという形式で，思いを表現する能力を高めること
6．フェアプレー，公平な競争，良いスポーツマンシップについて認識を深めること
7．芸術的な動作の内容について理解する能力を育てること
8．物事を達成するために，興味を維持し，継続していく能力を育むこと
9．身体的な有能感や安定感の獲得を通して，セルフエスティームを強化すること
10．自分や他人の能力や限界を理解することをとおして，自信を身につけること
11．健康的なライフスタイルを維持するために，運動の重要性を理解させること

出典：HMI, 1989。
付記：上記の目的の掲載順は，理解しやすさから羅列したもので重要性の順序を表すものではない

らかな不足を反映したものである。たとえば，イングランドとウェールズの国が定めたカリキュラムについて，Dearing は「私たちは，子どもが活動的で健康的なライフスタイルを身につけるように援助する必要がある（Dearing, 1994: 45）」と主張している。

　これらの提言から，学校における身体活動や運動の増強に対して，さらに注目する必要性があることが明らかになり，子どもに健康的なライフスタイルを獲得させるという観点が重要である。学校において，総合的なヘルスプロモーション活動は教科の枠を超えて実施されるべきものだが，運動を促進するために主要な要素と位置づけられるのは体育の授業である。

体育と運動プロモーション

　英国の学校教育王立機関（Her Majesty's Inspectors for School: HMI）は，義務教育期間中の体育に関する報告書の中で，表 12-1 に示すように，11 個の目標を掲げている（HMI, 1989）。健康関連の身体活動と運動を促進する観点からは，目標 2 と目標 3 が生理学的発育に直結しており，目標 11 は知識や価値観の変化が行動を変容させることを想定している。目標 9 と目標 10 は明らかに心理学的な効果に着目したものである。

　近年，体育はヘルスプロモーションにおいて，ますます重要な役割を担うようになっており，狭義の医学的理論のみに立脚したものから，生涯にわたる活動参加や楽しみ，および動機づけを強調した，より全人的なアプローチに立脚したものに変化してきた。しかしながら，疾病予防の医学的モデルに重点を置いたイデオロギーも存在しており，また政治家も競技団体のロビー活動を支えるために圧力をかけ，時折，健康/体力のための費用が流用されてきた。しかし，国際レベルにおけるスポーツの成功は，国民の身体活動水準と無関係であることが明らかになっている（Powell et al., 1991）。実際，米国におけるヘルシーピープル 2000 の計画目標の 1 つには，子どもが活動的になり，また「生涯に渡り，自ら身体活動を行うこと」を意図した体育の授業の割合を増加させることが目標に掲げられている（Department of Helth & Humam Services, 1991: 102）。ここでの身体活動の内容は，一般的に単独で，または 2 名でも行えるという理由から，大人になっても継続しやすい内容に限定されており，団体種目のように若年の子どものみが顕著に行っている集団競技のスポーツや活動は除外されている。

児童期における健康体力プロモーションの行動的問題

　2 章において，児童の体育に対する動機づけを解説するデータを紹介したが，その多くが構造的スポーツ場面におけるものであった。つまり，児童を対象としたレクリエーショナルな遊びにおける身体活動については比較的理解されていない。そこで，学校と身体活動を結びつける心理学的要因を議論する上で，体育の授業内容と特別な介入の効果，また児童期の行動パターンが成人期にどのように持ち越されるのかについて考察する。

体育授業における介入

　中学校における例も存在するものの，介入は主に小学校でなされてきた。研究は，体育を毎日行うという体育の時間を大きく拡大するというものから，カリキュラムにおいて時間数を増やすという比較的小規模な変革まで多岐にわたっている(Aimond and Harris,1998; Harris and Cale, 1997)。

　米国で実施された2つの大規模な介入が報告されている。それらは，McKenzie, Sallis および共同研究者による SPARK プロジェクト (Sport, Play, and Active Recreation for Kids project) と CATCH プロジェクト (Child and Adolescent Trail for Cardiovascular Health project) である (McKenzie et al., 1996; 1997; Sallis et al., 1997)。一例として Sallis と共同研究者は以下のように述べている。

> 公衆衛生に貢献するために，体育は学校外における身体活動の習慣化を生じさせるべきである。その理由として身体活動の推奨は，体育の授業単独でなされるものではない…習慣化を生む特別なプログラムが開発され，厳密に評価がなされる必要がある。
> (Sallis et al.,1997: 1328)

SPARK プロジェクトと CATCH プロジェクトの介入　SPARK の介入は，楽しみながら高いレベルの身体活動や運動技能を獲得するために，計画された体育授業を行うために数多くの小学校が対象となっている。特に，授業では，健康関連の活動およびスキル（スポーツ）関連の活動が30分ずつ均等に割当られている。また教室を単位としたセルフマネジメントのプログラムも毎週30分間設定されており，生徒は「セルフモニタリング」，「目標設定」，「強化」とそれらに関する技術を学習している。そして，宿題とニューズレターが，親と児童の交流を促進することを目的に用意された。

　授業の方法によって3つの集団が設定された。1つの群は，体育の専門家のみによって SPARK の介入方法を教えるクラスで，残りの2つは体育が専門ではないクラス担任が体育を教えるクラス，そして，統制群として，通常の体育が継続されたクラスを設定した。全体で7校の生徒955名のデータが2年間にわたって収集された。その結果，2つの実験群で体育の時間数が大きく増え，また体育の専門家から教えられたクラスの児童は，クラス担任から教えられた児童よりも活動的であったが，統制群の児童は非活動的なままであった。これらの結果を図12-1に示している。しかしながら，体力測定の好ましい変化はあったものの，学校以外で同じような変化は見られなかった。これらは Pieron et al. が行ったベルギーでの研究と同様である。そこで，今後の研究として，なぜ，学校外での差異が認められないのかを明らかにする必要がある。Sallis et al. (1997) は，いくつかの可能性を示唆しており，両親の心配によって安全に遊べる場が制限されたこと，この年齢の児童に備わっている単独での意思決定の欠如などを考えている。

　SPARK プロジェクトの追跡調査は McKenzie et al. (1997) によってなされている。介入修了

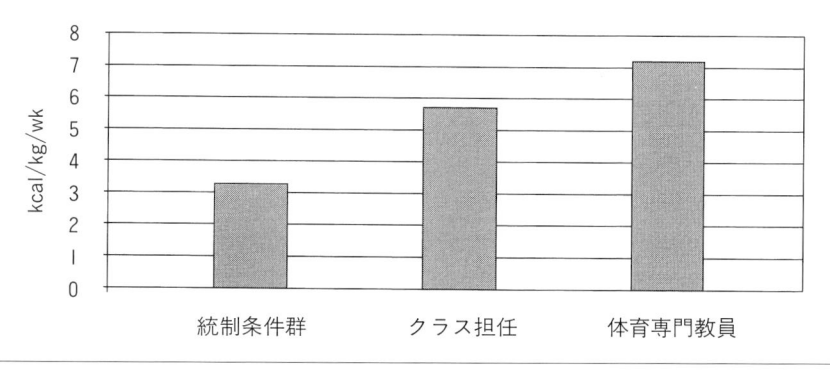

図12-1　2つのSPARK実験群と統制群で教えられた児童のエネルギー消費量 (Sallis et al., 1997)

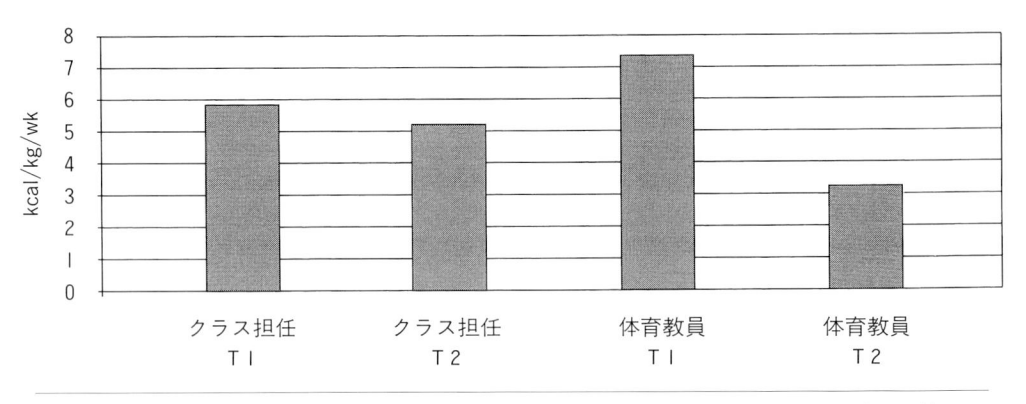

図12-2 SPARKプロジェクトの期間中にクラス担任もしくは体育教員のどちらかによって教えられた児童のエネルギー消費量（Mckenzie et al., 1997）
T1：介入期間中のデータ；T2：介入終了後18カ月目のデータ

後18ヵ月の追跡調査を行った結果，介入期間に体育の専門家によって授業がなされた群でエネルギー消費量が減少していた（図12-2）。この結果は，授業において健康関連の活動を実践するためには担当教員のタイプが重要であることを示唆している。なぜならば，SPARKプロジェクトでは，体育の専門家が活動時間の増加を生み出したが，18ヵ月後に他の教員が替わって担当したときにはこの時間が減少していたからである。

CATCH介入については，McKenzie et al. (1996) はつぎのように解説されている。このプロジェクトは69校の小学校を対象に2年間実施された。種々の指標の測定の後，それらの学校は無作為に，「測定のみ」と「介入」の2つの条件に振り分けられた。さらに介入群は学校ごとに「学校を基盤とする介入」と「学校を基盤＋家庭を付加した介入」に分けられた。介入は多くの要因を対象にしており，体育に加えて，タバコ，食物，教室での学習，心臓血管系の健康について，学校の改革，家庭/家族の要素に対する介入を含んでいる。体育の目標に関しては，現存する体育授業を改善させるように介入がデザインされており，それによって児童が体育授業中に中等度の強度以上の身体活動に対して楽しみを知り，参加を促進させること，および学校以外において生涯を通して利用できる技能を提供することを意図している（McKenzie et al., 1996: 424）。さらに体育の介入には，カリキュラムの内容と資料，教師の研究，および現場における教師へのコンサルテーションが含まれている。

その結果，介入の方法を訓練された教師がいる学校では，統制群の学校よりも中等度以上の強度の活動量が増加していた。この活動は，介入対象校で39％まで増加しており，それらの学校では授業の50％以上がこの種の活動に当てられていた。同様に介入を受けた児童は，統制群の学校児童と比べて，エネルギー消費量，および一授業当りのエネルギー消費量とも高く，全体的に高い身体活動レベルになっていた。

McKenzie et al. (1996) は，介入条件における授業の半数は体育の専門家ではなく，クラス担任によって教えられていたことから，つまり，本プログラムは教員の専門性に関わらず，効果的であると指摘している。結果を要約すると，McKenzie et al.は，CATCHプログラムの有効性について，適切な活動を基盤としたプログラムが段階的に実施されること，およびクラス運営と指導法が改善されること（430）を強調している。以上のような結果が大規模で多くの現場を対象とした無作為統制化介入から得られたことは特筆すべきである。

Almond and Harris (1998) は，小学校を対象とした19の介入研究と中学校の年齢層を対象とした5研究をレビューしている。そこでは小学校での介入について，以下のようにまとめている。

・17の研究のうち15の研究で，生理学的および医学的な結果に肯定的な改善が認められた。

- 8つの研究で学校内および学校外での身体活動に肯定的変化が見られた。
- 5つの研究が認知的な変化を研究しており、うち2研究は健康関連の知識を増加させ、1研究は学業成績で有意な向上をみせ、もう1研究では、有意に至らなかった。またもう1つの研究では、体育の時間が追加されたが、学業成績の低下は見られなかった。
- 4つのうち3つの研究で肯定的な態度の変化が見られた。

中学校の生徒でも上記と同様の総括がなされており、1つを除く3つの研究で学校外での身体活動の増加を見せた。Stone et al.による詳細なレビュー論文では、小学校高学年以上の児童において、また学校環境の変容に関しては、特に強い確証が得られたことを報告している（Stone et al., 1998: 308）。また彼らは、学校以外の活動レベルの増加について、さらなる研究を推奨している。

児童期と青年期の身体活動と、それらの身体活動が成人期へ持ち越すこと

学校体育プログラムの1つの目標として常にあげられるのは、成人期における健康的な生活習慣の開発である。「行動は児童期に習得され、青年期を介して成人期に持ち越される」という仮説は論理的であるようだが、それを証明する実証データは混在している。学校時代から成人期への持ち越しに関する多くの要因は、身体活動のレベルやパターンに影響しやすいし、成人期へのライフサイクルの移行自体が活動的でいる期間を左右している。

イングランドにおける連邦ダンバー国民体力調査（Allied Dunbar National Fitness Survey: ADNFS）から得られた実証データからは、人生の早い時期の体験が、人生後期においても実践される傾向にあるという見解が、少なくとも間接的に支持されている（Sports Council and Health Education Authority, 1992）。調査対象者は、面談調査をとおして、16歳、24歳、34歳の時に行った中等度の強度以上の身体活動を回想することを求められた。結果を以下に示す。

- 現在55歳以上の者は、55歳以下の者よりも34歳時において非活動的であった。これは現在、成人の若年層が高齢層よりも、より活動的であることを示唆している。
- 成人後期におけるスポーツやレクリエーションへの参加は、若い時期の行動から強く規定される（Sports Council and Health Education Authority, 1992: 64）。この見解は、14歳から19歳の間に、特に活動的であったと答えた者の25％が、現在も活動的で、10歳代の時期に非活動的であった者で現在活動的な者はわずか2％であるということからも支持される。さらに本調査で、約30％の成人が過去3回の年齢時にわたって同じ種類の活動を現在も継続していることがわかった。

スウェーデンのデータからも、児童期の活動が成人における活動を予測する要因であることが支持されている。Engstrom（1991）は、15歳から30歳までのスウェーデン人2,000名を調査した。1週間当りに行ったジョギングの強度から活動内容を定義した分析から、15歳から20歳の間に活動が急激に減少し、その後しばらく維持されることを見いだした。児童期から成人期への移行の影響を検証するために、Engstromは、若年期（15歳）における活動の基準として以下の3つの条件を設定している。

- 15歳の時点で最低でも1週間当り4時間はスポーツや身体活動を行っている。
- 15歳の時点でスポーツクラブの会員である。
- 8年生（スウェーデンの学制）で高いレベルの体育を受けている。

30歳の時点において、心理学的レディネスの指標は、体力を維持する活動への態度と、身体やスポーツの能力に関連したセルフエスティームから求めれているが（Engstrom, 1991: 478）、残念なことにこれらの測定について詳しくは書かれていない。Engstromによる分析結果を図12-3に示した。この図から、15歳時の活動実践を満たす条件の数値と30歳における心理学的レディネ

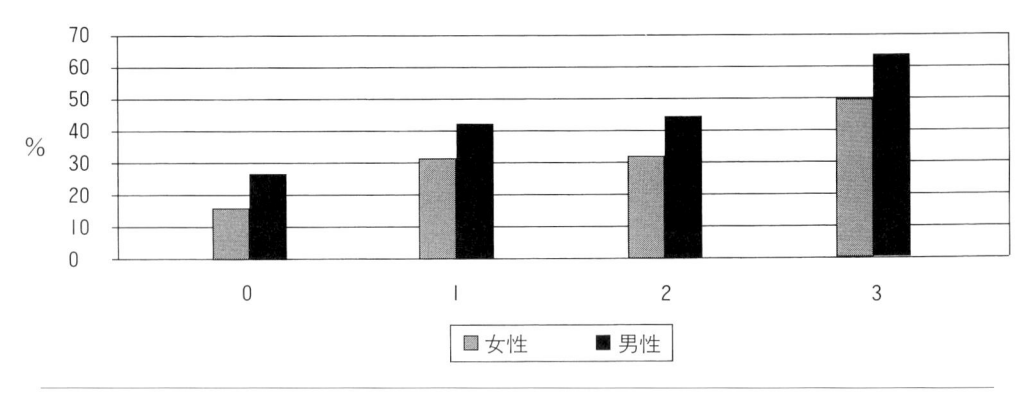

図12-3 15歳時のスポーツ経験指標から分類した30歳時点における身体活動に対する心理学的レディネスが高い者の割合（Engstorom, 1991）
注：横軸の条件の数値は，15歳時で1週間当たり少なくとも4時間以上のスポーツ実施，15歳の時にスポーツクラブの会員であった，学校で高いレベルの体育を受講したという3つの条件を保持している数

スとの間に明確な関連が見られる。一例として15歳時で3つの条件をすべて満たしていた女性の52％が，30歳時で高い心理学的レディネスを有している。一方で，3つのうち1つも満たしていない者はわずか17％に留まっている。

　これらのデータは，性別に関わらず，30歳時点の心理学的レディネスと身体活動の状態との間に明確な関連があることを提示している。また，Engstrom (1991) は環境要因と身体活動の実践についての分析を行っている。下記の4つの条件が環境要因を評価する項目である。

・活動的な仲間/配偶者がいること
・友人の多くが活動的であること
・子どもがいないこと
・学歴

　ここでも30歳時点で上記の環境要因の条件を満たしている数と現在の活動実施との間に明確な関連が見られた。たとえば，1つの条件も満たしていない男性では，わずか16％が現在も活動的であったが，4つの条件を満たしている男性では80％の者が活動的であった。この結果は，両方とも身体活動に強く関連している環境的サポートと心理学的レディネスのどちらが活動を予測するのかという疑問を生じさせる。この疑問に答えるために，Engstrom (1991) は4つのグループを設定している。

・低レディネス/否定的環境
・高レディネス/否定的環境
・低レディネス/肯定的環境
・高レディネス/肯定的環境

　高レディネス/肯定的環境の群は，予想されたとおり，低レディネス/否定的環境の群と比較して，かなり高い身体活動レベルを見せた。さらに興味深いことは，肯定的環境で低レディネスの者は，否定的環境で高レディネスの者よりも活動的であったことで，環境要因が支配的な役割を持つことが示唆されたことである。

　Engstrom (1991) は，身体活動を追跡することに関しての議論の中で興味深い見解を示している。学会大会における彼の簡単な参考資料にはすべての分析方法が記載されていないが，研究結果は，「児童期と青年期において身体活動を早期に体験することが，…成人期において体力維持の活動を実践する上で重要である」ということを強く支持している (Engstrom, 1991: 480-1)。その一方で，身体活動の基準測度が曖昧であることは否めない。Riddoch (1998) が指摘しているように，自己報告による測度を用いた場合，青少年期における持ち越しの関連性は弱いことを指摘している。たとえば心拍数計を用いた研究では，高い相関係数 ($r=0.57-0.66$) が得られているが (Pate et al., 1996)，この研究は3-4歳児を対象に3年間調査したものであった。この年齢層は，

環境的，社会的，心理学的要因に比較的小規模な変化しか起こらないことが予測され，行動の継続性も安定していると考えられる。

1992-1997年に刊行され，若年層を追跡した9つの研究を概観したRiddoch（1998）のレビュー論文は，「弱いレベルの持ち越しが見られる」と結論づけている。健康教育局が刊行している若年層のための政策方針には，「少年期から成人前期への移行には弱いレベルの確証しかないが，児童期の活動が少年期に移行することには強い関連性が存在している」とまとめられている（Biddle, Sallis and Cavill, 1998）。

総括すると，明確な全体像の把握には至っていないが，人生の初期における肯定的な体験が，人生の後年における高いレベルの活動を生じさせることにいくつかの確証が得られた。しかしながら，その影響力は強いものではないし，この小さな影響力が直接的なものなのか，他の要因の結果なのかは明らかになってはいない。たとえば，運動有能感や早熟さという第3の要因が影響して，児童における早期の成功体験を生み，後年も継続させることもあると思われる。今後，この重要な問題を解明する研究が望まれる。

生涯にわたる身体活動を創出するための体育の在り方

現在の体育カリキュラムが成人期における活動的なライフスタイルを作り上げるのに関連しているのかという問題については，いくつか疑問視されている。たとえば，Coakley and White（1992）は，英国の青年層を対象に，詳細な半構造化面接を用いて質的研究を行い，その結果，地域スポーツプログラムへの参加は過去の学校体育クラスにおける経験から影響を受けていることを見いだした。特に，そのような記憶が将来のスポーツや運動への期待につながっている。否定的な記憶とは，退屈，選択肢の不足，徒労感や無能感，仲間から否定的な評価を受けることに代表される。これらは，4章で議論した内発的動機づけ，楽しみ，目標設定，動機づけ風土のようなスポーツ・運動心理学に見られる理論的発達と対応している。一例として，Coakley and Whiteによる考察では，内発的動機づけを高める必要性に終始している。内発的動機づけの向上は，自律性や有能感を強く認識させることから達成されるものであり，それらは参加者に自己選択させること，意志決定に関与させること，また個人が楽しみを作り出すことに成功したと思わせる機会を提供することによって可能になる（Biddle and Chatzisarantis, 1999）。さらに，クラスのすべての生徒が，自分の努力を重視するという風土が再評価される必要がある。それによって仲間からの否定的評価が減少し，内発的動機づけを高めることに寄与する（Papaioannou and Goudas, 1999）。

自転車および徒歩による通学

徒歩や自転車による通学は，対象となる人数が多いこと（児童と親/保護者），車の使用を減少させ，若年期における健康習慣の獲得など数多くの利点を有している。推計では小学校の62％，中学校の45％の生徒が徒歩で通学している。しかしながら，徒歩通学の動機づけを高める方法を提供する研究はごく僅かしかない。その中で，イングランドで行われた安全な通学路プロジェクトは，徒歩通学の形態について，いくつかの情報を提供している。

Cleary（1996）の分析によると，多くの生徒が学校までの往路よりも学校から自宅への復路において歩行を行っていることがわかった。また，この傾向は，自動車利用とは逆であった。多くの生徒が徒歩通学圏内に居住しているに関わらず，朝の通学には両親が通勤の途中に子どもを送っていくことなどから，往路が自動車利用による通学になっている点は興味深い。この要因の1つとして，過去数十年の女性の就労率の上昇が考えられる。また交通量の多さが徒歩通学を左右する要因になっていることも報告されている（Pedestrians' Association, 1997）。

歩行通学は，心理学的要因よりも社会環境的要因から影響を強く受けるようである。しかし，両親という社会心理学的要因も軽視できない。鍵となる社会環境的要因は以下のような内容である。

・両親の労働形態
・通勤途中に子どもを学校に送迎する利便性

- 学校が自宅に近いこと
- 両親が子どもに対して，一人で通学することを許可している程度

歩行者協会（1998）の調査では，英国の地域行政局の84％で徒歩通学を推奨しており，自転車専用道や交通量の制限も実施している。

●学校：要約

現在，体育のプログラムに関係なく，若年層に関しては身体活動のガイドラインの共通理解が明確になってきている。Sallis and Patrik（1994）は，青年期の身体活動に関する国際会議を開催した。また，イングランドの健康教育局では5-18歳の若年層に対して，同じような教育課程が用意されている（Biddle et al., 1998 参照）。表12-2に若年層に対するガイドラインを掲載した。また若年層のために作成された学校と地域における身体活動プログラムに関する推奨内容を表12-3に示した。

体育は，健康関連の行動を発達させるために重要な手段であるが，現実的に，児童の身体活動や体力を変化させることまでは期待できない。西欧と北米における多くの国々では，現在の政策風土が，カリキュラムの中心として，学習スキルを重視する傾向にある。このことが，しばしば体育の授業数削減の理由として作用している。体育教師は多くの目的を自らに課すことによって，体力や活動を短期間で変化させることができなくなっている。しかしながら，学校にすでに存在する施設設備を利用して，長期間での変容を生み出す最良の方法を模索する作業を継続しなければならない。そのために，SPARKやCATCHの介入研究は参考にできる。

●職域における介入

これまで健康・体力プロモーションの分野で大きな進展が見られてきた領域は，職域における体力・身体活動プログラムである。Young（1997）は，米国において従業員50-99名を雇用する会社を調査し，そのうち約33％が職域プログラムを行っており，さらに750名以上の従業員を抱える企業では80％以上になることを報告している。またKing（1994）は，小規模な職域でも要望が強いことを指摘している。

職域での指導は，運動や体力プログラムよりも，禁煙のように他の健康行動を含んでいるものに重点が置かれている。職域での指導は過去10年間で拡大を見せ，ヨーロッパ諸国でも見られるが，特に北米や日本で検証されている。ヨーロッパの職域指導は，1974年の英国健康安全労働運動（UK's 1974 Health and Safety at Work Act）

表12-2　若年層のための身体活動ガイドライン

出典	年齢層	ガイドライン
Sallis and Patrich（1994）	青年	・すべての青年は毎日，またはほぼ毎日，身体活動を行うべきである。その内容は，家庭，学校，地域における遊び，ゲーム，スポーツ，仕事，移動，レクリエーション，体育，自分で決めた運動など様々である。 ・青年は，週3回以上，1回少なくとも20分以上で中等度から高強度の活動を行うべきである。
Biddle et al.（1998）	5-18歳	・小学校における推奨基準 　すべての若者は一日に1時間以上，少なくとも中等度の強度の身体活動を行うべきである。 　現在非活動的な若者は，1日少なくとも30分の最低中等度の強度の活動を行うべきである。 ・中等学校における推奨基準 　少なくとも週2回，筋力，柔軟性，骨強度（bone health）の維持向上に寄与するために，これらの活動の中からいくつかを行うべきである。

表12-3 若年層の学校と地域における身体活動プロモーションの推奨基準

領域	推奨基準
政策	快活に生涯に渡る身体活動を生みだす政策を確立する。
環境	安全で楽しい身体活動を奨励したり，達成可能にするための物理的，社会的環境を提供する。
体育	体育のカリキュラムや指導を，楽しみながら身体活動を行ったり，活動的なライフスタイルを選択し維持させるように実施する。
健康教育	健康教育のカリキュラムや指導を，生徒が身体的に活発なライフスタイルを採択させ，継続させるように実施する。
課外カリキュラム活動	すべての生徒の必要性と興味に対応した課外カリキュラムの身体活動プログラムを提供する。
両親の関与	身体活動の指導や課外カリキュラム活動や地域の身体活動プログラムに両親や保護者を参加させ，また子どもが楽しく身体活動を行うように支援させる。
職員研修	教育，コーチング，レクリエーション，ヘルスケアの研修や，楽しく生涯続けられる身体活動を増加させるために必要な知識や技術を与える研修施設や地域の人材を提供する。
ヘルスサービス	若年者の身体活動パターンを評価し，身体活動について相談に応じ，適切なプログラムを推奨し，身体活動の講座やプログラムへの参加を勧める。
地域プログラム	すべての若者が興味を持つ，発達段階に対応した連続性のあるスポーツとレクリエーションのプログラムを提供する。
評価	学校や地域の身体活動の指導内容，プログラムや促進要因を定期的に評価する。

出典：Department of Health & Human Services, 1997

に見られるように，予防医学よりはむしろ職場の安全性に焦点が当てられていた。しかし，職場がヘルスプロモーションにおいて重要な場であることが認識され，変化が生じている。

私たちは以前（Smith and Biddle, 1995），職域におけるヘルスプロモーションに関するヨーロッパと北米の文化的差異を理解するためには，プロジェクトに参加している企業，工場，事業所の動機を理解する必要があると議論してきた。そのような動機は，単に経済的な理由によることが大きい。経済的な動機は，米国の企業において，体力キャンペーンが急増したことと対応している。米国企業における，企業内健康保険の莫大な経費は，このような試みに対して強力な動機づけになっている。英国では，国民保険制度と国民健康サービスが，この問題を緊急に議論するように働きかけた。そこで，評価のための経済的な基準に関して，職域における身体活動介入の理論的説明は，費用対便益分析（cost benefit analysis: CBA）のアプローチで検討され，プログラムの経済効果について評価がなされている。また，費用対効果分析（cost effectiveness analysis: CEA）と費用対効用分析（cost utility analysis: CUA）のように，その他のアプローチも利用されている。CEA は，身体活動以外の介入の効果評価に用いられている。CUA は，生活の量や質感の効果について考察している。ウェルネスプログラムの開発に関心を示す企業は，費用対便益分析に留まることなく，費用対効果分析で，競合する方策について比較検討を行っている。しかし，最終的には，費用対効用分析が用いられて，従業員の生活の質が主要な検討材料になっている。以上のことから，職域における介入の動機づけや理論的説明は，多岐にわたっており，必ずしも経済性に固執する必要はない。

職域における運動・ヘルスプロモーション・プログラム：理論と成果

プログラムを行うことによって期待される主要な利益は，企業イメージの向上，人材募集，生産

性向上，欠勤率の低下，従業員の新採用，そして医療費の削減，労働災害の防止が考えられる。Gettman は，他領域にわたる多くの研究から得られた研究結果を考察し，「身体活動には経済的効果がある」と述べている (Gettman, 1996: 4)。Opatz, Chenoweth and Kaman (1991) (Kaman and Patton, 1994 に掲載) は，職域におけるヘルスプロモーションを評価し，短期間で見られる効果は，ヘルスケアの経費については中程度に，欠勤や生産性に対する効果は中等度以上であると報告している。同様に，Warner (1998) は，28 の職場において行われている運動の文献をレビューし，現在得られている確証を以下のように述べている。

- 疫学：有病率と健康への影響力：広範囲に強い肯定的情報を提供するが，決定的な要因ではない。
- 行動変容の健康効果：有病率と健康への影響力：一般的には肯定的な情報で，影響力はありそうだが決定的ではない。
- 費用に関する情報（種類，測定方法）：ほとんど研究されていない。
- 費用対便益または費用対効果：ほとんど研究されていない。しかし，Shephard は，「短期的に見て，職域での体力健康プログラムは，他の多くのプログラムと比べて，経費に見合った便益を会社に生じさせているが，この見解は，より統制された実験から裏づけられるべきである (Shephard, 1992: 366)」と述べている。

包括的なウェルネスプログラムを提供している企業に魅力を感じるタイプの人は，高い業績をあげ，欠勤数が少なく，高い生産性をあげると考えられてきた。企業の求人条件を改善させるような介入によって，向上される企業イメージを量的に測定することは困難である。そのような要因は，直接的また間接的にも従業員の満足度を高める。

主観的な報告からは，企業の体力・ウェルネスプログラムの導入によって，生産性が向上したことが指摘されている。しかし，研究の多くは，生産性の測定が困難なホワイトカラー労働者への影響を検討したものである。さらに問題となるのは，ブルーカラー労働者や販売員が生産性の向上という結果を生むウェルネスプログラムの支援を受けたがらず，その結果，生産性を測定できないということである。Kaman and Patton はつぎのように述べている。

> 生産性の測定に，基準となる客観的な測定方法がないことから，結果には希望的観測が含まれるかもしれないが，その効果を示すデータもわずかに存在する……それらは，体力改善と望まれる労働作業の間の関連性を示す根拠となっている。
> (Kaman and Patton, 1994: 139-40)

しかし，Shephard (1992) によって行われたレビュー論文では，26 の研究のうち 23 が，種々の方法で測定された生産性が，介入後，実際に向上していることが報告されている。

また同様に，欠勤率と企業の体力プログラムの関係を調べた研究は肯定的な結果を示しており，Shephard (1992) は 39 の研究のうち 36 でこの傾向があることを報告している。しかし，これらの結果には，職域において健康体力プログラムに関心がある従業員のみが対象となっており，すなわち参加者の自己選択のプロセスが影響していることも考えられる。また，経験的観点から，自から進んで体力プログラムに参加する者の一部は，運動が労働時間内に実施された場合，労働に従事することを避けるために参加していることも指摘されている。確かに，Kaman and Patton (1994) は，ヘルスプロモーションを提供していない企業でも，欠勤率はごく僅かであることを報告している。

体力プログラムが従業員の人材募集に影響するという強固な確証はほとんど見られない。これまで求人や企業イメージ，従業員の満足度に関する確証について述べてきたが，そのようなプログラムによって新規採用が減少することも予想される。もちろん，新規採用の減少は，新しいアイディアの創出やマンネリ化の防止のために，ある程度の新規採用を望んでいるすべての企業にとって肯定的なこととは限らない。しかし，健康経済学

者にとっては，せっかく健康的な生活を引き伸ばした従業員が今退社してしまえば，その人たちに支払う年金が余計に多くなるという問題が生じる。

　北米における研究は，職域における適切な健康/体力介入をとおして，医療費を大きく削減できることを提示している（Shephard, 1989; 1992）。Kaman and Pattonは，多くの確証が，職域のヘルスプロモーション・プログラムの中でも運動プログラムの要素が参加者の健康リスクを低減し，ヘルスケア費用の削減につながっていると述べている（Kaman and Patton, 1994: 135）。同様に，英国の研究では，毎年200万人以上の者が腰痛のために医師の診察を受け，しかもそれらの腰痛は重要な年代である45歳から65歳に最も頻発している。腰痛は，保障されている就労不能な理由によって生じる労働欠勤日数の約10％を占めている（Wells, 1985）。健康/体力の介入を行うと，企業にも各個人にとってもその損失を軽減できる。職域において姿勢や持ち上げ作業についての教育，ストレスマネジメント，人間工学について考慮することなど，様々な介入方法があるが，運動は，腰痛を抱える者にとって1つの有効な方法である。たとえば，Biering-Sorensen et al.（1994）のレビュー論文によると，トロントで行われた第2回国際コンセンサスシンポジウムの見解として，「職場での重量物運搬の総量と他の作業量を調整することで，職業上生じる腰痛を起こすリスクを低減させることができる」と記されている（Bouchard, 1994: 51）。また体力プログラムと労働災害に関する調査研究では，少数であるが，肯定的な結果が報告されている（Shephard, 1898; 1992）。

　近年のメタ分析によるレビューでは，職域における介入は身体活動や体力の改善に至っていない（Dishman et al., 1998）。このレビュー論文では26の研究（合計調査対象8,500名以上）から，45個の効果サイズの値が得られている。職域介入の平均的効果サイズは，標準偏差の1/4未満であり，介入後，成功率が50％から56％に向上していた。

通勤時の身体活動

　通勤時の身体活動には，介入の方法としていくつかの利点がある。まず第1に，多くの成人は1週間のうちほとんど通勤を行うので，定期的な活動の対象者として莫大な人数を扱うことができる。第2に，職場への通勤時間は，通常の週，曜日において確実に定まった時間であり，これも効果的な介入を促進させる。英国における推定では，徒歩による通勤は10名に1名の割合である（Transport, 2000, 掲載日不明）。通勤時の身体活動は，11章で詳細に議論されている。

職場における身体活動プログラムの心理学的課題

　企業における身体活動や運動プログラムにおいて，最も重要な課題の1つは，他の多くの健康関連のプロモーションと同様，アドヒアランスの問題である。プログラムのスタッフ，機器設備，その他の要因への投資は，中途離脱の割合が高い場合にはわずかな効果しか持たない。

　体力プロモーション・プログラムのうち運動習慣の改善に対する有効性について概観したGodin and Shephard（1983）は，職域は体力を向上させるための簡便で，費用対効果が優れた環境を提供していると述べている。しかし，彼らはまた，職域の身体活動と体力のプロモーションが現状のアドヒアランスの割合を改善させるという成功を納めるには，まずは社会に十分な変化を生じさせる必要があると認識している。Shephard（1985）は，企業の体力プログラムの確立について，これらのプログラムが効果的であるためには，心理学的な課題の解決が急務であると述べ，下記のようにまとめている。

・従業員のうち，定期的な運動プログラムを実行している者の割合は，僅か20％で，そのうち半数は数ヵ月以内に中途離脱する。
・医師は企業のプログラムを支援するように関与すべきである。
・ブルーカラーおよびホワイトカラーの労働者の中でも，ブルーカラーに近い人々を対象にする必要がある。
・最も頻繁に実行される活動（例：ジョギング，

ウォーキング，水泳）は，組織や用具の負担が少なく，同伴者も必要としない。
- 最もバリアになっている内容は，時間の不足である。
- 運動プログラムには，傷害や不快感などを避けるために，細分化して段階的に進展させることが必要である。
- クラス分けは，広範囲に渡る能力や体力レベルに適切に対応するのでなければならない。
- なぜ従業員が活動的になることを望んでいるのか，その理由は，良いプロポーション，快感情，人とのつき合い，健康向上である。

●プライマリ・ヘルスケアにおける介入

英国における国民健康政策（Department of Health, 1993b）は，国民の健康を向上させる中核にヘルスサービスを位置づけている。特に地域，地方の健康局では，ヘルスプロモーションへの注目が高まっている（Department of Health, 1993: 4）。この予防重視のアプローチへの変換は，医療場面において身体活動プロモーションへの関心が高まってきたことを部分的に反映している。特にこのシフトは，医師やプライマリ・ヘルスケアの専門的なヘルスケア担当者を通して行われてきた（Fox et al., 1997; Pender, 1994）。プライマリ・ヘルスケアの介入については11章で議論している。

地　域

これまで本章では，プライマリ・ヘルスケアのような組織や特定の場面における介入について議論してきた。これらの手法はある特定の集団のライフスタイルや健康に対して効果的であるが，いくぶん狭い地域であったり，対象が限られたりする傾向にある。身体活動が公衆衛生上，顕著な効果を持つためには，介入は地域全体を対象とし，多くの人々が参加しなければならない。しかし残念ながら，対象となる人数のサイズと成し遂げられる行動変容の程度は反比例する傾向にある。

●身体活動の説得と社会的マーケティング

5章で態度理論に基づいた運動プロモーションのアプローチを議論してきた。そこではまず，運動に関する個人の行動と決定因に言及した。しかし，また，態度理論は，地域の健康キャンペーンのように，大人数に対するメッセージの浸透を解明することにも焦点が当てられている。残念ながらいくつかのキャンペーンでは，態度の特性を，行動に関連した単純で非論理的な解釈に基づいて理解している。多くの身体活動キャンペーンでは，体重減少，有酸素能力の向上，容姿/体型の改善などの期待される肯定的な結果が簡潔に羅列されてきた。Fishbein and Ajzen（1975）が述べているように，これらの結果目標は，肯定的で行動的な評価（価値）によって裏づけられる必要がある。

説得と態度変容に対する社会心理学的アプローチ

本論に関連する態度理論の領域は，説得（persuasion）である。Olson and Zannaは「態度の研究で最も関心が持たれている話題の1つは，説得：周囲からの情報に暴露された結果の態度変容である」と述べている（Olson and Zanna, 1993: 135）。たとえば，McGuire（1969）の認知的反応の連続，すなわち「説得の連鎖」では，行動に影響を与えるメッセージには以下のことが含まれる必要があると述べている。

- 暴露：受ける側はメッセージに暴露される必要がある。
- 注意：そのメッセージは注目されるものでなければならない。
- 理解：メッセージは理解されなければならない。メッセージが十分に理解されなければ，態度は情報源の信頼性から大きく影響されてしまう。情報源の信頼性は，メッセージが理解された場合には，さほど重要ではない（Olson and Zanna, 1993）。
- 従順性：メッセージは納得させるものでなければならない。受ける側は，その内容によって説得される。

- 保持：たとえメッセージと影響が対立する場合でさえ，そのメッセージは保持されなければならない。
- 復旧：行為を起こす必要がある時に，記憶の中から，そのメッセージを復旧させる能力。
- 決定：いくつかのメッセージが拮抗する場合でも，あるメッセージにしたがって決定する。
- 行動：メッセージに沿って行為を起こす。

　McGuire (1969) によって提唱された態度変容のアプローチでは，注意深い思考や関連する課題について考察を行った結果，態度が形成され，また変化することが示唆されている。この考えは，5章で論じた Ajzen/Fishbein の合理的行為理論と計画的行動理論と類似している。他の態度変容理論は，情報処理の過程があまり論理的だといえない。たとえば，Chaiken (1980) の「発見-系統モデル (heuristic-systematic model)」では，複雑な情報処理の過程は，人が高く動機づけられ，実際に可能な場合にのみ発生するとされている。しかし，説得は，たとえ動機づけが低くて，一時的であっても，その場の状況など他の要因が重なれば起こりえるものである。高く動機づけられている場合には，論拠 (argument) の強さは説得の程度を決定し，態度変容はより永続的になると考えられる。

　発見-系統アプローチと似たものに，Petty and Gacioppo (1986) の「同化-見込みモデル (elaboration-likelihood model)」がある。彼らは態度変容の中心的ルート (central route) として，発見-系統モデルと同様に，意識的思考を介したメッセージの同化をあげている。また態度変容と説得に至る消極的ルート (peripheral route) には，メッセージを受け取っての慎重な考慮とは関係ない態度変容の形式が含まれている。同化-見込みアプローチは，人が正しい態度を身に付けるように動機づけられていると主張している。同化には，適切な組織化，議論の吟味，価値の推論，また包括的なメッセージの評価が含まれている (Fiske and Taylor, 1991: 478)。この態度変容のアプローチの要点は以下のように考えられている。

- メッセージの伝達者は，魅力があり，専門的である。
- メッセージには，それ自体に，困難さや繰り返し，またメッセージや目標となる態度に対する関与が含まれている。
- 聞き手の関心：聞く者の認知的反応の総量と誘発性が，生起する効果のタイプを決定する。なぜならば，認知的反応には，受け手側の活発な思考が必要とされるので，受け手側の関心は，上述した要因［伝達者・メッセージ］から影響を受ける。

(Fisk and Taylor, 1991: 487;［　］内の語は筆者付記)。

　これらの説得と態度変容のアプローチは，身体活動や運動の研究に応用されてこなかった。しかし，近年，地域の身体活動プロモーションに対して，社会的マーケティングアプローチが導入され，いくつかの国々で検討され始めている。

社会的マーケティングと身体活動

　心理学者や他の行動科学者は，情報伝達，態度変容，行動の側面に関して助言しやすい立場にある一方で，彼らは必ずしも対象となる集団に向けたメッセージの伝達者として優れているわけではない。このことは，なぜ，効果的なマーケティングの技術が健康や他の説得，キャンペーンに適用されてきたのかの理由の1つである (Maibach and Parrott, 1995)。社会的マーケティングを身体活動の領域に応用した研究を概観すると，Donovan and Owen は，社会的マーケティングを「マーケティングの原理や方法を社会的に好ましい目標を達成するために応用したもの」と定義している (Donovan and Owen, 1994: 250)。発展している社会的マーケティングを包括的に理解するためには，読者は Donovan and Owen (1994) のレビューを参照されたい。

マスメディアと社会的マーケティング

　Donovan and Owen (1994) は，マスメディア利用と社会的マーケティングの利用を区別することが重要であると考えた。マスメディアは，社会

Box 12-1　消費者が欲しがっているものを理解する

　私たちは，社会的マーケティングについて議論するときに，地域に発信するメッセージを宣伝するために，心理学者が最も優れているとは限らないことを指摘した。最近の話として，このことを裏づける以下の例がある。

　イングランドにおいて，健康局の健康/運動の専門家が集まった地域チームが担当地域で小規模な調査を実施した。彼らの目的は，都市周辺部の不便な住宅地の居住者にアピールすることができる，ヘルス介入の内容を明らかにすることだった。禁煙，運動の開始，健康的食事などに対する介入のように，定番となっている内容に反応が予想されたが，実際はもっと基本的な回答が寄せられた。これらの住民から寄せられた健康的ライフスタイルのための優先課題には，路地に適度な照明を設置することや，歩道から犬の糞を清掃するということが含まれていた。

　クライアントのニーズに合致したメッセージははっきりと目に見えるものである。

的マーケティングの主要な部分として扱われるものの，その一要素にすぎない。McGuire の「説得の連鎖」について，Donovan and Owen は，「マスメディアによる広報は，連鎖の行動変容の段階よりも，むしろ初期の段階（例：暴露，注意，理解）において，よく作用する」と述べている。これは，マスメディアのキャンペーンは行動変容に対して効果的でないという見解（Redman et al. 1990）を支持している。確かに，マスメディアを利用した方法が地域の活動パターンの変容にとって効果的であるのか疑問が残る。しかし，Aaro（1991）は，ノルウェーにおいて，地域マスメディアを用いた身体活動キャンペーンに肯定的な結果があったことを報告している。彼は，このキャンペーンが成功した理由として2つ考えている。まず1点は，地域での運動がマスメディアの視聴によって促進されたこと，2点目にマスメディアが，ヘルスプロモーションにおける伝統的な医学的アプローチよりも，さらに魅力的でアピールする材料を配信したことである。2つの理由はともに，McGuire の説得の連鎖に関する見解と一致している。実際に，Aaro も行動変容の過程について以下のように言及している。

　体力の向上を目的としたマスメディアのキャンペーンの成果を評価する基準は，結果としてあらわれた行動が唯一のものではない。健康関連の行動の変容は，実際の変化が生起したプロセスとして認識されるが，それらは形となって見えにくい（おそらく見えない）数多くの間接的な変化の集大成として表れるものである。時には…行動レベルで効果が見られなかった一連のキャンペーンが，のちに結果が積み重なった時点で目に見える行動の変化となることがある。
(Aaro, 1991: 199)

　彼は「説得の連鎖」における初期段階の変化について言及していると推定される。

　身体活動へのマスメディアの影響に関する最も優れたレビューは，Marcus et al.（1998）によってなされている。彼らは実験的，もしくは準実験的デザインを用いていることを条件として28の研究を取り上げた。彼らは以下のようにまとめている。

- メッセージの回想は高レベルであった。
- 身体活動への直接的な影響はわずかであった。
- 印刷物や電話を用いた介入は，短期間の行動変容に効果的であった。
- ターゲットとなる視聴者にテイラー化した介入は最も効果的であった。

マーケット・セグメント化

　マスメディアのアプローチが持つ広範な影響力から発展してきた社会的マーケティングの一側面

にマーケット・セグメント化がある。促進的なメッセージはマーケットの要素や対象となる人々に対して適したものであることが必要である。主要な要素としてDonovan and Owen (1994) が「マーケティングミックス」と呼んでいる「4つのP」がある。

- プロダクト (product)：範囲，タイプなど
- 価格 (price)
- プロモーション (promotion)
- 場所 (place)：たとえば，利便性

　身体活動のプロモーションに効果的な技法は，促進される行動についての明解な説明から，開始される。Fishbein and Ajzen (1975) の態度，社会的規範，自信との関係についての概念は，明確に提示された「目標行動」が必要とされている。目標行動を定義する最初のステップは，身体活動，運動，スポーツを区別することである。残念ながらこれらの用語は，それぞれ異なったプロモーションやマーケティングが必要であるにも関わらず，しばしば混同して使用されている。地域の観点から見れば，目標行動となるのはウォーキングプログラムやライフスタイル活動などの身体活動である。なぜなら，これらの目標行動は，最も身近に取り組めて，座位中心の人々が運動やスポーツを行うための第一歩となりえるからである。
　Eadie and Leathar (1988) は，地域における体力づくりの社会的マーケティングには，4つの主要なガイドラインを順守すべきであると指摘している。

- 肯定的なアピール内容であること。体力は，社会的マーケティングの研究の多くで相対的に重要なものと見られていなかった。そのために，否定的な恐怖心をアピールしても拒否される傾向にある。マーケティングとしては，もっと直接的な社会的，心理的な恩恵を強調すべきである。
- 体力がなくスポーツが得意でない人も含めたすべての人々にとって体力や運動を，社会的に受容される活動にするためには，分かりやすいイメージを強調する必要がある。
- キャンペーンにおいて，人々に自己選択の機会が幅広くあることを一人ひとりに理解させる必要がある。
- 体力づくりのマーケティングは，簡単な参加形態に着目すべきである。なぜなら，多くの人は，高度に組織化され，専門的になった活動からは遠ざかっていく傾向があるからである。

　Killoran, Cavill and Walker (1994) は，セグメント分析に基づいて，イングランドにおける身体活動プロモーション用のメッセージを発表した。以下の4つのグループが明確にされた。

- 座位中心の生活者
- 不定期の中等度の強度の活動者
- 定期的な中等度の強度の活動者
- 定期的な高強度の活動者

　これらは，イングランドにおける身体活動の目標として提唱されたもので，本章の後半でより詳しく議論されるものである。各グループの明確な定義は，この段階では必要とされない。なぜならば，これらはマーケット・セグメント化の一例を示す概念だからである。座位中心の生活者に向けて，Killoran et al.が提案したメッセージは以下のようなものである。

　もう少しだけ活発になりましょう：何もしないよりは，良いことです。まずは，時々，歩くことから，徐々に始めましょう。そして，少しずつ，その量を増やしましょう。健康に心配な点があるときや，活動的になることに心配があれば，医師に相談しましょう。　　　(Killoran et al., 1994: 154)

　不定期の中等度の強度の活動実践者に該当する人向けのメッセージは：

　週に5日は活動的に動きましょう。それらの日は，一日に合計30分の身体活動を目標にしましょう。もしその方がやりやすければ，10分間ずつ短い運動を合計しましょう。しかし，10分の運動は，ゆるやかに行ってください。やればできます。

定期的な中等度の強度の活動実践者のグループには：

まずはこのレベルを維持しましょう。あなたが，今の中等度の強度のレベルの活動から強いレベルの活動を行いたくなったとき，また現在行っている活動で，もう少し努力してみたいときがあるでしょう。その時にはゆっくり徐々に強めていきましょう。

最後に「定期的な高強度の活動実践者」に対しては「継続しましょう」である（151）。Kiloran et al.は，座位中心の生活者と不定期の活動実践者を最優先の対象とし，特徴に合わせて啓蒙する必要性のある人たちと考えた。一例として，イングランドにおける座位中心の生活者の傾向は高齢で過体重，経済的に低い層に属している傾向があり，身体活動に否定的見解を持っていると思われる。このセグメント化のアプローチは，Donovan and Owen（1994）によって提唱されたものと一致する部分が多い。

Killoran et al.（1994）は，「身体活動プロモーションの威力は，コマーシャルへの興味が強まることによって増強する」と述べている。中等度の強度の身体活動の形態が顕著な健康恩恵を生みだすことが健康や運動の専門家に広く認められるようになったことから，中等度の強度の身体活動プロモーションが効果的であるという明確な見解を確立する必要がある（Killoran et al., 1994: 167）。この考えが広まり，「中等度の強度」のメッセージが浸透している程度は，理解されるのに多少時間が必要なメッセージを伝達しているという段階にある。なぜならば，一般の人たちは，常々，健康であるための運動は強いものでなければならないと聞かされてきたからである。メッセージの効果を，態度変容の同化-見込みモデルで分析した結果からは，困難さを伴うメッセージでも，もしそのメッセージが，重要性を感じさせる要素を持って認識された場合，説得につながることが指摘されている。メッセージの理解が説得を促進する（Fisk and Taylor, 1991）ということならば，中等度の強度の身体活動という新規のメッセージのプロモーションは1つの挑戦だといえる。確かに，人々は，一般的なメッセージをまったく好まず，より明確な運動の処方箋を求めるという確証がある（Killoran, 1994）。この傾向が「中等度の強度」のマーケティングを「高強度の身体活動」の場合よりも困難にしている。

もう1つのセグメント化の方策は，6章と11章で考察したステージ変容アプローチに基づくものである。換言すれば，各個人の身体活動や運動に対して，意識や行動のレディネスのステージに基づいたマーケティングであるといえる。この方策は，対象となる人々をセグメント化し，適切な特徴を把握することである。たとえば，研究では，運動に対して肯定的でない見解を持ち，運動を開始する自信がないという「前熟者」を位置づけることになる。この「前熟者」セグメントに，適切な説得メッセージをマーケティングするためには，前熟者の特徴を考慮する必要がある。

●地域の介入プロジェクトの要約

身体活動プロモーションを含む数多くの地域プロジェクトが報告されている（表12-4参照）。しかし，これらのすべてが，身体活動を健康行動の中の一要素としているか，周辺的要素として位置づけた多リスク因子介入である。

カナダのパーティシパクション（Particip-Action）キャンペーンでは，身体活動とマスメディアの積極的利用に重点が置かれていた。数多くの情報源が利用され，カナダ人の全人口のうちかなりの割合がキャンペーンを知るようになった。しかしながら，介入の結果として身体活動が増加したかについては明白でない。「アクティブ・リビング」のコンセプトを中心とした後発のメッセージは，中等度以上の強度の活動に対する強い関心を生み出した。しかし，マーケット・セグメント化のところで述べたように，アクティブ・リビングのメッセージが，初期のメッセージの内容が変化したものだと理解した者は少数だったため，広く浸透してこなかった。King（1994）はパーティシパクションキャンペーンから以下の知見が得られたとしている：

表 12-4　地域における身体活動の介入研究の例

プロジェクト	個人的成果	組織的成果	対象者	行動目標	方策	有意な変化
North Karelia（フィンランド）	特に設定していない	メディアイベントと地域組織の参画	一般人；組織；地域医療機関；家庭医	多リスク因子	マスメディア；地域組織	心臓血管系疾病：CVDの減少＞統制群
Stanford 5 Cities Project（米国）	知識 気づき 参加 エネルギー消費量 体重 安静時心拍数	メディアイベント；運動施設の利便性	一般人；女性；ヒスパニック系；職場；学校	多リスク因子	マスメディア；地域イベント；体力測定；学校および職場でのコンテスト；対話；健康の専門家養成	中等等度の強度と高強度の身体活動への参加　＞統制群 安静時心拍数＜統制群
ParticipAction（カナダ）	知識 気づき 参加 エネルギー消費量 体重 安静時心拍数		一般人	身体活動；アクティブ・リビング	マスメディア；地域組織	気づきと知識
Australia National Heart Foundation Campaign	知識 気づき 意図 自己報告による採択と維持	メディアイベント	一般人	身体活動	マスメディア；専門家の談話；有名人の起用；州のコンテストとイベント	気づきの向上（特に女性）；ウォーキングの増加（特に60歳以上の成人）

出典：King, 1994 を改変

- 気づきと知識は，綿密に計画されたキャンペーンによって向上させられる。
- そのような気づきの変化の結果として，どのくらい身体活動が変化したかについては量的に把握しにくい。
- さらに大きな行動変容は，焦点を絞ったメッセージや特定のターゲットを絞り込むことで可能になるだろう。

さらに一般的な分析から，Owen and Dwyer (1998) は，地域における運動プロモーションのために下記のガイドラインを提唱している。

- 「環境的な場面とソーシャルサポートの役割を重視する」(343)：運動の採択は，シャワーや託児所，運動設備などのように職場の環境によって促進される。また同様に自転車道のような環境の変化も身体活動を促進する。
- 「メディアを慎重に組み合わせて利用する」：地域イベント，教室，メディア・プロモーション，自助冊子，その他の方法をキャンペーンの計画に沿って組み合わせる手法が有効である。これは上述したマスメディア・キャンペーンが単独では意識と知識にしか到達せず，付加的なプロモーションや施設へのアクセスの利便性が，さらに行動自体を生みだすという意見と一致している。
- 「行動変容のプロセスに含まれる多様なステージに同時に働き掛け，またどのステージにあるのかを明確に把握する」：これはマーケットセグメント化と適切な介入のために対象を特定化する必要性を表している。たとえば，運動を開始するための知識や自信，またそれを維持するためのソーシャル・サポートの有無を考慮しなければならない。
- 「運動に関する多種多様な選択肢を提供する」：再度，対象を特化し，個々のグループに適切な選択肢を準備しつつ，幅広く対応する必要性がある。
- 「本質的な面白さや魅力をもつ運動の選択肢を開発し，推奨する」：これは3章で述べた内発的動機づけ理論や，人は身体活動への参加に多様な動機づけを持つという知見（2章）と一貫するものである。単純に健康のために運動を推奨するよりも，運動の本質的な楽しみを強調し，参加者に選択や変更を許容することが重要である。疾病予防アプローチは，多くの人々にとって長期間の動機づけにはならない。
- 「的確な情報や指導が容易に得られるようにしておく」(344)：運動指導の専門家が必要なことは明白であるが，多くの人々が魅力を感じる運動教室を見つけることができずにいることを解決する援助を求めている現状がある。そこで上述したように自助冊子やプライマリ・ヘルスケアの相談などの相談制度が必要になる。実際，2つのシステムの統合は，健康の専門家が身体活動プロモーションに関してもさらに専門的になり，地域の身体活動のメッセージが各個人に適した内容になることから可能になる。たとえば，英国南西部のサマーセット州では，プライマリ・ヘルスケアの看護師のための研修用モジュールが確立されている。このモジュール作成の目的は，彼らが自分のクライエントグループに対して身体活動を推奨することを促進するためである。研修コースは，身体を動かす技術の種類を増やすことよりも行動変容に重点が置かれている。看護師と健康監察官は地域に戻り，運動教室を紹介するだけでなく身体活動を推奨することになる。健康監察官は，多くの座位中心の生活者と接することになり，若い母親や高齢者，母子または父子家庭に対処することになる。これらの対象者は通常の方法では運動の指導者と接する機会がないが，健康の専門家との関係を持つことによってアドバイスを受けることができる (Smith and Biddle, 1995)。

地域の身体活動プロモーション：実践例

「アクティブ・リビング」のメッセージは座位中心の生活を送っている人々に，日常生活における様々な機会で活動的になることを提唱するものである。11章において個人レベルでなされた介入のいくつかを解説した。階段の使用を重視したアクティブリビングのメッセージを地域に応用した最近の研究がある。Blamey, Mutrie and Aichison (1995) は，スコットランドの通勤者が「健康を維持しよう，時間を節約しよう，階段を使おう」と啓蒙する動機づけサイン標語にどのような反応を見せるか検証しようとした。そのサインは，階段（30段）とエスカレーターが併設されたグラスゴー・シティセンターの地下駅に設置された。

この研究期間は延べ8週間にわたり，8つの週の月曜，水曜，金曜日の朝8時30分から10時の間に延べ22,275名が観察された。観察に当てた8週間はそれぞれ4つのステージに位置づけられた。最初の1週間はベースラインで，続くつぎの3週間が標語を掲示する期間である。その後の2週間が，サインが取り除かれた期間で，最後の2週間が1週ごとのフォローアップ（介入後4週間後と12週間後の2回）である。観察者は成人を対象にエスカレーターと階段の使用者の人数，性別を記録した。ローラー式キャリアーバックや乳母車の使用者は除外した。階段使用者の人数をベースラインの週とそれ以後の7週間で比較する分析方法を，全対象者と男女別に行った。

ベースラインの週における階段利用者は約8％であった。サインを掲示した3週間の間は，順次15-17％の数値を示した。図12-4にベースラインとその後の7週間目における全体の人数割合の推移を示した。サイン掲示後，階段利用者は有意に増加し，3週間の介入期間をとおして増加し続けた。サインの撤去とともに，階段使用は急激に減少した。12週間後のフォローアップ調査ではベースライン時より有意に高い割合を維持していた。しかし，ベースライン時への逆戻りを示唆する減少傾向が存在することは明らかである。男女別では，全期間をとおして男性よりも女性でエスカレーターを多く使用する傾向があることがわかった。

この結果は啓蒙的なサインが階段使用を促進したことを表しており，本研究の改善率は同様の研究（Brownell, Stankard and Albaum, 1980）よりも僅かに上回っていた。

Blamey et al. (1995) の研究の一部分では，面接調査も実施している。その面接はエスカレーターもしくは階段を上っている時間，約45秒間に実施され，階段使用者は主要な動機づけの要因として時間の節約と健康の維持のためと回答した。一方，エスカレーター使用者は階段利用の主たるバリアとして，怠惰な気分があり，また階段上がりに時間と労力がかかりすぎると回答した。一般的に，男性は女性と比べて，身体活動レベルが高く，階段上がりに対する負担感が低いことを報告している。また50歳以上の成人では，階段上がりに大きな労力が必要である。

この研究結果から，これから実施される階段利用を促進するキャンペーンにおいては，階段の利用がいかに僅かな労力しか必要とせず，またちょっとした外出でも簡単に身体活動の機会になることを強調する必要性が指摘された。さらに，高齢者や男女それぞれを対象に，別々の異なる動機づけポスターがデザインされる必要がある。

スコットランド健康教育委員会（Health Education Board for Scotland: HEBS）が行った研究では，職域における階段使用を促進するパンフレット集が作成された。また HEBS はこの行動を強化する必要性を認識し，階段歩行者に対して，「もしあなたが1年間毎日1回階段を上れば，3000フィート（約900m）の山を登ったことになる」というさらなるサインを作成した。これは現在のところ，階段歩行の行動を強化する方法として検証されたわけではないが，強い魅力を感じ

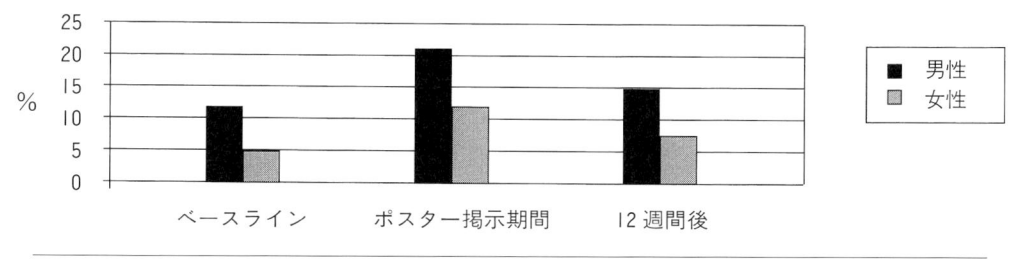

図12-4　介入前後の階段を利用した人の割合（Blamey et al., 1995）

させるものである。

●地域における介入に関する総評

地域を対象とした介入にはジレンマが付きまとう。地域介入は，公衆衛生上，顕著な効果を可能にする最も有効な方法となる一方で，特定の集団に対して，それぞれに適したメッセージを発信していくことが最も困難な方法でもある。説得と態度変容の社会心理学を地域介入の領域でも発展させることが重要である。社会的マーケティングのように，近年の進歩は，これらの概念を実際の行動変容に適用することを可能にしている。しかし，現時点で実施されている地域における大規模な身体活動促進のキャンペーンや介入を評価したところ，その結果は明確な行動変容を支持するものではなく，気づきや知識を変化させることが強く期待できるものであった。無作為化統制デザインを用いている介入を比較検討した Hillsdon and Thorogood (1996) は，以下のように要約している。

- 身体活動は増加させることが可能である。
- その増加は，最大2年間まで維持できる。
- 施設を必要としないウォーキングや運動で，継続的な増加が望まれる。
- 追跡してコンタクトをもつことが，参加を強化する。

Dishman and Buckworth (1996) は，軽度から中等度の強度の身体活動ならば，介入によって顕著に促進できるという見解を支持している。これは広範なメタ分析による結果である。さらに，彼らは，余暇時間や一般的な地域における身体活動に対しては行動修正手法が効果的であることを示した。この点について，Dishman and Buckworth は，以下のようにまとめている。

> 控えめに解釈しても…身体活動促進のための介入は，中程度の大きさの効果がある。サンプルサイズによって重みづけを行った効果の分析では，行動修正の原則に基づいた介入を，健康な地域住民に提供

し，多大な効果が見られた。特に，介入がメディアを用いて実施された場合，または身体活動が非監視下で行われ，持続時間や頻度に関わらないで，低強度のレジャー身体活動が強調された場合に効果が大きかった。
> (Dishman and Buckworth, 1996: 712)

身体活動を促進させる政策的な指導と介入

King (1991) は，身体活動の介入を，個人を対象としたものから法律や制度によるものまでいくつかに分類している。身体活動はヘルスプロモーションや疾病予防において鍵になる要素として広く認識されているが，政策や政府による介入がなされるようになったのはごく最近のことである。ヘルシーピープル2000計画 (Department of Health & Human Services, 1991) に代表される米国の政策は，身体活動を専門とする多くの研究者によって議論されてきた (Dishman, 1994a)。しかし，King (1994) が指摘するように，身体活動は自己選択による活動であり，タバコや特定食品のように規制できるものではない。実際，政府は身体活動に対してごく最近まで熱心ではなかった。

身体活動の立法によるサポートは，現在，英国で行われている。たとえば，1990年代初頭の国民健康施策では，余命の改善と若年死亡率の減少（人生に年月を加える），および生活の質の向上（年月に人生を加える）という目標が掲げられていた。身体活動は，5つの優先領域の1つである冠動脈疾患や発作に対応する重要な要素として考えられてきた。この政策は労働党政権によって「私たちの健康的な国家 (Our Healthier Nation)」に継承された。しかし，1997年の政権交代で，厚生統計に見られる社会階層間の不平等に対する認識が高まった。社会階層と身体活動との関連性は他の健康行動と比較して明確にはなっていないものの，社会的な不平等に着目することによって，健康は改善されるという考え方である (Coggins, Swanston and Crombie, 1999)。近年

の低所得者の集団と少数民族を対象とした身体活動介入の研究レビューでは，14の研究のほとんどが事前-事後調査もしくは準実験デザインを用いたものであった（Taylor, Baranowski and Young, 1998b）。少数民族を対象とした10の研究のうち2つの研究だけが身体活動の増加を報告していた。Taylor et al.は，まとめとして，「これらの人々にとっては，仕事を供給することが効果的な介入を生む」と述べている（334）。

連邦ダンバー国民体力調査（Allied Dunbar National Fitness Survey: ADNFS）（Sports Council and Health Education Authority, 1992）によると，健康局は「政府は他の機関とも協議し，調査結果に基づいて身体活動の詳細な方策を考案する」としている（Department of Health, 1993b: 62）。また続いて，「身体活動対策委員会（Physical Activity Task Force: PATF）が，英国国民に向けて推奨する身体活動の目標や方法を課題として設立された」と記述されている。以下の項目は2005年までの目標として提唱されたものである。

- 16歳から74歳の男女で，毎週少なくとも30分，中等度の強度の身体活動を実施していない者の割合を10％以上減少させる。ADNFSの調査で1990年の時点から算出すると男性で29％から19％へ，女性で28％から18％へ減少させることになる。
- 16歳から74歳の男女で，毎週5日以上30分，中等度の強度以上の強さの身体活動を実施している者の割合を15％以上増加させる。これは男性で36％から51％へ，女性で24％から39％に増加させることになる。
- 16歳から74歳の男女で，平均20分以上の高強度の身体活動を週に平均3回は実施しているという者の割合を10％以上増加させる。この結果として男性で16％から26％へ，女性で5％から15％へ増加させることになる。

これらの目標は，のちに，公的な目標は必要ないとした保守党政権によって却下された。しかし，地域において身体活動を増加させる方策の実行は，上記の数値目標に基づいてなされた。このような政策の転換は簡単に説明できないが，大臣たちは，身体活動について，あたかも誰も子どもをあやすためにずっと身体を動かしている乳母にはなりたがらないというように，達成困難な健康行動だと見なしているようである。このような意見にも多少の賛意はあるが，身体活動が他の健康行動と，何が違うのかを判断するのは容易ではない。また実際に身体活動の増加は他の健康行動と比較しても，より多くの公衆衛生の改善が可能であり，それゆえ，確固として強力な介入を行う機関が必要なのである。

米国のヘルシーピープル2000計画には，身体活動レベル，体育授業の供給，職域での身体活動プロモーション，地域施設の利便性，身体活動促進のためのプライマリ・ヘルスケアの介入について国家目標が定められている。国の法律を伴う政策が，公的な身体活動のプロモーションや介入にとって重要な指針になっていることは明白である。もちろん最終的に，身体活動と健康目標は，適切な介入においてのみ結びつくので，学校や職場などの組織や，広い地域レベルにおける介入の協調と統合が不可欠である。

種々の身体活動介入の統合

運動心理学者が地域における身体活動を計画し，組織や制度に関与するようになるのに先立って，私たちはヘルスプロモーションシステムの各要因が統合されることが重要であると主張した（Smith and Biddle, 1995）。たとえば，英国では通常，運動の専門家が地域の健康局の健康プロモーションのチームに帯同して働いている。この統合を図示したものが図12-5である。この図では身体活動を増加させるために，地域を基盤とした方策を「計画のピラミッド」として表現している。ピラミッドの最上層には，特別な施設やプログラムで少人数の要求を満たすように，また基底部は，大人数を対象とした地域プログラムを表している。

ピラミッドIでは「a」の面に身体活動方策の

全体像を表現している。ピラミッドの他の面は，「a」が一部の人口層や異なった地方に合わせて，修正が可能であることを表している。1の領域は，病院や特殊なクリニックでなされている高度に技術的で医学的なリハビリテーションが含まれる。スタッフとしては医師や看護師，理学療法士，そしておそらく運動科学者が該当する。この領域で対象とする人数は，少数であり，運動のアドバイスや処方は明確で技術的なものである。ピラミッドを下り，2の領域では，健康クリニックやセンターで理学療法士や運動科学者が指導にあたるレベルの介入に相当する。最下層の3は，最も大人数を対象としており，運動のアドバイスとしては簡単なものである。ここではレジャーセンターの健康関連運動教室で運動指導者が行うように，いわゆる一般大衆向けの身体活動プロモーションが含まれる。

ピラミッドIIでは，上述した人員と対象人数の原則から，さらに2つの介入の見方を提示した。「a」の面は冠動脈疾患（CHD）を対象とした介入で，「b」の面は，身体活動の結果としてのメンタルヘルスが例示されている。冠動脈疾患から見ると，第1領域は医学的な病院で実施されるリハビリテーションを表している。第2領域は，リハビリテーション施設での管理された運動プログラム，またはリハビリテーション担当者の指導のもとになされる在宅プログラムが該当する。第3領域は，冠動脈疾患のリスクがある人を対象とした地域主体の身体活動や運動の介入，また一般的な健康関連の運動プログラムが当てはまる。

最後にメンタルヘルスを目的とした介入は，ピラミッドIIの「b」の面で考えることができる。ピラミッドの最上階の第1領域は，病院の患者を対象とした運動が含まれ，第2領域では，地域の医師が，疾病にまでは至っていないが症状を訴える患者に対して処方する運動や身体活動が該当する。第3領域の介入には，精神的な安寧やストレスマネジメント重視した地域主体の身体活動と運

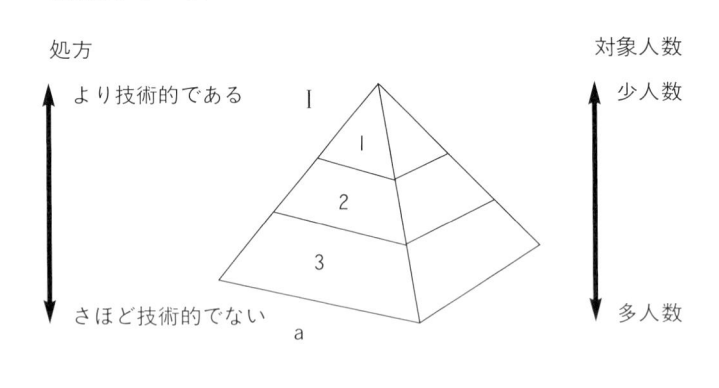

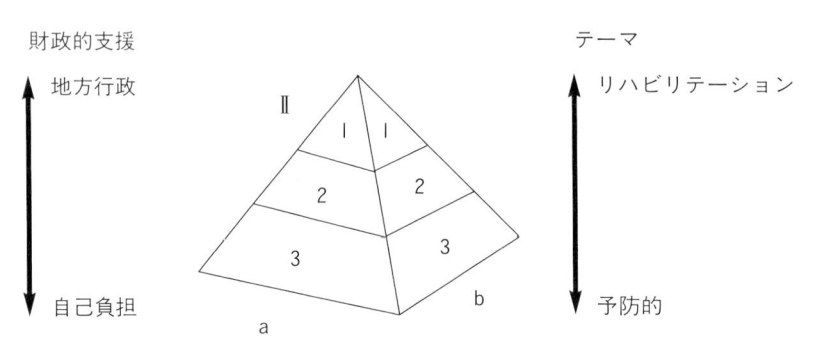

図12-5 「計画のピラミッド」を用いて考察した身体活動プロモーションの構想（S.J.H. Biddle et al., (1995) の許可を得て転用, European perspectives on exercise and sport psychology, p. 94, Champaign, Ill.：Human Kinetics.）

表 12-5 健康行動変容の生態学的手法を身体活動に適用する場合の原理

原 理	記 述	身体活動への適用例
行動に対する影響の多次元性	生態学モデルには，個人的要因と対人的要因の影響に加えて，健康行動に重要な影響を及ぼす社会的，文化的，物理的環境要因が含まれる。	・異なった文化的背景を持つ集団における身体活動の社会的受容性 ・身体活動を阻害する物理的環境
次元を越えた影響の相互作用	生態学的アプローチでは「異なったタイプの決定因が，健康行動への影響に対して，どのような相互作用を見せるのか」に言及すべきである。	ウォーキングに関する個人的な信念と，歩行者用市民センターの利用との相互作用を検証する調査研究
環境的要因の諸相	生態学モデルでは，たとえば都市化の程度や気候という異なったタイプの環境要因が与える影響のレベルを明らかにする。	気候や市街地の自転車道の設置が異なった場所における身体活動の普及
行動に対する環境の直接的影響	生態学モデルでは，環境的要因が，健康行動に直接影響を及ぼすことを提起する。それは環境的要因がまた，個人的信念のような諸要因を介して間接的に影響を与えているのと同様に扱う。	身体活動は，個人的，対人的な差異はあるものの，その地域の交通事情によって直接影響を受ける。

出典：Sallis and Owen, 1996 より作成

動のプロモーションが含まれる。

　Sallis and Owen（1996;1999）は，身体活動プロモーションや研究に生態学モデルの手法を用いることを提案している。このモデルは，個人内要因，社会環境的要因，物理環境的要因などの多様な影響を考慮するものである。身体活動への関心や資源を決定する政策も広範な社会環境的要因が持つ影響力の一部分である（Marks et al., 2000）。Sallis and Owen（1996）は，健康行動変容における生態学的アプローチを解説するために，いくつかの原理を提示している（表 12-5）。身体活動の効果的介入には，本表にあるように，包括的なアプローチに注目する必要がある。生態学的アプローチは，内容が多岐にわたり，鍵となる決定因や，介入のうちどの要素が効果的であるのかを特定しにくい傾向がある。しかし，この手法こそが，身体活動に対する影響の多様性を包括する（Sallis, Bauman and Pratt, 1998）。

❖ まとめと結論

　本章では身体活動の介入を，組織，地域，政治のレベルから考察してきた。それらは以下の内容である。

- 学校における身体活動プロモーション，特に体育授業の役割や学校主体の介入に関する考察。
- 職場での身体活動のプロモーションや介入に関する考察，および効果を検証した研究のレビュー。
- 地域における身体活動のプロモーションや介入に関する課題点（態度変容，社会的マーケティング，生態学的手法）のレビュー。
- 身体活動推進のために国家が行う政治的取り組みについての近年の状況に関する議

論。

最後に，私たちは以下のように総括する。

- 学校は，身体活動を含めた健康的ライフスタイルを促進するために適した場であり，体育は，様々な背景や能力を持ったすべての児童に働きかけるために潜在的影響力を持っている。
- 学校において，または学校を介した身体活動増加の介入は様々な成果をあげているものの，適切に評価されていない。米国で行われた2つの大規模な調査がいくつかの確証を提示している。
- 学校において，健康関連の運動を実施する目標，内容，種類は，漠然としていることもあり，体育においても，生涯をとおした身体活動を促進できていない場合がある。
- いくつかの国々で，職域が，身体活動と健康のプロモーションにとって重要な場であることが認識されている。
- 職域における身体活動の介入が，欠勤，生産性，および健康医療費の削減に効果的であるという確証がある。しかし，身体活動の増加に対する効果は実証されていない。
- 身体活動プロモーションが公衆衛生に与える多大な影響は，地域介入によって作り出される傾向にある。
- 態度変容と説得の社会心理学的アプローチは，地域介入における，適切な方策を決定するために非常に有益である。
- 社会的マーケティングの原理を，運動や身体活動に対して，さらに応用していく必要がある。特にマーケット・セグメント化やターゲットグループの重要性は特筆すべきである。
- 先進国の政府は，近年になり，ようやく，身体活動に関する立法政策を実施している。この傾向は，身体活動が重要な健康行動の1つであることを認識させることに役立っている。
- 効果的な身体活動プロモーションのためには，すべてのレベルにおける介入を協調させることが不可欠である。

第13章

結論と将来の展望

健康がお金で手に入らないのであれば，気分の悪くなる薬の報酬を医者に渡すよりも，草原で狩りをしたほうが良い。治療のために賢明なことは，運動に依存することだ。
John Dryden 1631-1700 (Oxford Dictionary of Quotations, 1981)

◆章の目的

最終章の目的は，これまでに述べた12章全体のキーポイントを要約すること，そして各章の主なテーマに対して将来の展望を述べることである。加えて，将来の運動心理学研究について，一般的な方向性を示さねばならない。私たちが，約40年にわたって専門的に身体活動に関与した経験を結集して個人の観察およびコメントを提示していくために，時々はフィールドの確証に基づいたレビューから外れるかもしれない。特に本章では，以下の内容を扱う。

- 心理的安寧と身体活動・運動に関する介入の鍵となる決定因に関する確証を要約する。
- 研究と実践に関する将来的方向性を導く。

運動心理学に特化した初めてのテキストを1991年に書いたときには，フィールドはすでに急速に広がっており，さらに広がり続けるということをあまり認識できていなかった。実際に，この領域の研究と実践に関する興味と活動は，増大し続けている。その成長を指し示す証として，以下のことがあげられる。

- 政策立案者や政府が示す興味が際立って増加していること
- 健康と身体活動に関する機関と，交通，医療，経済など様々な機関との間に共同作業が継続していること
- 「スポーツ」科学や「スポーツ」心理学における「スポーツ」の意味が，健康に関連する身体活動や運動を含むように拡大し，その結果，学会誌や学会の名称に「運動」という言葉が挿入されるようになったこと
- メンタルヘルスや心臓リハビリテーション，レジャーサービス，プライマリ・ヘルスケア，高等教育教授や研究などの分野に，身体活動増進に関する雇用や仕事の機会が拡大したこと
- 運動や健康に関するメディアの興味が継続していること

現在は，身体活動を研究し増進させる重要な時期である。健康に対する身体活動の重要性が深く認識され，活発なライフスタイルの促進がヘルスプロモーションや疾病予防の中核をなすことに関して，もはや議論する必要はない。しかし，本書

で何度も述べているように，人々の運動への参加は少なく，不活動的な生活に関連した健康問題の有病率は高く，建築環境のような様々な要因が問題の解決法の発見を困難にしている。たとえば，私たちが，ジャーナリストに，将来，人々の身体活動レベルが増加していく見通しはどうかと尋ねられたら，悲観的な見方と楽観的な見方の両方で答える。楽観的な見通しでは，身体活動の程度が増加したと考える。運動や活動的なライフスタイルに対する興味や活動は，多く見られる。誰もが身体活動の増進活動はうまく機能していると答える。しかしながら，悲観的な見方としては，その活動は，交通，環境的要因，勤務パターンの変化，スポーツや運動に関する考え方，社会経済的および保健的不平等，学校カリキュラム内の体育時間数が少ないことやその他の要因など，「近代の生活」に関連する一連のバリアによって，勢いが落ち，止まってしまう危険性がある。人々は，本当に1日30分，週のうちほとんどの日において早足ウォーキングの時間を取ろうとしているのだろうか。若者は，本当に1日1時間，週のうちほとんどの日に活動しようとしているのだろうか。このように味気ない言葉を示されると，悲観的な見方を受け入れることは容易になるだろう。皮肉なことに，人類の歴史の中で，運動を必要としている時に運動を行っている人はわずかである。現在のところ，私たちは，運動の効果についてはよく知っている。活動的な生活を送ることによって，「精神的に不快な状態」に対処することができると世間ではいわれることがある。しかし，私たちは「気持ちがよいこと」を求めており，驚くべき肥満の増加が示すように，単に長生きするだけでなく，良好な生活の質に関連する疾病から解放された人生を望んでいる。

　楽観的になろう。研究者や身体活動の専門家が彼らの経験から，多くの確証やよき実践をもたらし，そのことによって変化を起こすことができる。本書でレビューされた確証は，身体活動や運動の心理的要因が重要であることを強く示している。私たちは，本書の始めに，心理学的展望が活動を理解し，促進するために適切な方法のうちの1つであることを認識した。たとえ心理学だけで，この問題を解決することができないことを認識しているとしても，楽観的であるべきである。実際に，それに近いことを示すのは，愚かなことである。知識と実践，人々の身体活動レベルに影響を与える様々な現場と機関の各所を統合したときに，真の進歩が生じると確信している。

身体活動と運動の決定因：主な結果のまとめ

　本書では，主に，動機づけアプローチを用い，運動の決定因に関する主要な記述的アプローチおよび理論的アプローチについてレビューした。ここでは，このレビューから重要な結論を要約し，さらにコメントを加える。

●記述的アプローチ

- 子どもや若者において，彼らのスポーツや身体活動に参加する主な動機は，面白さ，技能の上達，親和，体力，成功，および挑戦である。成人における，運動を行う動機は，ライフサイクルのステージに伴って変化する。若い成人層では，挑戦や技能上達，健康が占める動機づけが上位にくるのに対して，年齢層が上がると，健康やリラックス，楽しみを理由に運動参加に興味を持つようになる。

- 運動参加を中断する理由は多く存在し，子どもにおいては，他に興味のあるものが存在したり，楽しさやプレー時間が欠如したり，成功できないこと，怪我，競争ストレスなどがあげられる。

- 成人では，身体，感情，動機，時間，および利用可能性のバリアが突出しており，時間のバリアは常にといってよいほど，参加を阻害する要因として引き合いに出される。

コメント　記述的アプローチは，理解しやすく，発見的な価値があるが，なぜ人がそのように行動するのかに関して，詳細な説明や理論をベースにした説明に欠けている。

●理論的アプローチ

- 自己動機づけやコミットメントのように単一の動機づけ的構成概念がこれまで提唱され，大規模な研究において変数として有効であることが証明されてきた。しかし，新しいアプローチでは，単独の変数を検証するというよりもさらに広い理論を検証することが提唱されている。
- 研究結果では，統制の所在が，運動の強い決定因であることを支持していない。多くの研究が統制の所在理論のオリジナルの仮定条件を破っており，しかも使用した尺度も十分に検証されていなかったり，不適当なものが使われたりしている。統制感の知覚に関する構成概念の定義や測定については，相当な正確さが必要とされる。
- 認知的評価理論を含めた自己決定理論は，運動動機づけを研究する上で現実味のある観点であり，将来，運動動機づけに対する理解を深めるのに役立つ。特に，身体活動に関しては，異なるタイプの外発的動機づけが存在すると考えられる。
- 運動参加は，有能感の知覚と関連しており，どのようなことでも有能感によって操作することができる。しかしながら，有能感の中でも一般化された信念よりも，より特異的な有能感/エフィカシーの知覚のほうが，特異的な行動の予測因となる。
- 目標達成理論では，人は様々な方法によって有能感や成功を捉える可能性を提唱しており，その代表的な方法が，目標志向性と課題志向性である。課題指向性は，単一でも目標指向性と組み合わせても動機づけに有効であることが示されている。
- 運動セルフエフィカシーは，患者群におけるセルフエフィカシーを使用した研究によって，患者群にも適用可能であることが示された；セルフエフィカシーの判断は般化されるが，それは経験した活動と類似した活動において最も強まる；類似していない活動に関するセルフエフィカシーは，カウンセリングを通して向上させることができる；セルフエフィカシーは，般化された予期よりも，運動行動の変化に対する優れた予測因となる。
- 運動セルフエフィカシーは，非臨床群における研究において，介入を行うことで増加させることができること，また参加，特に運動プログラムの初期段階における参加状況を予測し，介入後の不活動を減少させること，運動に関する肯定的な感情と関連することが示されている。
- 初期に行われた身体活動に対する態度の研究では，記述的な研究が主であった。一般性態度尺度は，態度と行動を関連づけることに批判的なために，通常，行動ではなく身体活動の目標，態度の状況あるいは時間要素だけを評価する。したがって，このアプローチは，人口調査において記述的な情報の誘発において役に立つが，身体活動への参加を予測する際の有用性は限られている。
- 合理的行為理論は，多様な状況やサンプルにおいて，運動の意図や行動を予測することが可能である。計画的行動理論は，合理的行為理論に身体活動に対する予測的有用性を増加させるために考案された。
- 健康信念モデルは，メタ分析で検討した結果から，健康信念モデルの主な側面によって説明できる健康行動の分散はわずかであることが示されている。しかし，健康信念モデルは，健康に関する意志決定を理解するための社会心理的枠組みを，合理的かつ効果的に統合した理論であることが示されている。身体活動における健康信念モデルの有用性はまだ証明されていない。

コメント　運動心理学における非理論的アプローチから理論的アプローチへの移行は歓迎すべきことである。しかしながら，適切な理論的モデルの定義や選択がきわめて正確であること，モデルとその他のアプローチを適切に統合する必要がある。たとえば，統制感の知覚は，運動やその他の健康行動において，重要な動機づけ要因であると広く受け入れられている。しかしながら，それらの知覚をどのように操作できるようになるかに関しては，理論ごとに大きな相違があるため，ある種の混乱を招いている。

大規模な人口調査において，単一の記述的項目を使用する必要がある。理論的アプローチをさらに完成させるために使用する大規模データの収集が必要である。加えて，いくつかの理論では実験に基づく分析が十分といえず，現在必要とされている。

- 現代の運動心理学に適用されている主な理論的アプローチ（特に社会的―認知的または，予期―価値アプローチ）間には，考慮すべき概念の収束がある。
- 「囲い込み」理論の選択において，大いなる収束を試みるべきであると主張されている。

コメント　たとえ，多くの調査研究の実施上の現実として，データがたった1つ，または2つの理論的アプローチを基にして収集されたものだとしても，私たちは「全体像」からの見地を失わないことが重要である。幅広い理論的アプローチから描かれた，調査結果に関するより大きな統合や議論が必要とされているようである。一般的に使用されている理論には重なりあう部分があり，この重なり合う部分をプラスに働かせなければならない。この重なりは，以下のようなことを行っていては起こりえない。

- もはや必要のない理論に固執すること
- 不適切に理論を操作すること
- 不適切な構成概念を測定すること
- すべての問題において，あまりに厳密に1つの理論的アプローチに固執すること

● 統合的アプローチ

- 変容ステージ，あるいは意志決定に対するトランスセオレティカル・アプローチは，運動および身体活動の決定因に関する静学モデルに重要な進歩をもたらしたが，現在，ステージだけでなく，TTMの全構成概念を身体活動において適用することが必要とされている。
- 運動のナチュラル・ヒストリー・モデルは，運動行動において鍵となるステージを突き止めるために有用な枠組みである。しかしながら，モデルのそれぞれの局面でどの決定因が重要であるか，またそうでないかを知る必要がある。
- ライフスパン交互作用モデルは，運動や身体活動への参加を制限する複雑な相互作用を証明する有用な，すべてを包含するモデルを提供している。

コメント　運動行動変容のプロセスを理解することが重要である。このような複雑な行動は，運動実践者や非運動実践者，または活動的な人や不活動な人をそれぞれ調査したとしても，完全に理解することはできない。しばしば一貫性がないものの，身体活動や運動参加における様相やステージを通って，人が移動することを認識するアプローチから理解が改善するだろう。加えて，個人内，個人間，社会的，環境的要因を考慮している生態学的アプローチにさらなる注意を払う必要がある。

● 知覚的および社会的文脈アプローチ

- 運動の刺激に対する個人の心理的，知覚的反応は一様ではない。人が運動の強度をどのように知覚するかについては多くの要因が影響している。
- 運動教室や運動グループにおいて，マスタリー動機づけが高まることは，動機づけや他の肯定的な心理的成果について好ましいことである。
- グループ凝集性に関する研究では，運動グループのドロップアウトは，ドロップアウトしないグループに比べ，凝集性の知覚が低いことが明らかにされている。しかし，グループ凝集性の概念的モデルを直接的に適応する可能性はスポーツの分野で検討されたものであり，運動に関してはさらなる研究が必要である。
- 運動行動と家族のサポートといったいくつかの社会的影響変数との間には正の相関がある。

コメント　これらの結果は，運動行動がいかに複雑であるかを浮き彫りにしている。身体活動や運動の決定因を完全に理解するためには，環境的要

因，社会―環境的要因，および知覚的要因を説明する必要がある。

運動の心理的成果：主な結果のまとめ

ここまで，運動の心理的成果に関する研究のために用いられる主なアプローチをまとめてきた。さらに，これらの主な結論をまとめ，いくつかコメントを行う。

●非臨床的対象者

- 運動や身体活動への参加は，一貫して肯定的な気分や感情と関連を持っている。実験研究でも，中等度の強度の運動が心理的安寧に対して効果があることが支持されている。
- 運動は，セルフエスティームおよび身体的自己知覚に肯定的な変化をもたらす。
- 運動や運動プログラムの後には，状態不安，特性不安，および不安に関する精神生理学的指標が軽減する。さらに，有酸素能力の高い者は，心理的ストレスに対する生理的反応が低い。
- 運動は，非臨床的な抑うつを中程度軽減させる。
- 認知的機能における運動の効果は限られているが，パーソナリティや心理的適応には効果を有する。
- 運動は，わずかではあるが，睡眠にも好ましい影響を与える。
- 運動は，月経，妊娠，および更年期障害などにも好ましい影響を及ぼす。

コメント 身体活動や運動が「よい気持ちになる」ことと関連することは，一般論としてだけでなく，研究の結果からも明らかにされている。今後，様々な心理的成果との関連を検証することにより，この結論はさらに有益なものとなる。もちろん，健康な精神は健康な肉体に宿るという考え方自体は古く，何も新しい考え方ではない。しかしながら，不備のある研究が多く，私たちは，科学的根拠を持ってこの因果性に関して評価している最中である。しかしながら，すべての知見は，身体活動に肯定的な心理的成果があることを示し，さらなる活動的なライフスタイルを促進するために効果的で重要な課題であることを示している。

●臨床的対象者

- 運動の実施が臨床レベルの抑うつを軽減することを示す知見がいくつかある。
- 運動の実施は，ある特定の不安障害に対しては逆効果（負の効果）であるという仮説もあるが，おおむね精神疾患の患者に対しては負の影響を与えることはない。
- 運動は，統合失調症のいくつかの症状を改善させる可能性がある。
- 運動は，問題を抱える飲酒者の飲酒行動を軽減させることはできないが，体力，自己知覚，および活動レベルに影響を与える。つまり，薬物依存者に対する治療の支援に運動を利用することができる。
- ごく少数ではあるが，運動実践者のうち，運動依存になってしまう人がいる。

コメント 運動と臨床レベルのうつ軽減が関連を持つという結論は，逆のように見えるかもしれない。しかし，程度の差はあるものの，多くの研究結果がこの結論を支持している。これからは，メンタルヘルスの専門家も，運動の役割にもっと目を向けるべきである。

- 身体活動や運動によってもたらされる心理学的に好ましい効果についてのメカニズムは，いまだに明らかにされてはいないが，いくつかの有力な仮説が存在する。

コメント 運動がどのようにして肯定的な心理的効果を生み出すのかについて，いまだ明らかにされていないことが，運動の有用性を示す上での弱点である。どのような要因が運動と好ましい安寧を結びつけているかを明らかにする必要がある。

これには，多角的および内面的な研究が必要である。

- 疾患や障害を抱える患者も，ほとんど例外なく，運動を行うことによって恩恵を得ることができる。しかし，これらの患者に対して，どのくらいの期間，運動を継続させればよいのかについてはほとんど知られていない。

身体活動増強のための介入：主な結果のまとめ

- 座位中心の人の身体活動レベルを短期的に増加させることは比較的簡単である。しかし，長期間変容させることは容易ではない。
- 個別対応，もしくは書面による認知行動テクニックを用いることは，最も長期的に人の行動を変容させる可能性を有している。

コメント 短期間の行動変容は可能だが，数年間，もしくは一生涯の運動参加を維持させることは容易ではない。逆戻り防止の技法を試すことにも注意を払う必要がある。様々な場面で，多様な介入を試すのと同様に，様々なメディアを用いてメッセージを伝える方法を模索することも重要である。

- 学校は，身体活動を増加させるような健康的なライフスタイルを促進させることに適した場所である。体育の授業は，すべての子どもたちに働きかけることのできる貴重な時間である。

コメント 学校が，ヘルスプロモーションのすべての局面において，重要な役割を果たすことは多くの書物で示されてきた。しかし，いまだ，学校内，また学校を通じた介入の成果に関しては，成功と失敗が混ざり合った状態であったり，適切な評価が行われていない。学校では，きわめて多くの場合，すべての子どものために活動的なライフスタイルを増進させるのではなく，競技スポーツに力を入れてきた。多くの座位中心の生活を送る大人は，学校での体育について否定的な感情を持っている。政治的な美辞は，両極端で正しくない主張，すなわち学校はもはや競技スポーツに興味はない，もしくはオリンピックでメダルを取ることを第一義にすべきだというような両極の主張に対してなんらコメントを与えてこなかった。この両極端の議論の中間的立場，すなわちスポーツは重要である，しかしスポーツを行うことに興味を示さない人たちにとっては活動的なライフスタイルこそが重要であるという考え方は，どうもメディアの興味を引かないようである。同時に，体育の専門家は，混乱し，きわめて複雑なミッション声明を政策担当者や世間に示した。体育の成績では，活動的，あるいは不活動的なライフスタイルがどのように健康に関係するかを理解することよりも，優れたパフォーマンスのほうが重視されるという考え方を強化しているようである。その一方で，体育のカリキュラムの時間は徐々に減少してきている。

- 職域において，長期欠勤，生産性，健康に関わるコストの軽減などに対する身体活動増強のための介入の効果は示されているものの，身体活動が増加したことによる効果であったかどうかについては報告されていない。

コメント 米国型や日本型の職域における運動がそのまま英国型や他の欧州型の職域に適用できるわけではないが，職域というのは，身体活動を増強させる際に非常に大きな可能性を有している。特に，職場まで徒歩や自転車で通勤するような活動的な通勤方法は，重要な政策的方略である。この変化を起こすためには，自動車や他の移動手段を使用する文化を変化させる必要がある。多機関の協力が不可欠であり，特に，交通手段と都市計画を合わせることは重要である。

- プライマリ・ケアにおける身体活動推進活動の広がりはたいへん喜ぶべきことだが，将来的にはその効果を評価することも必要である。さらに，医師などの研修や，GPに対する報酬などに関しても今後は考えていかねばならない。

- 地域をとおして身体活動を増強させるための介入を行うことにより，多大なる公衆衛生的影響を与える可能性がある。態度を変化させたり，説得するための社会心理的アプローチは地域介入のための適切な方略を見つける際に非常に役立つ。
- 近年，先進国では，法的強制力を持って身体活動の促進に努めており，この流れは，重要な健康行動として身体活動の正当性を示す手助けとなる。しかし，これは一定レベル以上の介入だけであり，効果的な身体活動促進にはすべてのレベルの介入が同等に行われる必要である。

コメント 政府も身体活動に関して興味を持ってきたが，将来的には，さらなる働きかけが必要である。そのためには，大規模で統制された研究の成果が必要であり，介入の対費用効果を示すことが重要である。このような健康行動の推進は，逆に行政機関の興味とも競合することになることも知っておかなければならない。たとえば，タバコからの税収，自動車産業における雇用の確保，および行動変容を人々に行わせなければならないとすることへの恐怖心などである。

総合的見解

この種の本の終わりに，「今後さらなる研究が必要である」と締めるのは簡単である。運動と心理的安寧の関係に関するメカニズムの検証などいくつかの分野では，事実さらなる研究が必要である。他の分野では，さらに理解を深めるために，これまでの研究をメタ分析にかけたり，質的に追跡調査をしている。必要とされているのは，運動心理学研究の量の増加と質の向上である。大規模な統制試験の研究が少なく，小規模な横断的研究ばかりが目立つ。

研究の質を向上させるためには，スポーツ・運動の枠を超えて，心理学や他の分野の科学を応用することが必要である。特に，他の社会科学者（経済学者，社会学者など），医学者，疫学者，生物学者（神経生物学，生化学，物理学など）の研究は，都市計画や交通の専門家と同様に，この分野を発展させる。しかし，この枠組みの中には，心理学的理論や測度を中心にすえなければならないことを示しているように思える。身体活動や運動は行動であり，他の観点に沿った物理的および心理的アプローチが必要である。

座位中心の生活を助長するような製品（車，コンピューター，テレビ，ゲーム，ビデオ）の製造に費やされた莫大な費用を考えると同時に，不活動の蔓延を防止するための働きかけを行わねばならない。研究者や実践者は，見解が固まるのを待って，行動を遅らせてはならない。

Hill は以下のように述べている。

> 観察によるものであろうと実験によるものであろうと，すべての研究者の仕事は不完全である。すべての科学的業績は後の知見により，否定され，修正される。これは決して，これまでの知見を無視したり，行動を遅らせたりしてよいということではない。
>
> (Hill, 1965: 12)

私たちは，本著によって多くの人が活動的になることを祈ってる。

❖ 引用文献

Aaro, L. E. (1991) 'Fitness promotion programs in mass media: Norwegian experiences.' In P. Oja and R. Telama (eds), *Sport for all* (pp. 193-200). Amsterdam: Elsevier.

Abele, A. and Brehm, W. (1993) 'Mood effects of exercise versus sports games: Findings and implications for well-being and health.' In S. Maes, H. Leventhal and M. Johnston (eds), *International Review of Health Psychology* (vol. 2, pp. 53-80). Chichester: John Wiley.

Abramson, L. Y., Seligman, M. E. P and Teasdale, J. D. (1978) 'Learned helplessness in humans: Critique and reformulation.' *Journal of Abnormal Psychology*, 87: 49-74.

Adamson, M. J. (1991) *The role of exercise as an adjunct to the treatment of substance abuse*. Unpublished M. Ed. thesis, University of Glasgow.

Adler, N. and Matthews, K. (1994) 'Health Psychology: Why do same people get sick and some stay well?' *Annual Review of Psychology*, 45: 229-59.

Ainsworth, B. E., Montoye, H. J. and Lean, A. S. (1994) 'Methods of assessing physical activity during leisure and work.' In C. Bouchard, R. J. Shephard and T. Stephens (eds), *Physical activity, fitness, and health* (pp. 145-59). Champaign, Ill: Human Kinetics.

Ajzen, I. (1985) 'From intentions to actions: A theory of planned behavior.' In J. Kuhl and J. Beckmann (eds), *Action control: From cognition to behavior* (pp. 11-39). New York: Springer-Verlag.

—— (1988) *Attitudes, personality and behaviour*. Milton Keynes; Open University Press.

—— (1991) 'The theory of planned behavior: Organization behavior and human decision processes.' *Organizational Behavior And Human Processes*, 50; 179-211.

—— (1996) 'The directive influence of attitudes an behavior.' In P. M. Gollwitzer and J. A. Bargh (eds), *The psychology of action* (pp. 385-403). New York: Guilford Press.

Ajzen, I. and Fishbein, M. (1980) *Understanding attitudes and predicting social behaviour*. Englewood Cliffs, N. J.: Prentice-Hall.

Ajzen, I. and Madden, T J. (1986) 'Prediction of goal-directed behaviour: Attitudes, intentions, and perceived behavioural control.' *Journal of Experimental Social Psychology*, 22: 453-74.

Alder, B. (1994) 'Postnatal sexuality.' In P. Y. L. Choi and P Nicolson (eds), *Female sexuality: Psychology, biology and social context*. London: Harvester Wheatsheaf.

Almond, L. and Harris, J. (1998) 'Interventions to promote health-related physical education.' In S. J. H. Biddle, J. F. Sallis and N. Cavill (eds), *Young and Active? Young people and health-enhancing physical activity: Evidence and implications* (pp. 133-49). London: Health Education Authority.

American Alliance for Health, P. E., Recreation, and Dance (1988) *Physical best*. Reston, Va.: AAHPERD.

American College of Sports Medicine (1978) 'Position statement on the recommended quantity and quality of exercise for developing and maintaining fitness in healthy adults.' *Medicine and Science in Sports*, 10: vii-x.

—— (1988) 'Opinion statement on physical fitness in children and youth.' *Medicine and Science in Sports and Exercise*, 20: 422-3.

—— (1990) 'Position Stand: The recommended quantity and quality of exercise for developing and maintaining cardiorespiratory and muscular fitness in healthy adults.' *Medicine and Science in Sports and Exercise*, 22: 265-74.

—— (1997a) *ACSM's exercise management for persons with chronic diseases and disabilities*. Champaign, Ill.: Human Kinetics.

—— (1997b) 'American College of Sports Medicine and American Diabetes Association joint position statement: Diabetes mellitus and exercise.' *Medicine and Scienee in Sports and Exercise*, 29 (12): i-vi.

—— (1998a) 'Position Stand: Exercise and physical activity for older adults.' *Medicine and Science in Sports and Exercise*, 30: 992-1008.

—— (1998b) 'Position Stand: The recommended quantity and quality of exercise for developing and maintaining cardiorespiratory and muscular fitness, and flexibility in healthy adults.' *Medicine and Science in Sports and Exercise*, 30: 975-91.

American Psychiatric Association (1980) *Diagnostic and statistical manual* (3rd edn). Washington, D. C.: APA.

—— (1994) *Diagnostic and statistical manual of mental disorders IV*. Washington, D. C.: APA.

Ames, C. and Archer, J. (1988) 'Achievement goals in the classroom: Students' learning strategies and motivation strategies.' *Journal of Educational Psychology*, 80: 260-7.

Anderson, B. L. (1992) 'Psychological interventions for cancer patients to enhance quality of life.' *Journal of Consulting and Clinical Psychology*, 60: 552-8.

Andrew, G. M., Oldridge, N. B., Parker, J. O., Cunningham, D. A., Rechnitzer, P A., Jones, N. L., Buck, C., Kavanagh, T., Shephard, R. J. and Sutton, J. R. (1981) 'Reasons for dropout from exercise programs in postcoronary patients,' *Medicine and Science in Sports and Exercise*, 13: 164-8.

Andrew, G. M. and Parker, J. O. (1979) 'Factors related to dropout of post myocardial infarction patients from exercise programs.' *Medicine and Science in Sports*, 11: 376-8.

Anspaugh, D. J., Hunter, S. and Dignan, M. (1996) 'Risk factors far cardiovascular disease among exercising versus nonexercising women.' *American Journal of Health Promotion*, 10 (3): 171-4.

Arif, A. and Westermeyer, J. (1988) *Manual of drug and alcohol abuse guidelines for teaching in medical and health institutions*. New York: Plenum.

Ary, D. V, Toobert, D., Wilson, W. and Glascow, R. E. (1986) 'Patient perspectives on factors contributing to nonadherence to diabetes regimen.' *Diabetes Care*, 9: 168-72.

Ashford, B,, Biddle, S. and Goudas, M. (1993) 'Participation in community sports centres: Motives and predictors of enjoyment.' *Journal of Sports Seienees*, 11: 249-56.

Astrand, P-O. (1994) 'Physical activity and fitness: Evolutionary perspective and trends for the future.' In C. Bouchard, R. J. Shephard and T. Stephens (eds), *Physical activity, fitness, and health* (pp. 98–105). Champaign, Ill.: Human Kinetics.

Atkins, C. J., Kaplan, R. M., Timms, R. M., Reinsch, S. and Lofback, K. (1984) 'Behavioral exercise programs in the management of chronic obstructive pulmonary disease.' *Journal of Consulting and Clinical Psychology*, 52: 591–603.

Atkinson, R. L. and Walberg-Rankin, J. (1994) 'Physical activity, fitness, and severe obesity.' In C. Bouchard, R. J. Shephard and T. Stephens (eds), *Physical activity, fitness, and health* (pp. 696–711). Champaign, Ill.: Human Kinetics.

Bachman, G., Leiblum, S., Sandler, B., Ainsley, W., Narcissioan, R., Sheldon, R. and Nakajima, H. (1985) 'Correlates of sexual desire in post menopausal women.' *Maruritas*, 7: 211–16.

Baekeland, F. (1970) 'Exercise deprivation: Sleep and psychological reactions.' *Archives of General Psychiatry*, 22: 365–9.

Bailey, C. and Biddle, S. (1988) 'Community health-related physical fitness testing and the National Garden Festival Health Fair at Stoke-on-Trent.' *Health Education Journal*, 47: 144–7.

Bandura, A. (1977) 'Self-efficacy: Toward a unifying theory of behavioral change.' *Psychological Review*, 84: 191–215.

—— (1986) *Social foundations of thought and action: A social cognitive theory*. Englewood Cliffs, N. J.: Prentice-Hall.

—— (1990) 'Perceived self efficacy in the exercise of personal agency.' *Journal of Applied Sport Psychology*, 2: 128–63.

—— (1997) *Self efficacy: The exercise of control*. New York: W H. Freeman.

Banks, A. and Waller, T. A. N. (1988) *Drug misuse: A practical handbook for GP's*. London: Blackwell Scientific.

Banks, M. A. (1989) 'Physiotherapy benefits patients with Parkinson's disease.' *Clinical Rehabilitation*, 3: 11–16.

Barker, D. J. P and Rose, G. (1990) *Epidemiology in medical practice*. Edinburgh: Churchill Livingstone.

Barlow, D. H., Grosset, K. H., Hart, H. and Hart, D. M. (1989) 'A study of the experience of Glasgow women in the climacteric years.' *British Journal of Obstetrics and Gynaecology*, 96: 1192–7.

Bar-On, D. and Cristal, N. (1987) 'Causal attributions of patients, their spouses and physicians, and the rehabilitation of the patients after their first myocardial infarction.' *Journal of Cardiopulmonary Rehabilitation*, 7: 285–98.

Beck, A. T., Ward, C. H., Mendelsohn, M., Mock, J. and Erbaugh, H. (1961) 'An inventory for measuring depression.' *Archives of General Psychiatry*, 4: 561–71.

Beck, A. T., Weissman, M. and Kavacs, M. (1976) 'Alcoholism, hopelessness and suicidal behavior.' *Journal of Studies on Alcohol*, 37: 66–77.

Becker, M. H., Haefner, D. P, Kasl, S. V, Kirscht, J. P., Maiman, L. A. and Rosenstock, I. M. (1977) 'Selected psychosocial models and correlates of individual health-related behaviours.' *Medical Care*, 15 (supplement): 27–46.

Beesley, S. and Mutrie, N. (1997) 'Exercise is beneficial adjuntive treatment in depression.' *British Medical Journal*, 315: 1542.

Beh, H. C., Mothers, S. and Holden, J. (1996) 'EEG correlates of exercise dependency.' *International Journal of Psychophysiology*, 23: 121–8.

Belman, M. J. (1989) 'Exercise in chronic pulmonary obstructive disease.' In B, A. Franklin, G. Seymour and G. C. Timmis (eds), *Exercise in modern medicine* (pp. 175–91). Baltimore: Williams and Wilkins.

Bem, S. L. (1974) 'The measurement of psychological androgyny.' *Journal of Consulting and Clinical Psychology*, 42: 155–62.

Bentley, P. and Speckart, G. (1981) 'Attitudes "cause" behaviours: A structural equation analysis.' *Journal of Personality and Social Psychology*, 40: 226–38.

Berg, K. (1986) 'Metabolic disease: Diabetes mellitus.' In V Seefeldt (ed.), *Physical activity and well-being* (pp. 425–40). Reston, Va.: American Alliance for Health, Physical Education, Recreation, and Dance.

Berryman, J. W, (2000) 'Exercise science and sports medicine: A rich history.' *Sports Medicine Bulletin*, 35 (1): 8–9.

Biddle, S. (1992) 'Adherence to physical activity and exercise.' In N. Norgan (ed.), *Physical activity and health* (pp. 170–89). Cambridge: Cambridge University Press.

—— (1993) 'Attribution research and sport psychology.' In R. N. Singer, M. Murphey and L. K. Tennant (eds), *Handbook of research on sport psychology* (pp. 437–64). New York: Macmillan.

—— (1994a) 'Motivation and participation in exercise and sport.' In S. Serpa, J. Aloes and V. Pataco (eds), *International perspectives on sport and exercise psychology* (pp. 103–26). Morgantown, W Va.: Fitness Information Technology.

—— (1994b) 'What helps and hinders people becoming mare physically active?' In A. J. Killoran, P Fentem and C. Caspersen (eds), *Moving on: International perspectives on promoting physical activity* (pp. 110–48). London: Health Education Authority.

—— (1995a) 'Exercise and psychosocial health.' *Research Quarterly for Exercise and Sport*, 66: 292–97.

—— (2000) 'Exercise, emotions, and mental health.' In Y. L. Hanin (ed.), *Emotions in sport* (pp. 267–91). Champaign, Ill.: Human Kinetics.

Biddle, S., Akande, D., Armstrong, N., Ashcroft, M., Brooke, R. and Goudas, M. (1996) 'The self-motivation inventory modified for children: Evidence on psychometric properties and its use in physical exercise,' *International Journal of Sport Psychology*, 27: 237–50.

Biddle, S., Cury, F., Goudas, M., Sarrazin, P., Famose, J. P. and Durand, M. (1995) 'Development of scales to measure perceived physical education class climate: A cross-national project.' *British Journal of Educational Psychology*, 65: 341–58.

Biddle, S., Fox, K. and Edmunds, L. (1994a) *Physical activity promotion in primary health care in England*. London: Health Education Authority.

Biddle, S. and Goudas, M. (1996) 'Analysis of children's

physical activity and its association with adult encouragement and social cognitive variables.' *Journal of School Health*, 66 (2): 75–8.

Biddle, S., Goudas, M. and Page, A. (1994b) 'Social psychological predictors of self-reported actual and intended physical activity in a university workforce sample.' *British Journal of Sports Medicine*, 28: 160–3.

Biddle, S., Soos, I. and Chatzisarantis, N. (1999) 'Predicting physical activity intentions using a goal perspectives approach: A study of Hungarian youth.' Scandinavian Journal of *Medicine and Science in Sports*, 9: 353–7.

Biddle, S. J. H. (ed.) (1995b) *European perspectives on exercise and sport psychology*. Champaign, Ill.: Human Kinetics.

—— (1995c) 'Exercise motivation across the lifespan.' In S. J. H. Biddle (ed.), *European perspectives on exercise and sport psychology* (pp. 5–25). Champaign, Ill.: Human Kinetics.

—— (1997a) 'Cognitive theories of motivation and the physical self.' In K. R. Fox (ed.), *The physical self.' From motivation to well-being* (pp. 59–82). Champaign, Ill.: Human Kinetics.

—— (1997b) 'Current trends in sport and exercise psychology research.' *The Psychologist: Bulletin of the British Psychological Society*, 10 (2): 63–9.

—— (1999a) 'Adherence to sport and physical activity in children and youth.' In S. J. Bull (ed.), *Adherence issues in exercise and sport* (pp. 111–44). Chichester: John Wiley.

—— (1999b) 'Motivation and perceptions of control: Tracing its development and plotting its future in exercise and sport psychology.' *Journal of Sport and Exercise Psychology*, 21: 1–23.

Biddle, S. J. H. and Ashford, B. (1988) 'Cognitions and perceptions of health and exercise.' *British Journal of Sports Medicine*, 22: 135–40.

Biddle, S. J. H. and Chatzisarantis, N. (1999) 'Motivation for a physically active lifestyle through physical education.' In Y Vanden Auweele, F. Bakker, S. Biddle, M. Durand and R. Seiler (eds), *Psychology for physical educators* (pp. 5–26). Champaign, Ill.: Human Kinetics.

Biddle, S. J. H. and Fox, K. R. (1989) 'Exercise and health psychology: Emerging relationships.' *British Journal of Medical Psychology*, 62: 205–16.

Biddle, S. J. H., Fox, K. R. and Boutcher, S. H. (eds) (2000) *Physical activity and psychological well-being*. London: Routledge.

Biddle, S. J. H., Hanrahan, S. J. and Sellars, C. (in press) 'Attributions: Past, present, and future.' In R. N. Singer, H. Hausenblas and C. Janelle (eds), *Handbook of sport psychology*. New York: Wiley.

Biddle, S. J. H. and Mutrie, N. (1991) *Psychology of physical activity and exercise: A health-related perspective*. London: Springer-Verlag,

Biddle, S. J. H., Sallis, J. F. and Cavill, N. (eds) (1998) *Young and active? Young people and health-enhancing physical activity: Evidence and implications*. London: Health Education Authority.

Biering-Sorensen, F. S., Bendix, T., Jorgensen, K., Manniche, C. and Nielsen, H. (1994) 'Physical activity, fitness, and back pain.' In C. Bouchard, R. J. Shephard and T. Stephens (eds), *Physical activity fitness, and health* (pp. 724–36). Champaign, Ill.: Human Kinetics.

Birk, T J. (1996) 'HIV and exercise.' *Exercise Immunology Review*, 2: 84–95.

Blair, S. (1993) 'CH McCloy Research Lecture: Physical activity, physical fitness and health.' *Research Quarterly for Exercise and Sport*, 64: 365–76.

Blair, S. N. (1988) 'Exercise within a healthy lifestyle.' In R. K. Dishman (ed.), *Exercise adherence: Its impact on public health* (pp. 75–89). Champaign, Ill.: Human Kinetics.

—— (1994) 'Physical activity, fitness, and coronary heart disease.' In C. Bouchard, R. J. Shephard and T. Stephens (eds), *Physical activity, fitness and health* (pp. 579–90). Champaign, Ill.: Human Kinetics.

Blair, S. N. and Brodny, S. (1999) 'Effects of physical inactivity and obesity on morbidity and mortality: Current evidence and research issues.' *Medicine and Science in Sports and Exercise*, 31 (11: supplement): S646–S662.

Blair, S. N., Kahl, H. W. and Goodyear, N. N. (1987) 'Rates and risks far running and exercise injuries: Studies in three populations.' *Research Quarterly for Exercise and Sport*, 58: 221–8.

Blair, S. N., Kohl, H. W, Gordon, N. F. and Paffenbarger, R. S. (1992) 'How much physical activity is good for health?' *Annual Review of Public Health*, 13: 99–126.

Blair, S. N., Kohl, H. W, Paffenbarger, R. S., Clark, D. G., Cooper, K. H. and Gibbons, L. W. (1989) 'Physical fitness and all-cause mortality: A prospective study of healthy men and women.' *Journal of the American Medical Association*, 262 (17): 2395–401.

Blarney, A., Mutrie, N. and Aitchison, T. (1995) 'Health promotion by encouraged use of stairs.' *British Medical Journal*, 311: 289–90.

Bluechardt, M. H., Wiener, J. and Shephard, R. J. (1995) 'Exercise programmes in the treatment of children with learning disabilities.' *Sports Medicine*, 19: 55–72.

Blumenthal, J. A., Williams, R. S., Wallace, A. G., Williams, R. B. and Needles, T. L. (1982) 'Physiological and psychological variables predict compliance to prescribed exercise therapy in patients recovering from myocardial infarction.' *Psychosomatic Medicine*, 44: 519–27.

Boer, H, and Seydel, E. R. (1996) 'Protection motivation theory.' In M. Corner and P Norman (eds), *Predicting health behaviour: Research and practice with social cognition models* (pp. 95–120). Buckingham: Open University Press.

Booth, M. L., Macaskill, P., Owen, N., Oldenburg, B., Marcus, B. H, and Bauman, A. (1993) 'Population prevalence and correlates of stages of change in physical activity.' *Health Education Quarterly*, 20: 431 40.

Borg, G, (1998) *Borg's perceived exertion and pain scales*. Champaign, Ill.: Human Kinetics.

Bosscher, R. J. (1993) 'Running and mixed physical exercise with depressed psychiatric patients.' *International Journal of Sport Psychology*, 24: 170–84.

Bouchard, C. and Despres, J. P (1995) 'Physical activity and health: Atherosclerotic, metabolic, and hypertensive diseases.' *Research Quarterly for Exercise and*

Sport, 66: 268–75.
Bouchard, C. and Shephard, R. J. (1994) 'Physical acivity, fitness, and health: The model and key concepts.' In C. Bouchard, R. J. Shephard and T. Stephens (eds), *Physical activity, fitness, and health* (pp. 77–88). Champaign, Ill.: Human Kinetics.
Bouchard, C., Shephard, R. J. and Stephens, T. (eds) (1994) *Physical activity, fitness and health: International proceedings and consensus statement*. Champaign, Ill.: Human Kinetics.
Bouehard, C., Shephard, R. J., Stephens, T., Sutton, J, R. and McPerson, B. D. (eds) (1990) *Exercise, fitness and health: A consensus of current knowledge*. Champaign Ill.: Human Kinetics.
Boutcher, S. (1993) 'Emotion and aerobic exercise.' In R. N. Singer, M. Murphey and L. K. Tennant (eds), *Handbook of research on sport psychology* (pp. 799–814). New York: Macmillan,
Boutcher, S. H. (2000) 'Cognitive performance, fitness, and ageing.' In S. J. H. Biddle, K. R. Fox andS. H. Boutcher (eds), *Physical activity and psychological well-being* (pp. 118–29). London: Routledge.
Boutcher, S. H., McAuley, E. and Courneya, K. S. (1997) 'Positive and negative affective response of trained and untrained subjects during and after aerobic exercise.' *Australian Journal of Psychology*, 49: 28–32.
Bozoian, S., Rejeski, W. J. and McAuley, E. (1994) 'Self-efficacy influences feeling states associated with acute exercise.' *Journal of Sport and Exercise Psychology*, 16: 326–33.
Brawley, L. R. (1993) 'The practicality of using social psychological theories for exercise and health reserach and intervention.' *Journal of Applied Sport Psychology*, 5: 99–115.
Brehm, B. J. and Steffen, J. J. (1998) 'Relation between obligatory exercise and eating disorders.' *American Journal of Health Behavior*, 22 (2): 108–19.
Brettschneider, W. D. (1992) 'Adolescents, leisure, sport and lifestyle.' In T. Williams, L. Almond and A. Sparkes (eds), *Sport and physical activity: Moving towards excellence* (pp. 536–50). London: Spon.
Brewer, B. W (1993) *The dark side of exercise and mental health*. Paper presented at the 8th World Congress of Sport Psychology, Lisbon.
British Nutrition Foundation (1999) *Obesity: The report of the British Nutrition Foundation Task Force*. Oxford: Blackwell Science.
Brown, S. W., Welsh, M. C., Labbe, E. E., Vitulli, W F. and Kulkarni, P. (1992) 'Aerobic exercise in the psychological treatment of adolescents.' *Perceptual and Motor Skills*, 74. 555–60.
Brownell, K. D., Stunkard, A. J. and Albaum, J. M. (1980) 'Evaluation and modification of exercise patterns in the natural environment.' *American Journal of Psychiatry*, 137: 1540–5.
Buonamano, R., Cei, A. and Missino, A. (1995) 'Participation motivation in Italian youth sport.' *The Sport Psychologist*, 9: 265–81.
Butler, C. C., Rollnick, S., Cohen, D., Bachmann, M., Russell, h and Stott, N. (1999) 'Motivational consulting versus brief advice for smokers in general practice: A randomized trial.' *British Journal of General Practice*, 49: 611–16.

Buxton, K., Wyse, J. and Mercer, T. (1996) 'How applicable is the stages of change model to exercise behaviour? A review.' *Health Education Journal*, 55; 239–57.
Buxton, M. J., O'Hanlon, M. and Rushby, J. (1990) 'A new facility for the measurement of health-related quality of life.' *Health Policy*, 16: 199–208.
—— (1992) 'EuroQoL: A reply and reminder.' *Health Policy*, 20: 329–32.
Byrne, A. and Byrne, D. G. (1993) 'The effect of exercise on depression, anxiety and other mood states.' *Journal of Psychosomatic Research*, 37: 565–74.
Cacioppo, J. T., Gardner, W and Berntson, G. G. (1999) 'The affect system has parallel and integrative processing components: Form follows function.' *Journal of Personality and Social Psychology*, 76: 839–55.
Calabrese, L. H. (1990) 'Exercise, immunity, cancer, and infection.' In C. Bouchard, R. J. Shephard, T. Stephens, J. R. Sutton and B. D. McPherson (eds), *Exercise, fitness and health* (pp. 567–79). Champaign, Ill.: Human Kinetics.
Calfas, K., Long, B., Sallis, J., Wooten, W., Pratt, M, and Patrick, K. (1996) 'A controlled trial of physician counseling to promote the adoption of physical activity.' *Preventive Medicine*, 25: 225–33.
Calfas, K. J., Sallis, J. F., Oldenburg, B. and Ffrench, M. (1997) 'Mediators of change in physical activity following an intervention in primary care: PACE.' *Preventive Medicine*, 26: 297–304.
Calfas, K. J. and Taylor, W. C. (1994) 'Effects of physical activity on psychological variables in adolescents.' *Pediatric Exercise Science*, 6: 406–23.
Camacho, T. C., Roberts, R. E., Lazarus, N. B., Kaplan, G. A. and Cohen, R. D. (1991) 'Physical activity and depression: Evidence from the Alameda county study.' *American Journal of Epidemiology*, 134: 220–31.
Cameron, J. and Pierce, D. (1994) 'Reinforcement, reward and intrinsic motivation: A meta-analysis.' *Review of Educational Research*, 64: 363–423.
Campbell, N., Grimshaw, J., Rawles, J. and Ritchie, L. (1994) 'Cardiac rehabilitation: The agenda set by post-myocardial infarction patients.' *Health Education Journal*, 53: 409–20.
Canada Fitness Survey (1983a) *Canadian youth and physical activity*. Ottawa: Canada Fitness Survey.
——(1983b) *Fitness and lifestyle in Canada*. Ottawa: Canada Fitness Survey.
Cantu, R. C. (1982) *Diabetes and Exercise*. Ithaca, N. Y.: Mouvement.
Cardinal, B. J. and Sachs, M. L. (1995) 'Prospective analysis of stage-of-exercise movement following mail-delivered self-instructional exercise packets.' *American Journal of Health Promotion*, 9: 430–32.
Carmack, M. A. and Martens, R. (1979) 'Measuring commitment to running: A survey of runners' attitudes and mental states.' *Journal of Sport Psychology*, 1: 25–42.
Carpenter, D, M. and Nelson, B. W. (1999) 'Low back strengthening for the prevention and treatment of low back pain.' *Medicine and Science in Sports and Exercise*, 31: 18–24.
Carpenter, P. J., Seaman, T. K., Simons, J. P. and Lobel, M. (1993) 'A test of the sport commitment model using

structural equation modeling.' *Journal of Sport and Exercise Psychology*, 15, 119–33.

Carron, A. V. and Hausenblas, H. A. (1998) *Group dynamics in sport* (2nd edn). Morgantown, W. Va.: Fitness Information Technology.

Carron, A. V., Hausenblas, H. A. and Estabrooks, P. A. (1999) 'Social influence and exercise involvement.' In S. J. Bull (ed.), *Adherence issues in sport and exercise* (pp. 1–17). Chichester: Wiley.

Carron, A. V., Hausenblas, H. A. and Mack, D. (1996) 'Social influence and exercise: A meta-analysis.' *Journal of Sport and Exercise Psychology*, 18: 1–16.

Carron, A. V., Widmeyer, W. N. and Brawley, L. R. (1988) 'Group cohesion and individual adherence to physical activity.' *Journal of Sport and Exercise Psychology*, 10: 127–38.

Caspersen, C. J. (1989) 'Physical activity epidemiology: Concepts, methods, and applications to exercise science.' *Exercise and Sport Sciences Reviews*, 17: 423–73.

Caspersen, C. J., Merritt, R. K. and Stephens, T. (1994) 'International physical activity patterns; A methodological perspective.' In R. K. Dishman (ed.), *Advances in exercise adherence* (pp. 73–110). Champaign, Ill.: Human Kinetics.

Caspersen, C. J., Powell, K. E. and Christenson, G. M. (1985) 'Physical activity, exercise and physical fitness: Definitions and distinctions for health-related research.' *Public Health Reports*, 100: 126–31.

Cattell, R. B., Eber, H. W. and Tatsuoka; M. M. (1970) *Handbook of the 16PF questionnaire*. Champaign, Ill.: Institute of Personality and Ability Testing.

Centres for Disease Control and Prevention (1997) 'Guidelines for school and community programs to promote lifelong physical activity among young people.' *Morbidity and Mortality Weekly Report*, 46 (RR-6): 1–36.

Chaiken, S. (1980) 'Heuristic versus systematic information processing and the use of source versus message cues in persuasion.' *Journal of Personality and Social Psychology*, 39: 752–66.

Chamove, A. S. (1986) 'Positive short-term effects of activity on behaviour in chronic schizophrenic patients.' *British Journal of Clinical Psychology*, 25: 125–33.

Chaouloff, F. (1997) 'The serotonin hypothesis.' In W. P. Morgan (ed.), *Physical activity and mental health* (pp. 179–98). Washington, D. C.: Taylor and Francis.

Chatzisarantis, N. and Biddle, S. J. H. (1998) 'Functional significance of psychological variables that are included in the Theory of Planned Behaviour: A self-determination theory approach to the study of attitudes, subjective norms, perceptions of control, and intentions.' *European Journal of Social Psychology*, 28: 303–22,

——(1999) 'A self determination theory approach to the boundary conditions of the theories of reasoned action and planned behaviour in exercise and sport: Theoretical extensions using meta-analysis.' Manuscript in review.

Chatzisarantis, N., Biddle, S. J. H. and Meek, G. A. (1997) 'A self-determination theory approach to the study of intentions and the intention-behaviour relationship in children's physical activity.' *British Journal of Health Psychology*, 2: 343–60.

Chelladurai, P. (1993) 'Leadership.' In R. N. Singer, M, Mulphey and L. K. Tennant (eds), *Handbook of research on sport psychology* (pp. 647–71). New York: Macmillan.

Chelladurai, P and Saleh, S. (1980) 'Dimensions of leader behavior in sports: Development of a leader-ship scale.' *Journal of Sport Psychology*, 2: 34–45.

Choi, P, Y. L. and Salmon, P. (1995) 'Symptom changes across the menstrual cycle in competitive sportswomen, exercisers and sedentary women.' *British Journal of Clinical Psychology*, 34: 447–60.

Chow, R., Harrison, J. E. and Notarius, C. (1987) 'Effect of two randomized exercise programmes on bone mass of healthy postmenopausal women.' *British Medical Journal*, 295, 1441–4.

Cleary, J. (1996) *Safe routes to school project: Findings of schools survey*. Bristol: Sustrans.

Clore, G. L., Ortony, A. and Foss, M. A. (1987) 'The psychological foundations of the affective lexicon.' *Journal of Personaity and Social Psychology*, 53: 751–66.

Coakley, J. and White, A. (1992) 'Making decisions; Gender and sport participation among British adolescents.' *Sociology of Sport Journal*, 9: 20–35.

Coggins, A., Swanston, D. and Crombie, H. (1999) *Physical activity and inequalities: A briefing paper*. London: Health Education Authority.

Comella, C., Stebbins, G., Toms, N. and Goetz, C. (1994) 'Physical therapy and Parkinson's disease: A controlled clinical trial.' *Neurology*, 44: 376–8.

Conner, M. and Armitage, C. (1998) 'Extending the theory of planned behavior: A review and avenues for further research.' *Journal of Applied Social Psychology*, 28: 1429–64.

Conner, M. and Norman, P. (1994) 'Comparing the Health Belief Model and the Theory of Planned Behaviour in health screening.' In D. R. Rutter and L. Quine (eds), *Social psychology and health: European perspectives* (pp.1–24). Aldershot: Avebury.

——(eds) (1996) *Predicting health behaviour*. Buckingham: Open University Press.

Conner, M. and Sparks, P. (1996) 'The theory of planned behaviour and health behaviours.' In M. Conner and P Norman (eds), *Predicting health behaviour* (pp. 121–62). Buckingham: Open University Press.

Corbin, C. B. (1984) 'Self confidence of females in sports and physical activity.' *Clinics in Sports Medicine*, 3: 895–908.

Corbin, C. B., Nielsen, A. B., Borsdorf, L. L, and Laurie, D. R. (1987) 'Commitment to physical activity.' *International Journal of Sport Psychology*, 18: 215–22.

Corbin, C. B., Whitehead, J. R. and Lovejoy, P. (1988) 'Youth physical fitness awards.' *Quest*, 40: 200–18.

Cowart, V. S. (1989) 'Can exercise help women with PMS?' *The Physician and Sportsmedicine*, 17(4): 169–78.

Cowles, E. (1898) 'Gymnastics in the treatment of inebriety.' *American Physical Education Review*, 3: 107–10.

Craft, L. L. and Landers, D. M. (1998) 'The effect of exercise on clinical depression and depression resulting from mental illness: A meta-analysis.' *Journal of*

Sport and Exercise Psychology, 20: 339-57.
Crammer, S. R., Neiman, D. and Lee, J. (1991) 'The effects of moderate exercise training on psychological well-being and mood state in women.' *Journal of Psychosomatic Research*, 35: 437-49.
Crews, D. J. and Landers, D. M. (1987) 'A meta-analytic review of aerobic fitness and reactivity to psychosocial stressors.' *Medicine and Science in Sports and Exercise*, 19 (5: supplement): S114-S120.
Csikszentmihalyi, M. (1975) *Beyond boredom and anxiety*. San Francisco: Jossey-Bass.
Davies, D. G., Halliday, M. E., Mayes, M. and Pocok, R. L. (1997) *Attitudes to cycling -A qualitative and conceptual framework: Report 266, Transport Research Laboratory*. London: Crowthorne.
Davis, A. (1999) *Active transport: A guide to the development of local initiatives to promote walking and cycling*. London: Health Education Authority.
Davis, C., Brewer, H. and Ratusny, D. (1993) 'Behavioral frequency and psychological commitment: Necessary concepts in the study of excessive exercising.' *Journal of Behavioral Medicine*, 16: 611-28.
Davis, C., Kaptein, S., Kaplan, A. S., Olmsted, M. P. and Woodside, D. B. (1998) 'Obsessionality in anorexia nervosa: The moderating influence of exercise.' *Psychosomatic Medicine*, 60: 192-7.
De Bourdeauhuij, I. (1998) 'Behavioural factors associated with physical activity in young people.' In S. Biddle, J. Sallis and N. Coven (eds), *Young and active? Young people and health-enhancing physical activity: Evidence and implications* (pp. 98-118). London: Health Education Authority.
De Bourdeaudhuij, I. and Van Oost, P. (1999) 'A cluster-analytical appoach toward physical activity and other health-related behaviors.' *Medicine and Science in Sports and Exercise*, 31: 605-12.
Dearing; R. (1994) *The National Curriculum and its assessment: Final report*. London: School Curriculum and Assessment Authority.
deCharms, R. (1968) *Personal causation*. New York: Academic Press.
Deci, E. (1992) 'On the nature and functions of motivation theories.' *Psychological Science*, 3: 167-71.
Deci, E., Eghrari, H., Patrick, B. C. and Leone, D. R. (1994) 'Facilitating internalisation: The Self-Determination Theory perspective.' *Journal of Personality*, 62, 119-42.
Deci, E. L. (1975) *Intrinsic motivation*. New York: Plenum.
Deci, E. L. and Flaste, R. (1995) *Why we do what we do: Understanding self motivation*. New York: Penguin.
Deci, E. L., Koestner, R. and Ryan, R. M. (1999) 'A meta-analytic review of experiments examing the effects of extrinsic rewards on intrinsic motivation.' *Psychological Bulletin*, 125: 627-68.
Deci, E. L. and Ryan, R. M. (1985) *Intrinsic motivation and self determination in human behavior*. New York: Plenum Press.
——(1991) 'A motivational approach to self: Integration in personality.' In R. A. Dienstbier (ed.), *Nebraska symposium on motivation: Perspectives on motivation* (vol. 38, pp. 237-88) Lincoln, Nebr.: University of Nebraska Press.

Department of the Environment, Transport and the Regions (1998) *A new deal for transport − better for everyone: The Government's White Paper on the future of transport*. London: The Stationery Office.
Department of Health (1993a) *Better living, better life*. Henley: Knowledge House.
——(1993b) *The Health of the Nation: A strategy for health for England*. London: HMSO.
——(1995) *Obesity: Reversing the increasing problem of obesity in England*. London: Department of Health.
——(1998) *Our healthier nation: A contract for health*. London: The Stationery Office.
Department of Health and Human Services (1980) *Promoting health/Preventing disease: Objectives for the nation*. Washington, D. C.: US Goverment Printing Office.
——(1986) *Midcourse review: 1990 physical fitness and exercise objectives*. Washington, D. C.: US Government Printing Office.
——(1991) *Healthy people 2000: National health promotion and disease prevention objectives* (DHHS Pub. No. PHS 91-50212) Washington, D. C.: US Government Printing Office.
——(1996) *Physical activity and health: A report of the Surgeon General*. Atlanta, Ga.: Centres for Disease Control and Prevention.
——(1997) 'Guidelines for school and community programs to promote lifelong physical activity among young people.' *Morbidity and Mortality Weekly Report*, 46 (7 March): 1-36.
——(1999) *Promoting physical activity: A guide for community action*. Champaign, Ill.: Human Kinetics.
Derogates, L. R., Lipman, R. S. and Covi, L. (1973) 'The SCL-90. An outpatient psychiatric rating scale.' *Psychopharmaeology Bulletin*, 9: 13-28.
Desharnais, R., Bouillon, J. and Godin, G. (1986) 'Self-efficacy and outcome expectations as determinants of exercise adherence.' *Psychological Reports*, 59. 1155-9.
Diener, E. (1999) 'Introduction to the special section on the structure of emotion.' *Journal of Personality and Social Psychology*, 76: 803-4.
Dishman, R., Ickes, W. and Morgan, W. (1980) 'Self-motivation and adherence to habitual physical activity.' *Journal of Applied Social Psychology*, 10. 115-32.
Dishman, R., Oldenburg, B., O'Neal, H. and Shephard, R. J. (1998) 'Worksite physical activity interventions.' *American Journal of Preventive Medicine*, 15: 344-61.
Dishman, R. K. (1981) 'Biologic influences on exercise adherence.' *Research Quarterly for Exercise and Sport*, 52: 143-59.
——(1982) 'Compliance/adherence in health-related exercise.' *Health Psychology*, 1: 237-67.
——(1987) 'Exercise adherence and habitual physical activity.' In W. P. Morgan and S. E. Morgan (eds), *Exercise and mental health* (pp. 57-83). Washington: Hemisphere.
——(1988a) 'Behavioral barriers to health-related physical fitness.' In L. K. Hall and G. C. Meyer (eds), *Epidemiology, behavior change, and intervention in chronic disease* (pp. 49-83). Champaign, Ill.: Life Enhancement Publications.
——(ed.) (1988b) *Exercise adherence: Its impact on public health*. Champaign, Ill.: Human Kinetics.

——(1990) 'Determinants of participation in physical activity.' In C. Bouchard, R. J. Shephard, T. Stephens, J. R. Sutton and B. D. McPherson (eds), *Exercise, fitness, and health* (pp. 75–101). Champaign, Ill.: Human Kinetics.

——(1993) 'Exercise adherence.' In R. N. Singer, M. Murphey and L. K. Tennant (eds), *Handbook of research on sport psychology* (pp. 779–98). New York: Macmillan.

——(1994a) 'Consensus, problems and prospects.' In R. K. Dishman (ed.), *Advances in exercise adherence* (pp. 1–27). Champaign, Ill.: Human Kinetics.

——(1994b) 'The measurement conundrum in exercise adherence research.' *Medicine and Science in Sports and Exercise*, 26: 1382–90.

——(1995) 'Physical activity and public health: Mental health.' *Quest*, 47: 362–85.

——(1997) 'The norepinephrine hypothesis.' In W. P. Morgan (ed.), *Physical activity and mental health* (pp. 199–212). Washington, D. C.: Taylor and Francis.

Dishman, R. K. and Buckworth, J. (1996) 'Increasing physical activity: A quantitative synthesis.' *Medicine and Science in Sports and Exercise*, 28: 706–19.

——(1997) 'Adherence to physical activity.' In W. P. Morgan (ed.), *Physical activity and mental health* (pp. 63–80). Washington, D. C.: Taylor and Francis.

Dishman, R. K. and Dunn, A. L. (1988) 'Exercise adherence in children and youth: Implications for adulthood.' In R. K. Dishman (ed.), *Exercise adherence: Its impact on public health* (pp. 155–200). Champaign, Ill. ; Human Kinetics.

Dishman, R. K. and Gettman, L. (1980) 'Psychobiologic influences on exercise adherence.' *Journal of Sport Psychology*, 2: 295–310.

Dishman, R. K. and Ickes, W. (1981) 'Self motivation and adherence to therapeutic exercise.' *Journal of Behavioral Medicine*, 4: 421–38.

Dishman, R. K. and Landy, F. J. (1988) 'Psychological factors and prolonged exercise.' In D. R. Lamb and R. Murray (eds), *Perspectives in exercise science and sports medicine; I. Prolonged exercise* (pp. 281–355). Indianapolis, Ind.: Benchmark Press.

Dishman, R. K. and Sallis, J. F. (1994) "Determinants and interventions for physical activity and exercise.' In C. Bouchard, R. J. Shephard and T. Stephens (eds), *Physical activity, fitness, and health* (pp. 203–13). Champaign, Ill.: Human Kinetics.

Dishman, R. K., Sallis, J. F. and Orenstein, D. (1985) 'The determinants of physical activity and exercise.' *Public Health Reports*, 100: 158–71.

Dishman, R. K. and Steinhardt, M. (1990) 'Health locus of control predicts free-living, but not supervised physical activity: A test of exercise-specific control and outcome-expectancy hypotheses.' *Research Quarterly for Exercise and Sport*, 61. 383–94.

Dixon, P., Heaton, J., Long, A. and Warburton, A. (1994) 'Reviewing and applying the SF-36.' *Outcomes Briefing*, 4: 3–25.

Doan, R. E. and Scherman, A. (1987) 'The therapeutic effect of physical fitness on measures of personality: A literature review.' *Journal of Counselling and Development*, 66: 28–36.

Doganis, G, and Theodorakis, Y. (1995) 'The influence of attitude on exercise participation.' In S. J. H. Biddle (ed.), *European perspectives on exercise and sport psychology* (pp. 26–49). Champaign, Ill.: Human Kinetics.

Doganis, G., Theodorakis, Y and Bagiatis, K. (1991) 'Self-esteem and locus of control in adult female fitness program participants.' *International Journal of Sport Psychology*, 22: 154–64.

Donaghy, M. and Mutrie, N. (1997) 'Physical self-perception of problem drinkers on entry to an alcohol rehabilitation programme.' *Physiotherapy*, 83(7): 358.

——(1998) 'A randomized controlled study to investigate the effect of exercise on the physical self-perceptions of problem drinkers.' *Physiotherapy*, 84(4): 169.

Donaghy, M., Ralston, G. and Mutrie, N. (1991) 'Exercise as a therapeutic adjunct for problem drinkers' (abstract). *Journal of Sports Sciences*, 9: 440.

Dong, W. and Erins, B. (1997) *Scottish Health Survey 1995*. Edinburgh: The Stationery Office.

Donovan, R. J. and Owen, N. (1994) 'Social marketing and population interventions.' In R. K. Dishman (ed.), *Advances in Exercise Adherence* (pp. 249–90). Champaign, Ill.: Human Kinetics.

Doyne, E. J., Ossip-Klein, D. J., Bowman, E., Osborn, K. M., McDougall-Wilson, I. B. and Neimeyer, R. A. (1987) 'Running versus weightlifting in the treatment of depression.' *Journal of Consulting and Clinical Psychology*, 55: 748–54.

Drinkwater, B. L. (1994) 'Physical activity, fitness, and osteoporosis.' In C. Bouchard, R. J. Shephard and T. Stephens (eds), *Physical activity, fitness, and health* (pp. 724–36). Champaign, Ill.: Human Kinetics.

Duda, J. L. (1993) 'Goals: A social cognitive approach to the study of achievement motivation in sport.' In R. N. Singer, M. Murphey and L. K. Tennant (eds), *Handbook of research on sport psychology* (pp. 421–36). New York: Macmillan.

Duda, J. L. and Whitehead, J. (1998) 'Measurement of goal perspectives in the physical domain.' In J. L. Duda (ed.), *Advances in sport and exercise psychology measurement* (pp. 21–48). Morgantown, W. Va.: Fitness Information Technology.

Dugmore, D. (1992) 'Exercise and heart disease.' In K. Williams (ed.), *The community prevention of coronary heart disease* (pp. 43–58). London: HMSO.

Dummer, G., Rosen, L., Heusner, W., Roberts, P and Counsilman, J. (1987) 'Pathogenic weight control behaviors of young competitive swimmers.' *The Physician and Sportsmedicine*, 15(5): 75–84.

Dunn, A., Marcus, B., Kampert, J., Garcia, M., Kohl, H. and Blair, S. (1999) 'Comparison of lifestyle and structured interventions to increase physical activity and cardiorespiratory fitness: a randomized trial.' *Journal of the American Medical Association*, 281(4): 327–34.

Dunn, A. L. (1996) 'Getting started: A review of physical activity adoption strategies.' *British Journal of Sports Medicine*, 30: 193–9.

Dunn, A. L. and Dishman, R. K. (1991) 'Exercise and the neurobiology of depression.' *Exercise and Sport Sciences Reviews*, 19: 41–98.

Dunn, A. L., Garcia, M. E., Marcus, B. H., Kampert, J. B., Kohl, H. W., and Blair, S. N. (1998) 'Six-month physical activity and fitness changes in Project Active, a randomized trial.' *Medicine and Science in Sports and Exercise*, 30: 1076-83.

Dunn, A. L., Marcus, B. H., Kampert, J. B., Garcia, M. E., Kohl, H. W. and Blair, S. N. (1997) 'Reduction in cardiovascular disease risk factors: 6-months results from Project Active.' *Preventive Medicine*, 26: 883-92.

Dunn, S. W. (1993) 'Psychological aspects of diabetes in adults.' In S. Maes, H. Leventhal and M. Johnston (eds), *International Review of Health Psychology* (vol. 2, pp. 175-97). London: John Wiley.

Durnin, J. V. G. A. (1990) 'Assessment of physical activity during leisure and work.' In C. Bouchard, R. J. Shephard, T. Stephens, J: R. Sutton and B. D. McPherson (eds), *Exercise, fitness, and health* (pp. 63-70). Champaign, Ill.: Human Kinetics.

Dweck, C. (1992) 'The study of goals in psychology.' *Psychological Science*, 3: 165-7.

——(1996) 'Implicit theories as organizers of goals and behavior.' In P. Gollwitzer and J. Bargh (eds), *The Psychology of action* (pp. 69-90). New York: Guilford Press.

Dweck, C. S. (1980) 'Learned helplessness in sport.' In C. H. Nadeau, W. R. Halliwell, K. M. Newell and G. C. Roberts (eds), *Psychology of motor behavior and sport -1979* (pp.1-11). Champaign, Ill.: Human Kinetics.

——(1999) *Self theories: Their role in motivation, personality, and development*. Philadelphia, Pa.: Taylor and Francis.

Dweck, C. S., Chiu, C. Y. and Hong, Y. Y. (1995) 'Implicit theories and their role in judgments and reactions: A world from two perspectives.' *Psychological Inquiry*, 6: 267-85.

Dweck, C. S. and Leggett, E. (1988) 'A social-cognitive approach to motivation and personality.' *Psychological Review*, 95: 256-73.

Dwyer, T., Coonan, W. E., Leitch, D. R., Hetzel, B. S. and Baghurst, R. A. (1983) 'An investigation of the effects of daily physical activity on the health of primary school students in South Australia.' *International Journal of Epidemiology*, 12. 308-13.

Dzewaltowski, D. A. (1989) 'Toward a model of exercise motivation,' *Journal of Sport and Exercise Psychology*, 11. 251-69.

——(1994) 'Physical activity determinants: A social cognitive approach.' *Medicine and Science in Sports and Exercise*, 26: 1395-9.

Dzewaltowski, D. A., Noble, J. M. and Shaw, J. M. (1990) 'Physical activity participation: Social cognitive theory versus the theories of reasoned action and planned behavior.' *Journal of Sport and Exercise Psychology*, 12: 388-405.

Eadie, D. R. and Leathar, D. S. (1988) *Concepts of fitness and health: An exploratory study*. Edinburgh: Scottish Sports Council.

Edwards, W. (1954) 'The theory of decision making.' *Psychological Bulletin*, 51: 380-417.

Eiser, J. R. (1986) *Social psychology*. Cambridge: Cambridge University Press.

——(1994) *Attitudes, chaos and the connectionist mind*. Oxford: Blackwell,

Eiser, J. R. and van der Pligt, J. (1988) *Attitudes and decisions*. London: Routledge.

Ekkekakis, P. and Petruzzello, S. J. (1999) 'Acute aerobic exercise and affect: Current status, problems and prospects regarding dose-response.' *Sports Medicine*, 28: 337-74.

——(in press-a) 'Analysis of the affect measurement conundrum in exercise psychology: Ⅰ. Fundamental issues.' *Psychology of Sport and Exercise*, 1: 71-88.

——(in press-b) 'Analysis of the affect measurement conundrum in exercise psychology: Ⅱ. Conceptual and methodological critique of the Exercise-induced Feeling Inventory.' *Psychology of Sport and Exercise*.

——(in press-b) 'Analysis of the affect measurement conundrum in exercise psychology: Ⅲ. Conceptual and methodological critique of the Subjective Exercise Experiences Scale.' *Psychology of Sport and Exercise*.

Engstrom, L.-M. (1991) 'Exercise adherence in sport for all from youth to adulthood.' In P Oja and R. Telama (eds), *Sport for all* (pp. 473-83). Amsterdam: Elsevier.

Epling, W. F. and Pierce, W. D. (1988) 'Activity-based anorexia: A biobehavioral perspective.' *International Journal of Eating Disorders*, 7: 475-85.

Epstein, L. H., Koeske, R. and Wing, R. R. (1984) 'Adherence to exercise in obese children.' *Journal of Cardiac Rehabilitation*, 4: 185-95.

Etnier, J. L., Salazar, W., Landers, D. M., Petruzzello, S. J., Han, M. and Nowell, P. (1997) 'The influence of physical fitness and exercise upon cognitive functioning: A meta-analysis.' *Journal of Sport and Exercise Psychology*, 19: 249-77.

Ewart, C. (1989) 'Psychological effects of resistive weight training: Implications for cardiac patients.' *Medicine and Science in Sports and Exercise*, 21: 683-88.

Ewart, C. E., Stewart, K. J., Gillilan, R. E. and Kelemen, M. H. (1986) 'Self-efficacy mediates strength gains during circuit weight training in men-with coronary artery disease.' *Medicine and Science in Sports and Exercise*, 18: 531-40.

Ewart. C. E., Taylor, C. B., Reese, L. B. and DeBusk, R. F. (1983) 'Effects of early post myocardial infarction exercise testing on self perception and subsequent physical activity.' *American Journal of Cardiology*, 51: 1076-80.

Ewart, C. K. (1997) 'Role of physical self-efficacy in recovery from heart attack.' In R. Schwarzer (ed.), *Self efficacy: Thought control of action* (pp. 287-304). Bristol, Pa.: Taylor and Francis.

Eysenck, H. J. and Eysenck, S. (1963) *Manual of the Eysenck Personality Inventory*. San Diego, Calif.: Educational and Industrial Testing Service.

Fagard, R. H. and Tipton, C. M. (1994) 'Physical activity, fitness, and hypertension.' In C. Bouchard, R. J. Shephard and T. Stephens (eds), *Physical activity, fitness, and health* (pp. 633-55). Champaign, Ill.: Human Kinetics.

Falloon, I. R. H, and Talbot, R. E. (1981) 'Persistent auditory hallucinations: Coping mechanisms and implications for management.' *Psychological Medicine*, 11: 329-39.

Farmer, M., Locke, B., Moscicki, E., Dannenberg, A., Larson, D. and Radloff, L. (1988) 'Physical activity and depressive symptoms: The NHANES-I epidemiological follow-up study.' *American Journal of Epidemiology*, 128, 1340–51.

Faulkner, G. and Biddle, S. (1999) 'Exercise as an adjunct treatment for schizophrenia: A review of literature.' *Journal of Mental Health*, 8: 441–57.

Faulkner, G. and Sparkes, A. (1999) 'Exercise as therapy for schizophrenia: An ethnographic study.' *Journal of Sport and Exercise Psychology*, 21: 52–69.

Fehily, A. (1999) 'Epidemiology of obesity in the UK.' In British Nutrition Foundation (ed.), *Obesity* (pp. 23–36). Oxford: Blackwell Scientific.

Feltz, D. (1992) 'Understanding motivation in sport: A self-efficacy perspective.' In G. C. Roberts (ed.), *Motivation in Sport and Exercise* (pp. 93–105). Champaign, Ill.: Human Kinetics.

Feltz, D. L. (1988) 'Self-confidence and sports performance.' *Exercise and Sport Sciences Reviews*, 16: 423–57.

Fentem, P. H., Bassey, E. J. and Turnbull, N. B. (1988) *The new case of exercise*. London: Sports Council and Health Education Authority.

FEPSAC (1996) 'Position Statement of the European Federation of Sport Psychology: II. Children in sport.' *The Sport Psychologist*, 10: 224–6.

Fishbein, M. and Ajzen, I. (1975) *Belief, attitude, intention and behaviour: An introduction to theory and research*. Reading, Mass.: Allison-Wesley.

Fiske, S. T. and Taylor, S. E. (1991) Social cognition. New York: McGraw-Hill.

Flegal, K. M. (1999) 'The obesity epidemic in children and adults: Current evidence and research issues.' *Medicine and Science in Sports and Exercise*, 31(11: supplement), S509–S514.

Fletcher, G. F., Blair, S. N., Blumenthal, J., Caspersen, C., Chaitman, B., Epstein, S., Falls, H., Froelicher, S. S., Froelicher, V F. and Pina, I. L. (1992) 'Statement of exercise: Benefits and recommendations for physical activity programs for all Americans.' *Circulation*, 86: 340–4.

Forsterling, F (1988) *Attribution theory in clinical psychology*. Chichester: Wiley.

Fortier, M. S., Vallerand, R. J., Briere, N. M. and Provencher, P. J. (1995) 'Competitive and recreational sport structures and gender: A test of their relationship with sport motivation.' *International Journal of Spot Psychology*, 26: 24–39.

Fox, K., Biddle, S., Edmunds, L., Bowler, I, and Killoran, A. (1997) 'Physical activity promotion through primary health care in England.' *British Journal of General Practice*, 47: 367–9.

Fox, K., Goudas, M., Biddle, S., Duda, J. and Armstrong, N. (1994) 'Children's task and ego goal profiles in sport.' *British Journal of Educational Psychology*, 64: 253–61.

Fox, K. R. (1990) *The physical self perception profile manual*. DeKalb, Ill.: Office of Health Promotion, Northern Illinois University.

—— (1992) 'A clinical approach to exercise in the severely obese.' In T. A. Walden and T. B. Van Itallie (eds), *Treatment of severe obesity by diet and lifestyle modication* (pp. 354–82). New York: Guilford Press.

—— (1997a) 'The physical self and processes in self-esteem development.' In K. R. Fox (ed.), *The physical self. From motivation to well-being* (pp.111–39). Champaign, Ill.: Human Kinetics.

—— (ed.) (1997b) *The physical self: From motivation to well-being*. Champaign, Ill.; Human Kinetics.

—— (1998) 'Advances in the measurement of the physical self.' In J. L. Duda (ed.), *Advances in sport and exercise psychology measurement* (pp. 295–310). Morgantown, W Va.: Fitness Information Technology.

—— (1999a) 'Aetiology of obesity XI: Physical inactivity.' In British Nutrition Foundation (ed.), *Obesity* (pp. 116–31). Oxford: Blackwell Scientific.

—— (1999b) 'Treatment of obesity III: Physical activity and exercise.' In British Nutrition Foundation (ed.), *Obesity* (pp.165–75). Oxford: Blackwell Scientific.

—— (2000) 'The effects of exercise on self-perceptions and self-esteem.' In S. J. H. Biddle, K. R. Fox and S. H. Boutcher (eds), *Physical activity and psychological well-being* (pp. 88–117). London: Routledge.

Fox, K. R. and Corbin, C. B. (1989) 'The Physical Self Perception Profile: Development and preliminary validation.' *Journal of Sport and Exercise Psychology*, 11: 408–30.

Frankel, A. and Murphy, J. (1974) 'Physical fitness and personality in alcoholism: Canonical analysis of measures before and after treatment.' *Quarterly Journal of Studies on Alcohol*, 35: 1271–8.

Franklin, B. (1988) 'Program factors that influence exercise adherence: Practical adherence skills for the clinical staff.' In R. K. Dishman (ed.), *Exercise adherence: Its impact on public health*. (pp. 237–58). Champaign, Ill.: Human Kinetics.

Fremont, J. and Craighead, L. W (1987) 'Aerobic exercise and cognitive therapy in the treatment of dyshoric moods.' *Cognitive Therapy and Research*, 11: 241–51.

Friedenrich, C. M. and Courneya, K. S. (1996) 'Exercise as rehabilitation for cancer patients.' Clinical *Journal of Sports Medicine*, 6: 237–44.

Frost, H., Klaber-Moffett, J. A., Moser, J. S. and Fairbank, J. C. T. (1995) 'Randomized controlled trial for evaluation of a fitness programme for patients with chronic low back pain.' *British Medical Journal*, 310: 151–4.

Fruin, D., Pratt, C. and Owen, N. (1991) 'Protection motivation theory and adolescents' perceptions of exercise.' *Journal of Applied Social Psychology*, 22: 55–69.

Gannon, L. (1988) 'The potential role of exercise in the alleviation of menstrual disorders and menopausal symptoms: A theoretical synthesis of recent research.' *Women and Health*, 14(2): 105–27.

Gary, V. and Guthrie, D. (1972) 'The effects of jogging an physical fitness and self-concept in hospitalized alcoholics.' *Quarterly Journal of Studies on Alcoholism*, 33: 1073–8.

Gauvin, L. and Rejeski, W. J. (1993) 'The Exercise-Induced Feeling Inventory: Development and initial validation.' *Journal of Sport and Exercise Psychology*, 15: 403–23.

George, T. and Feltz, D. (1995) 'Motivation in sport from a collective efficacy perspective.' *International Journal of Sport Psychology*, 26: 98–116.

Gettman, L. R. (1996) 'Economic benefits of physical activity.' *The President's Council on Physical Fitness*

and *Sports Physical Activity and Fitness Research Digest*, 2 (7): 1–6.
Giacca, A., Qing Shi, Z., Marliss, E. B., Zinman, B. and Vranic, M. (1994) 'Physical activity, fitness, and Type I diabetes.' In C, Bouchard, R. J. Shephard and T. Stephens (eds), *Physical activity, fitness, and health* (pp. 656–68). Champaign, Ill,: Human Kinetics.
Gibberd, F B., Page, N. G. R., Spencer, K. M., Kinnear, E. and Hawksworth, J. B. (1981) 'Controlled trial of physiotherapy and occupational therapy for Parkinson's disease.' *British Medical Journal*, 282: 1196.
Gillies, F. C., Hughes, A. R., Kirk, A. F., Mutrie, N., McCann, G., Hillis, W. S. and MacIntyre, P D. (2000) 'Exercise consultation: An intervention to improve adherence to phase IV cardiac rehabilitation?' *British Journal of Sports Medicine*, 34; 148.
Glasser, W. (1976) *Positive addiction*. New York: Harper and Row.
Gleser, J. and Mendelberg, H. (1990) 'Exercise and sport in mental health: A review of the literature.' *Israel Journal of Psychiatry and Related Sciences*, 27: 99–112.
Gloag, D. (1985) 'Rehabilitation of patients with cardiac conditions.' *British Medical Journal*, 290: 617–20.
Godin, G. (1993) 'The theories of reasoned action and planned behavior: Overview of findings, emerging research problems and usefulness for exercise promotion.' *Journal of Applied Sport Psychology*, 5: 141–57.
——(1994) 'Social-cognitive models.' In R. K. Dishman (ed.), *Advances in exercise adherence* (pp. 113–36). Champaign, Ill.; Human Kinetics.
Godin, G. and Shephard, R. J. (1983) 'Physical fitness promotion programmes: Effectiveness in modifying exercise behaviour.' *Canadian Journal of Applied Sports Sciences*, 8: 104–13.
——(1986a) 'Importance of type of attitude to the study of exercise behaviour.' *Psychological Reports*, 58: 991–1000.
——(1986b)'Psychosocial factors influencing intentions to exercise of young students from grades 7 to 9.' *Research Quarterly for Exercise and Sport*, 57; 41–52.
Godin, G., Valois, P., Shephard, R. J. and Desharnais, R. (1987) 'Prediction of leisure time exercise behaviour: A path analysis (LISREL V) model.' *Journal of Behavioral Medicine*, 10: 145–58.
Goldberg, D. P, Cooper, B., Eastwood, M. R., Kedward, H. B. and Shephard, M. (1970) 'A standardized psychiatric interview for use in community surveys.' *British Journal of Preventive and Social Medicine*, 24: 18–23.
Gardon, J. and Grant, G. (1997) *How we feel*. London: Jessica Kingsley.
Gordon, N. F. (1993a) *Arthritis: Your complete exercise guide*. Champaign, Ill.: Human Kinetics.
——(1993b) *Breathing disorders: Your complete exercise guide*. Champaign, Ill.: Human Kinetics,
Goudas, M. and Biddle, S. (1994) 'Perceived motivational climate and intrinsic motivation in school physical education classes.' *European Journal of Psychology of Education*, 9: 241–50.
Goudas, M., Biddle, S. and Fox, K. (1994a) 'Achievement goal orientations and intrinsic motivation in physical fitness testing with children.' *Pediatric Exercise Science*, 6: 159–67.
——(1994b) 'Perceved locus of causality, goal orientations, and perceived competence in school physical education classes.' *British Journal of Educational Psychology*, 64: 453–63.
Goudas, M., Biddle, S., Fox, K. and Underwood, M. (1995) 'It ain't what you do, it's the way that you do it! Teaching style affects children's motivation in track and field lessons.' *The Sport Psychologist*, 9: 254–64.
Gould, D. (1987) 'Understanding attrition in children's sport.' In D. Gould and M. Weiss (eds), *Advances in pediatric sport sciences: II Behavioural issues* (pp. 61–85). Champaign, Ill.: Human Kinetics.
Gould, D. and Petlichkoff, L. (1988) 'Participation motivation and attrition in young athletes.' In F. L. Smoll, R. A. Magill and M. J. Ash (eds), *Children in sport* (pp. 161–78). Champaign, Ill.: Human Kinetics.
Gould, M. M., Thorogood, M., Iliffe, S. and Morris, J. N. (1995) 'Promoting physical activity in primary care: Measuring the knowledge gap.' *Health Education Journal*, 54: 304–11.
Grealy, M. A., Johnston, D. A. and Rushton, S. K. (1999) 'Improving cognitive functioning following brain injury: The use of exercise and virtual reality.' *Archives of Physical Medicine and Rahabilitation*, 80: 661–7.
Green, D. P., Salovey, P. and Truax, K. M. (1999) 'Static, dynamic, and causative bipolarity of affect.' *Journal of Personality and Social Psychology*, 76: 856–67.
Greene, J. G. (1991) *Guide to the Greene Climacteric Scale*. Glasgow: University of Glasgow.
Greist, J. H., Klein, M. H., Eischens, R. R., Faris, J. W., Gurman, A. S. and Morgan, W. P. (1979) 'Running as a treatment for depression.' *Comprehensive Psychiatry*, 20: 41–54.
——(1981) 'Running through your mind.' In M. H. Sacks and M. L. Sachs (eds), *Psychology of running* (pp. 5–31). Champaign, Ill.: Human Kinetics.
Griffin, N. S. and Keogh, J. F. (1982) 'A model of movement confidence.' In J. A. S. Kelso and J. E. Clark (eds), *The development of movement control and co-ordination* (pp. 213–36). New York: Wiley.
Gruber, J. J. (1986) 'Physical activity and self-esteem development in children: A meta-analysis.' In G. A. Stull and H. M. Eckert (eds), *Effects of physical activity on children* (pp. 30–48). Champaign, Ill.; Human Kinetics.
Grundy, S. M., Blackburn, G., Higgins, M., Lauer, R., Perri, M. G. and Ryan, D. (1999) 'Physical activity in the prevention and treatment of obesity and its comorbidities.' *Medicine and Science in Sports and Exercise*, 31(11: supplement): S502–508.
Gudat, U., Berger, M. and Lefebvre, P. J. (1994) 'Physical activity, fitness, and non-insulin-dependent (Type II) diabetes mellitus.' In C. Bouchard, R. J. Shephard and T. Stephens (eds), *Physical activity, fitness and health* (pp. 669–83). Champaign, Ill.: Human Kinetics.
HMI. (1989) *Physical education from 5 to 16*. London: HMSO.
Hackfort, D. (1994) 'Health and wellness: A sport psychology perspective.' In S. Serpa, J. Aloes and V Pataco (eds), *International perspectives on sport and exercise psychology* (pp. 165–83). Morgantown, W Va.: Fitness Information Technology.
Haisch, J., Rduch, G. and Haisch, I. (1985) 'Long-term

effects of attribution therapy measures in the obese: Effects of attribution training on successful slimming and dropout rate in a 23-week weight reduction programme.' *Psychotherapy, Medicine and Psychology*, 35: 133–40.

Hale, A. S. (1997) 'ABC of mental disorders: Depression.' *British Medical Journal*, 315: 43–6.

Hall, D. C. and Kaufmann, D. A. (1987) 'Effects of aerobic and strength conditioning on pregnancy outcomes.' *American Journal of Obstetrics and Gynecology*, 157: 1199–1203.

Hamilton, M. (1960) 'A rating scale far depression.' *Journal of Neurosurgical Psychiatry*, 23: 56–61.

Hardy, C. J., Hall, E. G. and Prestholdt, P. H. (1986) 'The mediational role of social influence in the perception of exertion.' *Journal of Sport Psychology*, 8: 88–104.

Hardy, C. J. and Rejeski, W. J. (1989) 'Not what, but how one feels; The measurement of affect during exercise.' *Journal of Sport and Exercise Psychology*, 11: 304–17.

Harland, J., White, M., Drinkwater, C., Chinn, D., Fan, L. and Howel, D. (1999) 'The Newcastle exercise project: A randomized controlled trial of methods to promote physical activity in primary care.' *British Medical Journal*, 319: 828–32.

Harris, B., Rohaly, K. and bailey, J. (1993) *Mid-life women and exercise: A qualitative study*. Paper presented at the 12th Congress of the International Association of Physical Education and Sport for Girls and Women, Melbourne, Australia.

Harris, D. V (1973) *Involvement in sport: A somatopsychic rationale for physical activity*. Philadelphia: Lea and Febiger.

Harris, J. and Cale, L. (1997) 'How healthy is school PE? A review of the effectiveness of health-related physical education programmes in schools.' *Health Education Journal*, 56: 84–104.

Harrison, J. A., Mullen, P. D. and Green, L. W. (1992) 'A meta-analysis of studies of the Health Belief Model with adults.' *Health Education Research: Theory and Practice*, 7: 107–16.

Hart, E. A., Leary, M. R. and Rejeski, W. J. (1989) 'The measurement of social physique anxiety.' *Journal of Sport and Exercise Psychology*, 11: 94–104.

Harter, S. (1978) 'Effectance motivation reconsidered: Toward a developmental model.' *Human Development*, 21: 34–64.

——(1985) *Manual for the self perception profile for children*. Denver, Colo.: University of Denver.

Harter, S. and Connell, J. P. (1984) 'A model of children's achievement and related self perceptions of competence, control and motivational orientations.' In J. G. Nicholls (ed.), *Advances in motivation and achievement. IIL The development of achievement motivation* (pp. 219–50). Greenwich, Conn.: JAI Press.

Harter, S. and Pike, R. (1983) *Procedural manual to accompany the Pictorial Scale of Perceived Competence and Social Acceptance for Young Children*. Denver, Colo.: University of Denver.

Hasler, T., Fisher, B. M., MacIntyre, P. D. and Mutrie, N. (1997) 'A counseling approach for increasing physical activity for patients attending a diabetic clinic.' *Diabetic Medicine*, 4: S3–4.

Hathaway, S. R. and McKinley, J. C. (1943) *Minnesota Multiphasic Personality Inventory*. New York; Psychological Corporation.

Hausenblas, H., Carron, A. V. and Mack, D. E. (1997) 'Application of the Theories of Reasoned Action and Planned Behavior to exercise behavior; A meta-analysis.' *Journal of Sport and Exercise Psychology*, 19: 36–51.

Health Education Authority (1995a) *Becoming more active: A guide for health professionals*. London; Health Education Authority.

——(1995b) *Promoting physical activity: Guidance for commissioners, purchasers and providers*. London: Health Education Authority.

Health Education Authority and Sports Council (1988) *Children's exercise, health and fitness: Fact sheet*. London: Health Education Authority and Sports Council.

Heartbeat Wales (1987) *Exercise for health: Health-related fitness in Wales*. Heartbeat report 23. Cardiff: Heartbeat Wales.

Heather, N., Roberston, I. and Davies, P. (1985) *The misuse of alcohol: Crucial issues in dependance treatment and prevention*. London: Croom Helm.

Helmrick, S. P., Ragland, D. R., Leung, R. W. and Paffenbarger, R. S. (1991) 'Physical activity and reduced occurences of non-insulin-dependent diabetes mellitus.' *New England Journal of Medicine*, 325: 147–52.

Hendry, L. B., Shucksmith, J. and Cross, J. (1989) 'Young people's mental well-being in relation to leisure.' In Health Promotion Research Trust (ed.), *Fit for life* (pp. 129–53). Cambridge: Health Promotion Research Trust,

Higgins, M. W. (1989) 'Chronic airways disease in the United States: Trends and determinants.' *Chest*, 96: 328s-334s.

Hill, A. B. (1965) 'The environment and disease; Association or causation?' *Proceedings of the Royal Society of Medicine*, 58: 295–300.

Hill, J. O., Drougas, H. J. and Peters, J. C. (1994) 'Physical activity, fitness, and moderate obesity.' In C. Bouchard, R. J. Shephard and T. Stephens (eds), *Physical activity, fitness, and health* (pp. 684–95). Champaign, Ill.: Human Kinetics.

Hillsdon, M. and Thorogood, M. (1996) 'A systematic review of physical activity promotion strategies.' *British Journal of Sports Medicine*, 30: 84–9.

HMSO. (1992) *Scotland's Health – a challenge to us all: A policy statement*. Edinburgh: Scottish Office.

Hochstetler; S. A., Rejeski, W. J. and Best, D. L. (1985) 'The influence of sex-role orientation on ratings of preeeived exertion.' *Sex Roles*, 12: 825–35.

Hoffmann, P. (1997) 'The endorphin hypothesis.' In W. P. Morgan (ed.), *Physical activity and mental health* (pp. 163–77). Washington, D. C.: Taylor and Francis.

Hofstetter, C. R., Hovell, M. F., Macera, C., Sallis, J. F., Spry, V., Barrington, E., Callender, L., Hackley, M. and Rauh, M. (1991) 'Illness, injury and correlates of aerobic exercise and walking: A community study.' *Reserach Quarterly for Exercise and Sport*, 62: 1–9.

Holgate, S. T. (1993) 'Asthma: Past, present, and future.' *European Respiratory Journal*, 6: 1507–20.

Holmes, D. S, (1993) 'Aerobic fitness and the response to psychosocial stress.' In P. Seraganian (ed.), *Exercise psychology: The influence of physical exercise on psychological processes* (pp. 39-63). New York: John Wiley.

Horne, J. A. (1981) 'The effects of exercise upon sleep: A critical review.' *Biological Psychology*, 12: 241-90.

Hospers, H. J., Kok, G. and Strecher, V. J. (1990) 'Attributions for previous failures and subsequent outcomes in a weight reduction program.' *Health Education Quarterly*, 17: 409-15.

Hovland, C. I. and Rosenberg, M. J. (eds) (1960) *Attitudes, organisation and change: An analysis of consistency among attitude components*. New Haven, Conn.: Yale University Press.

Hunt, S. M., McEwan, J. and McKenna, S. P. (1986) *Measuring health status*. London: Croom Helm.

Hunter, M., Battersby, R. and Whitehead, M. (1986) 'Relationships between psychological symptoms, somatic complaints and menopausal status.' *Maturitas*, 8: 217-88.

Hunter, M. and Whitehead, M. (1989) 'Psychological experience of the climacteric and post menopause.' *Progress in Clinical and Biological Research*, 320: 211-24.

Hyman, G. P. (1987) *The role of exercise in the treatment of substance abuse*. Unpublished MS thesis, Pennsylvania State University.

Iannos, M. and Tiggeman, M. (1997) 'Personality of the excessive exerciser.' *Personality and Individual Differences*, 22: 775-8.

Inger, F. and Dahl, H. A. (1979) 'Dropouts from an endurance training programme: Some histochemical and physiological aspects.' *Scandinavian Journal of Sports Sciences*, 1: 20-2.

Ingledew, D. K., Markland, D. and Medley, A. R. (1998) 'Exercise motives and stages of change.' *Journal of Health Psychology*, 3: 477-89.

Israel, R. G., Sutton, M. and O'Brien, K. F (1985) 'Effects of aerobic training on primary dysmenorrhea symptomatology in college females.' *Journal of the Amercian College of Health*, 33: 241-4.

Iverson, D. C., Fielding, J. E., Crow, R. S. and Christenson, G. M. (1985) 'The promotion of physical activity in the United States population: The status of programs in medical, worksite, community, and school settings.' *Public Health Reports*, 100: 212-14.

Jankowski, L. W. and Sullivan, S. J. (1990) 'Aerobic and neuromuscular training: Effect on the capacity, efficiency, and fatigability of patients with traumatic brain injuries.' *Archives of Physical Medicine and Rehabilitation*, 71: 500-4.

Janz, N. K. and Becker, M. H, (1984) 'The Health Belief Model: A decade later.' *Health Education Quarterly*, 11: 1-47.

Jette, A. M., Smith, K., Haley, S. M. and Davis, K. D. (1994) 'Physical therapy episodes of care for patients with low back pain.' *Physical Therapy*, 74: 101-10.

Juneau, M., Rogers, F., DeSantos, V, Yee, M., Evans, A. and Bohn, A. (1987) 'Effectiveness of self monitored, home-based, moderate intensity exercise training in middle-aged men and women.' *American Journal of Cardiology*, 60: 66-70.

Kaman, R. L. and Patton, R. W. (1994) 'Costs and benefits of an active versus an inactive society.' In C. Bouchard, R. J. Shephard and T. Stephens (eds), *Physical activity, fitness, and health* (pp. 134-44). Champaign, Ill.: Human Kinetics.

Kanis, J., Aaron, J., Thavarajah, M., McCluskey, E. V, O'Doherty, D., Hamdy, N. A. T. and Bickerstaff, D. (1990) 'Osteoporosis: Causes and therapeutic implications.' In R. Smith (ed.), *Osteoporosis* (pp. 45-56). London: Royal College of Physicians.

Kaplan, G. A., Roberts, R. E., Camacho, T. C. and Coyne, J. C. (1987) 'Psychosocial predictors of depression.' *American Journal of Epidemiology*, 125: 206-20.

Kaplan, R. M., Atkins, C. J. and Reinsch, S. (1984) 'Specific efficacy expectations mediate exercise compliance in patients with COPD.' *Health Psychology*, 3: 223-42.

Kasimatis, M., Miller, M. and Macussen, L. (1996) 'The effects of implicit theories on exercise motivation.' *Journal of Research in Personality*, 30: 510-16.

Kavale, K. and Mattson, P. D. (1983) '"One jumped off the balance beam": Meta-analysis of perceptual-motor training,' *Journal of Learning Disabilities*, 16: 165-73.

Kearney, J. M., de Graaf, C., Damkjaer, S. and Engstrom, L. M. (1999) 'Stages of change towards physical activity in a nationally representative sample in the European Union.' *Public Health Nutrition*, 2 (1 a): 115-24.

Kelly, M. P. and Mutrie, N. (1997) 'Exercise and health promotion.' *Sport, Exercise and Injury*, 3: 76-9.

Kendzierski, D. (1988) 'Self schemata and exercise.' *Basic and Applied Social Psychology*, 9: 45-59.

——(1990a) 'Decision-making vs. decision implementation: An action control approach to exercise adoption and adherence,' *Journal of Applied Social Psychology*, 20: 27-45.

——(1990b) 'Exercise self-schemata: Cognitive and behavioral correlates.' *Health Psychology*, 9; 69-82.

——(1994) 'Schema Theory: An information processing focus,' In R. K. Dishman (ed.), *Advances in exercise adherence* (pp.137-60). Champaign, Ill.: Human Kinetics.

Kendzierski, D. and DeCarlo, K. J. (1991) 'Physical activity enjoyment scale: Two validation studies.' *Journal of Sport and Exercise Psychology*, 13: 50-64.

Kendzierski, D. and LaMastro, V. (1988) 'Reconsidering the role of attitudes in exercise behaviour: A decision theoretic approach.' *Journal of Applied Social Psychology*, 18: 737-59.

Kenyon, G. S. (1968) 'Six scales for assessing atitudes toward physical activity,' *Reserach Quarterly*, 39: 566-74.

Kidane, F. (1995) 'South Africa: United by sport.' *Olympic Review*, 25 (4): 24-5; 27.

Killoran, A., Cavill, N, and Walker, A. (1994) 'Who needs to know what? An investigation of the - characteristics of the key target groups far the effective promotion of physical activity in England.' In A. Killoran, P Fentem and C Caspersen (eds), *Moving on; International perspectives on promoting physical activity* (pp. 149-69). London: Health Education Authority.

Kimiecik, J. (1992) 'Predicting vigorous physical activity of corporate employees: Comparing theories of reasoned action and planned behavior.' *Journal of Sport and Exercise Psychology*, 14: 192–206.

Kimiecik, J. C. and Harris, A. T. (1996) 'What is enjoyment? A conceptual/definitional analysis with implications for sport and exercise psychology.' *Journal of Sport and Exercise Psychology*, 18: 247–63.

Kimiecik, J. C. and Stein, G. L. (1992) 'Examining flow experiences in sport contexts: Conceptual issues and methodological concerns.' *Journal of Applied Sport Psychology*, 4: 144–60.

King, A. C. (1991) 'Community intervention for promotion of physical activity and fitness.' *Exercise and Sport Sciences Reviews*, 19: 211–59.

——(1994) 'Are community-wide programmes likely to be effective in getting the message across? Lessons from abroad.' In A. J. Killoran, P Fentem and C. Caspersen (eds), *Moving on: International perspectives on promoting physical activity* (pp. 170–93). London: Health Education Authority.

King, A. C., Blair, S. N., Bill, D. E., Dishman, R. K., Dubbert, P M., Marcus, B. H., Oldridge, N. B., Paffenbarger, R. S., Powell, K. E. and Yeager, K. K. (1992) 'Determinants of physical activity and interventions in adults.' *Medicine and Science in Sports and Exercise*, 24 (6: supplement), S221–S236.

King, A. C. and Frederiksen, L. W. (1984) 'Low-cost strategies for increasing exercise behaviour: Relapse prevention training and social support.' *Behavior Modification*, 8: 3–21.

King, A. C., Sallis, J. F., Dunn, A. L., Simons-Morton, D. G., Albright, C. A., Cohen, S., Rejeski, W. J., Marcus, B. H, and Coday, M. C. (1998) 'Overview of activity counseling trial (ACT) intervention or promoting physical activity in primary health care settings,' *Medicine and Science in Sports and Exercise*, 30: 1086–96.

King, A. C., Taylor, C. B., Haskell, W. L. and DeBusk, R. F (1989) 'Influence of regular aerobic exercise on psychological health: A randomized, controlled trial of healthy middle-aged adults.' *Health Psychology*, 8: 305–24.

King, A. J. C. and Coles, B. (1992) *The health of Canada's youth*. Canada: Ministry of Supply and Services.

King, J. B. (1982) 'The impact of patients' perceptions of high blood pressure on attendance at screening: An extension of the health belief model.' *Social Science and Medicine*, 16: 1079–91.

Kirk, A. F, Higgins, L., Hughes, A. R., Mutrie, N., Fisher, M., McLean, J. and MacIntyre, P (2000) *The effectiveness of exercise consultation on promotion of physical activity in a group of type 2 diabetes patients: A pilot study. Medicine and Science in Sport and Exercise*, 32 (Supplement): 177.

Kirkendall, D. R. (1986) 'Effects of physical activity on intellectual development and academic performance.' In G. A. Stall and H. M. Eckert (eds), *Effects of physical activity on children* (pp. 49–63). Champaign, Ill.: Human Kinetics and American Academy of Physical Education,

Klaber Moffet, J., Torgerson, D., Bell-Syer, S., Jackson, D., Llewlyn-Phillips, H., Farrin, A. and Barber, J. (1999) 'Randomized control trial of exercise for low back pain: Clinical outcomes, costs, and preferences.' *British Medical Journal*, 319: 279–83.

Klaber Moffet, J. A., Richardson, G., Sheldon, T A. and Maynard, A. (1995) *Back Pain: Its management and cost to society*. York: Centre for Health Economics.

Klein, M. J., Griest, J. H., Gurman, A. S., Neimeyer, R. A., Lesser, D. P., Bushnell, N. J. and Smith, R. E. (1985) 'A comparative outcome study of group psychotherapy vs. exercise treatments for depression.' *International Journal of Mental Health*, 13: 148–77.

Knapp, D. N. (1988) 'Behavioral management techniques and exercise promotion.' In R. K, Dishman (ed.), *Exercise adherence: Its impact on public health* (pp. 203–35). Champaign, Ill.: Human Kinetics.

Koltyn, K. F. (1997) 'The thermogenic hypothesis.' In W P Morgan (ed.), *Physical activity and mental health* (pp. 213–26). Washington, D. C.: Taylor and Francis.

Koplan, J. P., Siscovick, D. S. and Goldbaum, G. M. (1985) 'The risks of exercise: A public health view of injuries and hazards.' *Public Health Reports*, 100: 189–95.

Kraus, H. and Raab, W. (1961) *Hypokinetic disease*. Springfield, Ill.: C. C. Thomas.

Kriska, A. M., Bayles, C., Cauley, J. A., Laporte, R. E., Sandler, R. B. and Pambianco, G. (1986) 'A randomized exercise trial in older women: Increased activity over two years and the factors associated with compliance.' *Medicine and Science in Sports and Exercise*, 18: 557–62.

Kubitz, K. A. and Landers, D. M. (1993) 'The effects of aerobic training on cardiovascular responses to mental stress: An examination of underlying mechanisms.' *Journal of Sport and Exercise Psychology*, 15: 326-37.

Kubitz, K. A., Landers, D. M., Petruzzello, S. J. and Han, M. (1996) 'The effects of acute and chronic exercise on sleep: A meta-analytic review.' *Sports Medicine*, 21: 277–91.

Kugler, J., Seelbach, H. and Kruskemper, G. (1994) 'Effects of rehablitation exercise programmes on anxiety and depression in coronary patients: A meta-analysis.' *British Journal of Clinical Psychology*,

Kuhl, J. (1985) 'Volitional mediators of cognition-behaviour consistency: Self-regulatory processes and action versus state orientation.' In J. Kuhl and J. Beckmann (eds), *Action control: From cognition to behaviour* (pp. 101–28). Berlin: Springer-Verlag.

Kuroda, K. K., Tatara, K., Takatorige, T. and Shinsho, F. (1992) 'Effect of physical exercise on mortality in patients with Parkinson's disease.' *Acta Neurologica Scandinavia*, 86: 55–9.

Kurtz, Z. (1992) *With health in mind*. London: Action for Sick Children.

La Forge, R. (1995) 'Exercise-associated mood alterations: A review of interactive neurobiological mechanisms.' *Medicine, Exercise, Nutrition and Health*, 4: 17–32.

Lacasse, Y, Wong, E., Guyat, G. H., King, D., Cook, D. J, and Goldstein, R. S. (1996) 'Meta-analysis of respiratory rehabilitation in chronic obstructive pulmonary disease.' *Lancet*, 348: 1115–19.

Laitakari, J. and Asikainen, T (1998) 'How to promote

physical activity through individual counselling: A proposal for a practical model of counselling on health-related physical activity.' *Patient Education and Counselling*, 33: S13–S24.

LaPerriere, A. R., Antoni, M. H., Schneiderman, N., Ironson, G., Klimas, N., Caralis, P and Fletcher, M. (1990) 'Exercise intervention attenuates emotional distress and natural killer cell decrements following notification of positive serological status for HIV 1.' *Biofeedback and Self Regulation*, 15: 229 242.

LaPerriere, A. R., Fletcher, M. A., Antoni, M. H., Klimas, N. G., Ironson, G. and Schneiderman, N. (1991) 'Arobic exercise training in an AIDS risk group.' *International Journal of Sports Medicine*, 12 (1: supplement), S53–S57.

LaPorte, R. E., Montoye, H. J. and Caspersen, C. J. (1985) 'Assessment of physical activity in epidemiological research: Problems and prospects.' *Public Health Reports*, 100: 131–46.

Law, M.. and Tang, J. L. (1995) 'An analysis of the effectiveness of interventions intended to help people stop smoking.' *Archives of Internal Medicine*: 155: 1933–41.

Lawless. D., Jackson, C. and Greenleave, J. (1995) 'Exercise and human imunodeficiency virus (HIV-1) infection.' *Sports Medicine*, 19: 235–9.

Lazarus, R. S. (1991) *Emotion and adaptation*. New York: Oxford University Press.

Leary, M., R. (1992) 'Self presentational processes in exercise and sport.' *Journal of Sport and Exercise Psychology*, 14: 339–51.

——(1995) *Self presentation: Impression management and interpersonal behavior*. Dubuque, Iowa: Wm C. Brown.

Leary, M. R., Tchividjian, L. R. and Kraxberger, B. E. (1994) 'Self-presentation can be hazardous to your health: Impression management and health risk.' *Health Psychology*, 13. 461–70.

Lee, I. M. (1994) 'Physical activity, fitness, and cancer.' In C. Bouchard, R. J. Shephard and T. Stephens (eds), *Physical activity, fitness and health* (pp. 814–31). Champaign, Ill.: Human Kinetics.

——(1995) 'Exercise and physical health: Cancer and immune function.' *Research Quarterly for Exercise and Sport*, 66: 286–91.

Leith, L. (1994) *Foundations of exercise and mental health*. Morgantown, W. Va.: Fitness Information Technology.

Leith, L. and Taylor, A. H, (1990) 'Psychological aspects of exercise: A decade literature review.' *Journal of Sport Behavior*, 13, 219–39.

Lenney, E. (1977) 'Women's self-confidence in achievement situations.' *Psychological Bulletin*, 84: 1–13.

Leon, A. S. (ed.) (1997) *Physical activity and cardiovascular health*. Champaign, Ill.: Human Kinetics.

Lepper, M. R. and Greene, D. (1975) 'Turning play into work: Effects of adult surveillance and extrinsic rewards on children's intrinsic motivation.' *Journal of Personality and Social Psychology*, 31: 479–86.

Lepper, M. R., Greene, D. and Nisbett, R. E. (1973) 'Undermining children's intrinsic interest with extrinsic reward: A test of the "overjustification" hypothesis.' *Journal of Personality and Social Psychology*, 28: 129–37.

Levine, M. D., Marcus, M. D. and Moulton, P (1996) 'Exercise in the treatment of binge eating disorders.' *International Journal of Eating Disorders*, 19. 171–7.

Levy, S. R., Stroessner, S. J. and Dweck, C. S. (1998) 'Stereotype formation and endorsement: The role of implicit theories.' *Journal of Personality and Social Psychology*, 74: 1421–36.

Lewis, F. M. and Daltroy, L. H. (1990) 'How causal explanations influence behavior: Attribution theory.' In K. Glanz, F. M. Lewis and B. K. Rimer (eds), *Health behavior and health education* (pp. 92–114). San Francisco, Calif.: Jossey-Bass.

Lindsay, R., Aitken, J. M., Anderson, J. B., Hart, D. M., MacDonald, E. B. and Clarke, A. (1976) 'Long term prevention of postmenopausal osteoporosis by oestrogen.' *Lancet*, 1 (7968): 1038–41.

Lindsay-Read, E. and Osborn, R. W. (1980) 'Readiness for exercise adoption.' *Social Science and Medicine*, 14: 139–46.

Lirgg, C. (1991) 'Gender differences in self-confidence in physical activity: A meta-analysis of recent studies.' *Journal of Sport and Exercise Psychology*, 13: 294–310.

Liska, A. E. (1984) 'A critical examination of the causal structure of the Fishbeinl/Ajzen attitude-behaviour model.' *Social Psychology Quarterly*, 47: 61–74.

Lokey, E. A., Tran, Z. V, Wells, C. L., Myers, B. C. and Tran, A. C. (1991) 'Effects of exercise on pregnancy outcomes: A meta-analytic review.' *Medicine and Science in Sports and Exercise*, 23: 1234–9.

Long, B., Calfas, K. J., Wooten, W., Sallis, J. F., Patrick, K., Goldstein, M., Marcus, B. H., Sehwenk, T. L., Chenoworth, J., Carter, R., Torres, T., Palinkas, L. A. and Heath, G. (1996) 'A multisite field test of the acceptability of physical activity counseling in primary care: Project PACE.' *American Journal of Preventive Medicine*, 12 (2). 73–81,

Long, B. C. and Haney, C. J. (1986) 'Enhancing physical activity in sedentary women: Information locus of control and attitudes.' *Journal of Sport Psychology*, 8: 8–24.

Long, B. C. and van Stavel, R. (1995) 'Effects of exercise training on anxiety: A meta-analysis.' *Journal of Applied Sport Psychology*, 7: 167–89.

Lorr, M. and McNair, D. M. (1984) *Profile of Mood States, Bipolar Form*. San Diego, Calif.: Educational and Industrial Testing Service.

Lorr, M., Shi, A. Q. and Youniss, R. P (1989) 'A bipolar multifactor conception of mood states.' *Personality and Individual Differences*, 10: 155–9.

Loughlan, C. and Mutrie, N. (1995) 'Conducting an exercise consultation: Guidelines for health professionals.' *Journal of the Institute of Health Education*, 33(3): 78–82.

——(1997) 'A comparison of three interventions to promote physical activity: Fitness assessment, exercise counseling, and information provision.' *Health Education Journal*, 56: 154–65.

Lowery, B. J. and Jacobsen, B. S. (1985) 'Attributional analysis of chronic illness outcomes.' *Nursing Research*, 34: 82–8.

Lowther, M., Mutrie, N., Laughlan, C. and McFarlane, C. (1999a) 'Development of a Scottish physical activity questionnaire: A tool for use in physical activity interventions.' *British Journal of Sports Medicine*, 33: 244–9.

Lowther, M., Mutrie, N. and Scott, M. (1999b) 'Attracting the general public to physical activity interventions: A comparison of fitness assessment and exercise consultations' (abstract). *Journal of Sports Sciences*, 17: 62–3.

Lox, C. L., McAuley, E. and Tucker, R. S. (1995) 'Exercise as an intervention for enhancing subjective well-being in an HIV 1 population.' *Journal of Sport and Exercise Psychology*, 17: 345–62.

Lubin, B. (1965) 'Adjective checklists for measurement of depression.' *Archives of General Psychiatry*, 12: 57–62.

McArthur, R. D., Levine, S. D. and Berk, T. J. (1993) 'Supervised exercise training improves cardiopulmonary fitness in HIV infected persons.' *Medicine and Science in Sports and Exercise*, 25: 648–88.

McAuley, E. (1991) 'Efficacy, attributional, and affective responses to exercise participation.' *Journal of Sport and Exercise Psychology*, 13: 382–93.

——(1992) 'Understanding exercise behavior: A self-efficacy perspective.' In G. C. Roberts (ed.), *Motivation in Sport and Exercise* (pp.107–27). Champaign, Ill.: Human Kinetics.

McAuley, E. and Courneya, K. (1994) 'The Subjective Exercise Experiences Scale (SEES): Development and preliminary validation.' *Journal of Sport and Exercise Psychology*, 16: 163–77.

McAuley, E. and Courneya, K. S. (1993) 'Adherence to exercise and physical activity as health-promoting behaviors: Attitudinal and self-efficacy influences.' *Applied and Preventive Psychology*, 2: 65–77.

McAuley, E., Duncan, T. and Russell, D. (1992) 'Measuring causal attributions: The Revised Causal Dimension Scale (CDSII).' *Personality and Social Psychology Bulletin*, 18: 566–73.

McAuley, E. and Mihalko, S. L. (1998) 'Measuring exercise-related self-efficacy.' In J. L. Duda (ed.), *Advances in sport and exercise psychology measurement* (pp. 371–90). Morgantown, W. Va.: Fitness Information Technology.

McAuley, E., Poag, K., Gleason, A. and Wraith, S. (1990) 'Attrition from exercise programs: Attributional and affective perspectives.' *Journal of Social Behavior and Personality*, 5: 591–602.

McCann, I. L. and Holmes, D. S. (1984) 'Influence of aerobic exercise on depression.' *Journal of Personality and Social Psychology*, 46: 1142–7.

McCready, M. L. and Long, B. C. (1985) 'Locus of control, attitudes toward physical activity, and exercise adherence.' *Journal of Sport Psychology*, 7: 346–59.

McDonald, D. G. and Hodgdon, J. A. (1991) *Psychological effects of aerobic fitness training: Research and theory*. New York: Springer-Verlag.

McEntee, D. J. and Halgin, R. P. (1996) 'Therapist's attitudes about addressing the role of exercise in psychotherapy.' *Journal of Clinical Psychology*, 52: 48–60.

McGuire, W. J. (1969) 'The nature of attitudes and attitude change.' In G. Lindzey and E. Aronson (eds), *Handbook of social psychology: Vol III* (pp. 136–314). Reading, Mass.; Addison-Wesley.

McKenzie, T. L., Nader, P. R., Strikmiller, P. K., Yang, M., Stone, E. J., Perry, C. L., Taylor, W. C., Epping, J. N., Feldman, H. A., Luepker, R. V and Kelder, S. H. (1996) 'School physical education: Effect of the Child and Adolescent Trial for Cardiovascular Health.' *Preventive Medicine*, 25: 423–31.

McKenzie, T. L., Sallis, J. F., Kolody, B. and Faucette, F. N. (1997) 'Long-term effects of a physical education curriculum and staff development program: SPARK.' *Research Quarterly for Exercise and Sport*, 68: 280–91

Mackinnon, L. T. (1989) 'Exercise and natural killer cells: What is the relationship?' *Sports Medicine*, 7: 141–9.

MacMahon, J. R. and Gross, R. T. (1987) 'Physical and psychological effects of aerobic exercise in boys with learning difficulties.' *Developmental and Behavioral Pediatrics*, 8: 274–7.

McNair, D. M., Lorr, M. and Droppleman, L. F. (1971) *Profile of mood states manual*. San Diego, Calif.: Educational and Industrial Testing Service.

McSwegin, P. J., Pemberton, C. and Petray, C. (1989) 'An educational plan.' *Journal of Physical Education, Recreation and Dance*, 60 (1): 32–4.

Maddux, J. E. (1993) 'Social cognitive models of health and exercise behavior: An introduction and review of conceptual issues.' *Journal of Applied Sport Psychology*, 5: 99–115.

Maehr, M. L, and Braskamp, L. A. (1986) *The motivation factor; A theory of personal investment*. Lexington, Mass.: Lexington Books.

Maehr, M. L. and Nicholls, J. G. (1980) 'Culture and achievement motivation: A second look.' In N. Warren (ed,), *Studies in cross-cultural psychology* (vol. II, pp. 221–67). New York: Academic Press.

Magill, R. A. (1989) *Motor learning: Concepts and applications*. Dubuque, Iowa: Wm C. Brown.

Maibach, E. and Patron, R. L. (eds) (1995) *Designing health messages*. Thousand Oaks, Calif.: Sage.

Malina, R. M. (1988) 'Physical activity in early and modern populations: An evolutionary view,' In R. M. Malina and H. M. Eckert (eds), *Physical activity in early and modern populations* (pp. 1–12). Champaign, Ill.: Human Kinetics and the American Academy of Physical Education.

Mandela, N. (1994) *Long walk to freedom*. London: Little, Brown.

Manson, J. E., Rimm, E. B. and Stampfer, M. J. (1991) 'Physical activity and incidence of non-insulin-dependent diabetes mellitus in women.' *The Lancet*, 338: 774–8.

Marcus, B., Goldstein, M. G., Jette, A., Simkin-Silverman, L., Pinto, B. M., Milan, F., Wahburn, R., Smith, K., Rakowski, W and Dub, C. E. (1997) 'Training physicians to conduct physical activity counseling.' *Preventive Medicine*, 26: 382–8.

Marcus, B. and Owen, N. (1992) 'Motivational readiness, self efficacy and decision making far exercise.' *Journal of Applied Social Psychology*, 22: 3–16.

Marcus, B., Owen, N., Forsyth, L. H., Cavill, N. and Fridinger, F. (1998) 'Physical activity interventions using mass media, print media, and information technology.' *American Journal of Preventive Medicine*, 15:

362-78.

Marcus, B. H., Banspach, S. W, Lefebvre, R. C., Rossi, J. S., Carleton, R. A. and Abrams, D. B, (1992a) 'Using the stages of change model to increase the adoption of physical activity among community participants.' *American Journal of Health Promotion*, 6: 424-9.

Marcus, B. H., Eaton, C. A., Rossi, J. S. and Harlow, L. L. (1994) 'Self-efficacy, decision-making and stages of change: An integrative model of physical exercise.' *Journal of Applied Social Psychology*, 24: 489-508.

Marcus, B. H., Rakowski, W, and Rossi, J. S, (1992) 'Assessing motivational readiness and decision making for exercise.' *Health Psychology*, 11: 257-61.

Marcus, B. H., Rossi, J. S., Selby, V C., Niaura, R. S. and Abrams, D, B. (1992b) 'The stages and processes of exercise adoption and maintenance in a worksite sample.' *Health Psychology*, 11: 386-95.

Marcus, B. H,, Selby, V C., Niaura, R. S, and Rossi, J. S. (1992c) 'Self-efficacy and stages of exercise behavior change.' *Research Quarterly for Exercise and Sport*, 63: 60-6.

Marcus, B. H., Simkin, L. R. (1994) 'The transtheoretical model: Applications to exercise behavior.' *Medicine and Science in Sports and Exercise*, 26: 1400-4.

Marcus, R., Drinkwater, B., Dalsky, G., Dufek, J,, Raab, D., Slemenda, C. and Snow-Harter, C. (1992d) 'Osteoporosis and exercise in women.' *Medicine and Science in Sports and Exercise*, 24 (6: supplement): S301-S307.

Markland, D. (1999) 'Self-determination moderates the effects of perceived competence on intrinsic motivation in an exercise setting.' *Journal of Sport and Exercise Psychology*, 21: 351-61.

Markland, D., Emberton, M. and Tallon, R, (1997) 'Confirmatory factor analysis of the Subjective Exercise Experiences Scale among children.' *Journal of Sport and Exercise Psychology*, 19: 418-33.

Markland, D. and Hardy, L. (1993) 'The Exercise Motivations Inventory: Preliminary development and validity of a measure of individuals' reasons for participation in regular physical exercise.' *Personality and Individual Differences*, 15: 289-96.

Marks, D. F. (1994) 'Psychology's role in the Health of the Nation.' *The Psychologist: Bulletin of the British Psychological Society*, 7 (3): 119-21.

Marks, D. F., Murray, M., Evans, B, and Willig, C. (2000) *Health psychology: Theory, research and practice*. London: Sage.

Marlatt, G. A. (1985) 'Relapse prevention: Theoretial rationale and overview of the model.' In G. A. Marlatt and J. R. Gordon (eds), *Relapse prevention: Maintenance strategies in the treatment of addictive behaviours* (pp. 3-70). New York: Guilford Press.

Marlatt, G. A. and Gordon, G. R. (1985) *Relapse prevention*. New York: Guilford Press.

Marsden, E. (1996) *The role of exercise in the well-being of people with insulin dependent diabetes mellitus: Perceptions of patients and health professionals*. Unpublished Ph. D. thesis, University of Glasgow.

——(1999) 'Adoption and maintenace of a physical activity programme for people with diabetes.' In B. Burr and D. Nagi (eds), *Exercise and sport in diabetes* (pp. 137-57). London: John Wiley.

Marsh, H. W., Richards, G. E., Johnson, S., Roche, L. and Tremayne, P. (1994) 'Physical Self-Description Questionnaire: Psychometric properties and the multitrait-multimethod analysis of relations to existing instruments.' *Journal of Sport and Exercise Psychology*, 16: 270-305.

Marsh, H. W. and Sonstroem, R. J. (1995) 'Importance ratings and specific components of physical self concept: Relevance to predicting global components of self-concept and exercise.' *Journal of Sport and Exercise Psychology*, 17: 84-104.

Marshall, S. J, and Biddle, S. J. H. (2000) *The transtheoretical model of behavior change: A meta-analysis of applications to physical activity and exercise*. Unpublished manuscript, Loughborough University.

Martinsen, E. W. (1989) 'The role of aerobic exercise in the treatment of depression.' *Stress Medicine*, 3: 93-100.

——(1990a) 'Benefits of exercise for the treatment of depression,' *Sports Medicine*, 9 (6): 380-9.

——(1990b) 'Physical fitness, anxiety and depression.' *British Journal of Hospital Medicine*, 43: 194; 196;199.

——(1993) 'Therapeutic implications of exercise for clinically anxious and depressed patients.' *International Journal of Sport Psychology*, 24: 185-99.

——(1994) 'Physical activity and depression: Clinical experience.' *Acta Psychiatrica Scandinavica*, 377: 23-7.

Martinsen, E. W., Hoffart, A. and Solberg, O. (1989a) 'Comparing aerobic and non-aerobic forms of exercise in the treatment of clinical depression: A randomized trial.' *Comprehensive Psychiatry*, 30: 324-31.

——(1989b) 'Aerobic and non-aerobic forms of exercise in the treatment of anxiety disorders.' *Stress Medicine*, 5: 115-20.

Martinsen, E. W., Medhus, A. and Sandvik, L. (1985) 'Effects of aerobic exercise on depression: A controlled trial.' *British Medical Journal*, 291: 100.

Martinsen, E. W., Sandvik, I. and Kolbjornsrud, O. B. (1989c) 'Aerobic exercise in the treatment of non psychotic mental disorders: An exploratory study.' *Nordic Journal of Psychiatry*, 43: 411-15.

Martinsen, E. W., Strand, J., Paulson, G. and Kaggestad, J. (1989d) 'Physical fitness level in patients with anxiety and depressive disorders.' *International Journal of Sports Medicine*, 10: 58-61.

Mason, V. (1995) *Young people and sport in England, 1994*. London: Sports Council.

Massie, J. F. and Shephard, R. J. (1971) 'Physiological and psychological effects of training: A comparison of individual and gymnasium programs, with a characterisation of the exercise "dropout",' *Medicine and Science in Sports*, 3: 110-17.

Meltzer, H., Gill, B., Petticrew, M, and Hinds; K. (1995) *The prevalence of psychiatric morbidity among adults living in private households*. London: HMSO.

Messer, B. and Harter, S. (1986) *Manual for the Adult Self-Perception Profile*. Denver, Colo.: University of Denver.

Mihalik, B., O'Leary, J., Mcguire, F. and Dottavio, F. (1989) 'Sports involvement across the Life span: Expansion and contraction of sports activities.' *Research Quarterly for Sport and Exercise*, 60: 396-98.

Miilunpalo, S. (1991) 'Exercise guidance in primary

health care.' In P. Oja and R. Telama (eds), *Sport for all* (pp. 185–92). Amsterdam: Elsevier.

Milani, R. V., Lavie, C. J. and Cassidy, M. M. (1996) 'Effects of cardiac rehabilitation and exercise training on depression in patients after major coronary events.' *American Heart Journal*, 132: 726–32.

Miller, W. R. and Rollnick, S. (1991) *Motivational interviewing: Preparing people to change addictive behavior*. New York: Guilford Press.

Mitchell, S., Grant, S. and Aitchison, T. (1998) 'Physiological effects of exercise on post-menopausal osteoporotic women.' *Physiotherapy*; 84(4): 157–63.

Moore, G. E. (1997) Introduction. In *ACSM's exercise management for persons with chronic diseases and disabilities* (pp. 3–5). Champaign, Ill.: Human Kinetics.

Moreira, H., Sparkes, A. C. and Fox, K. R. (1995) 'Physical education teachers and job comitment: A preliminary analysis.' *European Physical Education Review*, 1: 122–36.

Morgan, W. P. (1968) 'Selected physiological and psychomotor correlates of depression in psychiatric patients.' *Research Quarterly*, 39: 1037–43.

——(1969) 'A pilot investigation of physical working capacity in depressed and non-depressed psychiatric males.' *Research Quarterly*, 40: 859–61.

——(1970a) 'Physical fitness correlates of psychiatric hospitalization.' In G. S. Kenyon (ed.), *Contemporary psychology of sport* (pp. 297–300). Chicago: Athletic Institute.

——(1970b) 'Physical working capacity in depressed and non-depressed psychiatric females: A preliminary study.' *American Corrective Therapy Journal*, 24: 14–16.

——(1979) 'Anxiety reduction following acute physical activity.' *Psychiatric Annals*, 9: 36–45.

——(1985) 'Affective beneficence of vigorous physical activity.' *Medicine and Science in Sports and Exercise*, 17: 94–100.

——(1994) 'Physical activity, fitness and depression.' In C. Bouchard, R. J. Shephard and T. Stephens (eds), *Physical activity, fitness and health* (pp. 851–67). Champaign, Ill.: Human Kinetics.

——(ed.) (1997) *Physical activity and mental health*. Washington, D. C.: Taylor and Francis.

Morgan, W. P. and Goldston, S. E. (eds) (1987a) *Exercise and mental health*. Washington: Hemisphere.

——(1987b) 'Summary.' In W. P Morgan and S. E. Goldston (eds), *Exercise and mental health* (pp. 155–59). Washington: Hemisphere.

Morgan, W. P. and O'Connor, P. J. (1988) 'Exercise and mental health.' In R. K. Dishman (ed.), *Exercise adherence: Its impact on public health* (pp. 91–121). Champaign, Ill.: Human Kinetics.

Morris, J. N., Everett, M. G. and Semmence, A. M. (1987) 'Exercise and coronary heart disease.' In D. Macleod, R. Maughan, M. Nimmo, T. Reilly and C. Williams (eds), *Exercise: Benefits, limits and adaptation* (pp. 4–17). London: E. and F N. Spon.

Morris, J. N., Heady, J. A., Raffle, P. A. B., Roberts, C. G. and Parks, J. W. (1953) 'Coronary heart disease and physical activity of work.' *The Lancet*, ii: 1053–7; 1111–20.

Morris, J. N., Kagan, A., Pattison, D. C., Gardner, M. and Raffle, P A. B. (1966) 'Incidence and reduction of ischaemic heart disease in London busmen.' *The Lancet*, ii. 552–9.

Morris, M., Steinberg, H., Sykes, E. A. and Salmon, P. (1990) 'Effects of temporary withdrawal from regular running.' *Journal of Psychosomatic Research*, 34; 493–500.

Moses, J., Steptoe, A., Mathews, A. and Edwards, S. (1989) 'The effects of exercise training on mental well-being in the normal population: A controlled trial,' *Journal of Psychosomatic Research*, 33; 47–61.

Mueller, C. M. and Dweck, C. S. (1998) 'Praise for intelligence can undermine children's motivation and performance.' *Journal of Personality and Social Psychology*, 75: 33–52.

Muldoon, M. F., Barger, S. D., Flory, J. D. and Manuck, S. B. (1998) 'What are the quality of life measurements measuring?' *British Medical Journal*, 316: 542–5.

Mullan, E. and Markland, D. (1997) 'Variations in self-determination across the stages of change for exercise in adults.' *Motivation and Emotion*, 21; 349–62.

Mullan, E., Markland, D. and Ingledew, D. (1997) 'A graded conceptualisation of self-determination in the regulation of exercise behaviour: Development of a measure using confirmatory factor analytic procedures.' *Personality and Individual Differences*, 23: 745–52.

Mullen, P D., Hersey, J. C. and Iverson, D. C. (1987) 'Health behaviour models compared.' *Social Science and Medicine*, 24: 973–81.

Murdoch, F. A. (1988) *Short term interventions for withdrawal from benzodiazepines: A comparative study of group therapy plus exercise vs group therapy*. Unpublished MBCHB thesis, University of Glasgow.

Murphy, T. J., Pagano, R. R. and Marlatt, G. A. (1986) 'Lifestyle modification with heavy alcohol drinkers: Effects of aerobic exercise and meditation.' *Addictive Behaviors*, 11: 175–86.

Musgrave, B. and Menell, Z. (1980) *Change and choice: Women and middle-age*. London: Peter Owen.

Mutrie, N. (1988) *Exercise as a treatment for moderate depression in the UK National Health Service*. Paper presented at the Sport, Health, Psychology and Exercise Symposium, London.

——(2000) 'The relationship between physical activity and clinically defined depression.' In S. J, H. Biddle, K. R. Fox and S. H. Boutcher (eds), *Physical activity and psychological well-being* (pp. 46–62). London: Routledge.

Mutrie, N., Carney, C., Blarney, A., Whitelaw, A., Crawford, F. and Aitchison, T. (1999) *The effects of a cognitive behavioural intervention on active commuting behaviour: 3-month results*. Paper presented at the 10th European Congress of Sport Psychology, Prague.

Mutrie, N. and Choi, P. Y. L. (1993) *Psychological benefits of physical activity for specific populations*. Paper presented at the 7th Conference of the European Health Psychology Society, Brussels.

Mutrie, N. and Krill-Jones, R. (1986) 'Psychological effects of running: 1985 survey of Glasgow People's Marathon.' In J. H. McGregor and J. A. Moncur (eds), *Sport and Medicine: Proceedings of VIII Common-*

wealth and International Conference on Sport, Physical Education, Dance, Recreation and Health (pp. 186–90). London: E. and F. N. Spon.

Nachemson, A. L. (1990) 'Exercise fitness and back pain.' In C. Bouchard, R. J. Shephard, T. Stephens, J. R. Sutton and B. D. McPherson (eds), *Exercise, fitness, and health* (pp. 533–40). Champaign, Ill.: Human Kinetics.

Naughton, J. (1985) 'Role of physical activity as a secondary intervention for healed myocardial infarction.' *American Journal of Cardiology*, 55: 210–60.

Neeman, J. and Harter, S. (1986) *Manual for the Self Perception Profile for college students*. Denver, Colo.: University of Denver.

Neuberger, G. B., Kasal, S., Smith, K. V. and Hassanein, R. (1994) 'Determinants of exercise and aerobic fitness in outpatients with arthritis.' *Nursing Research*, 43: 11–17.

Nicholls, J. G. (1989) *The competitive ethos and democratic education*. Cambridge, Mass.: Harvard University Press.

Nieman, D. C. (1994) 'Physical activity, fitness, and infection.' In C. Bouchard, R. J. Shephard and T. Stephens (eds), *Physical activity, fitness, and health* (pp. 796–813). Champaign, Ill.: Human Kinetics.

Nitsch, J. R. and Seiler, R. (eds) (1994) *Health sport - Movement therapy*. Sankt Augnstin: Academia.

Noble, B. J. and Robertson, R. J. (1996) *Perceived exertion*. Champaign, Ill.: Human Kinetics.

Noland, M. and Feldman, R. (1984) 'Factors related to the leisure exercise behavior of "returning" women college students.' *Health Education*, March/April: 32–6.

——(1985) 'An empirical investigation of leisure exercise behavior in adult women.' *Health Education*, October/November: 29–34.

Norstrom, J. (1988) 'Get fit while you sit: Exercise and fitness options for diabetics.' *Caring*, November: 52–8.

North, T. C., McCullagh, P. and Tran, Z. V. (1990) 'Effect of exercise on depression.' *Exercise and Sport Sciences Reviews*, 18: 379–415.

Ntoumanis, N. and Biddle, S. (1999a) 'A review of motivational climate in physical activity.' *Journal of Sports Sciences*, 17: 643–65.

——(1999b) 'Affect and achievement goals in physical activity: A meta-analysis.' *Scandinavian Journal of Medicine and Science in Sports*, 9: 315–32.

Oatley, K. and Jerkins, J. M. (1996) *Understanding emotions*. Cambridge, Mass.: Blackwell Scientific.

O'Connell, J. and Price, J. (1982) 'Health locus of control of physical fitness program participants.' *Perceptual and Motor Skills*, 55: 925–6.

O'Connor, P. J., Aenchbacher, L. E. and Dishman, R. K. (1993) 'Physical activity and depression in the elderly.' *Journal of Aging and Physical Activity*, 1: 34–58.

O'Connor, P. J. and Cook, D. B. (1999) 'Exercise and pain: The neurobiology, measurement, and laboratory study of pain in relation to exercise in humans.' *Exercise and Sport Sciences Reviews*, 27: 119–66.

O'Connor, P. J. and Youngstedt, S. D. (1995) 'Influence of exercise on human sleep.' *Exercise and Sport Sciences Reviews*, 23: 105–34.

Ogden, J. (1996) *Health psychology: A textbook*. Buckingham: Open University Press.

Oja, P. (1995) 'Descriptive epidemiology of health-related physical activity and fitness.' *Reserach Quarterly for Exercise and Sport*, 66: 303–12.

Oja, P., Paronen, O., Manttari, A., Kukkonen-Harjula, K., Laukkanen, R., Vuori, I. and Pasanen, M. (1991) 'Occurrence, effects and promotion of walking and cycling as forms of transportation during work commuting: A Finnish experience.' In P. Oja and R. Telama (eds), *Sport for all* (pp. 233–8). Amsterdam: Elsevier.

Oja, P., Vuori, I. and Paronen, O. (1998) 'Daily walking and cycling to work: Their utility as health-enhancing physical activity.' *Patient Education and Counseling*, 33 (supplement 1): S87–S94.

Oldridge, N., Dormer, A. and Buck, C. (1983) 'Predictors of dropout from cardiac exercise rehabilitation: Ontario Exercise Heart Collaborative Study.' *American Journal of Cardiology*, 51: 70–4.

Oldridge, N. B., Guyatt, G. H., Fischer, M. E. and Rimm, A. A. (1988) 'Cardiac rehabilitation after myocardial infarction: Combined experience of randomized clinical trials.' *Journal of the American Medicial Association*, 260: 945–50.

Olson, J. M. and Zanna, M. P. (1982) *Predicting adherence to a programme of physical exercise: An empirical study*. Toronto: Ontario Ministry of Tourism and Recreation.

——(1993) 'Attitudes and attitude change.' *Annual Review of Psychology*, 44; 117–54.

Ommundsen, Y. and Vaglum, P. (1991) 'Soccer competition anxiety and enjoyment in young bay players: The influence of perceived competence and significant others' emotional involvement.' *International Journal of Sport Psychology*, 22: 35–49.

Opatz, J., Chenoweth, D. and Kaman, R. (1991) 'Economic impact of worksite health promotion programs.' Northbrook, Ill.: Association for Fitness in Business Publications.

Orwin, A. (1981) 'The running treatment: A preliminary communication on a new use for an old therapy (physical activity) in the agorophobic syndrome.' In M. H. Sacks and M. Sachs (eds), *Psychology of running* (pp. 32–9). Champaign: Human Kinetics.

Ossip-Klein, D. J., Doyne, E. J., Bowman, E. D., Osborn, K. M., McDougall-Wilson, I. B. and Neimeyer, R. A. (1989) 'Effects of running and weight lifting on self-concept in clinically depressed women.' *Journal of Consulting and Clinical Psychology*, 57: 158–61.

Owen, N. and Bauman, A. (1992) 'The descriptive epidemiology of a sedentary lifestyle in adult Australians.' *International Journal of Epidemiology*, 21: 305–10.

Owen, N. and Dwyer, T. (1988) 'Approaches to promoting more widespread participation in physical activity.' *Community Health Studies*, 12: 339–47.

Paffenbarger, R. S., Hyde, R. T., Wing, A. L. and Hsieh, C.-C. (1986) 'Physical activity, all-cause mortality, and longevity of college alumni.' *New England Journal of Medicine*, 314: 605–13.

Paffenbarger, R. S., Hyde, R. T., Wing, A. L., Lee, I.-M., Jung, D. L, and Kampert, J. B. (1993) 'The association of changes in physical activity level and other lifestyle characteristics with mortality among men.' *New England Journal of Medicine*, 328: 538–45.

Paffenbarger, R. S., Hyde, R. T., Wing, A. L., Lee, I.-M. and Kampert, J. B. (1994a) 'Same interrelations of physical activity, physiological fitness, health and longevity.' In C. Bouchard, R. J. Shephard and T. Stephens (eds), *Physical activity fitness, and health* (pp. 119–33). Champaign, Ill.: Human Kinetics.

Paffenbarger, R. S., Lee, I. M. and Leung, R. (1994b) 'Physical activity and personal characteristics associated with depression and suicide in American college men.' *Acta Psychiatrica Scandinavia*, 89 (s377): 16–22.

Paffenbarger, R., S., Wing, A. L. and Hyde, R. T. (1978) 'Physical activity as an index of heart attack risk in college alumni.' *American Journal of Epidemiology*, 108: 161–75.

Palenzuela, D. L. (1988) 'Refining the theory and measurement of expectancy of internal versus external control of reinforcement.' *Personality and Individual Differences*, 9: 607–29.

Palmer, J., Vacc, N. and Epstein, J. (1988) 'Adult inpatient alcoholics: Physical exercise as a treatment intervention.' *Journal of Studies on Alcohol*, 49(5): 418–29.

Palmer, S. S., Mortimer, J. A., Webster, D. D., Bistevins, R. and Dickinson, G. L. (1986) 'Exercise therapy for Parkinson's disease.' *Archives of Physical Medicine and Rehabilitation*, 67: 741–5.

Papaioannou, A. (1994) 'Development of a questionnaire to measure achievement orientation in physical education.' *Research Quarterly for Exercise and Sport*, 65: 11–20.

——(1995) 'Motivation and goal perspectives in children's physical education.' In S. J. H. Biddle (ed.), *European Perspectives on Sport and Exercise Psychology* (pp. 245–69). Champaign, Ill.: Human Kinetics.

Papaioannou, A. and Goudas, M. (1999) 'Motivational climate of the physical education class.' In Y. Vanden Auweele, F. Bakker, S. Biddle, M. Durand and R. Seiler (eds), *Psychology for physical educators* (pp. 51–68). Champaign, Ill.; Human Kinetics.

Parfitt, G., Markland, D. and Holmes, C. (1994) 'Response to physical exertion in active and inactive males and females.' *Journal of Sport and Exercise Psychology*, 16: 178–86.

Pate, R. R. (1988) 'The evolving definition of physical fitness.' *Quest*, 40: 174–9.

Pate, R. R., Baranowski, T,, Dowda, M. and Trost, S. G. (1996) 'Tracking of physical activity in young children.' *Medicine and Science in Sports and Exercise*, 28: 92–6.

Pate, R. R. and Macera, C. A. (1994) 'Risks of exercising: Musculoskeletal injuries.' In C. Bouchard, R. J. Shephard and T. Stephens. (eds), *Physical activity, fitness, and health* (pp. 1008–18). Champaign, Ill.: Human Kinetics.

Pate, R. R., Pratt, M., Blair, S. N., Haskel, W L., Macera, C. A,, Bouchard, C., Buchner, D., Ettinger, W., Heath, G., King, A. C., Kriska, A., Leon, A., Marcus, B. H., Morris, J., Paffenbarger, R. S., Patrick, K., Pollock, M. L., Rippe, J. M., Sallis, J. F. and Wilmore, J. H. (1995) 'Physical activity and public health: A recommendation from the Centers for Disease Control and Prevention and the American College of Sports Medicine.' *Journal of the American Medicial Association*, 273: 402–7.

Paton, L. (1993) *Barriers and motivation to exercise in osteoporotic post-menopausal women*. Unpublished M. App. Sci. thesis, University of Glasgow.

Patrick, K., Sallis, J. F., Long, B. J., Calfas, K. J., Wooten, W J. and Heath, G. (1994) 'PACE: Physician-based assessment and counseling for exercise, background and development.' *The Physician and Sportsmedicine*, 22: 245–55.

Patton, R. W., Corny, J. M., Gettman, L. R. and Graf, J. S. (1986) *Implementing health/fitness programs*. Champaign, Ill.: Human Kinetics.

Paykel, E. S. and Priest, R. G. (1992) 'Recognition and management of depression in general practice: A consensus statement.' *British Medical Journal*, 305: 1198–202.

Pedestrians' Association (1997) *Did you walk today?* London: Pedestrians' Association.

——(1998) *Stepping out: Local Authority policies and provision for walking*. London: Pedestrians' Association.

Pelham, T. W. and Campagna, P. D. (1991) 'Benefits of exercise in psychiatric rehabilitation of persons with schizophrenia.' *Canadian Journal of Rehabilitation*, 4(3): 159–68.

Pelham, T. W., Campagna, P. D., Ritvo, P. G. and Birnie, W. A. (1993) 'The effects of exercise therapy on clients in a psychiatric rehabilitation programme.' *Psychosocial Rehabilitation Journal*, 16 (4): 75–84.

Pell, J., Pell, A., Morrison, C., Blatchford, O. and Dargie, H. (1996) 'Retrospective study of influence of deprivation on uptake of cardiac rehabilitation.' *British Medical Journal*, 313: 267–8.

Pelletier, L. G., Fortier, M. S., Vallerand, R. J., Tuson, K. M., Briere, N. M. and Blais, M. R. (1995) 'Toward a new measure of intrinsic motivation, extrinsic motivation, and amotivation in sports: The Sport Motivation Scale (SMS).' *Journal of Sport and Exercise Psychology*, 17: 35–53.

Pender, N. J., Sallis, J. F., Long, B. J. and Calfas, K. J. (1994) 'Health-care provider counseling to promote physical activity.' In R. K. Dishman (ed.), *Advances in exercise adherence* (pp. 213–35). Champaign, Ill.: Human Kinetics.

Peronnet, F, and Szabo, A. (1993) 'Sympathetic response to psychosoccial stressors in humans: Linkage to physical exercise and training.' In P. Seraganian (ed.), *Exercise psychology: The influence of physical exercise on psychological processes* (pp. 172–217), New York: John Wiley.

Peterson, C., Maier, S. F. and Seligman, M. E. P. (1993) *Learned helplessness: A theory for the age of personal control*. New York: Oxford University Press.

Peterson, C. and Seligman, M. E. P. (1984) 'Causal explanations as a risk factor for depression: Theory and evidence.' *Psychological Review*, 91: 347–74.

Petruzzello, S. J. (1995) 'Does physical exercise reduce anxious emotions? A reply to W. Schlicht's meta-analysis.' *Anxiety, Stress and Coping*, 8: 353–6.

Petruzzello, S. J,, Landers, D. M., Hatfield, B. D., Kubitz,

K. A. and Salazar, W. (1991) 'A meta-analysis on the anxiety-reducing effects of acute and chronic exercise: Outcomes and mechanisms.' *Sports Medicine*, 11: 143-82.

Petty, R. E. and Cacioppo, J. T. (1986) 'The elaboration-likelihood model of persuasion.' In L. Berkowitz (ed.), *Advances in experimental social psychology* (vol. 19, pp. 123-205). San Diego, Calif.: Academic Press.

Petty, T. (1993) 'Pulmonary rehabilitation in perspective: Historical roots, present status and future projections.' *Thorax*, 48: 855-62.

Pierce, E. (1994) 'Exercise dependence syndrome in runners.' *Sports Medicine*, 18: 149-55.

Pieron, M., Cloes, M., Delfosse, C. and Ledent, M. (1996) 'An investigation of the effects of daily physical education in kindergarten and elementary school.' *European Physical Education Review*, 2: 116-32.

Pitts, F. N. and McClure, J. N. (1967) 'Lactate metabolism in anxiety neurosis.' *New England Journal of Medicine*, 277: 1329-36.

Plante, T. G. (1993) 'Aerobic exercise in prevention and treatment of psychopathology.' In P. Seraganian (ed.), *Exercise psychology. The influence of physical exercise on psychological processes* (pp. 358-79). New York: John Wiley.

Poag-DuCharme, K. A. and Brawley, L. R. (1993) 'Self efficacy theory: Use in the prediction of exercise behavior in the community setting.' *Journal of Applied Sport Psychology*, 5: 178-94.

Polivy, J. (1994) 'Physical activity, fitness, and compulsive behaviors.' In C. Bouchard, R. J. Shephard and T. Stephens (eds), *Physical activity, fitness, and health* (pp. 883-97). Champaign, Ill.: Human Kinetics.

Pollatschek, J. L. and O'Hagan, F. J. (1989) 'An investigation of the psycho-physical influences of a quality daily physical education programme.' *Health Education Research: Theory and Practice*, 4: 341-50.

Potempa, K., Braun, L. T., Tinkell, T. and Popovich, J. (1996) 'Benefits of aerobic exercise after stroke.' *Sports Medicine*, 21: 337-46.

Powell, K. E. (1988) 'Habitual exercise and public health: An epidemiological view.' In R. K. Dishman (ed.), *Exercise adherence: Its impact on public health* (pp.15-39). Champaign, Ill.: Human Kinetics.

Powell, K. E. and Blair, S. N. (1994) 'The public health burdens of sedentary living habits: Theoretical but realistic estimates.' *Medicine and Science in Sports and Exercise*, 26: 851-6.

Powell, K. E., Spain, K. S., Christenson, C. J. and Mollenkamp, M. P. (1986) 'The status of the 1990 objectives for physical fitness and exercise.' *Public Health Reports*, 101: 15-21.

Powell, K. E., Stephens, T., Marti, B., Heinemann, L. and Kreuter, M. (1991) 'Progress and problems in the promotion of physical activity.' In P Oja and R. Telama (eds), *Sport for all* (pp. 55-73). Amsterdam: Elsevier.

Powell, K. E., Thompson, P. D., Caspersen, C. J. and Kendrick, J. S. (1987) 'Physical activity and the incidence of coronary heart disease.' *Annual Review of Public Health*, 8: 253-87.

Prentice, A. M. and Jebb, S. A. (1995) 'Obesity in Britain: Gluttony or sloth?' *British Medical Journal*, 311: 437-9.

Prentice-Dune, S. and Rogers, R. (1986) 'Protection Motivation Theory and preventive health: Beyond the Health Belief Model.' *Health Education Research: Theory and Practice*, 1: 153-61.

Prior, J. C. and Vigna, Y. (1987) 'Conditioning exercise decreases premenstrual symptoms: A prospective, controlled 6-month trial.' *Fertility and Sterility*, 47: 402-8.

Prochaska, J. and Velicer, W. (1997) 'The transtheoretical model of health behavior change.' *American Journal of Health Promotion*, 12: 38-48.

Prochaska, J. O. (1994) 'Strong and weak principles for progressing from precontemplation to action on the basis of twelve problem behaviors.' *Health Psychology*, 13: 47-51.

Prochaska, J. O., DiClemente, C. C. and Norcross, J. C. (1992) 'In search of how people change: Applications to addictive behaviors,' *American Psychologist*, 47: 1102-14.

Prochaska, J. O. and Marcus, B. H. (1994) 'The transtheoretical model: Application to exercise.' In R. K. Dishman (ed.), *Advances in exercise adherence* (pp. 161-80). Champaign, Ill.: Human Kinetics.

Prochaska, J. O., Norcross, J. C. and DiClemente, C. C. (1994a) *Changing for good*. New York: Avon.

Prochaska, J. O., Velicer, W. F., Rossi, J. S., Goldstein, M. G., Marcus, B. H., Rakowski, W, Fiore, C., Harlow, L. L., Redding, C. A., Rosenbloom, D. and Rossi, S. R. (1994b) 'Stages of change and decision balance for 12 problem behaviors.' *Health Psychology*, 13: 39-46.

Prosser, G., Carson, P. and Phillips, R. (1985) 'Exercise after myocardial infarction: Long term rehabilitation effects.' *Journal of Psychosomatic Research*, 29. 535-40.

Quaglietti, S. and Froelicher, V. F. (1994) 'Physical activity and cardiac rehabilitation for patients with coronary heart disease.' In C. Bouchard, R. J. Shephard and T. Stephens (eds), *Physical activity, fitness and health* (pp. 591-608). Champaign, Ill.; Human Kinetics.

Quinney, H. A., Gauvin, L. and Wall, A. E. T. (eds) (1994) *Toward active living*. Champaign, Ill.: Human Kinetics.

Radloff, L. S. (1977) 'The CES-D scale: A self report depression scale for research in the general population.' *Applied Psychological Measurement*, 1: 385-401.

Raglin, J. S. (1997) 'Anxiolytic effects of physical activity,' In W. P Morgan (ed.), *Physical activity and mental health* (pp. 107-26). Washington, D. C.: Taylor and Francis.

Redman, S., Spencer, E. A. and Sanson-Fisher, R. W. (1990) 'The role of mass media in changing health-related behaviour: A critical appraisal of two models.' *Health Promotion International*, 5: 85-101.

Reed, B. D., Jensen, J. D. and Gorenflo, D. W. (1991) 'Physicians and exercise promotion.' *American Journal of Preventive Medicine*, 7: 410-15.

Reed, G. R. (1999) 'Adherence to exercise and the transtheoretical model of behaviour change.' In S. J. Bull (ed.), *Adherence issues in sport and exercise* (pp. 19-46). Chichester: Wiley.

Rejeski, W. J. (1981) 'The perception of exertion: A social psychophysiological integration.' *Journal of*

Sport Psychology, 3: 305–20.

——(1985) 'Perceived exertion: An active or passive process?' *Journal of Sport Psychology*, 7: 371–8.

——(1992) 'Motivation for exercise behavior: A critique of theoretical directions.' In G. C. Roberts (ed.), *Motivation in sport and exercise* (pp. 129–57). Champaign, Ill.: Human Kinetics.

——(1994) 'Dose-response issues from a psychosoccal perspective.' In C. Bouchard, R. J. Shephard and T. Stephens (eds), *Physical activity, fitness, and health* (pp. 1040–55). Champaign, Ill.: Human Kinetics.

Rejeski, W. J. and Brawley, L. R. (1988) 'Defining the boundaries of sport psychology.' *The Sport Psychologist*, 2: 231–42.

Rejeski, W. J., Brawley, L. R. and Shumaker, S. A. (1996) 'Physical activity and health-related quality of life.' *Exercise and Sport Sciences Reviews*, 24: 71–108.

Rejeski, W. J. and Sanford, B. (1984) 'Feminine-typed females: The role of affective schema in the perception of exercise intensity.' *Journal of Sport Psychology*; 6: 197–207.

Rejeski, W. J. and Thompson, A. (1993) 'Historical and conceptual roots of exercise psychology.' In P Seraganian (ed.), *Exercise psychology. The influence of physical exercise on psychological processes* (pp, 3–35). New York: John Wiley.

Research Quarterly for Exercise and Sport (1995) 'Physical Activity, Health and Well-Being.' *Research Quarterly for Exercise and Sport*, special issue: Proceedings of the International Scientific Consensus Conference, 66 (4): whole.

Reuter, I, Engelhardt, M., Stecker, K. and Baas, H. (1999) 'Therapeutic value of exercise training in Parkinson's disease.' *Medicine and Science in Sports and Exercise*, 31: 1544–9.

Rickabaugh, T. E. and Saltarelli, W. (1999) 'Knowledge and attitudes related to diabetes and exercise guidelines among selected diabetic children, their parents, and physical education teachers.' *Research Quarterly for Exercise and Sport*, 70: 389–94.

Rickli, R. E. and McManus, R. (1990) 'The effect of exercise on bone mineral content in post enopausal women.' *Research Quarterly for Exercise and Sport*, 61: 243–9.

Riddle, P. K. (1980) 'Attitudes, beliefs, behavioral intentions and behaviors of women and men toward egular jogging.' *Research Quarterly for Exercise and Sport*, 51; 663–74.

Riddoch, C. (1998) 'Relationships between physical activity and physical health in young people.' In. Biddle, J. Sallis and N. Cavill (eds), *Young and active? Young people and health-enhancing physical activity: Evidence and implications* (pp. 17–48). London: Health Education Authority.

Riddoch, C., Puig-Ribera, A. and Cooper, A. (1998) *Effectiveness of physical activity promotion schemes in primary care: A review*. London: Health Education Authority.

Rigsby, L., Dishman, R. K., Jackson, W., McClean, G. S. and Rowen, P. B. (1992) 'Effects of exercise training on men seropositive for HIV–1.' *Medicine and Science in Sports and Exercise*, 24: 6–12.

Rippetoe; P. A. and Rogers, R. (1987) 'Effects of components of protection-motivation theory on adaptive and maladaptive coping with a health threat.' *Journal of Personality and Social Psychology*, 52: 596–604.

Roberts, G. C. (ed.) (1992) *Motivation in sport and exercise*. Champaign, Ill.: Human Kinetics.

Robertson, R. J. and Noble, B. J. (1997) 'Perception of physical exertion: Methods, mediators, and applications.' *Exercise and Sport Sciences Reviews*, 25: 407–52.

Rodgers, W. M. and Brawley, L. R. (1993) 'Using both the self-efficacy theory and the theory of planned behavior to discriminate adherers and dropouts from structured programmes.' *Journal of Applied Sport Psychology*, 5: 195–206.

Robers, R. W. (1983) 'Cognitive and physiological processes in fear appeals and attitude change: A revised theory of protection motivation.' In J. R. Cacioppo and R. E. Petty (eds), *Social psychology: A sourcebook* (pp. 153–76). New York: Guilford Press.

Rollnick, S., Mason, P. and Butler, C. (1999) *Health behavior change: A guide for practitioners*. Edinburgh: Churchill Livingstone.

Rosenstock, I. M. (1974) 'Historical origins of the Health Belief Model.' *Health Education Monographs*, 2: 328–35.

——(1990) 'The Health Belief Model: Explaining health behavior through expectancies.' In K. Glanz, F. M. Lewis and B. K. Rimer (eds), *Health behavior and health education: Theory, research, and practice* (pp. 39–62). San Fransisco: Jossey-Bass.

Rothman, A. J., Salovey, P, Turvey, C. and Fishkin, S. A. (1993) 'Attributions of responsibility and persuasion; Increasing mammography utilization among women over 40 with an internally oriented message.' *Health Psychology*, 12: 39–47.

Rotter, J. B. (1954) *Social learning and clinical psychology*. Englewood Cliffs, N. J.: Prentice-Hall.

——(1966) 'Generalised expectancies for internal versus external control of reinforcement.' *Psychological Monographs*, 80 (whole no. 609): 1–28.

——(1975) 'Some problems and misconceptions related to the construct of internal versus external control of reinforcement.' *Journal of Consulting and Clinical Psychology*, 43: 56–67.

Rovario, S., Holmes, D. and Halmsten, D. (1984) 'Influence of a cardiac rehabilitation program on the cardiovascular, psychological, and social functioning of cardiac patients.' *Journal of Behavioral Medicine*, 7: 61–81.

Rudolph, D. L. and McAuley, E. (1995) 'Self-efficacy and salivary cortisol responses to acute exercise in physically active and less active adults.' *Journal of Sport and Exercise Psychology*, 17: 206–13.

Rummel, A. and Feinberg, R. (1988) 'Cognitive evaluation theory: A meta-analytic review of the literature.' *Social Behavior and Personality*, 16: 147–64.

Rusbult, C. and Farrel, D. (1983) 'A longitudinal test of the investment model: The impact of job satisfaction, job commitment and turnover of variations in rewards, costs, alternatives and investments.' *Journal of Applied Psychology*, 68: 429–38.

Russell, J. A. (1980) 'A circumplex model of affect.' *Journal of Personality and Social Psychology*, 39: 1161 78.

Russell, J. A. and Barren, L. F. (1999) 'Core affect, prototypical emotional episodes, and other things called emotion: Dissecting the elephant.' *Journal of Personality and Social Psychology*, 76: 805–19.

Ryan, R. and Connell, J. (1989) 'Perceived locus of causality and internalization: Examining reasons for acting in two domains.' *Journal of Personality and Social Psychology*, 57. 749–61.

Ryan, R. M., Connell, J. P. and Grolnick, W. S. (1992) 'When achievement is not intrinsically motivated: A theory of internalization and self-regulation in school.' In A. K. Boggiano and T. S. Pittman (eds), *Achievement and motivation: A social developmental perspective* (pp. 167–88). Cambridge: Cambridge University Press.

Ryckman, R. M., Robbins, M. A., Thornton, B. and Cantrell, P. (1982) 'Development and validation of a Physical Self Efficacy Scale,' *Journal of Personality and Social Psychology*, 42: 891–900.

Sallis, J. (1998) 'Family and community interventions to promote physical activity in young people.' In S. Biddle, J. Sallis and N. Cavill (eds), *Young and Active? Young people and health-enhancing physical activity: Evidence and implications* (pp. 150–61). London; Health Education Authority.

Sallis, J. and Owen, N. (1996) 'Ecological models.' In K. Glanz, F. Lewis and B. Rimer (eds), *Health behavior and health education: Theory, research and practice* (pp. 403–24). San Francisco: Jossey-Bass.

Sallis, J. and Patrick, K. (1994) 'Physical activity guidelines for adolescents: Consensus statement.' *Pediatric Exercise Science*, 6: 302–14.

Sallis, J. F., Bauman, A. and Pratt, M. (1998) 'Environmental and policy interventions to promote physical activity.' *American Journal of Preventive Medicine*, 15: 379–97.

Sallis, J. F., Haskell, W., Fortmann, S., Vranizan, K., Taylor, C, B. and Solomon, D. (1986) 'Predictors of adoption and maintenance of physical activity in a community sample.' *Preventive Medicine*, 15: 331–41.

Sallis, J. F. and Hovell, M. (1990) 'Determinants of exercise behavior.' *Exercise and Sport Sciences Reviews*, 18: 307–30.

Sallis, J. F., Hovell, M. F., Hofstetter, C. R. and Barrington, E. (1992a) 'Explanation of vigorous physical activity during two years using social learning variables.' *Social Science and Medicine*, 34: 25–32.

Sallis, J. F., McKenzie, T. L., Alcaraz, J. E., Kolody, B., Faucette, N. and Hovell, M. F. (1997) 'The effects of a 2-year physical education program (SPARK) on physical activity and fitness in elementary school students.' *American Journal of Public Health*, 87: 1328–34.

Sallis, J. F. and Owen, N. (1999) *Physical activity and behavioral medicine*. Thousand Oaks, Calif.: Sage.

Sallis, J. F., Pinski, R. B., Grossman, R. M., Patterson, T. L. and Nader, P. R. (1988) 'The development of self-efficacy scales for health-related diet and exercise behaviors.' *Health Education Research: Theory and Practice*, 3: 283–92.

Sallis, J. F., Simons-Morton, B. G., Stone, E. J., Corbin, C. B., Epstein, L. H., Faucette, N., Iannotti, R, J., Killen, J. D., Klesges, R. C., Petray, C. K., Rowland, T. W. and Taylor, W. C. (1992b) 'Determinants of phyical activity and interventions in youth.' *Medicine and Science in Sports and Exercise*, 24 (6: supplement): S248–S257.

Salonen, J. T., Puska, P., Kottke, T. E., Tuomilehto, J. and Nissinen, A. (1983) 'Decline in mortality from coronary heart disease in Finland from 1969 to 1979.' *British Medical Journal*, 286: 1857–60.

Sarrazin, P., Biddle, S., Famose, J. P., Cury, F., Fox, K. and Durand, M. (1996) 'Goal orientations and conceptions of the nature of sport ability in children: A social cognitive approach.' *British Journal of Social Psychology*, 35: 399–414.

Scanlan, T. K., Carpenter, P. J., Schmidt, G: W, Simons, J. P and Keeler, B. (1993) 'An introduction to the sport commitment model.' *Journal of Sport and Exercise Psychology*, 15: 1–15.

Scanlan, T. K. and Lewthwaite, R. (1986) 'Social psychological aspects of competition for male youth sport participants: IV Predictors of enjoyment.' *Journal of Sport Psychology*, 8: 25–35.

Scanlan, T. K. and Simons, J. P. (1992) 'The construct of sport enjoyment.' In G. C. Roberts (ed.), *Motivation in sport and exercise* (pp.199–215). Champaign, Ill.: Human Kinetics.

Schifter, D. E. and Ajzen, I. (1985) 'Intention, perceived control, and weight loss: An application of the Theory of Planned Behaviour.' *Journal of Personality and Social Psychology*, 49: 843–51.

Schlackmans. (1986) *Women's fitness and exercise classes. Vol. 1: Summary and conclusions*. London: Schlackmans.

Schlicht, W. (1994a) 'Does physical exercise reduce anxious emotions? A meta-analysis.' *Anxiety, Stress and Coping*, 6: 275–88.

——(1994b) 'Sport and seelische Gesundheit: Eine meta-analyse' (Sport and mental health: A meta-analysis). In J. Nitsch and R. Seder (eds), *Health sport – movement therapy: Proceedings of the 8th European Congress of Sport Psychology 1991* (vol. 4, pp. 57–63). Sankt Augustin, Germany: Academia Verlag.

——(1995) 'Does physical exercise reduce anxious emotions? A retort to Steven J. Petruzzello.' *Anxiety, Stress and Coping*, 8: 357–9.

Schmidt, R. A. (1982) *Motor control and learning*. Champaign, Ill.: Human Kinetics.

Schoeneman, T. and Curry, S. (1990) 'Attributions for successful and unsuccessful health behaviour change.' *Basic and Applied Social Psychology*, 11: 421–31.

Schoeneman, T. J., Hollis, J. F., Stevens, V. J., Fischer, K. and Cheek, P. R. (1988a) 'Recovering stride versus letting it slide: Attributions for "slips" following smoking cessation treatment.' *Psychology and Health*, 2: 335–47.

Schoeneman, T. J., Stevens, V. J., Hollis, J. F., Cheek, P. R. and Fischer, K. (1988b) 'Attribution, affect and expectancy following smoking cessation treatment.' *Basic and Applied Social Psychology*, 9: 173–84.

Schutz, R. W., Smoll, F. L., Carre, F. A. and Mosher, R. E. (1985) 'Inventories and norms for children's attitudes toward physical activity.' *Research Quarterly for Exercise and Sport*, 56: 256–65.

Schwarz, L. and Kindermann, W. (1992) 'Changes in

B-endorphin levels in response to aerobic and anaerobic exercise.' *Sports Medicine*, 13: 25–36.

Schwarzer, R. (1992) 'Self-efficacy in the adoption and maintenance of health behaviours: Theoretical approaches and a new model.' In R. Schwarzer (ed.), *Self efficacy: Thought control of action* (pp. 217–43). Bristol, Pa.: Taylor and Francis.

Scott, J. (1996) 'Cognitive therapy of affective disorders: A review.' *Journal of Affective Disorders*, 37: 1–11.

Scottish Office (1999) *Towards a healthier Scotland: A White Paper on health.* Edinburgh: The Stationery Office.

Sechrist, K. R., Walker, S. N. and Pender, N. J. (1987) 'Development and psychometric evaluation of the exercise benefits/barriers scale.' *Research in Nursing and Health*, 10: 357–65.

Secord, P. F. and Jourard, S. M. (1953) 'The appraisal of body cathexis. Body-cathexis and the self.' *Journal of Consulting Pychology*, 17: 343–7.

Seifriz, J., Duda, J. L. and Chi, L. (1992) 'The relationship of perceived motivational climate to intrinsic motivation and beliefs about success in basketball,' *Journal of Sport and Exercise Psychology*, 14: 375–91.

Seligman, M. E. P. (1975) *Helplessness: On depression, development and death.* San Fransisco: Freeman.

Sexton, H., Maere, A. and Dahl, N. H. (1989) 'Exercise intensity and reduction in neurotic symptoms; A controlled follow-up study.' *Acta Psychiatrica Scandinavia*, 80: 231–5.

Sharratt, M. T. and Sharratt, J. K. (1994) 'Potential health benefits of active living for persons with chronic conditions.' In H. A. Quinney, L. Gauvin and A. E. T. Wall (eds), *Toward active living* (pp. 39–45). Champaign, Ill.: Human Kinetics.

Shavelson, R. J., Hubner, J. J. and Stanton, G. C. (1976) 'Self-concept: Validation of construct interpretations.' *Review of Educational Research*, 46; 407–41.

Sheeran, P. and Abraham, C. (1996) 'The Health Belief Model.' In M. Corner and P Norman (eds), *Predicting health behaviour* (pp. 23–61). Buckingham: Open University Press.

Shephard, R. J. (1985) 'Motivation: The key to fitness compliance.' *The Physician and Sportmedicine*, 13(7): 88–101.

——(1989) 'Current perspectives on the economics of fitness and sport with particular reference to worksite programmes.' *Sports Medicine*, 7: 286–309.

——(1992) 'A critical analysis of work-site fitness programs and their postulated economic benefits.' *Medicine and Science in Sports and Exercise*, 24: 354–70.

——(1997) 'Curricular physical activity and academic performance.' *Pediatric Exercise Science*, 9: 113–26.

Sheppard, B. H., Hartwick, J, and Warshaw, P. R. (1988) 'The theory of reasoned action: A meta-analysis of past research with recommendations for modifications and future research.' *Journal of Consumer Research*, 15: 325–43.

Sherer, M., Maddux, J. E., Mercendante, B. and Prentice-Dunn, S. (1982) 'The Self-Efficacy Scale: Construction and validation.' *Psychological Reports*, 51: 663–71.

Sheridan, C. L. and Radmacher, S. A. (1992) *Health psychology: Challenging the biomedical model.* New York: Wiley.

Siafakis, M. (1999) *Exercise and HIV +.* Unpublished M. Sc. thesis, University of Glasgow.

Sidney, K. H., Niinimaa, V. and Shephard, R. J. (1983) 'Attitudes towards exercise and sports: Sex and age differences and changes with endurance training.' *Journal of Sports Sciences*, 1: 195–210.

Simkin, A. J., Ayalon, J. and Leichter, I. (1987) 'Increased trabecular bone density due to bone-loading exercises in postmenopausal osteoporotic women.' *Calcified Tissue International*, 40: 59–63.

Simon, H. B. (1990) 'Discussion: Exercise, immunity, cancer, and infection.' In C. Bouchard, R. J. Shephard, T. Stephens, J. R. Sutton and B. D. McPherson (eds), *Exercise, fitness and health* (pp. 581–8). Champaign, Ill.: Human Kinetics.

Simons-Morton, D. G., Calfas, K. J., Oldenburg, B. and Burton, N. W. (1998) 'Effects of interventions in health care settings on physical activity or cardiorespiratory fitness.' *American Journal of Preventive Medicine*, 15: 413–30.

Singer, R. N., Murphey, M. and Tennant, L. K. (eds) (1993) *Handbook of research on sport psychology.* New York: Macmillan.

Singh, N. A., Clements, K. M. and Fiatorone, M. A. (1997) 'A randomized controlled trial of progressive resistance in depressed elders.' *Journal of Gerontology*, 52A (1). M27–M35.

Sinyor, D., Brown, T, Rostant, L. and Seraganian, P. (1982) 'The role of physical exercise in the treatment of alcoholism.' *Journal of Studies on Alcohol*, 43: 380–6.

Siscovick, D. S. (1990) 'Risks of exercising: Sudden cardiac death and injuries.' In C. Bouchard, R. J. Shephard, T. Stephens, J. R, Sutton and B. D. McPherson (eds), *Exercise, fitness and health* (pp. 707–13). Champaign, Ill.: Human Kinetics.

Siscovick, D. S., Weiss, N. S., Fletcher, R. H. and Lasky, T. (1984) 'The incidence of primary cardiac arrest during vigorous physical exercise.' *New England Journal of Medicine*, 311: 874–7.

Skinner, E. (1995) *Perceived control, motivation, and coping.* Thousand Oaks, Calif.; Sage.

——(1996) 'A guide to constructs of control.' *Journal of Personality and Social Psychology*, 71: 549–70.

Slavin, J. L., Lutter, J. M., Cushman, S. and Lee, V. (1988) 'Pregnancy and exercise.' In J. Puhl, C. H. Brown and R. O. Voy (eds), *Sport science perspectives for women* (pp. 151–60). Champaign, Ill.: Human Kinetics.

Smith, E. L. (1982) 'Exercise for the prevention of osteoporosis: A review.' *The Physician and Sports Medicine*, 10 (3): 72–83.

Smith, E. L., Smith, K. A. and Gilligan, C. (1990) 'Exercise, fitness, osteoarthritis, and osteoporosis.' In C. Bouchard, R. J. Shephard, T. Stephens, J. R. Sutton and B. D. McPherson (eds), *Exercise, fitness, and health* (pp. 517–28). Champaign, Ill.: Human Kinetics.

Smith, R. A. (1995) *Social psychological factors in exercise adherence in adults.* Unpublished Ph. D. the-sis, University of Exeter.

Smith; R. A. and Biddle, S. J. H. (1990) *Exercise adherence in the commercial sector.* Paper presented at the

European Health Psychology Society 4th annual conference, Oxford University, England.
——(1995) 'Psychological factors in the promotion of physical activity.' In S. J. H. Biddle (ed.), *European perspectives on exercise and sport psychology* (pp. 85–108). Champaign, Il: Human Kinetics.
——(1999) 'Attitudes and exercise adherence: Tests of the Theories of Reasoned Action and Planned Behaviour.' *Journal of Sports Sciences*, 17: 269–81.
Smith, R. E. and Smoll, F. L. (1996) *Way to go coach! A scientifically proven approach to coaching effectiveness.* Portola Valley, Calif.: Warde Publishers.
Smith, R. E., Smoll, F. L. and Curbs, B. (1979) 'Coach effectiveness training: A cognitive-behavioral approach to enhancing relationship skills in youth sport coaches.' *Journal of Sport Psychology*, 1: 59–75.
Solomon, R. L. (1980) 'The opponent-process theory of acquired motivation.' *American Psychologist*, 35: 691–712.
Sonstroem, R. J. (1984) 'Exercise and self-esteem.' *Exercise and Sport Sciences Reviews*, 12: 123–55.
Sonstroem, R. J. (1988) 'Psychological models.' In R. K. Dishman (ed.), *Exercise adherence: Its impact on public health* (pp.125–53). Champaign, Ill.: Human Kinetics.
——(1997a) 'Physical activity and self: esteem.' In W. P Morgan (ed.), *Physical activity and mental health* (pp. 127–43). Washington, D. C.: Taylor and Francis.
——(1997b) 'The physical self-system: A mediator of exercise and self esteem.' In K. R. Fox (ed.), *The physical self: From motivation to well-being* (pp. 3–26). Champaign, Ill.: Human Kinetics.
Sonstroem, R. J. and Morgan, W. P. (1989) 'Exercise and self-esteem: Rationale and model.' *Medicine and Science in Sports and Exercise*, 21: 329–37.
Sonstroem, R. J. and Walker, M. (1973) 'Relationship of attitudes and locus of control to exercise and physical fitness.' *Perceptual and Motor Skills*, 36: 1031–4.
Sparkes, A. C. (1997) 'Reflections on the socially constructed physical self.' In K. R. Fox (ed.), *The physical self. From motivation to well-being* (pp. 83–110). Champaign, Ill.: Human Kinetics.
Spielberger; C. D., Gorsuch, R. L. and Lushene, R. (1970) *State-trait anxiety inventory manual*. Palo Alto, Calif.: Consulting Psychologists Press.
Spitzer, R. L., Endicott, J, and Robins, E. (1978) 'Research diagnostic criteria.' *Archives of General Psychiatry*, 35: 773–82.
The Sports Council and Health Education Authority (1992) *Allied Dunbar National Fitness Survey*: Main findings. London: Sports Council and Health Education Authority.
Stanley, M. and Maddux, J. (1986) 'Cognitive processes in health enhancement: Investigation of a combined protection motivation and self-efficacy model.' *Basic and Applied Social Psychology*, 7: 101–13.
Steinhardt, M. A. and Dishman, R. K. (1989) 'Reliability and validity of expected outcomes and barriers for habitual physical activity.' *Journal of Occupational Medicine*, 31: 536–46.
Stenstrom, C. H. (1994) 'Therapeutic exercise in rheumatoid arthritis.' *Arthritis Care and Research*, 7 (4): 190-7.
Stephens, T. (1987) 'Secular trends in physical activity: Exercise boom or bust?' *Research Quarterly for Exercise and Sport*, 58: 94–105.
——(1988) 'Physical activity and mental health in the United States and Canada: Evidence from four population surveys.' *Preventive Medicine*, 17: 35–47.
Stephens, T. and Caspersen, C. J. (1994) 'The demography of physical activity.' In C. Bouchard, R. J. Shephard and T. Stephens (eds), *Physical activity, fitness, and health* (pp. 204–13). Champaign, Ill.; Human Kinetics.
Stephens, T., Jacobs, D. R. and White, C. C. (1985) 'A descriptive epidemiology of leisure-time phyical activity.' *Public Health Reports*, 100: 147-58.
Steptoe, A. and Bolton, J. (1988) 'The short-term influence of high and low intensity physical exercise on mood.' *Psychology and Health*, 2: 91–106.
Steptoe, A. and Butler, N. (1996) 'Sports participation and emotional well-being in adolescents.' *The Lancet*, 347: 1789–92.
Steptoe, A. and Cox, S. (1988) 'Acute effects of aerobic exercise on mood.' *Health Psychology*, 7: 329–40.
Steptoe, A., Doherty, S., Rink, E., Kerry, S., Kendrick, T. and Hilton, S. (1999) 'Behavioural counseling in general practice for the promotion of health behaviour among adults at increased risks of coronary heart disease: Randomized trial.' *British Medical Journal*, 319: 943–8.
Steptoe, A., Edwards, S., Moses, J. and Mathews, A. (1989) 'The effects of exercise training on mood and perceived coping ability in anxious adults from the general population.' *Journal of Psychosomatic Research*, 33: 537–47.
Steptoe, A., Moses, J., Edwards, S, and Mathews, A. (1993) 'Exercise and responsivity to mental stress: Discrepancies between the subjective and physiological effects of aerobic training.' *International Journal of Sport Psychology*, 24: 110–29.
Stewart, A. L., Hays, R. D., Wells, K. B., Roger, W. H., Spritzer, K. L. and Greenfield, S. (1994) 'Long-term functioning and well-being outcomes associated with physical activity and exercise in patients with chronic conditions in the medical outcomes study.' *Journal of Clinical Epidemiology*, 47: 719–30.
Stone, E. J., McKenzie, T. L., Welk, G. J. and Booth, M. L. (1998) 'Effects of physical activity interventions in youth: Review and synthesis.' *American Journal of Preventive Medicine*, 15: 298–315.
Strang, V. R. and Sullivan, P. L. (1985) 'Body image attitudes during pregnancy and the postpartum period.' *Journal of Obstetric Gynecological Neonatal Nursing*, 14: 332–7.
Strecher, V. J., DeVellis, B. E., Becker, M. H. and Rosenstock, I. M. (1986) 'The role of self-efficacy in achieving health behaviour change.' *Health Education Quarterly*, 13: 73–92.
Strickland, B. (1978) 'Internal-external expectancies and health-related behaviors.' *Journal of Consulting and Clinical Psychology*, 46: 1192–211.
Stringer, W. W. (1999) 'HIV and aerobic exercise: Current recommendations.' *Sports Medicine*, 28: 389–95.
Stringer, W. W., Berezovskaya, M., O'Brien, W, Beck, C. K. and Casaburi, R. (1998) 'The effect of exercise training on aerobic fitness, immune indices, and qual-

ity of life in HIV+ patients.' *Medicine and Science in Sports and Exercise*, 30: 11–16.

Stroebe, W. and Stroebe, M. S. (1995) *Social psychology and health*. Buckingham: Open University Press.

Swift, C. S., Armstrong, J. E., Beerman, K. A., Campbell, R. K. and Pond-Smoth, D. (1995) 'Attitudes and beliefs about exercise among persons with non-insulin-dependent diabetes.' *The Diabetes Educator*, 21: 533–40.

Swinburn, B. A., Walter, L. G., Arrol, B., Tilyard, M. W. and Russell, D. G. (1997) 'Green prescriptions; attitudes and perceptions of general practitioners towards prescribing exercise.' *British Journal of General Practice*, 47: 567–9.

——(1998) 'The green prescription study: A randomized controlled trial of written exercise advice in general practice.' *American Journal of Public Health*, 88(2): 228–91.

Szabo, A. (1995) 'The impact of exercise deprivation on well-being of habitual exercisers.' *Australian Journal of Science and Medicine in Sport*, 27(3): 68–75.

——(2000) 'Physical activity as a source of psychological dysfunction.' In S. J. H. Biddle, K. R. Fox and S. H. Boutcher (eds), *Physical activity and psychological well-being* (pp. 130–53). London: Routledge.

Tai, S. S., Gould, M. and Iliffe, S. (1997) 'Promoting health exercise among older people in general practice: Issues in designing and evaluating therapeutic interventions.' *British Journal of General Practice*, 47: 119–22.

Tang, S. H. and Hall, V. C. (1995) 'The overjustification effect: A meta-analysis.' *Applied Cognitive Psychology*, 9: 365–404.

Taylor, A. (1999) 'Adherence in primary health care exercise promotion schemes.' In S. J. Bull (ed.), *Adherence issues in sport and exercise* (pp. 47–74). Chichester: John Whey.

——(2000) 'Physical activity; anxiety, and stress.' In S. J. H. Biddle, K. R. Fox and S. H. Boutcher (eds), *Physical activity and psychological well-being* (pp.10–45). London: Routledge.

Taylor, A. H., Doust, J. and Webborn, N. (1998a) 'Randomised controlled trial to examine the effects of a GP exercise referral programme in Hailsham, East Sussex, on modifiable coronary heart disease risk factors.' *Journal of Epidemiology and Community Health*, 52: 595–601.

Taylor, W. C., Baranowski, T. and Sallis, J. F. (1994) 'Family determinants of childhood physical activity: A social cognitive model.' In R. K. Dishman (ed.), *Advances in Exercise Adherence* (pp. 319–42). Champaign, Ill.: Human Kinetics.

Taylor, W. C., Baranowski, T. and Young, D. R. (1998b) 'Physical activity interventions in low-income, ethnic minority, and populations with disability.' *American Journal of Preventive Medicine*, 15: 334–43.

Telama, R. and Silvennoinen, M. (1979) 'Structure and development of 11 to 19 year olds' motivation for physical activity.' *Scandinavian Journal of Sports Sciences*, 1: 23–31.

Tenenbaum, G. and Bar-Eli, M. (1995) 'Contemporary issues in exercise and sport psychology research.' In S. J. H. Biddle (ed.), *European perspectives on exercise and sport psychology* (pp. 292–323). Champaign, Ill.: Human Kinetics.

Terry, D. J. and O'Leary, J. E. (1995) 'The theory of planned behaviour: The effects of-perceived behavioural control and self-efficacy.' *British Journal of Social Psychology*, 34: 199–220.

Terry, P. C., Biddle, S. J. H., Chatzisarantis, N. and Bell, R. D. (1997) 'Development of a test to assess the attitudes of older adults towards physical activity and exercise.' *Journal of Aging and Physical Activity*, 5: 111–25.

Thirlaway, K. and Benton, D. (1996) 'Exercise and mental health: The role of activity and fitness.' In J. Kerr, A. Griffiths and T. Cox (eds), *Workplace health, employee fitness and exercise* (pp. 69–82). London: Taylor and Francis.

Thompson, C. E. and Wankel, L. M. (1980) 'The effects of perceived activity choice upon frequency of exercise behaviour.' *Journal of Applied Social Psychology*, 10: 436–43.

Thompson, J. K. and Blanton, P. (1987) 'Energy conservation and exercise dependence: A sympathetic arousal hypothesis.' *Medicine and Science in Sports and Exercise*, 19: 91–7.

Thompson, J. K. and Pasman, L. (1991) 'The obligatory exercise questionnaire.' *Behavior Therapist*, 14: 137.

Timm, K. E. (1991) 'Management of chronic low back patient pain; A retrospective analysis of different treatment approaches.' *Isokinetics and Exercise Science*, 1: 44–8.

Tomporowski, P. D. and Ellis, N. R. (1986) 'Effects of exercise on cognitive processes: A review.' *Psychological Bulletin*, 99: 338–46.

Transport 2000 (no date) *Changing journeys to work: An employers' guide to green commuter plans*. London: Transport 2000.

Triandis, H. C. (1977) *Interpersonal behaviour*. Monterey, Calif.: Brooks/Cole.

Tsukue, I and Shohoji, T. (1981) 'Movement therapy for alcoholic patients.' *Journal of Studies on Alcohol*, 42: 144–9.

Tunstall-Pedoe, H. and Smith, W. L. S. (1986) 'Level and trends of coronary heart disease mortality in Scotland compared to other countries,' *Health Bulletin*, 44: 153–61.

Ulrich, B. D. (1987) 'Perceptions of physical competence, motor competence and participation in organised sport: Their interrelationships in young children.' *Research Quarterly for Exercise and Sport*, 58: 57–67.

Urdan, T. C. and Maehr, M. L. (1995) Beyond a two-goal theory of motivation and achievement: A case for social goals.' *Review of Educational Research*, 65: 213–43.

Vallerand, R. J. (1997) 'Toward a hierarchical model of intrinsic and extrinsic motivation.' In M. P Zanna (ed.), *Advances an experimental social psychology* (vol. 29, pp. 271–360). New York. Academic Press.

Vallerand, R. J. and Blanchard, C. M. (2000) 'The study of emotion in sport and exercise: Historical, definitional, and conceptual perspectives.' In Y L. Hanin (ed.), *Emotions in sport* (pp. 3–37). Champaign, Ill.: Human Kinetics.

Vallerand, R. J. and Fortier, M. S. (1998) 'Measures of

intrinsic and extrinsic motivation in sport and physical activity: A review and critique.' In J. L, Duda (ed.), *Advances in sport and exercise psychology measurement* (pp. 81–101). Morgantown, W. Va,: Fitness Information Technology.

Vallerand, R. J. and Losier, G. F. (1999) 'An integrative analysis of intrinsic and extrinsic motivation in sport.' *Journal of Applied Sport Psychology*, 11: 142–69.

Valois, P., Desharnais, R. and Godin, G. (1988) 'A comparison of the Fishbein and Ajzen and the Triandis attitudinal models for the prediction of exercise intention and behaviour.' *Journal of Behavioral Medicine*, 11: 459–72.

Van Wersch, A. (1997) 'Individual differences and intrinsic motivations for sport participation.' In J. Kremer, K. Trew and S. Ogle (eds), *Young people's involvement in sport* (pp. 57–77). London: Routledge.

Van Wersch, A., Trew, K. and Turner, I. (1992) 'Post-primary school pupils interest in physical education: Age and gender differences.' *British Journal of Educational Psychology*, 62: 56–72.

Vasterling, J. J., Sementilli, M. E. and Burish, T. G. (1988) 'The role of aerobic exercise in reducing stress in diabetic patients.' *Diabetic Education*, 14(3): 197–201.

Vaughn, C. C. (1976) 'Rehabilitation of post-menopausal osteoporosis.' *Israeli Journal of Medical Sciences*, 12: 652–9.

Veale, D, (1995) 'Does primary exercise dependence really exist?' In J, Annett, B. Cripps and H. Steinberg (eds), *Exercise addiction. Motivations for participation in sport and exercise* (p. 71). Leicester: British Psychological Society Sport and Exercise Psychology Section.

Veale, D. and Le Fevre, K. (1988) *A survey of exercise dependence*. Paper presented at the Sport, Health, Psychology and Exercise Symposium, Bisham Abbey National Sports Centre.

Veale, D., Le Fevre, K., Pantelis, C., de Souza, V, Mann, A. and Sergeant, A. (1992) 'Aerobic exercise in the adjunctive treatment of depression: A randomized controlled trial.' *Journal of the Royal Society of Medicine*, 85: 541–4.

Veale, D. M. W. (1987) 'Exercise dependence.' *British Journal of Addiction*, 82: 735–40.

Vealey, R. S. (1986) 'Conceptualisation of sport confidence and competitive orientation: Preliminary investigation and instrument development.' *Journal of Sport and Exercise Psychology*, 8: 221–53,

Vitale, A. E., Sullivan, S. J., Jankowski, L. W., Fleury, J., Lefrancois, C. and Lebouthillier, E. (1995) 'Screening of health risk factors prior to exercise or a fitness evaluation of adults with traumatic brain injury: A consensus by rehabilitation professionals.' *Brain Injury*, 10: 367–75.

Vlachopoulos, S., Biddle, S. and Fox, K. (1996) 'A social-cognitive investigation into the mechanisms of affect generation in children's physical activity.' *Journal of Sport and Exercise Psychology*, 18: 174–93.

Vlachopoulos, S. and Biddle, S. J. H. (1997) 'Modeling the relation of goal orientations to achievement-related affect in physical education: Does perceived ability matter?' *Journal of Sport and Exercise Psychology*, 19: 169–87.

Vranic, M. and Wasserman, D. (1990) 'Exercise, fitness, and diabetes.' In C. Bouchard, R. J. Shepherd, T. Stephens, J. R. Sutton and B. D. McPherson (eds), *Exercise, fitness and health: A consensus of current knowledge* (pp. 467–90). Champaign, Ill,: Human Kinetics.

Vuori, I. (1995) 'Exercise and physical health: Musculoskeletal health and functional capabilities.' *Reserach Quarterly for Exercise and Sport*, 66: 276–85.

Vuori, I. M., Oja, P. and Paronen, O. (1994) 'Physically active commuting to work; Testing its potential for exercise promotion.' *Medicine and Science in Sports and Exercise*, 26: 844–50.

Waddell, G. (1992) 'Biopsychosocial analysis of low back pain.' *Balliere's Clinical Rheumatology*, 6: 523–57.

Wallace, A. M., Boyer, D. B., Dan, A. and Holm, K. (1986) 'Aerobic exercise, maternal self-esteem, and physical discomforts during pregnancy.' *Journal of Nurse-Midwifery*, 31: 255–62.

Wallston, B. and Wallston, K. (1978) 'Locus of cantrol and health: A review of the literature.' *Health Education Monographs*, 6: 107–17.

Wallston, B. S. and Wallston, K. A. (1985) 'Social psychological models of health behaviour: An examination and integration.' In A. Baum, S. E. Taylor and J. E. Singer (eds), *Handbook of psychology and health: IV. Social psychological aspects of health* (pp. 23–53). Hillsdale, N. J.: Erlbaum.

Wallston, K. A., Wallston, B, S. and DeVellis, R. (1978) 'Development of the multidimensional health locus of control (MHLC) scales,' *Health Education Monographs*, 6: 160–70.

Walter, S. D. and Hart, L. E. (1990) 'Application of epidemiological methodology to sports and exercise science research.' *Exercise and Sport Sciences Reviews*, 18: 417–48.

Wankel, L. and Hills, C. (1994) 'A social marketing approach and stage of change perspective of interventions to enhance physical activity: The importance of PRs.' In H. A. Quinney, L. Gauvin and A. E. T. Wall (eds), *Toward active living* (pp.115–22). Champaign, Ill.: Human Kinetics.

Wankel, L. M. (1997) '"Strawpersons", selective reporting, and inconsistent logic: A response to Kimiecik and Harris's analysis of enjoyment.' *Journal of Sport and Exercise Psychology*, 19: 98–109.

Wankel, L. M. and Kreisel, P. S. J. (1985) 'Factors underlying enjoyment of youth sports: Sport and age group comparisons.' *Journal of Sport Psychology*, 7: 51–74.

Wankel, L. M. and Mummery, K. W. (1993) 'Using national survey data incorporating the theory of planned behavior: Implications for social marketing strategies in physical activity.' *Journal of Applied Sport Psychology*, 5: 158–77.

Wankel, L. M. and Sefton, J. M. (1994) 'Physical activity and other lifestyle behaviors.' In C. Bouchard, R. J. Shephard and T. Stephens (eds), *Physical activity, fitness, and health* (pp. 531–50). Champaign, Ill.: Human Kinetics.

Wankel, L. M., Yardley, J. K. and Graham, J. (1985) 'The effects of motivational interventions upon the exercise adherence of high and low self-motivated adults.' *Canadian Journal of Applied Sports Science*, 10: 147–56.

Ward, A. and Morgan, W. P. (1984) 'Adherence patterns of healthy men and women enrolled in an adult exercise program.' *Journal of Cardiac Rehabilitation*, 4: 143–52.

Wardman, M., Hatfield, R. and Page, M. (1997) 'The UK national cycling strategy: Can improved facilities meet the targets?' *Crowthorne: Transport Policy*, 4(2): 123–33.

Ware, J., Snows, K. K., Kosinski, M. and Gandek, B. (1993) *SF36: Health survey manual and interpretation guide*. Boston: Nimrod Press.

Warner, K., Wickizer, T. M., Wolfe, R. A., Schildroth, J. E. and Samuelson, M. H. (1988) 'Economic implications of workplace health promotion programs: Review of the literature.' *Journal of Occupational Medicine*, 30: 106–12.

Watson, D., Clark, L. A. and Tellegen, A. (1988) 'Development and validation of brief measures of positive and negative affect: The PANAS scales.' *Journal of Personality and Social Psychology*, 54: 1063–70.

Watson, D., Wiese, D., Vaidya, J. and Tellegen, A. (1999) 'The two general activation systems of affect: Structural findings, evolutionary considerations, and psychobiological evidence.' *Journal of Personality and Social Psychology*, 76: 820–38.

Weber, J. and Wertheim, E. H. (1989) 'Relationships of self-monitoring, special attention, body fat percentage, and self-motivation to attendance at a community gymnasium.' *Journal of Sport and Exercise Psychology*, 11: 105–14.

Weinberg, R. S., Hughes, H. H., Critelli, J. W., England, R. and Jackson, A. (1984) 'Effects of pre-existing and manipulated self-efficacy on weight loss in a self-control programme.' *Journal of Research in Personality*, 18: 352-8.

Weiner, B. (1979) 'A theory of motivation for some classroom experiences.' *Journal of Educational Psychology*, 71: 3–25.

——(1986) *An attributional theory of motivation and emotion*. New York: Springer-Verlag.

——(1992) *Human motivation*. Newbury Park, Calif.: Sage.

——(1995) *Judgements of responsibility*. New York: Guilford Press.

Weinstein, N. (1988) 'The precaution adoption process.' *Health Psychology*, 7: 355–86.

——(1993) 'Testing four competing theories of health-protective behavior.' *Health Psychology*, 12: 324–33.

Weinstein, N. D., Rothman, A. J. and Sutton, S. R. (1998) 'Stage theories of health behavior: Conceptual and methodological issues.' *Health Psychology*, 17: 290–9.

Weismann, M. M. and Klerman, G. L. (1992) 'Depression: Current understanding and changing trends.' *Annual Review Public Health*, 13: 319–39.

Weiss, M. R. (1986) 'A theoretical overview of competence motivation.' In M. R. Weiss and D. Could (eds), *Sport for children and youths* (pp. 75–80). Champaign, Ill.: Human Kinetics.

Weiss, M. R., Bredemeier, B. J. and Shewchuk, R. M. (1985) 'An intrinsic/extrinsic motivation scale for the youth sport setting: A confirmatory factor analysis.' *Journal of Sport Psychology*, 7: 75–91.

——(1986) 'The dynamics of perceived competence, perceived control, and motivational orientation in youth sport.' In M. R. Weiss and D. Could (eds), *Sport for children and youths* (pp. 89–102). Champaign, Ill.: Human Kinetics.

Wells, N. (1985) *Back pain*. London: Office of Health Economics.

Weyerer, S. (1992) 'Physical inactivity and depression in the community: Evidence from the Upper Bavarian Field Study.' *Journal of Sports Medicine*, 13: 492–6.

White, R. W. (1959) 'Motivation reconsidered: The concept of competence.' *Psychological Review*, 66: 297–333.

Whitehead, J. R. (1993) 'Physical activity and intrinsic motivation.' *President's Council on Physical Fitness and Sports Physical Activity and Fitness Research Digest*, 1(2): 1–8.

——(1995) 'A study of children's physical self-perceptions using an adapted physical self-perception profile questionnaire.' *Pediatric Exercise Science*, 7: 132–51.

Whitehead, J. R. and Corbin, C. B. (1988) 'Multidimensional scales for the measurement of locus of control of reinforcements for physical fitness behaviors.' *Research Quarterly for Exercise and Sport*, 59: 108–17.

——(1991) 'Youth fitness testing: The effect of percentile-based evaluative feedback on intrinsic motivation.' *Research Quarterly for Exercise and Sport*, 62: 225–31.

Whitehead, J. R., Pemberton, C. L. and Corbin, C. B. (1990) 'Perspectives on the physical fitness testing of children: The case for a realistic educational approach.' *Pediatric Exercise Science*, 2: 111–23.

Widmeyer, W. N., Brawley, L. R. and Carron, A. V. (1985) *The measurement of cohesion in sport teams: The Group Environment Questionnaire*. London, Ontario: Sports Dynamics.

Widmeyer, W. N., Carron, A. V. and Brawley, L. R. (1993) 'Group cohesion in sport and exercise.' In R. Singer, M. Murphey and L. K. Tennant (eds), *Handbook of research on sport psychology* (pp. 672–92). New York: Macmillan.

Wiersma, U. J. (1992) 'The effects of extrinsic rewards in intrinsic motivation: A meta-analysis.' *Journal of Occupational and Organizational Psychology*, 65: 101–14.

Williams, H. G. (1986) 'The development of sensory-motor function in young children.' In V. Seefeldt (ed.), *Physical activity and well-being* (pp. 106–22). Reston, Va.: American Alliance for Health, Physical Education, Recreation, and Dance.

Williams, J. G. and Eston, R. G. (1989) 'Determination of the intensity dimension in vigorous exercise programmes with particular reference to the use of the Rating of Perceived Exertion.' *Sports Medicine*, 8: 177–89.

Williamson, D. F., Madans, J., Anda, R. F., Kleinman, J. C., Kahn, H. S. and Byers, T. (1993) 'Recreational physical activity and 10-year weight change in a US national cohort.' *International Journal of Obesity*, 17: 279–86.

Wimbush, E., Macgregor, A. and Fraser, E. (1997)

'Impacts of a mass media campaign on walking in Scotland.' *Health Promotion International*, 13: 45–53.

Wing, R. R., Epstein, L. H., Nowalk, M. P. and Lamparski, D. M. (1986) 'Behavioral self regulation in the treatment of patients with diabetes mellitus.' *Psychological Bulletin*, 99: 78.

Wollman, R. L., Cornall, C., Fulcher, K. and Greenwood, R. (1994) 'Aerobic training in brain-injured patients.' *Clinical Rehabilitation*, 8: 253–7.

Woods, C., Mutrie, N. and Scott, M. (1999) 'More students, more active, more often: Exercise behaviour change in a student population' (abstract). *Journal of Sports Sciences*, 17: 75–6.

World Health Organization (1986) *Targets for Health for All*. Copenhagen: World Health Organization.

——(1993) *The ICD-10 classification of mental and behavioral disorders: Diagnostic criteria for research*. Geneva: World Health Organization.

Wurtele, S. and Maddux, J. (1987) 'Relative contributions of protection motivation theory components in predicting exercise intentions and behaviour.' *Health Psychology*, 6: 453–66.

Wyse, J., Mercer, T., Ashford, B., Buxton, K. and Gleeson, N. (1995) 'Evidence for the validity and utility of the Stages of Exercise Behaviour Change scale in young adults.' *Health Education Research: Theory and Practice*, 10: 365–77.

Young, D. R. (1997) 'Community-based interventions for increasing physical activity.' In A. S. Leon (ed.), *Physical activity and cardiovascular health: A national consensus* (pp. 252–61). Champaign, Ill.: Human Kinetics.

Youngstedt, S. D., O'Connor, P. J. and Dishman, R. K. (1997) 'The effects of acute exercise on sleep: A quantitative synthesis.' *Sleep*, 20: 203–14.

Zaitz, D. (1989) 'Are you an exercise addict?' *Idea Today*, 7: 44.

Zuckerman, M. and Lubin, B. (1965) *Manual for the Multiple Affect Adjective Checklist*. San Diego, Calif.: Educational and Industrial Testing Service.

Zung, W. W. K. (1965) 'A self-rating depression scale.' *Archives of General Psychiatry*, 12: 63–70.

Zung, W. W. K., Richards, C. B. and Short, M. J. (1965) 'Self-rating depression scale in an outpatient clinic.' *Archives of General Psychiatry*, 13: 508–15.

用語解説

あ行

アドヒアランス（adherence）
　肯定的な健康関連の結果を導くような一連の活動が，随意的でしかも自由選択的な過程によって継続すること。主に実践者側に立った活動の継続性を示す。

アノミー（anomy）
　急激な社会変動などにより，それまで社会的行為を規制してきた共通価値や道徳的規準を失った混乱状態。

オッズ比（odds ratio）
　ケースコントロール研究において，危険因子を持っている人がそれを持っていない人に比べて，ある結果を来す可能性がどれくらい高くなるかを示す指標。

か行

学習性無気力感（Learned Helplessness）
　自分の環境をコントロールできないという経験をすることで，その後の学習が阻害されて無気力になること。

継続的動機づけ（continuing motivation）
　外的な圧力（報酬や罰など）がなくても，行動を遂行し続ける傾向。

効果サイズ（effect size）
　独立変数が従属変数に対して与えた変化についての統計上の大きさ。

構造的スポーツ場面（structured sports settings）
　自由な遊びの場面に対して，体育の授業やクラブ活動のように，スケジュールや活動内容があらかじめ固定されているスポーツ活動。

コホート（cohort）
　何らかの経験ないしは人口統計学的な特性を有する人の集団。コホート研究とは，1つのコホートに関して長期間にわたって反復調査を行う研究計画。

コミットメント（commitment）
　ある人が「何かに関わる（コミットしている）」こと，あるいは関わる対象やもの，すなわち，その人にとって重要な意義のあるものを意味し，選択，価値観，目的志向などの認知的側面，ならびに強度，持続性感情傾向などの動機的側面を持つもの。

コンピテンス（competence）
　環境と効果的に相互交渉する有機体の生得的な能力を指し，動機づけ的な側面を持つ概念。

さ行

自己スキーマ（Self-Schemata）
　自己についての主観的知識。

自己動機づけ（self-motivation）
　自己の行動を目標達成に向けて維持するための動機づけ。

社会的体格不安（social physique anxiety）
　自分の体格について他人が評価する中で生じる不安。自己概念や身体に対する評価，運動に対する態度や動機づけ，体型と関係があり，性差，年齢差がみられる。

重篤性（severity）
　疾病にかかったとき，それが自分にとって重大なことと感じている程度。

収束（convergence）
　1点へと集まること。ここでは，複数の用語を1つの用語に統一する意。

準実験研究（quasi-experimental study）
　研究対象の変数と交絡変数に対する十分な統制

ができていない実験計画を用いた研究。
セルフエスティーム（self-esteem）
　人がもつ自尊心や自己受容などを含めた自分自身に対する感じ方のことで，どれだけ自分を肯定的にみるかといった自己評価。
身体的自己価値（physical self-worth：PSW）
　スポーツ有能感，体型，体調，および筋力などの知覚すべてを含んだ包括的な身体的自己概念のこと。
相対危険度（relative risk）
　コホート研究において，危険因子を持っている人がそれを持っていない人に比べて，ある結果を来す可能性がどれくらい高くなるかを示す指標。
社会的マーケティング（social marketing）
　消費者ニーズに対応するため市場活動や市場調査の理論や手法を，社会的現象に応用したもの。

た行

体格指数（relative weight）
　性別，年齢別，身長別の標準体重と比較した体重で，肥満度を示す。判定基準は＞120を肥満，＞110を体重過多，110-90を普通，＜90をやせ。
達成動機づけ（英語）
　卓越した基準でものごとを成し遂げようとする傾向。
探索的研究（exploratory study）
　新規のあるいは十分に理解されていない現象を研究する際に，未知の領域へ最初に進出するために行われる研究。
調整変数（moderator）
　原因よりも前，または原因と結果の間に存在し，独立変数と従属変数の間の方向性や強度に影響を与える変数。
電気けいれん療法（electroconvulsive therapy）
　通常，麻酔下にある患者に対して両側前頭部に通電することで行われるうつ病の治療法の1つ。

な行

内的妥当性（internal validity）
　ある実験状況において，従属変数と独立変数の関係について妥当な推論を行える可能性のこと。
ナラティブ・レビュー（narrative review）
　過去の研究を記述的な展望を用いて要約した総説のことで，メタ分析以外の総説。
入眠潜時（sleep onset latency）
　入眠に要するまでの時間。

は行

媒介変数（mediator）
　独立変数（説明変数）と従属変数（基準変数）を媒介し，焦点となっている独立変数が，どのように，またなぜ従属変数に影響を与えているかを説明する役割を果たす変数。
パニック発作（panic attack）
　強い恐怖や不快を感じた時に，動悸，心拍数の増加，発汗，または窒息感などが突然に出現する発作。
費用対効果（cost-effectiveness）
　支出した費用に対して得られる効果。
費用便益（cost-benefit）
　かけた費用に対してどれだけの便益があったかを金額に換算する分析。
広場恐怖症（agoraphobia）
　逃げられないような場所や状況，またはパニック発作が起きた時に助けが得られない場所や状況

にいることに対する不安。
プライマリ・ヘルスケア（primary health care）
　地域や家庭において，疾病予防，健康増進，および治療などを行うこと。
プライマリ・ケア（primary care）
　健康に問題が生じたときに患者が最初に受ける診察・医療。
プロトコル（protocol）
　計画案。

ま行

前向き研究（prospective study）
　ある時点から未来において，いくつかの情報を並行して測定する研究方法。
マーケット・セグメント化（market segmentation）
　対象となるマーケットを，共通した特徴をもとに，いくつかのセグメント（潜在クラス）に分割し，それぞれの下位集団に対して効果的な対策を検討すること。
民族誌的アプローチ（ethnographic approach）
　ある特定の社会集団に見られる社会・文化現象，その集団に属する人々の考え方や行動の特性を，彼らの用語を参照して記述するアプローチ。
無作為化統制試験（randomized control trial）
　実験参加者を実験群と統制群のどちらかに無作為に振り分け，両群のその後の効果を比較する研究手法で自己選択バイアスを除去できる。
メタ分析（meta analyses）
　同一の現象について，独立に行われた複数の実験結果を統合して，独立変数が従属変数に及ぼす効果の有無およびその強度を推定するために用いられる統計手法で，各実験における独立変数の効果サイズの指標を算出して全体で効果の有無を判断する。

や行

有病率（prevalence）
　集団の健康水準を表す健康指標の1つで，「患者数÷人口」で算出される。

ら行

罹患性（susceptibility）
　自分が疾病にかかる可能性で，罹患性の知覚が高いほど，自分は疾病にかかりやすいと感じる。

さくいん

あ行

アクティブ通勤 ……………………242
アクティブ通勤ステージ …………244
アクティブ通勤プロジェクト ……245
アクティブ・フォー・ライフ ……236
アクティブ・リビング …6, 216, 234
アドヒアランス
　………………37, 135, 159, 216, 269
アルコール依存 ……………………202
アルコール・リハビリテーション
　………………………………………202
医学的モデル ………………………216
意志決定バランス …………………240
維持ステージ ………………………122
Ⅰ型糖尿病 ……………………………15
飲酒行動 ……………………………203
ウェイティングリスト群 …………171
ウェルネス ……………………………7
うつ …………………………………187
運動依存 ……………………………204
運動関連感覚尺度 ……………………83
運動協調性 …………………………227
運動強度 ……………………………134
運動継続者 ……………………………37
運動コンサルテーション …………247
運動自己スキーマ ……………78, 118
運動処方 ……………………………215
運動心理学 …………………………2, 23
運動セルフエフィカシー …………285
運動中毒 ……………………………204
運動動機づけ調査票 …………………29
運動の決定因 ………………………284
運動の心理的成果 …………………287
運動バリア ……………………………34
運動不足病 ……………………………5
運動リーダー ………………………139
運動量−反応関係 …………………138
運動を行う動機 ……………………284
運動をやめる理由 ……………………36
英国心臓リハビリテーション協会
　………………………………………215
英国スポーツ運動科学学会
　（BASES）………………………216
エフィカシー予期 ……………………86
円環モデル …………………………153
エンドルフィン ……………………225

か行

エンドルフィン仮説 ………………180
欧州スポーツ心理学連盟
　（FEPSAC）…………………………10
恩恵の認知 ……………………………34
オンタリオ運動心臓共同調査 ………37
温熱仮説 ……………………………180

外的調整 ………………………………62
外発的動機づけ ………………………55
回復期 ………………………………164
学習された無力感 ……………………70
学習障害 ……………………………176
学習性無力感 …………………………87
課題 ……………………………………28
課題志向的動機づけ …………………81
課題目標志向 ………………………163
学校 …………………………………288
カナダフィットネス調査 ……………35
カルトラック ………………………228
ガン ……………………………………16
感情反応 ……………………………137
冠動脈性疾患（CHD）…………11, 12
擬似的な満足感 ……………………211
記述的アプローチ ……………………22
帰属 ……………………………………67
帰属理論 ………………………25, 43, 76, 87
期待−価値理論 ………………………25, 43
機能的な能力 …………………………16
気分 …………………………………223
気分状態プロフィール ……………137
逆戻り ………………………123, 129
教育歴 ………………………………171
凝集性 ………………………………144
強度 ……………………………………24
局面 …………………………117, 130
グループ凝集性 ……………………286
グループ・ダイナミクス …………177
計画的行動理論 …27, 92, 98, 105, 271
継続動機づけ …………………………24
結果予期 ………………………………86
決定因 ……………………7, 165, 225
健康 ……………………………………6
健康信念モデル ……98, 109, 228, 285
抗うつ効果 …………………………193
交感神経系 …………………………171

さ行

工業化社会 ……………………………4
高血圧 …………………………………14
交互作用 ……………………………171
行動体力 ………………………………7
行動の統制理論 ………………………98
交絡要因 ……………………………168
合理的行為理論
　…………27, 93, 98, 101, 228, 271, 285
効力 …………………………………146
国民的キャンペーン ………………235
個人差 …………………………………39
骨格筋 …………………………………6
国家構築 ……………………………178
骨粗鬆症 ………………………16, 224
コホート ……………………………175
コミットメント ………………………40
コンピテンス …………………………26
コンプライアンス ……………………38

参加動機 ………………………………29
ジェンダー …………………………136
自我目標志向 ………………………163
自我志向 ………………………………28
自己 ……………………………………27
自己概念 ……………………………166
自己決定理論 ……………………43, 285
自己スキーマ …………………………84
自己呈示 ………………………………95
自己動機づけ ……………………22, 39, 40
自己動機づけ調査表 …………………39
自己表現 ………………………24, 33, 136
事前−事後デザイン ………………169
持続性 …………………………………24
実行ステージ ………………………122
質的研究 ……………………………215
疾病対策センター ……………………10
嗜癖行動 ……………………………202
社会−心理生物学的アプローチ …134
社会的体格不安 ………………………95
社会的経済状態 ……………………157
社会的行動理論 ………………………98
社会的認知理論 ……26, 77, 118, 144
社会的望ましさ ……………………168
社会認知アプローチ …………………26
若年死亡 ………………………………4

若年死亡率 …………………8	性的活力 …………………179	**な行**
集合的効力 …………………144	生物行動学的問題 …………134	内的妥当性 …………………170
集団環境質問紙 ……………145	性役割 ………………………136	内発的動機づけ ……26,55,82,118
集団の風土 …………………140	世界保健機関（WHO） ………8	ナチュラル・ヒストリー ……118
重複 …………………………117	摂食障害 ……………………207	ナチュラル・ヒストリー・モデル
住民調査 ……………………29	説得 …………………………270	……………………………124,286
重要な他者 …………………36	セルフエスティーム …………27	7日間回想法 ………………228
終了ステージ ………………122	セルフエスティーム理論 ……78	II型糖尿病 …………………15
主観的運動強度 ………135,220	セルフエフィカシー	日常生活活動 ………………226
主観的期待効用理論 ……98,114	…………26,54,78,118,144,225,240	入眠潜時 ……………………179
熟考ステージ ………………122	セロトニン仮説 ……………180	妊娠 …………………………167
熟達 …………………………140	前熟考ステージ ……………122	認知行動修正技法 …………217
出産後の抑うつ ……………168	全米レクリエーション調査 …30	認知的媒介 …………………136
準備ステージ ………………122	相対危険指数 ………………14	認知的評価理論 ……………43
状態不安 ……………………168	ソーシャル・サポート ……139	脳卒中 ………………………12
職域 …………………………288		能力志向的動機づけ …………81
食行動異常 …………………207	**た行**	能力信念 ……………………45
神経筋異常 …………………226	体育授業における学習パフォーマンス	ノルエピネフリン仮説 ……180
神経性無食欲症 ……………208	の指向をみる質問紙 ………141	
心臓病リハビリテーション …91	大うつ病障害 ………………188	**は行**
身体活動対策委員会 …………9	態度 …………………………99	パーキンソン病 ……………226
身体活動の危険性 ……………17	態度理論 ……………………77	パーソナリティ ………………39
身体活動評価方法 ……………18	体力 ……………………………7	パニック発作 ………………174
身体活動不足 …………………5	脱感作 ………………………199	パフォーマンス ………………25
身体的価値 …………………166	達成動機づけ …………………25	パラメーター ………………218
身体的自己価値 ………………28	達成目標 ………………………28	バリア ………………22,32,92
身体的自己記述質問紙 ………80	注意-プラセボ群 ……………171	被験者内デザイン …………169
身体的自己知覚 ……27,150,223,225	中等度の強度の活動 ………234	ヒト免疫不全ウイルス（HIV） …222
身体的自己知覚プロフィール …80	調整変数 ……………………162	肥満 ………………………11,14
身体的セルフエフィカシー …85	同一化的調整 …………………62	氷山型プロフィール ………154
心理-生理的モデル ……………37	動機づけ ………………………22	費用対効果分析 ……………267
心理的安寧 ……………………2	動機づけ風土 ……………164,265	費用対効用分析 ……………267
心理的決定因 …………………2	統合失調症 …………………200	費用対便益分析 ……………267
心理的レディネス …………263	統合的調整 ……………………62	広場恐怖症 …………………174
親和目標 ………………………28	統制感 ………………………43	不安障害 ……………………198
ステージ ……………………117	統制信念 ……………………46	不安低減効果 ………………198
ストレス反応 ………………171	統制の所在 ……………25,44,285	風土 ……………………140,163
ストレッサー ………………171	糖尿病 ………………………15	プライマリ・ケア ……………9
スポーツカウンシル …………10	特性不安 ……………………168	プライマリ・ヘルスケア
スポーツコミットメント ……40	トランスセオリティカル・モデル	……………249,258,270,276
スポーツにおけるリーダーシップ	……………………………118,236	プラセボ効果 ………………168
スケール ……………………139	取り入れ的調整 ………………62	フロー ………………………160
生活の質 ………………………9	努力 …………………………134	プロジェクト・アクティブ …241
性機能 ………………………179	努力感覚 ……………………135	プロテクション動機づけ理論
精神健康調査表（GHQ） ……186	ドロップアウト ……31,36,37,223	……………………………98,113
精神疾患 ……………………183		雰囲気 ………………………140

米国公衆衛生局 …………………8	モチベーション ………………38	ACSM ……………………233
米国疾病対策センター …………234	モデリング ………………87,143	BDI ………………………172
米国スポーツ医学会 ……10,214,233		Beck 抑うつ性尺度 …………188
米国糖尿病協会 …………………220	**や行**	CDC ………………………234
ヘルスプロモーション …………137	薬物リハビリテーション ………203	CES-D ……………………172
変容ステージ …………118,122,236	有酸素運動 ………………137	DSM ………………………174
変容プロセス ……………237,239	有能感 ………………285	DSM-IV ……………………184
包括的セルフエスティーム ………28	腰痛 ……………………16	EPI ………………………177
方向性 ……………………23	予測因 ……………………161	GP (General Practioner) ………250
方略信念 …………………46		Health for All ………………8
ポジション声明 …………………177	**ら行**	Healthy People 2000 …………9
	ライフスタイル介入 ……………203	Hill の規準 …………………196
ま行	ライフスタイル・カウンセリング 241	HON ………………………8
前向き研究 ………………13	ライフスパン交互作用モデル	HRQL ……………………151
マーケット・セグメント化 ………273	……………………118,132,286	ICD-10 ……………………184
マスタリー動機づけ ……………286	罹患率 ……………………8	La Forge の統合モデル …………209
慢性疾患 ……………………11	リーダーシップ ……………139,177	MAACL ……………………168
民族性 ……………………171	リーダーシップ行動 ……………139	MMPI ……………………177
無作為化対照試験 ………167,218,227	リハビリテーション・プログラム 217	POMS …………………137,153
メタ分析 ……………………233	リング・フェンス理論 …………120	SDS ………………………172
免疫機能 ……………………16	連邦ダンバー国民体力調査 ………29	STAI ………………………168
目標設定 ……………………217		Targets for Health for All ………8
目標設定理論 …………………285	**欧文**	
目標展望理論 ……………………81	16 PF ……………………167	
目標理論 ……………………26	ACSM ……………………214	

●著者
　スチュワート J. H. ビドル（Stuart J. H. Biddle）
　　ラフバラ大学教授（運動・スポーツ心理学）
　ナネット・ムツリ（Nanette Mutrie）
　　グラスゴー大学教授（身体活動・健康科学）
●監訳者
　竹中　晃二（早稲田大学人間科学学術院教授）
　橋本　公雄（九州大学健康科学センター教授）

●訳者　　　　　　　　　　　　　　　　　　●担当

西田　順一（福岡大学スポーツ科学部）	第1章
村上　貴聡（東京理科大学理学部）	第1章
西田　保（名古屋大学総合保健体育科学センター）	第2章
蓑内　豊（北星学園大学文学部）	第2章
藤永　博（和歌山大学経済学部）	第3章
堤　俊彦（近畿福祉大学社会福祉学部）	第4章
橋本　公雄（九州大学健康科学センター）	第5章
村上　雅彦（九州大学大学院博士課程）	第5章
上地　広昭（山口大学教育学部）	第6章，第11章
大野　太郎（関西福祉科学大学健康福祉学部）	第7章
荒井　和弘（大阪工業大学知的財産学部）	第8章
大場ゆかり（早稲田大学人間科学学術院人間総合研究センター）	第9章
吉川　政夫（東海大学体育学部）	第10章
内田　若希（九州大学大学院博士課程）	第10章
竹中　晃二（早稲田大学人間科学学術院）	第11章
髙見　和至（神戸大学発達科学部）	第12章
葦原摩耶子（早稲田大学大学院博士課程）	第13章

（訳順）

身体活動の健康心理学—決定因・安寧・介入

© Koji Takenaka & Kimio Hashimoto 2005　　　　NDC780 338p 26cm

初版第1刷発行──2005年4月10日

著　者────スチュワート J.H.ビドル／ナネット・ムツリ
監訳者────竹中晃二／橋本公雄
発行者────鈴木一行
発行所────株式会社　大修館書店
　　　　　　〒101-8466　東京都千代田区神田錦町3-24
　　　　　　電話 03-3295-6231（販売部）03-3294-2358（編集部）
　　　　　　振替 00190-7-40504
　　　　　　［出版情報］http://www.taishukan.co.jp
　　　　　　　　　　　　http://www.taishukan-sport.jp（体育・スポーツ）

装　丁────中村友和（ROVARIS）
印刷所────壮光舎印刷
製本所────牧製本

ISBN4-469-26568-3　　Printed in Japan

Ⓡ本書の全部または一部を無断で複写複製（コピー）することは、
著作権法上での例外を除き禁じられています。